제5판

현대사회와 범죄

MODERN SOCIETY & CRIME

이윤호 · 이승욱

박영사

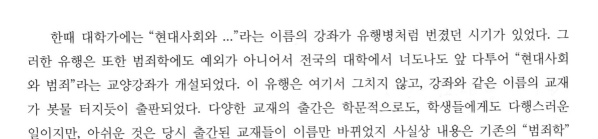

제5판 머리말

한때 대학가에는 "현대사회와 …"라는 이름의 강좌가 유행병처럼 번졌던 시기가 있었다. 그러한 유행은 또한 범죄학에도 예외가 아니어서 전국의 대학에서 너도나도 앞 다투어 "현대사회와 범죄"라는 교양강좌가 개설되었다. 이 유행은 여기서 그치지 않고, 강좌와 같은 이름의 교재가 봇물 터지듯이 출판되었다. 다양한 교재의 출간은 학문적으로도, 학생들에게도 다행스러운 일이지만, 아쉬운 것은 당시 출간된 교재들이 이름만 바뀌었지 사실상 내용은 기존의 "범죄학" 서적들과 거의 같았던 것이다. 이런 아쉬움에 출판사와의 협의로 서명에 맞는 내용의 새로운 교재를 내놓게 되었던 게 벌써 20년이 넘었다. 한두 번 출판사가 바뀌고, 내용도 그때마다 조금씩 바뀌는 과정을 거쳐서 박영사에 정착하여 몇 번의 개정과 증보를 거쳐 오늘에 이르게 되었다.

이번의 증보판에는 "현대사회와 범죄"라는 서명의 의미를 최대한 반영한다는 견지에서 현대사회에서 우리가 새롭게 경험하거나 적어도 더욱 심각해지는 범죄 현상을 반영하고자 하였다. 그 결과, 최근 들어 그 수법이 더욱 교묘해지고 피해 또한 그 대상과 정도가 더욱 확산되고 심각해지고 있는 대표적인 범죄 두 가지를 추가하였다. 그 하나는 "피싱(Phishing) 범죄"이고, 다른 하나가 "교제 폭력(Date violence)"이다. 과거의 피싱 범죄가 어쩌면 투망식으로 고기를 잡듯 무작위적 '투망형'이거나 기껏해야 '낚시형'이었다면 현재는 표적을 선택하여 공격하는 그야말로 '작살형'으로 진화할 정도가 되었다. 또한 "교제 폭력"도 '스토킹(Stalking) 범죄'와 연계되기도 하여 더욱 빈번하고 잔인해지고 있는 실정이다. 이에 이들 두 범죄에 대해서 미리 알고 대비함으로써 피해를 당하지 않거나 그 위험을 줄일 수라도 있기를 바라는 마음으로 독자들에게 소개하였다.

늘 그렇듯이 학문을 하는 사람은 응당 글을 써야 마땅하지만, 그런 학문적 열정을 하나의 결실로 세상에 내놓는 것은 출판사의 몫이다. 이 책이 세상에 빛을 보게 해준 박영사와 그 임직원 여러분께 감사드린다. 그리고 노학자의 학문적 열정이 식지 않도록 응원해주는 독자 여러분께도 감사드린다. 저자의 학문을 쉬지 않고 이어갈 수 있게 배려해 준 고려사이버대학교와 우리 가족 모두에게도 감사드린다.

2024. 6. 6. 현충일에
삼청공원 모퉁이 고려사이버대학교 연구실에서

차 례

제1부 서 론

제 1 장 현대사회의 범죄

제 2 장 범죄학 이론의 기초

제 2 부 매스커뮤니케이션과 범죄

제 1 장 범죄와 형사사법에 대한 대중매체의 영향

제 2 장 범죄의 원인으로서의 대중매체

제 4 장   표적범죄

제 5 장   전통적 폭력범죄

제 4 부 현대사회의 특수범죄

제 1 장 사이버범죄

제 3 장　기업범죄

제 4 장　직원범죄 - 고용인 절도, 사기, 횡령

제 1 부

서 론

MODERN SOCIETY & CRIME

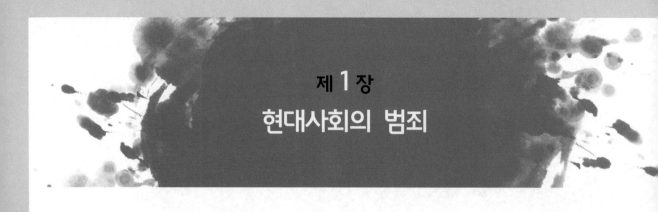

제1장
현대사회의 범죄

제1절 범죄학 연구의 필요성

　　사회문제란 사람들이 사회에 대해 위협으로 인식하는 사회현상을 말한다.[1] 특히 이러한 사회현상 중의 하나인 범죄는 많은 사람들에게 있어서 공포와 두려움의 대상이 되고 있다.

　　일찍이 Durkheim과 Mead는 범죄가 지역사회를 통일시키고 강화시킨다는 범죄의 순기능을 논하기도 했지만,[2] 그보다는 부정적인 결과를 더 많이 초래하는 것으로 이해함이 마땅하다. 사람들이 범죄를 두려워한다는 것은 곧 타인에 대한 두려움을 야기시키고, 나아가 타인에 대한 불신을 갖게 되어 사회가 해체되고, 결과적으로 비공식적 사회통제기제가 약화되는 결과를 초래하게 된다. 또한 사람들이 범죄에 대한 두려움을 가짐으로써 자신의 안전을 확보하기 위해서 상당수의 방범장비를 구입하게 되고, 때에 따라서는 피해복구를 위한 보험을 사야 하며, 심지어는 경비원을 고용해야 하기도 하여 상당한 액수의 경제적인 부담을 지지 않을 수 없게 되었다. 이러한 개인적인 부담 외에도 실제 범죄로 인한 직접적인 물질적이고 정신적인 피해는 막대한 것이다.

　　이 밖에도 범죄에 대한 두려움 그 자체로 인하여 시민 스스로 행동에 대한 자유를 제한하기도 하며, 범죄방지를 위한 공식적인 노력들이 때로는 적법절차 위반으로 인하여 시민들의 많은 권리가 제한당하기도 한다. 이처럼 범죄가 초래하는 직접적인 물적, 인적 피해나 사람들이 느끼

---

1 Joseph F. Sheley, America's "*Crime Problem*": An Introduction to Criminology, Belmont, CA: Wadsworth Publishing Company, 1985, p. 15.

2 E. Durkheim, *The Division of Labor in Society*, 1933; G. H. Mead, "The Psychology of Punitive Justice," *American Journal of Sociology*, 1918, 23: 577−602.

는 간접적인 두려움으로 인한 경제적인 비용의 부담, 권리의 침해 등을 볼 때 범죄는 중요한 사회문제로서 연구되어야 한다.

제 2 절 범죄 및 범죄학의 정의

1. 범   죄

범죄문제를 체계적으로 연구하기 위해서는 범죄가 무엇인지를 알 필요가 있다. 이는 범죄의 정의가 범죄학 연구의 범위와 내용을 규정하기 때문이다.

(1) 범죄의 상대적 특성

범죄라는 것은 어디까지나 상대적인 것이지 절대적일 수는 없다. 즉 범죄는 시간과 공간적으로, 상대적인 개념으로 파악되어야 한다. 시간적으로는 과거의 마약에 대한 범죄는 존재하지 않았지만 현재는 범죄로 취급되고 있으며, 범죄의 공간적 상대성이란 것은 특정 사회나 지역에서는 범죄에 해당되는 행위가 다른 지역이나 사회에서는 범죄가 되지 않거나 또는 그 반대의 경우를 두고 일컫는 것이다.[3]

(2) 범죄의 법률적 관점

1) 합의론적 관점

법의 기원을 사회적 합의에서 찾는 입장은 사회의 구조기능주의이론에 바탕을 두고 있다.[4] 구조기능론자들은 사회의 다양한 부분들이 하나의 통합된 구조로 조직되고, 어느 한 부분이나

---

3 Henry W. Mannle and J. David Hirschel, *Fundamentals of Criminology*(2nd ed.), Englewood Cliffs, NJ: Prentice Hall, 1988, pp. 3−4.

4 Jon Shepherd, *Sociology*, St, Paul, M: West Publishing Co., 1981, p. 11.

제도의 변화가 다른 부분에 대하여 상당한 영향을 미친다고 본다. 그래서 완벽하게 통합된 문화에서는 사회적 안정성이 존재하고 사회의 구성원들이 규범·목표·규칙 그리고 가치에 대해서 일종의 합의나 동의를 이루게 된다. 이러한 관점에서 볼 때 Siegel이 법을 단순히 관습의 산물로 이해하고 있는 것처럼 법이란 사회 상호작용의 비공식적 규칙에 의한 산물인 것이다. 이처럼 구조기능론적 관점에서 법은 우리 사회의 가치·신념 그리고 의견의 주류를 반영하는 것이며, 범죄는 이러한 법률의 위반인 동시에 사회의 전체 요소에 모순되는 행위로 규정되고 있다. 즉 어떠한 행위가 법률에 의해서 금지되어야 하며, 범죄로 간주되어야 하는가에 대하여 다수 시민에게 있어서 일반적인 합의가 있다는 것이다.[5]

2) 갈등론적 관점

갈등론자들은 법의 기원을 매우 선별적인 과정으로 보고 있다. 이들은 사회를 상호갈등적인 다양한 집단의 집합으로 보고 이들 집단 중에서 자신들의 정치·경제적 힘을 주장할 수 있는 집단이 자신들의 이익과 기득권을 보호하기 위한 수단으로 법을 만들어 냈다고 보고 있다.

하지만 살인이나 강간과 같은 범죄는 보편적으로 가장 중요한 범죄로 받아들여지는 것이지 지배집단이나 특정계급의 이익을 보호하기 위한 것은 아니라는 점에서 갈등론의 결점이 지적되고 있으나 갈등론자들에 의하면 살인과 강간도 엄격한 의미에서는 지배집단의 기득권이 보호되는 차원에서 다루어지고 있다고 주장한다.

2. 범 죄 학

(1) 범죄학의 특성

범죄학이란 "사회현상으로서의 비행과 범죄에 대한 지식의 체계"로서[6] 범죄행위와 그에 대한 사회의 반응에 관한 연구의 과학적 접근을 일컫는다. 그래서 범죄학은 상이한 학문적 관점을 가진 다양한 학자들에 의해서 또는 다양한 학자간의 공동연구를 통해서 연구되는 학문분야이기 때문에 범죄학은 다양한 학문분야가 자신의 학문적 관점에서 독립적으로 관계하는 복수의 학제

---

5 Larry J. Siegel, *Criminology*(2nd ed.), St. Paul, MN: West Publishing Company, 1986, p. 15.

6 Edwin H. Sutherland and Donald R. Cressey, *Criminology*(9th de.), Philadelphia, PA: J. B. Lippincott Company, 1974, p. 3.

로 그리고 때로는 이들 복수의 학제가 공동으로 관계하는 종합 과학적 특성을 가지고 있다.

(2) 범죄학의 역사

1) 유럽범죄학의 출현

① 고전학파

현대범죄학의 뿌리는 Beccaria와 Bentham의 영향으로, 18세기 후반에 발전한 '고전학파'로서 이들은 범죄를 예방하고 범죄자를 제지하는 데 필요한 그 이상도 이하도 아닌 범죄에 상응한 처벌을 주장한다. 이러한 주장의 근거는 범죄행위는 결국 상대적인 위험과 이득에 대한 합리적인 계산의 결과로 선택된 행위라는 것이다. 따라서 처벌이란 범죄로 인한 위험성은 받아들일 수 없게 하지만 불필요한 고통을 야기시킬 정도로 그 이상 확대되어서는 안 된다는 것이다.

② 초기의 과학적 범죄연구의 선구자 – 제도학파

관찰, 기술 그리고 측정이라는 방법을 범죄학 분야에 적용시킨 학파가 제도학파이다. 그중 벨기에의 수학자이며 사회학자였던 Quetelet는 통계학적 방법이 범죄의 연구에 적용될 수 있음을 알고 처음으로 범죄학 연구에 있어서 계량적 기술을 도입하였다. 그는 장기간의 시간을 두고 지켜본 결과, 통계표를 통해 범죄현상의 규칙성이 존재하고 있음을 밝혔다.[7]

③ 실증주의학파

범죄학에서의 실증주의학파는 사회문제의 연구에 과학적인 방법을 적용하였던 19세기의 실증철학에서 따온 것으로서 Lombroso, Garofalo, Ferri와 같은 학자들은 범죄자와 비범죄자에 대한 통제된 조사의 중요성을 강조함으로써 범죄자의 연구를 과학적인 것으로 만들 수 있었다. 물론 그들의 연구가 잘 통제되고 과학적이었다고는 할 수 없지만 최소한의 과학적인 기준에 입각하여 범죄행위의 원인을 밝히려고 노력했기 때문에, 이들은 범죄에 대한 과학적인 이해라는 현대 범죄학 연구의 새로운 전통을 세웠다.[8]

2) 미국범죄학의 발달 – 사회학파

초기단계의 미국범죄학은 실증주의의 영향을 많이 받았다. 그와 관련하여 아동지도상담소에

---

7 John Hagen, *Modern Criminology: Criminal Behavior, and Its Control*, New York: McGraw–Hill Book Company, 1988, p. 16.

8 *Ibid.*, p. 19.

서는 청소년비행의 개별사례에 대해 그 주요원인을 찾아내기 위한 일련의 사례 연구적 접근에 기초한 방법들이 사용되었다.

그 후 시카고학파는 1930년대 사회해체에 초점을 둔 생태학적 범죄연구를 시작으로 사회의 환경이 범죄를 유발한다고 주장한 후에 문화적 갈등이론, 긴장이론, 부문화적 긴장이론 등의 사회구조의 모순과 문제점에서 범죄와 비행의 원인을 찾았던 사회구조이론과 사회학습이론, 사회통제이론 그리고 낙인이론 등의 사회과정을 중시하는 사회과정이론, 그리고 범죄의 원인을 사회의 갈등에서 찾는 갈등이론을 축으로 그 발전을 계속해 왔다.

그러나 1960년대 후반부터 일기 시작한 범죄의 원인에 대한 과학적인 규명과 예측의 어려움, 그리고 이에 따른 범죄자의 교화개선 효과에 대한 의문의 제기 등으로 인하여 1980년대 후반에 이르러 다시 복고적 경향을 띠고 고전주의적 범죄관에 입각한 선별적 구금이나 무력화 등이 대두되었다.

3) 현대의 범죄학

1970년대 후반에서 1980년대 초를 기점으로 범죄학 분야에서는 자유주의적 성향에서 보수주의적 성향으로 이념적인 변화를 맞게 됨으로써 범죄학은 무엇이 범죄를 유발하는가보다는 범죄를 예방하기 위해서는 무엇을 할 것인가에 더 많은 관심을 표하고 있다. 결과적으로 범죄자에 대한 처우의 방법을 계획하고 그들의 범인성에 대한 대안을 제공하는 것보다는 상습적인 범죄자를 가려내어 그들을 통제하는 수단을 개발하는 데 더 관심을 보이게 된 것이다. 1980년대는 범죄학의 이념적 복수성을 경험하고 있다고 볼 수 있다.

한편 최근에는 이와는 별도로 지금까지는 철저하게 형사사법으로부터 배제되었던 피해자에 대한 관심이 급격히 증가하게 되었다. 이에 따라 범죄피해에 대한 가능성과 두려움에 관한 연구가 성행하고, 피해자조사를 통한 범죄피해자통계가 범죄율과 추세를 연구하는 중요한 방법이 되었으며, 피해자와 가해자의 관계가 범죄연구의 초점이 되었고, 범죄발생의 방법과 그에 대한 사회의 반응을 평가하기 위해서 범죄자와 피해자의 개인적 특성이 중시되기도 한다.

또한 범죄원인과 관련하여 단일한 원인으로 분석하던 종래의 연구방법에서 벗어나 여러 범주의 원인을 통합적으로 고려하는 통합이론의 출현도 현재의 범죄학 흐름의 하나라고 볼 수 있다.

제3절 범죄학 연구의 목적과 범죄

Sutherland와 Cressey는 범죄학이 "법의 제정과정과 범법의 과정 및 범법에 대한 반응"을 연구의 대상으로 하며 대체로 ① 법의 기원과 발달에 관한 법사회학 ② 범죄의 원인을 규명하는 범죄병리학 ③ 범죄에 대한 사회적 반응인 행형학으로 구성된다고 하였다.[9]

이처럼 범죄학은 그 사회가 경험하고 있는 범죄의 실태를 파악하여 어떤 종류의 범죄가 어떤 사람과 물질을 대상으로 어떤 사람에 의해서 어떤 방법으로, 그리고 어떤 원인으로 범행을 하는가를 이해하고 범죄에 대처하기 위해서 우리는 어떻게 예방하고 조치할 것인가를 강구하고자 함을 연구의 목적과 범위로 한다고 볼 수 있다.

1. 범죄실태의 파악

범죄의 실태를 파악하기 위해선 우선 무엇이 범죄인가가 규정되어야 하는 것이 중요하며 무엇이 범죄행위인가가 규정되면 그 다음은 이러한 법률위반행위가 과연 어느 정도나 발생하고 있는가가 관심의 대상이 되어야 한다. 그러므로 범죄가 사회계층별, 연령별, 성별, 지역별 또는 기타 범죄와 관련이 있는 사회적 제 변수별로 어떻게 분포되고 있는지 그 실태를 역학적으로 연구하는 것이 필요하다.

2. 범죄원인의 분석

인간의 병을 치유하기 위해서는 그 병의 원인이 진단되어야 하듯이 범죄문제의 해결을 위해서도 무엇보다도 범죄의 원인이 규명되지 않으면 안 된다. 지금까지 생물학적 원인이나 심리학적 원인 등과 관련하여 개인적 속성에서 원인을 찾는 이론도 있었으며, 사회화과정과 사회학습 또는 사회통제라는 관점에서 원인을 규명하려고 하기도 하였으며, 또 다른 일부에서는 비판적 관점으로 범죄를 보는 새로운 범죄관도 있었다. 그러나 현재로서는 범죄의 원인에 대한 많은 이

---

9 Edwin Sutherland and Donald Cressey, *Criminology*(9th ed.), Philadelphia, PA: J. B. Lippincott, 1974, p. 3.

론들 중 그 어느 것도 범죄원인을 완전하게 규명해 줄 수 없으며, 단지 다양한 개인적 속성과 사회적 환경의 상호작용적인 산물로서 범죄의 일부만을 규명할 수밖에 없는 부분적 이론일 뿐이다. 그래서 최근에는 현재의 다양한 이론을 하나의 패러다임으로 통합하는 경향이 두드러지고 있다.[10]

3. 범죄통제방안의 강구

범죄통제를 위한 사회적 대책은 범죄문제의 발생을 사전에 예방하는 것과 이미 발생한 범죄사건에 대한 사후대응이라고 볼 수 있다. 이 중 범죄의 사전예방은 예측을 통한 범죄의 통제를 강구하는 것이다. 즉 특정인에 의한 미래범행의 가능성을 예측하고 이들에게 요망되는 처우를 결정하여 행함으로써 이들에 의한 장래의 범행을 사전에 예방하자는 것이다. 범죄피해에 따른 과다한 비용, 피해회복의 불가능, 그리고 범죄자의 처리와 개선의 비용과 어려움 등을 고려할 때 범죄의 통제는 사전예방이 우선시되어야 한다는 점에서 범죄예방대책의 강구는 범죄학 연구의 주요한 대상이자 목적이 되는 것이다.

최근 범죄사회학의 영향에 따른 사회환경론적 범죄원인론에 기인하여 범죄를 유발 또는 조장한다고 고려되는 사회환경의 예측과 그 개선을 통한 범죄의 예방이 강조되고 있다. 이 또한 범죄학이 연구하여야 할 부분이기도 하다.

그러나 예방적 노력에도 불구하고 범죄는 항상 있기 마련인데, 이에 대한 형사사법적 대응도 중요한 범죄학의 연구대상이며 목적이다. 그런데 이미 발생한 범죄에 대한 사법적 대응은 사법정의의 실현이라는 측면과 범죄자의 개선을 통한 예방과 통제의 의미를 동시에 포함하고 있다. 범죄자에 대한 처벌과 그에 의한 사법정의의 실현 그리고 범죄동기의 억제 및 이것으로 인한 미래범행의 통제로서 우리는 범죄를 예방할 수 있다. 따라서 범죄자에 대한 교화개선에 의한 범죄예방은 어쩌면 범죄와 관련된 가장 중요한 정책분야인지도 모른다. 그러므로 경찰, 검찰, 법원 그리고 교정기관과 같은 형사사법기관의 절차와 과정 및 관행, 그리고 이들 기관과 제도 등

---

10 이론의 통합에 관해서는 이윤호, "한국소년비행연구의 이론적 구조," 「한국청소년비행론」, 법문사, 1991, 제3장, pp. 41−59: 이윤호, "비행의 통합적 설명" 그 이론적 합성, "한국형사정책학회, 〔형사정책〕," 1988.3: 95−114; Lee, Yoon Ho, "Integrated Causal Path Models of Delinquency: The Case of Selected Korean High School Boys," Ph. D. Dissertation, Michigan State University, 1987, pp. 21−27; Lee, Yoon Ho: "Integration and Elaboration of Theories to Explain Delinquency among Korean High School Boys," *International Journals of Comparative and Applied Criminal Justice,* 1990, 14(1): 25−40을 참조할 것.

범죄에 대한 국가와 사회의 반응 및 대처양식에 대한 연구도 중요한 범죄학의 영역이다.

4. 범죄피해자의 연구

범죄학이 가장 최근에야 관심을 갖게 된 분야가 바로 범죄피해자 분야이다. 전통적인 범죄학과 형사정책이 대부분 가해자를 중심으로 연구되어 왔으나 범죄현상은 언제나 상대적인 것으로서 가해자가 있다면 피해자 또한 있기 마련이다.[11] 그럼에도 불구하고 지금까지 범죄학은 피해자를 고려하지 않는 일방적인 가해자학에 지나지 않았다. 즉 범죄의 한 상대인 피해자에 관한 고려와 연구 없이는 범죄학이 완전한 것일 수 없다는 것이다.

이러한 견지에서 피해자학은 범죄행위가 이루어지는 과정에 있어서 피해자의 역할과 책임을 규명하고 범죄의 종류와 범행의 수법과 범죄자의 특성을 파악할 수 있는 것이다.

---

11 마약이나 매춘 등을 우리는 피해자 없는 범죄(victimless crime)라고 하지만 사실 피해자가 없는 것이 아니고 자신이 가해자인 동시에 피해자이거나 피해자가 불특정 다수인 경우이므로 엄격히 말해서는 피해자가 없다고 할 수 없다.

제 2 장
범죄학이론의 기초

 1. 개   관

　고전학파의 범죄관은 인간을 자유의사를 가진 합리적 존재이며 동시에 모든 인간은 일탈할 잠재성을 가진 존재라는 가정에서 시작한다. 이러한 고전학파의 범죄관은 모든 사람은 법 앞에 평등하고 국가는 시민의 생명, 재산 그리고 자유를 보호할 의무가 있다는 John Locke와 Jean Jacques Rousseau 등의 철학에서 그 뿌리를 찾고 있다. 고전학파는 이러한 철학적 기초 위에 개인의 권리를 보호하기 위한 국가의 처벌에 대한 필요성은 인정하면서 그 처벌이 잔인하거나, 과다하거나 또는 자의적이지 않아야 한다고 믿고 있다. 그래서 이들은 처벌에 대해 보다 합리적인 접근을 주장하며, 범죄와 그에 대한 처벌의 관계는 공정하고 형평을 이룰 수 있어야 한다고 강조한다.

　한편, 공리주의철학과 쾌락주의 원리의 영향을 받았는데, 이는 인간이 고통스러운 것은 피하고 최대의 즐거움을 가져다주는 일을 선택하는 쾌락추구 창조물이라는 가정이다. 따라서 고전학파는 사회계약, 공리주의 그리고 쾌락주의에 기초한 형사사법의 합리적 운영의 중요성을 강조하였다. 이러한 논리를 주창한 Cesare Beccaria와 Jeremy Bentham이 이들 고전학파의 창시자라고 할 수 있다.

　이러한 고전주의적 철학에 기초한 고전학파의 범죄원인론은 다음의 다섯 가지 요소로 구성되어 있다.

　① 사람들은 자신의 욕구를 충족시키거나 문제를 해결하기 위하여 관습적인 해결책이나 범

죄적 해결책을 선택할 자유의사를 가지고 있다. ② 그런데 통상적으로 범죄적 해결책은 큰 보상에 비하여 덜 힘들기 때문에 관습적인 해결책보다 더 매력적이다. ③ 그러나 범죄적 해결책의 선택은 그러한 행위에 대한 사회반응의 두려움에 의해서 통제될 수 있다. ④ 따라서 사회의 반응이 더욱 신속하고, 확실하고, 엄격할수록 범죄행위를 더 잘 통제할 수 있다. ⑤ 그러므로 가장 효과적인 범죄예방대책은 범죄가 매력적이지 못한 선택으로 만들 수 있는 충분한 처벌이다.

다시 말해서 인간은 기본적으로 자신의 행위를 선택하는 합리적인 창조물이어서 쾌락은 추구하지만, 반면에 고통은 피하고자 한다. 따라서 범죄라고 하는 것은 범죄자에게 어떠한 쾌락을 제공해야만 하기 때문에, 범죄를 억제하기 위해서는 범죄로부터 습득되는 쾌락에 상응한 고통을 부과해야만 한다는 것이다. 따라서 법의 창조와 유지를 지배하는 기본적인 원리는 최대 다수에 대한 최대 행복인 것이다.

2. 고전주의범죄학의 이해

(1) 처   벌

Beccaria는 형사처벌의 목적을 달성하기 위해서는 부과된 처벌의 고통이 통제하고자 하는 범죄로부터 얻어질 수 있는 이익을 능가해야만 한다고 믿었다. 그런데 범죄와 처벌의 관계를 계산하기 위해서는 처벌의 정도·신속성 그리고 확실성이 동시에 고려되어야 한다.

우선 처벌이란 범죄에 의한 위해에 의해서 정당화되어야만 하는데, 만일 처벌의 정도(severity of punishment)가 위해의 정도에 따라 정당화되지 않거나 지나치게 과다하다면 처벌로서 억제, 예방 또는 통제하고자 했던 바로 그 잘못을 범하게 되며, 더구나 범죄자들도 더 이상 잃을 것이 없기 때문에 자신의 한 가지 범죄에 대한 처벌을 피하기 위해서 또 다른 범죄를 범하게 될 우려도 있게 된다. 그렇다면 처벌의 정도는 어떻게 정할 것이며, 어느 정도의 처벌이 충분한 것인가? 물론 그 대답은 분명할 수 없다. 하지만 인간이 합리적이며, 자기이익에 의해서 동기가 부여되고 선악 사이의 선택의 자유를 가진 존재라는 고전학파의 주장을 기억한다면, 처벌의 정도는 범행의 이익을 충분히 능가할 수 있는 정도 이하가 되어서는 안 될 것이며, 마찬가지로 범죄억제의 목적을 달성하는 데 요구되는 것 이상도 이하도 아니어야 한다.

한편, 고전학파의 처벌관에 있어서 또 하나의 중요한 요소는 처벌의 신속성(swiftness of punishment)에 관한 문제이다. 즉, 범행시점으로부터 처벌이 부과되는 기간에 따라 처벌의 효과가 다를 수 있다는 것이다. 이 주장의 요체는 범행에 따른 처벌이 보다 빠르면 빠를수록 처벌이 보다 유용하고 정당할 것이라는 논리이다. 왜냐하면 처벌과 범죄 사이에 시간이 적게 흐를수록 범죄와 처벌이라는 둘의 관계가 범죄자의 마음속에 더 오래 그리고 더 강하게 자리 잡을 것이기 때문이다.

고전학파의 처벌관에서 가장 중요한 핵심는 처벌의 확실성(certainty of punishment)이다. 범죄에 대한 최고의 억제 중 하나는 처벌의 잔인함이 아니라 처벌의 무과실성(infallibility)이다. 이럴 경우 무시무시하지만 미처벌(impunity)의 희망이 있는 처벌은 비록 온건한 처벌일지라도 확실성을 갖는 처벌보다 더 약한 인상을 남긴다. 심지어 가장 미약한 처벌일지라도 그것이 확실하다면 항상 사람의 마음을 두렵게 할 것이다.

결국 고전학파는 행정적이고 법률적인 범죄학이며, 이의 가장 큰 장점은 운용이 용이한 절차를 세웠다는 것이다. 따라서 법관은 단지 법을 적용하는 도구에 지나지 않으며, 법이란 모든 범죄에 대한 정확한 처벌과 그 정도를 처방하는 것이며, 범죄행위의 원인이나 이유에 관한 온갖 의문, 범행의도나 동기의 불확실성, 임의적인 법률의 불평등한 결과, 행정적인 통일을 기하기 위하여 범죄의 특수한 상황여건이 묵시적으로 무시되고 있다. 바로 이것이 범행의 특수여건 또는 범죄자에 대한 특별한 고려 없이 동일 행위에 대해 정확한 규모의 처벌을 가하는 형사사법에 대한 고전적 관념이다.

(2) 신고전학파

고전학파의 논리를 적용하는 데 있어서 가장 큰 어려움은 범죄에 있어서 특수한 상황여건을 무시한다는 것이다. 고전학파는 처벌을 결정하는 데 있어서 범죄의 의도가 아니라 오로지 행위 그 자체여야 한다는 Beccaria의 주장에 의거하여 모든 범죄자를 동일시하였다. 따라서 초범자와 누범자, 미성년자와 성인범죄자 그리고 정신적으로 정상인 범죄자와 비정상인 범죄자가 동일한 처벌을 받았었다. 또한 처벌이란 사람에 따라서 상이한 영향을 미친다는 사실을 인식하지 못했다.

그러던 것이 1819년 개정된 프랑스법전에서 주관적인 의도에 대한 고려는 허용되지 않았지만, 어떠한 객관적인 상황의 관점에서 법관의 재량권행사가 가능케 되었다. 즉, 어린이와 정신적 저능범죄자는 정상적인 범죄자에 비해서 범행의 책임이 적은 것으로 간주하는 등 범죄자의 특성이 고려되었던 것이다. 이러한 범죄로부터 범죄자로 관심이 이동된 것이 바로 신고전주의범죄학의 가장 큰 특징이다.

그러나 이것마저도 개혁가들의 비판의 대상이 되었다. 즉, 이들은 엄격한 법전의 부정의에 반대하고, 개별화의 필요성과 개별적 상황에 적정한 판결의 필요성을 강조하였다. 자유의사와 완전한 책임이라는 고전주의이론의 적용에 있어 나이, 정신상태 그리고 상황 등을 고려하는 이러한 개정과 개선의 노력을 소위 신고전학파라고 일컫는다.

따라서 신고전학파는 고전주의 인간본성에 대한 기본적인 주장과 특이할 만한 차이점이 없으며, 단지 실질적인 경험으로부터 야기된 고전주의이론에 기초한 형법의 운영에 필요한 수정일 뿐이다.

(3) 현대의 고전주의적 개념

일반적으로 20세기 중반까지 이러한 교화개선적·자유주의적 범죄학이 주류를 이루었으나, 70~80년대에 들어서면서부터 범죄학자들은 고전주의범죄학에 다시 관심을 가지기 시작하였다. 즉, 이들 범죄학자들에게 있어서, 범죄자의 교화개선에만 매달리기보다는 사회계약과 처벌이라는 고전적 개념을 재생시키는 편이 보다 바람직하게 여겨졌고, 이들의 주장을 우리는 현대고전주의라고 일컫는다.

1) 억제(deterrence)

현대고전주의범죄학의 가장 중요하고 가장 논쟁의 소지가 많은 요소가 범죄억제이다. 즉, 인간은 사고의 능력이 있고, 원천적으로 자기이익에 의해서 동기를 부여받으며, 선택의 자유가 있기 때문에 범죄행위도 이러한 이성적인 인간의 합리적 계산의 결과로 선택된 것이라고 보는 주장이다. 따라서 범죄행위는 인간이 쾌락과 이익은 극대화하면서 손실과 고통을 최소화하려고 하기 때문에 발생한 것으로서 범행으로 인해 기대되는 이익보다 손실이 크다면, 즉 상응하는 처벌을 가함으로써 억제될 수 있다는 것이다.

그런데 이러한 논리는 1968년 Becker를 시작으로 경제학자들이 인간의 경제적 선택을 범죄행위의 분석과 형사사법제도의 선택에 원용하고 있다. 즉, 이들의 견해에 따르면 범행의 결정은 비용과 편익을 고려한 여타의 다른 결정과 다를 바 없다는 것이다. 인간은 합법적인 소득을 획득할 실질적인 기회, 이들 기회에 의해서 제공되는 소득의 정도 그리고 불법적인 방법에 의해서 얻어질 수 있는 소득의 정도, 즉 자신이 불법행위를 했을 때 검거될 확률 그리고 체포되었을 때의 가능한 처벌을 계산하여 범행을 결정한다는 것이다.

따라서 이들의 주장에 의하면 처벌의 신속성·확실성 그리고 심각성이 범죄억제를 위한 중요한 요소가 되고 있다. 즉, 엄격하고 신속하고 확실하게 처벌함으로써 다음의 두 가지 형태로 범죄는 억제된다는 것이다. 우선 범죄자에게 실제로 처벌을 부과하여 범죄가담의 비용이 과다하다는 것을 보여 줌으로써 범죄자의 범행을 억제할 수 있다. 즉, 처벌의 고통이 범죄로 인한 이익을 초과할 때 그는 또다시 범행하지 않을 것이란 논리이며, 이것을 특별억제(special deterrence)라고 일컫는다. 한편, 다른 사람에 대한 처벌을 인식함으로써 처벌에 대한 위협을 느껴서 자신도 범행의 결과 처벌받을 것이기 때문에 범행을 두려워하게 되어 잠재적인 범죄자의 범행이 제지될 수도 있다고 믿고 있으며, 이를 일반억제(general deterrence)라고 일컫는다.

즉, 처벌의 엄중성·신속성 그리고 확실성과 범죄율은 반비례관계이며, 처벌이 엄중하고 법집행의 효율성과 효과성이 향상될수록 범죄행위에 가담하는 사람의 수는 줄어들 것이라는 주장이다. 그런데 처벌의 확실성·신속성·엄중성은 상호영향을 미치게 되어 예기치 못한 억제효과가 나타날 수도 있다. 예를 들어서 특정 범죄에 대한 처벌이 엄중하더라도 범죄자가 거의 체포되지 않고(확실성), 처벌되지 않는다면 그 범죄에 대한 처벌의 엄중성은 범죄제지에 특별한 효과가 없다는 것이다. 반대로 효과적인 경찰활동 등으로 체포와 처벌의 확실성이 높아진다면 비록 약한 처벌일지라도 잠재적으로 범죄자에 대한 억제효과가 있을 수 있다는 것이다.

억제의 가능성과 관련된 또 다른 관점은 그 사회가 요망하는 범죄예방의 수준이다. 즉, 일요일의 주류 판매금지나 고속도로의 속도제한과 같이 특정 행위에 대해서 완전한 제거가 아니라 일정한 제한과 통제만을 요하는 부분적 억제(partial deterrence)와 마약사범에 대한 의무적인 종신형의 선고와 같이 특정 범죄에 대한 완전한 제거를 요하는 절대적 억제(absolute deterrence)가 있다.

한편, Bowers는 가능한 억제효과의 형태를 더욱 세분화하고 있다. 특정 유형의 범죄에 대한 처벌을 강화함으로써 바로 그 특정 범죄의 발생률을 감소시키는 특정 억제(particular deterrence)와 특정 범죄에 대한 처벌을 강화함으로써 그 특정 범죄는 물론이고 관련된 다른 범죄의 발생률까지도 감소시키는 일반화된 억제(generalized deterrence), 특정 범죄에 대한 처벌을 강화시킴으로써 계획되지 않았던 다른 범죄까지도 그 발생률을 감소시키는 선별적 억제(selective deterrence)가 바로 그것이다.

그런데 일반 억제모형의 가정은 사람들이 범죄행위와 관련된 처벌에 관해서 잘 알고 있어서 바로 그 처벌 때문에 범법행위를 하지 않는다는 것이어서 사람들이 형사제재와 관련된 고통을 인식하지 못한다면 처벌이란 아무런 효과가 없다는 것이다. 그러나 사람들이 실제로 형사처벌에 관해서 인식하고 있는지의 여부는 확실치 않으며, 제재의 엄중성도 상황적으로 결정되며, 처벌의 확실성도 범죄적 상호작용의 역동성을 고려하지 않으면 안 된다.

처벌에 대한 공포를 통하여 범법자를 제지하는 것이 고전주의범죄학의 주요 골자이다. 그러나 억제나 억제수단에 대한 개념이 실제로 범죄성과 범죄율을 감소시키는지는 확실치 않다. 물론 체포율의 증대가 범죄감소와 연관은 있지만, 고전주의범죄학에서 주장하는 것과는 상당한 차이가 있다. 억제이론은 잠재적인 범죄자의 이익과 비용에 대한 합리적인 계산을 전제로 하고 있으나, 범죄자들이 대개는 마약이나 음주 등의 영향을 받거나 인격특성의 문제가 있는 등 합리적 계산이 불가능한 경우가 종종 있으며, 또한 상당수의 범죄자는 사회의 절망적인 하류계층에 속하는 사람들이기 때문에 과연 이들에게도 처벌의 공포가 억제효과를 발할 수 있을 것인가는 의문시되고 있다. 설상가상으로 억제효과란 처벌의 엄중성뿐만 아니라, 처벌의 확실성과 신속성에 의해서도 상당한 영향을 받게 된다. 그러나 대부분의 형사사법기관의 범죄해결률, 즉 처벌의 확실성이 그렇게 만족할 만한 수준은 아니다.

2) 무 능 화

무능화(incapacitation)란 소수의 위험한 범죄자들이 사회의 다수 범죄를 범한다는 현대고전주의범죄학의 주장이다. 따라서 범죄를 방지하고 피해자를 보호하기 위해서는 이들 범죄성이 강한 사람들을 장기간 무능화시켜야 한다는 주장이다. 그런데 특수억제(special deterrence)를 주창하는 사람들은 구금을 통한 무능화의 경험이 무시무시한 것이 되어서 이들 범죄자가 다시 범행을 반복하지 않도록 해야 한다고 믿고 있다.

이러한 주장의 선봉자는 Wilson인데, 그는 빈곤 등 사회적 · 경제적 · 심리적 범죄원인들이 사실상 변화가 불가능한 사회조건이나 변수들이기 때문에 형사사법정책에 아무런 도움이 되지 못하며, 따라서 처벌과 무능화가 그 대안이어야 한다고 주장한다.

그런데 Greenwood는 소수의 중누범자 등 특수범죄자가 다수의 범죄를 범한다는 사실에 착안하여, 이들 소수의 특수범죄 집단에게 무능화를 적용한다면 효과적인 범죄감소전략이 될 수 있다고 주장하였는데 이것이 바로 선별적 무능화(selective incapacitation)이다.

그러나 범죄자를 구금하여 그들의 범죄능력을 무능화 또는 무력화시키는 것은 엄청난 비용을 수반하게 된다. 따라서 비록 범죄자에 대한 무능화가 실제로 범죄를 감소시킨다고 할지라도 그 비용 또한 적지 않다는 비판이다. 또한 범죄자의 무능화가 그들의 장래범죄성을 억제할 것인가에 대한 분명한 증거도 없으며, 오히려 그 반대의 경우도 예견될 수 있다. 즉, 구금경력이 많은 범죄자일수록 재범률이 더 높다는 사실이 이를 잘 입증해 주고 있는 것이다. 한편, 만일 범죄활동으로부터 이익을 얻을 수 있다면 구금된 범죄자를 대신할 누군가가 항상 있게 마련이라는

것이다. 즉, 새로운 범죄자가 나타나서 훈련되며 구금에 따른 이익은 결국 없어질 수 없다는 것
이다.

3) 응   보

고전주의범죄학은 범죄자는 오로지 자신의 범법이 처벌이나 응보를 받아야 마땅하기 때문
에 처벌되어야 한다고 주장한다. 이는 철학자 Kant의 연구에 기초한 것으로, 그는 법이 범죄를
처벌하도록 기약하기 때문에 합리적인 인간은 처벌받아 마땅하다고 주장하였다.

따라서 범죄자는 그들이나 다른 사람들이 할지도 모르거나 할 수 있는 범법행위가 아니라
그들 자신이 실제로 행한 범법행위에 대해서 처벌되어야 한다는 것이다. 그러므로 범죄자가 불
법행위로 얻은 이익과 그 범죄로 인하여 사회 전체나 피해자가 겪게 되는 고통을 상쇄하려고 한
다. 범죄란 다른 사람의 비용으로 범죄자 자신이 이익을 보기 때문에, 범죄사실 이상도 이하도
아닌 적정한 선에서 범법자를 처벌함으로써 원상태로 되돌려 놓는 것이 공정한 것이라는 사실
이다.

응보론자들은 정의사회에서의 처벌이 공정한 것이며, 필수적인 것이라고 주장한다. 그들에
의하면 법을 준수하는 사람들로 하여금 그들이 사회의 관습적인 규칙을 지킴으로써 불공정한
부담을 가정하지 않게 해 주며, 처벌함으로써 재화와 서비스의 공정한 분배와 질서정연한 사회
를 확인시켜 주는 규칙을 준수하도록 해 주며, 처벌이 그 사회가 사회구성원과 사회제도의 평정
을 만들어 주는 한 방법이 된다고 한다.

4) 당위적 공과론(just desert)

보다 최근 형태로서 응보론은 당위적 공과론(just desert)의 개념에서도 찾을 수 있다. 응보론
과 공과론(desert)이 거의 동일한 개념같이 보이지만, 공과론은 응보론보다 덜 위협적이고 반면
에 더 합당한 것으로 여겨진다. 이러한 당위적 공과론의 개념은 Andrew Von Hirschi가 그의 저
서 「정의실현(Doing Justice)」에서 형사사법정책의 지침으로서 공과론의 개념을 제창하면서 처음
사용되었다. 그는 "어떤 사람이 보상받거나 처벌받을 것이 마땅하다는 것은 그의 과거행위에 근
거하는 것이며, 그 행위의 이익과 불이익이 그를 유쾌하거나 불유쾌한 처우를 받게 하는 이유라
는 것을 확인시켜 주는 것이다"라고 주장한다.

이와 같은 공리적인 관점이 공과론적 접근의 핵심고리이다. 처벌이란 범죄에 의해서 방해받
은 사회적 평등성을 담보하기 위해서 필요하며, 그럼에도 불구하고 처벌의 경중은 범죄의 경중

과 상응해야 된다. 한편, 공과론적 개념은 피의자에 대한 권리에도 관심을 가져서, 피의자의 권리가 다른 사람의 권리를 위해서 희생되어서는 안 되며, 범법자는 범행의 특성보다 적게 또는 많게 처벌되어서는 안 된다고 주장한다.

(4) 고전주의이론의 정책응용

최근까지도 고전주의범죄학이 형사사법정책에 지대한 영향을 미치고 있다. 우선 법률에 대한 영향으로서 정책입안자들은 처벌이 범죄를 통제하기 위한 노력에 있어서 강력한 형벌을 적용한다면 범죄억제효과가 클 것이라 확신하여, 오늘날 법을 제정함에 있어서도 최전방 범죄억제로서 처벌의 위협에 의존하고 있다.

한편, 경찰단계에서도 경찰운용의 특성 자체가 고전적 원리를 추종하는 것으로 보인다. 그것은 범죄예방이라는 경찰임무가 경찰의 가시성(visibility)과 현장성으로 잠재적 범죄자에 대한 억제효과가 이를 잘 증명해 주고 있다. 경찰복장과 순찰차는 범법행위가 체포 및 심각한 처벌을 유발한다는 사실을 지속적으로 주지시켜 주고 있다.

또한 고전주의이론은 범죄자의 교정과정에도 영향을 미치고 있다. Fogel의 정의모형(justice model)에 의하면, 보호관찰부 가석방(parole)이나 재소자의 교화개선성공에 의한 어떠한 조기석방도 폐지되어야 하며, 범죄자의 형기는 정기형이어야 하고, 교도소는 처우가 아니라 처벌의 장소여야 한다. 또한 재소자의 정의감이 고양되어 그들이 제도에 의해서 피해를 입었다고 느끼지 않아야 하며, 만약 모든 사람이 동등하게 그리고 공평하게 처우된다면 심지어 가장 중한 처벌일지라도 수용가능한 것이어야 한다. 그러나 그들의 이익과 특권이 불평등하게 분배된다고 믿는다면 이에 대한 그들의 부정의감은 어떠한 교정적 교화개선노력의 가능한 이익을 상쇄하고도 남을 것이다.

제 2 절 실증주의범죄학

1. 개 관

Beccaria와 Lombroso 사이의 한 세기는 지적 혁명기로 불릴 정도로 사고의 변화를 초래하여 사실적 과학의 논리적·기본적 방법론이 틀을 잡게 된 시기이다. 과학적 조사의 해석이 역사, 관습 그리고 종교의 집합적 유산을 포함한 모든 현상의 새로운 설명체계인 새로운 지적 접근법을 제공하기 시작하였다. 인간본성에 관한 의문에 대한 해법으로 철학이나 종교보다는 사실적 과학의 입장이 많은 관심을 갖게 되었다.

인간이란 자신이 원하는 것을 자유로이 선택할 수 있는 자기결정적 존재라기보다는 자신의 행동이 생물학적·문화적 전례에 의해서 결정되지 않는다면 적어도 영향을 받게 되는 존재로 인식되기 시작하였다.

그래서 이들 실증주의는 범죄가 개인의 선택된 산물이고 따라서 범죄자는 도덕적·법률적으로 법률위반에 대한 책임이 있다는 고전주의의 주장에 반대하며, 이것은 바로 인간행위가 복합적인 요인에 의해서 야기되는 자연적인 현상이라는 사실을 인식하지 못하는 이유라고 주장한다. 또한 범죄의 연구에 있어서 과학적인 방법을 추구하지 않는다면 범죄학의 진보는 불가능하다고 주장하면서 그들로 하여금 조심스러운 관찰과 측정에 전념토록 하였으며 이것이 실증주의의 몇 안 되는 공헌 중의 하나로 평가되고 있다. 따라서 실증주의 범죄학의 실질적인 기초는 범죄행위의 원인을 추구하는 것이며, 이러한 범죄원인의 추구는 생물학적·심리학적 그리고 사회학적·다변적 요인에 기초하고 있는 것으로 개념화되고 있다. 또한 실증주의는 개별적 범죄인에게 초점을 맞추고 있어서, 형법의 특성과 형사사법의 운영에 초점을 맞추는 고전주의나 특정인의 행위나 사람의 형태보다는 단순한 범죄율에 관심을 가지는 소위 범죄통계학파와 구별되고 있다.

물론 실증주의범죄학은 Lombroso, Ferri 그리고 Garofalo의 연구에 주로 기초하고 있으나, 실증주의의 역사적 중요성은 그래도 Lombroso의 연구와 그의 생물학적 결정론일 것이다.

2. 현대의 실증주의

　　Lombroso를 위시한 실증주의자들의 관점이 1920년대 말에 이르러 상당히 약화되었지만, 현재까지도 이들 관점의 수정과 확장은 계속되고 있다. 이러한 현상은 인간생물학의 몇 가지 관점과 관련된 요인으로서 비범죄자와 범죄자를 구분하는 일련의 요인이 분명히 존재한다는 믿음에 기인한다.

　　초기의 현대적 고전주의는 Hooton, Kretschmer, Sheldon 그리고 Glueck부부 등의 연구를 들 수 있다. 이들의 기본적인 관점은 역시 인간은 자유의사를 가지지 못하여 스스로 범죄적 또는 비범죄적 조건을 자유로이 선택할 수 없을 뿐 아니라 인간의 행동은 인간이 적응해야 하는 사회적 조건이나 대인관계의 반영도 아니라는 것이다. 단지 이러한 영향들은 범죄 밑바탕의 참 원인이 그들의 행위에 현재화되는 가능성을 변경해 줄 따름이고, 범죄자가 되었거나 범죄자가 될 사람들은 특정 부류의 구성원들이며, 이러한 부류의 사람들은 그들의 특징적인 신체적 특성과 이들 신체적 특성을 가진 사람들의 특징적인 인격특성에 의해서 구별될 수 있다는 것이다.

　　한편, 실증주의범죄학의 중요한 관점 중의 하나가 범죄행위의 원인을 결정하기 위한 노력을 함에 있어서 범죄자의 생물학적·심리학적 그리고 사회학적 특성의 연구에 대한 과학적 방법의 적용이다. 예를 들어 실증주의범죄학은 범죄행위의 원인을 탐구함으로써 인간행위는 인간이 통제할 수 없는 영향력에 의해서 결정되고 범죄행위의 원인은 비범죄행위의 원인과는 구별되는 것으로 가정하고 있으며, 이러한 가정으로 인하여 범죄행위의 원인탐구가 범죄자와 비범죄자의 차이점을 탐색하는 형태를 취하게 된다. 따라서 대부분의 현대과학적인 범죄학은 그 방법과 기본적인 구성에 있어서 실증주의라고 할 수 있다.

3. 실증주의범죄학의 평가와 공헌

　　혹자는 실증주의학파의 출현으로 건실한 범죄학적 이론의 발전이 늦어졌다고도 하지만, 많은 사람들이 학문의 진실된 출발점으로 여기고 있으며, 과학적인 방법에 의한 범죄연구를 주창했다는 점 등은 실증주의학파의 부인할 수 없는 공헌일 것이다. 심지어 실증주의학파에 대한 비판가들조차도 실증주의학파의 공헌을 인정하고 있다.

　　우선, 실증주의학파에서는 범죄학분야를 법학이나 사회철학 또는 신학이 아니라 행동과학으로 개념화하고 있다. 또한 학계는 물론이고 일반대중에게도 범죄란 체계적이고 객관적으로 연구되어야 하고 연구될 수 있는 대상이라는 사실을 확신시켜 주었다. 즉, 실증주의학파의 대중성은 범죄행위가 조심스러운 연구에 의해서 이해될 수 있는 복합적인 요인에 의해 야기된다는 것을 많은 사람들에게 확신시켜 주었다. 그리고 이러한 새로운 이해가 오늘날의 범죄학이 발전하는 데 필요했던 동기를 제공해 주었다.

제 2 부

매스커뮤니케이션과 범죄

제1장
범죄와 형사사법에 대한 대중매체의 영향

제1절 개   관

    사람들은 자신의 행동에 기초가 되는 자신의 세상을 그리는데 대중매체로부터 얻은 지식을 활용한다. 우리는 이 과정을 때로는 '현실의 사회적 구성'이라고 하며, 범죄와 대중매체의 연구에 매우 중요한 부분이기도 하다. 사회적 현실의 구성에 필요한 지식은 중요한 타자(他者), 사회제도와 기관, 개인적 경험 등에 의해서도 얻어지지만 현대사회에 있어서 거의 모든 사회기관들이 정보를 얻거나 확산시키기 위하여 대중매체에 의존할 수밖에 없기 때문에 다른 지식원보다 대중매체에의 의존도가 더욱 증대되고 있다.[1]

    대중매체와 범죄를 연구하는 것은 바로 현대사회에 있어서 매우 중요한 위치를 차지하고 있는 이 두 거대한 사회제도의 충돌에 기인한다. 물론, 대중매체와 범죄는 독립적인 현상과 대상으로서는 상당한 연구가 있어 왔지만, 양자의 상호작용과 상호영향에 대한 관심은 비교적 최근의 일이다. 대중매체와 범죄의 상호작용에 대한 관심이 범죄와 형사사법에 대한 일반 시민들의 태도에 미치는 대중매체의 영향에서부터 범죄를 통제하기 위하여 이용되는 대중매체기술의 직접적인 활용에 이르기까지 다양하다. 그럼에도 불구하고, 범죄와 형사사법에 대한 대중매체의 영향에 대한 폭넓은 연구와 논의는 거의 찾아보기 힘든 형편이다.

    학문적 관심은 물론이고 형사사법과 대중매체의 관계를 연구하는 중요한 몇 가지 이유가 있다. 첫째로 대중매체는 단순히 뉴스나 오락을 제공하는 중립적이고 모나지 않은 사회기관이 아

---

1 S. Lighterk, "Media power: The influence of media on politics and business," *Florida Policy Review*, 1988, 4: 35–41.

니며, 오히려 대중매체의 확산성(pervasiveness) 하나만으로도 그 영향은 지대한 것이기 때문이다. 실제로 우리는 신문, TV 그리고 라디오를 접하지 않고는 단 하루도 살 수 없을 정도로 대중매체에 노출되고 있다. 이러한 현상은 대중매체의 메시지에 관심조차 없는 사람들에게도 영향이 미칠 정도이다.[2] 그래서 캐나다 양형위원회(Canadian Sentencing Commission)는 "일반 대중들은 … 현실을 반영하지 못하는 자료에 근거한 양형관점을 가지도록 강요받는다"[3]라고 결론짓기도 하였다.

　　둘째로 지금까지 미국에서도 범죄를 통제하기 위해서 엄청난 비용이 들었지만, 크게 성공적이었던 경우는 거의 없었다. 그로 인한 일반 시민의 좌절과 분노는 역설적으로 대중매체를 범죄문제에 기여하는 것으로 공격함과 동시에 범죄에 대한 가능한 해결책으로 그 활용이 증대되는 결과를 초래하였다. 결국 범죄와 관련된 대중매체의 영역을 확대하고 반대로 제한도 하는 정책적 노력들이 공존하였다.[4] 이러한 범죄와 대중매체의 역설적 관계는 다양하게 나타나고 있다. 대중매체를 범죄와 폭력의 원인으로 치부하면서 동시에 그 범죄와 폭력문제의 해결책으로도 등장하고 있다. 즉, 범죄의 모방과 학습 등의 부정적 영향을 들어 대중매체를 범죄의 원인이라고 주장하면서도 폭력과 마약 등을 줄이거나 범죄를 억제하고 형사사법에 대한 인식을 지원하는데 대중매체의 도움을 청하기도 한다. 동시에 사건의 해결, 특히 공개수배와 수사 등의 형사활동에 있어서 대중매체는 중요한 역할을 할 수 있으며, 심지어 교정시설에서의 보안을 증진시키고 범죄자를 교화 개선하는데도 대중매체의 도움을 받을 수 있다. 한편으로, 형사사법기관과 그 종사자들을 부정적이고 비효율적인 것으로 묘사하지만 결과적으로 이러한 언론의 부정적 보도는 오히려 형사사법요원의 증원이나 시설과 기능의 확충 등을 가능하도록 여론을 몰아주기도 한다. 또한, 언론은 형사사법제도를 부정적으로 묘사하면서도 범죄 관련 프로그램에서는 거의 모든 범죄사건이 해결되어 형사사법기관과 요원들을 항상 긍정적으로 묘사하고 있다.[5]

　　셋째로, 대중매체의 영향에 관한 많은 혼란에도 불구하고 범죄와 대중매체에 대한 연구는

---

2 S. Gorelick, "Join our war: The construction of ideology in a newspaper crime – fighting campaign," Crime and Delinquency, 1989, 35: 421–436; G, Newman, "Popular culture and criminal justice: A preliminary analysis," Journal of Criminal Justice, 1990, 18: 261–274.

3 Canadian Sentencing Commission, "Sentencing in the media: A content analysis of English–language newspapers in Canada," Ottawa: Department of Justice, 1988, pp. 95–96; J. Roberts and A. Doob, "News media influences on public views on sentencing," Law and Human Behavior, 1990, 14(5): 451–468.

4 R. Surette, Media, Crime and Criminal Justice, Pacific Grove, CA: Brooks/Cole Publishing Co., 1992, p. 5.

5 Ibid., p. 14.

사회에 대한 우리의 일반적 이해를 증대시키는데 상당한 잠재력을 가지고 있다. 범인성과 사회
정의에 대한 사회의 이상과 이념은 정치적 이념, 자유의사, 사회관계 그리고 인본성 등을 반영
하고, 이들 사고와 이념들이 형사사법체제 내에서 실현되고 합법화되어 대중매체를 통하여 확산
되기 때문이다. 일반 시민들이 범죄에 관한 정보의 95%는 바로 대중매체에서 얻는다는 연구결
과를 볼 때 대중매체가 범죄정보를 확산시키고 사람들이 정보를 얻는 가장 중요한 정보의 근원
임을 입증해주고 있다.[6] 따라서 형사사법제도와 기관들은 대중매체의 확산성(pervasiveness)과
침투성(invasiveness)에 의하여 지대한 영향을 받을 수밖에 없게 되었다. 형사사법제도와 기관의
정통성이 그들의 일상적 활동과 운영사항이 대중매체의 노력에 의하여 노출됨으로써 점점 의문
시되기도 한다. 그 결과 형사사법기관이 더 이상 신성시되지 않고 부수직으로 정동성마저도 상
실하게 되어 때로는 형사사법과 범죄에 대한 사회적 현실마저도 바꾸게 된다.

제 2 절   범죄와 형사사법에 미치는 대중매체의 영향력 유형

범죄와 형사사법에 대한 시민들의 태도와 신념에 미치는 대중매체의 영향은 가장 빈번하게
연구되는 분야이며, 이들 연구의 대부분은 보통의 세계관(mean-world view)과 특별교육철폐
(mainstreaming)라는 Gerbner가 제시한 두 가지 개념 위에 이루어지고 있다. 전반적인 연구의 결
과는 연구의 대상, 대중매체의 종류, 그리고 보도의 내용 등에 따라 그 영향이 상이하다는 것이
다. 신문은 범죄에 대한 신념에 영향을 미치는 경향이 있는 반면, TV는 범죄에 대한 두려움 같
은 태도에 더 많은 영향을 미친다고 한다.

범죄에 대한 일반시민의 태도와 신념에 미치는 대중매체의 영향은 결국 범죄와 형사정책에
관한 공공정책을 형성하는 데까지 영향을 미칠 수 있다. 다수의 연구결과는 일반시민의 대중매
체 소비량과 형벌적 형사정책에 대한 지지가 중요한 상관관계가 있다는 것을 밝히고 있다. 즉,

---

6 D. Graber, "Evaluating crime-fighting policies," in *Evaluating Alternative Law Enforcement Policies*, edited by R.
  Baker and F. Meyer, Lexington, MA: Lexington Books, 1979, pp. 179-200.

대중매체를 많이 접할수록, 특히 대중매체의 범죄 관련 보도를 많이 접할수록 형벌적 형사정책을 더 지지하게 된다는 것이다. 뿐만 아니라 형사사법기관 내에서 조차도 이러한 주장이 사실이라고 알려지기도 한다. 한편, 단순히 대중매체가 여론을 형성하고 선도하는 기능을 한다는 면에서만 보더라도 대중매체가 범죄에 대한 일반시민의 의식과 태도에 지대한 영향을 미칠 수 있음을 알 수 있다. 결론적으로 대중매체는 범죄와 형사사법에 관한 소비자의 정책과 의식과 의제에 다양한 영향을 미치는 것으로 알려지고 있다. 물론, 범죄와 형사사법에 대한 인식이 다른 사회적 인식과 결합되며, 범죄문제에 대한 개인의 인식에 의해서만 결정되지는 않는다. 마지막으로 대중매체는 사람들이 인식하고 해석하고 세계를 향하여 행동하는 방법에 영향을 미침으로써 사람들의 사회적 현실을 변화시킬 수 있다는 것이다.

1. 현실세계와 대중매체

흔히 현대인은 현실세계와 언론세계라는 두 개의 세상을 살고 있다. 현실세계는 우리의 직접적인 경험에 의해서 정해지지만 언론의 세계는 그 언론의 편집자나 프로듀서들의 결정에 의해서만 형성된다.[7] 그래서 언론세계에의 노출을 현실세계에서의 신념, 태도, 정책효과와 연관시키는 것이 대중언론 연구의 중요한 부분이 되어 왔다.[8] 그러나 대중매체가 사람들의 태도에 얼마나 많은 영향을 미치는가는 논쟁의 대상으로 남아 있고, 더욱이 태도와 인식 등의 원천은 매우 다양하기 때문에 사람들의 태도형성에 미치는 다양한 요인 중 하나인 대중매체가 사람들의 범죄에 대한 태도의 형성에 얼마나, 어떻게 영향을 미치는가도 복합적일 수밖에 없다.

대중매체가 사람들의 범죄에 대한 태도에 중요한 영향을 미친다고 강조하는 사람들은 시민이 범죄와 폭력에 노출되는 대부분은 대중매체에 의한 것이라고 주장한다.[9] 한 연구결과 95% 정도의 조사대상자가 대중매체를 범죄에 대한 일차적 정보원이라고 답하였으며,[10] 사실 범죄가 대중매체에서 집중적으로 다루어지고 있다는 사실을 범죄를 소재로 하는 많은 기사와 방송이

7 H. Zucker, "Variable nature of news media influence," in *Communication Yearbook*, vol. 2, edited by B. Ruben, New Brunswick, NJ: Transaction Books, 1978, pp. 225–240.

8 C. Stroman and R. Seltzer, "Media use and perceptions of crime," *Journalism Quarterly*, 1985, 62, pp. 340–345.

9 J. Dominick, "Crime and law enforcement in mass media," in C. Winick(ed.), *Deviance and Mass Media*, Newbuey Park, CA: Sage, 1978, pp. 105–128.

10 D. Graber, "Evaluating crime-fighting policies," in R. Barker and F. Meyer(eds.), *Evaluating Alternative Law Enforcement Policies*, Lexington, MA: Lexington Books, 1979, pp. 179–200.

대변해주고 있다. 상식적으로도 대다수의 시민은 직접 범죄를 경험하지 않기 때문에 그들의 범죄와 형사사법에 대한 태도와 인식의 형성은 상당 부분 대중매체에 의존한다고 가정할 수 있다.[11] 대중매체가 변호사, 도서관 그리고 직접적인 경험 또는 학교보다도 사법제도에 관한 정보와 지식을 얻는 더 중요한 정보원이었으며, 텔레비전 하나가 모든 비대중매체 정보원을 합한 것보다 더 중요한 정보원이었고, 대중매체가 모두 상위 다섯 개 정보원으로 조사되었다.[12] 더욱이 증인, 배심원, 피의자 등과 같은 직접적인 범죄 관련 경험조차도 정보원으로서의 대중매체의 영향을 거의 줄이지 못하는 것으로 밝혀지기도 하였다.[13] 바로 이 점에서 대중매체가 범죄와 형사사법에 대한 시민의 태도에 영향을 미칠 수 있는 잠재성을 가지고 있는 것으로 이해되고 있다. 그동안의 다양한 연구에도 불구하고, 대중매체가 범죄와 형사사법에 대한 시민의 인식, 태도, 정책 등에 얼마나 영향을 미치는가는 아직도 완전히 풀리지 않은 의문으로 남아 있다.

2. 범죄와 형사사법에 대한 태도와 관련한 응용

지금까지 알려진 바로는 시민의 태도와 인식을 바꾸기 위해서 일부러 고안된 대중매체의 캠페인마저도 그 결과는 극히 제한적인 성공을 거두었고, 대부분이 건강과 관련된 주제에 국한되었다. 따라서 범죄와 형사사법에 대한 시민의 태도와 인식에 조직화 또는 계획되지 않은 대중매체의 뉴스나 오락프로그램이 영향을 미칠 수 있다는 주장에 의구심을 갖게 한다.[14]

그러나 계획된 대중매체의 영향이나 효과가 분명치 않다는 사실만으로 계획되지 않은 효과와 영향마저 없다고 결론짓는 것은 무리일 수 있다. 물론 계획되지 않은 효과가 있다면 그것은 대체로 다른 요인들과의 상호작용의 결과라고 한다. 사실 대중매체가 범죄와 형사사법에 관하여

11 R. Lewis, "The media, violence and criminal behavior," in R. Surette(ed.), *Justice and the Media*, Springfield, IL: Charles C. Thomas, 1984, pp. 51−69; Stroman and Seltzer, *op. cit.*

12 F. Bennack, *The American public, the Media, and the Judicial System: A National Survey on Public Awareness and Personal Experience*, The Hearst Corporation, 1983; Surette, *op. cit.*, 1992, p. 82에서 재인용.

13 D. Yankelovich, S. Skelly, and A. White, Inc., "The public image of courts: Highlights of a National Survey of the General public, Judges, Lawyers, and Community leaders," in T. J. Fetter(ed.), *State Courts: A Blueprint for the Future, proceedings of the Second National Conference on the Judiciary*, Williamsburg, VA: National Center for State Courts, 1978, pp. 5−69; Surette, *op. cit.*, 1992, p. 83에서 재인용.

14 T. Tyler, "Assessing the risk of crime victimization: The integration of personal experience and socially transmitted information," *Journal of Social Issues*, 1984, 40, pp. 27−38.

반복적으로(repetitiveness) 확산시키기(pervasiveness) 때문에 대중매체를 대체할 만한 정보원이 제한된 사람들에게 있어서 대중매체는 범죄와 형사사법 분야에 있어서 사람들의 태도와 인식에 지대한 영향을 미친다고 할 수 있다. 이러한 계획되지 않은 영향은 대체로 공공의제에 있어서 범죄가 차지하는 우선순위(setting the public agenda), 범죄와 형사사법에 대한 신념과 태도의 형성 그리고 범죄와 형사사법에 관련된 공공정책의 형성이라는 세 가지 분야에서 연구되고 있다.[15]

3. 공공의제상의 범죄와 형사사법

언론학자들에 의하면, 주제를 강조하거나 무시함으로써 대중매체는 시민대중에게 중요한 쟁점사항에 영향을 미칠 수 있다. 이와 같은 의제설정에 관한 연구에 의하면, 사람들은 대중매체에서 강조되는 만큼 사회적 관심사의 중요성을 판단하는 경향이 있다고 한다. 때로는 바로 이러한 대중매체의 의제가 곧 공공의제가 되기도 한다. 그러나 공공의제에 대한 대중매체의 영향이 어떻게 후속적인 정책결정에 영향을 미치는가에 대한 연구는 많지 않다. 일부 학자들이 대중매체가 선형과정(linear process)을 거쳐서 공공의제에 영향을 미친다고 주장한다. 즉, 하나의 기사가 보도되면 대중에게 그 중요성이 증대되고 대중이 경계하게 되어 이익단체가 동원되면 정책입안자가 그에 반응하게 된다는 것이다.[16]

그러나 공공의제 설정에 있어서 대중매체의 영향에 대해서는 아직 결론적인 것은 없다. 일부에서는 대중매체가 공공의제에 크게 영향을 미치지 않는다고 주장한다.[17] 또 다른 일부에서는 단지 경미한 영향만 있다고 한다. 최근에 대중매체가 공공의제에 영향을 미치지만 직접적으로나 선형적으로 미치는 것은 아니라는 소리가 높다. 즉, 그 영향이란 성별이나 연령 등과 같은 기타 요인이나 변수에 다음가는 이차적인 것이며, 사회망이나 여러 단계를 거쳐 중재되어진다고 한다.[18]

---

15 Surette, *op. cit.*, pp. 86−87.

16 J. Doppelt and P. Manikas, "Mass media and criminal justice decision making," in R. Surette(ed.), *The Media and Criminal Justice Policy*, Springfield, IL: Charles C. Thomas, 1990, pp. 129−142; E. Rogers and J. Dearing, "Agenda−setting research: Where has it been, where is it going?" in J. Anderson(ed.), *Communication Yearbook* 11, Newbury Park, CA: Sage, 1988, pp. 555−594.

17 V. Sacco, "The effects of mass media on perceptions of crime," *Pacific Sociological Review*, 1982, 25: 475−493; C. Stroman and R. Seltzer, "Media use and perceptions of crime," *Journalism Quarterly*, 1985, 62: 340−345.

18 B. Page, R. Shapiro, and G. Dempsey, "What moves public opinion?" *American Political Science Review*, 1987, 81: 23−43.

　　다시 말해서, 대중매체의 영향이 있다면 그것은 공공의제에 대한 대중매체의 강조나 무시가 아니라 대중의 선택적 노출이나 취사선택의 결과라는 것이다.

　　특히, 범죄와 형사사법과 관련해서는 대중매체가 범죄를 강조함으로써 정도 이상으로 범죄에 대한 두려움을 갖게 하여 결국은 범죄문제를 공공의제상 사실 이상으로 높게 설정되도록 한다고 할 수 있다.[19] 물론, 범죄문제를 강조하는 것이 지나친지는 주관적 결정이지만, 그것이 대중매체로 하여금 특정범죄문제에 대하여 매우 배타적이 되도록 하며, 범죄에 대한 공공의 불안감을 증대시켜서 기아와 같은 다른 사회문제의 공공의제화를 가로막는다.

　　결론적으로 공공의제에 대한 대중매체의 영향은 다양하며, 신문보다는 TV에 더 보편적이며 대중매체에 노출이 많을수록 그 영향도 크다. 또한 그 문제에 대한 직접적인 경험이 없고, 최근의 뉴스일수록 영향이 크며, 선형이 아니라 때로는 상대적이며 다른 사회적·개인적 변수와 매우 상호작용적이라고 할 수 있다.[20] 그런데, 대중매체와 공공의제의 관계를 보다 명확하게 하고자 연구의 범위를 단순한 의제설정에 그치지 않고 의제 만들기(agenda building), 즉 대중매체와 정책입안자의 상호작용적이고 쌍방향적 영향이 곧 공공의제의 구성가능성을 결정케 하는 데까지 확대하고 있다.[21]

4. 범죄와 형사사법에 관한 공공정책의 형성

　　불행하게도 최근까지 형사사법정책에 대한 대중매체의 영향을 연구한 경우, 그 영향이 대중매체 소비의 잠재적 결과로만 알려졌지 실제 관련성은 아직도 측정되거나 분석되지 못하고 있는 실정이다. 예를 들어 텔레비전 시청이 아무런 실증적 증거도 없이 주로 법과 질서라는 처벌지향적 비합리적인 정책지원을 유인하는 데 그치고 있다. 또한 텔레비전 시청이 시민의 경찰폭력에 대한 수용만을 증대시켰다. 범죄 관련 TV 프로그램의 대단한 흥행으로 경찰과 형사사법에 대한 시청자의 기대감만 비현실적으로 높여 놓았다.[22]

---

19 M. Gordon and L. Heath, "The news business, crime and fear," in D. Lewis(ed.), *Reaction to Crime*, Newbury Park, CA: Sage, 1981, pp. 227−250.

20 Rogers and Dearing, *op. cit.*

21 D. Leff, D. Protess, and S. Brooks, "Crusading journalism: changing public attitudes and policy−making agenda," *Public Opinion Quarterly*, 1986, 50: 300−315; D. Protess, S. Cooks, T. Curtin, M. Gordon, D. Leff, M. McCombs, and P. Miller, "The impact of investigative reporting on public opinion and policymaking: Targeting on toxic waste," *Public Opinion Quarterly*, 1987, 51: 166−185; Doppelt and Manikas, *op. cit.*; Graber, *op. cit.*

더구나 지금까지 주장된 증거의 대부분은 상관관계적 특성에 지나지 않는다. 그러나 대중매체와 다양한 정책에 대한 공공지지의 일관적인 긍정적 상관관계를 뒷받침하는 증거를 바탕으로 정책입안과 대중매체간의 인과관계를 규명하려는 노력이 있었다. 이들에게 있어서 대중매체는 정보와 이미지의 전달자만이 아니라 정책형성의 직접적인 행위자이다.

Fishman은 노인들에 대한 범죄에 관한 일련의 보도를 통하여 실제로 노인에 대한 범죄가 증가하였다는 아무런 확실한 증거가 없이도 새로운 경찰부서의 창설, 공공자원의 재배정 그리고 새로운 법률의 입법 등을 가능케 하였다고 주장한다.[23] 또 다른 예로서, 레이건 전 대통령의 저격미수범인 Hinckley사건을 보도함으로써 정신이상자들의 형사책임에 관한 논란과 제도의 개선을 요구하게 되었다.[24] 우리나라에서도 과거 탈주범사건을 계기로 교도관들의 증원과 교대근무제도의 변화를 가능케 하였다. 뿐만 아니라 음란물에 대한 기소여부의 결정에 언론과 대중의 의견을 검사가 어떻게 인식하는가가 중요한 요인이라는 연구결과가 제시되기도 하였다. 이러한 연구결과들이 바로 형사사법기관의 종사자들이 자신들의 정책과정에 있어서 언론과 대중의 의견을 어떻게 인식하는가에 따라 반응한다는 사실을 암시해 주고 있다.[25]

그러나 대중매체가 단지 '미미한 영향'만을 미치며 대중매체가 단기적인 관심만을 불러일으키고 대부분의 공공정책이 장기적 발전을 요함으로써 중요한 영향을 미치지 못한다는 생각 이상으로 전개되고 있다. 특히 매일 매일의 사례별 의사결정의 흐름이 정책이란 장단기간의 시간을 두고 발전될 수밖에 없다는 것을 의미하는 형사사법에 있어서 대중매체가 정책과정에 있어서 중요한 영향을 미칠 수밖에 없다.[26] 공공정책이 변화하는 환경 속에서 발전하며, 따라서 그

---

22 J. Pandiani, "Crime time TV: If all we knew is what we saw," *Contemporary Crisis*, 1978, 2: 427－458; J. Culver and K. Knight, "Evaluative TV impressions of law enforcement roles," in R. Baker and F. Mayer(eds.), *Evaluating Alternative Law Enforcement Policies*, Lexington, MA: Lexington Books, 1979, pp. 201－212; R. Estep and P. MacDonald, "How Prime－time crime evolved on TV, 1976－1983," in R. Surette(ed.), *Justice and the Media*, Springfield, IL: Charles C. Thomas, 1984, pp. 110－123.

23 M. Fishman, "Crime waves as ideology," *Social Problems*, 1978, 25: 531－543.

24 R. Snow, "Crime and justice in prime－time news: The John Hinckley, Jr., case," in R. Surette(ed.), *Justice and the Media*, Springfield, IL: Charles C. Thomas, 1984, pp. 212－232.

25 D. Pritchard, "Homicide and bargained justice: The agenda setting effect of crime news on prosecutors," *Public Opinion Quarterly*, 1986, 50: 143－159; D. Pritschard, J. Dilts, and D. Berkowitz, "Prosecutors' use of external agendas in prosecuting pornography cases," *Journalism Quarterly*, 1987, 64: 392－398.

26 J. Doppelr and P. Manikas, "Mass media and criminal justice decision making," in Surette(ed.), *The Media and Criminal Justice Policy*, Springfield, IL: 1990, pp. 129－142.

영향도 다면적이고 대중매체의 내용, 보도의 시의성 그리고 정책입안자와 일반대중의 특성이 상호작용하여 형사사법제도의 정책에 미치는 영향을 결정하게 된다.[27]

더구나 형사사법종사자들 중에는 대중매체에 대한 반응이 사후적이거나 사전적이어서 대중매체에서 보고 들은 데 반응하거나 대중매체가 어떻게 반응할 것이라고 기대하는 예견에 따라 행동하게 된다.[28] 대중매체가 별 관심을 보이지 않는 경우에도 그들은 대중매체가 관심을 보일 것이라는 기대감에서 행동하기도 한다. 대중매체는 자신이 원하든 원하지 않든, 정책입안과정에 영향을 미친다.[29] 때로는 어떠한 시도보다도 정책의 개발과 정책적 지지에 대중매체가 더 큰 영향을 미칠 수도 있다.

결론적으로, 대중매체는 형사사법 정책분야에 있어서 전달자인 동시에 행위자로서 간주되어야 한다. 언론인, 프로듀서 또는 편집인 등은 정책형성과정의 한 부분이며 때로는 형사정책의 변화의 주체이고 때로는 변화에 반응하기도 한다. 이처럼 대중매체의 영향은 인정하면서도 대중매체의 영향에는 민감한 정책입안자의 특성과 형사정책이 영향을 받게 되는 상황이 무엇인지에 대해서는 밝혀지지 않고 있다. 그것은 대중매체와 형사정책 형성과정이 매우 상호작용적이기 때문이다.[30]

제 3 절   소   결

범죄성이나 형사사법에 있어서 대중매체가 미치는 영향을 무시할 수는 없지만 그렇다고 일차적인 결정요소는 아니다. 대중매체가 범죄와 형사사법 문제에 있어서 소비자에게 영향을 미치기도 하지만, 그 영향의 인과관계는 단순하지 않다. 대중매체가 범죄율과 같은 범죄에 대한 사

---

27 H. Molotch, D. Protess, and M. Gordon, "The media—policy connections: Ecologies of news," in D. L. Peletz(ed.), *Political Communication Research*, Norwood, NJ: Ablex, 1987, pp. 26—48.

28 Dopelt and Manikas, *op. cit.*

29 R. Drechsel, *News Making in the Trial Courts*, New York: Longman, 1983, p. 14.

30 R. Surette, *Media, Crime and Criminal Justice*, Pacific Grove, CA: Brooks/Cole Publishing Co., 1992, p. 101.

실적 인식에 보다 직접적으로 영향을 미치며, 오래된 문제보다는 새로운 쟁점에 미치는 영향이 더 크다.[31] 그래서 대중매체가 범죄피해에 대한 개인적 두려움에는 아무런 영향을 미치지 않고도 범죄에 대한 관심에 영향을 미칠 수 있다.[32] 범죄문제에 대하여 어떤 조치가 필요한가 등에 관한 사람들의 판단은 개인적 경험, 친지로부터의 정보, 개인적 배경, 그리고 지역적 여건 등에 의하여 영향을 더 많이 받지만, 대중매체도 사회적 현실을 구성하는 데 일조를 하고 있으며, 사회적 현실을 반영하는 사회정책의 형성에도 어느 정도 영향을 미치고 있다.

　　범죄와 형사사법에 대한 인식과 기타 사회적 인식이 결부되어 있기 때문에 범죄와 대중매체의 관련성을 직접적으로 설명하기는 어렵다. 즉, 범죄에 관한 태도가 범죄문제에 대한 인식에만 의존해서 결정되는 것은 아니다.[33] 만약 범죄에 대한 인식이 세계에 대한 폭넓은 인식에 관련되는 것이라면, 대중매체의 범죄보도에만 따라서 변한다고는 기대할 수 없을 것이다. 이처럼 대중매체에 영향을 받은 폭넓은 인식이 과거의 경험과 태도와 결부되어 범죄와 형사사법에 관한 의제에 영향을 미치고 이는 다시 특정 정책에 대한 지지를 높인다.[34]

　　개인은 현실의 인식에 따라 행동한다. 만일 대중매체가 범죄와 형사사법에 대한 인간의 현실을 구성하는 데 하나의 요소가 된다면, 대중매체가 범죄와 형사사법에 관련된 인간의 행위에도 영향을 미친다고 하지 않을 수 없다. 실제로 많은 상품광고들이 대중매체가 사람들의 행위에 폭넓게 영향을 미친다는 전제에서 이루어지고 있음이 이를 증명해주고 있다. 그러나 대중매체가 범죄에 미치는 잠재적인 영향 중에서도 가장 염려스러운 것은 대중매체가 범죄행위를 유인할 수도 있다는 가능성일 것이다.

---

31 T. Cook, T. Tyler, E. Goetz, M. Gordon, D. Protess, D. Leff, and H. Molotch, "Media and agenda setting: Effects on the public, interest group leaders, policy makers, and policy," *Public Opinion Quarterly*, 1983, 47: 16－35.

32 T. Tyler, "Assessing the risk of crime victimization: The integration of personal victimization experience and socially transmitted information," *Journal of Social Issues*, 1984, 40: 27－38.

33 S. Smith, "Crime in the news," *British Journal of Criminology*, 1984, 24: 289－295.

34 M. A. Bortner, "Media images and public attitudes toward crime and justice," in R. Surette(ed.), *Justice and the Media*, Springfield, IL: Charles C. Thomas, 1984, pp. 15－30; S. Lichter, "Media power: The influence of media on politics and business," *Florida Policy Review*, 1988, 4: 35－41.

제 2 장
범죄의 원인으로서의 대중매체

제1절 개 관

 지금까지의 연구는 그 초점이 매우 협소하고 검증되지 않은 전제에 기초하고 있지만, 사회적 공격성과 폭력성의 원인으로서 대중매체에 대하여 논의가 많았다. 폭력적 대중매체가 사회적 공격성을 증대시키는 원인임이 실험연구를 통해 분명히 밝혀졌으나 실제 사회에서는 그 관계가 약간은 혼재한 상태이다. 폭력성에의 노출이 범죄에 절대적인 영향을 미친다는 증거는 크게 신뢰받지 못하고 있으며, 폭력성을 자극하는 정도에 대한 논의 또한 계속되고 있다. 그럼에도 불구하고 실험연구에서는 TV에서 방영되거나 시청자들에게 노출되는 시각적 폭력이 일부 시청자에게 폭력성을 유발할 수 있다는 공통적인 연구결과를 보인다. 그러나 사회적 공격성에 대한 인쇄매체의 잠재적 영향에 대해서는 그 증거도 많지 않을뿐더러 큰 관심의 대상도 되지 않고 있다. 전반적으로 입증되지는 않고 있지만, 연구결과에 따르면 사회의 대중매체로 인하여 우리 사회가 점점 폭력적으로 변해간다. 물론, 모든 사회적 공격성이 범죄적인 것은 아니고 모든 범죄가 폭력적인 것도 아니다. 그렇지만 공격적 행위에 대한 대중매체의 영향에 상관없이는 범죄성에 대한 대중매체의 영향을 측정하지는 않는다.

 대중매체와 전체 범죄율에 관한 연구는 범죄에 대한 대중매체의 영향이 그 폭력성과 공격성에 대한 영향과는 별개의 것임을 암시하고 있다. 연구결과들은 인쇄매체 보다는 시각매체에 더 무게를 싣고 있으며, 폭력범죄보다는 재산범죄의 증대를 지적하고 있다. 이러한 일반화에 대한 한 가지 예외는 물론 성적으로 폭력적인 음란물에 관한 것이다. 여성에 대한 폭력적 성의 표현이 강간을 경시하거나 여성에 대한 공격을 지지하는 것과 같은 부정적인 사회적 영향을 유발하며, 이미 소질이 있는 남성에 대한 성적으로 폭력적인 매체의 영향이 분명한 위험을 야기한다는 증거가 늘어나고 있다.

　　또한, 모방범죄의 개념을 검토하는 연구가 늘어나고 있는데, 그 연구들은 영향이 어느 정도이고 어떻게 이루어지며 그 특성은 무엇인지 등을 밝히려고 한다. 모방범죄는 지속적으로 나타나는 하나의 사회현상이며, 개인의 범죄적 특성보다는 범행수법을 선택하는데 영향을 미침으로써 전반적인 범죄현상에 영향을 미친다.

　　이러한 논의와 추세로 볼 때, 대중매체가 범죄율에 있어서 상당히 중요한 요소임에는 틀림없는 것 같다. 그러나 대부분의 전문가들이 대중매체가 영향을 미치지만 그 영향의 정도와 특성은 결정적인 것은 아니라고 믿고 있다. 대중매체에 의한 범죄원인론적 영향은 매우 적으며 소비자, 여건, 그리고 사회적 환경의 특성과 같은 대중매체의 외부적 변수와 상당히 상호작용적이라고 인식되고 있다. 그러므로 대중매체와 범죄와의 관계는 이들 일련의 변수들과의 상호관계를 밝히는 일반적 상호작용모형을 중심으로 기술되어야 한다.

제 2 절　범죄의 원인으로서의 대중매체의 연구

　　범죄란 대체로 비밀스러운 것이고 숨겨지기 쉽다. 따라서 범죄에 대한 대중매체의 영향을 연구하고 평가하고 밝혀내는 것이 어려울 수밖에 없다. 또한, 이러한 대부분의 연구결과는 폭력과 공격성에 대한 연구에서 원용되고 있다. 그래서 이들 연구는 일반적으로 대중매체의 폭력성 표현이 사회적 공격성을 증대시키고 증대된 사회적 공격성으로 범죄량을 증대시킨다는 인과적 가설에 초점을 두고 있다.[1]

　　그러나 이러한 가설에는 많은 문제점이 내포되어 있다. 우선 상당수 범죄가 비폭력적이며, 사회적 공격성의 증대가 더 많은 범죄를 유발한다는 주장도 검증되지 않고 조사되지 않았으며, 대중매체의 폭력성이 사회적 공격성을 증대시킨다는 주장도 기껏해야 결론적인 것이 아니라는 것에 국한된다. 더구나 대부분의 연구가 시각적인 대중매체에 국한된다는 것도 지적되고 있다.

---

1 Surette, *op. cit.*, p. 108.

그러나 이러한 문제와 비판에도 대중매체가 범죄의 원인을 제공하는 것으로 알려지고 있다. 그래서 일부에서는 범죄를 줄이는 효과적인 방법으로서 언론검열이라는 매우 논쟁의 여지가 많은 공공정책을 주장하기도 한다. 그러나 범죄란 수동적이고 경미하며 피해자가 없는 범죄에서부터 강력한 폭력범죄에 이르기까지 다양하기 때문에 범죄와 범죄원인으로서 대중매체의 관계를 하나의 가설이나 단순한 방법으로 기술한다는 것은 합리적이지 못하다. 그럼에도 많은 연구자들이 대중매체의 폭력성이 범죄의 증대를 가져온다는 가설을 연구하는 데 매우 집착하고 있다.

그러나 그 영향이 의도적이건 아니건 대중매체가 사람들의 행위에 영향을 미친다는 이유로 오래전부터 비난받아 왔으며, 실제로 대중매체의 확실한 재정기반인 광고는 바로 이러한 신념에 기초하고 있다. 오래전부터 사람들은 대중매체가 청소년범죄를 야기하며 범죄에 대하여 관대한 분위기를 조장한다고 염려해 왔으며, 대중매체의 부정적 영향에 대한 관심은 고조되어 왔다. 그래서 1955년 미국의 연방통신위원회(Federal Communication Commission)는 아동과 청소년들이 보고 있는 텔레비전 화면을 통하여 범죄, 폭력, 살인, 잔인성, 공포물 등이 쏟아져 나오고 있다고 비난하기에 이르렀다.[2]

제3절   공격성에 대한 대중매체의 영향

'원숭이는 본대로 행동한다'는 말과 달리 공격성과 대중매체의 견지에서 아이들이 본대로 행동하지는 않는다. 대중매체의 폭력성 표현과 사회적 공격성의 관계가 처음에는 주로 '배설적 영향(cathartic effect)'과 '자극적 영향(stimulating effect)'을 추정하는 두 가지 경쟁적 가설을 중심으로 연구되어 왔다. 배설적 영향은 "적절히 표현되는 폭력에의 노출은 거의 대부분의 사람들에게 있는 자기증오와 화에 대한 치료적 분출로서 기능한다"는 것이고,[3] 반면에 자극적 영향은 폭력

---

2 U.S. Senate Judiciary Committee on Juvenile Delinquency, *Interim Report on Judiciary Investigation of Juvenile Delinquency in the U.S., Reprint, Westport,* CN: Greenwood Press, 1969, p. 7.

3 J. Baldwin and C. Lewis, "Violence in television: the industry looks at itself," in G. Comstock and E. Rubinstein (eds.), *Television and Social Behavior,* Vol. 1, Media Content and Control. Report of the Surgeon General's

적 행위를 지속적으로 소화하면 인간의 특성과 행위에 해로운 영향을 미친다는 것이다. 즉 자극적 영향은 폭력적 대중매체의 내용이 폭력적 행동 형태를 장려하게 되고 문명화된 사회에서는 받아들일 수 없는 일상생활상의 폭력에 관한 사회적 가치와 도덕을 부양하게 된다고 한다.[4]

자극적 영향을 주장하는 사람들은 시청자들이 공격성과 폭력성을 지지하는 규범과 가치, 폭력적이고 공격적이기 위한 기술 그리고 공격과 폭력의 대상과 수용하는 사회적 상황을 학습하는 '학습, 모방 그리고 모형화'과정이라는 일련의 인과적 기제를 탐구해 왔다. 그래서 아이들이 더 많은 폭력을 볼수록 공격적 행위를 더욱 수용하게 된다. 이러한 폭력성의 수용은 곧 아이들 자신이 보다 공격적이게 될 확률을 증대시킨다는 주장을 한다.[5]

반면에, 폭력성에 대한 시각적 이미지가 시청자의 공격성에 영향을 미친다는 상당한 증거로 인하여 배설적 효과나 영향을 주장하는 가설은 도외시 되어 왔다. 배설적 영향에서 주장하는 바와는 반대로, TV 시청이 좌절과 흥분이 결합되어 시청자들이 보다 더 공격적으로 행동할 확률이 높아진다. 따라서 현재의 쟁점은 자극적 효과나 영향의 중요성과 정도를 중심으로 연구가 이루어지고 있다. 이들 연구는 시각적 대중매체의 폭력성과 시청자들의 공격성의 상관관계에 대하여 밝혀냈으나, 그것을 범죄와 대중매체의 관계로 일반화시키기에는 타당성이 부족하다.

그러나 연구결과 폭력성의 표현이 모든 시청자들에게 똑같이 영향을 미치지는 않으며, 다양한 요인이 대중매체의 영향에 관련되는 것으로 밝혀지고 있다. 즉, 특정한 폭력성의 표현이나 특정한 사람이 보다 폭력적으로 행동하도록 하는지의 여부는 직설적인 쟁점이 아니라 개별적인 시청자, 표현물의 내용, 그리고 표현물이 방영되고 시청되는 여건 등의 상황 등에 주로 달려 있다. 그래서 대중매체의 영향은 그렇게 직설적이고 단순하지 않고 오히려 기타 사회적, 심리적 요인과 결부되어 공격성에 기여하는 것으로 알려지고 있다. 대중매체의 폭력성에 대한 영향에 기여하는 요인으로서는 폭력 행위자에 대한 보상이나 처벌의 부족,[6] 피해자의 행위에 의해서 폭력이 정당화되는 보도내용,[7] 폭력의 표현과 시청자의 현실여건의 유사성,[8] 시청자와 폭력행위자의

Scientific Advisory Committee on Television and Behavior, 1972, pp. 290−373.

4 National Commission on the Causes and Prevention of Violence, *Mass Media and Violence*, vol. 9, Washington, D.C.: U.S. Government Printing Office, 1969, pp. 169−170.

5 National Institute of Mental Health, *Television and Behavior: Ten Years of Scientific Progress and Implications for the Eighties*, vol. 1, Summary Report, Rockville, MD: Author, 1982, pp. 38−39.

6 M. Rosekrans and W. Hartup, "Imitative influences of consistent and inconsistent response consequences to a model of aggressive behavior in children," *Journal of Personality and Social Psychology*, 1967, 7: 429−434.

7 T. Meyer, "Effects of viewing justified and unjustified real film violence on aggressive behavior," *Journal of*

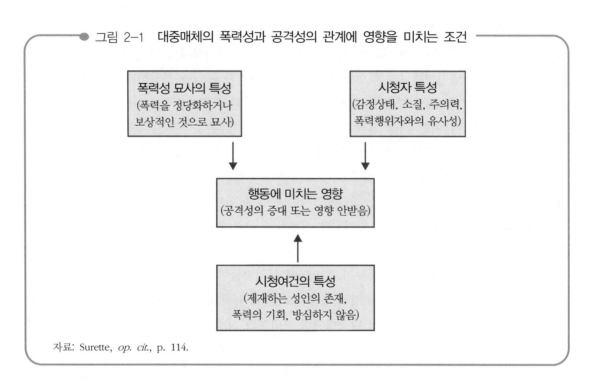

그림 2-1　대중매체의 폭력성과 공격성의 관계에 영향을 미치는 조건

폭력성 묘사의 특성
(폭력을 정당화하거나
보상적인 것으로 묘사)

시청자 특성
(감정상태, 소질, 주의력,
폭력행위자와의 유사성)

행동에 미치는 영향
(공격성의 증대 또는 영향 안받음)

시청여건의 특성
(제재하는 성인의 존재,
폭력의 기회, 방심하지 않음)

자료: Surette, *op. cit.*, p. 114.

유사성,[9] 꾸며진 것이라기보다 폭력을 사실적으로 묘사하는 표현,[10] 비판적 평가가 없는 폭력의 표현,[11] 시청자를 기분 좋게 하는 폭력의 표현,[12] 폭력물을 경험한 후 좌절감을 느끼는 시청자[13] 등을 들 수 있다.

Personality and Social Psychology, 1972, 23: 21−29.

8　R. Geen and L. Berkowitz, "Some conditions facilitating the occurrence of aggression after the observation of violence," *Journal of Personality*, 1967, 35: 666−676.

9　M. Rosekrans, "Imitation in children as a function of perceived similarities to a social model of vicarious reinforcement," *Journal of Personality and Social Psychology*, 1967, 7: 307−315.

10　S. Feshbach, "Reality and fantasy in filmed violence," in J. Murray, G. Comstock, and E. Rubinstein(eds.), *Television and Social Learning*, Washington, D.C.: U.S. Printing Office, 1972, pp. 318−345.

11　H. Lefcourt, K. Barnes, R. Parke, and F. Schwatz, "Anticipated social censure and aggression−conflict as mediators of response to aggression induction," *Journal of Social Psychology*, 1966, 70: 251−263.

12　B. Slife and J. Rychiak, "Role of affective assessment in modeling aggressive behavior," *Journal of Personality and Social Psychology*, 1976, 43: 861−868.

13　S. Worchel, T. Hardy, and R. Hurley, "The effects of commercial interruption of violent and nonviolent films on viewers' subsequent aggression," *Journal of Experimental Psychology*, 1976, 12: 220−232.

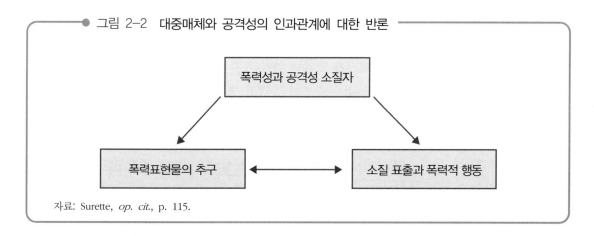

그림 2-2 대중매체와 공격성의 인과관계에 대한 반론

자료: Surette, *op. cit.*, p. 115.

종합하자면, [그림 2−1]과 같이 폭력적인 대중매체의 이미지와 개인의 공격적 행위에 대한 영향은 세 갈래 상호작용적 모형에 의해서 설명될 수 있을 것 같다. 즉, 폭력물의 표현내용의 특성 그것이 시청되는 여건 그리고 시청자가 상호작용하여 폭력적 표현물에의 노출이 시청자의 차후 행위를 결정하는 것으로 설명될 수 있다.

그러나 비판자들은 대중매체의 폭력표현물과 시청자 공격성이 인과적이라는 일반적으로 받아들여지는 결론을 비난한다. 즉, 기존의 자료로는 대중매체가 단순히 공격성과 상관관계가 있다기보다는 대중매체가 사회적 공격성을 야기한다고 결론내리기는 시기상조라는 것이다. 또한, 대중매체의 보도내용이 시청자의 인식에 어떠한 영향을 미치고 그 인식이 시청자의 태도와 행위에 어떠한 영향을 미치는가를 검증하는 데 국한된다고 비판한다. 또 다른 비판의 대상은 공격성의 개념을 규정하고 측정하는 데 있어서의 애매함이다. 즉, 대중매체에 대한 공격성의 관계는 기타 반사회적이지만 비공격적인 사회행위와 분리될 수 없다는 것이다.[14] [그림 2−2]처럼, 가장 기본적인 비판은 역시 공격성과 대중매체의 인과관계의 여부에 달려 있다.

비판의 내용은 폭력매체에의 노출과 공격적 행동이 연계가 있을지 모르지만 그것이 반드시 인과적이라고는 할 수 없다는 것이다. 즉, 폭력매체에의 노출과 공격적 행위 모두가 사실은 공격성과 폭력성 소질에 의해서 야기된다.

그러나 대부분의 비판과 쟁점은 영향의 존재가 아니라 영향의 정도와 중요성에 관한 것이라고 볼 수 있다. 즉, 시각매체의 폭력성과 시청자의 공격성은 상당한 상관관계가 있다는 일반적

14 L. Eron, "The development of aggressive behavior form the perspective of a developing, behaviorism," *American Psychology*, 1987, 42: 435−442.

합의에도 불구하고, 대중매체가 어느 정도의 영향을 어떻게 미치는가 또는 이 상관관계의 실질적 중요성에 대해서는 의문의 여지가 남아 있다.

결론적으로, 어느 정도 논란의 여지가 있기는 하지만 지금까지의 연구결과는 대중매체의 폭력성이 공격적 행위와 여타 다른 사회적 변수만큼 공격적 행위와 상당한 관계가 있고 또 인과적으로 관련되는 것으로 생각하게 한다.[15] 이러한 주장은 사실상 대중매체의 영향과 공격성에 대한 정보가 부족하다는 것을 의미한다. 많은 사회학자들은 실험연구를 통하여 텔레비전이나 기타 영상매체의 폭력성이 일부 시청자에게 공격적 행위를 유도할 수 있다고 주장한다.[16] 그러나 사회행위는 여타 많은 다른 개인적 또는 사회적 요소들도 작용하여 유발되기 때문에 대중매체와 공격적 행위의 발생은 기껏해야 중도적 관련성 이상을 기대해서는 안 된다. 또한, 대부분의 연구가 영상매체, 특히 텔레비전을 대상으로 하기 때문에 인쇄매체의 사회적 공격성에 관한 관심이나 증거는 거의 없는 실정이다.

대중매체가 공격성에 영향을 미치는 과정에 대해서는, 많은 증거들이 배설이 아니라 자극이라는 가설을 지지한다. 즉, 대중매체가 관찰의 과정을 거치고 모방에 의해서 폭력성을 자극한다는 것이다. 또한, 장기간 대중매체의 폭력성 묘사에 노출되면 시청자가 폭력을 지지하는 가치, 규범 그리고 태도를 갖도록 사회화된다는 규범적 사회화 과정을 뒷받침하는 증거들도 있다. 사람들이 대중매체의 폭력성을 많이 접할수록 공격적 행위를 더욱 수용하게 된다는 것이다.[17] 그러나 대중매체의 폭력성 묘사가 다른 사람을 폭행하는 사람의 비율을 증대시키는지, 이미 폭력적인 사람이 더 많은 폭력을 더 자주 범하도록 권장하는지 등에 관해서는 아직도 결론이 나지 않았다.[18] 그리고 누가 어떠한 여건에서 가장 영향받기 쉬운가도 완전하게 이해되지 않고 있는 부분이다.

많은 연구들이 아직은 결론적으로 입증하지는 않았지만 대중매체로 인하여 우리가 아마도 보다 공격적이고 폭력적인 사회에 살고 있을 수 있다고 주장한다. 대중매체가 얼마나 더 폭력적인가는 밝혀져야 할 일이지만 분명히 폭력적 사회현실을 창조하는 데 일조하는 것으로 인식되

15 G. Comstock, *Television in America*, Newbury Park, CA: Sage, 1980, p. 258.

16 D. Phillips, "Airplane accidents, murder, and mass media: Toward a theory of imitation," *Social Forces*, 1980, 58: 1001–1024.

17 L. Huesmann, "Television violence and aggressive behavior," in D. Pearl, L. Bouthilet, and J. Lazar(eds.), *Television and Behavior*, vol. 2, pp. 126–137; *Technical Reviews*, Washington, D.C.: National Institute of Mental Health, 1982, p. 132.

18 J. Q. Wison and R. Herrnstein, *Crime and Human Behavior*, New York: Simon and Schuster, 1985, p. 343.

고 있다. 그러나 사회적 공격성이 필연적으로 범죄적인 것은 아니며, 대부분의 범죄가 폭력적인 것도 아니다. 결과적으로 대중매체가 공격적 행위를 부추기는가, 대중매체의 영향이 특히 범죄행위를 증대시킬 정도로 확대되는가 등이 아직도 쟁점으로 남아 있다.

제 4 절   성범죄에 대한 대중매체의 영향

1. 음란물과 성범죄

일반적으로 음란물이란 성적 반응을 불러일으키기 위하여 시도되는 성적 묘사이다. 대부분의 서구국가에서는 음란물을 표현의 자유로 인정하는 경우가 많기는 하다. 하지만, 미국 대법원에서는 외설물을 그 시대의 지역사회 기준으로 보아 음란성에 호소하고, 공격적인 방법으로 성적 행위를 묘사하며, 전체적으로 상당한 문화적, 예술적, 정치적, 과학적 가치를 결하는 것이라고 정의한 바 있다. 캐나다에서는 외설물이 명백한 성과 폭력을 동시에 내포하고 있어야 불법으로 인정되고 있다.[19]

음란물이 그 소비자의 행위에 어떠한 영향을 미치는가에 대한 연구와 관심은 많다. 이들은 음란물이 폭력적 행위, 특히 여성에 대한 폭력에 어떠한 영향을 미치는가를 조명하고 있는데 대체로 두 가지 상반된 결과를 내놓고 있다. 먼저, 일부에서는 음란물이 폭력적 행위에 미치는 영향을 부정하는 견해로서, 이들은 춘화가 어떠한 가치를 가지든 즐길 수 있는 것이며, 이 행위가 인생의 다른 분야에 아무런 영향을 미치지 않는다고 보는 것이다. 다시 말해, 이들은 음란물과 폭력의 사회적·인간적 연관성을 인정하지 않고 있다. 음란물이 직접적으로 초래할 수 있는 유일한 것은 자위행위라고 주장한다. 따라서 이들에게는 음란물과 폭력의 인과관계는 아직 검증되지 않은 것이다. 춘화가 만연하고 쉽게 구할 수 있음에도 불구하고 일본에서는 여성에 대한 폭

---

19 M. F. Casanova, "The history of child pornography on the internet," *Journal of Sex Education and Therapy*, 2000, 25(4): 245－252.

력지표의 하나라고 할 수 있는 강간사건이 음란물에 대한 접근을 철저하게 통제하는 다른 국가에 비해 높지 않다는 점이 그들의 주장을 뒷받침할 수 있는 좋은 예이다.[20]

　그러나 다른 한편에서는 음란물의 소비가 사회에서 여성에 대한 폭력은 물론이고 여성의 객체화(objectification)와 상관성이 있다고 주장한다. 이들은 음란물이 마치 여성이 피해 받고 싶어 하고, 강요받고 싶어 하며, 학대받고 싶어 하며, 강간당하고 싶어 하고, 매 맞고 싶어 하며, 납치되고 싶어 하며, 멸시당하고 싶어 하며, 폭력과 고통에 대하여 아니라고 말하지만 사실은 예를 뜻하고 싶어 한다고 조장하는 것이기 때문에 심각하지 않을 수 없다는 것이다. 실제로 음란물에서 여성에 대한 폭력성의 표현에 대한 노출과 여성에 대한 성적 폭력과 학대적인 행위를 범하는 것 사이에는 가능한 연관성이 있다는 연구결과를 내놓기도 한다. 그러나 이러한 상관관계가 반드시 인과관계의 존재를 증명하는 것은 아니다.[21]

　인과관계의 존재를 강조하는 측에서는 음란물에서의 노출과 성희롱이나 성폭력과 같은 성차별적 태도와 행위 사이에 인과관계가 있음을 주장한다. 이들에 따르면, 폭력적 음란물에서의 노출이 강간과 다른 형태의 성적 폭력에 대한 긍정적 태도를 고양시키며 그러한 태도가 곧 성폭력에 둔감하도록 만들 수 있다는 것이다. 이러한 견지에서 폭력적 음란물의 소비가 여성에 대한 공격적 행위와 상관이 있다는 연구결과도 나오고 있다. 만약 우리가 음란물과 인과적으로 관련된 성차별적 행위가 여성의 종속을 초래한다고 판단한다면 그것은 음란물이 여성의 종속화를 야기한다는 것과 같은 의미이다.[22] 음란물에서의 표현과 여성에 대한 해악이 인과관계가 있다는 것은 남성지배의 체제와 제도를 내포하는 가치와 행동을 야기함으로써 춘화가 여성의 종속과 예속을 초래한다는 것이다.

　특히 아동음란물의 경우에는 분명히 해악적 영향을 미치는 것으로 알려지고 있다. 더구나, 광범위한 잠재적 영향도 있음을 부인할 수 없다. 그중에서도 소비자, 특히 남성 소비자로 하여금 성적 공격성에 관한 바람직하지 못한 태도에 상당한 영향을 미친다고 알려지고 있다. 그런데 음란물이 미치는 해악적 영향에는 공격적 음란물과 비공격적 음란물에 따라 약간은 차이가 있

---

20 C. S. Gentry, "Pornography and rape," *Deviant Behavior*, 1991, 12: 277-288; E. Monk-Turner and H. C. Purcell, "Sexual violence in pornography: How prevalent is it?," *Gender Issues*, 1999, 17(2): 58-67.

21 D. Demare, H. M. Lips and J. Briere, "Sexually violent pornography, anti-women attitudes and sexual aggression," *Journal of Research in Personality*, 1993, 27: 285-296.

22 C. MacKinnon, "Sexuality, pornography and method: 'Pleasure under patriarchy'," pp. 226-227 in C. R. Sunstein(ed.), Feminism and Political Theory, Chicago: University of Chicago Press, 1990; C. A. Stark, "Is pornography an action?: The causal vs. the conceptual view of pornography's harm," *Social Theory and Practice*, 1997, 23(2): 277-306.

다. 공격적 음란물(aggressive pornography)이란 강요된 성관계와 같은 형태의 공격적이고 성적인 신화가 섞여서 있는 자극과 충동을 포함하는 것이라고 할 수 있다. 공격적 음란물이 그 소비자로 하여금 성적 자극을 통하여 흥분을 일으킨다는 흥분(arousal), 음란표현물에 대한 노출의 습관화(habituation), 성과 여성에 대한 부정적 태도를 고취시키는 태도적 영향(attitudinal effects), 실제 성에 대한 공격적 행위를 증대시키는 행위적 영향(behavioral effects) 등을 미치는 반면, 비공격적 음란물은 태도적 영향과 행위적 영향을 미치는 것으로 알려지고 있다.[23]

음란물이건 아니건, 여성에 대한 공격성의 이미지는 바람직하지 못한 태도적 영향을 양산하며, 적어도 단기적으로는 실제 행동도 유발시킬 수 있다. 특히 성과 폭력의 혼합은 다양한 부정적 영향을 미친다. 그러나 폭력적인 음란물과 성적 공격성 사이에 직접적인 연계가 있다는 결론에 대항한 방어논리는 여성에 대한 선동된 공격성은 지속적 영향이 아니며, 공격성을 지지하는 태도와 공격적 행위 그 자체 사이에 필연적으로 직접적인 관계가 있는 것은 아니라는 주장에 기초하고 있다.

비록 폭력적 음란물에 의하여 조장된 공격적 성향이 오래 지속되지는 않더라도, 일부 소비자는 그 짧은 기간에도 공격할 기회를 가질 수도 있다. 학습효과 외에, 공격적 매체의 충동효과는 다른 생각들을 자극시켜서 소비자가 이 기간에 다른 공격적 사고를 할 기회를 높인다고 한다. 우선 자극은 특정한 충동보다 더 일반적인 사고의 활성화를 유도할 것이다. 이것이 바로 폭력적 음란물이 여성에 대한 외관상 비성적(nonsexual) 공격성의 증대를 가져온 이유라고 할 수 있다. 그리고 바람직하지 않은 생각과 사고는 오로지 그것이 이미 존재할 때만 자극되는 것인데, 이는 폭력적 음란물이 특정 남성에게 있어서 바람직하지 못한 행위를 조장할 가능성이 더 높다는 것을 보여주고 있다. 여성에 대하여 보다 전통적인 태도를 가진 남성이 강간묘사에 의하여 더 흥분되며 강간성향을 더 가진다는 간접적인 증거도 제시되고 있다. 이러한 자극효과는 아주 짧은 기간 동안 제한적이기 때문에 행위적 영향이 없어지는 현상을 설명해줄 수 있다.[24]

강간을 지지하는 태도와 자기보고식 강간성향 간의 연관성에 대한 상당한 상관관계 증거가 있을지라도 태도와 행위 사이에 필연적으로 직접적인 관계가 있는 것은 아니다. 그러나 강간을 지지하는 신념의 증거가 그 사람의 행위에 영향을 미치지는 않을지라도 성적 공격성을 유발할

---

23 P. Pollard, "Pornography and sexual aggression," *Current Psychology*, 1995, 14(3): 200-221.

24 L. Berkowitz, "Some effects of thought on anti-and pro-social influence of media events: A cognitive-neo-association analysis," *Psychological Bulletin*, 1984, 95: 410-427.; N. M. Malamuth & J. V. P. Check, "Sexual arousal to rape depictions: Individual differences," *Journal of Abnormal Psychology*, 1983, 92: 55-67.

수 있는 사회적 분위기의 조성에 기여하는 바람직하지 못한 영향을 미칠 수 있다. 남성의 태도
에 미치는 영향은 다른 형태의 희롱의 빈도를 증대시키고, 피해자에 대한 감정을 적게 느끼게
하며, 일반적으로 여성을 더욱 차별하게 만들 수 있기 때문에 어쩌면 실제 행위보다 더 폭넓은
부정적 영향을 미칠 수 있다.[25]

특별히 공격적이지 않은 음란물의 직접적인 행위적 영향에 대한 증거는 많지 않다. 일부 연
구결과는 약간의 행위적 영향이 있을 수는 있으나, 이것이 기회가 주어진다면 어느 정도나 성적
공격으로 진행되는지에 대해서는 분명치 않다. 성인잡지 판매부수와 강간사건 발생 사이에 어떠
한 관계가 있다는 연구도 있었으나 그것이 반드시 인과관계가 있음을 입증하는 것은 아니다.

마찬가지로 논쟁거리가 되는 것은, 공격적 음란물만 바람직하지 않지 비공격적인 것은 그렇
지 않다고 결론지을 수 있다는 가정일 것이다. 일부 연구에 따르면 비공격적 음란물의 소비자라
도 상습화·습관화의 영향을 받을 수 있고, 관습화되면 공격적인 음란물로 점차적으로 옮겨갈 수
있다는 것이다. 심지어 비공격적인 것이라도 음란물의 소비는 보다 공격적인 것으로 입맛을 이끌
수 있으며 사실은 진정한 비공격적 음란물이란 거의 찾아보기 어렵다. 따라서 공격적 음란물과
비공격적 음란물이 상이한 영향을 미친다고 결론 내리는 것은 어쩌면 어리석은 짓일 수 있다.[26]

비록 특별히 여성을 직접 겨냥하는 폭력 이미지가 내포되지 않은 음란물이라도 약간의 강제
와 약취가 내포될 수 있다. 이러한 유형의 음란물은 여성을 성적 대상으로 강등시키고, 이는 곧
여성에 대한 일반적인 성차별 태도에 영향을 미칠 가능성이 많다. 성적 대상으로서 여성에 초점
을 맞추는 성차별적 태도를 조장하는 어떠한 것이라도 성적 공격과 관련된 태도와 때로는 행위
에 간접적인 영향을 미칠 것이다.[27]

---

25 C. L. Muehlehard & M. A. Linton, "Date rape and sexual aggression in dating situations: Incidence and risk factors,"
      Journal of Counseling Psychology, 1987, 34: 186－196.; J. Briere & N. M. Malamuth, "Self－reported likelihood of
      sexually aggressive behavior: Attitudinal versus sexual explanations," *Journal of Research in Personality*, 1983, 17:
      315－323.

26 D. Zillman & J. Bryant, "Shifting preferences in pornography consumption," *Communication Research*, 1986, 13: 560－579;
      J. E. Scott & S. J. Cuvelier, "Violence and sexual violence in pornography: Is it really increasing?" *Archives of Sexual
      Behavior*, 1993, 22: 357－371.

27 F. Costin & N. Schwarz, "Beliefs about rape and women's social roles: A four nation study," *Journal of
      Interpersonal Violence*, 1987, 2: 46－56; S. E. Mayerson & D. A. Taylor, "The effects of rape myth pornography on
      women's attitudes and the mediating role of sex role stereotyping," *Sex Roles*, 1987, 17: 321－338.

2. 음란물에 대한 규제(censorship)

폭력적인 음란물의 노출은 아주 보편적인 일이라는 사실을 보여주는 증거가 적지 않다. 한 연구에 의하면 조사된 표본의 반 이상이 잡지에서 폭력적 성이나 강간을 자세하게 기술한 내용에 노출되었고, 2/3 이상이 책이나 영화 등에서 자세하게 기술된 강간장면에 노출되었으며, 또 다른 연구에서는 표본의 35%가 강간음란물을 본 적이 있다고 보고한 바 있다. 따라서 만일 음란물이 해로운 것이라면 문제의 강도는 심각하다고 할 수 있고, 음란물의 노출이 금지되어야 할 것인가에 대한 물음을 심각하게 고려하는 것은 당연한 일일 것이다.[28]

1986년 미국의 의료감인 Koop 박사는 음란물과 공중의료에 관한 workshop을 개최하고 음란물이 사회와 개인에 미치는 부정적 영향을 질타하였다.[29] 그러나 일부에서는 그러한 주장에 대하여 신중한 태도를 보이며, 성적으로 폭력적인 내용에 노출되는 것이 공격적이거나 폭력적인 행위를 유발한다는 증거는 많지 않으며, 공격적 음란물이 실제 범죄에 크게 기여한다는 사실도 분명치 않다고 반박하고 있다. 비록 남성이 강간에 대하여 무감각한 태도를 가질 수는 있으나 그러한 태도가 무엇 때문인지, 특히 춘화나 대중매체가 원인인지에 대해서는 의문의 여지가 많이 남아 있다. 대중매체가 어떠한 영향을 미친다면 그것은 이미 존재하고 있는 여성과 폭력에 대한 태도와 가치를 재강화하는 것에 지나지 않으며, 따라서 음란물이 그러한 태도에 기여할 수 있지만 그것은 단지 여러 가지 요인 중 하나에 지나지 않는다고 주장한다. 이러한 논리에 따라 이들은 음란물의 제재에 반대하고 있다.[30]

그러나 음란물이 부정적 영향을 미치지 않으며 오히려 여성에게 이익이 된다는 견해를 따르는 것이 아니라, 기본적으로 음란물은 해로운 것이라고 생각한다. 그럼에도 불구하고, 음란물이

28 L. T. Garcia, "Exposure to pornography and attitudes about women and rape: A correlational study," *Journal of Sex Research*, 1986, 22: 378−385; D. Demare, J. Briere, and H. M. Lips, "Violent pornography and self−reported likelihood of sexual aggression," *Journal of Research in Personality*, 1988, 22: 140−153.

29 C. E. Koop, "Report of the Surgeon General's workshop on pornography and public health," *American Psychologist*, 1987, 41: 944−945.

30 D. Linz, E. Donnerstein, and S. Penrod, "The findings and recommendations of the Attorney General's Commission on Pornography: Do the psychological facts fit the political fury?," *American Psychologist*, 1987, 42: 946−953; N. M. Malamuth, "Distinguishing between the Surgeon General's personal views and the consensus reached at his workshop on pornography," *American Psychologist*, 1989, 44: 580; E. Donnerstein and D. Linz, "Mass media sexual violence and male viewers: Current theory and research," *American Behavioral Scientist*, 1986, 29: 601−618; D. Zillman and J. Bryant, "Pornography and behavior: Alternative explanations: Reply," *Journal of Communications*, 187, 37: 189−192.

야기하는 해악과 그것을 보고자 하는 개인의 권리 사이에는 분명히 갈등이 도사리고 있으나, 바람직하지 못한 영향이 있다는 경험적 증거가 있는 음란물에 대한 규제는 필요한 것이라는 데 대해서는 크게 의심의 여지가 있는 것 같지 않다.[31]

물론 규제에 대한 사람들의 견해는 일반적으로 음란물이 이로운 것보다 얼마나 더 해로운 것이라고 보느냐에 따라 달라지지만, 일부에서는 음란물이 여성을 강등시키고 여성에게 해로운 것이라고 생각함에도 불구하고 음란물에 대한 규제에 반대하고 있다. 물론 일부 음란물이 성적 공격성에 기여할 수 있지만, 음란물이 유일한 요인은 아니며 또한 음란물의 금지가 여성에 대한 폭력을 중단시키지는 못할 것이라고 주장한다. 그리고 규제를 강화하더라도 잠재적으로 해로운 음란물을 따라가지 못한다고 말하고 있다.[32]

3. 새로운 변화 – 인터넷, 아동, 그리고 성매매

아동에 대한 성적 학대는 모든 범죄 중에서도 가장 이해하기 힘든 범죄이다. 심지어 중범죄자나 직업적 범죄자까지도 아동 성학대범을 가장 경멸할 정도로 파렴치한 범죄로 여기는 실정이다. 교도소에서도 아동 성학대범은 가장 경멸받으며 때로는 학대받기도 하여 급기야는 자신의 보호를 위하여 독방에 수용되기도 한다. 더구나, 사회도 어린이를 착취, 약탈하는 이들이 지역사회에 존재하는 것조차 꺼리게 되어 결국에는 그들의 신상을 공개할 정도가 되고 있다. 최근 청소년보호위원회가 청소년 성매매 범죄자의 신상을 공개하는 것이 그 예이다.

특히, 오늘날은 세계화와 정보화로 인하여 아동에 대한 성적 학대는 과거 어느 때보다 더욱 팽배한 실정이다. 인터넷을 통한 정보흐름의 세계화는 아동의 성에 대한 상업적 거래를 더욱 용이하게 만들고 있기 때문이다. 인터넷은 어떤 사건에 대한 관심을 전 세계로 빠르게 퍼지게 하고 있어서 아동음란물을 급속하게 퍼뜨리는 도구를 제공하고 있다. 국가 간의 유대와 교류의 증대는 이들이 쉽게 숨을 수 있고, 인터넷의 속성상 거주지 내에서도 운영할 수 있으며, 같은 의도를 가진 사람들끼리 국제적 망을 결속할 수 있게 하며, 이보다 더 심각한 것은 피해자가 끊임없

---

31 S. Page, "Reply to Mould and Duncan on pornography research: Some important issues for Psychology," *American Psychologist*, 1991, 46: 652 – 653.

32 I. Lottes, M. Weinberg, and I. Weller, "Reactions to pornography on a college campus: For for against?" *Sex Roles*, 1993, 29: 69 – 89; G. Cowan, "Feminist attitudes toward pornography control," *Psychology of Women Quarterly*, 1992, 16: 165 – 177.

이 거래될 수 있다는 사실이다.[33]

아동에 대한 이상성욕자(pedophile)는 가장 흔한 성적 도착자이며, 모든 나라에서 불법행위로 치부되고 있다. 다수의 이론이 탐구되고는 있지만 아직은 이 성적 일탈에 대한 생태는 알려지지 않고 있다. 성인 학대자는 그 자신이 아동으로서 학대를 받았고, 성인이 되어서도 그 순환이 반복된다는 것이 가장 보편적인 이론이라고 할 수 있다. 그러나 아동으로서 자신이 받은 학대로부터 학습된 행위를 반복한다는 순환의 사고는 상반된 연구결과를 볼 때 분명히 보편적 진리는 아니라고 할 수 있다. 유전에 기초한 설명도 시도되고는 있지만 현재로서는 검증된 것은 아니다. 따라서 아동에 대한 이상 성욕을 이해하기 위한 노력은 앞으로도 계속될 전망이다.

이렇게 복잡한 이유는 이 범죄가 다른 범죄와는 확연히 구분되기 때문이다. 아동에 대한 이상성욕범죄와 다른 범죄의 차이를 보여주는 세 가지 특징이 있다. 우선, 이들은 강박관념이나 망상에 사로잡힌(obsessive) 사람이다. 다른 범죄자들이 계획적인 방식으로 행동할 수도 있으나 아동에 대한 이상성욕행위자처럼 압도적이고 지속적인 강박적, 망상적 특성을 보여주는 범죄자는 거의 없다. 이들은 자신의 생활이나 인생까지도 전적으로 지배하는 특정한 범죄의 명상에 빠지게 된다. 이들의 두 번째 특징은 약탈적(predatory)이라는 점이다. 이들은 자신이 바라는 특정한 연령집단에 대한 병적 애착을 가지고 있다. 취약한 피해자가 발견되면 그들은 사냥꾼처럼 추적(stalk)을 시작한다. 이들은 자신이 학대하고자 원하는 아동을 만나고 사귀기 위하여 몇 주나 몇 달을 보내기도 한다. 마지막으로, 이들은 수집가이다. 다른 범죄자가 범죄의 증거를 파기하기 위하여 많은 노력을 하는데 비하여 이들은 그들이 학대하는 아동의 사진이나 비디오를 수집하는 등 기록을 보관하는 경우가 많다. 그 밖에, 이들은 매우 비밀스럽기도 하다. 바로 이 점 때문에 이들에 대한 발견이나 조사를 복잡하고 어렵게 만들고 있다. 이들은 보편적 범죄자의 그림과는 사뭇 다른 면을 가지고 있어서 그들의 행동을 이해하는 것을 어렵게 만드는 것이 이들의 전형적인 범죄적 특성이 부족하기 때문이다.[34]

흔히 아동인신매매는 불법무기와 불법약물의 판매 다음으로 큰 불법거래라고 한다. 아동음란물이나 외설물은 아동에 대한 성적 착취로 간주되고 있다. 아동에 대한 성적착취는 아동의 감정적·육체적 희생으로 타인의 성적 욕구를 충족시키기 위해 아동을 이용하는 것으로 정의되고 있다.[35]

---

33 R. O' Grady, "Eradicating pedophilia: Toward the humanization of society," *Journal of International Affairs*, 2001, 55(1): 123−140.

34 O' Grady, *op. cit.*

외설물은 이익이나 쾌락을 목적으로 어떠한 성적 관행을 강등시키는 표현이며 따라서 아동 외설물은 아동을 묘사하는 외설물이라고 할 수 있다. 아동 외설물은 비디오, 필름, 그림, 심지어는 만화에 이르기까지 다양한 형태가 있다.

묘사된 아동의 성적학대가 아동외설물의 가장 큰 해악이지만, 그것이 유일한 해악은 아니다. 실제, 아동외설물은 아동에 대한 이상성욕자로 하여금 아동에게 성행위를 가르치고 금기사항을 파기시키며 위협하는 도구로 이용하게 함으로써 더 많은 해악을 유발시키고 실제 학대를 더욱 심화시키게 된다. 아동에 대한 이상성욕자들 간의 아동외설물의 교류와 교환은 그들의 행위를 재강화해주고 더 많은 성적 접촉을 권장하는 경우가 되어 더 큰 해악을 초래할 수 있다.

HOT ISSUE 아동 포르노

인면수심 英영어교사, 불법 아동 포르노 보다 결국

태국에서 활동하던 영국 출신 영어교사가 다량의 불법 아동 포르노를 다운로드한 흔적이 적발돼 경찰에 체포됐다.

6일(현지시간) 영국 일간지 데일리메일의 보도에 따르면 최근 태국 경찰은 미국 국토안보부로부터 치앙마이의 한 주소지에서 아동 포르노가 다량 다운로드된 흔적이 있다는 연락을 받고 조사를 시작했다.

그 결과 치앙마이에 사는 영국 국적의 파비안 프레데릭 블랜드포드(64)는 해당 지역에서 수년 간 지내면서 불법 아동 포르노그래피에 해당하는 이미지와 동영상을 다운로드 해온 것으로 드러났다.

당시 현장을 급습한 경찰은 그의 집에서 불법에 해당하는 엄청난 양의 아동 포르노 이미지를 발견했으며, 이중 일부는 자신의 집에서 직접 사진을 촬영한 흔적까지 찾아냈다.

영국 언론에 따르면 이 남성은 과거 태국의 한 수도원에 소속된 승려로 교육을 받은 경력이 있으며, 현재는 태국에서 영어를 가르치는 영어교사로 활동해 왔다.

특히 이 남성은 평소 주변 이웃들과 매우 원만한 관계를 유지해 왔고, 태국 문화에도 매우 잘 적응한 것으로 평가돼 온 것으로 알려졌다.

태국 현지법에 따르면 불법 아동 포르노를 소지할 경우 최대 징역 5년, 이를 공유할 경우 최대 7년형에 처해질 수 있다.

현지 경찰이 이와 관련해 조사를 진행하고 있는 가운데, 치앙마이에서 외국인의 유사사건이 발생한 것은 이번이 처음은 아니다. 지난 달 치앙마이에서 역시 영어교사로 일하던 67세 미국인 남성이 같은 혐의로 체포된 바 있다.

자료: 나우뉴스 2016년 1월 8일
http://nownews.seoul.co.kr/news/newsView.php?id=20160107601022

---

35 L. C. Esposito, "Regulating the internet: The new battler against child pornography," *Case Western Reserve Journal of International Law*, 30(2−3): 541−566.

'아동 포르노 제작' 서브웨이 전 대변인에 15년 실형

(뉴욕=연합뉴스) 박성제 특파원 = 아동 포르노물을 제작하고 미성년자와 매춘한 미국 패스트푸드체인 서브웨이의 전 대변인이 15년 이상 감옥생활을 하게 됐다.

인디애나폴리스 연방지방법원의 타냐 월턴 프래트 판사는 19일(현지시간) 아동 포르노물을 제작해 유통하고 미성년자와 매춘한 혐의를 적용해 재러드 포글(38)에게 15년8개월형을 선고했다.

프래트 판사는 검찰 구형보다 3년 8개월이나 긴 감방생활을 선고했다.

또 17만5천 달러(약 2억 원)의 벌금과 함께 수감생활이 끝난 뒤에도 평생 감시를 받도록 했다.

프래트 판사는 판결문에서 "포글의 성도착과 무법성은 극도로 심했다"면서 중형을 선고한 이유를 설명했다.

포글은 선고에 앞서 유죄를 인정하며 "깊이 뉘우친다"고 말했다.

포글은 대학시절 서브웨이 샌드위치를 먹으며 약 90㎏을 감량한 것을 계기로 서브웨이와 인연을 맺었다.

2000년 서브웨이의 광고에 출연했으며 서브웨이의 대변인 역할까지 맡으면서 화제를 모았다.

또 2004년에는 아동 비만 퇴치를 위한 재단을 설립해 운영하기도 했다.

하지만, 지난 5월 비만 퇴치 재단의 이사였던 러셀 테일러가 아동 포르노물 제작 및 소유 혐의로 기소되면서 포글의 이중생활도 드러났다.

포글의 집을 수색한 검찰은 아동 포르노 제작을 위한 카메라 등 증거를 찾아냈다.

또 검찰은 포글이 뉴욕에서 미성년자에게 돈을 주고 2회 이상 성관계를 한 사실을 밝혀냈다.

자료: 연합뉴스 2015년 11월 20일
http://www.yonhapnews.co.kr/bulletin/2015/11/20/0200000000AKR20151120015000072.HTML?input=1179m

일본 사회의 어두운 단면 '아동 포르노'

일본에서 지난 15일 아동 포르노 금지법이 시행됐지만 인터넷을 중심으로 여전히 유통 중인 것으로 나타났다.

일본 주간지 사이죠는 아동 포르노 금지법 시행 후 현 실태를 보도했다.

실태를 확인하기 위해 세계 최대 전자상거래 사이트와 서점을 돌며 조사한 사이죠 기자는 '전자상거래 사이트에 표지는 남았지만 구매는 할 수 없었고 서점 역시 마찬가지였다'며 일본 잡지도서관 '오야 소이치 문고'마저 아동 포르노물 복제가 제한된 것을 확인했다.

이어 아사히 출판사에 연락해 물어본 결과 '아동 포르노 금지법 시행 후 법률에 저촉되어 재고가 없다'는 말을 들었다며, "오프라인에서는 어느 정도 규제가 이뤄지고 있다"고 결론지었다.

하지만 인터넷 중고경매와 중고서점은 얘기가 달랐다. 지금도 경매 사이트에는 아동 포르노물이 경매되고 중고서점의 경우 오타쿠들 사이에서 유명한 아동 포르노물을 중심으로 '기존 판매가를 크게 넘지 않는 선에서 구입이 가능'했으며 오타쿠들이 모이는 커뮤니티에는 회원 간 거래가 여전한 것으로 밝혀졌다.

내용을 확인하기 위해 세계닷컴이 기사에 공개된 경로로 접속해 확인한 결과 역시 같았다. 아직도 많은 아동 포르노물이 경매로 팔리고 있었고, 더욱 놀라운 것은 검색사이트에 일본어로 검색한 결과 모자이크도 없는 사진 등이 여과 없이 노출되고 있었다.

일본에서는 아동 포르노 금지가 도입되는 과정에서 규제를 환영하는 사람이 있었던 반면, 일부는 표현의 자유를 운운하며 아동 포르노 법을 반대했다.

사이죠는 "아동 포르노는 여전히 유통되고 있다"며 표현의 자유인지 아동학대인지는 개개인이 판단할 문제라고 덧붙였다.

자료: 세계일보 2015년 7월 24일
http://www.segye.com/content/html/2015/07/24/20150724003458.html?OutUrl=

HOT ISSUE   아동 성폭력

아동 · 청소년 성폭력범죄 10년간 3배 증가

아동 · 청소년을 대상으로 한 성폭력범죄가 증가하고 있어 대책 마련이 시급하다는 지적이다.

6일 대검찰청 2015년도 범죄분석에 따르면 20세 이하 아동 · 청소년을 대상으로 한 성폭력범죄는 2005년 2904건에서 2014년 9530건으로 10년간 3배 이상 증가했다.

특히 13~20세 청소년을 대상으로 한 성폭력범죄는 2005년 2191건, 2008년 4522건, 2010년 6218건, 2014년 8322건을 기록해 큰 폭으로 증가하는 추세를 보였다.

13세 미만 아동피해자의 87.8%가 여자아동이었고, 나머지 12.2%가 남자아동이었다. 13~20세 피해자 가운데 남자아동이 4.2%라는 점에 비춰볼 때 13세 미만 남자아동의 성폭력범죄 피해는 다른 연령대보다 심각했다.

3세 미만 성폭력범죄자 중 가장 높은 비율을 차지하고 있는 연령대는 18세 이하 소년범죄자로 21.8%를 차지했다. 그 다음은 41~50세(19.0%), 51~60세(16.6%), 19~30세(15.5%) 등 순이었다.

김재련 법무법인 온세상 대표변호사는 "아동 · 청소년 성폭력범죄에 대한 법정형은 조금 높아졌지만 실제 법원에서 집행유예가 많이 선고돼 현재보다 양형을 강화해서 집행유예 선고율을 낮출 필요가 있다"고 지적했다.

서울해바라기센터 관계자는 "성폭력 범죄는 목격자가 증언을 꺼리는 경우가 많아 고소 전에 증거확보가 중요하다"며 "목격자로부터 사실 확인서를 받아두고 가해자와 대화한 내용을 녹음할 필요가 있다"고 조언했다.

자료: 아시아 투데이 2016년 1월 6일
http://www.asiatoday.co.kr/view.php?key=20160106010003142

제 5 절 모방범죄

1. 현상과 특성

모방범죄를 논함에 있어서 가정 먼저 논의되어야 할 것이 있다면 모방범죄가 실제로 일어나는가? 라는 의문일 것이다. 그러나 그 대답은 모방범죄의 본질적 특성으로 인하여 매우 복잡하게 보인다. 특정범죄가 모방범죄라고 하기 위해서는 과거의 공론화된 범죄에 의하여 고무되고 자극되었어야 한다. 즉, 대중매체에 의해서 연결된 한 쌍의 범죄가 존재해야 된다는 것이다. 모방범죄자는 원래의 범죄에 대한 공론에 노출되어야 하고 그 범죄의 주요 요소들을 자신의 범죄행위에 포함시켜야 한다. 모방범죄에 있어 피해자의 선택, 동기 또는 기술 등이 공론화된 과거 범죄에서 따온 것이어야 한다.[36] 바로 이 점이 모방범죄의 연구를 어렵게 하는데, 그 이유는 유사한 별개의 두 범죄가 쉽게 모방범죄로 잘못 인식될 수도 있는 반면에 실제 모방범죄는 인식되지 않고 그냥 지나치기 쉽기 때문이다. 더불어 대중매체의 영향을 받기 쉬운 사람들이 누구인지도 잘 알려지지 않고 또한 있더라도 아주 적은 수에 지나지 않기 때문에 밝혀내기가 어려운 것이 현실이다. 따라서 과학적으로 연구하고 일반화할 수 있을 정도로 모방범죄가 많지는 않다.

그러나 몇몇 연구에 따르면, 현실적으로 발생한 범죄사건은 종종 그와 유사한 사건으로 꾸며진 이야기나 뉴스의 일부로 보도된 직후에 발생하였다는 사실을 지적하면서 모방범죄를 증명하는 증거가 충분히 있다고 주장한다.[37] 실제로 이러한 주장을 뒷받침 할 수 있는, 자살에 대한 보도가 증대함과 함께 자살율도 높아졌다는 연구가 나오기도 하였다. 자살에 대한 공론화가 많이 될수록 자살의 증대도 많아졌으며, 자살의 증가는 자살이 가장 많이 공론화되고 보도되는 지역에서 가장 높았다고 한다. 물론 반론이 없는 것은 아니지만, 대중매체에 의해서 폭넓게 공론화된 보도는 치명적인 모방적 행위를 유발할 수 있다고 한다.[38]

---

36 Surette, *op. cit.*, p. 127.

37 T. Cook, D. Kendzierski, and S. Thomas, "The implicit assumptions of Television Research: An analysis of the 1982 NIMH Report on Television and Behavior," *Public Opinion Quarterly*, 1983, 47: 161–201.

38 K. A. Bollen and D. Phillips, "Imitative suicides: A national study of the effects of Television news stories," *American Sociological Review*, 1982, 47: 802–809; D. Phillips and K. Bollen, "Same time last year: Selective data

2. 중 요 성

　　모방범죄와 관련된 사례들을 살펴보면 두 가지 방법으로 영향을 미친다. 첫째, 대중매체의 기사가 범죄의 발생을 조장하고 범죄유형을 만들어서 그렇게 하지 않았다면 존재하지도 않을 범죄를 만들어 내고 전에는 법을 준수하던 사람들을 범죄자로 만든다. 그 결과, 우리 사회의 범죄와 범죄자의 수를 즉각적으로 증가시킨다. 둘째, 모방범죄가 기존 범죄자들의 범죄행위를 구체화하여 실제로 범죄를 유발하지 않고도 범죄의 특성을 형성케 한다.

　　그러나 구체적인 증거는 첫 번째 가설을 뒷받침하지는 않는다.[39] 모방범죄 효과나 영향이 널리 퍼져있지 않고 대중매체가 범죄화 효과를 가지고 있다는 증거도 없기 때문이다. 대중매체는 범죄현실에 대해서 희미하게만 알고 있고 탈출과 세계에 대한 정보를 얻기 위해서 대중매체에 전적으로 의존하는 범죄자들의 잔인함과 교묘함을 증대시키는 것 같다. 예를 들어, 대부분의 모방범죄자는 전과나 폭력의 기록이 있는데, 이는 대중매체의 영향이 범죄자의 수라는 양적인 것이라기보다는 범죄행위에 영향을 미치는 질적인 경우가 많다는 것을 암시한다. 결과적으로 대중매체는 실제로 사람들이 범행을 하는가 안 하는가보다는 사람들이 어떻게 범행하는가에 더 많은 영향을 미치는 것으로 이해할 수 있다. 그래서 대중매체가 중요한 것이지만 지속적으로 사람들을 범죄화 시킨다면 미칠 수 있는 영향보다는 그리 중요한 것이 아니라고 할 수 있다.[40]

　　그럼에도 불구하고, 이러한 주장에 대한 경험적 증거는 매우 제한적이다. 따라서 현재로서는 모방범죄가 대체로 기존의 범죄자 인구에 대해서는 제한적이지만 중요하나 일반 비범죄자 인구에 대해서는 사례가 희귀하지만 알려지지 않고 있다는 정도로 가정해볼 수밖에 없다.[41] 일부 연구에 의하면, 범죄자들이 범행동기의 근원으로서 대중매체를 지적하는 경우는 흔치 않은 반면에, 적지 않은 수의 범죄자가 대중매체를 범죄기술에 관한 정보원으로 꼽았다. 결국, 모방범

　　dredging for negative findings," *American Sociological Review*, 1985, 361−371; D. Phillips and L. Carstensen, "Clustering of teenage suicides after Television News stores about suicide," *New England Journal of Medicine*, 1986, 315: 685−689.

39　G. Comstock, *Television in America*, Newbury Park: Sage, 1980, p. 131.

40　Comstock, *ibid.*, p. 138; S. Pease and C. Love, "The copy−cat crime phenomenon," pp. 199−211 in R. Surette (ed.), *Justice and the Media*, Springfield, IL: Charles C. Thomas, 1984; R. Surtte, "Media trials and echo effect," pp. 177−192 in R. surtte (ed.), *Media and Criminal Justice Policy*, Springfield, IL: Charles C. Thomas, 1990.

41　M. Heller and S. Polsky, *Studies in Violence and Television*, New York: American Broadcasting Company, 1976, pp. 151−152.

죄자들은 공론화된 많이 알려진 범행기술을 모방하기 이전에 특정범죄를 행할 의도를 가지고 있는 것으로 말할 수 있다. 반면에 모방범죄는 법을 준수하던 사람이 대중매체에 영향을 받았기 때문에 모방한 결과라고 주장하는 연구는 많지 않다.[42]

3. 이론과 모형

Gabriel Tarde(1912)가 모방범죄에 대한 이론적 논의를 처음으로 시도하였는데, 그는 떠들썩한 범죄가 유사한 사건을 조장한다고 주장하였다.[43] 그의 이러한 논의를 바탕으로 많은 연구자들이 모방범죄를 단순하고 직접적인 모방 또는 흉내내기에 기인한 것으로 보았다.[44] 그러나 최근엔 이러한 주장이 모방범죄를 완전히 설명하기에는 지나치게 단순하다고 비판받고 있다.

Pease와 Love(1984)는 모방하기 또는 흉내내기로는 왜 대부분의 아이들은 사회적으로 수용되는 범위 내에서만 공격성을 흉내내고 모방하는데 반해 일부 아이들만 실제로 범죄가 되도록 흉내 내고 모방하는가를 설명하지 못한다고 비판하였다. 그리고 이러한 모방이론은 또한 모방범죄자에 초점을 두고 기타 상황적 사회요소를 경시하는 경향이 있다고도 주장하였다. 종합하자면 모방이론은 모방범죄의 필요조건은 될지언정 충분조건은 아니라는 것이다. 모방이론의 주요결함은 모방행위가 묘사된 행위와 물리적으로 닮아야 하는 것을 함축하여 따라서 일반화된 효과나 혁신적인 적용에 대해서 설명하기엔 역부족이라고 한다.[45]

이러한 비판에 대한 부분적인 노력으로서, Berkowitz(1984)는 대중매체의 묘사가 유사한 행위를 활성화시킬 수 있는 기제가 있으며, 이를 기폭제효과(priming effects)라고 불렀다. 즉, 대중매체가 특정한 행위를 묘사함으로써 시청자가 반드시 동일하지는 않지만 유사하게 행동할 가능성을 증대시키는 시청자의 유관 개념과 생각 등을 다소간 활성화시킬 수 있다는 것이다. 그는 이

---

42 Surette, *op. cit.*, 1992, p. 132.

43 G. Tarde, *Penal Philosophy*, Boston: Little, Brown, 1912.

44 M. Bassiouni, "Terrorism, Law Enforcement, and the Mass Media: Perspectives, Problems, Proposals," *Journal of Criminal Law and Criminology*, 1981, 72: 1−51.

45 S. Pease and C. Love, "The copy−cat crime phenomenon," pp. 199−211. in Surette (ed.), *Justice and the Media*, Springfield, IL: Charles C. Thomas, 1984; K. Hennigan, L. Heath, J. Wharton, M. Delrosario, T. Cook, and B. Calder, "Impact of introduction of Television on crime in the United States," *Journal of Personality and Social Psychology*, 1982, 42: 461−477; L. Berkowiz, "Some effects of thoughts on Anti−and Prosocial influences of media event: A cognitive−Neoassociation analysis," *Psychology Bulletin*, 1984, 95: 410−417.

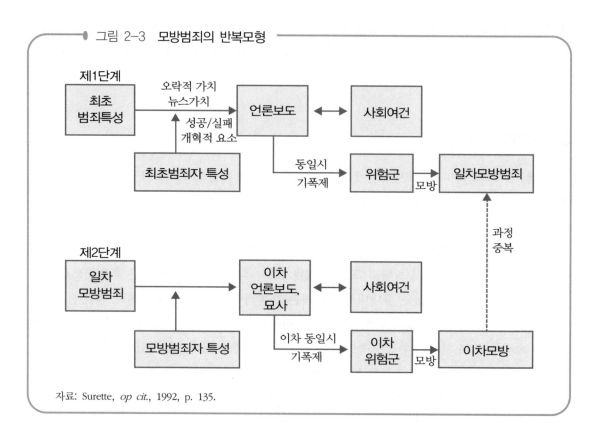

그림 2-3 모방범죄의 반복모형

자료: Surette, *op cit.*, 1992, p. 135.

기폭제 효과가 비행은 물론이고 선행에 있어서도 작용하는데, 대중매체의 내용, 시청자의 해석, 시청자의 특성 그리고 시청여건 등을 포함하는 다수요인이 결합하여 작용한다고 결론지었다.[46] 다시 말해서 대중매체, 특히 TV의 보도나 묘사가 특정행동을 모형화하지는 않더라도 적어도 그 행동의 기폭제가 될 수는 있다는 것이다. 따라서 이미 노출된 위험군인 시청자가 언론의 범죄묘사나 보도에 의해서 기폭제가 된 사람들이 모방범죄의 일차적인 위험집단이라는 것이다.[47]

[그림 2-3]에서 알 수 있듯이, 모방범죄는 결국 모방되어질 최초의 범죄와 범죄자, 대중매체의 보도와 묘사, 사회적 여건 그리고 모방범죄자의 특성이라는 네 가지 요소의 상호작용의 결과로 간주된다. 뉴스가치가 매우 높은 사건이 선정되어 대중매체를 통하여 널리 공론화되면 모방범죄의 후보로 등장하게 된다. 대중매체는 최초의 범죄나 범죄자와 동일시하도록 영향을 미치

46 L. Berkowitz, "Some effects of thoughts on anti-and prosocial influences of media events: A cognitive-neoassociation analysis," *Psychological Bulletin*, 1984, 95: 410-417.

47 G. Comstock, *Television in America*, Newbury Park, CA: Sage, 1984, p. 131.

면 다음에는 일련의 잠재적 모방범죄자에게 기폭제 역할을 하게 된다. 잠재적 모방범죄자군은 대중매체의 보도나 묘사의 수준과 정도 및 일탈과 폭력에 관한 규범, 사회갈등의 존재 여부, 범죄기술을 습득할 수 있는 기회의 정도, 대중매체의 특성, 신뢰도, 영향력 그리고 기존의 범죄인구 등과 같은 기타 사회적 여건과 관련된 요소에 의해서 영향을 받게 된다. [그림 2-3]에서 1단계처럼 위험군이 나타나면, 모방의 과정을 통하여 일차적으로 모방범죄가 초래된다. 그림의 2단계처럼, 초기의 모방범죄가 지속적으로 대중매체의 관심을 받게 되면 제2, 제3의 모방범죄가 일어날 가능성은 증대되는 것이다. 그런데 이러한 제2단계 모방은 폭력성에 대한 높은 뉴스가치 때문에 모방범죄는 폭력범죄와 관련이 더 많다고 한다. 그러나 초기의 1단계 모방범죄는 재산범죄와 범죄자에게 보다 일반적이나, 폭력범죄와 범죄자가 대중매체의 더 큰 관심의 대상이기 때문에 더 많이 보도되고 묘사되어 폭력적 모방범죄와 범죄자는 제2, 제3단계의 모방범죄를 조장할 가능성이 더 크다.[48]

　종합하자면, 모방범죄는 범죄행위를 자극한다기보다는 오히려 범죄자의 범행기술의 선택에 영향을 미치는 것으로 보인다. 따라서 모방범죄자는 초범자나 폭력범죄자라기보다는 대체로 재산범죄에 가담하는 직업범죄자가 많다. 언론보도와 모방범죄의 유발과의 정확한 관계는 분명치 않지만 사회여건과 관련된 요소도 중요함에는 틀림없는 것 같다. 현재로서는 모방범죄는 어느 정도 일반화된 모방으로 이어지는 동일시와 기폭제의 과정을 거치는 것으로 알려지고 있다. 모방범죄에 있어서 언론은 실제 범행여부보다는 사람들이 어떻게 범행을 하는가에 더 큰 영향을 미친다.

HOT ISSUE   모방범죄

광주에서 여성 납치 실패하자 여성을 흉기로 찌른 김일곤 모방범죄 발생

　납치극을 벌이려다 실패하자 흉기로 여성을 찔러 다치게 한 40대 남성이 경찰에 붙잡혔다.
　수사에 나선 경찰은 '트렁크 살인' 피의자 김일곤 사건의 모방범죄가 확산되지 않을까 노심초사하고 있다.
　광주 남부경찰서는 23일 평소 알고 지내던 여성 A씨(50)를 납치하려다 미수에 그치자 흉기를 휘두른 혐의(강도 살인미수)로 김모(44)씨에 대해 구속영장을 신청했다고 밝혔다.
　경찰에 따르면 김씨는 이날 오전 9시10분쯤 광주 주월동 한 상가 앞에 주차된 승용차에서 A씨의 목과 가슴을 흉기로 찌르고 돈을 빼앗으려 한 혐의다. A씨는 신고를 받고 출동한 119에 의해 병원으로 옮겨져 응급수술을 받았으나 중태다.

---

48 Surette, *op cit.*, 1992, p. 134.

경찰은 김씨가 채무 100만원을 갚기 위해 평소 안면이 있는 A씨에게 돈을 빌리는 과정에서 흉기를 휘둘렀다고 밝혔다. 김씨는 A씨가 돈을 빌려주지 않고 거부하자 납치를 하기 위해 A씨 승용차에 강제로 올라탔다. 이후 김씨는 A씨가 납치에 순순히 응하지 않고 격렬히 반항하자 이 같은 짓을 저질렀다.

김씨의 우발적 범행수법은 최근 전국을 떠들썩하게 만든 김일곤 트렁크 살인 사건과 흡사하다. 김씨는 A씨를 흉기로 찌르고 준비한 청테이프로 손을 묶은 뒤 A씨의 승용차로 곧바로 달아나려 했다. 제2의 트렁크 사건이 발생할지 모를 순간이었다. 하지만 A씨의 비명 소리를 들은 행인이 경찰에 신고, 출동한 경찰에 의해 현장에서 붙잡혔다. 경찰은 김씨가 김일곤과 유사한 범죄를 저지르려 한 것으로 보고 범행동기와 경위를 조사 중이다.

자료: 국민일보 2015년 9월 23일
http://news.kmib.co.kr/article/view.asp?arcid=0009888614&code=61122024&cp=du

영화 <베테랑> 모방했나...중고차 팔고 뒤따라가 그 차 훔친 20대들

영화 <베테랑>에 묘사된 장면처럼 중고자동차를 판매한 뒤 뒤쫓아가서 다시 차량을 훔치는 사건이 울산에서 등장했다. 경찰은 20대 두명을 붙잡아 모방 범죄 여부 등에 대해 수사를 벌이고 있다.

울산남부경찰서는 11일 특수절도 혐의로 추모씨(22·부산)를 구속하고, 신모씨(20·부산)를 불구속 입건했다고 밝혔다. 추씨 등은 지난해 12월21일 오후 9시쯤 울산시 남구 달동의 한 원룸 주차장에서 ㄱ씨(31) 소유의 제네시스 쿠페 승용차를 몰고 달아난 혐의를 받고 있다.

앞서 이들은 차량을 훔치기 약 3시간 전에 ㄱ씨의 집 인근 주유소에서 ㄱ씨에게 현금 365만원을 받고 해당 승용차를 팔았다. 이 차량은 추씨가 다른 사람에게서 구입한 2010년식인데, 본인 앞으로 명의이전을 하지 않고 그대로 ㄱ씨에게 판매한 것이었다.

이어 추씨 등은 ㄱ씨가 대금을 지불한 후 차를 몰고 가자 택시를 타고 몰래 뒤따라가 미리 소지하고 있던 차량의 보조열쇠로 차를 몰고 달아났다고 경찰은 설명했다.

경찰은 추씨 등이 2개의 열쇠 중 하나만 ㄱ씨에게 전달했고, 나머지 하나는 건네지 않은 채 해당차량을 훔쳤다고 밝혔다.

경찰은 피의자들은 인터넷 중고차거래사이트에서 판매자와 구매자 1대1 판매방법을 통해 ㄱ씨에게 차를 팔았고, 차를 훔친 후에는 부산으로 몰고 간 뒤 주차해놓고 경찰의 추적을 피해 충북 청주까지 달아났다고 설명했다.

경찰관계자는 "중고차를 판 뒤 이를 다시 훔치는 수법의 절도행위는 드물다"면서 "피의자들은 '급전이 필요해 차를 훔쳤다'고 진술했다"고 말했다. 경찰은 피의자들이 영화 <베테랑>을 모방했는지 등에 대해서도 조사를 벌이고 있다.

이같은 범행 수법은 지난해 최고의 흥행을 기록한 <베테랑>에서도 등장했다. 영화 <베테랑>의 앞 부분에서는 서울경찰청 광역수사대 형사 서도철(황정민)이 외제차 절도·밀수 조직을 쫓기 위해 손님으로 위장해 중고자동차 매매상에서 고급 외제차를 구입한다.

중고자동차 판매상들은 그러나 이 차량을 다시 훔친 뒤 외국으로 밀수출하기 위해 차량 도색 작업을 벌였고 마침 차량 트렁크에 숨어 있던 서도철(황정민)이 나타나 전문 절도·밀수 조직을 검거하게 된다. 특히 서도철은 이 수사를 돕는 등 평소 친분을 나눠온 화물차량 기사 배 기사(정웅인)가 밀린 임금 420만 원을 받지 못한 채 해고 당한데 항의해 신진그룹 본사 앞에서 묵묵히 시위하던 중 회장의 망나니 막내아들 조태오 실장(유아인)에게 폭행 당하는 사건을 계기로 조 실장을 만나게 되는 계기가 된다.

자료: 경향신문 2016년 1월 11일
http://news.khan.co.kr/kh_news/khan_art_view.html?artid=201601111312251&code=940202

제3장
범죄대책으로서의 대중매체

제1절 개　　관

　　대중매체와 범죄의 관계는 대부분이 범죄의 원인으로서 대중매체를 다루어 왔다. 그러나 최근 대중매체를 범죄문제의 해결을 위한 방안으로서 그 활용이 증대되고 있다. 이러한 분위기는 공익광고와 친사회적 오락 프로그램의 성공에 그 뿌리를 두고 있다. 이들 프로그램의 성공과 언론기술의 발달이 대중매체에 기초한 일련의 범죄예방운동과 프로그램의 발전을 부채질하게 되었다. 범죄자와 시민이라는 상이한 두 집단의 청중을 표적으로 하는 프로그램은 범죄자를 억제하기 위한 언론매체의 공익광고나 홍보 그리고 범죄를 줄이기 위한 언론에 의한 감시활동을 들 수 있다. 시민들을 표적으로 하는 프로그램은 시민들로 하여금 범죄예방을 권장함으로써 피해를 줄이고 그리고 경찰 등의 기관에 대한 협조와 참여를 권장함으로써 범죄를 해결할 수 있게 하는 프로그램이다.

　　범죄억제를 위한 프로그램의 가장 좋은 예는 마약퇴치 광고일 것이다. 광고가 효과적이기 위해서는 반드시 청중의 관심을 불러 일으켜야 하는데, 마약퇴치의 경우는 마약으로 구속되는 경우나 마약으로 인한 건강상의 문제 등으로서 관심을 끌려고 한다. 범죄억제, 피해감소 그리고 감시의 모든 프로그램은 인식의 변화가 행동의 변화도 초래한다는 희망으로 사회현실에 대한 표적청중의 인식을 변화시켜야 한다. 지금까지 평가결과는 정보를 보급하는 효과적인 수단이며, 태도에 영향을 미치는 것 같으나, 청중의 행동에 중요한 영향을 미칠 수 있는 능력에 대해서는 확실한 증거가 있지 않다.

　　언론기술의 발달은 법집행기관의 감시역량을 발전시켰다. 우리는 감시받고 있다는 두려움을 갖게 하는 심리학적 효과인 감시효과(surveillance effects)를 이용하여, 기술발전 및 가격하락과 함께 가능한 한 많은 공공장소를 감시하고 순찰차와 조사실 등에도 감시용 카메라를 설치하는 등의 노력을 기울이고 있다.

범죄피해를 줄이거나 범죄를 억제하기 위한 프로그램은 공히 범죄퇴치 정보를 내보낸다는 특징은 같으나, 하나는 잠재적인 피해자를 그리고 다른 하나는 범죄자를 표적청중으로 삼고 있다는 점이 다르다. 범죄피해예방프로그램은 대체로 범죄자에게 가능한 범죄기회를 줄이기 위하여 시민 스스로가 특정 범죄의 범행을 어렵게 함으로써 표적물을 강화(target hardening)시키는 것이다.

또 다른 유형의 프로그램은 공개수배와 같이 범죄문제의 해결에 있어서 시민의 참여를 유도하려는 것이다. 이들 프로그램을 통하여 해결되지 못한 사건을 공론화하고 공개수배하여 신고해 주는 익명의 시민에게 보상하는 등의 방법이다.

제 2 절   퇴치운동, 축소프로그램, 예방운동, 예방프로그램

기술개발, 비용의 감소 그리고 긍정적 효과 등에 자극받아 대중매체를 이용한 범죄예방운동이 가속화되고 있는데, 대체로 두 가지 집단으로 나눌 수 있다. 첫째는 범죄억제나 감시프로그램 모두 직접적으로 범죄자가 범행하지 못하도록 억제하기 위해서 고안된 것이다. 범죄억제 프로그램은 기존의 대중매체의 광고 등을 이용하여 범죄자에게 경고를 보낸다. 감시프로그램은 감시기능을 강화하기 위하여 새로이 개발된 비디오 기술 등을 활용한다. 이들 프로그램은 관찰되고 감시받는다는 두려움에서 범죄자가 범행하지 않도록 억제하거나 감시기능이 실패하여 범행이 이루어졌을 때는 범죄자를 체포하고 처벌하는 데 필요한 시각적 증거를 제공해 주기도 한다. 두 번째는 범죄자를 표적으로 하는 것이 아니라 시민을 대상으로 하는 범죄피해예방과 시민참여프로그램이다. 범죄피해예방 프로그램은 시민들로 하여금 스스로를 더 잘 보호하도록 하여 범죄피해를 줄이려는 것이고, 반면에 시민참여는 시민과 법집행 기관의 협조를 강화하여 범죄를 해결하려는 의도에서 고안된다. 따라서 두 가지 집단별 범죄퇴치를 위한 대중매체의 활용 유형을 [표 2-1]과 같이 요약할 수 있다.

표 2-1   Merton의 대중매체를 이용한 네 가지 범죄퇴치 운동 프로그램

기본유형	추구하는 행동변화	기 제	예
범죄자를 표적으로 하는 프로그램			
범죄억제 프로그램	범죄자의 자발적 범행 축소	억제	마약퇴치 공익광고
감시 프로그램	범죄자의 자발적 범행 축소 또는 범법자의 검거	억제 표적물 견고화 범행기회의 축소	경찰감시카메라
시민을 표적으로 하는 프로그램			
범죄피해 축소 프로그램	시민의 자기보호, 범죄예방 행위 수행	표적물 견고화 범행기회 축소	Take a bite out of crime McGruff
시민참여 프로그램	법집행기관과의 시민 협조와 참여 증대	금전적 보상 익명성	Crime stoppers

자료: Surette, *op. cit.*, 1992, p. 150.

제 3 절   범죄예방프로그램

가장 빈번하게 이용되는 대중매체의 범죄예방프로그램은 약물남용에 관한 공공홍보 운동이었다. 초기에는 범죄를 줄이기 위한 언론의 활용이 매우 어렵다는 평가를 받기도 하였다. 예를 들어, Schmeling과 Wotring(1976, 1980)은 초기의 프로그램들이 약물남용을 중요한 사회적 쟁점으로 할 수 없었으며, 특정 표적 집단에게는 언론의 메시지가 부적절한 것이었다고 지적하였다.[1] 또한, Hanneman과 McWen(1973)은 마약에 대한 긍정적인 프로그램이나 메시지들 때문에 언론을 이용하여 마약문제를 퇴치하려는 노력에 어려움이 있다고 하였다.[2]

---

1 D. Schmeling and C. Wotring, "Agenda−setting effects of drug abuse public service ads," *Journalism Quarterly*, 1976, 53: 743−746; D. Schmeling and C. Wotring, "Making anti−drug−abuse advertising work," *Journal of Advertising Research*, 1980, 20: 33−37.

2 G. Hanneman and W. McEwen, "Televised drug abuse appeals: A content analysis," *Journalism Quarterly*, 1973, 50: 329−333.

　　그래서 이러한 프로그램이 효과적이기 위해서는 언론홍보가 특정한 표적집단(독자나 시청자 등)에 맞도록 내용이 편성되어야 하며, 이들 특정한 표적집단은 갈등적이거나 경쟁적인 정보를 동시에 받지 않도록 해야 한다. 따라서 초기에는 언론의 마약에 대한 긍정적 태도와 집중적이지 못하고 지나치게 일반적인 내용 등으로 문제점이 많이 노출되었다. 그러나 최근 언론의 마약에 대한 긍정적 태도가 약화되면서 대중매체의 공보나 홍보가 특히 10대 또는 일부 성인들에게 있어서도 마약에 대한 태도에 영향을 미칠 수 있다고 알려지고 있다.

　　그러나 이러한 프로그램을 통하여 우리는 적어도 두 가지를 알 수 있다. 첫째, 대중적인 범죄퇴치 정책의 기초로서 언론은 범죄와 형사사법에 관한 정책과 현실에 지대한 영향을 미친다는 것을 보여 주었다. 둘째, 두려움이나 공포심을 이용하여 사람들의 행동을 유인하거나 변화시키기는 무척 어렵다는 사실을 일깨워 주었다. 만약 철저하게 기획되고 정확하게 실행되지 않는다면, 언론에 의한 공포심이나 두려움 또는 관심은 오히려 부정적인 결과를 초래할 수도 있다. 만약 현실적인 대안도 없이 두려움이나 공포심만을 유발한다면 사람들은 홍보를 거부하고 무시하며 범죄나 마약에 대한 운명론적인 태도를 갖게 된다. 이는 범죄자를 목표로 하는 캠페인은 범죄자의 체포와 처벌의 두려움을 증대시킴과 동시에 범죄행위에 대항하는 가능한 대안을 제공함을 시사한다.

제 3 부

현대사회의 폭력범죄

MODERN SOCIETY & CRIME

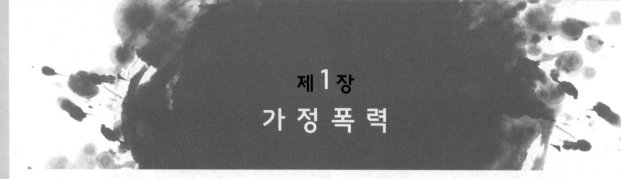

제1장
가정폭력

　일반적으로 가정이라고 하면 따뜻함, 사랑, 안전 그리고 돌봄 등 따뜻한 인상을 갖게 된다. 하지만 때로는 끔찍하리만큼 무서운 역설을 보여주기도 한다. 가정이 가지는 이 역설은 보살핌과 폭력이 바로 가정에 공존하기도 한다는 사실이다. 가정에서의 폭력은 아이들에게 훈육으로서 체벌을 가하는 데서부터 극단적인 살인에 이르기까지 매우 다양하다. 실제로 많은 통계자료에 따르면, 상당수의 살인사건의 피해자가 살해범과 가족적으로 관련이 있으며, 다수의 여성살인 피해자가 바로 그들의 배우자에 의해서 살해되고 있는 실정이다. 더구나 가벼운 폭력은 그 정도가 더욱 보편적이어서 다수의 여성이 자신의 배우자나 이성으로부터 다양한 형태의 물리적 폭력을 경험하고 있다. 이들에 대한 학대가 단발적인 사고가 아니라 반복적으로 일어나고 있으며, 그 정도가 심각한 배우자 폭력도 무시할 수 없을 정도로 빈번하게 발생하고 있다. 한편, 가정폭력으로서 아동학대는 그 정도가 더욱 심각하여 거의 모든 아이들이 크고 작은 아동학대를 경험하고 있다.[1]

제1절　가정의 폭력적 여건

　이처럼 가정폭력이 빈번한 데는 그 까닭이 있을 것인데, 일부에서는 가정이 폭력적 여건을

---

1 M. A. Straus and R. J. Gelles, "Societal change and change in family violence from 1975–1985 as revealed by two National Surveys," *Journal of Marriage and the Family*, 1986, 48: 465–479.

상당수 가지고 있기 때문이라고 한다. Gelles와 Straus는 사회집단이자 환경으로서 가정이 갖는 특징이 가정폭력에 기여하는 요인을 다음과 같이 지적하고 있다.

① 위험한 시간이 많다. 가족 간에 상호작용하는 시간이 많기 때문에 때로는 폭력으로 비화될 수도 있는 불일치나 대치 등의 기회도 많아질 수 있다.

② 활동과 흥미가 폭넓다. 자녀 양육에서 여가에 이르기까지 서로 갈등하고 논쟁할 수 있는 경우가 많다.

③ 가족의 참여가 중요시된다. 가정에서 행해지거나 일어나는 일은 사람들에게 매우 중요하다. 가족이 어떻게 행동해야 하며 무엇을 해야 하는가 등은 심각한 의견 불일치의 소지가 된다.

④ 영향력을 행사하려고 한다. 가족 간에 다른 사람의 가치, 태도, 행동 등에 영향력을 행사하려고 한다. 부모는 아이들을 통제하려고 하고 남편들은 아내에 대한 영향력을 행사하려고 하고 형은 아우에게 자신의 요구대로 따르기를 기대한다. 이러한 기대가 어긋날 때 갈등이 야기되거나 심화된다.

⑤ 서로 부딪히는 일이 많다. 가정에서는 한 사람의 희생으로 다른 사람이 얻게 되는 일을 할 때가 많기 때문에 갈등이 일어날 수밖에 없다. 어떤 프로그램을 시청할 것인가, 외식은 무엇으로 할 것인가, 어떤 차를 살 것인가 등의 일이 모두 언쟁이나 의견불일치의 원천이 된다.

⑥ 연령과 성에 따른 차이가 있다. 가족은 연령과 성별에 따라 상이한 개인들로 구성되어 있다. 그래서 가정은 남녀와 부모 자식 간 등 가족 간의 문화적 차이에 기초한 갈등의 장이 되기도 한다.

⑦ 주어진 역할이 다르다. 가족관계는 보통 사회적 불평등을 반영하고 재생산한다. 역할과 책임은 능력과 관심이 아니라 연령과 성별에 따라 결정된다. 더구나 의사결정시 가족의 적정한 역할에 대한 성차별적 신념이 존재하고 심지어 때로는 다른 사람을 지배하기 위하여 그들에 대한 폭력조차도 적절한 것으로 여기는 신념도 존재한다.

⑧ 가족은 사적이다. 가정에서 일어나는 일은 사적이며 외부인에게는 관심의 대상이 될 수 없다는 문화적 신념이 가족에 대한 외부로부터의 통제를 못하게 한다.

⑨ 가족은 자발적으로 되는 것이 아니다. 심지어 폭력적일지라도 가정과 가족을 떠나기는 어렵다. 따라서 골프장의 회원이 되었다가 탈퇴하는 것처럼 마음대로 가입하고 탈퇴할 수 있는 곳이 아니다.

⑩ 스트레스가 많다. 가족이 인생을 통하여 성장하고 변하면서 가족의 구조도 변하게 되며, 이것이 폭력과 갈등에 대한 감수성 또는 민감함을 증대시킨다. 한 사람의 질병, 실업 또는 감정

적 문제 등이 다른 사람에게도 영향을 주게 된다.

⑪ 폭력이 규범적으로 용인되기도 한다. 가정폭력을 상당히 관대하게 받아들이는 문화적 규범이 존재한다. 전통적으로 아이들에 대한 부모의 매질은 상당부분 용인되고 있다.

⑫ 폭력이 사회화되고 일반화된다. 가정은 대부분의 사람이 체벌이라는 형태로 폭력을 처음 보고 경험하는 곳이다. 사랑이 때로는 폭력과 연계되어 사랑하는 사람이 때리거나 때릴 수 있는 사람이라는 것을 아이들이 배우게 된다. 따라서 어릴 적의 체벌경험이 모든 폭력, 특히 가족 간 폭력에 대한 규범적 합법화의 기초를 마련해 준다.[2]

HOT ISSUE   가정폭력

[무서운 가족 ③]'아버지는 아들을, 아들은 아버지를'…폭력으로 멍드는 가정

최근 국회 여성가족위원회 소속 새누리당 류지영 의원이 경찰청으로부터 제출받은 자료에 따르면 경찰청이 가정폭력으로 검거한 건수는 2011년 6848건, 2012년 8762건, 2013년 1만6785건, 2014년 1만7557건, 2015년 8월 2만 5653건으로 해마다 증가하고 있다. 경찰청 통계에 따르면 지난해 가정폭력 신고 건수는 총 22만7608건으로 2013년(16만272건)과 비교해 6만 건 이상 증가했다. 지난달 말 기준으로는 16만8088건이 접수됐다.

가정폭력의 원인은 가정불화, 경제적 이유, 우발적 분노 등이 대표적이다. 가정불화와 우발적 분노가 폭행으로 이어지는 사례가 대부분이다. 경찰청 통계에 따르면 지난 1월부터 8월까지 가정불화에 따른 검거인원이 1만106명으로 가장 많았다. 우발적 분노(7497명), 경제적 이유(75명) 등이 뒤따랐다.

경찰청 관계자는 "아내나 남편이 배우자의 외도를 눈치챈 뒤 홧김에 상대방을 폭행하거나, 가족이 술에 취해 말다툼을 벌이던 중 홧김에 상대방에게 주먹 등을 휘두르는 사례가 대부분"이라고 말했다. 유산증여, 보험금 수령 등 경제적 이유로 인한 가정폭력도 심심찮게 찾아볼 수 있다.

자료: 뉴시스 2015년 10월 25일
http://www.headlinejeju.co.kr/news/articleView.html?idxno=252562

---

2 R. J. Gelles and M. A. Straus, "Determinanrs of violence in the family: Toward a theoretical integration," pp. 549–581 in W. R. Burr, R. Hill, F. E. Nye, and I. L. Reiss(eds.), *Contemporary Theories about the Family*, New York: Free Press, 1979.

배 교수는 "가정폭력은 우리 사회의 폭력문화가 기본적으로 전제된다. 훈육이라는 개념 등에서 볼 수 있듯 우리 사회는 일정 정도의 폭력을 용인하고 있다"며 "우리나라의 가정문화에는 권위적인 부분도 다소 존재하고, 가정 내 스트레스를 해소할 수 있는 수단을 찾으려는 의식도 미비하다"고 지적했다.

가정폭력의 또 다른 원인으로 단순 가정 내 문제로 치부하는 인식도 꼽힌다.

새누리당 류지영 의원은 "가정폭력을 가정 내 문제로 인식하는 경향이 여전하다"며 "가정폭력을 범죄로 인식할 필요가 있다"고 강조했다.

자료: 문화일보 2010년 6월 7일
http://www.munhwa.com/news/view.html?no=2010060701032932307002

가정폭력 검거 건수 해마다 늘어

가정폭력 검거 건수가 매년 급증하고 있는 것으로 나타났다.

국회 안전행정위원회 새누리당 이에리사 의원이 경찰청으로부터 제출받은 국정감사 자료에 따르면 전국 경찰서의 가정폭력 검거 건수는 지난 2012년 8762건에서 2013년 16785건, 2014년 17557건으로 매년 급증하고 있는 것으로 나타났다.

올해 역시 지난 8월까지의 가정폭력 검거건수가 25653건을 기록해 지난해 총 검거 건수를 이미 넘어섰다.

가정폭력 발생원인(2015년 1월~6월 기준)은 주로 가정불화(41.6%), 음주로 인한 주폭(20.3%), 성격 차이(20.1%), 외도(11.6%) 등이었다.

또 부부 간(법률혼과 사실혼 모두 포함)에 가정폭력이 발생한 경우가 86%로 대부분이었지만 직계 존비속 간에 발생한 경우도 12.1%를 차지했다.

자료: 한국일보 2015년 10월 6일
http://news.khan.co.kr/kh_news/khan_art_view.html?atid=201510061416381&code=940100

제 2 절   가정폭력의 유형

1. 아동학대

　　아동에 대한 학대는 그 유형이 다양하다. 우선 가장 전형적인 것이 물리적 폭력이다. 60년
대 미국에서 매 맞는 아동 증후군(battered child syndroms)을 불러 일으켰던 심각한 매질에서 가
벼운 체벌에 이르기까지 그 심각성의 정도에 따라 다양한 물리적 폭력이 있다. 다음으로 아동의
성장에 심각한 결과를 초래할 수 있는 것은 심리적 학대이고 한편 빈곤, 부적절한 아동보호, 부
적절한 교육 등으로 인한 일종의 피해자라고 할 수 있는 것으로서 아이들을 방치하는 것이다.[3]
그러나 아직은 심리적 학대나 아동에 대한 방치 등은 물리적 폭력에 비해 세상의 이목을 받지
못하고 있는 편이다. 끝으로 어쩌면 단순한 물리적 폭력보다 더 심각한 영향을 미칠지도 모르는
아동에 대한 성적 학대를 빼놓을 수 없다. 따라서 아동에 대한 물리적 폭력과 성적 학대를 중심
으로 그 중요한 차이와 함께 아동학대를 살펴보고자 한다.

　　아동학대와 관련된 많은 요인들이 연구결과 밝혀지고 있으나, 일반적으로 어린 아이일수록
물리적 폭력의 위험성이 가장 높고 아들이 딸보다 피해확률이 더 높은 것으로 알려지고 있다.
그리고 젊은 부모일수록 학대자가 될 확률이 더 높고 어머니들이 가정에서 가장 가까이 대부
분의 양육과 보호를 제공함으로써 아버지에 비해 어머니가 학대자가 되는 가능성이 더 높다고
한다.[4]

　　지금까지 알려진 바에 의하면, 부모에 의한 아동학대를 예측할 수 있는 가장 강력한 예측요
인은 부모 자신이 아동기에 아동학대를 당했는가 여부이다. 즉, 부모가 아동기에 학대받은 경우
자신의 자녀를 학대할 가능성이 훨씬 더 높다는 것이다. 물론, 이것은 하나의 강력한 예측인자
임에는 틀림없지만 확실한 것은 아니다. 아동기 학대를 경험했다는 사실이 학대하는 부모가 될
가능성을 증대시키지만 그렇다고 불가피한 일은 아니다. 이 둘의 상관관계는 폭력에 대한 태도
와 관련이 있는데, 그것은 아동폭력의 경험이 성인으로서 폭력을 용인하는 태도를 갖게 하는 가

3　W. Breines and L. Gordon, "The new scholarship on family violence," *Signs*, 1983, 8: 490－531.
4　R. J. Gelles, "Violence toward children in the United States," *American Journal of Orthopsychiatry*, 1978, 48: 580－
　　592.

장 중요한 결정요인의 하나라고 한다.[5]

스트레스도 아동학대에 기여하는 요인이라고 한다. 직장문제, 실업, 질병과 사망 그리고 사고 등과 같은 많은 스트레스를 경험하는 가정일수록 부모에 의한 아동학대의 가능성이 높아진다고 한다. 그런데, 스트레스를 경험하는 가정이 특히 부모가 물리적으로 부부싸움을 벌이고, 부모의 교육수준, 소득, 그리고 직업적 지위 등이 낮으며, 부모가 사회적으로 외톨이처럼 격리되거나 부모의 결혼관계가 원만치 못한 경우 아동학대의 가능성은 더 높아질 수 있다고 한다. 반대로 부모의 결혼관계가 평등하고 원만하거나 가족 간의 지지적 사회지원망이 갖추어진 가정에서는 스트레스가 훨씬 줄어든다고 한다.[6]

분명한 스트레스의 하나라고 할 수 있는 실업도 가정폭력에 기여하는 바가 적지 않다고 한다. 아버지가 실업자인 아이들이 어머니에 의하여 학대받을 확률이 더 높다. 이는 어머니가 아이들의 주요한 양육보호자이기 때문에 아버지에 비해 아동학대의 가능성이 약간 높다는 사실에 의해서도 입증되고 있다. 더구나 어머니에 의한 학대는 아버지가 실업자이고 어머니가 일을 하는 경우에 더욱 심각하다고 한다. 그것은 어머니가 아이의 양육을 책임지면서 동시에 가족의 호구지책도 책임져야 하는 무거운 짐을 갖기 때문이다. 결국, 아버지의 실업과 그로 인한 어머니의 취업은 일하는 어머니의 짐이 되고 다시 폭력을 통하여 아이들에게 그 짐이 전달되기도 한다.[7]

한편, 음주 또한 아동학대와 무관하지 않다고 한다. 보통 아이들보다 학대받은 아이들의 부모에게서 알코올중독자가 훨씬 많았다는 연구결과도 있었다. 술을 많이 마시는 기간에는 아이들에게 공격적이고 가족 간에 스트레스와 언쟁을 일으키며, 아이들에 대한 관심이 없어지고 직장에서의 근무도 충실치 못하며, 따라서 소득도 낮고 건강도 나빠지기 마련이다. 이러한 문제들이 곧 부모나 가정의 기능에 부정적 영향을 미칠 뿐 아니라 이미 멀어진 아이들과 재결합하기 어렵게 만든다.[8]

---

5 D. Owens and M. A. Straus, "Childhood violence and adult approval of violence," *Aggressive Behavior*, 1975, 1: 193−211.

6 M. A. Straus and G. K. Kantor, "Stress and child abuse," pp. 42−59 in Ray E. Helfer and Ruth S. Kempe(eds.), *The Battered Child*, 4th ed., Chicago: University of Chicago Press, 1987.

7 R. J. Gelles and E. F. Hargreaves, "Maternal employment and violence toward children," *Journal of Family Issues*, 1981, 2: 509−530.

8 R. Famularo, K. Stone, R. Barnum, and R. Wharton, "Alcoholism and severe child maltreatment," *American Journal of Orthopsychiatry*, 1986, 56: 481−485.

HOT ISSUE

아동학대 사건 하루 15건씩 발생

　초등학생 시신 유기 사건, 11세 소녀 감금·학대 사건 등 엽기적인 아동학대 사건이 연일 터져나오는 가운데 지난 10년간 아동학대 건수가 하루에 15건꼴로 발생한 것으로 드러났다. 특히 아동학대 건수는 갈수록 늘어나고 있지만 처벌 수위는 낮아 개선이 시급하다는 지적이 나오고 있다.

　18일 한국형사정책연구원 강은영 박사의 '아동학대의 실태와 학대 피해아동 보호법제에 관한 연구' 보고서에 따르면 지난 2004년부터 2013년까지 10년간 전국 아동보호전문기관에 신고된 아동학대 사건 건수는 9만5,622건에 이르렀다. 신고 건수는 2004년 6,998건이었지만 2013년에는 1만3,076건으로 두 배 가까이 뛰었다.

　신고 사건 가운데 실제 아동학대 판정을 받은 사례도 5만5,484건이었다. 이 역시 2004년 3,891건에서 2013년 6,796건으로 74.6% 늘었다. 10년간 하루 평균 15.2건의 아동학대가 발생한 셈이다.

　아동학대의 가해자 중 부모가 차지하는 비율은 무려 82.7%에 이르렀다. 이어 대리양육자(6.8%), 친인척(6.2%), 타인(2.3%) 등의 순이었다.

　아동학대 유형으로는 신체·정서학대, 방임, 성적 학대 등이며 이 가운데 두 가지 이상이 동시에 이뤄진 중복학대가 40%로 가장 많고 방임이 34%, 정서적 학대 13%, 신체학대 8%, 성적 학대 4%, 유기 1% 등의 순이었다.

　아동학대 건수는 급증하고 있는데 가해자에 대한 처벌은 솜방망이에 그쳤다. 해당 기간 검찰에서 처분한 572건 중 법원 재판에 넘긴 건은 32.2%에 불과했다. 기소유예(30.3%), 혐의 없음(13.4%) 등 사실상 아무런 처벌을 받지 않는 경우가 절반에 육박했다.

　기소 건수는 전체 범죄 비율(7.8%)보다는 높지만 흉악범죄(40.0%)보다 낮은 수치다. 더구나 아무런 처벌이 이뤄지지 않는 경우 피해아동이 학대 부모와 다시 함께 살게 되는 경우가 대부분이었다.

　강 박사는 "특별한 담보장치를 마련하지 않고 피해아동을 원가정에 방치하는 일은 매우 위험하다"며 "피해아동에 대한 재발 방지대책과 함께 아동학대 조기 발견 및 개입 시스템 구축이 시급하다"고 지적했다.

자료: 서울경제 2016년 1월 18일
http://economy.hankooki.com/lpage/society/201601/e2016011817285793800.htm

'아동학대' 가해자 83%는 부모… 사회적 안전망 마련돼야

부모에 의한 아동학대가 계속되면서 사회에 큰 파장을 불러일으키고 있다.

이 같은 사건은 지난 2013년 칠곡계모와 울산계모 사건부터 최근 인천 소녀 학대, 부천 초등학생 시신훼손 및 유기 사건 등까지 끊임없이 이어지고 있다.

25일 중앙아동보호 전문기관에 따르면 2014년 기준 아동학대 건수는 1만 27건으로 중복학대(48.0%)가 가장 많았으며 방임 및 유기(18.6%), 정서학대(15.8%), 신체학대(14.5%) 순이다.

한국형사정책연구원 강은영 박사가 내놓은 '아동학대의 실태와 학대피해아동 보호법제에 관한 연구' 보고서에 따르면 2004년부터 2013년까지 전국 아동보호전문기관에 신고된 아동학대 사건 건수는 총 9만 5622건에 달했으며 이중 아동학대 판정을 받은 사례는 총 5만 5484건이다.

유형을 보면 신체·정서학대, 방임, 성적학대 등 가운데 2가지 이상이 동시에 이뤄진 중복학대가 40%로 가장 많고 방임이 34%, 정서적 학대 13%, 신체 학대 8%, 성적 학대 4%, 유기 1% 등의 순이었다. 중복학대를 제외하면 방임이 34.1%로 가장 빈번했고 정서학대(33.5%), 신체학대(26.7%) 등이 뒤를 이었다.

아동학대의 가해자는 부모가 82.7%로 절대다수였다. 이어 대리양육자(6.8%), 친인척(6.2%), 타인(2.3%) 등의 순이다. 울산·칠곡 계모 사건 등을 비롯해 최근 사회적 논란을 부른 대부분의 아동학대 사망 사건이 친부모 혹은 의붓부모에 의해 저질러졌다는 점과 궤를 같이한다.

때문에 전문가들은 늘어나고 있는 부모에 의한 학대에 문제 부모에 대한 교육과 치료가 활성화 돼야 한다는 의견이다.

부모의 학대경험이 대물림 되거나 아이를 키울 준비가 안 된 미숙한 양육 태도와 방법으로 아동 학대 가해자 부모 비율이 높아지고 있어 문제 부모교육이 강화돼야 한다는 것이다.

아동학대방지 시민단체 세이브더칠드런 김진 변호사는 "처음에는 훈육차원에서 이뤄지는 체벌이 더 나아가면 학대가 되기 때문에 이를 미연에 방지하기 위해 부모들에게 올바른 훈육을 지도하는 프로그램들이 더 확대, 진행돼야 한다"고 밝혔다.

자료: 브릿지경제 2016년 1월 25일
http://www.viva100.com/main/view.php?key=20160125010006335

2. 아동 성학대

(1) 성적 학대와 물리적 학대의 차이

물리적 학대는 여성들이 일상적으로 아동을 접하는 시간과 기회가 많기 때문에 남성에 비해 확률이 약간 높기는 하지만 물리적 학대는 남녀가 거의 비슷한 정도이나 성적 학대의 경우는 남성이 가해자의 거의 대부분이며 그 피해자는 여자 아이가 대부분이다. 성적 학대는 가족 내부적으로나 외부적으로 일어날 수 있으며, 대부분의 일반적 성범죄와는 달리 아동에 대한 성적 학대는 그것이 강압적일 때가 많지만 물리적 외상성 장애(trauma)를 포함하지 않는 경우가 많고 가해자는 자신의 행위를 즐기는 경향이 높다고 한다. 그리고 물리적 학대에 비해 성적 학대는 중산층 현상이라고 할 수 있다.[9]

(2) 피해자와 가해자의 특성

아동 성학대 피해자는 여성이라는 것 외에 젊은 또는 어린 여자 아이일수록 위험성이 높다. 성학대는 보통 10살을 전후하여 많이 발생하나 그 이전에 일어나는 사건은 대부분 보고되지 않으며, 성학대 피해자의 사회계층적 차이는 거의 없는 것으로 알려지고 있다. 그리고 의부에 의한 사건이 생부보다 훨씬 더 높고 친척이 아버지보다 더 많고 반드시 어른들에 의해서 가해지는 것은 아니며, 상당수는 청소년들에 의해서 이루어지는 것으로 보고되고 있다.[10] 또한, 생부와 살아보지 못한 아이일수록, 어머니가 직장생활을 할수록, 부모와의 관계가 나쁠수록, 그리고 부모가 갈등을 겪고 있는 경우일수록 아이가 성적으로 학대받을 위험성이 더 높다고 한다.

한편, 아동에 대한 성적 학대가 아동에게 장·단기적으로 영향을 미친다고 연구결과 지적되고 있다. 성적으로 학대받은 아이가 성인이 되어서도 우울함, 자기파괴적 행위, 불안감, 소외감, 낮은 자존감, 재피해, 그리고 약물남용 등을 보이는 경우가 많다고 한다. 그리고 다른 사람을 믿지 못하고 성기능장애 등과 같은 성적 부적응 문제를 경험하는 경우도 많은 것으로 알려지고 있

---

9 D. Finkelhor, "Sexual abuse and physical abuse: Some critical differences," pp. 21–30 in E. H. Newberger and R. Bourne(eds.), *Unhappy Families: Clinical and Research Perspectives on Family Violence*, Littleton, MA: PSG Publishing, 1985.

10 Craig B. Little, *Deviance and Control: Theory, Research, and Social Policy*, Itsca, IL: F. E. Peacock Publishers, Inc., 1989, p. 227.

다. 그런데 그 영향이 오래 지속될수록 더욱 심각한 문제라고 할 수 있는데, 일회성 사고보다 지속적·반복적으로 성적 학대를 받은 아동일수록 더 많은 장기적 영향을 받는다고 한다. 또한 생부나 의부에 의한 학대가 다른 사람에 의한 경우보다 피해 아동에게 미치는 부정적 영향이 더 크고 오래가며, 물리적 폭력과 같은 물리력이 동원된 학대의 경우가 그렇지 않은 사건에 비해 더 영향이 심각하고, 청소년보다 성인, 그리고 여성보다 남성에 의한 학대가 더 큰 영향을 미치는 것으로 인식되고 있다.[11]

(3) 아동 성학대의 설명모형

절대 다수의 성학대자가 남성이라는 사실을 감안할 때, 아동 성학대의 문제는 남성상 사회화(masculine socialization)의 하나로 가장 잘 설명될 수 있을 것이다. 예를 들어, Finkelhor는 왜 여성이 남성에 비해 아동 성학대자가 될 확률이 낮은가를 설명해 줄 수 있는 남녀 간 사회화의 차이를 지적한 바 있다.[12]

우선, 여성은 남성에 비해서 성적 감동과 비성적 감동을 구별하는 것을 더 일찍 더 많이 더 잘 배우는 경향이 있는데, 남성은 성적 형태로 자신의 감정적 욕구를 채우는 데 반해 여성은 비성적 관계로 아이를 통하여 충족하기 때문이다. 한편, 남성은 성적 신분의 한 부분으로 이성 간의 성적 성공의 필요성을 강력하게 느끼면서 성장하는데, 아이들에 대한 성적 학대가 이 부분을 어느 정도 충족시키는 경우가 있기 때문에 남성에게 성학대자가 훨씬 많다고 한다. 그리고 남성은 성적 관심을 성행위에 초점을 맞추는 것으로 학습하지만 여성은 전반적인 관계와 로맨스(romance)에 초점을 맞추고 있다. 또한 남성은 잠재적 성적 상대자로서 자기보다 어리고 약한 것으로 보도록 사회화되고 있으나, 여성은 자신보다 나이가 많고 강한 사람을 상대로 보게 된다.

이러한 남녀 간의 차이가 여성보다 남성이 아동 성학대자가 될 가능성을 훨씬 더 높게 해준다고 하지만 그럼에도 왜 일부 남성들만 성학대자가 되고 대부분은 그렇지 않은가를 설명해 주지는 못한다. Finkelhor는 이를 설명할 수 있는 네 가지 단계를 제시하고 있다. 그의 설명은 주로 다음의 네 가지 요소로 구성된다.

---

11 J. Herman, D. Russell, and K. Trocki, "Long−term effects of incestuous abuse in childhood," *American Journal of Psychiatry*, 1986, 143: 1293−1296; A. Browne and D. Finkelhor, "Initial and long−term effects: A review of the research," pp. 143−179 in David Finkelhor(ed.), *A Sourcebook on Child Sexual Abuse*, Beverly Hills, CA: Sage, 1986.

12 D. Finkelhor, *A Sourcebook on Child Sexual Abuse*, Beverly Hills, CA: Sage, 1986 참조.

① 감정적 적합성(congruence): 왜 사람은 어린이와의 성적 연계를 통해서 감정적으로 충족되는가? 여기에 해당하는 변수로서 아이들은 자신에 대한 지배력 부족으로 학대의 대상으로서 매력적이며, 미성숙성, 낮은 자기 존중심, 반복(repetition)을 통한 충격(trauma)의 지배(mastery), 공격성과의 동일시, 자아도취(narcissism), 남성 지배의 사회화 등이 있다.

② 성적 욕구: 왜 사람이 어린이로부터도 성적으로 흥분되는가? 아이들에 대한 고조된 발정, 초기 아동기 경험으로부터의 조건화, 초기 아동기 경험으로부터의 모형화, 호르몬의 비정상성, 아동 음란물이나 광고 등이 여기에 속한다.

③ 장애: 무엇이 사람으로 하여금 보다 수용 가능한 방법으로 성적·감정적 충족을 얻지 못하게 좌절시키거나 방해하는가? 성인 여성과의 관계의 어려움, 부적절한 대화기술, 성적 불안감, 해결되지 않은 오이디푸스적 역동성, 성인으로서의 로맨틱한 성적 관계의 장애, 성적 행위에 대한 억압적 규범 등이 원인으로 지적되고 있다.

④ 자제불능: 왜 사람이 관습적인 사회적 제재나 억제를 통해 어린이와의 성적 관계가 제지되지 못하는가? 충동(impulse) 장애, 노망(senility), 정신지체, 음주, 근친상간(incest) 회피 기제의 실패, 상황적 스트레스, 문화적 용인, 그리고 가부장적 규범 등이 여기에 해당된다.[13]

위의 네 가지 의문을 기초로 아동 성학대를 요약하여 설명하면 다음의 다섯 가지와 같다. 첫째, 대부분의 연구는 성학대자가 아이들에 대해 비정상적인 형태의 성적 발정을 보여준다는 것을 정립하고자 하는 방향으로 진행 중이며, 둘째로 많은 연구결과 성학대자는 이성 간의 성적 관계와 사회관계에서 차단되어지며, 셋째로 다수의 성 학대 사건에 있어서 음주가 상당한 역할을 하고, 넷째로 감정적 적합성으로서 아이들은 지배력의 부족으로 인하여 소아성애자(pedophiles)에 대하여 특별한 의미를 가지는 경우가 있으며, 끝으로 다수의 성학대자가 스스로도 아동기 성학대의 피해자였다.[14]

---

13 S. Araji and D. Finkelhor, "Abusers: A review of the research," pp. 89–118 in D. Finkelhor(ed.), *A Sourcebook on Child Sexual Abuse*, Beverly Hills, CA: Sage, 1986, pp. 94–95.

14 S. Araji and D. Finkelhor, "Abusers: A review of the research," pp. 89–118 in D. Finkelhor(ed.), *A Sourcebook on Child Sexual Abuser*, Beverly Hills, CA: Sage, 1986.

(4) 예 방

아동 성학대의 예방은 아동 성학대가 거의 전적으로 남성에 의하여 범해진다는 사실의 인식에서부터 시작해야 한다. 이는 곧 예방의 중심은 남성의 사회화에서 찾아야 한다는 것이다. 성적 쾌감을 얻는 데 도발적 방법으로 접근하고 이것이 용인되고 받아들여지는 한 성학대를 단절하기 위한 노력이 성공할 수 없음을 의미한다.[15] 그래서 일부에서는 남성을 여자 아이로부터 격리시켜야 한다고도 주장한다. 그러나 남자들이 아이를 키우는 데 참여하고 여성에게 매력적이도록 성장하면 자신보다 어리고 약하고 작은 여자 아이를 성의 상대로 보는 남자가 훨씬 줄어들 것이라고 한다.[16]

또한, 이러한 남성 사회화의 변화 외에도 잠재적인 학대자를 억제하는 보다 강력한 장애물이 필요하다. 특히, 가장 강력한 장애 또는 억제는 바로 자신의 딸에 대한 보다 큰 관심은 물론이고 피해자의 복지에 보다 민감할 필요가 있다고 한다.[17] 이를 위해서 아이들에게 받아들일 수 있는 감정의 표시나 표현과 받아들일 수 없는 것을 구분할 수 있도록 가르치는 것도 좋은 방법이라고 한다.[18] 그리고 가장 위험이 많은 아이들에게 경계하도록 돕고 장래 학대자가 될 가능성이 가장 많은 사람들에게 아동학대에 반하는 성적 행동의 올바른 규범을 가르쳐야 한다. 과거 성학대를 부정하고 거부하던 방법에서 탈피하여 성학대의 원인에 대한 공개적 직면과 인식으로 대치되어야 한다.[19]

---

15 D. E. H. Russell, *The Secret Trauma: Incest in the Lives of Girls and Women*, New York: Basic Books, 1986, p. 392.

16 D. Finkelhor, *op. cit.*, 1985.

17 B. J. Vande Mey and R. L. Neff, *Incest as Child Abuse: Research and Applications*, New York: Praeger, 1986, p. 168.

18 D. Finkelhor, "Prevention approaches to child abuse," pp. 296-308 in Mary Lystad(ed.), *Violence in the Home: Interdisciplinary Perspectives*, New York: Brunner/Mazel, 1986.

19 Little, *op. cit.*, p. 231.

HOT ISSUE

유엔, 프랑스군 아동 성학대 대응 총체적 부실

고등학생 A양이 친아버지로부터 성학대를 받기 시작한 건 9살 때부터였다.

아버지 B(51)씨는 A양을 무릎에 앉히곤 몸 이곳저곳을 만졌다. 아버지가 자녀에게 할 수 있는 애정표현의 범위를 넘어섰다.

모텔로 데려가 목욕을 시키며 자신의 성기를 만지게도 했다. 학대 장소는 아버지의 직장으로까지 확대됐으며 그 정도도 과감해졌다. 2011년 학대사실을 알게 된 A양의 어머니는 남편을 고소했지만, 무슨 이유에선지 얼마지나지 않아 이를 취하했다. 중학생이 되고서야 자신이 친아버지로부터 끔찍한 일을 당했다는 걸 깨달은 A양은 "아빠를 처벌해달라"고 아동보호전문기관에 도움을 요청하고서야 '지옥'에서 벗어날 수 있었다. B씨는 결국 미성년자인 딸을 수차례 추행한 혐의로 기소돼 1심 재판에서 징역 4년을 선고받았다. 검찰이 청구한 친권상실도 법원이 받아들여 '부모 자격'을 빼앗겼다. 학대가 시작된 지 6년만의 일이다. A양은 현재 전교 1등을 할 정도로 우수한 성적을 보이고 있지만 여전히 정신적 충격에서 벗어나지 못한 채 어른에 대한 불신에 떨고 있다. 스스로를 공부로 혹사하고 과도한 스트레스에 시달린다.

C(54)씨는 중학생 아들 D군을 수시로 때렸다. 훈육이라고 하기엔 D군의 고통이 너무 컸다. 영어를 잘 못한다며 소주병으로 아들 머리를 내리쳤고, D군의 귀는 찢어지고 왼팔 근육이 파열됐다. 쇠젓가락으로 아들의 뒤통수와 어깨를 내리찍어 두피가 찢어지기도 했다.

D군이 막 태어났을 땐 아들을 베란다 창문 밖으로 던지려했던 아버지다.

수년간 학대는 지속됐으나 도와주는 사람이 없었다. D군이 극단적인 선택을 시도하자 그때서야 친척들이 아버지를 신고했다. 검찰은 C씨를 상습아동학대 등의 혐의로 기소하는 동시에 정상적인 친권행사가 불가할 것으로 보고 친권상실도 함께 청구했다. 법원은 C씨에게 징역 3년을 선고하고, 친권상실 청구도 받아들였다.

30일 수원지검에 따르면 검찰은 '아동학대범죄의 처벌 등에 관한 특례법'이 제정된 이후 심각한 아동학대범에 대해 친권상실 청구를 적극 검토하고 있다.

특례법상 아동에게 중상해를 입히거나 상습적으로 학대를 가했다면 검사는 의무적으로 친권상실을 법원에 청구해야 하며, 그 이외도 적절한 친권행사를 기대하기 어렵다고 판단될 때가 있기 때문이다.

그러나 여전히 생명의 위협이나 재학대 우려로부터 아동을 보호할 수 있는 최후의 수단인 친권상실 적용사례는 미미하다. 작년 한 해 경기도 아동학대의심 신고는 총 3천751건이며 수원지검 관할 지역(수원·용인·화성·오산)에서만 672건이지만, 검찰이 친권상실을 청구해 박탈된 사례는 단 2건이다. 전문가들은 친권상실만이 능사는 아니라면서도 우리사회가 이제 아동학대범에 대한 보다 엄격한 인식과 사회제도를 마련해야 한다고 강조했다.

자료: 데일리한국 2015년 12월 30일
http://daily.hankooki.com/lpage/society/201512/dh20151230081215137780.htm

'인면수심' 친아버지, 정신분열증 앓고 있는 딸 성학대…서울시 사례집

2010년 8월 서울시 동부아동학대예방센터에 친부에 의한 성폭행이 의심된다는 신고가 접수됐다. 해당 아동은 전신분열증으로 입원한 상태였고 치료 중 주치의에 의해 아버지에 의한 성학대 사실을 확인할 수 있었다.

센터는 신고를 접수한 후 수사를 의뢰했고 같은해 10월 사건은 검찰로 송치돼 이듬해인 지난해 12월 대법원은 아버지 김민식(가명·40)씨에게 징역 4년, 성폭력프로그램 40시간 참여, 정보공개 10년을 선고 했다.

피해 당사자인 김미영(가명·16)양은 아직도 "다시 아빠를 만나고 싶지 않다"고 울부짖고 있다.

아버지 김씨의 성학대 행위는 김양이 초등학교 1학년이던 시절부터 시작됐다.

김씨는 당시 초등생 딸에게 "좋은 것 있으니 빨리 오라"며 방으로 데리고 들어가 김양의 바지를 벗기고 성기에 자신의 성기를 문지르는 등 인면수심의 짓거리를 일삼았다.

정신질환을 갖고 있던 아내 박소리(가명·37)씨와 별거하던 김씨는 선원 일을 하다가 손가락을 다쳐 지체장애 4급 판정을 받고 노숙 생활을 하다 2010년 4월 아동보호시설에 입소해 있던 김양을 데리고 갔다.

아동보호시설은 당시 김양의 성학대 피해사실을 전해들어 이를 막아보려했지만 김씨가 성학대 사실을 부인하고 관련 기관에 민원을 제기해 어쩔 도리가 없었다.

김양을 데리고간 아버지 김씨는 같은해 5월 단칸방에서 "가슴을 만지면 커진다"며 김양의 옷 속에 손을 넣어 가슴을 만졌고 하루는 자고 있는 김양을 깨워 가슴을 만지고 성기를 빨기도 했다.

또 옆에서 아내 박씨가 자고 있는 상황에서도 이불을 덮어 김양의 팬티에 손을 넣어 만지고 손가락을 넣는 성추행을 반복했다. 김양이 만지지 말라고 거부하자 김씨는 "이제 우리 사이가 금이 갔다"며 김양을 정신병원에 입원시켰다.

치료 과정에서 이 같은 사실을 전해들은 주치의는 김양에 대해 "기억과 현실지각이 정상적이고 특히 성학대 내용에 대한 진술은 일관적이고 신뢰할 수 있다"고 판단해 아동학대예방센터에 신고했다.

김씨가 김양을 강제로 퇴원시키려 하자 김양이 퇴원을 거부하며 병원이나 시설에서 보호받기를 원하면서 성학대 사실이 드러났다.

하지만 아버지 김씨는 "고의적으로 만진 적은 없다"며 성학대 사실을 부인했고 센터는 김양에 대한 진술녹화와 함께 산부인과 진료를 실시한 결과 김양의 질은 손가락 2개가 들어갈 정도로 늘어나 있는 사실을 확인했다.

결국 김씨는 재판을 받고 교도소에 수감됐고 김양은 현재 사회복지시설에 입소해 보호를 받으면서 정신과 치료를 병행하고 있다.

자료: 프레스바이플 2012년 12월 18일
http://www.pressbyple.com/news/articleView.html?idxno=10283

3. 배우자 학대

(1) 배우자 학대의 영향

매 맞는 아내라면 당연히 물리적 고통, 울분, 비참함을 느끼지 않을 수 없을 것이다. 실제로 매 맞는 아내들의 건강상태가 훨씬 나쁜 것으로 알려지고 있으며, 뿐만 아니라 이들은 희망이 없고 가치가 없다고 느끼고 두통, 신경성, 그리고 우울증 등을 포함한 각종 심리적 고통을 경험하게 된다는 것이다. 더구나 이러한 심리적 고통은 폭력의 정도에 따라 더욱 심화되기도 한다.[20]

한편 매 맞는 아내들이 자살할 위험성이 훨씬 높아서 반 이상은 자살을 고려하였으며, 실제로 상당수는 자살을 기도한 것으로 조사되었다. 물론 배우자학대는 사회적 또는 문화적 환경에 따라 달리 해석되고 그 이유 또한 다를 수 있지만 배우자 폭력이 여성들의 자살을 예측하는 한 요인이라는 사실은 거의 모든 문화와 사회에서도 널리 수용되고 있는 것으로 보인다. 이는 어쩌면 자살이 힘이 없는 여성이 스스로 가해자에게 보복할 수 있는 문화적으로 구조화된 하나의 방법일 수도 있음을 시사해 주고 있다.[21]

(2) 배우자 폭력의 위험 요소

일반적으로 아내를 학대하는 사람은 자기존중심이 낮고 폭발적 인성을 소유하는 경향이 있다고 한다. 자신에 대한 조그마한 평가에 대해서도 위협이나 도전으로 여기고 쉽게 자제력을 잃게 된다. 그러나 아동학대의 경우와 마찬가지로 한 가지 가장 보편적인 특성은 아내를 학대하는 사람들은 대부분 어린 시절 가정폭력을 경험했다는 사실이다.[22] 따라서 전형적인 아내 학대자의 모습은 이렇다.

"그는 가정 밖의 생활에서는 전혀 폭력적이지 않고 갈등이나 언쟁도 그리 대단한 것은 아니다. 간혹 언쟁이 급변해 폭력적 형태로 급상승하게 되나 이러한 울분과 폭력의 표출 외에는 아내들이 좋은 남편이자 아버지로 기술하고 있으며, 보통 안정적이고 믿을 만한 직장을 가지고 있

20 R. J. Gelles and M. A. Straus, "The cost of family violence," *Public Health Report*, 1987, 102: 628−631.

21 D. A. Counts, "Female suicide and wife abuse: A cross−cultural perspective," *Suicide and Life−Threatening Behavior*, 1987, 17: 194−204.

22 K. D. O'Leary and A. D. Curley, "Assertion and family violence: Correlates of spouse abuse," *Journal of Marital and Family Therapy*, 1986, 21: 281−289.

다고 한다. 그러나 그는 아버지가 어머니를 때리는 것을 비교적 오랜 기간 목격하였고 어머니의 학대를 인식하게 되어 어머니를 보호하기 위하여 폭력에 개입하기도 한다.[23]"

남자가 직장을 가진다는 것이 남성다운 신분을 가져다주는 주요한 원천이기도 하기 때문에 직장문제가 아동학대나 아내학대를 일으킬 수 있는 요인이 되고 있다. 사실 실업자가 아내를 학대하는 경우가 가장 많은 것으로 조사되고 있다. 이는 아마도 실업으로 인한 권위나 힘의 상실을 만회하고 아내를 통제하려는 수단으로서 폭력이 동원되기 때문일 것이다.[24]

한편 음주 또한 아내학대에 있어서 그 역할이 분명하지는 않지만 현실은 아내학대의 대부분이 음주와 관련된 것으로 알려지고 있다. 물론 일부에서는 음주가 아내학대의 직접적인 원인이라기보다는 이미 있었던 폭력적 상황을 더욱 악화시키는 것이라는 주장도 있다. 그러나 음주의 영향은 폭력의 수용, 음주, 그리고 하류계층 등의 조건들이 동시에 작용할 때 가장 크다고 한다.[25]

또한 부부관계에 있어서 남녀의 사회적 지위나 신분도 배우자 학대의 원인이 될 수도 있는데, 대체로 아내의 사회적 지위나 신분이 남편보다 더 높을 때이다. 반대로, 의사결정이나 권한이 가족 간에 평등하게 행사되는 가정일수록 배우자 폭력이 적고 직장에서의 직업적 스트레스는 아내에 대한 학대와 유관한 것으로 알려지고 있다.[26]

(3) 매 맞는 아내의 반응

1) 학대적 관계의 유지

다수의 매 맞는 아내가 심각한 폭력이 반복적으로 장기간 가해짐에도 불구하고 학대적 관계를 유지하고 있다. 물리적으로 학대적인 관계라도 때로는 감정적으로는 좋은 부분과 나쁜 부분이 동시에 얽혀서 복잡한 경우가 있다. 때로는 공격이나 폭력이 있은 다음에 온화함이나 친근함이 더욱 증대되기도 한다. 결국, 매 맞는 아내가 때리는 남편을 떠나고자 하는 경우는 폭력이 지나치게 심하고 빈번할 때 비로소 감행하는 것으로 보인다. 그러나 맞으면서도 떠나지 못하는 사

---

23 A. D. Shupe, W. A. Stacy, and L. R. Hazlewood, Violent Men, *Violent Couples: The Dynamics of Domestic Violence*, Lexington, MA: Lexington Books, 1987, pp. 42-43.

24 S. Prescott and C. Letko, "Battered women: A social psychological perspective," pp. 72-96 in M. Roy(ed.), *Battered Women: A Psychosociological Study of Domestic Violence*, New York: Van Nostrand Reinhold, 1977; B. J. Rounsaville, "Theories of marital violence: Evidence from a study of battered women," *Victimology*, 1978, 3: 11-31.

25 G. K. Kantor and M. A. Straus, "The drunken bum theory of wife beating," Social Problems, 1987, 34: 213-225; R. J. Gelles, "Family violence," *Annual Review of Sociology*, 1985, 11: 347-367.

26 J. Barling and A. Rosenbaum, "Work stressors and wife abuse," *Journal of Applied Psychology*, 1986, 71: 346-348.

람은 대부분 자신을 지탱할 자원이 거의 없고 교육도 적게 받았으며, 직업적 기술수준도 낮고 어린 시절 폭력을 많이 경험한 사람인 경향이 높다. 한편 매 맞는 아내가 때리는 남편을 쉽게 떠나지 못하는 이유는 남편의 보복이 두렵기 때문이다. 가장 흉악한 살인이 대부분 헤어진 부부 사이에서 많고 아내폭력의 대부분이 이혼한 전남편에 의한 경우이고 부부 간의 살인의 대부분이 더 이상 부부관계를 유지하지 않는 경우에 일어나고 있다는 사실이 이를 뒷받침하고 있다.[27]

그런데 100명의 매 맞는 아내를 상대로 한 면접조사의 결과 그들은 때리는 남편을 떠나지 않는 이유를 다음과 같이 합리화하는 것으로 밝혀졌다.

① 구세주적 윤리관에의 호소(An appeal to the salvation ethic): 이는 다른 사람에게 봉사하려는 여성의 욕구에 기초한 것으로, 남편 곁에서 남편의 폭력행위를 유발하는 원인으로부터 남편을 구하려고 노력하고자 하는 것이다.

② 가해자의 부정(Denial of the victimizer): 자신에 대한 폭력이 가해자가 통제할 수 없는 것이며 따라서 책임을 물을 수 없다는 신념이다.

③ 손상의 부정(Denial of injury): 일부 매 맞는 아내는 자신의 피해를 인정하려고 하지 않으며 가능한 빨리 일상으로 돌아가려고 한다.

④ 피해의 부정(Denial of victimization): 때로는 매 맞는 아내가 자신이 보다 수동적이거나 고분고분 하는 등 뭔가 다르게 행동했더라면 이런 일이 일어나지 않았을 수도 있었을 것이라고 느끼는 등 자신을 원망하거나 비난한다.

⑤ 다른 대안의 부정(Denial of options): 매 맞는 아내들은 갈 곳이 없거나 자신을 지탱할 방법이 없거나 스스로 살아갈 방법이 없다고 느끼기 때문에 남편을 떠나지 못하고 있다. 더구나 감정적인 면에서도 자신을 때리지만 남편 외에는 동반자나 친근감을 줄 수 있는 사람이 없다고 생각한다.

⑥ 더 높은 충성심에의 호소(An appeal to higher loyalties): 종교나 전통적 이유로 일부 여성은 비록 때리지만 그들의 남편을 떠나지 않는 것이 의무라고 생각한다.[28]

---

27 L. Okum, *Women Abuse: Facts Replacing Myths*, Albany, NY: State University of New York Press, 1986, p. 229.

28 K. J. Ferraro and J. M. Johnson, "How women experience battering: The process of victimization," *Social Problems*, 1983, 30: 325-339.

2) 때리는 남편을 떠나거나 폭력을 중단시키는 아내

매 맞는 아내들이 자학적이기 때문에 매를 맞으면서도 때리는 남편을 떠나지 못한다는 증거는 없다. 오히려 일부 매 맞는 아내들은 궁극적으로는 때리는 남편과의 관계를 정리하게 된다. 경제적 종속이 학대적인 관계를 정리할 수 있는 여성의 능력을 좌우하는 핵심적인 요인이 되고 있기 때문에 경제적 자원이 풍부할수록 폭력적 관계를 정리하기 쉽게 된다. 결국, 심리적인 이유가 아니라 바로 경제적 종속으로 인하여 대부분의 매 맞는 아내가 매우 학대적인 결혼관계를 정리하지 못한다고 할 수 있다.[29]

물론 일부 매 맞는 아내는 성공적으로 남편의 폭력과 학대를 중단시키고 남편을 구제하기도 한다. 과거 학대받은 경험이 있지만 지금은 더 이상 학대받지 않는 여성에 대한 면접 결과, 다음과 같은 세 가지 방법이 활용되고 있음이 밝혀졌다. 첫째, 대화를 통해서 위협하거나 수동적인 방어나 공격적 방어 등 개인적 방법으로 처리하거나, 둘째, 자신의 가족, 친가나 시댁 가족, 이웃, 친구 또는 쉼터 관계자 등 비공식적 도움의 요청, 셋째로 경찰, 사회복지, 변호사 등 공식적 도움에 의존하는 것 등이 그것이다. 어느 것이 가장 효과적인지는 속단할 수 없지만 가장 중요한 것은 폭력은 반드시 지금 당장 중단되어야 한다는 결심이다.[30] 그러나 가정을 떠나지 않으려는 아내에게도 쉼터의 중요성이 과소평가 되어서는 안 된다. 즉, 매 맞는 아내가 쉼터를 이용하여 다시 한 번 더 때리면 나도 갈 곳이 있기 때문에 당장 떠날 수 있다고 말할 수 있게 되어 일부 때리는 남편에게는 약간의 억제적 효과가 있을 수 있는 것이다.[31] 그러나 최근에는 여성의 사회진출이나 경제활동이 증가하면서 여성의 인권이 신장됨에 따라 매맞는 남편도 점차적으로 증가하는 것으로 나타났다.

---

29 Okum, *op. cit.*, 1986.

30 L. H. Bowker, *Beating Wife-Beating, Lexington*, MA: Lexington Book, 1983, p. 131.

31 J. Gile-Sims, *Wife Battering: A Systems Theory Approach*, New York: Guilford Press, 1983, p. 63.

HOT ISSUE

배우자 학대

퇴직 등 경제력 상실 이후… 5060 '매맞는 남편' 급증

　3년 전 직장을 그만두고 아르바이트로 생계를 이어가고 있는 A(56) 씨는 퇴직 후 아내의 잦은 폭언과 폭행에 시달려야 했다. 개인 사업을 하는 부인 B(50) 씨는 A 씨가 퇴직한 후부터 꾸준히 폭언하며 이혼을 요구하기도 했다. B 씨는 화가 날 때면 주변에 있는 물건을 집어 던지는 등 폭행을 일삼았지만, A 씨는 아이들을 생각해 아내의 폭력을 참을 수밖에 없었다. 그러나 아내의 폭행은 멈추지 않았다. A 씨의 경제력이 사라지자 아이들도 A 씨를 외면하기 시작했다. A 씨는 결국 가정폭력 상담소에 도움을 요청했다. A 씨는 "퇴직 후 나는 집에서 투명인간이나 마찬가지였다"면서 "남부끄럽기도 하고, 가정을 지키고 싶어 계속 참았지만 괴로운 마음을 견딜 수 없어 상담소를 찾게 됐다"고 털어놓았다.

　최근 퇴직 후 경제력을 상실한 50~60대 남성들이 부인으로부터 정신적·육체적 폭력을 당해 가정폭력 상담소 등 관련기관에 도움을 요청하는 사례가 늘고 있다.

　20일 가정폭력 상담기관인 '한국남성의전화'에 따르면 부인에게 폭행을 당했다며 도움을 요청한 사례는 지난 2013년 813건에서 지난해 1394건으로, 2년 새 71.5% 급증했다.

자료: 문화일보 2016년 1월 20일
http://www.munhwa.com/news/view.html?no=2016012001070121089002

제 3 절 가정폭력의 이론

 1. 정신병리학 : 비판

　70년대 이전까지만 해도 가정폭력의 지배적 이론은 가해자가 정신질환자라는 주장이었다. 대부분의 사건이 숨겨지고 따라서 아주 희귀한 사건으로 받아들여졌기 때문에 아이를 학대하는 아버지나 아내를 학대하는 남편이 환자라고 밖에 생각할 수 없었다. 일반적으로 초기 아동기의 폭력이나 학대 경험이 성인으로서 정신병적 인성을 갖게 하고 이로 인하여 학대하게 된다는 논리를 펴고 있다. 또 다른 하나의 이론은 좌절-공격성 이론의 하나로서 공격적 행위는 일종의 심리적 해방의 형태이며, 한 부분의 공격성 표출은 다른 부분의 공격성을 감소시킬 수 있고 공격성을 발산하는 것이 안전판이나 상상적 경험으로 작용하게 된다는 주장이다.

그러나 가정폭력에 관한 증거들이 축적되면서 위의 정신병리학적 이론이나 좌절-공격성 이론 모두가 부적절한 것으로 평가되고 있다. 우선, 좌절-공격성 이론의 하나로서 상상적 경험이론은 가정폭력이 다른 폭력과도 상호 연관되며 한 부분의 공격성이 다른 공격성도 증대시킨다는 연구결과에 의하여 크게 지지받지 못하고 있다.[32] 한편 정신병리적 이론의 비판은 가정폭력은 다양한 요인에 의하여 야기된다는 사실에 근거하고 있다. 예를 들어, Gelles는 부모의 사회적 지위와 상황적 스트레스와 같은 사회적 요인이 문제의 이해에 중요하다고 강조하면서 이제는 가정폭력이 아버지나 남편의 정신적 이상이라는 단 하나의 요인에 의하여 야기된다는 생각을 버릴 때라고 주장하며 사회 심리학적 모형을 대안으로 제시하였다.[33]

한편, 정신병리학적 모형에 대한 가장 신랄한 비판은 여성해방론자들에게서 나오고 있다. 이들에게 있어서 가정폭력은 예전이나 지금이나 이상스러운 것이 아니고 보다 힘 있는 사람이 힘 없는 사람에게 자신의 의지를 실천하기 위한 수단이다. 따라서 가정폭력은 개별적인 돌출사건도 아니고 일부 사람들의 특이한 행동도 아니며 법과 관습으로서 제재되는 폭넓은 규범인 것이다. 그래서 가해자를 병자로 취급하면 그들의 행위에 대한 책임을 거부하는 것이고 물리적 강제에 의하여 전통적으로 내려오는 가족 내 지배력을 행사하는 방법을 무시하는 것이다.[34]

2. 가족의 역동성과 사회학습

(1) 자원이론(Resource theory)

자원이론에서는 가정을 갈등과 폭력의 장으로 만들게 되는 12가지 가정의 특성을 제시하였는데, 이들 특성들이 바로 가족구조에 초점을 맞추는 가정에서의 폭력을 설명하는 데 유용한 기초로 이용될 수 있다. 그 밖에 특히 하류계층의 가족이 그들의 목표를 달성할 자원이 부족하기 때문에 더 많은 가정폭력을 경험할 수밖에 없다고 한다. 권한, 돈 그리고 특전 등 자신의 직업생

---

32 M. A. Straus, "Societal morphogenesis and interfamily violence in cross-cultural perspective," *Annals of the New York Academy of Sciences*, 1977, 285: 717-730.

33 R. J. Gelles, "Child abuse as psychopathology: A sociological critique and reformulation," *American Journal of Orthopsychiatry*, 1973, 43: 611-621.

34 Little, *op. cit.*, pp. 239-241.

활에서 거의 통제력을 가지지 못하게 되면 사람들은 외부에서는 거의 존중받지 못하고 가정에서도 그로 인하여 더 많은 좌절감을 느끼게 되지만 이 좌절감을 해소할 수 있는 자원은 거의 없기 때문에 이처럼 자원이 없는 가정일수록 폭력적일 가능성은 높아진다고 한다.[35]

(2) 교환/통제이론(Exchange/control theory)

일반적으로 가정폭력의 비용이 보상보다 크지 않다면 사람들은 가정에서 폭력을 이용하게 된다고 한다. 만약 가정에서 폭력이 규범적으로 수용된다면 그 비용은 최소화될 수도 있다. 또한, 가족의 프라이버시(privacy)가 가정 내 폭력이 발각될 기회를 줄여주고 사회통제의 위협을 감소시키는 만큼 가정폭력의 비용도 줄어들게 된다. 이러한 주장을 교환/통제이론이라고 주장하며 다음과 같이 설명되고 있다.

사람들은 가족 구성원을 학대할 수 있기 때문에 학대한다. 누구로 하여금 무엇을 하지 못하게 하고, 복수로서 누구에게 고통을 안겨주고 다른 사람의 행위를 통제하고 또는 권력을 가지는 등 다른 사람을 학대함으로써 보상을 받을 수 있다. 이에 반하여 가정폭력은 거의 발각되지 않아 처벌되지 않으며 따라서 가정폭력의 위험성이나 비용은 그리 크지 않다.[36]

(3) 세대 간 전이(Intergenerational transmission)

학대할 수 있기 때문에 학대한다는 것 외에도 폭력적인 가족 구성원이 가정은 폭력을 위한 적절한 장소라는 것을 경험을 통하여 학습했기 때문에 학대할 수도 있다고 한다. 가정폭력에 관한 연구 중 가장 일관적인 것은 가정폭력범의 원인을 가정적 배경에서 찾는 것, 즉 가해자 역시 어린 시절 피해자로서의 경험이 있거나 아버지나 어머니나 자식을 학대하는 것을 경험한 사람이라는 사실일 것이다. 가정폭력의 사이클이라고 할 수 있는 이러한 가정폭력의 세대 간 전이는 초기 아동기에 일어나는 사회학습이 성인으로서 행위, 규범, 기대감, 가치 그리고 태도 등에 강력한 영향을 미치기 때문에 일어난다고 한다. 아이들은 사랑하는 사람이 곧 때리는 사람이라는 것을 배우게 됨으로써 그들도 배운 대로 행동하게 된다.[37]

---

35 W. Goode, "Force and violence in the family," *Journal of Marriage and the Family*, 1971, 33: 624−636.

36 R. J. Gelles, "Family violence: What we know and can do," pp. 1−8 in E. H. Newberger and R. Bourne(eds.). *Unhappy Families: Clinical and Research Perspectives on Family Violence*, Littleton, MA: PSG Publishing, 1983.

37 Little, *op. cit.*, p. 241.

3. 사회구조와 문화

(1) 사회적 불평등

이미 앞에서 경제적 자원이 제한된 하류계층이 폭력을 경험할 가능성이 더 높은 이유를 설명하였다. 이와 관련된 것으로서 스트레스도 가족에 의한 학대적 행동에 기여하는 바가 있다.[38] 이처럼 가정폭력을 불평등과 연계시키는 이론은 하층으로서의 인생은 좌절하는 것 이상으로 스트레스를 받는 것이라고 가정하고 있다. Gil은 가정폭력을 포함한 모든 폭력이 사회적으로 빚어지고 제도화된 지위나 권력 등의 불평등에 그 근원이 있으며, 따라서 지배와 착취의 기초로서 불평등을 내재하고 있는 모든 사회는 어쩔 수 없이 폭력적인 사회일 수밖에 없다고 주장하였다. 즉, 거의 모든 면에서 불평등이 존재하는 사회에서는 생활이란 사람들의 기본적인 욕구나 필요에 대해 광범위한 좌절을 맛보게 되고 그 결과 이러한 좌절의 하나인 가정폭력이 난무하게 된다는 것이다.[39]

(2) 가부장제

여성해방론자들도 가정폭력의 원인을 사회적 불평등에서 찾기는 마찬가지이나 단지 그 사회적 불평등의 초점을 남녀 간의 불평등한 관계에 두고 있다. 사회적 불평등을 주창하는 사람들이 불평등에서 오는 좌절에 주로 관심을 두는 반면, 여성해방론자들은 남성의 우월 또는 남성의 권한, 권력, 권위 등의 유지에 관심을 두고 있다. 여성에 대한 남성의 폭력은 바로 이러한 남성지배적인 신념과 제도를 지지하는 오랜 전통에 기인한다는 것이다. 그런데 이러한 남성지배 또는 가부장제는 구조와 이념의 두 가지 상호작용적인 요소로 구성된다고 한다. 가부장제의 구조는 전통적으로 여성을 하위로 취급하는 사회제도로 반영된다. 예를 들어, 남성들이 여성을 특정 분야의 일에서 제외하고, 즉 특정한 일을 못하게 하고 불평등한 보수, 남성위주의 배타적 사회조직, 즉 여성을 참여시키지 않는 사회조직, 아내를 하나의 재산으로 여기도록 하는 각종 법률

---

38 D. H. Browne, "The role of stress in the commission of subsequent acts of child abuse and neglect," *Journal of Family Violence*, 1986, 1: 289–297; K. Farrington, "The application of stress theory to the study of family violence: Principles, problems, and prospects," *Journal of Family Violence*, 1986, 1: 131–147.

39 D. G. Gil, "Sociocultural aspects of domestic violence," pp. 124–149 in Mary Lystad (ed.), *Violence in the Home: Interdisciplinary Perspectives*, New York: Brunner/Mazel, 1987.

등이 바로 가부장적 구조를 가능케 하는 것들이다.[40]

한편, 가부장제의 또 다른 구성요소인 이념은 종교에 의해서도 영향 받은바 적지 않다. 대부분의 종교에서는 남성을 여성보다 우위에 두고 있으며, 일부는 여성을 일정한 종교적 지위나 신분을 갖지 못하게도 한다. 가장 상위의 종교적 권위는 전형적으로 남성으로 특징 지워지고, 따라서 남성의 지배와 남편에 대한 아내의 복종을 정당화하게 된다. 따라서 여성해방론자들은 가정폭력을 일탈적이거나 병리적인 개인이나 가정의 문제라기보다는 자신의 상위적 지위를 유지하려는 남성들의 정상적인 또는 일상적인 활동으로 간주하게 된다.[41]

(3) 문화적 배경

일반적으로 군대는 강인함, 남성다움, 전투정신, 그리고 폭력 등을 부추기는 것으로 이해하고 있으며, 따라서 군인이나 군의 영향을 많이 받을수록 폭력적인 성향이 더 높을 수 있다고 가정하기도 한다. 따라서 군사문화 또는 군대의 영향이 큰 사회나 사람들에게서 가정폭력의 정도도 더 높은 것으로 추정하고 있다.[42] 이와 관련된 해석으로서 보통 폭력 또는 폭력문화가 팽배하거나 폭력에 대한 태도나 인식 또는 폭력을 수용하는 분위기가 강할수록 가정폭력도 많아질 수 있다는 것이다. 한국과 같이 부모나 교사의 아이들에 대한 체벌, 군에서의 하급자에 대한 상급자의 체벌 등을 경험하는 사회에서는 폭력을 용인하고 수용하는 경향이 강하기 때문에 가정폭력도 많아질 수 있다고 한다.[43]

---

40 R. P. Dobash and R. Dobash, "Community response to violence against wives: Charivair, abstract justice, and patriarchy," *Social Problems*, 1981, 28: 563−581.

41 D. Martin, "The historical roots of domestic violence," pp. 3−20 in D. J. Sonkin(ed.), *Domestic Violence on Trial*, New York: Springer, 1987.

42 A. D. Shupe, W. A. Stacy, and L. R. Hazelwood, *Violence Men, Violent Couples: The Dynamics of Domestic Violence*, Lexington, MA: Lexington Books, 1987, pp. 76−84.

43 한국여성개발원, 「가정폭력의 예방과 대책」, 1993, pp. 45−52.

1. 사후대응

(1) 피 해 자

가정폭력, 특히 매 맞는 아내들을 위한 대책으로서 지금까지 가장 보편적인 것은 쉼터 (shelter)라고 할 수 있다. 사실, 쉼터는 여성운동의 결과로 성장하였고,[44] 여성해방운동 조직의 규모나 수준 등이 소득수준, 정치문화 또는 재원을 조달하는 폭력관련 입법 등보다 매 맞는 아내를 위한 프로그램의 더 훌륭한 예측인자가 될 수 있다고 이해되기도 한다. 결국, 여성들 자신이 스스로를 돕는다는 것이다.[45]

그렇다면, 이들 쉼터는 미래 가정폭력을 예방하는 데 도움이 되는가? 물론 충분한 가치가 있다고 이해되고 있으나 그 정도는 피해자의 속성에 달려 있다. 예를 들어, 적극적으로 자신의 인생을 주도적으로 살아가는 여성이라면 쉼터체류는 새로운 폭력을 상당히 줄일 수 있는 반면, 그렇지 못한 여성이라면 쉼터체류가 오히려 불복종에 대한 보복으로서 그 이전보다 더한 폭력을 가져올 수도 있을 것이다.[46] 특히 폭력을 중단하고자 하는 강력한 의지가 있는 여성은 폭력이 중단되지 않는다면 학대적인 관계를 청산하고 떠나겠다고 위협할 수 있는 무기로 이용할 수 있다.

이러한 쉼터가 가해자에 대한 체포 등이 가능한 적극적인 법집행 등과 동시에 이루어진다면 더욱 효과적일 수 있다. 실제로 가해자에 대한 체포 등이 일부 가해자를 억제하고 있다는 사실이 밝혀지기도 하였다.[47]

---

44 K. J. Tierney, "The battered wife movement and the creation of the wife beating problem," *Social Problems*, 1982, 29: 207－220.

45 D. S. Kalmus and M. A. Straus, "Feminist, political, and economic determinants of wife abuse services," pp. 363－376 in D. Finkelhor, R. J. Gelles, T. Hotaling, and M. A. Straus(eds.), *The Dark Side of Families*, Beverly Hills, CA: Sage, 1983.

46 R. A. Berk, P. J. Newton, and S. F. Berk, "What a difference a day makes: An empirical study of the impact of shelters for battered women," *Journal of Marriage and the Family*, 1986, 48: 481－490.

47 R. A. Berk and P. J. Newton, "Does arrest really deter wife battery? An effort to replicate the findings of the Minneapolis spouse abuse experiment," *American Sociological Review*, 1985, 50: 253－262.

(2) 가 해 자

가해자를 체포하는 것 외에 가정폭력 범죄자에게 적용되는 가장 보편적인 개입은 역시 상담이다. 물론 아직은 아동학대범에 대한 처우프로그램을 평가한 것은 많지 않지만 전문가에 의한 1 대 1의 요법보다는 보통 사람에 의한 집단상담이 더 효과적이면서 비용은 더 적게 소요되는 것으로 알려지고 있다. 배우자 학대범을 위한 상담프로그램을 분석, 평가한 결과 성공적인 프로그램은 다음과 같은 세 가지 요소를 가지고 있다는 것이 지적되었다.

① 가해자로 하여금 자신의 폭력적 행동에 대하여 개인적으로 책임을 지도록 하며, 자신이 스스로 폭력행동을 중단할 힘이 있음을 강조하였다.

② 가해자에 대한 객관적이고 독립적인 정보를 얻도록 노력하고 프로그램에 있는 동안 가능한 언제라도 그들의 행동을 모니터한다.

③ 프로그램 동안 물리적 폭력과 감정적 학대는 적절치 않으며 용서될 수 없고 그들은 결코 남성적이거나 정상이 아니다라는 도덕적 분위기를 만든다.[48]

이처럼 가정폭력범에 대한 상담프로그램이 효과적이라는 것은 사실일지 모르지만 문제는 이들 학대하는 사람들을 프로그램에 넣는 것이 무척이나 어렵다는 것이다. 사법기관은 아직도 가정폭력을 인지하고 처리하며 기소하는 등에는 익숙하지 않거나 적극적이지 않고 또 가족들도 서로에게 불리한 증언을 하기를 꺼려하며, 특히 아동학대의 경우는 피해 아동의 증언은 법원의 요건을 갖추기도 쉽지 않기 때문이다.

HOT ISSUE   사후대응

[경찰의 눈] 가정폭력, 적극적인 관심이 필요하다

최근 각종 매스컴을 떠들썩하게 만들었던 사건이 있다. 바로 친아버지에게 폭행을 당한 초등생이 사망을 하였고, 이어 폭행으로 아들을 사망케 한 아버지가 시신 또한 잔인하게 훼손한 사건이다.

경찰의 조사 결과 초등학생은 숨지기 전날 만취한 아버지로부터 2시간가량 구타를 당한 것으로 드러났다. 이 사례 이전에도 아버지와 감금되어 있던 여자 초등생이 지속되는 폭력과 감금을 견디다 못해 탈출하였던 사건이 있었다.

위와 같은 극단적인 사례로 이어지지는 않았으나 현재 특별한 이유 없이 일주일 이상 학교에 장기결석 중인 초등학생이 전국적으로 220명에 이르고 이중 20명은 행방을 알 수 없는 것으로 파악됐다.

---

48 Shupe et al., *op. cit.*, p. 119.

이러한 어린 아이들에 대한 가정폭력의 문제는 단기적인 폭력에서 그치지 않고, 폭력에 노출되었던 아이들이 나중에 부모가 될 시에 일반적인 가정에서 자란 아이들보다 훨씬 자신의 자녀에게 자신이 받았던 폭력을 되풀이 한다는 많은 연구결과들이 있다.

가정폭력은 한 가정에만 국한되어 그치는 것이 아니고 가정과 가정이 합쳐서 우리가 살고 있는 사회까지 전체적으로 병을 들게 한다.

현재 경찰은 가정폭력에 대해 개인 가정사의 문제라며 소극적인 태도를 보였던 이전과 달리 가정폭력 방지 및 피해자보호에 관한 법률, 상담전화 1366 등에 상담안내 등을 하며 적극적인 개입을 하고 있다.

가정폭력에 노출된 피해자 또한 더 이상 상처를 숨기며 드러내지 않기보다는 적극적인 신고 및 상담을 통하여 폭력에 노출된 자신의 상황을 알려 관계 기관에 도움을 받아야 한다.

또한 가정폭력의 특성상 피해자가 나이가 어리거나 자신이 스스로 알릴 수 없는 상황에 처해 있는 경우가 많기 때문에 주변인들이 자신의 일이 아니라고 미연한 태도를 보이며 그냥 지나치기 보다는 관심을 가져 관계 기관에 대신 이 사실을 알려 피해자가 도움을 받게 도와주는 것 또한 필요하다.

자료: 투데이코리아 2016년 1월 22일
http://www.joongdo.co.kr/jsp/article/article_view.jsp?pq=201601220130

2. 사전예방

물론, 가해자나 피해자에 대한 적절한 개입은 반드시 필요하나 대부분의 가정폭력은 정상적이지 못한 환자와 같은 개인이나 병리적 가족구조에 의해서 범해지는 것은 아니다. 더구나 가정폭력이 발생한 후에 실행되는 개입의 노력에만 초점을 맞추는 것은 부적절하다. 즉, 원인의 해소나 제거 없는 개입은 문제의 근본적인 해결이 될 수 없다. Straus와 그의 동료들은 폭력을 줄일 수 있는 다섯 단계를 제시하였다.

① 가정과 사회에서의 폭력을 합법화하고 미화하는 규범을 제거하라

많은 사람들이 자신의 아이들을 상황에 따라서는 때리는 것이 필요하며 유익하다고 믿기도 한다. 물론, 이러한 생각은 배우자 폭력의 경우에도 예외는 아니다. 대부분의 사람들은 어릴 때부터 폭력이 자신의 생각, 느낌 또는 방법을 표현하는 합법적인 방법이라고 배우게 된다. 이러한 합법적 폭력은 사형제도에서부터 영화나 음악에 이르기까지 매우 다양하다. 사형집행에 따른 암묵적 메시지는 극단적 폭력행위를 합법화시킨다는 것이다. 따라서 사형제도의 유일한 정당화인 범죄의 억제와 사람을 죽이는 것을 합법화하는 상징적 비용을 면밀히 검토할 필요가 있다.

마찬가지로 대중매체의 폭력성에 대한 인식도 제고되어야 한다. 음란물의 폭력적인 요소가 여성에 대한 남성 공격성의 주된 자극과 충동이라고 한다. 물론 대중매체에 대한 직접적인 검열은 민주사회에서는 어려운 일이기 때문에 적어도 대중매체의 폭력성과 가정이나 사회의 폭력성은 연관성이 있다는 사실만이라도 명심해야 할 것이다.

② 폭력을 유발, 조장할 수 있는 스트레스를 줄여라

빈곤이나 실업 등도 가정폭력과 관련이 있다고 한다. 좌절과 공격성을 연계시키는 사회심리학자들의 주장을 고려하더라도 직장이 없고 따라서 가난한 가장도 좌절할 수 있고 그것이 폭력으로 비화할 수도 있을 것이다. 더구나 그들이 느끼는 상대적 박탈감은 이러한 좌절을 더욱 심화시킬 수도 있다. 전통적으로 자신의 권위를 경제력으로 유지하기도 하였던 가장들은 자신의 약화된 경제력과 그로 인한 지위나 권위의 약화는 폭력이나 공격적인 방법을 통하여 권위나 지위의 유지를 시도할 수도 있을 것이다. 따라서 안정된 직장과 절대적 빈곤은 물론이고 상대적 빈곤감을 해소함으로써 가정폭력을 유발시킬 수 있는 스트레스를 해소시킬 필요가 있는 것이다.

③ 가족을 혈연이나 지역사회의 연계망(network)으로 통합시켜라

사회적 소외가 아동과 배우자의 학대에 상당한 관련이 있는 것으로 알려지고 있다.[49] 사람이 가족이나 외부의 사람들이나 집단으로부터 소외된다면 스트레스를 받을 수 있는 상황을 이겨내기가 어렵게 된다. 도덕적·경제적 지원과 같은 모든 형태의 지원과 지지가 어려운 상황을 극복하고 중재시키는 데 가장 효과적이라고 알려지고 있다. 더구나 가족이 사회적으로 소외된다면 외부인에 의해서 표현되고 인지되는 관심을 끌지 못하여 비공식적인 사회적 제재나 통제도 그만큼 적게 받게 되고 따라서 폭력 등 일탈행위를 하기가 더 쉬워질 수밖에 없는 것이다. 실제로 외부인과의 교제가 활발한 여성일수록 남편으로부터의 학대나 폭력이 쉽게 눈에 보이고 알려지게 되어서 그만큼 남편으로부터 학대받을 가능성이 적어질 수 있는 것이다.

④ 가정과 사회의 성차별적 특성을 바꾸어라

가부장제에 의하여 지지되고 있는 사실이지만 가족을 지배할 근본적인 권리가 있다는 대다수 남성들의 기대감이 상당수 가정폭력을 정당화시키고 있다. 많은 남성들이 아내를 학대하거나 폭행하는 것이 자신들의 권리라고 믿고 있으며 여성들도 그에 복종하고 있다. 가족의 주요한 의사결정이 민주적으로 이루어지고 배우자가 공동으로 행해질 때 아내에 대한 학대의 확률이 그

---

49 J. Garbarino, "The human ecology of child maltreatment," *Journal of Marriage and the Family*, 1977, 39: 721–735; M. A. Straus and G. K. Kantor, "Stress and child abuse," pp. 42–59 in R. E. Helfer and R. S. Kempe(eds.), *The Battered Child*, 4th ed., Chicago: University of Chicago Press, 1987.

만큼 적어진다고 알려지고 있다. 반면에, 대다수 어린이와 여성들의 공통적인 특징이라고 할 수 있는 종속성이 그들을 폭력에 취약하게 만든다. 바로 이러한 점이 여성에게 불리한 차별적 관행을 중단할 필요가 있음을 보여주고 있다.

한편, 사회의 성차별적 특징과 관행의 변화는 남성 측의 변화도 요구하게 된다. 가정과 학교에서도 남녀에 대한 새로운 교육이 필요하고 성인으로서는 자녀양육, 교육과 가사 등에 있어서 평등한 상대방이 되어야 한다. 이렇게 함으로써 자녀들로 하여금 남녀에 대한 평등한 기대감을 갖게 할 수 있다. 사회적으로도 자녀양육의 중요성을 인식하고 의미 있는 기회를 제공함으로써 부모가 공히 가족생활의 짐을 분담할 수 있어야 한다.

⑤ 가정폭력의 순환을 차단하라

비폭력적이고 민주적이며 인본주의적인 질서를 갖기 위한 사회적 전환은 간단하거나 단순하지 않고 장기적인 과정을 요한다. 따라서 이러한 사회적 전환에 기초한 가정폭력의 예방도 장기적인 과정을 요할 수밖에 없다. 그런데 가정폭력 문제에 대한 해답은 우리 사회의 사회적 조직화에 달려있다. 사람들은 어릴 때 자신을 사랑하는 사람이 바로 자신을 때리는 사람임을 배우기 때문에 자신도 성인이 되어서 자신이 사랑하는 사람을 쉽게 때릴 수 있게 된다. 또한 사회의 밑바닥에 있는 사람들은 대를 이어 지속되는 가난, 좌절, 그리고 스트레스의 순환 속에서 헤어나지 못하고 살게 된다. 따라서 폭력의 순환을 끊을 수 있는 방법은 바로 이러한 제도적 불평등과 신념을 끊는 것이다.[50]

HOT ISSUE 　　　　　　　　　　　사전예방

세종경찰서, 아동학대 예방을 위한 'Home-keeper' 프로그램 운영

세종경찰서는 최근 인천 아동학대, 아들 살인사건, 경기도 아버지 살인사건 등 엽기적인 가정폭력 사건이 연이어 발생함에 따라 가정폭력 예방 프로그램인 'Home-keeper' 활동을 집중적으로 시행할 계획이라고 밝혔다.

'Home-keeper' 활동은 가족구성원의 인식전환을 위한 홍보와 엄정한 사건처리를 통해 가정폭력 사건 제로화를 목표로 만든 경찰서 특수시책으로써, 세종경찰서는 19일부터 신도시 및 구지역 아파트 엘리베이터 게시판에 가정폭력 예방 전단지를 부착하는 등 홍보활동을 통해 시민들의 경각심을 고취하고 관계기관과 협력해 가정폭력 인식전환에 노력한다는 것이다.

---

50 Gil, *op. cit.*, p. 142.

이상수 서장은 "가정폭력은 혈연관계의 특수성으로 인해 범죄라는 인식이 부족해 발생하는 사건으로 특수시책 개발, 캠페인·홍보 등을 통한 인식전환으로 가정폭력·아동학대 없는 세종시 건설에 앞장서겠다"고 말했다.

자료: 충청일보 2016년 1월 19일
http://www.ccdailynews.com/news/articleView.html?idxno = 856625

인천시, 초등생 성·가정폭력 예방 인권교육

인천시가 초등학생에 대한 성인권 교육 강화를 통해 가정폭력·성폭력 등의 대물림 끊기에 나선다.

시는 유관기관의 재능나눔을 통해 지역내 초등학교 5학년 학생들을 대상으로 가정폭력·성폭력·성매매 예방을 위한 '성인지적 인권 통합교육'을 실시할 계획이라고 19일 밝혔다.

시는 예산 절감과 폭력예방이라는 두 마리 토끼를 잡기 위해 지난해 11월부터 인천지방경찰청, 여성권익시설 등 유관기관에 재능 나눔 강사 지원을 통한 무상 교육을 요청했다.

이들 기관이 흔쾌히 수락해 올해는 별도의 예산 없이 재능 나눔으로 교육을 추진할 수 있게 됐다. 초등학생 성인지적 인권 통합교육은 오는 3~12월 인천지역 초등학교 5학년 1070여 학급 2만5800여 명을 대상으로 실시된다.

여성긴급전화1366, 해바라기센터, 가정·성폭력상담소, 보호시설 등 여성권익시설과 인천지방경찰청 등이 재능 나눔 전문 강사와 함께 학급별로 성인지적 관점을 도입한 가정폭력, 성폭력, 성매매 등에 대한 맞춤형 통합 예방교육을 실시하게 된다.

시는 원활한 교육을 위해 시교육청에 학교별 교육 안내 및 학급별 담임교사 현황을 요청했으며 각 학교와 일정을 협의한 후 본격적인 교육을 진행할 계획이다.

시 관계자는 "유관기관의 적극적인 협조로 올해 초등학생 대상 성인권 교육을 다시 시작할 수 있게 됐다"며 "학생들의 인식 개선을 통해 가정폭력 등 사회악이 대물림되는 일이 없도록 사업 추진에 최선을 다하겠다"고 말했다.

자료: 시민일보 2016년 1월 19일
http://www.siminilbo.co.kr/news/articleView.html?idxno = 435944

제 2 장
학 교 폭 력

1977년 미국 보건·교육·복지부(HEW)의 국립교육연구소(National Institute of Education)가 발표한 고전이라고 할 수 있는 '안전한 학교(Safe School)'라는 보고서가 전 미국을 놀라게 하였다. 청소년에 대한 폭력의 36%가 학교에서 발생하며, 33%의 학생들이 학교폭력에 대한 두려움으로 인하여 학교의 일부 장소를 회피하고 있으며, 사회적 비용을 제외한 학교폭력의 경제적 피해만도 무려 연간 2억 달러에 달한다고 추산하였다.[1] 그래서 미국의 국립학교안전센터(National School Safety Center)에서는 '괴롭힘(Bullying)은 테러의 한 유형이다'라고 경고하게 되었다.[2]

실제로 한 여론조사에 의하면, 미국인들은 학교폭력을 학교가 직면한 가장 중요한 문제로 간주하고 있는 것으로 나타나기도 하였다.[3] 이러한 관심으로 미국에서는 학교폭력에 관한 연구를 위한 각종 위원회를 신설하고 여러 가지 법을 제정하기에 이르렀다. 학교폭력에 대한 언론, 시민, 그리고 정부의 인식과 관심으로 학교폭력을 국가적 교육현안으로 삼게 되었다.[4]

사실, Rigby와 Slee는 경쟁이라는 학교 특유의 분위기 등으로 인하여 피해자에 대한 학생들의 태도를 경화시키는 면이 없지 않으며, 특히 "아이들은 다 그런 거지"라는 고정관념 때문에 성인들은 대수롭지 않게 생각하고 또한 학생들은 괴롭힘이 더 악화되는 것을 두려워한 나머지 부모나 교사에게 이야기하지 않으려고 하며, 피해학생들은 수치스럽게 생각하게 되는 점이 있으며, 이러한 특성으로 인하여 학교폭력이 가려지기도 하고 심화되기도 한다고 주장하였다.[5] 더구

---

1 R. J. Rubel, *The Unruly School, Lexington*, MA: Lexington Books, 1977, pp. 25-26.

2 R. D. Stephens, "Bullies and victims: Protecting our school children," *USA Today* 120, 1991, pp. 72-74.

3 S. M. Elam, L. C. Rose, and A. M. Gallup, *The 26th Annual Phi Delta Kappa/Gallup poll of the public's attitudes toward the public schools*, Phi Delta Kappa, 1994, September, pp. 4-56.

4 Ron Avi Astor, William J. Behre, Kimberly A. Fravil, and John M. Wallace, "Perceptions of school violence as a problem and reports of violent events: A National Survey of school social workers," *Social Work*, 1997, 42(1): 55-68.

5 K. Rigby and P. T. Slee, "Victims and bullies in school communities," *Journal of the Australian Society of Victimology*, 1990, 1(2): 23-28.

나 학교폭력은 직접적인 피해자가 아닌 학생에게도 영향을 미칠 수 있으며, 특히 학급은 물론이고 학교 전체 분위기에도 부정적인 영향을 미칠 수 있기 때문에 학교폭력의 심각성을 더해준다.[6]

　이러한 보고서에 따르면 마치 학교가 청소년이 지대한 위험에 직면하게 되는 학교폭력으로 만연된 것처럼 보이기도 한다. 그러나 전국적으로 볼 때 대다수의 학생들은 괴롭힘을 당하지도 폭력을 당하지도 않으며, 대부분의 학생들은 흉기를 소지하고 다니지도 않는다. 그런데 이와 같은 관점의 차이는 바로 무엇이 학교범죄인가에 대한 정의의 애매함 또는 복합적 규정에 기인한 바 적지 않다. 쉬운 예로, 학교에서 법을 어긴 행위는 당연히 학교범죄에 해당될 것이나 여기서도 폭력범죄가 다르고 재산범죄가 다르다. 또한, 대부분의 경우 학교범죄라고 할 때는 이러한 형법범이 아니라 단순한 기물의 파손(Vandalism)이나 불쾌한 것이지만 아직은 법에는 어긋나지 않는 괴롭힘(Bullying)에 이르기까지 다양하게 있을 수 있다. 따라서 학교범죄를 어디까지 볼 것이냐에 따라 그 정도와 심각성이 크게 달라지기 마련이다.[7]

　그러나 미국 HEW의 보고서 "안전한 학교" 조차도 사실 일반시민들은 각종 대중매체의 극적인 보도로 인하여 학교폭력이 상당히 위험한 수준까지 와 있다고 믿고 있지만 극히 일부 학생들만이 폭력의 피해자가 되고 있다고 밝힌 바 있다.[8] 결국 아직은 폭력이 학교범죄의 주류는 아닐 수도 있다는 것이며, 따라서 학교범죄를 완전하게 이해하기 위해서는 폭력뿐만 아니라 각종 재산 및 대인범죄까지도 고려되어야 한다.

제 1 절   학교폭력의 이해

　학교폭력은 그 자체가 매우 중요한데 그것은 학교폭력이 놀라울 정도로 보편적이기 때문이

---

6 Delwyn Tattum and Graham Herbert, *Countering Bullying: Initiatives by Schools and Local Authorities*, Staffordshire: Trentham Books, 1993, p. 5.

7 Penelope J. Hanke, "Putting school crime in perspective: Self−reported school victimizations of high school senior," *Journal of Criminal Justice*, 1996, 24(3): 207−226.

8 Rubel, *op. cit.*, p. 258.

다. 뿐만 아니라 괴롭힘은 피해자에게 즉각적인 피해와 고통을 주며, 피해자의 정신건강에도 장기적으로 부정적 결과를 초래하고 있다. 더불어 학교폭력이 가해자에게도 부정적 결과를 야기하는데, 그것은 학교폭력이 즐거움과 지위나 신분에 의해서 재강화되고 따라서 다른 공격적 행위에 가담할 가능성을 높이기 때문이다.

또한 학교폭력은 범죄, 범죄적 폭력, 그리고 다른 유형의 공격적·반사회적 행위와 관련되기 때문에 역시 그 중요성을 더하고 있다. 다른 가해행위와 마찬가지로 학교폭력도 기회를 제공하는 환경하에서 잠재적 가해자와 피해자 사이의 상호작용에 의하여 야기된다. 그러나 학교폭력이 전형적으로 서로 잘 아는 사이에서 반복적으로 일어나는 것이기 때문에 다른 가해행위보다 더 발견될 확률이 높으며, 잠재적으로 통제가 더 가능한 것으로 알려지고 있다. 따라서 학교폭력은 일반 지역사회에서의 기타 범죄예방 프로그램에 비해 학교폭력을 예방하기 위한 정책을 집행하고 그것을 평가하기가 더 쉽다고 한다. 따라서 학교에서의 폭력은 지역사회에서의 가해행위의 축소판이라고 할 수 있으며, 학교라는 보다 통제된 여건에서 보다 쉽게 얻어질 수 있는 예방과 원인에 대한 지식은 곧 지역사회라는 통제가 쉽지 않은 여건에서도 적용이 가능한 것으로 이해되고 있다.

학교폭력은 장기간에 걸쳐서 상이한 여건에서 공격적인 경향이 있다. 가해 청소년은 성인 가해자가 되기 쉽고 또한 가해 자녀를 가질 확률도 높다고 한다. 다른 가해자와 마찬가지로, 학교폭력의 가해자는 학교에서 성공하지 못하고 성격적으로도 충동적인 사람이 많다. 반면, 학교폭력의 피해자는 동료들로부터 거부되고 환영받지 못하고 인기가 없는 아이가 많으며, 자존감과 자긍심이 낮으며 사회관계 기술이 떨어지는 경향이 있다. 한편, 사회적 격리와 범죄피해는 아동기로부터 성인으로 전이되며, 피해자는 그 자녀도 피해자가 될 확률이 높다는 증거도 제시되고 있다. 일반적으로 학교폭력은 성인들의 감시와 감독이 없거나 부족할 때 주로 발생한다.

그러나 귀찮게 굴거나 위협 그리고 신체적 공격 등과 같이 학교폭력의 상이한 유형들을 구별하고 학교폭력을 보다 정확하게 측정할 수 있는 기술을 개발하고 직접관찰이나 학교기록 그리고 교사들의 보고서 등 다른 자료와 자기보조식 조사를 상호 연계시키는 등의 분야에 대한 보다 깊이 있는 연구가 필요하다. 중요한 하나의 문제는 상당 부분 가해자가 동시에 피해자라는 사실인데, 예를 들어서 어린 시절 피해를 당한 청소년이 성장함에 따라 스스로가 가해자가 될 수 있다는 사실이다. 또한 언제, 어디서, 어떻게 학교폭력이 범죄적 폭력이 되고 학교폭력에 개입할 수 있는 성공적인 기회나 전략을 찾아내는 것도 앞으로 연구되어야 할 분야이다.[9]

---

9 Farrington, *op. cit.*, p. 384.

1. 학교폭력의 정의

흔히들 보편적으로 받아들여지고 있는 학교폭력에 대한 조작적 정의는 없다고 한다. 그러나 학교폭력이 피해자에게 해를 끼치고 두려움이나 고난을 야기하려는 의도로 행해지는 신체적·언어적 또는 심리적 공격이나 위협, 보다 힘이 센 아이가 힘이 약한 아이를 짓누르는 힘의 불균형, 피해자에 의한 유발 내지는 유인의 부재, 그리고 장기간에 걸친 동일한 아이들 사이의 반복적 행위라는 일련의 주요한 요소를 내포하고 있다는 데 대해서는 폭넓은 합의를 이루고 있다.[10] Jones는 학교폭력의 개념을 보다 유용하게 명확히 하고 있는데, 그에 따르면 학교폭력을 가하는 아이는 계획적이고 지속적이며 악의적이고, 그리고 남을 얕잡아보는 포악한 아이이며, 피해자는 전형적으로 남보다 뛰어난 것이 없고 방어능력도 없이 반복적으로 당하는 쪽이라고 한다.[11]

Stephenson과 Smith는 학교에서의 폭력을 보다 지배적인 학생이 상대적으로 피지배적인 학생에 실제로 고통을 초래하거나 초래할 의향으로 공격적 행위를 표출하는 사회적 상호작용의 하나로 기술하면서, 그들의 공격적 행위는 직접적인 신체적 또는 언어적 공격의 형태를 취하기도 하고 피해학생의 소지품을 숨기거나 피해학생에 대한 거짓 소문 등을 퍼뜨릴 때와 같이 간접적인 경우도 있으며, 두 사람 이상의 가해자와 피해자가 있을 수 있다고 정의하였다. 이러한 정의는 피해자가 겪게 되는 고통, 가해자의 힘의 남용, 그리고 행위의 의도성(intentionality)에 초점을 맞추고 있다.[12] 이와 유사한 경우로서 Lane도 고통이나 공포를 야기하려는 의도로 행해지는 위협과 폭력을 강조하여 의도성의 개념이 중심적인 내용이어야 한다고 주장하였다.[13]

학교폭력을 정의하는 데 있어서 가장 주요한 문제는 바로 못살게 구는 것(teasing)과 괴롭히는 것(bullying)을 구별하는 것, 즉 못살게 구는 것이 어디까지이며 괴롭히는 것이 어디서부터인가를 결정하는 것이다. 그것은 못살게 구는 것은 통상적으로 쉽게 받아들여지는 것으로 인식하고 있기 때문이다. 그러나 못살게 구는 것이 위협을 내포하고 있고 곤란을 초래한다면 괴롭힘의 범주에 넣지 않을 수 없다. 불행하게도 학자들에 따라서는 물리적 폭력, 정신적 잔혹행위, 위협, 강탈, 귀중품을 훔치는 것, 재물의 의도적 파괴, 별명 부르기, 협박하듯 째려보기, 부모에 대한

---

10 *Ibid.*

11 Eric Jones, "Practical considerations in dealing with bullying in secondary school," in Michele Elliott(ed.), *Bullying: A Practical Guide to Coping for Schools*, Harlow: Longman, 1991, pp. 16−17.

12 P. Stephenson and D. Smith, "Bullying in the junior school," in Tattum and Lane(eds.), *op. cit.*, pp. 45−57.

13 D. A. Lane, "Violent histories: Bullying and Criminality," in Tattum and Lane(eds.), *op. cit.*, p.96

욕설이나 비하 또는 매춘이나 음란성의 매도 등 매우 상이한 유형의 포악행위들을 학교폭력의 범주에 포함시키고 있다.[14] 한편 다수의 학자들은 물리적 폭력과 정신적 폭력을 구분하고 있는데, 그들은 물리적 폭력이 소년에게 많은 반면 정신적 폭력은 소녀들에게 더 많다고 주장하기도 한다.

일부 학자들은 학생들에게 학교폭력에 대한 스스로의 정의를 구하기도 하였다. Arora와 Thompson은 남녀 학생과 교사들이 가장 빈번하게 학교폭력으로 인식되고 있는 행위들에 대하여 거의 일치된 의견을 가진다고 주장하고 학생들이 학교폭력은 같은 학생에 대한 장기간에 걸친 반복된 사고이며, 피해학생이 가해학생보다 연약하고 가해학생의 공격성이 아무런 이유가 없고, 그리고 몇 명의 학생들이 집단 또는 조직적으로 특정한 학생을 괴롭히는 경우를 포함하는 것이라고 설명하고 있다.[15] 그 결과 그들은 학생들이 자신을 해치려고 시도하고 해치려고 위협하며, 돈을 요구하고 자신의 소지품을 파손하려고 시도하고 때리려고 하며, 발로 걸어차려고 하는 행위를 학교에서의 폭력이라고 정의하였다고 제시하였다. 그러나 이들은 학생들이 학교폭력에 해당되지 않는 행위는 무엇인지를 묻고 설명하지는 않았다. 한편, Ziegler와 Rosenstein-Manner는 심지어 초등학생들도 학교폭력의 개념을 이해하고 있으며, 그들에게 있어서 폭력이란 대체로 신체적 공격, 언어적 모욕이나 조롱, 협박, 그리고 따돌림 등으로 이해되었다고 주장하였다.[16]

그러나 현재 학교폭력에 대한 정의로서 가장 보편적으로 인용되고 있는 것은 Roland와 Olweus의 정의이다. Roland는 학교폭력을 자신을 방어할 수 없는 개인에 대한 개인이나 집단에 의한 장기간에 걸친 물리적·정신적 폭력으로 정의하였다.[17] 그리고 Olweus의 정의는 이보다 더 조심스럽게 구체화되고 그래서 약간은 더 제한적인 것으로서, 그는 때리거나 발로 차거나 협박하거나 듣기 좋지 않은 말을 하거나 못살게 구는 등 장기간에 걸쳐 반복적으로 일어나는 부정적

14 John Pearce, "What can be done about the bully?" in Michele Elliott(ed.), *Bullying: A Practical Guide to Coping for Schools*, Harlow: Longman, 1991, p. 70; Tessa Cohn, "Sticks and stones may break my bones but names will never hurt me," *Multicultural Teaching*, 1987, 5(3): 8-11.

15 Tina Arora and David A. Thompson, "Defining bullying for a secondary school," *Education and Child Psychology*, 1987, 4: 110-120.

16 Suzanne Ziegler and Merle Rosenstein-Manner, *Bullying in School*, Toronto: Board of Education, 1991; Farrington, *op. cit.*, p. 386에서 재인용.

17 Erling Roland, "Bullying: The Scandinavian research tradition," in Delwyn Tattum and David Lane(eds.), *Bullying in Schools, Stoke-on-Trent*, 1989, Farrington, *op. cit.*, p. 387에서 재인용.

인 행동이라고 정의하고 있다.[18] 그에 따르면 학교폭력은 폭력을 행하는 학생과 당하는 학생이 신체적·정신적으로 그 강인함이 불균형 상태여야 하는데 그것은 신체적으로 또는 정신적으로 비슷한 학생간의 싸움이나 언쟁 등은 학교폭력이라고 할 수 없기 때문이다.[19] 마찬가지로 Askew도 학교에서의 폭력은 다른 학생에 대한 지배와 권한을 얻기 위하여 시도되는 행위의 연속으로 파악되어야 한다고 주장하여서 비록 단발적인 언어적 또는 신체적 폭력사고라도 그것이 장기적 확대로 이어진다면 학교에서의 폭력으로 간주되어야 하는 것으로 해석하고 있다.[20]

그러나 여기서 중요한 사실은 학교에서의 폭력이 다양한 형태로 이루어지기 때문에 심각성의 정도에 따른 연속선상에서 고려되어야 하나, 한 가지 분명한 것은 모든 폭력이 다른 학생을 해치려는 의식적·의지적 욕구가 있어야 한다는 것이다.[21]

학교폭력의 정의에 있어서 또 한 가지 강조되어야 할 점은 힘의 균형이다. 신체적으로 또는 정신적으로 동일한 학생끼리의 말다툼이나 싸움은 전통적인 면에서 학교폭력이나 괴롭힘의 범주에 속하지 않는다는 사실이다. 즉, 학교폭력이나 괴롭힘으로 정의되기 위해서는 양자의 신체적 또는 심리적 힘의 불균형이 반드시 존재하여야 한다. 다시 말해서 가해학생이 피해학생에 비해 심리적 또는 신체적으로 더 큰 힘을 가지고 있는 경우를 일컫는다.[22]

이를 종합하면, 학교에서의 폭력이나 괴롭힘은 신체적으로나 정신적으로 힘의 우위에 있는 개인이나 집단이 힘이 열세에 있는 다른 개인이나 집단에 대하여 일방적으로 물리적·언어적 또는 물리적이거나 언어적 방법을 이용하지 않고서도 고통이나 불쾌감을 주거나 괴롭히려는 의도에서 장기간에 걸쳐 반복적으로 일어나는 부정적인 행위라고 할 수 있다. 결국, 학교에서의 폭력과 괴롭힘 등을 정의하는 데 있어서 가장 핵심적인 요소는 바로 의도성(intentionally), 반복성(repeatedly), 힘의 불균형(power imbalance) 그리고 지속성(over time)이라고 할 수 있다. 즉, 힘의 불균형 상태에서 의도적으로 반복적이고 지속적으로 행해지는 것을 강조하고 있다.

---

18 Dan Olweus, *Bullying at School: What We Know and What We Can Do*, Oxford: Blackwell, 1993, p. 9.

19 Dan Olweus, "Bully/Victim problems among schoolchildren: Basic facts and effects of a school based intervention programme," in Debra J. Papler and Kenneth H. Rubin (eds.), *The Development and Treatment of Childhood Aggression*, Hillsdale, NJ: Erlbaum, 1991; Farington, *op. cit.*, p. 387에서 재인용.

20 S. Askew, "Aggressive behavior in boys: To what extent is it institutionalized?" in Tattum and Lane(eds.), *op. cit.*, pp. 59−70.

21 Delwyn Tattum, "Violence and aggression in schools," in D. Tattum and D. Lane(eds.), *Bullying in Schools*, Stoke−on−Trent: Trentham Books, 1989, pp. 7−19.

22 Olweus, *op. cit.*, 1993, p. 10.

2. 학교폭력의 유형

학교폭력이 물리적·언어적·정신적 폭력 등을 망라한 것으로 정의되고 있음은 바로 학교폭력의 유형 또한 그만큼 다양할 수밖에 없음을 보여주고 있다. 그러나 대부분의 경우는 학교폭력을 금품의 갈취, 신체적 폭력, 언어폭력, 심리적 폭력 그리고 괴롭힘 등으로 요약하고 있다. 그러나 신체적 폭력은 일반적 폭력행위와 크게 다르지 않기 때문에 여기서 더 이상의 논의는 하지 않기로 한다.

(1) 금품의 갈취

지적으로 또는 경제적으로 열등한 위치에 있거나 의식을 가진 학생이 자신보다 힘은 약하면서도 지적 능력이나 학업성적 또는 경제적 능력이 우수하고 교사나 학생들로부터도 칭찬받고 사랑받는 학생들을 공갈하고 협박하여 돈이나 물건을 빼앗는 행위라고 할 수 있다. 상대방을 결핍시키고 자신을 보충시켜서 심리적으로 대등한 관계를 만들어 보려는 욕구에서 비롯되어 자신보다 나은 학생을 물리적인 힘으로 짓누르고 빼앗음으로써 일종의 쾌감과 만족감을 누리려는 부적응적 행위라고 볼 수 있다. 그러나 요즘은 사회적 퇴폐풍조의 만연과 유해환경의 범람 등으로 학교에서 실패한 학생들의 유흥심리를 부추기고 유흥비를 마련하기 위한 수단으로서 금품을 갈취하는 경우가 많다. 따라서 금품갈취는 대부분 학교 중퇴자나 불량학생들이 하교시간이나 방과 후에 학교나 학교 주변 등에서 행하는 것으로 알려지고 있다.

(2) 언어적·심리적 폭력

신체에 직접적인 폭력행위를 가하지 않고 정서나 감정 등 정신적으로 부정적인 반응을 불러일으키는 언어나 상징의 사용을 위주로 하는 폭력이다. 이러한 언어적·심리적 폭력의 계기나 동기는 단순히 구순적 만족을 얻기 위한 것도 있지만 때로는 물질적 또는 심리적 만족을 얻기 위한 경우도 있으며, 자기방어적 행위로서 이루어지기도 한다. 물론 표면적으로는 언어의 폭력이지만 물리적 힘이 뒷받침되기 때문에 공갈이나 협박을 하기도 하고 비속어나 별명을 부르고 약점을 들추어내는 등의 행위가 있다.

(3) 괴 롭 힘

심리적·물리적 억압이나 강제를 통한 지배관계의 형성을 목적으로서 일반적으로 말하는 언어적 폭력이나 신체적 폭력과는 약간의 차이가 있다. 소위 일본의 '이지메'가 대표적인 것으로서 자신보다 약한 사람에 대하여 일방적으로 신체적·심리적 공격을 계속 가하여 심각한 고통을 느끼게 하는 행위이다. 특정 학생을 집단적으로 따돌리거나 놀리며 숙제나 심부름을 강요하는 등 상대가 괴로워하도록 하는 행위이다. 이러한 괴롭힘은 주로 학교 내에서 나타나는 현상이기 때문에 지속적으로 일어나기 쉽고 특정한 이유나 목적이 없기 때문에 더욱 가학적이라고 할 수 있다.

HOT ISSUE 학교폭력의 유형

경기도교육청, 학생 106만명 대상 2차 학교폭력실태조사 74% 언어폭력 경험

경기도교육청(교육감 이재정)은 지난 9월 14일부터 10월 23일까지 진행한 '2015년 2차 학교폭력 실태조사 결과'를 11일 발표했다.

이번 조사에서는 피해 경험, 가해 경험, 목격 경험, 예방교육 효과 등 22개의 질문이 주어졌다.

음성서비스를 활용해 시각장애 학생들도 참여했다. 다문화 학생을 위해 영어, 중국어, 일본어, 베트남어, 필리핀어, 태국어 등 다국어로 문항을 제공했다.

2차 실태조사는 초등학교 4학년부터 고등학교 2학년 학생 106만여명이 참여했다. 참여율은 94.5%, 피해응답률은 0.9%, 가해응답률은 0.4%, 목격응답률은 2.8%로 전국평균과 유사하다.

지난 2015년 1차 대비해 경기도 학생의 피해응답률, 목격응답률이 각각 0.1%p, 0.2%p로 감소한 것으로 나타났다. 학교급별 피해응답률을 보면 초등학생 1.5%, 중학생 0.6%, 고등학생 0.4%로 초등학생의 피해응답률이 상대적으로 높은 편이다.

자주 발생하는 폭력 유형으로 언어폭력, 집단따돌림, 스토킹, 신체폭행, 사이버 괴롭힘 등 순으로 나타났으며, 학교폭력 피해학생의 74%가 언어폭력을 경험한 것으로 나타났다.

학교폭력이 발생한 장소는 교외(25.8%)보다 교내(74.2%)에서 많이 발생하는 것으로 조사되었으며, 학교폭력 발생시간은 쉬는 시간(41.5%)에 가장 많이 발생하는 것으로 나타났다. 학교폭력을 행사한 이유는 '장난으로'(30.2%), '다른 학생이 잘못되거나 마음에 안 들어서'(18.5%), '상대방이 먼저 나를 괴롭혀서'(18.3%) 순으로 나타났다.

학교폭력이 발생하였을 때, 괴롭히는 친구를 말리고 주변에 알리는 적극적 대응을 했다고 응답한 학생(75.4%)이 방관한 학생(24.6%)보다 많은 것으로 나타났다.

자료: 헤럴드경제 2015년 12월 11일
http://news.heraldcorp.com/view.php?ud=20151211000294

신종 학교폭력 '글래디에이터(노예 검투사)'

　서울 강서구 S고등학교에 다니는 황모(16)군은 지난 1년 동안 밤마다 개화동 인근의 야산에 끌려 다녔다. 지적장애 2급인 황군을 끌고 올라간 이들은 근처 중학교 학생들이었다. 이들은 야산 깊숙한 곳까지 황군을 데리고 간 뒤 황군 주위의 나무에 노끈을 묶어 사각 링을 만들었다. 링 안으로 황군과 함께 또 다른 아이 한 명이 들어갔고, 나머지 아이들은 사각 링을 둘러쌌다.

　"이제부터 둘 중 하나가 죽을 때까지 때리는 거야." 황군이 머뭇거리며 링 밖으로 빠져나가려고 하면 링 밖에 있던 아이들이 황군을 쓰러뜨린 후 발로 짓밟아 다시 링 안으로 넣었다. "이렇게 니킥(knee kick·무릎차기)을 해보라고!" 이들은 황군에게 격투기 시합에 등장하는 각종 기술을 가르쳐준다며 황군을 폭행하기도 했다. 황군과 상대 학생이 지쳐 쓰러지고 나서야 그날의 경기는 끝났다.

　서울 강서경찰서는 황군 등 지적장애 학생 2명을 1년여간 수시로 끌고 다니며 강제로 싸우게 한 김모(14)군 등 12명을 검거했다고 25일 밝혔다. 김군 등은 덩치는 크지만 지적 수준이 떨어지는 학생들을 노려 영화 '글래디에이터'에 등장하는 로마의 노예 검투사처럼 싸우게 했다. 또 자신들이 훔쳐온 오토바이를 황군이 훔친 것처럼 거짓 자백을 시키기도 했고, 직접 도둑질을 시키기도 했다.

　김군 등의 범행은 황군이 옷을 갈아입을 때 온몸에 생긴 멍을 발견한 부모의 신고로 드러났다. 그전까진 황군이 자신의 상황을 제대로 표현하지 못해 폭행 사실을 제대로 알지 못했다. 황군은 폭행 후유증으로 이후 1개월 넘게 병원에 입원했다.

　경찰은 "어린 학생들이 아예 격투기장을 차려 놓고 피해 학생들의 싸움을 스포츠처럼 즐겼다"고 말했다. 이런 방식의 학교 폭력은 최근 몇 년간 중·고생 사이에서 빠르게 퍼지고 있다.

　경기도 안산의 중학교 교사 김모(28)씨는 "학교 일진들이 교실 서열을 정한다면서 주로 학기 초에 다른 아이들끼리 싸움을 붙인다"며 "싸우라고 강요당한 애들도 물러서면 무시당할까 봐, 또 일진한테 맞을까 봐 어쩔 수 없이 주먹을 휘두른다"고 말했다.

　경찰이 김군 등을 폭력 혐의로 입건해 조사하면서 김군이 다니던 중학교에서도 징계위원회가 열렸다. 김군이 받은 처분은 등교정지 10일과 학내 특별교육 5일이 전부다.

자료: 조선일보 2013년 10월 2일
http://news.chosun.com/site/data/html_dir/2013/10/02/2013100200172.html?Dep0=twitter&d=2013100200172

'고교10대천왕' 와이파이 셔틀-웃음셔틀 실체에 MC들 충격

　'고교10대천왕'에선 일진과 셔틀의 세계와 그 심각성에 대해 언급하며 눈길을 모았다. 1일 tvN '고교10대천왕'이 방송됐다. 10대 고교생들이 자신의 고민과 사회적 이슈에 대해 거침없이 의견을 나누며 곧 마주하게 될 매서운 세상살이를 예행연습하는 프로그램이다. 이날 방송에선 어른들은 모르는 학교폭력에 대한 주제로 학생들의 토크가 펼쳐졌다. 일진과 셔틀의 세계에 대한 화제가 나왔다.

　이날 10대천왕은 충격적인 셔틀의 종류에 대해 언급했다. 스마트폰 기능의 핫스팟이란 기능을 이용해 한 아이의 와이파이에 기생해 일진들이 데이터를 마음대로 쓰는 와이파이 셔틀이 있다는 말에 MC들은 충격을 감추지 못했다.

'웃음셔틀'도 있다고. 일진이 마음이 울적할 때 웃겨 보라고 하면 웃겨야 한다는 것. 웃겨도 맞고 웃기지 못해도 맞는 상황이 될 수밖에 없다고 덧붙였다. 또한 이날 일진들의 위험한 놀이로 목조르기, 사채놀이 등이 언급돼 MC들을 충격에 젖게 했다.

자료: TV리포트 2015년 7월 1일
http://www.tvreport.co.kr/?c=news&m=newsview&idx=738690

온라인으로 확대된 은밀한 폭력 '사이버 왕따'

과거에는 따돌림을 당하면 학교를 옮겨 새로운 환경에선 과거와의 단절을 통해 해결되는 경우도 많았다. 하지만 이제는 온라인을 통한 협박으로 따돌림의 고리가 이어지고 있다. 소셜네트워크서비스(SNS)는 같은 초등학교, 중학교를 나온 친구들이 연결돼 있어 클릭 몇 번이면 금세 피해자를 추적할 수 있다. 결국 전학을 가도 다시 왕따의 빌미가 된다.

청소년 요금제를 사용하는 초등학생 강모(13)군은 항상 데이터가 부족하다. 그런데 반에서 '힘이 있는' 한 친구가 "나 데이터 다 썼다"며 데이터를 빌려달라는 부탁에 고통스럽다고 말했다. 강 군의 휴대전화를 와이파이 삼아 모바일 핫스팟을 켜달라며 "잠깐 쓰면 되잖아, 잠깐 쓴다고 배터리가 닳는 것도 아니고 조금만 쓰겠다"고 부탁 삼아 강요한다는 것이다. 다른 친구들까지 "왜 나는 데이터를 안 주느냐"며 강 군을 괴롭혀 고민이 된다며 한숨을 쉬었다.

중학생 윤모(14)양은 같은 반 친구의 카카오톡 프로필 사진을 보고 충격을 받았다. 자신의 얼굴에 심한 포토샵이 되어 있는 '엽사'가 올라가 있는 것을 보고 "사진 좀 지워 달라"고 부탁했다. 하지만 다른 반 단체 카톡방에도 엽사를 올리고 SNS에도 사진을 올렸다. 잘 모르는 다른 반 친구들까지 윤 양을 놀렸고 '엽사'를 카카오톡 프로필 사진에 올려 괴롭힘에 동참하는 친구들이 늘어났다

사이버 불링은 갈수록 저연령화되고 있으며 수법도 교묘해지고 있다. 그동안은 남학생이 여학생보다 인터넷이나 이용 시간이 더 길어 사이버 불링 발생이 빈발했다. 하지만 스마트폰으로 SNS를 이용하는 시간이 길어지며 관계성을 중시하는 여학생 사이에서 사이버 불링이 증가하고 있다는 게 전문가들의 분석이다. 보통 스마트폰 중독 고위험군일수록 사이버 불링 가해와 피해 경험이 모두 늘어난다고 말했다.

카카오톡 대화방에 피해 학생을 불러놓고 다수가 비난하는 '떼카'와 피해 학생이 빠져나가도 대화방에 자꾸 초대해 괴롭히는 '카톡감옥'은 대표적인 사이버 불링 유형이었다. 사이버 불링은 계속해서 진화하고 있다. 대표적 사례가 사이버 갈취다.

'빵셔틀'처럼 다른 학생의 데이터나 와이파이를 빼앗아 쓰는 '와이파이셔틀', '데이터셔틀'도 발생했다. 자신이 구매하고 싶은 음원을 피해 학생들에게 휴대전화 소액결제로 사달라고 요구하거나 중고사이트에 자신의 물건을 올려놓고 비싼 값에 사도록 강매하기도 했다.

자료: 데일리한국 2015년 12월 19일
http://daily.hankooki.com/lpage/society/201512/dh20151219103207137780.htm

3. 학교폭력의 특성

(1) 학교폭력의 비밀성

학교폭력은 대체로 성인들에게 목격되지 않고 일어나는 특징을 갖고 있다. 교사들은 학교폭력이 알려지더라도 간접적으로 듣게 되고 학부모는 항상 가장 나중에 알게 되는 것이 보통이다. 아직도 사회적으로는 고자질이나 일러주는 데 대한 부정적 시각이 존재하기 때문에 가해학생과 피해학생은 물론이고 목격자까지도 침묵을 지키는 경우가 많다. 더불어, 성인들은 피해학생들의 고통을 완전히 이해하기 힘들고 별로 걱정하지 않거나 무관심한 성인들로 인하여 대부분의 학교폭력이 발각되지 않고 지나가기 때문에 학교폭력의 문제는 과소평가되기 쉽다. 또한 학교나 지역사회의 입장에서도 명성과 평가에 도움이 되지 않기 때문에 가급적 숨기거나 축소하려고 하며, 학부모 입장에서도 보복이 두렵거나 괜히 문제를 더 악화시킬까 염려하여 문제를 크게 만들지 않으려고 한다. 피해학생 본인들도 창피함이나 모멸감에서 또는 보복이 두려워 그리고 부모님을 실망시키고 싶지 않아서 문제를 숨기려고 한다. 이러한 이유로 학교폭력은 상당 부분 숨겨진 채로 남게 되는 경우가 많다.[23]

(2) 가해자와 피해자의 양면성

괴롭힘을 연구함에 있어서 가장 흥미 있는 쟁점의 하나가 바로 가해자가 동시에 피해자일 수 있고 반대로 피해자가 동시에 가해자가 될 수 있다는 사실이다. 그러나 가해자임과 동시에 피해자이고 피해자임과 동시에 가해자가 될 수 있다는 사실에 대해서는 크게 문제가 되지 않을지 모르나 그 정도에 대해서는 많은 논란의 여지가 있다. Olweus는 가해자와 피해자 간의 중복성은 거의 없는데, 그것은 각 연령에 따라 아이들은 매우 상호 배타적이기 때문에 아이들이 가해자임과 동시에 피해자가 되기는 쉽지 않다는 것이다. 그에 의하면, 약 10%의 가해자만이 동시에 피해자였던 경우가 있고 피해자의 약 5%만이 가해자도 되었다고 자신의 연구결과 밝히고 있다.[24]

물론, 피해자가 동시에 가해자이거나 가해자가 동시에 피해자가 되는 정도는 필연적으로 가해자와 피해자의 많고 적음과 동시에 가해자와 피해자에 대한 개념적 정의에 의하여 크게 좌우

23 Valerie E. Besag, *Bullies and Victims: A Gukde to Understanding and Management*, Milton Keynes: Open University Press, 1989, pp. 4-6.

24 Dan Olweus, Aggression in Schools, Washington, D.C.: Hemisphere, 1978; Farrington, *op. cit.*, p. 394에서 재인용.

되고 있다. Roland는 피해자의 약 20%가 동시에 가해자였으며, 그들의 괴롭힘은 항상 그들을 괴롭힐 수 없는 아이들을 상대로 이루어진다고 주장하였다.[25] 또한 Stephenson과 Smith는 조사 대상자의 10%가 괴롭히는 학생, 7%가 괴롭힘을 당하는 학생, 그리고 괴롭히면서 자신도 괴롭힘을 당하는 학생의 6%가 가해자인 동시에 피해자였다고 보고하였다.[26] 그리고 Mellor는 15%가 피해자, 7%가 가해자이며 3%가 피해자이면서 가해자였다고 보고하였으며,[27] Yate와 Smith는 가해자의 20%가 피해자였으며, 피해자의 34%가 동시에 가해자이기도 하였다고 주장하였고,[28] O'Moore와 Hillery는 가해자의 66%가 동시에 피해자였고 피해자의 46%는 동시에 가해자이기도 하였다고 밝힌 바 있다.[29] 그러나 가해자와 피해자의 이러한 중복적 위치나 관계는 가해자와 피해자에 대한 범주를 보다 까다롭게 잡으면 그 폭이 줄어들 수 있으며, 또한 가해자들이 자신의 행위를 정당화하기 위해서 피해사실을 허위로 보고하거나 과장할 수도 있어서 중복의 폭이 사실보다 더 크게 보일 수도 있다.

그러나 상이한 개념의 정의, 한 때의 피해자가 후에 가해자가 되거나 한 때의 가해자가 후에 피해자가 되는 정도, 그리고 피해 결과가 후에 가해에 미치는 인과적 영향 등에 따라서 가해자와 피해자의 중복적 또는 양면적 위치의 관계에 대한 더 많은 연구를 요한다고 할 수 있다. 이러한 사실은 신체적으로 학대받은 아동들이 후에 폭력적 범법자가 되는 가능성은 매우 높으며, 학교폭력이나 괴롭힘의 피해자가 후에 가해자가 되는 경향도 있을 수 있다는 연구결과와 주장에 의하여 뒷받침되고 있다.[30]

---

25 Roland, *op. cit.*; Farrington, *op. cit.*, p. 394에서 재인용.

26 Pete Stephenson and Dave Smith, "Bullying in the Junior schools," in Tattum and Lane(eds.), *op. cit.*; Farrington, *op. cit.*, p. 394에서 재인용.

27 Andrew Mellor, *Bullying in Scottish Secondary Schools*, Edinburgh: Scottish Council for Research in Education, 1990; Farrington, *op. cit.*, p. 396에서 재인용.

28 Colin Yates and Peter K. Smith, "Bullying in Two English Comprehensive Schools," in Erling Roland and Elaine Munthe(eds.), *Bullying: An International Perspective*, London: David Fulton, 1989; Farrington, *op. cit.*, p. 396에서 재인용.

29 A. Mona O'Moore and Brendan Hillery, "Bullying in Dublin Schools," *Irish Journal of Psychology*, 1989, 10: 426-441.

30 Cathy S. Widom, "The cycle of violence," *Science*, 1989, 244: 160-166.

(3) 가해자와 피해자의 특성

1) 가해자의 특성

Olweus는 Stockholm에서 실시한 그의 고전적 연구에서 남성 가해자들은 대체로 공격적 인성을 소유한 반면 공격억제력은 약하며, 강한 지배욕망을 가지고 있고 공격에 대하여 호의적인 태도를 견지하고 있으며, 그들은 다른 학생을 괴롭히는 데서 쾌감을 얻는 것으로 조사되었다고 결론지은 바 있다.[31] 그들은 비교적 강인하고 확신적이며, 비교적 인기가 없는 편이며, 남성호르몬인 testosterone은 높은 수준이나 자극제인 adrenaline은 낮은 수준인 것으로 알려지고 있다. 극히 일부 예외를 제외하고는 불안정하지 않으며, 피해자에 대하여 거의 연민을 갖지 않고 죄책감도 거의 느끼지 않는 것으로 알려지고 있다. 또한 학업성취도는 떨어지는 편이며, 학업과 교사에 대하여 부정적인 태도를 갖고 있으며, 부모와도 밀접한 관계를 갖지 못하는데 그들은 일반적으로 자신들과 함께 시간을 보내지 않는 아버지에 대하여 부정적이며 부모가 자신들을 돌보지 않는다고 주장하고 있다.[32]

이러한 특성들은 다른 많은 연구결과에서도 일반적으로 밝혀지고 있는데, Lowenstein은 가해자들이 파괴적이고 지극히 활동적이며, 지능과 독해력이 약간 낮으며, 매우 신경질적이라는 사실을 발견하였다. 또 부모들의 자녀양육방법이 잘못되었고 결혼생활에 문제가 있으며, 권위주의적 태도가 강한 편임도 알게 되었다.[33] Finland에서 Bjorkvist 등은 가해학생들이 지배적이고 격정적이라는 사실을 발견하였고,[34] Lagerspetz 등은 가해학생들이 강하고 공격적이며, 대체로 인기가 없는 학생들이었다고 주장하였다.[35] 한편, Stephenson과 Smith도 가해학생들은 신체적으로 매우 강하며, 활동적이고 자기주장이 강하고 쉽게 흥분되고 자극받으며, 공격성을 즐기고 매우 확신적이고 인기 면에서 보통의 평범한 학생들이며, 또한 그들은 집중력이 낮고 학업성취도

31 Dan Olweus, *Aggression in the Schools*, Washington, D.C.: Hemisphere, 1978, David P. Farrington, "Understanding and preventing bullying," pp. 381-458 in Michael Tonry(ed.), *Crime and Justice: A Review of Research*, Chicago: The University of Chicago Press, 1993, p. 399에서 재인용.

32 Farrington, *op. cit.*, p. 399.

33 Ludwig F. Lowenstein, "Who is the bully?" *Bulletin of the British Psychological Society*, 1978, 31: 147-149.

34 Kaj Bjorkvist, Kerstin Ekman, and Kirsti Lagerspetz, "Bullies and victims: Their ego picture, ideal ego picture and normative ego picture," *Scandinavian Journal of Psychology*, 1982, 23: 307-313.

35 Kirsti Lagerspetz, Kaj Bjorkvist, Marianne Berts, and Elizabeth King, "Group aggression among school children in three schools," *Scandinavian Journal of Psychology*, 1982, 23: 45-52.

도 낮다고 주장하였다. 그러나 대부분의 연구와 학자들이 유사한 가해학생들의 특성을 보고하고
는 있지만 여기서 한 가지 쟁점이 되고 있는 것이 있다면 그것은 가해학생들의 대중성 내지는
인기도이다. 그런데 가해학생 중에서도 학교폭력에 가담은 하지만 먼저 시작하지는 않는 경우도
있는데, 이들을 수동적 가해자 또는 추종자 혹은 대타라고 할 수 있다. 요약하자면, 전형적인 가
해학생은 신체적으로 강한 공격적인 반응행태를 가지는 것으로 기술할 수 있을 것이다.

2) 피해학생의 특성

Olweus에 따르면, 남학생 피해자는 대체로 매우 인기가 없으며, 동료 학생들로부터 거부되
고 잘 받아들여지지 않으며 불안해하고 연약하며, 자기주장이 확실하지 않고 매우 예민하고 민
감하며, 자기존중심이 낮은 편이라고 하였다. 이들도 가해학생과 마찬가지로 학업성취도가 약간
낮은 편이고 부모들은 자녀를 지나치게 보호하고 걱정하는 경향이 있으며, 일부 피해학생은 피
해 유발적인 경향도 있다고 밝힌 바 있다. 그는 또 피해학생들의 외관을 조사한 결과 주로 안경
을 착용하고 신체적 결함이 있으며, 언어장애를 가지고 있고 신장이 작고 체격이 약하다는 등의
특징을 제기하고 있다. 그러나 전체적으로는 이와 같은 부정적인 외관상의 특징을 가지는 경향
이 그리 높지는 않았다고 결론짓고 있다.[36] Byrne도 이와 유사한 결과를 얻었으나 그러한 신체
적 특징이 그 자체가 반드시 그리 중요한 요인이라기보다는 하나의 계기나 유인으로 보아야 한
다고 주장하였다. 그것은 이와 같은 신체적 특징을 가진 모든 학생이 피해자가 되지는 않기 때
문이라고 보고 있지만, 이들 신체적 특징을 가진 학생이 피해자가 될 확률이 높다고 지적된 특
정한 인성과 가족특성을 가진다면 피해자가 될 가능성이 그만큼 높아진다고 보았다.[37]

이와 같은 주장들은 대부분 다수의 연구자들에 의하여 재검증되기도 하였다. Lowentein은
피해자들은 대체로 신체적으로 강건하지도 매력적이지도 않은 편이나 반대로 이상한 행동양식
과 신체적 결함이나 결점을 가지고 피해를 당하더라도 보복할 의향을 거의 갖고 있지 않고 다
른 사람에 대한 감정이 그렇게 예민하지 않으며, 그리고 다른 학생들과 잘 어울리지 못하는 특
성이 있다고 결론지었다.[38] Bjorkvist 등도 피해자들은 매력적이지 못하며, 지능적이지도 않고
의기소침하게 우울한 편이라고 주장하였고[39] 반면에 Lagerspetz 등도 피해자들이 교우 간에 인

---

36 Olweus, *op. cit.*, p. 123.

37 Brendan Byrne, *Coping with Bullying in Schools*, London: Cassell, 1994, p. 42.

38 Ludwig F. Lowenstein, "The bullied and non-bullied child," *Bulletin of the British Psychological Society*, 1978, 31:
316-318.

기가 많지 않으며, 연약하고 신체적으로 이상이 있고 자기존중심이 낮다고 주장하였다.[40] 그리고 O'Moore와 Hillery도 피해자들이 인기가 없는 편이며, 보다 불안해하며, 덜 행복해 하고 자기존중심이 낮다는 것을 발견하였다.[41]

Stephenson과 Smith도 피해자들이 대체로 인기가 없는 편이며, 수동적이고 신체적으로 약하고 확신감이 낮으며, 대부분 마른 편이며, 말하는 것이나 복장도 다른 학생들과 다른 것으로 주장한 바 있다. 또한 그들은 가해학생들과 마찬가지로 집중력이 떨어지고 학업성취도도 낮으며, 신체적 건강도 좋지 않고 상당수가 피해 유발적이라고 주장하였다.[42] Yates와 Smith도 피해학생들이 쉬는 시간에 대체로 혼자 있게 되고 외로움을 느끼기 쉽고 다른 학생들이 별로 좋아하지 않는 것으로 주장하고 있다.[43] Frost도 피해학생들은 외양이 이상하고 친구가 없으며, 자기존중심이 낮고 성가시게 굴거나 불평을 많이 하는 아이들이라고 결론내리고 있다.[44]

그런데, 지금까지 기술한 전형적인 피해학생의 특성은 흔히 수동적 또는 순종적 피해자라고 불리기도 하는데 가장 보편적인 피해학생의 특성이기도 하다. 요약하자면, 이들 수동적 또는 순종적 피해자의 그러한 태도와 행위의 특성이 곧 그들이 피해를 당하더라도 보복하거나 응징하지 않을 불안전하고 가치없는 존재라는 것을 다른 학생들에게 나타내는 징표라고 볼 수 있다. 이들을 다른 말로 표현하자면 신체적으로 약하면서 불안하거나 순종적인 반응을 보이는 것으로 특징 지어지는 학생들이라고 할 수 있다.[45]

그러나 피해학생들이 모두 이들처럼 수동적이거나 순종적인 특성을 가지는 것은 아니다. 비교적 많은 경우는 아니라고 하지만 불안하고 동시에 공격적인 반응도 보이는 것으로 특징 지어지는 이른바 도발적 피해자도 있다. 이들은 대체로 집중력에 문제가 있으며, 그들 주변에 긴장

---

39 Bjorkvist et al., *op. cit.*, 1982.

40 Lagerspetz et al., *op. cit.*, 1982.

41 A. Mona O'Moore and Brendan Hillery, "Bullying in Dublin Schools," *Irish Journal of Psycoholgy*, 1989, 10: 426–441.

42 Pete Stephenson and Dave Smith, "Bullying in the junior schools," in Delwyn Tattum and David Lane(eds.), *Bullying in Schools*, Stoke-on-Trent: Trentham, 1989; Farrington, *op. cit.*, p. 401에서 재인용.

43 Colin Yates and Peter K. Smith, "Bullying in two English Comprehensive Schools," in Erling Roland and Elaine Munthe(eds.), *Bullying: An International Perspective*, London: David Fulton, 1989; Farrington, *op. cit.*, p. 401에서 재인용.

44 Linda Frost, "A primary school approach: What can be done about the bully?" Michele Elliott(ed.), *Bullying: A Practical Guide to Coping for Schools*, Harlow: Longman, 1991; Farrington, *op. cit.*, p. 401에서 재인용.

45 Dan Olweus, *op. cit.*, 1993, p. 32.

과 도발을 야기하는 방법으로 행동하는 것으로 알려지고 있다. 이들 중 일부는 지나치게 활동적이라고 할 수도 있다. 그들의 행동이 때로는 다른 학생들을 성나게 하고 그래서 학생들로부터 부정적인 반응을 얻게 된다. 결국, 이들 도발적 피해자와 순종적 피해자의 피해 과정이나 그 역동성에는 차이가 있음을 알 수 있다.[46]

3) 가해학생과 피해학생의 비교

가정적 환경으로서 사회적 배경은 피해자는 대체로 부모가 보다 친근한 경향이 있으며, 피해학생이나 가해학생 모두가 그들의 부모가 자녀양육에 대하여 균형 잡힌 태도를 견지하지 못하는데 피해학생은 과보호받거나 가해학생은 공격적이고 지배적인 부모일 경향이 많다고 한다.

신체적 특성이 가해학생과 피해학생을 구분하는 주요한 요소가 되는 경우가 많은데, 가해학생이 피해학생에 비해 비교적 크고 강인하거나 적어도 신체적으로는 크지 않더라도 자신을 보호할 능력이 강한 것으로 조사되고 있다. 반면에 피해학생은 대체로 체구가 아주 작거나 연약하고 또는 비만하거나 깡마르고 안경을 쓰는 등의 신체적 특이점을 가지고 있는 경우가 많은 것으로 알려지고 있다. 그러나 이러한 비교는 반드시 강한 학생이 다른 학생을 괴롭히기 위하여 자신의 신체적 우월성을 활용한다는 것을 뜻하지는 않는다. 실제로 신체적으로 우월한 대다수의 학생들이 공격적이지 않은 데서도 엿볼 수 있다. 따라서 가해학생을 특징지을 수 있는 것은 오히려 그들의 신체적 강점과 공격적 반응양태의 결합이며, 반대로 피해학생은 신체적 약점과 불안한 반응양태의 결합이라고 할 수 있다.[47]

표 3-1　가정적 요인[48]

피해학생	가해학생
1. 과잉보호 및 가족 의존적 2. 가족 내 친밀한 관계 3. 부모의 기대를 충족시킬 수 없다고 생각 4. 자신을 방어할 능력과 자신이 없다고 생각	1. 귀가시간 등 가정에서의 감독 미약 2. 무언의 폭력이라고 표현될 정도로 부모와 자식 간에 동정심이 낮고 부정적 감정, 사랑과 관심 부족 3. 일률적이지 못한 훈육의 통제(예를 들어, 지나치게 방임적이거나 지나치게 처벌적 또는 물리적 통제) 4. 공격성에 대한 관대와 강인하고 힘센 사회적 인상의 권장 5. 부모 자신도 가해 학생이었을 가능성 6. 혼인관계의 갈등과 가정환경의 혼란

---

46 *Ibid.*, p. 33.

47 Olweus, *op. cit.*, 1993, pp. 36-37.

48 Besag, *op. cit.*, 1989, p. 20 표 4 참조.

표 3-2 신체적 요인[49]

피해학생	가해학생
1. 신체적 연약함, 응징능력 없음 2. 협동에 문제, 도움 청하는 소질 없음, 동기 부족 및 놀이 활동 부족 3. 기력 부족 4. 고통을 잘 참지 못함, 두려움, 자신감 결여 5. 가해학생에 비해 나이 어리고 작음 6. 안경착용, 키가 크거나 작고, 비만이거나 왜소한 신체적 특이성 가능 7. 별로 매력 없음	1. 신체적으로 강하고, 탄탄하고, 공격에 자신 2. 운동, 교실 밖 활동, 게임에 능하고, 인기 있고 자신감 3. 에너지 넘치고, 적극적, 활동적 4. 고통 잘 참고, 저돌적 5. 피해자보다 나이 많고 더 강함 6. 보통의 외모 7. 보통의 매력

심리적 또는 인성적 측면에서는 피해학생이 가해학생이나 보통의 학생에 비해 대체로 자기존중심이 낮다고 하는데 이는 지속적인 신체적 또는 정신적 괴롭힘의 결과일 수 있다고 하며, 가해학생도 일반학생에 비해서는 자기존중심이 낮다고 한다. 대인관계의 기술이나 방법도 가해학생과 피해학생이 약간은 다른 점을 보이는데, 피해학생에 비해 가해학생이 외향적이며, 다른 사람들과 쉽게 공감대를 형성한다고 한다. 반면에 피해학생은 가해학생에 비해 복종적이고 온순하며 쉽게 이끌리며 수동적이라고 한다. 가해학생은 자기주장이 강하고 경쟁적이며 공격적이고 고집이 강하고 지배적이다. 피해학생은 보다 침착하며 입이 무거우며 심각한 반면, 가해학생은 열정적이고 경솔하며 낙천적인 편으로 알려지고 있다. 피해학생은 수줍어하며 소심하고 위협에 민감하나 가해학생은 모험적이고 사회적으로 뻔뻔한 편이며 낯이 두꺼운 경우가 많다고 한다. 가해학생은 사교적으로 매우 집단 의존적이어서 집단의 추종자나 합류자이나 피해학생은 비교적 소외되고 독립적이라고 하는데, 이는 피해학생은 대체로 수줍어하거나 대인관계 기술이 미비하기 때문이라고 한다.[50]

한편, 학교와 관련된 요인에 대한 비교는 학교와 학업 등에 대하여 피해학생이 가해학생에 비하여 더 긍정적 태도를 견지하며, 급우들 사이에서 가해학생이나 피해학생 모두가 크게 인기를 얻지는 못하나 가해학생이 때로는 그들의 지배성을 지도력으로 혼돈한 관계로 지도자적 입장일 수도 있다. 지능 면에서는 가해학생과 피해학생 모두가 보통의 수준이나 가해학생이 학업성취나 이해력이 부족한 경우가 많고 교우관계는 피해학생이 대체로 부정적이며 따라서 친구의

---

49 Besag, *op. cit.*, 1989, p. 20 표 5 참조.

50 Byrne, *op. cit.*, pp. 40-43.

표 3-3　인성요인[51]

피해학생	가해학생
1. 가정생활을 즐기고 가족과 밀접한 관계 2. 부끄러워하고, 집안에 틀어박혀 있으며, 불안해하며, 수동적·비사교적이며, 타인에 대한 관심이 적고, 의사소통 능력이 부족 3. 사회적으로 무감각하며, 강박관념적 행동을 하고 사회기술이 무력하며, 동조성이 약하고, 복종적 4. 불안감 문제를 갖고 수면과 식사에 어려움을 가지고 무감각하고 성격이 급하며, 우울증이 있음 5. 열등감, 자기 존중심이 낮음, 지능이나 매력성이 낮다고 스스로 평가 6. 스스로 극복할 수 없고 동료들의 도움도 얻을 수 없다고 생각, 도움이 안 되고 무능하다고 판단 7. 가해학생이 가해할 자격 있다고 생각 8. 위협에 민감한 것으로 평가	1. 가정에서 보내는 시간이 거의 없고 가족과의 긍정적인 상호작용도 거의 없음 2. 자신감이 있고 의사소통 능력이 좋으며, 재치가 있고 임기응변이 강하고 해명을 잘함 3. 지배적이고 강력한 남성에 대한 자신만의 사회적 인상을 가지며, 동료 학생들이 갖는 남성적(macho) 인상을 가짐 4. 불안감은 없으나 예외적으로 불안정한 경우도 있음 5. 강하다는 자기 인상, 강인하고 성공적이며 능력 있다고 자평, 특정한 불만감이 없고 학교성적보다 지능이 높다고 생각, 확신적이고 외향적이며 쉽게 생각함 6. 문제 극복 능력, 독립적, 자기주장 뚜렷 7. 피해학생이 피해당할만 하다고 생각 8. 사회적으로 대담한 것으로 평가

도움을 쉽게 얻기 어려우나 가해학생은 자신들의 친한 친구 외에는 교우관계가 부정적이거나 친구들의 도움을 보다 쉽게 얻는 것으로 알려지고 있다.

표 3-4　학교관련 요인[52]

피해학생	가해학생
1. 학업에 대한 긍정적 태도 2. 학우들에게 인기 낮음, 급우들로부터 거부되고 소외될 수도 있음 3. 급우관계에 대한 부정적 관점, 급우관계 형성이나 도움을 청하지 못함 4. 급우들이 분명한 인상이나 특징 없음 5. 보통의 지능	1. 학업, 학교, 교사에 대한 긍정적 태도 부족 2. 피해학생보다는 인기 있으나 보통 이하, 지도력과 혼동되어 지배적이라는 이유로 지도자일 수 있음 3. 지지자 외의 급우들과의 관계 부정적 태도 그러나 급우 도움 요청 능력은 피해자보다 우수 4. 급우들이 뚜렷한 전형적 인상 가짐 5. 보통의 지능, 학업성취도나 이해력 낮음

---

51 Besag, *op. cit.*, 1989, p. 18 표 2 참조.
52 Besag, *op. cit.*, 1989, p. 19 표 3 참조.

HOT ISSUE

용돈 많이 요구하는 자녀…혹시 학교폭력 피해자?

학교폭력과 관련, 용돈을 많이 요구하면 피해학생, 용돈보다 넉넉한 생활을 한다면 가해학생일 수 있다는 경찰의 분석결과가 나왔다. 당사자라면 가해자나 피해자 모두 자기편이 돼 줄 때 심리적 안정을 느껴 학교폭력에서 벗어나게 된다는 설명이다.

26일 충남경찰청에 따르면 경찰에 입건된 충남도내 가해학생은 지난해 583명, 올해 현재까지 444명이다. 또 충남도교육청에서 지난 4월 설문한 결과 전체 20만 3649명의 학생 중 3592명이 피해경험이 있다고 응답했다.

학교폭력 관련 학생들을 직접 대하는 경찰의 조사결과 피해학생은 멍 자국이나 등교거부 등 기존에 알려진 것 외에 용돈을 많이 요구한다는 특징이 있는 것으로 나타났다. 또 최근엔 게임에 몰두하는 학생도 피해의심 학생으로 분류하고 있다. 게임을 재미로 하는 것이 아니라 캐릭터를 키우거나 아이템을 모으는 데 집착하는 경향이 있다는 것. 이는 레벨이 높은 캐릭터나 아이템이 고가에 거래되다 보니 가해학생들에게 상납하기 위한 이유다.

자녀가 게임을 하면서 정말 재미있어 하는지 관찰할 필요가 있다는 지적이다. 자녀에게 이상 징후가 있다면 부모는 절대 흥분하면 안 된다. 무엇보다 중요한 것은 반드시 공감하고 자녀의 편이 돼 주어야 한다는 것인데, 그래야만 자녀가 심리적 안정을 느껴 솔직해지고 학교폭력에서 벗어날 수 있다는 충고다. 가해학생의 경우 자신의 행위가 잘못된 것임을 스스로 인정할 수 있도록 설득한 후 피해학생에게 진심어린 사과를 하게끔 해야 한다.

자료: 중도일보 2014년 8월 27일
http://www.joongdo.co.kr/jsp/article/article_view.jsp?pq=201408260267

아빠가 시신훼손 초등생은 '학교폭력 가해자로 장기 결석'

아버지에 의해 시신이 훼손된 채 4년 만에 발견된 초등생 A군(2012년 당시 7세)이 과거 학교 폭력 문제로 장기 결석을 시작했던 것이 드러났다.

당시 7세였던 피해자 A군은 초등학교에 입학한 지 두 달도 지나기 전에 학교에 나오지 않았다. 학교 관계자에 따르면 같은 해 3월 12일 A군은 교실에서 같은 반 여학생의 얼굴을 연필로 찌르고 옷 2벌에 색연필로 낙서를 했다.

학교에서 학교폭력위원회가 열리면서 문제가 커지자 A군의 어머니 B씨(34)는 "아이는 앞으로 집에서 교육하겠다"며 알려왔고 A군은 4월 30일부터 학교에 등교하지 않았다.

학교 측은 이후 5월 9일과 5월 18일 2차례에 걸쳐 출석 독려장을 보냈지만 모두 반송됐으며, 5월 30일과 6월 1일에는 주민센터 측에 A군의 소재를 파악해 달라는 공문을 보냈지만 주민센터 측은 어디에도 결과를 알리지 않았던 것으로 드러났다.

결국 90일 넘게 장기 결석을 한 A군은 8월 31일부터 '징원외관리내상'에 올랐다. A군의 행방에 대힌 추적은 지난해 말 인천에서 '11세 여아 학대 사건'이 발생하면서 3년여 만에 시작됐다. 교육부가 장기 결석 아동에 대한 전수조사 지시를 내리자 그제야 사람들의 기억 속에서 잊혀져 있던 A군의 행방이 조사되기 시작한 것이다.

자료: 아시아경제 2016년 1월 20일
http://www.asiae.co.kr/news/view.htm?idxno=2016012007342233239

제 2 절   학교폭력의 원인

학교폭력의 원인에 대한 논쟁 중에서 학교폭력이 학업성취와 성적을 위한 치열한 경쟁의 결과라는 주장이 제기되고 있다. 특히, 가해학생의 동료 학생에 대한 공격적 행위가 학교에서의 실패와 그로 인한 좌절감의 표출이고 그에 대한 반응으로 설명되곤 한다. 그러나 이러한 주장은 합리적인 가설로 보이지만 지금까지의 연구결과는 하나의 설화에 지나지 않는다는 주장도 만만치 않다. 즉, 공격적 학생의 행위가 저조한 학업성적이나 학교에서의 실패의 직접적인 결과이거나 낮은 학업성적이 학교폭력의 원인이라고 주장할 수 있는 아무런 이유가 없다는 것이다. 그럼에도 불구하고 분명한 것은 가해학생의 성적이 일반 학생들보다는 낮다는 것은 틀림없는 사실이다.[53]

한편 일부에서는 외적 일탈이 학교폭력에 기여할 수도 있다고 하는데, 왜 일부 학생들이 학교폭력의 피해자가 된다고 생각하는지 학생들에게 직접 질문한 결과 비만, 염색, 특이한 언어의 사용 등 부정적인 외적 일탈을 그 이유로 들었다고 한다. 그러나 실제 연구결과는 피해학생과 일반 학생들이 외형상 크게 다른 점이 없었다고 한다. 단지, 차이가 있다면 그것은 체격의 차이라고 주장한다. 즉, 피해학생이 일반적으로 연약하며 반면에 가해학생은 강하다는 사실이다. 그럼에도 불구하고 왜 외향적 일탈이 중요시되고 있는지 설명이 필요하다. 거의 모든 학생들이 적

---

53 Olweus, *op. cit.*, 1993, pp. 29-30.

어도 한 가지 이상의 외향적 일탈을 보여주고 있기 때문에 피해학생에게서도 대부분의 경우 이러한 외향적 일탈을 발견하게 된다. 또한 이러한 외향적 일탈을 지니고 있으면서도 폭력을 당하지 않는 학생들을 간과하기 쉽다. 그리고 많은 경우 가해학생들이 이러한 외향을 가진 학생을 골라서 그것을 이용하고 있으나 외향적 일탈이 학교폭력의 원인임을 뜻하지는 않는다. 따라서 외향적 일탈이 일반적으로 가정되는 것보다 경미한 역할만을 한다고 할 수 있으나, 그렇다고 이러한 주장이 결코 외향적 일탈이 경우에 따라서는 중요한 계기가 된다는 가능성마저 지워버리는 것은 아니다.[54]

학교폭력을 심리적 측면에서 본다면 다음과 같은 몇 가지 인과적 요소를 들 수 있다. 우선 가해학생들은 강력한 지배 및 권력 욕구를 가지고 있으며, 남을 정복하려는 욕구와 통제하는 것을 즐기려는 성향을 가지고 있다. 또한 대부분의 가해학생들이 자라난 가정환경을 고려할 때, 환경에 대한 적대심을 갖게 되었으며 이러한 감정과 충동으로 다른 사람에게 손상을 가함으로써 만족감을 취하도록 만들 수 있다고 가정되기도 한다. 그리고 행동심리학적 관점에서 학교폭력에도 '이익요소'가 작용할 수도 있다. 즉, 가해학생들이 피해학생들에게 금품을 제공하도록 강요하기도 하며, 실제로 많은 경우 이들의 공격적 행위가 특권 내지는 특전이라는 형태로 보상되기도 한다.[55]

일부에서는 학교폭력을 가정, 특히 부모의 양육 형태와 연계시키기도 한다. 즉, 가해학생들이 대부분 공격적 반응양태를 보여주는데, 그것이 아동기의 양육이나 기타 여건에 영향받을 수 있다는 것이다. 일반적으로 학생들의 공격성에 영향을 미치는 가정적 요인으로 다음의 네 가지를 들고 있다. 우선 부모, 특히 일차적 보호자인 어머니의 자녀에 대한 기본적·감정적 태도가 매우 중요하다고 한다. 따뜻한 정이 부족하고 감싸주지 못하는 등의 부정적 태도는 분명히 자녀가 장차 다른 사람에 대하여 공격적이고 적대적인 사람이 될 위험성을 증대시킨다. 둘째, 일차적 보호자가 자녀의 공격적 행위를 아무런 제한이나 제재를 가하지 않고 허용하거나 내버려둔다면 그 아이의 공격성 정도는 증대할 수밖에 없다. 위의 두 가지 요소를 종합하면, 결국 아이에 대한 지나치게 부족한 사랑과 보살핌 그리고 지나치게 많은 자유가 바로 공격적인 반응양태의 발전에 지대한 기여를 하는 요건이라고 요약할 수 있다. 세 번째는 체벌이나 폭력적 감정의 표출과 같은 부모의 물리적·독단적 훈육 방법도 자녀의 공격성을 증대시키는 요인이 된다는 사실

---

54 Olweus, *op. cit.*, 1993, p. 31.

55 *Ibid.*, p. 35.

이다. 즉, 폭력은 폭력을 낳는다는 것을 의미하며, 따라서 자녀의 행동에 분명한 규칙과 한계를 정하는 것은 반드시 필요하나 체벌과 같은 물리력의 이용은 있어서는 안 된다는 주장이다. 마지막으로 아이들의 기질도 공격성의 발전에 주요한 역할을 하는 것으로 알려지고 있다. 활동적이고 성질이 급한 기질을 가진 아이들이 정상적이고 조용한 기질의 소유자에 비해 공격적인 사람이 될 가능성이 더 높다는 것이다. 물론 이러한 특징들은 주요한 추세에 지나지 않으며, 사람에 따라 다른 요소가 크게 작용할 수도 있으며, 인과유형 또한 달라질 수도 있다. 그러나 일반적으로 포용하고 사랑하는 부모, 해서는 될 일과 안 될 일에 대한 분명한 행동규범, 물리적 훈육방법의 거부 등이 독립적이고 조화로운 자녀로 키울 수 있다고 한다.[56]

그러나 자녀의 공격적 행동 유형의 발전에 중요한 양육 요소들이 가족 내 성인들의 관계와 무관하지 않다는 것이다. 부모 간의 빈번한 갈등, 언쟁, 불협화음 등이 자녀에 대한 불안정한 관계를 조장할 것이며, 지금까지 논의된 적절한 자녀양육 방법에도 영향을 미치게 될 것이기 때문이다. 따라서 이러한 갈등이 표출되더라도 자녀의 면전에서보다는 비밀리에 그것도 자녀를 편들게 하지 않는 방법으로 해결하는 것이 필요하다고 한다.[57]

한편, 일부에서는 학교폭력을 집단관계 속에서 이해하려고도 한다. 우선 사람들은 자신의 우상 또는 역할모형이 공격적으로 행동하는 것을 관찰하게 되면 자신도 공격적으로 행동하기 쉽다고 한다. 가해학생이 강인하고 무서워하지 않으며 남성다운 것으로 보여진다면 동료 학생들 간에 자연스러운 지위를 갖지 못하고 종속적이고 불안정한 학생일수록 학교폭력에 가담할 가능성이 높다고 한다. 우리는 이를 '사회적 전염(Social contagion)'이라고 한다. 이와 관련된 것으로 공격적 행동에 대한 자제와 통제의 약화를 들 수 있다. 공격적 행동에 대한 역할모형이 어떠한 형태로든 보상을 받는 것을 봄으로써 자신의 공격성에 대한 통제와 자제력이 약화된다는 것이다. 또한, 평소 대체로 공격적이지 않고 선량한 학생도 때로는 학교폭력에 가담하는 경우가 있는데 이런 경우 개인적 책임감의 감소(decreased sense of individual responsibility)로서 설명하기도 한다. 즉, 많은 사람이 집단적으로 함께 학교폭력과 같은 부정적 행위에 참여하게 되면 참여자 각자의 개인적 책임감은 훨씬 줄어든다고 사회심리학자들은 주장하고 있는데 그것은 바로 책임의 분산이나 희석(diffusion or dilution of responsibility)으로 죄책감이 줄어들기 때문이다.[58]

---

56 Olweus, *op. cit.*, 1993, pp. 39−40.

57 R. E. Emery, "Interparental conflict and the children of discord and divorce," *Psychological Bulletin*, 1982, 92: 310−330.

58 Olweus, *op. cit.*, 1993, pp. 43−44.

제3절 학교폭력의 결과

물론 모든 사실이 학교나 교사 또는 학부모에게 알려지는 것은 아니며 더구나 학생들은 이야기하지 않으려는 성향도 있다고 한다. 사실 거의 대부분의 피해학생들이 아무에게도 말하지 않으며, 일부 이야기하는 학생들도 대부분 교사보다는 부모에게 이야기하는 경우가 더 많다고 한다. 이들이 자신의 피해 사실을 이야기하기를 꺼리는 것은 이야기하는 것이 잘못되었다고 생각하거나 가해학생들의 보복이 두려워서라고 생각하기 때문이라고 한다. 그런데 이들 피해학생들이 말하지 않는 이유를 범죄피해 조사시 피해자들이 신고하지 않는 이유를 파악하는 것처럼 매우 중요한 사실이라고 하는데, 일반적으로 신고율은 피해의 정도가 심각할수록 증가하는 것으로 알려지고 있다.[59]

만약 피해를 당한다면 어떻게 할 것인가라고 물었을 때, 절반 이상이 교사나 부모에게 말하겠다고 대답하였던 반면, 절반에 가까운 학생들은 맞서서 싸우거나 복수하겠다고 답하였고 적지 않은 학생들은 친구들에게 말하겠다고 답한 것으로 조사되기도 하였다. 또한, 실제로 피해를 당한 학생들에게 어떻게 하였는가를 물어본 결과, 절반 이상이 보복하였으며, 절반에 약간 못 미치는 학생들은 아무런 반응을 하지 않았으며, 극히 소수의 학생들만이 교사에게 말한 것으로 조사되었다. 한편, 피해학생들에게 왜 자신이 당하였다고 생각하는지를 물어본 결과 가장 보편적인 대답은 자신이 유발하거나 조장하였기 때문이라는 대답이었고 가해학생이 그것을 즐기기 때문, 가해학생의 피해학생에 대한 질투, 가해학생의 특권, 그리고 가해학생이 피해학생을 싫어하기 때문의 순으로 나타났다.[60]

학교폭력은 그 피해자는 물론이고 가해자에게도 즉각적이고 장기적인 결과와 영향을 초래한다고 한다. 피해학생은 심리적 또는 신체적 고통이나 고난을 느끼게 되고 심지어 학업에 집중하기가 어려워지기도 하며, 피해에 대한 두려움으로 인하여 학교에 가기를 두려워하기도 한다. 실제로 한 조사연구에 의하면, 학생들이 처음 학교에 가지 않는 이유 중에서 가장 첫 번째 이유

59 O'Moore and Hillery, *op. cit.*; Suzanne Ziegler and Merle Rosenstein-Manner, *Bullying in School*, Toronto: Board of Education, 1991; Farrington, *op. cit.*, p. 405에서 재인용.

60 Ann Mooney, Rosemary Creeser, and Peter Blatchford, "Children's views on teasing and fighting in Junior Schools," *Educational Research*, 1991, 33: 103-112.

가 학교에서의 피해라고 답하였으며, 그들의 계속적인 결석의 중요한 이유 또한 학교폭력에 대한 피해 때문이라고 답한 것으로 알려지고 있다.[61] 심지어 Olweus는 학교폭력의 피해자는 7~10년 이후에도 피해자들이 낮은 자기존중심 등을 느끼게 할 수도 있다고 주장하였다. 한편, 가해학생에게 있어서도 예를 들어, 학교에서 남을 괴롭히거나 폭력을 행사하는 즐거움이나 쾌감이 그들의 공격적인 성향을 증대시키기 때문에 이러한 행위가 장래 더욱 심각한 폭력이나 범죄행위로 상승될 수도 있다고 경고하였다. 실제로 연구결과 60%의 가해학생들이 그들이 24세에 이르기까지 범죄행위로 기소되었으며, 그들의 재범률이 그렇지 않은 사람에 비해 무려 네 배 높았다고 보고되었다.[62]

학교폭력의 결과가 문제가 되는 것은 학교폭력 그 자체뿐만 아니라 가해학생과 피해학생 모두에게 또 다른 문제를 야기할 수 있다는 사실이다. 우선 가해학생의 측면에서 보면, 학교폭력이나 괴롭힘이 격리된 하나의 행위가 아니라 공격성의 한 요소이기 때문에 학교폭력이나 괴롭힘이 또 다른 문제행동으로 이어질 수 있다는 점이다. 특히 공격성은 시간을 두고 지속된다는 연구결과가 이를 대변해 주고 있다.[63] 그래서 일부에서는 아동기의 괴롭히기가 이후의 공격성과 공격행위와 연계되어 있다고 주장하기 이르렀다.

한편 피해학생의 경우도 괴롭힘이 단순한 단발적 행위로 끝나지 않는다. 즉, 괴롭힘을 당하는 것이 불안감을 야기하거나 기타 내재적 문제 등 더 큰 문제를 유발하고 있다는 사실이다. 그러나 지금까지는 대부분의 범죄와 마찬가지로 가해자와 피해자가 있어야 함에도 불구하고 거의 모든 연구가 공격자를 중심으로 이루어지고 있는 실정이다. 한편 대부분의 연구는 피해학생들이 일반적으로 '다른 학생들이 자신을 해치려고 한다', '학교에 가기가 겁난다'고 느끼거나 외로움을 토로하는 것은 물론이고 두려움, 신경과민, 걱정, 그리고 불행함 등을 호소하는 것으로 보고하고 있다.[64] 중요한 것은 이러한 영향들이 비록 시간의 흐름에 따라 다소 약화되기는 하지만 비교적

---

61 Ken Reid, "Bullying and persistent school absenteeism," in Tattum and Lane, *op. cit.*; Farrington, *op. cit.*, p. 406에서 재인용.

62 Dan Olweus, "Bully/Victim problems among schoolchildren: Basic facts and effects of a school based intervention program," Debre J. Pepler and Kenneth H. Rubin(eds.), The Development and Treatment of Childhood Aggression, Hilsdale, NJ: Erlbaum, 1991, Farrington, *op. cit.*, p. 406에서 재인용.

63 Dan Olweus, "Continuity in aggressive and withdrawn, inhibited behavior patterns," *Psychiatry and Social Science*, 1091, 1: 141−159; Lea Pulkkinen, "Offensive and defensive aggression in humans: A longitudinal perspective," *Aggressive Behavior*, 1987, 13: 197−212; Hakan Stattin and David Magnusson, "The role of early aggressive behavior in the frequency, seriousness and types of later crime," *Journal of Consulting and Clinical Psychology*, 1989, 57: 710−718.

오래 지속된다는 사실이다. 또한 처음 피해를 당했을 때 더 많은 영향을 받았던 학생일수록 시간이 흐름에도 초기의 영향이 적었던 학생에 비해서는 계속 더 많은 영향을 받는 것으로 알려지고 있다. 이러한 심리학적 관점에서의 연구 외에도 많은 사회통계적 연구들은 피해학생들이 동료 학생들로부터의 선호 받지 못하고 거부되고 있다는 사실을 보고하고 있다. 피해학생들이 동료 학생들로부터 거부당하게 되면 후에 정신건강상의 문제를 가지게 될 수도 있다고 경고하고 있다.

어쨌든, 분명하지는 않지만 학교에서의 괴롭힘이 심각한 문제로 제기되는 이유 중의 하나가 가해학생들의 괴롭힘이 아동기나 청소년기에서 시작되지만 그것이 성인에 이르기까지 그들의 폭력성이 지속될 수 있고 더욱이 대를 이어 전이될 수도 있으며, 피해학생 또한 그들의 자손들까지도 피해자가 될 수도 있을지 모른다는 우려의 소지가 적지 않다는 사실이다.

제 4 절 학교폭력의 예방대책

1. 가해학생에 대한 예방

학교폭력의 예방도 여타의 형사정책과 마찬가지로 제지, 응보, 개선, 무능력화, 탄핵, 그리고 보상과 배상 등의 이름으로 사후 대응적인 방법으로 이루어지고 있다. 그러나 한편에서는 학생들을 제재하기보다는 선행에 대하여 칭찬하는 것이 더 바람직하고 교사 스스로 폭력을 행사하지 않도록 조심할 필요가 있는데 그것은 교사들의 폭력행사가 오히려 학생들에게 폭력의 모형으로 보일 수도 있기 때문이라는 주장이 제기되기도 한다.

Frost는 우선 가해학생과 피해학생이 대화로서 문제를 해결할 수 있도록 조치하는 것이 바람직하며, 더불어 이들의 학부모에게 사실을 알리고 도움을 청하며 재발 시에는 엄중하게 조치하겠다는 내용 등의 서신을 가정으로 보낼 것을 권장하고 있다. 또한 그녀는 가장 바람직한 제재는

---

64 Thomas Achenbach, C. Keith Cornners, Herbert C. Quay, Frank C. Verhulst, and C.T. Howell, "Replication of empirically derived syndromes as a basis for taxonomy of child/adolescent psychopathology," *Journal of Abnormal Child Psychology*, 1989, 17: 299-323.

동료집단의 압력이며, 학생들은 서로에게 책임 있는 상대가 될 수 있도록 권장되어야 한다고 주장한다.[65] 그리고 Jones는 학생들로 하여금 교사에게 학교폭력을 이야기할 수 있도록 도와주는 것이 중요하며, 가해학생과 피해학생은 물론이고 그들의 부모들까지도 함께 할 수 있게 해주어야 한다고 주장한다. 그래서 그는 학교폭력은 반드시 보고되고 기록되어야 하며, 퇴학이나 정학 등 가해학생은 반드시 처벌되어야 하고 이들에 대한 처벌 또한 기록되어야 한다고 주장한다.[66]

　　일부에서는 퇴학 등의 무능력화와 응보, 제지 등과 같은 방법보다는 동정심을 증대시킴으로써 가해학생을 개선시키거나 보상이나 배상을 하도록 하는 방법에 초점을 맞출 필요가 있다고 주장하기도 한다. 예를 들어, Tattum은 가해학생으로 하여금 피해자의 입장에서 사물을 보고 생각할 필요성을 강조하였으며,[67] Pearce는 가해학생으로 하여금 피해학생에게 피해를 정정하도록 해야 한다고 주장하였다.[68] Foster와 Thompson도 피해학생들이 신고하도록 권장하고 가해학생과 피해학생을 한 자리에 모아서 가해학생이 피해학생에게 할 수 있는 일정한 보상을 하도록 할 것을 권고하였다. 동시에 가해학생과 피해학생, 그리고 그들의 부모들은 만나서 다시는 이러한 일이 일어나지 않도록 가정에서 할 수 있는 일에 관해서 토론하고 의견을 나누며, 이를 위하여 교사들은 상담기술에 대한 교육훈련을 받을 필요가 있다고 강조하였다.[69]

　　그 밖에도 다양한 전략이 제시되었는데, Lowenstein은 가해학생으로 하여금 피해학생의 감정을 이해하도록 하고 그를 처벌하며, 동시에 긍정적으로 행동할 수 있는 기회를 제공해 주고 바람직한 행위에 대해서는 보상할 것을 제안하였다.[70] 또한, Besag은 가해학생과 피해학생 간의 화해를 위하여 갈등해소가 필요하며, 가해학생과 피해학생이 상호 이해를 돕기 위하여 필요한 상담을 제공하고 일반 학생들이 가해학생에 반대한다는 것을 볼 수 있도록 학급토론 시간을 가지며, 그리고 바람직한 행위를 보상하는 것을 중심으로 하는 프로그램을 제공할 필요가 있음을 주장하였다.[71] 한편, Priest는 어른들이 학교폭력을 강력히 반대하고 동료 학생들도 이를 철저히

65 Linda Frost, "A Primary school approach: What can be done about the bully?" in Michele Elliott(ed.), *Bullying: A Practical Guide to Coping for Schools*, Harlow: Longman, 1991.

66 Eric Jones, "Practical considerations in Dealing with bullying in secondary school," Elliott(ed.), *op. cit.*, 1991.

67 Delwyn Tattum, "Violence and aggressions in schools," in Tattum and Lane(eds.), *op. cit.*, 1989.

68 John Pearce, "What can be done about the bully?" in Elliott(ed.), *op. cit.*, 1991.

69 Pat Foster and David Thompson, "Bullying: Toward a non-violent sanctions policy," in Peter K. Smith and David Thompson(eds.), *Practical Approaches to Bullying*, London: David Fulton, 1991.

70 Ludwig F. Lowenstein, "The study, diagnosis and treatment of bullying in a therapeutic community," in Elliott(ed.), *op. cit.*

용납하지 않도록 권장하며, 피해에 대한 보상을 제공하며, 배상과 보상을 실시하고 그리고 바람직한 행위에 대해서는 보상하는 등의 전략을 제시하였다.[72]

HOT ISSUE 　　　　　　　　　　가해학생에 대한 예방

'학교폭력' 가해자서 파수꾼으로

"장난이라는 생각으로 친구를 때리고는 했어요. 그런데 프로그램에 참여하면서 그것이 폭력인 것을 알았어요. 친구가 나로 인해 상처받았다는 것도 깨달았고요."

재현(가명·16)이는 광주 시영종합사회복지관이 실시하는 '학교폭력의 악순환을 끊어내는 가해·피해 학생 역량 강화 프로그램'에 참가하면서부터 바뀌기 시작했다.

처음 프로그램에 참여했을 당시만 해도 재현이는 어른들에 대한 불신이 상당했다. 어디로 튈지 모르는 성격은 사회복지사들도 컨트롤하기 어려웠다.

재현이가 바뀔 수 있었던 것은 프로그램을 지도하던 사회복지사들이 포기하지 않고 기다려준 덕이다. 도망가면 잡아오고, 딴짓하면 같이 하자고 했다. 반항적인 말투로 대답하면 지금 기분이 어떤지 물어보고, 말하기 싫다고 하면 말하고 싶을 때 알려달라고 했다.

1년 가까이 그렇게 하자 재현이는 친구들에게 자신의 이야기를 하나둘 털어놓기 시작했다. 재현이는 어렸을 적부터 아버지의 가정폭력으로 인해 상당한 신체적·정신적 고통을 받았다. 자살 징후까지 나타나 시설에 격리된 적도 있었다.

프로그램을 통해 자신을 돌아보며 타인의 고통에 공감할 수 있게 된 재현이는 아버지의 가정폭력과 자신의 행동이 다르지 않다는 것을 깨닫게 됐다. 그때부터 학교폭력 파수꾼이 되기로 마음먹었다.

"어느 날 학교에서 반 친구들이 한 아이를 괴롭히는 것을 보게 됐어요. 당하는 아이는 겁에 질려 있었고, 반 친구들은 웃고 있더라고요. 예전의 제 모습이 떠올라 말리게 됐습니다."

재현이는 프로그램이 종료한 뒤에도 종종 복지관을 찾아 봉사활동을 하며 좋은 인연을 이어가고 있다.

재현이를 지도한 김진태 사회복지사는 "보통 가정폭력을 겪은 아이들이 학교에서 가해자가 되는 경향이 있다"며 "가해 학생들은 자신의 행동이 피해 학생들에게 어떤 상처가 될지 모른다"고 설명했다.

이어 "(재현이는) 처음에는 '고맙다' '감사하다' 같은 말을 하지 않았을 정도로 어른들에 대해 적개심이 강한 아이였는데 프로그램에 참여한 뒤 많이 바뀌었다. 한 번은 내가 5분 정도 늦었는데, '왜 이제 왔느냐?' '기다렸다'는 말도 하더라"며 흡족해했다.

자료: 뉴시스 2015년 12월 29일

http://www.newsis.com/ar_detail/view.html?ar_id=NISX20151221_0010490697&cID=10201&pID=10200

---

71 Valerie E. Besag, "Management strategies with vulnerable children," in Eerling Roland and Elaine Munthe(eds.), *Bullying: An International Perspective*, London: David Fulton, 1989.

72 Simon Priest, "Some practical approaches to bullying," Roland and Munthe(eds.), *op. cit.*

2. 피해학생을 중심으로 한 예방

Jones는 교사들이 학기가 시작되면 학교폭력이나 괴롭힘을 당할 수 있다는 사실을 경고하고 드라마를 보여주는 등의 방법으로 학교폭력을 어떻게 퇴치하는가를 가르쳐주며, 학교폭력을 어떻게 신고하는가를 가르쳐줄 것을 제안하였다.[73] Besag은 학교폭력의 조짐이나 경보 등에 신경을 쓸 수 있도록 하기 위한 학부모를 대상으로 하는 workshop을 개최하고 아이가 피해를 당한 것 같은 의심이 드는 때는 어떻게 할 것인가 등에 관한 충고나 요령을 제공해 줄 것 등을 제시하였다. 그녀는 또한 학교폭력을 관찰하고 보고하도록 하기 위하여 학생들에게 간접적으로 의중을 묻는 것도 필요하며, 피해학생 스스로 피해를 당했을 때 화를 내는 것은 가해학생들로 하여금 그것을 즐기고 지속하게 하는 계기가 될 수도 있기 때문에 화를 내거나 괴로워하는 등 겉으로 표현하지 않거나 지나치게 값진 물건은 지니고 다니지 않고 혼자 보다는 여럿이 같이 다니는 등 피해를 당하지 않도록 자구책을 강구해야 하며, 사건 후에는 자기존중심이나 자신감을 되찾고 친구를 사귀는 요령 등을 개발할 수 있도록 도와주어야 한다고 주장하였다.[74]

피해학생들이 친구들로부터 더 이상 따돌림을 당하거나 외톨이가 되지 않도록 그들의 사회관계나 친구사귐 등의 기술을 증진시킬 수 있는 방안이 강구되어야 한다는 주장이 제기되기도 한다. 예를 들어, Lowenstein은 피해학생들은 다른 친구들이 하는 일에 대해서도 더 폭넓은 관심을 갖도록 하고 친구들을 배려하고 칭찬하는 습관을 기르게 하며, 다른 사람의 입장에서 생각하고 행동하도록 가르쳐야 한다고 주장하였다.[75] Herbert는 친구들에게 귀를 기울이고 대화하며, 도움을 청하고 감정을 다스리며, 서로 협상하고 귀찮게 하는 데 대응하는 방법 등을 내용으로 하는 교육의 필요성을 제시하였다.[76] 유사한 경우로 Arora는 역할극을 통하여 이러한 기술을 습득할 수 있도록 하는 피해자 지원부조 집단의 활동을 권장하였다.[77] Tattum[78]과 Stephenson과 Smith[79] 등도 피해학생들의 동료관계를 잘 할 수 있는 기술의 함양과 자기존중심의 향상을 강조

---

73 Eric Jones, "Practical considerations in dealing with bullying in secondary school," Elliott(ed.), *op. cit.*

74 Valerie E. Besag, *op. cit.*

75 Ludwig F. Lowenstein, "The Bullied and non-bullied child," *Bulletin of the British Psychological Society*, 1978, 31: 316-318.

76 Graham Herbert, "A whole curriculum approach to bullying," Tattum and Lane(eds.), *op. cit.*

77 Tina Arora, "The use of victim support groups," in Smith and Thompson(eds.), *op. cit.*

78 Delwyn Tattum, "Violence and aggression in schools," Tattum and Lane(eds.), *op. cit.*

79 Pete Stephenson and Dave Smith, "Why some schools don't have bullies?" in Elliott(ed.), *op. cit.*

하였다. 한편, Hoover와 Hazler는 동료 간의 tutoring이나 상담을,[80] 그리고 Townsend-Wise와 Harrison은 학생들이 언제라도 상담하고 신고할 수 있는 무료전화의 개설을 제안하였다.[81]

HOT ISSUE
피해학생을 중심으로 한 예방

학교폭력에 멍든 학생, 캠프로 치유

경북도교육청이 학교폭력 피해 경험이 있는 학생들을 위한 치유프로그램인 '청소년 힐링캠프 내마음 JUMPING'을 경주 블루원리조트에서 지난 6일부터 8일까지 2박 3일간 진행한다.

경북도청소년진흥원(학교폭력피해자지원센터) 주관으로 진행되고 있는 이번 캠프에는 도내 각 지역에서 학교폭력 피해 경험이 있는 30명의 중·고등생이 참여하고 있다.

'Narrative for we-ness, 이야기로 우리가 되다' 프로그램으로 구성된 캠프는 상담전문인력들이 나서 학교폭력에서 벗어나, 자신의 존재를 긍정적으로 인식하는 이야기 치료 기법 중심으로 진행된다.

김성렬 생활지도과장은 "학교폭력은 피해학생에게 마음의 깊은 상처가 될 수 있어 이들의 심리적 치유가 무엇보다 중요하다"면서 "이번 캠프에 참여한 학생 모두가 '내마음 JUMPING'을 통해 아픔을 딛고 자신의 삶에서 행복을 가꾸어 나가는 새로운 도약의 계기가 될 수 있기를 기대한다"고 말했다.

한편, 경북도교육청이 경북도청소년진흥원에 위탁·운영하고 있는 학교폭력피해자지원센터는 2014년 1월에 개소한 학교폭력피해학생들을 위한 전문상담기관이다.

본부는 안동에 두고 포항, 구미, 경산지역에 피해학생상담 전담인력을 파견해 학생들의 심리적, 정서적 어려움을 치유하기 위한 다양한 상담 프로그램을 운영하고 있다.

자료: 경상매일신문 2016년 1월 8일
http://www.ksmnews.co.kr/default/index_view_page.php?idx=126963&part_idx=299

3. 환경을 중심으로 한 예방

기본적으로 학교의 환경을 중심으로 하는 학교폭력의 예방은 대체로 감시의 강화에 초점을 맞추고 있다. Besag은 운동장, 복도, 탈의실, 그리고 화장실 등에 대한 감시를 철저히 할 필요가 있음을 강조하면서 동시에 쉬는 시간이나 점심시간에 아이들에게 다양하고 흥미로운 활동을 제

---

80 John H. Hoover and Richard J. Hazler, "Bullies and victims," *Elementary School Guidance and Counseling*, 1991, 25: 212-219.

81 Kristyn Townsend-Wise and Hereward Harrison, "A child's view: How children help?" Elliott(ed.), *op. cit.*

공해야 되는데, 이는 때때로 학부모나 지역사회의 자원봉사나 도움을 필요로 한다고 제안한 바 있다.[82] Jones는 감시를 철저히 하기 위해서 우선 교사들이 자신의 역할에 충실해야 하며, 특히 가지 않는 것이 더 좋은 위험한 장소가 생기지 않도록 신경을 써야 한다고 주장한다.[83] Mellor는 놀이터나 운동장 등에 대한 감시는 학교폭력의 징조를 감지할 수 있고 피해학생에게는 적절한 지원을 제공할 수 있는 훈련된 교사에 의해서 수행되어야 한다고 주장하였다.[84] 한편, Foster와 Thompson은 감시를 용이하게 하고 학교폭력을 줄이기 위해서는 학생들을 학년별로 분리하는 것이 바람직하다고 하면서, 특히 점심시간이나 쉬는 시간에 보다 엄격하게 분리되어야 한다고 하였다.[85]

　　학교환경의 개선을 통한 예방의 또 다른 예는 바로 학생들 자체적으로 운영하는 소위 말하는 학교폭력법정의 운영이다. 이는 급우들에 의해서 선출된 '법관'이 학생들이 제기한 학교폭력에 관한 소원을 듣고 피해학생에게 사과를 하게 하거나 반성문을 쓰게 하고 놀이공간이나 운동장 출입을 금지시키거나 계단이나 화장실의 청소를 시키고 가해학생에게 선행을 하도록 하는 등의 처벌을 명하는 것이다.[86] 한편, Brier와 Ahmad, 그리고 Elliott도 학교 내의 학교폭력법정의 운영을 강조하였는데,[87] Brier와 Ahmad의 법정은 두 명의 교사와 다섯 명의 선출된 학생으로 구성되었다고 한다.

　　이와 함께 한편에서는 학교폭력의 예방을 위해서 학교전체가 동원되어야 한다고 주장하고 있다. 이 전교적 접근(whole school approach)은 학교폭력에 대해서 학교가 책임을 지고 가장 우선적으로 다루어야 하고 학교폭력에 대한 교사, 학생, 학부모들의 인식을 증대시키며, 학교폭력을 줄이기 위한 분명한 학교의 방침과 정책을 교내·외에 널리 알리며, 그리고 학교폭력을 하나의 교과과정의 일부로 하여 논의하는 것 등을 포함하고 있다. 이 밖에, 전교적 접근에서는 학생들로 하여금 학교폭력을 용납하지 않도록 권장하고 목격자로 하여금 그냥 지나치지 않고 피해

82　Valerie E. Besag, "Management strategies with vulnerable children," in Roland and Munthe(eds.), *op. cit.*

83　Jones, *op. cit.*

84　Andrew Mellor, "Helping victims," in Elliott(ed.), *op. cit.*

85　Pat Foster and David Thompson, "Bullying: Towards a non−violent sanctions policy," in Smith and Thompson (eds.), *op. cit.*

86　Robert Laslett, "Bullies: A children's court in a day school for maladjusted children," *British Columbia Journal of Special Education*, 1980, 4: 391−397; "A children's court for bullies," *Special Education*, 1982, 9(1): 9−11.

87　Joan Brier and Yvette Ahmad, "Developing a school court as a means of addressing bullying in schools," in Smith and Thompson(eds.), *op. cit.*; Michele Elliott, "A whole school approach to bullying," in Elliott(ed.), *op. cit.*

학생을 적극적으로 도와주도록 하며, 피해학생과 목격학생 모두가 교사에게 보고하도록 권장하는 내용을 내포하고 있다. 그런데 이러한 노력에 있어서는 반드시 학생, 교사, 학부모 모두가 교내에서 받아들여질 수 있는 행동과 받아들여질 수 없는 행동을 명확히 하고 학교폭력을 극복하기 위한 정책입안 등에 참여할 수 있어야 한다.[88]

이러한 전교적 접근이 필요한 이유는 학교폭력이 비밀스러운 활동이며 따라서 기존의 사후대응적이거나 반응적 전략으로서는 충분치 못하며, 학교폭력이 용인되지 않는 분위기를 조성함과 동시에 학교폭력에 대한 태도도 변화시킬 수 있는 전략을 필요로 하기 때문이다. 전교적 접근이 필요한 구체적 이유를 Byrne은 다음과 같이 들고 있다. 우선, 학교폭력이 어쩔 수 없는 학교생활의 불가피한 한 부분이라는 관념을 불식시켜야 하며, 그러기 위해서는 학생과 교사들의 공격적 행위나 폭력에 대한 태도를 변화시켜야 한다. 그리고 학교폭력이 더 이상 비밀스러운 활동이 아니고 언제 어디서나, 누구나 의논하고 토론할 수 있어야 하며, 학교폭력의 대처도 위기관리나 반응적 접근을 능가하여야 하며, 가능한 한 많은 사람이 학교폭력을 밝혀내고 비난하는데 참여할 수 있어야 하며, 학교폭력을 대처하고 처리하는 데 있어서 분명한 절차와 기준이 마련되어야 하고 가해자를 비난하면서도 피해자에게는 어떠한 침해도 모욕도 주지 않는 분위기의 조성이 필요하며, 모든 학생들에게 안전하고 안락한 학습 분위기를 제공해 줄 필요가 있기 때문이다.[89] 이와 유사한 접근으로서 Glover 등은 학교폭력에 대처하는 학교문화의 정착, 학교폭력에 대처할 수 있는 학교정책의 수립과 실천, 학부모의 참여와 지역사회의 연대, 그리고 관계기관이나 사람들의 태도의 변화를 강조하면서 실제 시행되고 있는 성공적인 학교폭력 없는 학교를 위한 학교별 프로그램들을 소개하고 있다.[90]

---

88 Pat Foster, Tina Arora, and David Thompson, "A whole school approach to bullying," *Pastoral Care in Education*, 1990, 8(3): 13–17.

89 Byrne, *op. cit.*, pp. 10–11.

90 Derek Glover, Netta Cartwright, and Denis Gleeson, *Towards Bully–Free Schools: Interventions in Action*, Buckingham: Opern University Press, 1998 참조.

HOT ISSUE 환경을 중심으로 한 예방

세종시 학교, '셉테드(CPTED)'로 학교폭력 막는다

환경 개선을 통한 범죄예방사업, '셉테드(CPTED·범죄예방환경설계)'를 지역사회에 적용하는 사례가 늘고 있는 가운데 세종지역 일선 학교에서도 학교폭력을 줄이기 위한 대안으로 셉테드를 활용하면서 성과가 주목되고 있다.

깨진 유리창 한 장이 범죄를 불러올 수 있다는 깨진 유리창 이론에서 출발한 셉테드. 세종시 조치원읍에 있는 조치원중학교는 이 셉테드를 교내에 적용했다. 오래된 형광등으로 한낮에도 어두웠던 복도와 실내는 밝고 환한 LED등으로 교체됐다. 학생들이 담배를 피거나 비행의 장소로 찾곤 했던 체육관 뒤편 쓰레기소각장은 소각장을 철거하고 학생들의 놀이공간으로 바꿨다. 정문과 후문을 비롯한 교내 사각지대에는 반사경이 설치됐고 CCTV 화소수도 높였다. 조명을 바꾸고, 지저분한 소각장을 정리했을 뿐인데 학생들의 얼굴과 태도도 달라졌다. 학교 측은 "학내 분위기가 쾌적해진 것은 물론 학생 안전사고와 학교폭력 건수도 줄어들었다"고 설명했다.

인적이 드물었던 곳이 사람들이 오가고 자연스럽게 '눈'이 머무르는 곳이 되면서 얻은 결과라는 설명이다. 홍순덕 세종시교육청 인성교육과 장학사는 "학교의 사각지대나 위험한 지역을 정비해 학교폭력을 예방하고 학생들의 심리적·정서적 안정을 돕는데 목적이 있다"며 "신도시에 개교하는 학교에는 설계 단계에서부터 적용하고 있다"고 밝혔다. 학교폭력 예방을 위한 각종 대책이 쏟아져 나오는 가운데 학생들과 가장 가까운, 학교의 '사소한 환경'부터 개선해야 한다는 목소리가 설득력을 얻고 있다. 세종시교육청은 올해도 지어진 지 오래된 읍면지역 학교를 대상으로 셉테드를 지원할 계획이다.

자료: 노컷뉴스 2015년 9월 29일
http://www.nocutnews.co.kr/news/4480035

정선 함백초교, 범죄예방환경 우수학교 선정

강원 정선군교육지원청은 신동읍 함백초등학교(교장 김용근)가 '2015년 셉테드(CPTED) 시범학교 운영' 현장적용 우수학교로 선정되었다고 15일 밝혔다.

셉테드는 범죄예방환경설계를 뜻하고 있다. 이에 함백초등학교는 오는 22일 한국교육개발원에서 개최하는 '교육현장지원 운영위원회 포럼'에서 2015년 셉테드(CPTED) 시범학교우수사례발표를 할 예정이다. 함백초등학교는 지난 8월 도내에서는 유일하게 '2015년 셉테드 시범학교'로 선정돼 학생들이 안전하고 즐거운 학교생활을 할 수 있는 범죄예방환경설계를 적용해 학교 특성에 맞는 학교폭력 및 외부 위협 예방 환경 조성에 앞장서 왔다. 함백초교는 셉테드 시범학교 운영을 통해 학생들에게 안전의식 고취시키는 활동과 함께 실내에 라쥬어페인팅, 셉테드 픽토그램 부착, 안전유도라인 표시, 안전거울 및 창 안전난간대 등을 설치했다. 또 실외에는 안전사각지대 해소를 위해 안전거울설치, CCTV 확충, 안전지키미부스설치, 외등 블랙아웃 설치 등 안전한 학교환경 조성에 노력해 왔다.

김용근 함백초등학교장은 "학생들의 정서함양에 도움이 될 수 있는 다양한 프로그램 운영과 활기차고
안전한 학교 환경조성을 위해 더욱 노력하겠다"고 말했다.

자료: 뉴시스 2015년 12월 15일
http://www.newsis.com/ar_detail/view.html?ar_id=NISX20151215_0010479234&cID=10805&pID=10800

4. 학교폭력 예방 프로그램의 구상

　　지금까지의 내용을 종합하면, 학교폭력 퇴치 프로그램은 적어도 다음과 같은 요소를 포함하
여야 한다고 볼 수 있다. 첫째, 미리 설문조사를 하여 그 결과를 설명하면서 학교폭력에 관하여
교사들에게 인식을 새롭게 할 수 있도록 하루 정도의 회의를 갖는다. 교사들에게 학교폭력에 관
한 정보와 자료를 제공하고 설명하며, 그들의 의견을 청취하고 수렴하여 학교폭력을 근절하기
위한 방안을 모색하고 의견의 일치를 볼 수 있도록 한다. 둘째, 교사와 학부모가 한자리에 모여
서 학교폭력과 그 예방을 위한 방안들에 대하여 학부모에게 인식시키고, 각종 자료와 정보를 제
공하여 설명하고 그들의 의견을 수렴한다. 셋째, 어떠한 방법으로든 학교 내의 활동과 공간에
대한 감시를 강화하고 사건발생시 빨리 그리고 확실하게 중단시키고 개입할 수 있는 체제를 구
축한다. 가능하다면, 놀이터나 운동장 등이 보다 잘 정비되고 더 좋은 장비를 갖추고 보다 매력
적이며 다양한 활동을 할 수 있도록 만들 필요가 있다. 넷째, 교사들은 학교폭력에 반하는 각종
분명한 규칙을 세우기 위하여 교실에서 학생들과 학교폭력에 관하여 논의할 필요가 있다. 즉,
학교폭력을 해서는 안 된다거나 학교폭력은 반드시 보고되어야 하며, 학교폭력은 용인되어서는
안 되고 피해학생에게는 도움을 주어야 한다는 등의 내용이 포함될 수 있다. 다섯째, 교사는 확
인된 피해학생과 가해학생 그리고 그들의 학부모에게 분명한 이야기를 나누고 적절하다면 학교
폭력에 반하는 제재도 가해야 한다. 교사들은 또한 피해학생들이 학업성적을 향상시키거나 칭찬
을 해주는 등의 방법으로 그들의 지위를 향상시키는 데 도움이 되는 방안을 강구하여야 한다.
학부모는 가해학생들을 보다 세심하게 관찰하여 옳지 못한 행위에 대해서는 처벌을 하고 바람
직한 행위는 보상하는 등의 노력이 필요하다. 피해학생의 부모는 다른 학생들과 잘 어울릴 수
있고 잠재적인 재능을 개발하는 데 도움을 제공해 주어야 한다. 그러나 무엇보다도 중요한 것은
학교 측에서 학교폭력은 용납될 수 없다는 분명한 입장을 취하고 그에 맞게 조치를 취하며 학교

폭력에 대한 지대한 관심을 표명하는 것이다.[91]

## HOT ISSUE									학교폭력 예방 프로그램의 구상

학교 부적응 학생 심리적 안정감 돕는다

경주교육지원청 Wee센터는 지난 11일부터 15일까지 5일간 고등학생 8명을 대상으로 학교폭력 및 학업중단 예방을 위한 학교생활 적응력 향상 프로그램 '드림하이'를 올해 처음 실시한다고 14일 밝혔다.

매월 둘째 주 5일 동안 Wee센터에서 운영되는 드림하이 프로그램은 학교에서 의뢰된 학교 부적응 학생을 대상으로 운영하는 학교 적응력 향상 교실이다.

이에 따라 '드림하이'교실은 학교폭력 예방교육, 개인 및 집단 상담, 스트레스 관리 교육, 자기이해를 위한 심리검사 등 다양한 프로그램을 통해 학교 부적응의 원인을 파악하고 스트레스 해소 및 성취감 경험의 기회를 제공한다. Wee교실에 참여하는 학생들은 자기이해의 시간을 가지고, 학교부적응을 야기하는 학교폭력 및 학업스트레스, 다양한 심리적 위기의 심각성을 인식한다.

이번 교육에 참여한 학생들은 "방학 중 아침 일찍 나서야 하는 힘든 점도 있었지만, 나 자신의 문제가 무엇인지를 스스로 깨닫는 기회가 됐다"며 "새 학년이 돼서는 학교에 잘 적응하고, 나의 발전을 위해 노력하겠다"고 밝혔다.

자료: 경북일보 2016년 1월 15일
http://www.kyongbuk.co.kr/?mod=news&act=articleView&idxno=947774

학교폭력예방을 위한 찾아가는 범죄예방교실

대전서부경찰서는 1월 14일(목) 14:00, 관내 사랑나무지역아동센터를 방문, 초등학생 20여명을 대상으로 겨울방학 Pol-Academy를 운영하였다.

폴-아카데미는 겨울방학을 맞이하여 학생들에게 경찰체험과 학교폭력 예방교육 등을 통하여 학생들이 방학기간 중 비행과 일탈을 방지하고 또한 우리 사회에서 소외계층 보호 및 경찰에 대한 꿈을 키우는 학생들에게 희망과 자신감을 심어 주자는 취지에서 실시하고 있은 프로그램으로, 주요 프로그램은 경찰소개, 학교폭력예방 퀴즈, 경찰장구체험, 과학수사체험의 내용으로 진행하였다.

이번 행사는 방학 때 마다 꾸준히 이어져 온 것으로 서윤해 원장은 "경찰서에서 방학 중 아이들을 위해 지역아동센터로 찾아와 아이들이 모처럼 특별한 체험을 해볼 수 있는 뜻깊은 시간이었다며 아이들한테 좋은 추억이 된 것 같다"하며 감사의 인사를 전했고, 학생들은 "학교폭력 퀴즈를 풀며 선물을 받고, 과학수사 전문경찰관이 직접 지문을 채취하여 자신의 지문이 어떤 지문인지 등 친절하게 알려 주어 경찰관과 친해 질 수 있는 시간을 가져 좋았다"며 긍정적인 반응을 보였다.

91 Farrington, op cit., pp. 425-426.

박세현 여성청소년과장은 "앞으로도 겨울방학에 지역아동센터 학생들을 대상으로 지속적으로 「폴-아카데미」를 운영 할 예정이며, 이러한 행사를 통해 친근하고 따뜻한 경찰이미지 구현 및 학교폭력 예방 효과에 크게 기여 할 것을 기대한다"며 소감을 밝혔다.

자료: 학부모뉴스24 2016년 1월 15일
http://www.sptnews24.com/news/articleView.html?idxno=16824

제3장
직장폭력

제1절 직장폭력의 현황과 추세

90년대 들어 직장폭력(Workplace Violence)이 하나의 중요한 쟁점으로 등장하였다. 직장의 상사나 동료, 그리고 감독자는 물론이고 배우자까지도 그들의 직장에서 각종 폭력의 피해자가 되고 있다. 약물, 스트레스 그리고 해고 등이 직장폭력을 조장하는 요소들 중 일부이다. 특히, 기술의 변동으로 인한 과학적 관리와 관련된 노동자의 지위강등은 근로자에게 스트레스와 좌절을 가져다주게 되고, 이는 다시 직원의 통합을 약화시키고 기존의 사회통제를 악화시킨다. 급속한 변화의 불확실한 상황 속에서 이러한 현상은 직장폭력의 도화선이 될 수 있다.

직장폭력은 다차원적이다. 따라서 직장폭력에 대한 제대로 된 사회학적 설명은 피해자와 가해자의 관계는 물론이고 폭력의 사회적 여건도 동시에 고려해야 한다.[1] 미국에서의 한 연구에 따르면, 인구 10만 명당 택시기사는 5.1, 경찰관이 9.3, 호텔종업원이 5.1, 그리고 주유소 종업원이 4.5명의 비율로 살해되고 있다고 한다.[2]

실제로 미국에서 1980년에서 1993년 사이에 매년 1,000명 이상의 근로자가 직장폭력으로 목숨을 잃고 있으며, 1992년에만 200만 명 이상의 근로자가 직장에서 신체적 공격을 당하였으며, 그 결과 135억 달러의 의료비가 지출된 것으로 보고되고 있는 실정이다. 근로자 네 명 중 한 명이 희롱당하거나, 위협을 받거나, 공격을 받는 것으로 알려지고 있다. 1992년 7월부터 1993년

---

1 R. B. Felson, "Kick 'em when they're down: Explanation of the relationship between stress and interpersonal aggression and violence," *The Sociological Quarterly*, 1992, 33(1): 1-16.

2 National Institute of Occupational Safety and Health, *Preventing Homicide in the Workplace*(publication No. 93-109), Washington, D.C.: U. S. Department of Health and Human Services, 1993, p. 2.

7월 사이에 220만 명이 직장에서 신체적으로 공격을 받았으며, 630만 명이 폭력의 위협을 받았고, 1,610만 명이 희롱을 당한 것으로 조사되기도 하였다.[3]

　미국의 통계에 의하면, 1993년 1,063명의 직장인이 직장에서 살해되어 매일 평균 세 명의 직장인이 자신의 직장에서 죽어가고 있는 것으로 조사되었다. 뿐만 아니라 또 다른 22,396명의 직장인이 직장에 나가지 못할 정도로 심각한 손상을 초래한 피해를 입었다고 한다. 이듬해인 1994년에는 약 백만 명의 직장인이 직장폭력의 피해자였으며 이 수치는 미국 전체 폭력범죄의 15%에 해당되는 것으로 밝혀졌다. 1995년에는 직장에서의 폭력과 폭력적 행위로 인하여 1,262명이 사망하였고, 그중 10% 정도는 전·현직 동료에 의한 것으로 알려졌다. 동시에 치명상을 입지는 않았지만 직장에 출근하지 못할 정도로 심각한 부상을 초래한 직장폭력도 무려 45,800건에 이르고 있다. 1996년에도 1,144명이 직장폭력으로 목숨을 잃었으며, 이 수치는 근로자 사망의 14%에 해당되는 것이라고 한다. 그러나 이들 수치에는 전체 직장폭력의 절반에 이르는 보고되지 않은 수많은 직장폭력이 포함되지 않았으며, 직장에서의 위협도 포함되지 않아서 직장폭력은 이보다 더욱 심각한 것으로 보아야 할 것이다.[4]

　미국의 전국범죄피해자조사에 따르면, 1993년에서 1999년 사이 연 평균 170만 건의 폭력사고가 직장이나 업무 중 발생하였으며, 그 밖에도 같은 기간 동안 이들 인명살상의 사건 외에 직장과 관련된 살인사건이 연평균 900여 건이나 발생하는 것으로 조사되었다. 결과적으로 직장폭력이 같은 기간 발생한 전체 폭력범죄의 18%나 차지하는 것으로 나타났다. 이들 직장폭력을 자세히 보면, 강간과 성폭력, 강도, 그리고 살인은 전체 직장폭력범죄의 6%를 차지하였고, 직장폭력범죄 20건 중의 19건 정도로 대부분은 폭행사건이었던 것으로 분석되었다. 이를 종합하면, 직장인 1,000명 중 13명 정도가 직장폭력을 경험하는 것으로 볼 수 있는 것이다.[5]

　지금까지 제공된 모든 자료에 따르면 한때는 안전한 천국으로 알려졌던 직장에서 희롱당하고, 위협받고, 강간당하고, 폭행당하고, 심지어 살해되는 직장인이 증가하고 있음을 알 수 있다. 심지어는 영화나 언론에서까지 직장에서의 폭력의 가능성에 대한 공공의 인식을 전하고 있을

3 J. S. Bowman and C. J. Zigmond, "State government response to workplace violence," *Public Personnel Management*, 1997, 26(2): 289–301; D. Anfunso, "Deflecting workplace violence," *Personnel Journal*, 1994, 73(10): 66–76.

4 J. Keim, "Workplace violence and trauma: A 21st century rehabilitation issue," *Journal of Rehabilitation*, 1999, 65(1): 16–21.

5 D. T. Duhart, *Violence in the Workplace: 1993–1999*, Washington, D.C.: U.S. Department of Justice, Office of Justice Programs, Bureau of Justice Statistics, 2001, http://www.ojp.usdoj.gov/bjs/pub/ascii/vw99.txt, pp. 1–2.

정도가 되었다. 물론 폭력이란 어디에서나 발생할 수 있으나 직장과 같은 비전통적인 장소에서의 폭력은 공공의 관심을 더욱 증대시키지 않을 수 없다.

그럼에도 불구하고 지금까지 알려진 이런 자료들도 사실보다 축소되거나 과소평가되어 왔다고 한다. 직장폭력의 절반 이상이 보고조차 되지 않는다고 한다. 직장폭력의 피해자들이 직장폭력을 사적인 것으로 여기거나 안전관련 부서 등에 이미 보고했다고 생각하여 관리자나 경영층에는 보고하지도 않는 경향이 있기 때문이다.[6]

90년대 이전에 비해 직장폭력이 급증한 것으로 보고되고 있는데, 이러한 직장폭력의 급증은 직장환경과 분위기의 급변하는 역동성을 극복하려는 직장인들의 스트레스의 증대와 그 궤를 같이 하고 있다. 직원들이 느끼는 마음의 상처와 혼란은 회사의 구조조정과 축소, 재조직화 등의 부산물이라고 한다. 이러한 상황에서 일반적으로 직원들은 더 높고 효율적인 생산성과 업무수행이라는 요구를 강요받게 된다. 더구나 이러한 현상과 요소들은 동료나 상사를 향한 폭력적인 행위로 표현되는 불법적인 약물의 남용이나 알코올중독, 가난, 그리고 해고 등의 사회적 고질병과 결부되어 문제를 더욱 심각하게 만든다. 그 결과, 현재의 추세는 직장폭력의 심각성과 빈도가 급증하고 있음을 보여주고 있다. 이러한 추세는 우리 사회의 기업과 경제에 지대한 영향을 미치고 있어서 어떠한 직업이나 직종도 직장폭력으로부터 자유로울 수 없게 되어서 관리자들이 기업과 직원들에 대해서 얼마나 잘 알고 있는가가 이러한 급증하고 있는 직장폭력에 효율적으로 대처하는 데 중요한 요소가 되고 있다.

물론 복수심을 가진 전직 직원에 의한 폭력이 뉴스의 초점이 되고는 있지만 그것이 가장 보편적인 직장폭력의 형태는 아니다. 그보다는 직장의 상사나 동료가 희롱자가 될 확률이 더 높은 것으로 알려지고 있지만 실제는 고객, 소비자, 또는 환자에 의한 것이 더 많다고 한다. 미국에서의 한 연구결과에 의하면 고객이나 소비자에 의한 공격이 44%, 낯선 사람에 의한 것이 24%, 동료에 의한 것이 20%, 상사에 의한 것이 7% 순이었으나 전직 직장동료에 의한 것은 단지 3%에 지나지 않았다.[7]

---

6 Cover story, "Workplace violence: Analysis of the issues and recommendations to reduce the exposure," *CPCU Journal*, 1995. 48(4): 208-216.

7 C. Manigan, "The graveyard shift," *Public Management*, 1994, 76(4): 10-16.

HOT ISSUE 직장폭력의 현황과 추세

윤은지(가명)씨는 그녀의 직장 선배가 올 초 중역에게 괴롭힘을 당했다는 사실을 어렵지 않게 알게 됐다. 그 여성 이사는 임신한 그 직원이 불만스럽다고 매우 분명하게 밝혔기 때문에 그녀가 괴롭힘을 당했다는 사실을 아는 것은 어려운 일이 아니었다.

국내 대기업에서 일하는 29살의 윤씨는 "그 중역은 모두가 보는 앞에서 그녀에게 망신을 주었다"며 "그 중역은 임신한 그 여직원에게 소리를 질렀다. 중역이 한 말 중에는 그 여직원 때문에 자신이 '고통'받을 이유가 전혀 없다는 말도 있었다."

윤씨는 50대인 그 여자 중역이 화난 이유가 그 임신한 직원을 혹사시켰다고 인력자원부서로부터 징계조치를 받았기 때문이란 것을 뒤늦게 알게 됐다. 한국의 노동법에 따르면 사용자가 임신한 직원에게 야간 근무를 시키는 것은 불법이다.

이 회사는 보안상의 이유로 직원들이 일거리를 집에 가져가는 것을 허용하지 않기 때문에 그 임신한 직원은 맡은 일을 끝마치기 위해 사무실에서 늦게까지 남아있을 수밖에 없었다.

인력자원 팀은 모든 직원의 출퇴근 시간을 기록해 직원별 근무시간을 자동으로 계산하는 이 회사의 근무시간 추적 시스템을 통해 그녀의 야근 사실을 알게 됐다.

윤씨는 "그 직장 선배는 주로 (그 중역과의 관계로 인한) 스트레스 때문에 결국 예정보다 일찍 출산휴가를 갔다"고 말했다.

그녀의 직장 선배의 경우는 갈수록 만연해지고 복잡해지고 잔인해지는 한국의 직장내 괴롭힘 현상을 반영한다. 올 초 한국여성정책연구원이 국회에 제출한 보고서에 따르면 4,589명의 조사대상 직장인 중 16.5%가 최소한 한 번 이상 직장 내에서 괴롭힘을 당한 적이 있다고 답했다. 이 국책연구소는 이 비율이 세계 평균 비율인 약 10%보다 1.5배 높다고 주장했다.

한국에서 세간의 이목을 가장 많이 끈 직장내 학대 사례 중에는 "땅콩 회항" 사건이 있다. 조현아 대한항공 전 부사장이 지난 해 기내에서 승무원이 자기에게 땅콩을 갖다 준 서비스 방식에 불만을 느껴 이륙하려던 뉴욕발 서울행 비행기를 존 F. 케네디 국제공항 터미널 게이트로 회항하도록 명령한 사건이다.

한국여성정책연구원 이명선 원장은 국회에 보낸 공개서한에서 "한국 직장에서 직원을 괴롭히는 상황 뒤에는 여러 요인이 있다"고 밝히고 여성과 계약직이 직장 폭력에 매우 취약한 집단이라고 강조했다.

자료: 헤럴드경제 2015년 12월 11일
http://news.heraldcorp.com/view.php?ud=20151211000294

"여성 직장인 40%, 성희롱 사실 말못하고 속으로 울고 있다"

여성 직장인의 절반 가까이는 성희롱 피해를 보더라도 회사 안팎의 불이익을 우려해 문제 제기를 꺼리는 것으로 나타났다.

국가인권위원회는 지난해 7월 직장인 450명과 대학·대학원생 350명 등 여성 800명을 대상으로 '성희롱 2차 피해 실태 및 구제강화를 위한 연구'를 한 결과 이같이 조사됐다고 21일 밝혔다.

조사결과 여성 직장인 가운데 성희롱 피해를 봤을 때 성희롱 문제를 제기하겠느냐는 질문에 40.2%는 "제기하지 않을 것"이라고 답했다. 직장 규모별로는 근로자 10인 미만인 중소 사업장에서 일하는 여성의 54.2%가 이렇게 답했다.

문제제기를 꺼리는 이유로는 '나에 대한 좋지 않은 소문이 날까봐'(20.8%), '고용상 불이익을 당할까봐'(14.4%), '처리과정 중 정신적 스트레스 때문에'(13.8%), '가해자를 다시 대하는 것이 불편해서'(10.2%) 등이 꼽혔다.

여성 직장인들이 당하는 성희롱 유형으로는 음담패설 등 성적인 이야기 또는 농담이 33.8%로 가장 많았다. 이어 외모·옷차림·몸매 등에 대한 평가 발언 30.0%, 누군가와 사귄다는 소문이나 성적추문 17.6%, 회식자리에서 술시중·블루스·옆자리 강요 14.0%, 사내 음란사진·동영상 10.4% 등 순이었다.

성희롱 2차 피해를 경험한 여성 직장인들은 주변에서 공감하거나 지지하지 않고 참으라고 하는 것 (22.2%)을 가장 많이 경험했다고 답했다. 성희롱은 개인적인 문제이니 알아서 해결하라는 사업주(11.3%) 나 회사에서 불이익을 암시해 성희롱을 축소·은폐 하려는 경우(12.4%), 회사가 성희롱 문제의 처리를 지연하거나 조치하지 않는 경우(10.9%) 등도 피해자들을 힘들게 하는 것으로 나타났다.

성희롱 2차 피해는 주로 가해자(38.9%)나 동료(22.4%)로 인해 발생했다. 2차 피해 발생 이유로 여성 직장인들은 법적제재가 미흡(20.4%)하고 피해자 보호에 대한 제도적 지원이 부족하기 때문(19.8%)이라 고 생각했다.

여성 대학·대학원생의 경우 성희롱 피해를 가장 많이 당하는 장소는 음식점·술집·노래방 등 유흥 업소(47.7%)였다. 이어 MT·수련회 등의 숙박시설(16.9%), 연구실·실험실(12.0%), 동아리방(6.9%), 하 숙·자취방(5.7%) 등 순이었다.

인권위 관계자는 "여전히 상당수 여성이 성희롱 문제제기로 인한 2차 피해를 크게 우려하고 있다는 점이 설문을 통해 확인됐다"며 "인권위는 성희롱 예방책과 피해자 구제 방안 등 종합적인 제도 개선안을 마련할 계획"이라고 말했다.

인권위는 이날 오후 서울 중구 인권위에서 이 설문결과를 발표하고 토론을 진행한다.

자료: 국민일보 2016년 1월 21일
http://news.kmib.co.kr/article/view.asp?arcid=0010279444&code=61111111&cp=nv

제 2 절 직장폭력의 이해

　　직장폭력에 대한 정확하고 분명한 개념정의나 규정이 부족하다는 점이 이 문제를 이해하고 다루는 데 있어서 겪고 있는 어려운 문제 중의 하나이다. 테러행위, 희롱, 신체적 폭력, 재물손괴, 협박, 언어폭력, 절도와 강도, 직장으로 이어지는 가정폭력 등을 포함한 행위를 범할 위협이나 실제 행동 모두를 포함하는 직장폭력에 대한 정의는 매우 다양하게 있어 왔다. 이런 점에서 일부에서는 강도와 같이 동료가 아닌 사람에 의한 폭력, 고객이나 소비자에 의한 폭력 그리고 동료에 의한 폭력을 구분할 필요가 있음을 제안하고 있다.[8]

　　개념적 문제와 방법론적인 문제로 인하여 직장폭력에 대한 과학적 설명을 어렵게 하고 있다. 심리학자들은 어디까지 폭력행위가 특정한 인격특성의 결과로 볼 것이며, 인성과 행위가 어느 정도까지 유전적 또는 신경생리학적 과정의 결과로 볼 것인가에 대하여 논쟁을 벌이고 있다. 반면에 사회학자들은 경제적 박탈과 문화가 개인의 폭력지향성에 미치는 영향에 대하여 그리고 폭력행동이 어느 정도 사회적 상호작용이 현실에 대한 개인의 현실구성에 미치는 영향으로 인한 것인가에 대하여 논쟁을 벌인다.[9]

　　이러한 문제에도, 일부에서는 급속한 기술적 변화와 조직적 변화로 인한 근로자의 지위강등이 직장폭력의 발산에 대한 외부적 요인을 제공하는 일종의 사회해체를 초래하는 것으로 보고 있다. 근로자들은 과학적 관리와 경영의 권위주의적 특성에 의해서 객체화되고, 압박을 받으며, 위협받게 된다고 한다. 결과적인 좌절과 소외는 근로자의 통합과 조직에 대한 전념을 약화시키고, 이는 전통적 형태의 사회통제를 손상시키게 된다. 시간이 흐름에 따라, 이 좌절과 소외는 대안적 의미와 폭력을 포함한 대안적 행위유형을 촉진시키게 된다.[10]

　　오래전부터 경제적 박탈과 같은 외적 조건이나 사건이 목표를 성취하고자 하는 개인적 노력을 좌절시킴으로써 궁극적으로 공격적 행위를 촉발시키는 개인적 곤궁을 야기하는 것으로 이론화되어 왔다.[11] 급속한 조직과 기술의 변화가 일상적 유형의 상호작용과 행동에 미치는 파괴적

---

8 Keim, *op. cit.*

9 V. Baxter and A. Margavio, "Assaultive violence in the U.S. post office," *Work & Occupations*, 1996, 23(3): 277－297.

10 Baxter and Margavio, *op. cit.*

11 L. Berkowitz, "Frustration－aggression hypothesis: Examination and reformulation," *Psychological Bulletin*, 1989,

인 영향은 고전적 해체의 조건이라고 할 수 있다. 근로자가 해고를 초래하는 새로운 기술의 도입이나 구조개편에서 소외된다면 쉽게 좌절할 수 있으며, 미래의 직장 임무에 대한 불확실성은 그러한 새로운 직장상황에 직면한 사람들에게 좌절과 불안을 느끼게 한다. 이러한 불확실성과 직업과 관련된 활동과 변화에 대한 통제의 부족은 그 사람의 인성과 행위에 부정적으로 영향을 미치는 스트레스를 유발하게 된다.

　　대인적 폭력에 대한 사회적 상호작용주의자들의 관점은 공격적 행동은 좌절과 사회해체에 의하여 야기된 비자발적 반응이 아니라 오랜 불만을 표출하는 것이고 사회통제의 대안적 기제로 기능하는 것이라고 주장한다.[12] 공격적 행동은 조직화된 지배에 대한 저항으로 보기도 하는데, 그들의 주장에 따르면 일부 하급직원들에게 있어서 유해한 자극이 오랜 시간 축적되고 궁극적으로는 동료나 상급자를 향한 목표지향적인 계산된 폭력행동으로 표출된다는 것이다. 이러한 설명은 지위가 강등되고, 동료나 상사로부터 개인적으로 무시당하거나, 기술이나 업무상 압박을 받는다고 느끼는 하급직원들의 경험과 유사하다고 볼 수 있다. 이들 중 일부는 직장에서 누군가를 해치고자 하는 감정에 의하여 행하고 목표지향적인 폭력적 행동으로 반응하게 된다.

　　이상을 종합하면, 권위주의적 직장조직이 기본적으로 특히 급속한 기술과 조직의 변화와 경제적 위기 상황에서 개인의 지위, 영예, 또는 자기 통제감을 손상시킨다면, 직장에 대한 전념과 통합을 손상시키고, 개인과 제도적 형태의 사회통제를 약화시키고, 그리고 폭력의 가능성을 증대시키는 상황에 대한 대안적 규정을 촉진시키는 불만의 씨를 만들게 된다.

　　106: 59−73.

12 D. Black, "Crime as social control," *American Sociological Review*, 1982, 48(1): 34−42.

제 3 절 직장폭력의 원인

1. 감정적 학대(Emotional Abuse)

가정에서의 감정적 학대는 통상 다음 세대로까지 전해 내려가게 된다. 자신의 가정에서 감정적으로 학대받게 되면 사람들은 자신이 받은 마음의 상처를 직장에까지 가져가게 된다. 성인들은 종종 알코올중독이나 학대적인 가정에서 아동으로서 경험하였던 역동성과 비교하여 자신의 직장관계에 의하여 만들어진 역동성과 감정의 유사성을 토로한다. 직장에서의 관계는 부모와의 옛날 가족관계의 요소를 반향시킨다. 그 결과, 조직의 합병, 가정폭력, 또는 실직 등과 같은 위기에 직면하게 되면 사람들은 폭력행위의 방아쇠를 당기게 된다. 폭력적 사원이 스트레스를 받게 되면 자신의 부모나 형제에 대항하여 행동하지 못할 때 상사, 동료, 또는 배우자에게 행동으로 보여주게 된다.[13] 미국의 국립직장안전연구소(National Safe Workplace Institute)의 분석에서도 언론에 의한 폭력의 미화, 비교적 저렴한 무기의 확보 용이성 그리고 직장인들에게 미치는 경제변동의 영향 등을 지적하고 있다.[14]

2. 심리적 계약(Psychological Contract)

고용인과 피고용인 사이에는 분명히 소위 심리적 계약을 내포하는 비판적 관계가 존재하고 있다고 한다. 고용회사나 그 대표자 또는 대리인에 의하여 이 심리학적 계약이 파기나 위반이 있으면 고용주에게 책임이 있을 수 있는 집합적인 심리적 장애가 발생하게 된다고 한다.

피고용인의 관점에서 보면, 이 계약의 조건은 일반적으로 고용주가 어떠한 결과와 그 결과를 있게 한 절차와 관련된 방법으로 행동할 것이라는 가정을 함축하고 있다. 여기서 양자의 관계에 대한 계약이 분명하지 않을 때 고용주와 피고용인 모두에게 영향을 미치게 된다. 고용주와 피고용인 사이의 심리적 계약의 단절은 심각한 윤리적 문제와 권한의 쟁점을 야기한다. 피고용

---

13 P. A. Pape, "Your boss is not really your parent," *EAP Digest*, November 1989, pp. 37-42.

14 P. R. Johnson and J. Indvik, "Workplace violence: An issue of nineties," *Public Personnel Management*, 1994, 23(4): 515-524.

인에 대한 인간적인 감정을 경시하고 지원기제를 제공하지 않는 기업은 오랜 기간 그 대가를 치른다. 실제로 거의 모든 합병이 실패하고 있는데 그 이유는 기업이 직원들의 감정적 욕구나 필요성을 제대로 다루지 못하기 때문이다.[15]

3. 불완전한 과학적 경영

직장에서의 압박은 직장을 직원들의 생존투쟁의 장으로 만들고 있다. 따라서 기획과 업무분석제도가 직원들에 대한 억압의 일차적인 도구라는 것을 인식할 때 그 정당성에 대한 논의가 필요한 것이다. 직장에서의 안전과 건강의료도 조직이나 직장에서의 해체와 좌절의 근원이 되고 있다. 그러나 근로자의 입장에서는 안전과 건강의료문제는 생산성에 밀린다. 관리자들은 근로자로 하여금 더 적은 시간에 더 많은 일을 하도록 압력을 가하고, 이는 안전문제를 초래하고 사고를 유발하며 경영자가 직원들의 복지를 존중하지 않는다는 인식을 재강화하게 된다. 게다가, 경영자는 사고를 줄이기 위한 방법으로 안전절차를 증진시키는 대신 근로자를 희롱하고 겁을 주며 훈육을 하려고 한다.[16] 안전에 대한 이견과 대립으로 생긴 좌절과 반목은 직장의 사회질서를 비합법화하고 해체시켜서 불만이 있는 근로자의 폭력지향성을 부추기게 된다. 조직변화에 대한 과학적 관리는 이처럼 관리자에게 압박을 가하게 되고, 관리자는 다시 생산성을 극대화하기 위하여 근로자를 압박하게 된다. 이러한 분위기에서, 관리자는 가끔 시간이 흐름에 따라 생산성의 논리를 거부하고 생산성 목표를 성취하고 예산을 맞추기 위하여 개인적으로 자신의 지위를 강등시키는 압력을 가한다고 인식하는 상황에 처할 때 폭력적으로 반응하는 근로자를 직면하게 된다.

4. 경제상황의 악화

많은 사람들은 경제상황의 악화가 직장폭력이 급증하는 일차적 원인으로 지적하고 있다. 미국에서는 1980년대 출산 붐에 이은 경기침체, 공항 그리고 경기회복의 지연 등 일련의 경제상황이 해고, 실업자의 증가, 그리고 취업경쟁의 악화 등과 같은 스트레스 요소를 만드는 원인을 제공한 것으로 보고 있다. 뿐만 아니라 이미 직장이 있는 사람들도 더 치열한 승진경쟁을 벌여야

---

15 C. B. Wilson, "U. S. businesses suffer from workplace trauma," *Personnel Journal*, July 1991, pp. 47−50; L. Thornburg, "When violence hits business," *HR Magazine*, July, 1993, pp. 40−45.

16 Baxter and Margavio, *op. cit.*

한다. 또한, 회사에서는 어려운 경제사정으로 인하여 직원에 대한 혜택을 없애거나 줄이려고 하고 반면에 임금인상에는 주저하거나 저항하게 된다. 악화된 경제사정으로 인한 이러한 모든 일련의 상황이 직원들에게 많은 스트레스요인이 되고 일부 직원에게 직장폭력의 빌미를 제공할 수 있다는 것이다.[17]

HOT ISSUE 직장폭력의 원인

'직장내 괴롭힘' 비정규직이 더 많다

비정규직이 정규직보다 '직장내 괴롭힘'을 당하는 경우가 약 2배 많은 것으로 나타났다. 또한 직장내 괴롭힘을 당해도 정작 본인은 인지하지 못하는 이들이 상당수였다. 겉으로 드러나지 않을 뿐 직장내 괴롭힘에 시달리는 노동자들이 많은 현실을 보여주는 결과다. 직장내 괴롭힘이란 육체적인 폭력과 업무 환경 악화 행위 외에도 노동자의 인격과 존엄을 침해하는 일체의 행위를 말한다.

21일 한국여성정책연구원(여정연)이 발표한 '여성근로자에 대한 직장 내 괴롭힘의 실태와 보호방안 연구' 보고서에 따르면, 직장내 괴롭힘(객관적 피해 기준)을 당한 비정규직은 45.9%로 정규직 29.2%보다 약 2배 많았다. 연령별 피해율은 20대가 46.3%로 가장 높았다. 30대는 36.5%, 40대는 30.3%로 나이가 많을수록 직장내 괴롭힘을 당하는 경우가 줄어들었다. 이는 서비스업 종사 근로자 1000명을 대상으로 조사한 결과다. 직장내 괴롭힘을 21가지 행동척도(한국대인갈등설문, KICQ)로 평가한 '객관적 괴롭힘'과 본인이 6개월 이상 월 1회 이상 괴롭힘을 겪었다고 느끼는 '주관적 괴롭힘'으로 나눠 조사했다.

가장 큰 문제는 본인이 직장내 괴롭힘 피해자라는 것을 인식하지 못하고 있다는 점이다. 전체 응답자의 31.5%가 객관적 피해를 경험하고 있었지만, 주관적 피해자는 7.4%에 불과했다. 직장내 괴롭힘 피해자가 스스로 인식하고 있는 것보다 노출되는 직장내 괴롭힘의 횟수가 4배 이상 많다는 것을 보여주는 수치다.

나아가 여성 근로자가 남성 근로자보다 직장내 괴롭힘에 시달리고 있었다. 여성 응답자의 36.3%가 객관적 피해를 당하고 있었다. 남성은 27.3%로 여성보다 9%p 낮았다.

이번 연구의 총책임을 맡은 구미영 여정연 부연구위원은 "서구 국가나 일본의 경우 이미 법적으로 직장내 괴롭힘을 인정, 처벌을 받은 행위들이 한국에서는 너무나 당연시 여겨지고 있다는 게 문제"라며 "사용자나 관리자는 젊은 세대로 내려갈수록 인권 감수성이 높아지고 있다는 현실을 인식해 직장내 괴롭힘에 대한 대책 마련을 고민해야 할 때"라고 말했다.

자료: 내일신문 2015년 12월 21일
http://www.naeil.com/news_view/?id_art=178228

17 R. H. Elliott and D. T. Jarrett, "Violence in the workplace: The role of human resource management," *Public Personnel Management*, 1994, 23(2): 287–300.

제 4 절 직장폭력 범죄자의 특성

　　전문가들은 미시경제조건에 대한 무망함의 확산, 요구받는 업무수행속도, 구조조정, 합병, 또는 인수 등이 잠재적인 폭력적 행위에 기여하는 것으로 보고 있다. 그 밖에 자동화된 작업환경도 또 다른 이유로 지적되고 있다. 근로자가 무력감을 느낄 때 그것을 행동으로 폭발시킬 수 있기 때문이다.[18] 한편, 가정폭력도 직장폭력으로 이어질 수 있다고 한다.

　　또한, 직장상사나 동료를 살해하거나 상해하는 사람은 대부분 해고되었거나 자신이 제대로 대접받지 못했다고 느낀 사람이라고 한다. 이는 직원이 자신이 직장에서 소모품으로 취급받을 때 회사는 도덕적·윤리적 권위를 잃게 되기 때문이다.

　　그리고 직장폭력범은 전형적인 범죄자유형과는 맞지 않는다. 전문가들에 따르면, 이들은 혼자이기 쉽고, 종종 화가 나 있으며, 편집증이 있거나, 무기에 대한 환상을 가진 사람이기 쉽다고 한다. 많은 직장인들에게 직장은 일종의 일체감과 존재의식의 원천이기도 한데, 그러한 직장 또는 직업이 위기에 처하게 되면 지치게 된다는 것이다. 직장폭력범죄자는 또한 자살의 가능성도 높으며, 때로는 직장에서 해고되어 직장의 상실을 자신의 존재의 상실로 여기는 무너지기 쉬운 사람이거나 자신의 직장상실을 다른 사람을 비난하는 복수적이고 화난 사람일 수 있다고 한다. 대부분의 이들 범죄자들은 자신의 공격성을 폭력의 형태로 표출함으로써 사실이건 아니면 단지 상상한 것이건 갈등적인 관계와 관련된 사건에 대한 궁극적인 해결이라고 생각한다.[19] 때로는 이들이 폭력행위나 약물중독의 경력을 가지고 있기도 하다. 한편, 직장폭력범죄자는 전직 사원이거나 직원의 배우자인 경우가 많다. 특히, 배우자의 경우는 자신의 배우자가 회사의 다른 사람과 불륜관계가 있다고 판단하여 회사에 대해서 보복하고자 하는 것이다. 그리고 회사나 회사의 제품 또는 사원에 대하여 불만을 가진 고객이나 소비자도 때로는 직장폭력을 행하는 것으로 알려지고 있다.[20]

　　한편, 일부에서는 아동기에 신체적으로 또는 정신적으로 학대받은 사람은 그것을 직장까지

---

18 Thornburg, *op. cit.*

19 P. Stuart, "Murder on the job," *Personnel Journal*, February, 1992, pp. 72–84; Elliott and Jarrett, *op. cit.*

20 J. S. Cawood, "On the edge: Assessing the violent employee," *Security Management*, 1991, 35: 130–136.

동반하고 극단적인 스트레스를 받게 되면 자신이 아동기에 학습했던 그대로 행동으로 옮기게 된다고 한다. 그리고 직장폭력을 행하는 사람은 대체로 언어로서 위협하거나 협박하고, 다른 사람을 위협한 경력이 있으며, 업무수행실적이 떨어지게 되고, 출퇴근이 불규칙적이며, 망상이나 우울 증세를 보이는 등의 형태로 사전 경고를 보이는 경우가 많다고 한다. 특히, 망상증의 경우는 특정한 동료나 상사에 초점이 맞추어지거나 다른 사람에 대하여 끊임없이 비난하거나 동료나 상사로부터의 반응을 수용하기 어려워하는 등 보다 일반적인 방법으로 나타나기도 한다. 직장폭력 가해자들은 때때로 직장에서의 스트레스를 증대시키는 다른 사건이나 상황을 가지고 있는데, 예를 들어서 남녀관계와 같은 중요한 관계가 깨지는 경우 자신이 경험하고 있는 자기존중심의 격차를 메우기 위하여 직장으로 눈을 돌리게 되고 뭔가가 잘못되는 경우 직장폭력으로 이어질 수 있다는 것이다.[21]

그 밖에 전문가들이 지적하는 직장폭력의 위험성이 있는 사람의 특성을 종합하면 다음과 같다.[22]

- 방어적이고 적대적으로 보이는 고독한 직원
- 동료직원들과의 관계로부터 소외된 사람
- 폭력적인 영화, 책, 텔레비전 프로그램을 좋아하는 사람
- 의심스럽고 심지어는 편집광적인 사람
- 사회적 지지나 지원이 거의 없는 사람
- 자신의 문제에 대하여 타인을 비난하거나 외재화하기 좋아하는 사람
- 무기에 대한 환상을 가진 사람
- 불공정하다고 불평하기 좋아하는 사람
- 직장과 관련된 분노로 가득 찬 사람
- 지나치게 위협적이고 협박적이어서 상급자들도 어쩔 수 없이 내버려 두는 사람
- 이혼이나 별거 등과 같은 개인적 사건의 희생자나 해고 근로자

---

21 Keim, *op. cit.*
22 Manigan, *op. cit.*

HOT ISSUE   직장폭력 범죄자의의 특성

직장인 10명 중 6명 이상 "회사서 괴롭힘 당해봤다" 남성이 가해자 가능성 높아...

직장인 10명 중 6명 이상 직장에서 괴롭힘을 당한 경험이 있는 것으로 나타나 큰 충격을 주고 있다. 직장 내 괴롭힘이란 외면, 차별, 홀대, 공격 등 직장 내에서 근로자의 인격과 존엄을 침해하는 모든 행위를 뜻한다.

한국여성정책연구원 구미영 부연구위원과 서유정 한국직업능력개발원 부연구위원은 12일 서울 여의도 국회의원회관에서 개최되는 '한일 여성노동 포럼'에서 발표한 '한국의 직장 내 괴롭힘 실태 및 법·제도적 보호 현황' 자료에서 이같이 밝혔다.

이 자료에 따르면 6개월을 기준으로 전체의 62.3%가 지속적이지는 않으나 1번 이상 괴롭힘을 당해본 적이 있다고 답했다. 전체의 4.1%는 매주 한 번 이상 괴롭힘을 겪었다고 말했다.

또, 이들 연구위원은 이런 직장 내 괴롭힘이 피해자의 정신적, 신체적 건강을 훼손할 뿐 아니라 조직 전체에 큰 손실을 준다고 지적했다.

서 연구위원은 2013년 발표한 보고서를 인용해 직장 내 괴롭힘으로 인한 국내 기업의 손실 비용을 1건당 최소 1천548만원으로 산출했다.

이는 피해자의 결근이나 대체 인력 투입 시 생산성 감퇴, 상사와 감사 직원이 투입해야 하는 시간, 처벌 과정 비용 등을 종합한 액수다.

구체적으로 단순한 연간 인건비 손실만도 피해자 142만6천원, 가해자 90만5천원에 이른다. 또한 직장 내 괴롭힘은 제3자인 목격자에게까지 영향을 미치며 118만4천원 가량의 인건비 손실을 초래한다. 이는 간접 관련자들에게 미치는 영향 등은 더하지 않은 최소 비용이라고 서 연구위원은 밝혔다.

또 이들 연구위원은 직장 내 괴롭힘의 경우 남성이 가해자, 여성은 피해자의 위치에 놓일 가능성이 크다고 주장했다. 대체로 남성이 조직 내에서 높은 위치에 있을 가능성이 큰데다 여성에 비해 자신의 공격성이나 폭력에 목적이나 정당성을 부여하려는 성향도 있다는 것이 그 이유다.

이들 연구위원은 국내 여성은 어린 나이부터 남아선호사상을 경험하는 등 지속적으로 부당한 대우에 노출되면서 자신이 괴롭힘을 당하는 것에 둔감해진 영향이 있는 것으로 해석했다.

자료: 국제신문 2015년 5월 12일
http://www.kookje.co.kr/news2011/asp/newsbody.asp?code=0300&key=20150512.99002150725

직장인 중 16.5% 지속적인 괴롭힘 당해, 가해자 10명 중 7명이 상사

직장인 중 16.5%가 지속적인 괴롭힘을 당한 경험이 있는 것으로 조사됐다.

이는 국제표준에 비해 1.5배 가량 높은 수치이다.

16일 KBS 1TV '시사기획창' 탐사보도팀은 오는 17일 밤 10시 '인격 없는 일터' 방송을 앞두고 이와 같은 조사 결과를 공개했다.

제작진은 국내에서는 아직 개념도 모호한 '직장 내 괴롭힘' 실태를 알아보고자 국내에서 처음으로 7개 업종에 종사하는 5922명의 근로자를 대상으로 대규모 업종별 실태조사를 했다.

이번 조사를 노르웨이 버겐대 세계 따돌림 연구소에서 개발한 'NAQ-R'(부정적 경험 설문지) 설문을 활용했다.

이 설문에서는 22개 항목 중 하나라도 주 1회 이상 6개월 이상 괴롭힘을 경험한 경우 국제적 기준의 '직장 내 괴롭힘' 피해자로 분류한다.

제작진은 "조사 결과 '직장 내 괴롭힘' 피해자로 분류될 수 있는 사람은 모두 759명(16.5%)였다"면서 "국제적 연구에서 피해율이 보통 10% 초반인 것을 고려하면 1.5배 정도 높다"고 밝혔다.

22가지 피해유형(복수응답)에서 가장 많은 사람들이 답한 것은 '주체할 수 없는 과다한 업무량'으로 58.4%를 차지했다.

과도한 감시가 48.5%로 2위였고, 3위는 자존감을 떨어뜨리는 능력 이하 업무(44.1%)였다. 불가능한 목표를 강요하거나(43.2%), 굴욕감을 주거나 비웃는 경우(41.5%)도 뒤를 이었다.

가해자를 묻는 조사(복수응답)에서는 상사(68.6%)라고 대답한 경우가 가장 많았고 고객과 임원, 동료, 부하가 뒤를 이었다.

제작진은 국내에서는 문제제기조차 하기 어려운 괴롭힘 사례들을 프랑스 아비뇽의 '직장 내 괴롭힘 피해자 지원센터'에 의뢰해 분석한 결과도 방송에서 공개한다.

자료: 세계일보 2015년 2월 16일

http://www.segye.com/content/html/2015/02/16/20150216002208.html?OutUrl=naver

제 5 절   직장폭력의 비용

　　문제가 있는 직원이 회사나 조직에 끼치는 피해는 엄청난 것이다. 그러나 관리자나 회사에서는 잘못된 의사결정, 안전수칙의 위반, 그리고 저하된 사기도 제대로 검증하지 않은 직원문제로 인하여 야기될 수 있다는 점을 인식하지 못하고 있다. 실제로 미국에서는 직원에 대한 학대로 야기된 저하된 사기로 인하여 매년 50−60억 달러가 손실되고 있다고 한다.[23] 직장폭력의 대가는 법률비용이나 가능한 처벌로 인한 손실뿐만 아니라 직원의 사기와 자신감의 저하와 생산성의 저하로 인한 손실도 적지 않다.

　　이처럼 직장폭력은 직접적이고 간접적인 피해를 유발하게 된다. 재물의 손실과 직원의 부상은 그래도 쉽게 인식되고 측정될 수 있는 것이나, 생산성의 손실과 법률쟁송으로 인한 경비와 관련된 비용은 물론이고 직원의 사기저하는 그처럼 분명하지 않다.

　　미국에서 정기적으로 행해지는 전국피해조사에 따르면, 직장에서의 범죄는 매년 50만 명의 근로자에게 1,751,100일의 일과손실을 초래하여 범죄당 평균 3.5일의 업무손실을 유발하고 있는 실정이다. 이로 인하여 병가나 연가를 포함시키지 않더라도 연간 5천 5백만 달러 이상의 임금손실을 초래하고 있다.[24]

　　그러나 최근에 들어서야 최고 관리자들이 직장폭력사고의 폭넓은 재정적 결과에 대하여 새로운 인식을 하기 시작하였다. 직장폭력의 결과 신체적 손상이나 인명의 손실이 초래된 사고에 대하여 해당 고용주에게 다수의 법률소송이 제기되고 있다. 근로자에 의한 폭력행위에 대한 쟁송의 원인은 일반적으로 부주의한 고용과 고용의 지속이라고 한다. 대부분의 쟁송이 법원을 떠나 당사자 간의 합의로 해결되기 때문에 소송으로 인한 기업의 정확한 비용은 알려지지 않고 있으나, 소송결과 천문학적인 액수의 피해보상판결이 내려지고 있는 것을 보면 그 정도를 짐작할 수 있다.

　　직장폭력의 또 다른 피해는 직장폭력으로 인한 생산성의 손실이다. 그 비용의 정도가 잘 인지되지 않고 있어서 비교적 과소평가되고 있는 실정이다. 생산성의 손실은 회사 전반에 걸쳐 사

---

23 Wilson, *op. cit.*

24 "Workplace violence," *op. cit.*

고가 난 직접적인 분야에서 거의 2주일 동안 80%까지 이르는 것으로 알려지고 있다. 이러한 생산성의 손실은 부상당하거나 살해된 근로자의 손실, 경찰이나 내부수사로 인한 작업방해, 시설의 손상, 사고나 사고경위에 대한 진술 등으로 인한 생존근로자의 작업손실, 사고 이후의 혼란과 그에 따른 스트레스로 인한 생산성과 효율성의 감소 그리고 상담을 요하는 근로자의 근로시간의 손실 등에 기인한 것이다.

직장폭력은 또한 근로자의 이직율과 근로자의 사기에도 민감한 영향을 미치게 된다. 직장폭력이 발생하는 대부분의 직장에서는 이직률이 증대하고 근로자의 사기가 저하되는 것으로 알려지고 있다. 이와 같은 변화에 대한 이유 중에서도 대부분의 근로자는 자신의 안전과 가정에서의 보안에 대한 책임을 느끼기 때문이라고 한다. 그러나 거의 모든 근로자는 직원에 대한 회사나 고용주의 임무가 안전한 직장환경을 제공하는 것까지 포함하는 것으로 느끼고 있다. 따라서 직장폭력이 발생하면 근로자들은 배신당한 느낌을 갖게 된다. 빈번한 이직과 저하된 사기는 고용과 훈련경비를 요하게 되고 생산성의 저하를 초래하게 된다.

뿐만 아니라, 고객의 불편, 피해 근로자의 업무손실, 피해로 인하여 업무수행을 하지 못하는 근로자에 대한 지속적인 임금의 지급, 근로자의 보상요구의 증대, 심리적·신체적 치료비의 증대, 보험요율의 인상 그리고 결근율의 증가 등 회사의 생산성에 직접적으로 영향을 미치고 있다.

이처럼 직장폭력은 회사에 금전적인 피해를 끼치는 것은 물론이고 중요한 것은 직장폭력이 직원의 업무수행에도 변화를 가져오게 하며, 직원 간의 관계도 변화시키고, 회사와 관리자 또는 경영자에 대한 직원들의 인식도 바뀌게 되며 그리고 근로자와 경영층의 관계도 변화시킬 수 있다.[25]

직장폭력으로 인한 근로자의 업무수행의 변화는 직원들의 실수나 과실, 업무집중의 곤란, 기억력의 문제, 의사결정의 어려움과 무능, 판단의 장애, 결근율, 특정 분야 근무나 업무의 불능이나 반대, 그리고 이직 등이라고 할 수 있다. 그러나 대부분의 관리자들은 이러한 변화가 지극히 정상적인 반응임에도 이를 무시하거나 지원하지 못하고 있다. 그 결과, 직원들은 그들이 피해로부터 회복하는 데 필요한 시간, 지지 또는 자원을 갖지 못하게 되어 그들의 사기가 떨어지고 그들이 필요로 하는 것이나 기대감이 충족되지 못하여 더 큰 문제로 이어지게 된다.

한편, 직장폭력에 대한 반응은 사람에 따라 다르게 나타날 수도 있는데, 이러한 차이가 다른 사람들은 이러한 비극을 어떻게 극복하는가에 대한 판단에 영향을 미치게 된다. 직장폭력의 스

---

25 C. Frolkey, "Trauma in the workplace," *Personal Journal*, 1996, 75(11): 10−14.

트레스 속에서 서로 주고받는 말과 행동 등이 서로의 감정을 해칠 수도 있으며, 장기적으로는 이것이 직원들의 상호 인간관계에 장애가 되고 팀워크를 해치게 된다. 또한, 직장폭력에 대하여 회사가 적절히 대응하지 못한다면, 직원들은 회사와 경영자에 대한 신뢰를 잃게 된다. 회사나 경영자를 냉철하고, 사려가 없으며, 감성적이지 못하다고 판단하게 되어, 결과적으로 업무수행, 사기 그리고 동기가 떨어지게 된다. 끝으로, 직장폭력이 발생한 후 회사나 경영자에 대한 직원들의 인식은 직원과 경영자의 관계를 변화시키기 때문에 회사에서 잘못 대처하여 관계가 악화된다면 마찬가지의 부정적인 결과를 초래하게 된다.

제6절   직장폭력의 예방

직장폭력이나 그 위험성에 회사가 노출되었거나 취약하다는 것을 인식했을 경우 주로 물리적 보안과 관리자와 직원에 대한 교육과 훈련이라는 두 가지 방향에서 예방하고자 한다. 회사는 직장폭력으로 인한 직원들의 마음의 상처나 충격에 대비하기 위한 계획을 사전에 준비하여야 하고, 고용주는 직원들에 의한 폭력의 가능성을 다루는 정책과 절차를 마련하여야 한다. 또한, 회사는 기존의 위협을 관리하고 정책과 프로그램을 검토하는 책임을 가진 소위 '위협평가팀' (threat assessment team)을 구성할 필요가 있다.[26]

회사가 직장폭력 대응방안을 조직화하는 시기는 물론 위협이 현실화되기 전이어야 한다. 마지막 계획은 고용 전 조회 지침, 위협의 분석과 검증, 즉각적인 보안 대책, 법집행기관에의 통보, 임원이나 위협을 받고 있는 직원에 대한 보충적인 보안, 직원들이나 언론과의 접촉 정책 등 주요 절차를 함축하고 있어야 한다.

---

26 S. Overman, "Be prepared should be your motto," *HR Magazine*, July, 1993, pp. 46−49; Thornburg, *op. cit.*

1. 권한부여전략(Empowerment Strategies)

사람들은 자신에게는 권한이 부여되기를 원하면서 동시에 남에게 부여되는 권한에 대하여는 두려워하기도 한다. 지도자가 막강한 권한을 행사하는 일부 조직에서는 정보의 공개적 교환을 제약하고 혁신의 기회를 제한함으로써 권한의 부여에 적대적인 환경을 만든다. 더구나, 직원들은 관리자가 이미 정착한 쟁점을 따르도록 요청 받을 때 특히 권한상실을 느끼게 된다.[27]

만약 직원들에게 권한의 부여가 개방적이라면 직원들의 권한부여에 도움이 되도록 관리자가 할 수 있는 것이 많이 있다. 관리자에게 있어서 직원들에게 권한을 부여하는 것은 무력감을 조장하는 조건을 파악하여 제거함으로써 효율성의 자각을 향상시키는 하나의 과정이라고 할 수 있다.

간단히 말해서, 권한의 부여는 사람이 자신의 생활이나 일의 중요한 관점에 대하여 자율성, 권위, 또는 통제라는 면에서 자신이 권한을 가지고 있는 것처럼 느끼고 행동하게 되도록 하는 과정이라고 할 수 있다. 이러한 권한의 부여가 제대로 작용하기 위해서는 고용주가 직원들로 하여금 자신이 격려되거나 소외되지 않고 연결되어 있다고 느낄 수 있게 해주어야 한다. 이는 집단수용과 협조를 장려하고, 집단노력에 대한 개인적 기여를 인정하며, 그리고 각자의 전문성과 기술을 발견하여 상호 실용적으로 이용할 수 있도록 기회를 만들어줌으로써 가능해진다.[28]

권한의 부여를 하나로 묶어주는 연결고리는 온정적인 지도력이라고 할 수 있다. 온정적이고 자비로운 지도력은 개방성, 새로운 생각에 대한 수용성, 정직성, 보살핌, 인격, 타인에 대한 존경 등을 특징으로 한다. 이러한 지도자는 직원들로 하여금 참여의식을 장려하고 직장폭력의 가능성을 줄이는 여건을 조성하게 된다.[29]

2. 자기존중심의 배양

권한의 결핍과 낮은 자기존중심은 동전의 양면과도 같다. 직원들이 자기에게 권한이 부여되었다는 것을 느끼게 하기 위해서는 직원들이 정해진 목표를 성취하기 위한 수용 가능한 사양 중

---

27 J. H. Dobbs, "The empowerment environment," *Training & Development Journal*, February, 1993, pp. 55-57.

28 P. Kizilos, "Crazy about empowerment," *Training, December*, 1990, pp. 47-51; R. Blitzer, C. Petersen, and L. Rogers, "How to build self-esteem," *Training & Development Journal*, February, 1993, pp. 58-60.

29 Dobbs, *op. cit.*

에서 선택할 수 있는 어떤 형태의 권한을 실제로 행사해야만 한다. 학대받은 아동에게서 볼 수 있는 낮은 자기존중심은 실패를 영구화하지만 높은 수준의 자기존중심은 성공을 용이하게 만든다. 일상의 경험이나 학술연구의 결과가 모두 높은 수준의 자기존중심을 가진 직원이 자신의 주변사람들과 연계되어 있고, 자기에게 권한이 부여되어 있으며, 자신이 능력이 있다는 것 등을 느끼게 된다고 한다.[30]

다양한 특성을 가진 직원들의 잠재적인 창의력을 실현시키기 위해서, 기업은 직원들의 건설적인 사고, 행위, 그리고 태도 등을 장려해야 한다. 고용주는 개인의 차이를 인정하고 그 위에서 직원들이 자신의 감정과 태도를 표현하는 데 편안함을 느낄 수 있게 해주어야 하고, 개인의 특정한 사고, 노력, 그리고 성취에 대해서는 보상을 해주어야 할 것이다.

3. 대인관계(Human Relationship Management) 기능의 활성화

직장폭력이 부분적으로는 스트레스의 통제되지 않은 발로라고 한다. 이러한 점에서 직장폭력을 예방하기 위하여 다음과 같은 조치들이 요구되고 있다. 우선, 체계적인 직무분석이 필요하다. 체계적인 직무분석은 정확한 직무, 그 직무를 수행하는 데 필요한 기술, 지식, 인격특성 등을 상세히 알 수 있게 해주기 때문이다. 이러한 직무분석에 기초하여, 직무에 필요한 적절한 인력을 수급하기 위해서는 필기시험, 면접, 수행평가, 심리검사나 분석, 기타 예측도구가 마련되어야 한다. 직무에 맞지 않는 직원의 배치는 곧 해당직원으로 하여금 스트레스를 받게 하기 쉽고 자신의 스트레스로 인하여 음주나 약물을 남용하게 되어 직장폭력의 잠재성과 가능성을 높이기 때문이다. 구체적으로, 입사원서는 지원자의 경력을 잘 파악할 수 있도록 구성되어야 하고, 필기시험을 통하여 폭력성향과 관련이 있는 인격특성을 파악할 수 있어야 하며, 면접을 통해서 지원자의 인성과 직장이나 직업과 관련된 태도를 파악할 수 있어야 한다.

이렇게 해서 채용된 직원에 대해서는 직무수행평가가 체계적으로 이루어져야 한다. 경영자나 관리계층의 사람들은 부하 직원들의 업무평가와 의사소통에 필요한 지식과 기술을 배워야 한다. 그러나 업무평가는 반드시 객관적이어야 하고, 직무에 관련되어야 하지 개인적 공격의 방법으로 이루어져서는 안 된다. 잘못된 평가는 오히려 스트레스를 주고 더 많은 폭력적 상황을 가능하게 하기 때문이다. 한편, 조직과 조직환경은 항상 변하기 때문에 사람 또한 변화할 수밖

---

30 Blitzer et al. *op. cit.*

에 없다. 그런데 직원의 개발과 훈련이 직원으로 하여금 이러한 변화에 부응할 수 있는 기회를 제공할 수 있는 것으로 알려지고 있다. 그러나 이러한 노력은 직무분석과 업무수행평가가 유기적으로 함께 이루어져야 한다. 이를 통하여 직원들의 장단점은 물론이고 전체 조직의 업무수행 방향과 관련된 결점 등을 알 수 있고 이를 기초로 관리자나 회사에서는 필요한 교육훈련에 자원을 확보할 수 있게 된다. 특히, 교육훈련의 내용은 훈육의 방법과 기술, 의사소통의 기술, 업무수행평가제도, 성희롱에 관한 정책, 약물남용 등 직원의 스트레스나 나아가 직장폭력을 자극할 수 있는 분야가 포함되어야 한다.

한편, 신규로 채용되는 직원에 대하여는 반드시 수습기간을 거치게 할 필요가 있다. 신입직원들을 일정기간의 수습을 통하여 평가한 다음 인성이나 능력 등을 보아 업무에 부적절하거나 능력이 모자라거나 문제가 있는 사람 등을 정리할 수 있어야 한다. 또한, 직원들에게는 자신의 불이익, 불평, 불만 등을 호소하고 권익을 보호받을 수 있는 제도적 장치를 제공해야 한다. 조직 내에서 이런 과정을 통하여 직원들의 좌절감을 상당 부분 걸러낼 수 있기 때문이다. 이러한 제도나 절차가 마련되지 않거나 설사 있더라도 회사중심적이거나 편견이 들어있는 것이라면 오히려 적대감이나 좌절감을 완화시키는 것이 아니라 스트레스를 더욱 증대시키는 결과를 초래하게 된다. 이와 함께, 문제가 있거나 어려움을 겪고 있는 직원들에게는 필요한 도움을 제공할 수 있는 장치도 필요하다. 회사 내에서 자체적으로 하든 아니면 외부 전문기관에 위탁을 하든지 직원들에게 상담, 음주 및 약물, 스트레스관리 등 필요한 서비스를 제공할 필요가 있다.

4. 위기관리(Crisis Management) 기능의 제도화[31]

직장폭력을 예방하고 또 그 피해를 최소화하기 위해서는 위기관리팀이 조직될 필요가 있다. 인적자원관리자, 보안책임자, 위기관리책임자, 그리고 심리학자 등으로 구성되는 위기관리팀에서는 직장폭력에 대비하기 위한 정책과 절차 등을 다루는 것이다. 그러나 이 위기관리위원회나 팀이 효과적이기 위해서는 고용주가 건강하고 안전한 직장을 만들겠다는 의지를 보여줄 필요가 있다.

직장폭력은 직원과 외부인에 의해서 행해진다. 따라서 고용주는 위험이나 위협을 최소화하기 위하여 회사나 경영층은 물론이고 직원을 보호할 수 있는 방법을 찾아야 한다. 관리자, 감독

---

31 E. Chenier, "The workplace: A battleground for violence," *Public Personnel Management*, 1998, 27(4): 557–569.

자 그리고 직원 모두가 직장폭력의 위험에 관하여 교육받고 훈련되어야 하며, 직원들은 동료직원에 의한 비정상적인 또는 이상한 행위를 빠짐없이 신고하도록 해야 한다. 직장폭력과 관련된 정책의 개발시에는 직원들의 의견이나 제안을 활용할 필요가 있다.

회사는 또한 직장폭력의 위협이나 그 행위에 대해서 절대로 용인하거나 용납하지 않겠다는 의지와 정책을 가져야 한다. 폭력은 매우 심각한 행위다. 따라서 모든 직원들에게 그 결과에 대하여 숙지시켜야 한다. 어떤 유형의 위협이라도 행하는 직원에 대해서는 단호하게 회사를 떠나게 하여야 한다.

위기관리팀에서는 폭력적 상황을 파악하고, 문제가 있거나 어려움을 겪는 직원을 다루는 데 도움을 주고, 폭발적 상황을 완화시키며, 사고 후의 상담활동을 전개하며, 직원들과의 의사소통을 지속하는 등의 임무도 맡아야 된다. 또한, 발생할 수 있는 상황에 대해서 회사나 경영자에게 통지할 수 있도록 항상 긴밀한 접촉을 가질 필요가 있다. 그리고 폭력사고와 관련된 역사적 정보나 자료들을 수집하여, 이를 참고로 다양한 사건들을 처리하는 지침을 만들 수 있는 것이다.

5. 직장폭력에 대한 인식의 전환

이처럼 직장폭력이 회사나 개인에 미치는 영향이 지대하기 때문에 그 영향을 최소화할 필요가 있다. 그 첫 번째 단계는 직장폭력이 회사와 개인에 상당한 영향을 미친다는 사실을 인식하는 일이다. 직장폭력에 대비한 적절한 사전계획이야말로 직장폭력이 조직과 개인에게 미치는 영향을 줄일 수 있고 결과적으로 직장폭력으로 인한 비용을 경감하고 업무수행의 유지는 물론이고 직장에서의 인간관계와 팀워크도 개선할 수 있는 것이다. 이를 위하여 우선 직장폭력의 고비용을 인식하는 기업문화를 만들어야 한다. 이는 직장폭력을 있을 수 있음을 인정하고 이해함으로써 회사에서는 보다 적절하게 대응할 수 있기 때문이다.

6. 직장폭력의 사후관리

모든 범죄가 발생하기 전에 예방하는 것처럼 직장폭력도 그 예방이 최선이지만 이미 발생한 경우에도 그 피해의 최소화가 필요하며 특히 피해자에 대한 배려가 있어야 한다. 우선, 사건의 종결과 함께 관련자에 대한 심리적 지원이 제공되어야 한다. 인사부서에서 생존자와 기타 목격자나 그 사건의 영향을 받은 사람에 대한 심리적 지원을 제공하는 것이 보편적이다. 어떤 사건이나 피해자나 희생자는 장기간의 회복을 요하는 신체적 손상을 입게 마련이다. 상담자는 부상당한 사람으로 하여금 직장에 복귀하거나 다른 직장을 구할 수 있도록 도움을 제공해야 한다.[32]

HOT ISSUE

직장폭력

직장 따돌림 이제 그만…'왕따 방지법' 추진

최근 드라마나 영화에서 직장 내 따돌림을 묘사하는 장면을 쉽게 찾아볼 수 있게 됐다. '왕따'가 학교나 동아리 같은 곳에서만 벌어지는 것이 아니라 성인들로 구성된 집단에서도 빈번하게 발생하고 있다는 것을 방증하고 있는 것이다.

직장 내 왕따로 인해 자살, 폭력사태와 같이 극단적인 사건이 일어나는 것은 물론 업무능력 저하 등 경제적으로도 추가 비용을 유발하고 있어 사회문제가 되고 있는 상황이다. 이에 해외 주요 국가처럼 성희롱, 폭행, 폭언과 함께 따돌림도 입법적으로 제재해야 한다는 지적이 꾸준히 제기돼왔다.

4일 국회 사무처 등에 따르면 새정치민주연합 이인영 의원은 최근 직장내 괴롭힘을 예방하기 위한 근로기준법 개정안, 이른바 '왕따 방지법'을 발의했다.

이 의원은 "최근 직장에서 발생하는 괴롭힘 행위가 개인의 신체적, 정신적 자유와 인격권을 침해함과 동시에 사회, 경제적 손실을 가져올 수 있는 행위"라면서 "예방 및 대응을 사용자 재량에만 둘 것이 아니라 직장 내 괴롭힘 예방교육의 실시와 사용자 손해배상 책임 등을 법률에 규정해 근로자를 적극적으로 보호할 필요가 있다"고 입법 취지를 설명했다.

실제 한국직업능력개발원의 '직장에서의 따돌림 실태' 보고서에 의하면 조사대상 직장인 가운데 최근 6개월 내 따돌림 행위를 1회 이상 겪었다고 대답한 응답자가 82.5%에 이른다. 전혀 없었다고 답한 대상자는 13.4%에 불과했다. 10명 가운데 8명은 직장 내 괴롭힘을 경험한 셈이다.

특히 직장 내 따돌림은 근로자 당사자에게 정신적, 신체적 피해를 초래할 뿐만 아니라 기업에게도 상당한 비용을 부담시키는 것으로 조사됐다. 따돌림 1건으로 인해 조직에 발생하는 비용이 중견기업 기준으로 1550만원 가량이 발생된다는 연구 결과가 있다.

따라서 스웨덴, 프랑스, 노르웨이, 덴마크, 핀란드, 벨기에, 캐나다 등 해외 국가에선 일찌감치 직장 내 따돌림을 금지하는 법안을 제정해 실행하고 있다.

국내에선 이 의원의 근로기준법 개정안 발의로 왕따 금지법의 입법이 본격적으로 추진되게 됐다.

이번 근로기준법 개정안은 직장 내 괴롭힘 개념을 신설하면서 구체적으로 서술했다. 직장 내 괴롭힘의 개념을 '의도와 적극성을 가지고 지속적, 반복적으로 소외시키거나 괴롭히는 행위, 정당한 이유 없이 6개월 이상 업무에서 배제하는 행위, 불필요하거나 모순적인 업무지시를 반복하는 행위, 반복적으로 모욕적인 표현을 사용하여 인격을 침해하는 행위, 허위사실을 유포하여 명예를 훼손하는 행위 등'으로 열거한 것이다.

---

32 Keim, *op. cit.*

특히 손해배상 책임, 피해 근로자 구제를 위해 가해자 입증책임을 지우는 내용을 담고 있다는 점이 특징으로 꼽힌다. 가해자에게 입증책임을 지도록 한 것은 피해자의 소송 부담과 경제적 손실을 최소화하도록 배려한 것이다. 사용자가 행해야할 예방조치도 포함됐다.

자료: 파이낸셜뉴스 2015년 11월 4일
http://www.fnnews.com/news/201511041644023458

직장내 괴롭힘 피해자들 이직 가능성 높아… 대책은?

최근 이슈가 되고 있는 학교폭력 및 군대 내 괴롭힘에 비해 직장 내에서의 폭력 혹은 괴롭힘에 대한 관심은 상대적으로 그리 크지 않았다. 이는 직장인들이 정신적, 육체적으로 성숙한 성인들이며 자유의지에 따라 효과적으로 대응할 수 있을 것이라는 가정이 바탕에 깔려 있기 때문일 것이다.

노르웨이 베르겐대 심리학과 교수 등으로 구성된 연구진은 북해 앞바다에서 일하고 있는 근로자 1800명을 대상으로 직장 내 괴롭힘에 관한 연구를 실시했다. 데이터는 6개월 간격을 두고 두 차례 수집됐고 기준이 되는 측정치는 2005년 수집했다. 연구진은 근로자들이 느끼는 직장 내에서의 괴롭힘 정도, 직무 불안정성, 이직 의도를 6개월 간격을 두고 두 차례 측정했다.

설문조사 결과를 분석해 보니 직장 내 괴롭힘에 노출된 정도와 6개월 후에 측정한 직무 불안정성 및 이직 의도는 통계적으로 유의한 상관관계를 보였다. 직장 내 괴롭힘에 노출된 정도가 크다고 응답한 사람일수록 6개월 후에 느끼는 직무 불안정성이 크게 나타나며 이직의도도 높게 나타났다.

본 연구 결과는 인사 담당자와 리더들에게 여러 가지 교훈을 제공한다. 먼저 직장 내 괴롭힘이 어떤 형태로 얼마나 발생하고 있는지 면밀히 파악할 필요가 있다. 직장 내 괴롭힘이 상사에 의해 이뤄지는 경우가 많은 점을 고려할 때 상사들을 대상으로 한 예방교육이 필요하다. 특히 국내 조직에서 자주 관찰되는 기수 혹은 서열 중심의 조직문화, 출신 지역, 출신 학교, 동호회 등에 따른 사조직으로 직장 내 괴롭힘이 발생할 가능성이 높다는 점을 염두에 둬야 한다.

또 직장 내 괴롭힘으로 피해를 당한 직원들이 직무 안정성을 느낄 수 있도록 조치해야 한다. 예를 들면 성과를 중시하는 관리자는 저성과자를 쫓아내려는 목적으로 특정인을 괴롭힐 수도 있다. 이때 피해자를 타 부서로 전출하거나 해고한다면 그러한 관리자의 행동에 보상을 주는 셈이 되기 때문에 유의할 필요가 있다.

자료: 동아일보 2015년 3월 25일
http://news.donga.com/3/all/20150325/70309063/1

제 4 장
표적범죄(Target Crimes)

제1절 증오범죄(Hate Crimes)

1. 증오범죄의 기원과 정의

증오범죄는 최근에 나타난 현상은 아니다. 지금까지 역사 속에 인종, 종교, 신체적 장애, 성별, 그리고 정치적 신념 등으로 인하여 다른 사람을 위협하고 폭력을 행사하는 행위를 범하는 수많은 사람들과 그러한 사례가 상존했다. 로마에서의 기독교인에 대한 박해에서 유태인에 대한 나치의 최후의 해결에 이르기까지, 그리고 최근에는 보스니아에서의 인종청소에서부터 르완다에서의 대량학살에 이르기까지 증오범죄가 존재해 왔고 때로는 국가의 역사를 규정하기도 하였다.[1]

증오범죄가 미국과 같은 나라에서는 주로 흑인에 대한 백인우월주의자들의 공격을 기술하는 데 가장 빈번하게 쓰이고 있지만, 독일에서는 우익폭력이나 외국인을 증오하는 폭력으로 알려지고 있으며, 영국이나 프랑스에서는 단순히 종교적 폭력으로 다루어진다.[2] 물론, 우리나라의 경우에는 딱히 증오범죄를 분명하게 규정하기는 쉽지 않지만 대체로 그 동기나 원인이 종교적 갈등이나 집단적 갈등 또는 개인적 원한에 의한 폭력쯤으로 이해될 수 있을 것이다.

증오범죄라는 말이 사전이나 어휘록에 등재된 것은 미국의 경우 흑인뿐만 아니라 동성애자, 회교도, 로스엔젤레스에서의 한국인에 대한 폭동 등에 이르기까지 다양한 집단을 대상으로 가해

---

1 Mark S. Hamm, "Terrorism, Hate Crimes, and Anti-Government Violence: A Preliminary Review of the Research," *Background paper for National Research Council*, Commission on Behavioral and Social Sciences and Education, Committee on Law and Justice, March 1996, pp. 1-2.

2 *Ibid.*, p. 11.

지는 범행들을 모두 다룰 수 있을 정도로 광범위하기 때문일 것이다. 미국에서 1990년에 제정되어 공포된 '증오범죄통계법'에서는 "경우에 따라서 살인, 치사, 강간, 폭력, 위협, 방화 그리고 재물의 파괴나 손괴 등의 범죄를 포함하는 인종, 종교, 성적 성향, 또는 민족에 기초한 편견의 증거가 분명한 범죄"라고 증오범죄를 규정하고 있다. 이를 기초로 미국의 코네티컷주에서는 신체적 장애가 있는 사람도 증오범죄의 피해자로 취급하게 되었으며, 일리노이주에서는 피부색, 종교적 강령, 조상, 그리고 신체적·정신적 장애를 포함하고 있고, 로드아일랜드에서는 장애와 성별을 포함하는 반면 펜실베이니아에서는 성적 성향을 피해자 분류에서 제외시키기도 하였다.[3]

그러나 증오범죄는 보편적으로 편견에 의하여 동기가 부여된 범죄라고도 할 수 있다. 그러므로 피해자의 종교, 인종, 성적 성향, 민족, 또는 국적 등에 기초한 피해자에 대한 증오에 의하여 동기가 부여된 범행이라고 정의할 수 있을 것이다. 물론 이러한 정의가 증오범죄를 규정하고 판단하기에 매우 단순한 것처럼 보일 수 있으나, 편견에 의하여 동기가 부여된 범죄행위는 헌법으로 보장된 표현의 형태와 쉽게 혼동될 수 있다. 즉, 특정인의 편견으로 인하여 동성애와 동성애자를 증오한다고 주장할 수도 있으나 아직은 증오범죄의 수준이나 단계까지는 이르지 않는 경우도 있고 반면에 건물에 나치의 십자기장을 그리고 살인을 하는 것은 확실한 증오범죄로 규정될 수도 있다.

2. 증오범죄의 이해

미국 FBI자료에 의하면, 대부분의 증오범죄는 백인의 흑인에 대한 범행이며, 이들 범행은 대다수 단순 폭행이나 위협을 내포한다. 또한, 약 60%가 인종적 편견에 의해서 18%는 종교적 편견에 의하여 그리고 12%가 성적 성향에 대한 편견으로 인하여 또한 10%가 국적이나 민족성에 대한 편견이 동기다.

대부분의 전통적 대인범죄가 가족구성원이나 지면이 있는 사람에 의하여 범해지는 데 반해, 증오범죄는 낯선 사람에 의하여 주로 범해지고 있다. 그리고 증오범죄는 주로 청소년이나 청장년층에 의하여 주로 범해지는 것으로 알려져 있다. 전국적으로 전체범죄의 약 1/4 정도가 20세 이하의 사람들에 의하여 범해진 범죄인 반면, 증오범죄의 경우는 약 절반 정도가 이들 집단에 의해서 범해지는 것으로 보고되고 있다.

---

3 *Ibid.*, p. 12.

증오범죄의 특징 중 하나는 신체적 폭력을 동반하는 경우가 많다는 사실이다. 역사적으로 약 10% 정도의 범죄가 폭력범죄인 반면, 증오범죄의 경우는 1/3 이상이 폭력범죄로 보고되고 있다. 또한, 증오범죄가 신체적 폭력을 동반하는 경우가 많기 때문에 많은 경우 피해자가 신체적 부상을 입는다. 결과적으로 증오범죄는 상당히 잔인하며 통상적인 범죄의 공격에 비해 매우 심각한 부상을 초래하게 된다.

미국에서의 증오범죄는 흑인들이 주로 피해자이고 범행의 대상이 되고 있다. 그러나 최근 아시아계 미국인에 대한 범죄가 급증하고 있으며, 동성애자에 대한 증오범죄도 증가하고 있어서 동성애자 또한 증오범죄의 주요 대상이 되고 있고 모든 종교 중에서도 유태인들이 편견에 의한 증오범죄의 주요 대상이 되고 있다.

사람들이 편견을 갖고 범행하도록 하는 그러한 분위기 또는 환경이나 여건을 조성하는 몇 가지 요소가 있다. 즉, 경제여건의 악화, 영화나 텔레비전 등에서 인종차별적 편견, 증오로 가득 찬 정치광고, 인종적 편견을 내포하는 언어의 사용, 그리고 개인적 경험 등이 그것이다. 이들 요소에 의하여 특정의 분위기가 조성되면, 일련의 연속적인 증오범죄의 물결을 초래할 수 있다. 예를 들어, 경제적 상황이 악화되어 여러 가지 어려움을 겪게 되자 외국과의 경쟁을 그 원인으로 인식하게 되고 이민의 증대로 인종 구성이 변하게 되고 이를 달갑지 않게 생각하는 사람들이 생기게 되었는데, 이 모두가 복합적으로 증오범죄의 분위기를 조성하는 요소로 작용하게 된다.

이렇게 증오범죄의 분위기가 조성되면, 소위 말하는 촉발적 사건(trigger incident)만이 있으면 일련의 보복적 사고나 분규까지도 유발할 수 있게 된다. 로스앤젤레스에서 있었던 흑인운전자에 대한 백인 경찰관의 무자비한 폭력을 행사한 비디오가 텔레비전에 방영되어 흑인사회를 흥분시킨 일이 있었다. 만약 이것이 증오범죄의 분위기를 조성하였다면 촉발적 사건(trigger incident)은 곧 이 사건에 대하여 법원에서 백인 경찰관들에게 무죄를 선고한 사건이며, 이를 계기로 시내 일대에서 폭동이 일어나게 되었다.

한편, 증오범죄는 외부의 영향도 적지 않게 받게 되는데, 예를 들어 80년대 일본자동차와 가전제품이 미국시장을 석권하게 되자 일본인에 대한 공격이 증가하였고 걸프전쟁시에는 아랍계 미국인에 대한 공격이 증가하였다. 이는 복수심이 내재되기 때문이며, 하나의 사건이 일어나면 사람들은 소위 본전을 찾으려고 하기 때문에 보복하게 된다. 이는 일면 청소년 갱과 유사한 특성이기도 한다.

일부 전문가들은 증오범죄가 경제적 불확실성의 시기에 증가하는 경향이 있다고 주장한다. 실제로 일부에서는 경제 상태에 대한 일반 사람들의 인식과 증오범죄의 정도는 일반적 상관관계가 존재하는 것으로 주장하고 있다. 사물이나 상황에 대한 인식이 때로는 현실보다 더욱 큰 영향을 미치는 경우도 있기 때문이다. 물론, 경제적 불확실성과 증오범죄의 증가의 상관관계가 지나치게 과장된 것일 수도 있지만, 증오범죄가 경제적 불확실성의 시기에 증가하였던 것은 사실이다. 이러한 경제적 곤궁기엔 소수집단 등이 경제적 곤경의 원인으로 취급되기 쉽고 이러한 분위기가 곧 일종의 희생양을 요구하게 된다.

　　이러한 증오범죄는 그렇다고 집단에 의하여 집단적으로만 이루어지지는 않는다. 오히려 집단보다는 개인적으로 더 많이 행해지는 것으로 밝혀지고 있다. 이들 개별적 증오범죄자 중에는 소수집단의 구성원을 무작위적 폭력과 증오의 대상으로 삼는 스릴(thrill) 추구자와 세상에서 일부 인지된 악을 제거해야 할 임무가 있다고 믿는 포교범죄자(mission offenders)가 있다. 한편, 대다수 증오범죄자인 수동적 관망자(passive observer)는 인종적, 종교적, 민족적 전형(stereotypes)을 믿고 알코올이나 마약 등의 영향으로 순간적으로 행동하는 증오범죄자이다.

　　통계상으로는 증오범죄가 다른 범죄에 비해 적게 나타날지 모르지만, 증오범죄의 통계는 통계 이상으로 큰 비중을 가진다. 편견에 의하여 동기부여된 공격이나 위협은 바로 그 공격과 위협의 대상을 피해자화할 뿐 아니라 그 피해자가 속한 집단의 모든 구성원도 피해자화시킬 수 있기 때문이다. 이는 증오범죄가 전 지역에 걸쳐 공포와 불안을 광범위하게 전할 수 있는 영향력을 가지고 있기 때문이다. 이는 폭력적인 증오범죄는 전달하고자 하는 메시지나 이 메시지가 표적 집단의 구성원들에게 미치는 영향을 고려할 때 가장 전염성이 강한 범행이기 때문이다. 폭력적 증오범죄는 종종 보복을 수반하고 또 그 보복에 대한 보복을 유발하여 다른 집단에게도 확대되고 나아가 전 지역으로 퍼지게 될 수 있다. 이것이 바로 증오범죄가 통계 이상의 비중을 가지는 중요한 범죄로 다루어져야 할 이유라고 할 수 있다.

3. 증오집단의 역할

　　미국에서는 1995년 오클라호마주의 연방건물에 대한 폭탄테러 이후 대부분 백인우월주의자이지만 조직화된 증오집단의 일부 이념적 관점을 공유하는 것으로 보이는 점증하는 반정부 운동에 초점을 맞추고 있다. 물론, 이들 국내 테러리스트들이 자신의 영감이나 명령을 과격한 의용군 또는 시민군 집단(militia groups)이나 소위 '애국자' 집단으로부터 받고 있는지는 아직도 논쟁의 대상이지만, 증오범죄를 추적하는 법집행기관이나 국가집단에서는 국내적 테러의 위협이 최근에 급증하고 있다는 데 동의하고 있다. 그 결과, FBI에서는 1995년을 '테러리스트의 해'로 규정하고 국제 및 국내 테러를 연구하기 위하여 분석가를 추가로 채용하기도 하였다.

　일부 전문가들은 극단주의자 집단이 반드시 그 규모를 수적으로 증가하고 있지는 않지만, 단파방송과 상업방송의 주파수, 인터넷, 그리고 지하 서적, 잡지 그리고 음악 등을 통하여 그들의 영향력을 증대시켜온 것은 사실이라고 주장하고 있다.

(1) 새로운 전략

　전통적으로 그리고 역사적으로 증오범죄는 주로 백인우월주의자를 연상케 하고 그들은 십자가를 두르고 횃불을 들고 이상한 두건 같은 것을 둘러쓰고 있으며 삭발한 채 문신을 한 사람의 이미지를 갖고 있다. 이러한 외관은 격리와 위협이라는 분명한 메시지를 보내기 위하여 신중하게 고안된 것이며, 때로는 법집행기관과 대치하는 전략을 편다는 것은 잘 알려진 사실이다. 그러나 최근 조직화된 증오집단은 미국 중산층의 구미에 맞는 인상을 심어주려고 하고 있다. 동시에 그들은 보다 많은 주류사회의 구성원들에게 자신들의 메시지를 전달할 수 있는 새로운 커뮤니케이션의 방법과 전략들을 찾고 있다. 즉, 그들은 과거의 인종차별주의를 중시하지 않고 대신 시민들의 불안과 분노에 초점을 맞추고 있다. 지나친 세금부과와 규제로 시민의 권리를 빼앗아 가고 때로는 시민의 생명까지도 위협하는 정부에 대한 분노와 공포에 호소하고 있다. 그 결과, 이들의 메시지를 접한 수많은 중산층 시민들이 그들의 주장에 공감하고 급기야는 여러 가지 이유로 정부를 증오하게 되고 실제 활동에 동참하게 된다.[4]

　이러한 새로운 전략하에서, 이들 증오집단은 폭력에 대한 정당성을 제공하기 위해서 존재하게 된다. 집단 구성원들에게 특정한 폭력을 행사하도록 요구하여 사법적 처벌을 감수하도록 하는 대신 자신들의 메시지만을 내보내고 있다. 결과적으로 특정 증오집단에 단지 부분적으로 또는 아주 미미하게만 연결된 일부 사람들이 범행을 하게 되는 것이다.[5] 또한 전문가들은 국내적 테러에 대한 영감과 이념적 정당성을 제공해 줄 수 있는 전통적 증오집단과 과격하고 극단적인 반정부 집단의 결합을 목격하기도 하였다.

　또 다른 하나의 새로운 전략은 소위 '지도자 없는 저항(leaderless resistance)'의 개념이다. 기업이나 의용군 조직 등이 선호하는 전통적인 피라미드 구조로 조직하는 대신 일부 증오집단은 마치 마약밀매 조직과 같이 비밀스러운 점조직으로 재조직하여 그들을 발각하고 통제하고 침투

---

4 Morris Dees and James Corcoran, *Gathering Storm: The Study of America's Militia Network*, New York: Harper Collins, 1996, p. 4.

5 *Ibid.*, p. 202.

하기 어렵게 만들고 있다. 따라서 공인된 또는 인지된 지도가 없고 어떠한 중앙의 통제나 방향
도 제시되지 않은 채 점조직으로 운영되기 때문에 노출의 위험성이 없이 심지어 다른 점조직이
노출되더라도 그들의 활동을 지속할 수 있게 된다.[6]

(2) 새로운 정의

증오집단의 영향력의 증대와 과거에는 서로 이질적이었던 집단 간의 결합으로 인하여 증오
범죄와 테러리즘의 구분이 흐려지기 시작하였다. 사실 증오집단의 증대된 영향력과 국내적 테러
행위의 증대로 일부에서는 인종, 국적, 성별, 성적 선호 그리고 종교 때문이 아니라 그들의 소속
이나 직업 때문에 사람에 대한 증오에 의하여 동기지어진 범죄를 포함하는 등 증오범죄에 대한
새로운 정의를 부르짖기도 하였다.

동성애자에 대한 폭력적인 10대 집단의 폭력은 증오범죄로 수사되고 기소되고 기록되는 것
은 의심의 여지가 없지만, 특정한 정부부처나 기관의 공무원에 대한 반정부 애국주의자들의 공
격이 편견에 의하여 동기지어진 범죄로 고려될 가능성은 현재의 증오범죄에 대한 정의에 의하
면 거의 희박하다고 할 수 있다.

그러나 1995년 미국 오클라호마주의 연방건물에 대한 폭탄테러와 같은 연방공무원에 대한
공격은 일부에서는 일종의 증오범죄로 간주되고 있다. 이러한 추세에 따라 증오범죄의 규정이
더욱 확대될 필요성이 제기되고 있다. 동시에 일부 전문가들은 테러와 증오범죄의 관계를 파악
하려고 노력하고 있으며, 심지어 테러와 증오범죄의 개념을 모두 함축하는 편견에 의하여 동기
지어진 활동이나 행동을 규정하려고 노력하고 있다.

혹자는 테러와 증오범죄는 둘 다 이념적으로 연계된다는 점에서 유사한 것으로 보고 있으
나, 일부에서는 증오범죄와 테러가 동기를 범행의 요소로 포함시키고 있으나 전통적으로 테러에
있어서 동기는 단지 기소와 재판에 있어서만 고려되고 있다는 점을 지적하기도 하며, 또 다른
일부에서는 이러한 개념의 규정과 정의는 이념적으로 정당화된 어떠한 행동도 다 포함될 수 있
다고 주장하였다.

결국, 테러와 증오범죄는 상호 중복되는 병리와 행위자를 공유하고 있다는 사실에는 동의할
수 있으나, 증오집단 추종자와 편견에 의하여 동기지어진 범죄를 범하는 일부 사람들의 차이점
을 밝히거나 증오집단 추종자들이 인종차별주의적이거나 반정부주의적인 이념을 거부하도록 하

---

6 Dees and Corcoran, *op. cit.*, 1996, pp. 204－208.

는 데 필요한 행동이 무엇인지를 알아내는 데 최선의 노력을 집중하는 것이 더욱 중요하다고 학자들은 주장한다. 따라서 우리는 왜 사람들이 집단에 가담하고 집단 내에서 무엇을 하며 왜 그들이 집단을 떠나는지를 이해해야만 한다.

HOT ISSUE

증오범죄

범죄 시한폭탄 '사회적 외톨이'

최근 서울 도심과 출근길 지하철 안에서 흉기를 이용한 '묻지마 범죄'가 잇따라 충격을 준 가운데 이번에는 20대 탈북자가 이웃을 상대로 한 흉기 난동 사건이 발생했다.

서울 마포경찰서는 29일 김모(22)씨를 특수폭행 혐의로 구속했다고 밝혔다.

경찰에 따르면 마포구의 한 아파트에 사는 김씨는 지난 25일 오후 6시50분쯤 "시끄럽다"며 흉기를 들고 아래층 박모(42)씨의 집으로 내려가 10여 분간 난동을 부린 혐의를 받고 있다.

박씨는 누군가가 현관문을 마구 걷어차는 소리에 문을 열었다가 달려드는 김씨와 몸싸움을 벌였고, 김씨는 신고를 받고 출동한 경찰에 체포됐다.

탈북자 출신인 김씨는 평소에도 아파트 주민들과 마찰을 일으켰다고 한다. 주민 A씨는 "김씨가 다른 집 문을 차고 다니며 소리를 지르거나 다른 주민과 시비를 붙는 등 소란을 많이 일으켜 경찰에 신경 좀 써달라고 당부한 게 여러 차례"라고 말했다. 경비원 B씨도 "한 번은 김씨가 위층 할머니를 폭행하고 있다는 신고를 받고 저지하러 간 적도 있다"고 전했다.

그러나 피해자 박씨는 "김씨가 (남한)사회에 적응을 못한 채 은둔형 외톨이로 지내는 것 같았다"며 "한창 일할 나이에 하루 종일 집안에만 틀어박혀 있다 보니 답답한 마음이 쌓여 그런 것이 아니겠느냐"고 안타까워했다.

전문가들은 김씨와 같이 외부와 단절된 채 살아가는 이들은 스스로 분노를 통제하지 못하고 공격성을 띠는 만큼 사회적 관심이 필요하다고 지적한다.

앞서 지난 25일 서울 금천구에서 50대 남성이 식당가를 배회하며 흉기를 휘두르고 지하철 1호선에서 50대 노숙인이 "사람이 많아 짜증난다"며 흉기로 위협하다 검거된 바 있다.

연세대 이수정 교수(심리학)는 "은둔형 외톨이는 가족들도 포기하고 사회에서 방치된 경우가 많다"며 "(공동체의 잠재적 위험이 될 수 있는 만큼) 이들을 가정의 문제로 국한하지 말고 정부와 지역 사회가 조기 발견과 방문 상담 등 꾸준한 관심과 지원을 아끼지 말아야 한다"고 강조했다.

자료: 세계일보 2016년 1월 29일
http://www.segye.com/content/html/2016/01/29/20160129003434.html?OutUrl＝naver

IS 홍보모델 10대 소녀들 알고보니 '성노예'였다…"탈출 시도 직전 '성노예' 강요 당해"

　　이슬람국가(IS)의 홍보 모델로 활동하던 중 탈출하려다 붙잡혀 살해된 10대 오스트리아 소녀가 탈출 직전 테러리스트그룹의 '성노예(sex slave)'로 활용된 것으로 드러났다고 영국의 일간 데일리메일이 30일(현지 시각) 보도했다.

　　보도에 따르면 이슬람 극단주의자였다 탈출한 튀니지 출신의 한 여성은 "IS의 홍보 모델이었던 오스트리아 소녀 삼라 케시노비치(17)과 그녀의 친구인 사니바 셀리모비치(15)가 새로운 전사들을 위한 '성적(性的) 선물'(sex present)로 여겨졌다"고 폭로했다.

　　두 소녀와 같은 집에서 함께 살았던 이 여성은 특히 "케시노비치는 피살되기 전 성노예 역할을 강요당했다"고 말했다.

　　보스니아 이민자의 자녀인 두 소녀는 지난해 4월 가족에게 "우리를 찾지 마라. 알라를 섬기고 그를 위해 죽겠다"는 쪽지를 남기고 시리아에 입국해 IS에 가담했다. 두 소녀는 이후 젊은 여성 대원을 모집하는 IS의 홍보 모델이 돼 IS가 배포한 포스터에 등장해 관심을 모았다. 또한 IS 웹사이트에 무장한 남성 테러범 그룹에 둘러싸인 채 AK−47 소총을 든 모습이 공개되기도 했다.

　　두 소녀는 시리아에서 지하디스트(이슬람 성전주의자) 남성과 결혼해 같은 집에서 생활했던 것으로 알려졌다.

　　반년만인 지난해 10월 IS의 살인에 염증을 느낀 케시노비치는 IS의 거점 중 하나인 시리아 락까에서 탈출하려 했다. 그러나 결국 IS에 붙잡혀 심한 구타를 당한 뒤 숨졌다. 셀리모비치도 올해 초 시리아에서 전투 도중 숨진 것으로 추정되고 있다.

자료: 조선일보 2015년 12월 31일
http://news.chosun.com/site/data/html_dir/2015/12/31/2015123102306.html?Dep0=twitter&d=2015123102306

4. 증오범죄에 대한 법률적 대처

　　증오범죄를 퇴치하기 위한 법률적 접근은 대체로 특정한 위협적 행동과 편견에 의하여 동기지어진 일반적 행위를 금하며, 편견에 의하여 동기지어진 범죄행동에 대한 처벌을 요하는 세 가지 기본적 접근방법을 취하고 있다. 이에 따라 미국의 일부 주에서는 종교적 장소에서의 의도적 방해나 기물파손과 같은 특정한 장소에서의 특정한 활동을 금하고 있으며, 심지어 일부에서는 십자가를 불태우거나 위협할 의도로 타인의 재물에 표식이나 상징을 부착하는 등의 행동을 금하기도 한다. 또한 일부에서는 편견에 의하여 동기지어진 행동도 처벌하는 법률을 제정하기도 하는데, 이들 법률은 대부분 범죄행위와 그 동기 모두를 하나의 범행으로 처벌한다. 그래서 뉴욕의 증오범죄법은 편견에 의하여 모든 행동을 차별이나 희롱을 금하며, 피해자의 선택이라고 할 수 있는 표적활동(targeted activity)이 증오범죄의 중심적 부분으로 하고 있다. 기타 범죄행위에 대한 동기가 편견에 의한 것이라면 그 처벌을 강화하는 법률도 제정되기도 한다. 예를 들어 피의자가 인종, 종교, 피부색, 장애, 성적 성향, 국적 또는 조상 등의 요인 때문에 피해자를 의도적으로 선택하는 경우에는 그 범행에 대하여 법이 허용하는 최고의 형으로 처벌하도록 하고 있다.

그런데 이들 증오범죄에 관한 법률들은 다른 법률과 중요한 공통적 요소를 갖기도 한다. 예를 들어 성별 편견을 포함하고 있는 증오범죄법은 가족구성원이나 배우자 등에 대한 범죄행위에 따른 처벌을 요하는 것과 같이 가정폭력에 관한 법률과 중복되는 내용도 있을 수 있다. 그래서 이처럼 유사한 행위를 규제하는 법률이 다수인 경우는 피해자의 관점에서는 병과처분을 할 수 있는 기회를 만들어 사건에 대한 만족스러운 결론을 얻을 가능성을 제고하게 된다. 그러나 이러한 법률의 중복은 매우 정치적이고 예민한 사건에 대해서 어떠한 처벌을 할 것인가에 관한 갈등의 소지를 만들 수 있다.

증오범죄에 관한 규제나 법률은 개인의 언론과 표현의 자유를 규제하는 국가의 권한을 제한하는 헌법을 위반할 수도 있다는 점에서 어렵다. 증오범죄에 관한 법률에 반대하는 사람들은 편견 때문에 행해진 범죄에 대해서 그 범죄자를 특별히 중벌한다면 그것은 그 사람의 사상을 처벌하는 것이고 언론과 표현의 자유를 위반하는 것이라고 반박한다. 그래서 이들은 증오범죄에 관한 법률을 일종의 관점의 차별(viewpoint discrimination)이라고 주장하며, 이러한 법률은 단순히 사변적이라고 비판한다. 이들은 처벌의 중과는 범죄가 편견에 의한 것일 때 사회에 대한 폐해가 더 크기 때문에 정당화될 수는 없다고 주장한다. 이들은 증오범죄에 대해서는 보복범죄가 증대될 수밖에 없다는 주장을 보복하지 못하는 종교집단이나 장애인에 대한 증오범죄가 결코 보복범죄를 초래하지 않는다는 점을 근거로 반박하고 있다. 또한 이들은 증오범죄뿐만 아니라 거의 모든 범죄가 피해자는 물론이고 사회에 대해서도 손상을 초래하기 때문에 증오범죄만을 중벌하는 것은 옳지 않다고 주장한다.

그러나 증오범죄에 관한 법률을 찬성하는 사람들은 이 법률이 표현의 자유를 행사한다고 사람을 처벌하는 것이 아니라 범죄의 경중을 평가할 때 종종 고려되는 요소인 범죄활동에 가담하는 동기 때문에 처벌하는 것이어서 결코 표현의 자유와 관련된 헌법과 어떠한 충돌이나 갈등이 있을 수 없다고 반박한다. 이들 주장자들은 특정 범법자가 편견적 동기를 가지면 피해자와 사회에 대한 폐해가 지대하기 때문에 보다 엄중한 처벌을 요할 수밖에 없다고 주장한다. 개인의 정체성(identity)의 핵심이 공격받는다면 그 사람에 대한 비인간화와 지위약화는 더욱 심각해지며 그 외에 감정적·심리적 문제들이 추가로 초래되기 쉽다고 한다. 그리고 LA 폭동과 같이 증오범죄가 발생하면 거의 대부분 보복범죄의 가능성이 증대하게 된다고 주장한다.

HOT ISSUE   증오범죄에 대한 법률적 대처

美 게이 청년의 희생 11년 만에… 성소수자 증오범죄예방법 통과

1998년 10월 7일 와이오밍대 정치학과 학생 매튜 웨인 셰퍼드(Mathew Wayne Shepard, 1977~1998)가 라라미시 외곽의 한 울타리에 묶인 채 발견됐다.

구타로 피범벅이 된 그의 얼굴에는 오직 두 줄기 눈물자국만 말갛게 남아 있었다고 한다. 그는 후개골과 관자놀이 골절, 뇌간 손상으로 수술을 받았으나 의식을 되찾지 못하고 닷새 뒤 숨졌다. 향년 21세. 그는 게이였다.

피의자는 술집에서 만난 두 청년 애런 매키니와 러셀 헨드슨이었다. 경찰 조사 결과 그들은 동성애 차별주의자로 셰퍼드에게 의도적으로 접근해 함께 술을 마신 뒤 집에 데려다 준다며 차에 태워 범행한 것으로 드러났다. 둘에게는 99년 4월과 11월 각각 감형이 불가능한 종신형이 선고됐다.

셰퍼드의 장례식장과 재판정 바깥에서는 웨스트보로 침례교회 교인들이 지옥을 운운하는 반 동성애 피켓을 들고 맹렬한 시위를 벌였고, 셰퍼드의 친구들은 하얀 천사 복장을 하고 광기의 그들을 말없이 에워싸는, 이른바 '앤젤 액션(Angel Action)'을 벌였다.

미국의 증오범죄 피해자 보호법은 1968년 마틴 루터 킹 목사 피살을 계기로 제정됐다. 하지만 인종과 피부색, 종교, 국적 등의 항목만 인정됐고 성 소수자는 보호대상에서 제외돼 있었다. 99년 와이오밍주 의회는 성소수자를 포함시킨 증오범죄예방법 제정을 추진했으나 표결에서 부결됐고, 연방법 역시 하원을 통과하지 못했다. 2007년 '매튜 셰퍼드법'이 상·하원을 통과했지만 조지 W. 부시 당시 대통령의 거부권 행사로 무산되기도 했다.

법이 통과된 것은 셰퍼드가 숨진 지 11년이 지난 뒤였다. 오바마 대통령은 2009년 10월 21일 '매튜 셰퍼드-제임스 버드 주니어 증오범죄 금지법안'에 서명했다. 제임스 버드 주니어(James Byrd Jr, 1949~1998)는 텍사스의 아프리카계 미국인으로 백인 우월주의자들에 의해 98년 6월 7일 살해됐다. 셰퍼드의 부모 데니스와 주디 셰퍼드는 98년 '매튜 셰퍼드 재단'을 설립, 성 소수자 특히 청소년 성소수자 권익운동에 앞장서 왔다. 데니스 셰퍼드는 "자녀에게 다양성을 포용하도록 가르치지 못한다면 당신은 실패한 부모"라고 말했다.

동성애자 인권운동가 존 스톨튼버그(John Stoltenberg)는 2014년 10월 가디언 인터뷰에서 "매튜가 살해되기 전 20여 년 동안의 비극적 삶을 무시한 채 그의 죽음만을 부각해 동성애자 인권운동의 상징으로 앞세우는 것은 이 사회의 다른 젊은 동성애자들을 돕는 일이 아니다"라고 말했다.

자료: 한국일보 2015년 10월 7일
http://www.hankookilbo.com/v/e08f9522bf21491fb1727739cf0475ad

유엔 "인터넷 혐오표현 인권 최대위협"…미국 등 증오범죄 예방법 잇단 제정도

국내의 경우 온라인에 다문화, 여성 등 사회 약자에 대한 혐오가 본격 나타나기 시작한 것은 비교적 최근의 일이다.

하지만 해외의 경우 오래 전부터 여러 인종과 문화가 뒤섞여 사회를 구성하고 있었던 만큼 온라인을 통한 혐오의 역사가 우리보다 좀 더 길다.

30여년 전에도 성적 지향, 인종 등에 대한 혐오 현상은 온라인에서도 성행했고, 이러한 온라인 상의 혐오가 실제 오프라인 범죄로 이어지는 비극이 잇달았다.

1984년에 반유대인 색채를 띠고 있던 단체인 '아리안 네이션(Aryan Nation)'은 유즈넷(인터넷 기반의 일종의 토론 그룹) 게시판에 소위 '암살자 명단(hit list)'을 올렸다.

이 해 이 암살자 명단에 올라있던 유대인 가운데 라디오 토크쇼 진행자인 알렌 버그가 아리안 네이션의 회원으로 알려진 한 남성에 의해 살해되는 사건이 발생했다.

1999년 미국에서는 독립 기념일 전후로 3일 동안 두 개 주를 돌아다니며 흑인 전직 대학 농구 코치와 한국인 학생이 총으로 살해당하고, 유대인 정교도 9명이 총상을 입은 사건이 벌어졌다.

범인은 벤자민 스미스라는 백인으로 밝혀졌다. 그는 백인 우월주의자 단체들의 교시를 온라인을 통해 읽으면서 인종에 대한 증오심을 키워나갔다고 말했다.

이런 사례가 잇따르자 2000년 유엔(UN)은 "인터넷에서 퍼져나가는 혐오 표현을 현대 기술의 발전이 가져온 인권에 대한 가장 중요한 위협 중 하나"로 꼽았다. 온라인 혐오 표현이 전 세계적인 사회 문제로 본격 등장하게 된 셈이다.

온라인 혐오에 대해 조사하고 있는 미국의 와이젠탈 센터는 2013년에 펴낸 '디지털 상의 테러리즘과 혐오 보고서'를 통해 "인터넷과 SNS 등에서 발견되는 혐오 표현의 양이 2012년에 비해 전 세계적으로 30%가량 증가했다"고 밝혔다.

최근 온라인 상의 혐오의 특징 중 하나는 짧은 시간에 많은 사람들이 볼 수 있는 대중성마저 띠게 되었다는 점이다. 유튜브에는 '멕시코 새끼를 죽이는 법', '게이들을 처형하라', '이슬람 쓰레기들을 살해하라' 같은 제목의 동영상이 올라왔다가 삭제되는 실정이다.

이런 세태와 관련 2009년 미국은 '증오범죄예방법(The Mathew Shepard and James Byrd Jr. Hate Crimes Prevention Act)'을 만들기에 이르렀다. 이 법은 1998년에 벌어진 사건이 계기가 됐다.

자료: 헤럴드경제 2015년 10월 14일
http://news.heraldcorp.com/view.php?ud=20151014000411&md=20151015003633_BL

5. 증오범죄에 대한 기타 대처

(1) 정부차원의 대처

현재 거의 대부분 아시아 국가들이 겪고 있는 경제위기는 곧 대량실업을 피할 수 없고, 반면에 미국을 비롯한 선진 국가들의 경제적 호황은 경제적 어려움을 피하기 위한 이민을 증대시킬 수밖에 없다. 물론 아직은 아니지만 바로 얼마 전까지만 하더라도 우리 사회도 많은 외국인 근로자를 필요로 하였다. 이러한 상황들이 앞으로 편견에 의하여 동기지어지는 각종 범죄행위의 증대를 예견케 하고 있다. 나아가 하나의 편견에 의해 동기부여된 단일 사건이라도 대규모 폭력과 파괴 사태의 도화선이 될 수도 있다. 그래서 문화적, 인종적 갈등 등에 대한 이해를 증진시키고 각종 증오범죄문제를 측정하고 예방하며, 편견에 따라 범행하는 범법자들을 사법절차에 회부하며, 그리고 피해자에게는 지원과 지지를 제공해 줄 수 있는 새로운 전략을 수립하도록 요구받고 있다.

미국의 경우, 1995년 현재 39개 주에서 각종 편견으로 동기지어진 폭력이나 위협을 규제하는 법을 제정하였고, 19개 주는 증오범죄에 관한 자료의 수집을 의무화하는 법안을 만들기도 하였다. 한편, 일부 법집행기관에서는 주로 국제 경찰장 협회(International Association of Chiefs of Police)가 제시한 모형에 기초하여 증오범죄에 관한 새로운 전략과 정책을 입안하기도 하였다. 또한 의회에서도 증오범죄와 폭력에 대처하기 위한 방안을 강구하였는데, 예를 들어 각 주의 비행예방 프로그램은 증오범죄에 대처하기 위한 부분을 포함하도록 요구하였으며, 증오범죄의 가해자와 피해자 그리고 범행 자체의 특징을 파악할 수 있는 방안을 강구하도록 요청하기에 이르렀다.

그 밖에 미국 교육부에서는 증오범죄를 감축하고 예방할 수 있는 혁신적인 전략을 개발하고 집행하는데 200만 달러를 계상하였고 법무부에서도 청소년에 의한 증오범죄의 처우와 예방을 위한 학교교육과정을 개발하고 증오범죄에 관련된 경찰관이나 법집행관과 피해자 지원전문가들의 증오범죄에 대한 대처를 증진시키기 위한 훈련교범을 개발하는데 연구비를 책정하였다. 또한 1994년에는 증오범죄의 양형에 관한 법이 만들어져서 미국 양형위원회로 하여금 증오범죄에 대한 처벌을 강화하도록 요구하였고, 한 연구 프로젝트는 각급 법집행 기관으로 하여금 증오범죄에 관한 자료와 정보를 최대한 수집할 것을 제안하기도 하였다.

(2) 조직적 대처

미국에서는 지난 수년 동안 각종 공익단체나 조직들이 정부기관과 손잡고 또는 독자적으로 증오범죄에 관한 법을 제정하고 기존법이 집행을 향상시키며, 증오범죄 사건을 추적하여 기소하고 그리고 더 이상의 증오범죄의 확대를 예방하기 위하여 힘써 왔다. 반명예훼손연맹(Anti-Defamation League)에서는 다양한 유형의 증오범죄 교육 프로그램을 개발하여 운영하였으며, 한편으로는 각급 법집행 기관의 전문가들에 대한 교육모형을 개발하기 위하여 노력하였으며, 정부와 의회로 하여금 이들 교육훈련 프로그램에 대한 재정적 지원을 촉구하기도 하였다.

거의 모든 사회문제에 대해서도 마찬가지이지만, 증오범죄 문제에 있어서도 종교집단의 노력과 영향력이 적지 않았다. 이들 종교집단에서는 인종적 또는 문화적 차이와 그로 인한 상호 간의 이해와 인내의 필요성을 인식하고 교회에 기초한 문화적 다원주의를 설명하고 종교인들로 하여금 인종 간의 갈등을 이해하도록 촉구하였다.

한편, 일부에서는 증오범죄에 대처하기 위한 연계망(Network)의 구성을 제의하였다. 이들은 증오범죄를 해결하기 위해서는 정부, 기관, 그리고 각종 단체가 연합회, 네트워크 또는 협회 등을 조직하여 자원, 권리, 그리고 서비스 등에 관한 정보를 종합적으로 제공하는 기능을 다해야 한다고 주장하였다. 그 한 예로서 캘리포니아주에서는 공공인간관계기관협의회(Association of Official Human Relations Agencies)를 구성하여 증오범죄에 대처하고 있다.

증오범죄의 해결을 위해서는 무엇보다도 증오범죄에 대한 정확한 이해가 중요하며, 이를 위해서는 증오범죄에 대한 통계와 자료의 철저한 수집과 관리가 필요하다. 미국에서 이러한 노력을 가장 많이 하고 있는 뉴저지주는 편견에 의한 폭력을 밝혀내고 증오범죄에 관한 법을 집행하기 위하여 두 가지 접근법을 쓰고 있다. 주 경찰에서는 해마다 군별 자료를 수집하여 매년 편견에 의한 사건 보고서를 발간하고, 법집행기관에는 증오범죄의 수사와 기소에 필요한 교육훈련과 같은 도움을 제공한다.

한편, 다른 대부분의 범죄사건에서도 마찬가지이지만 증오범죄에서도 신고된 사건에 대한 즉각적이고 효과적인 출동이나 대처가 중요하다. 즉, 즉각적인 경찰의 출동은 경찰이 증오범죄의 신고를 신중하고 심각하게 다루고 있음을 지역사회에 보여주는 것이기 때문이다. 이는 바로 잠재적인 피해자나 기존의 다른 피해자에게는 신고를 권장하게 되고 잠재적인 가해자에게는 일종의 경고가 될 수도 있기 때문이다. 그러나 증오범죄의 경우 피해자가 보복을 두려워하거나 당황하여 신고를 머뭇거리게 된다. 이를 보완하기 위하여 지역 사회 내 공익단체 등이 일종의 연계망을 형성하여 피해자를 지원하고 신고를 독려하고 있다.

　　현재 우리 사회의 참여연대의 사법감시활동과 같이 증오범죄에 대한 사법감시가 필요하다. 일반 시민들이 사법부의 편견적인 재판과 판결을 철저하게 지켜보아야 한다는 것이다. 규칙적으로 각급 법원이나 판사들의 재판결과를 검토, 분석하여 그 결과를 공개하고 그에 대한 공청회 등을 개최하여야 한다. 그러나 이러한 감시활동이 효과적이기 위해서는 편파적이어서는 안 되며 특정 사건의 결과가 아니라 법원이나 판사에 대한 전반적인 평가가 되어야 한다.

(3) 기타 전략

　　증오범죄가 신고되지 않고 있다는 사실이 증오범죄 그 자체만큼이나 좋지 않은 것으로 인식되고 있다. 우선 신고되지 않음으로써 증오범죄의 실상을 파악할 수 없게 되고, 범법자들로 하여금 그들의 범죄활동을 지속하게 되며, 다른 사람들이나 동료들에게는 유사한 행위를 하도록 부추길 수 있다. 그러나 법집행관들이 증오범죄로 규정하고 이에 대처하고 그 결과를 기록할 수 있도록 보고하게끔 훈련된다면 증오범죄가 실제로 더 많이 파악되고 대응하게 되며 기소되는 결과를 초래할 것이다. 특히 악명 높거나 널리 알려진 증오범죄가 신고된다면 다른 피해자와 목격자도 신고하도록 자극하게 되어 더 많은 증오범죄가 보고되는 일종의 세류효과(trickle up effect)를 가져다준다. 이러한 세류효과는 바로 경찰관으로부터 시작된다. 경찰이 증오범죄를 파악하고 그렇게 규정하여 적절하게 대처하고 보고한다면 검찰에서도 기소를 위하여 더욱 강력히 대처하게 되고 법원에서도 그에 상응한 양형을 선고하도록 많은 감시와 눈초리를 피할 수 없게 된다. 잠재적인 증오범죄자가 이러한 체계적이고 효과적인 처리지침이나 절차 또는 체계와 널리 알려진 사건이 엄중하게 처벌되는 것을 안다면 증오범죄는 더 많이 신고되고 처리될 것이며 따라서 더 많이 예방되거나 억제될 수 있을 것이다.

　　따라서 편견에 의한 범죄의 정보와 자료를 수집하고 적절하게 대응하는 것은 피해자로 하여금 자신의 문제에 대하여 다른 사람들이 알고 있다고 느끼게 하며, 피해자 부조를 받을 수 있는 기회를 만들게 되며, 과거 같으면 경찰에 신고하지 않을 사람들까지도 신고하도록 하며, 조기 개입이 가능하도록 경찰에게는 잠재적인 위험지역에 관한 정보를 제공해 주고 일반 시민들의 인지 정도를 높여주기도 한다.

제 2 절 스토킹(Stalking)

1. 개 관

스토킹이라고 함은 개별행동이라기보다는 일반적으로 개별적으로 취해진다면 합법적일 수 있는 일련의 행동으로 이루어진 범죄활동의 형태라고 할 수 있다. 예를 들어 꽃을 보낸다거나 연애편지를 보내고 직장 밖에서 기다리는 것은 각각의 행동이 그 자체만으로는 범죄적이지는 않다. 그러나 이들 행동이 공포감이나 부상을 심어줄 의도와 결합하게 되면 불법적인 행위의 유형이 될 수도 있는 것이다.

가정에서는 스토킹(Stalking)이 여성이 남성과의 관계를 끝내고 그 남자를 떠나려고 할 때 발생하는 것이 전형적이라고 한다. 즉, 여성의 거절을 받아들이고 용납할 수 없으며, 여성을 떠나게 할 의사가 없는 남성이 여성의 뒤를 추적하고 위협하며, 괴롭히거나 폭행하기 시작한다. 이 경우, 소위 말하는 '결별폭행(separation assault)'이라는 말이 이러한 행위를 설명하는 데 이용되기도 한다.[7]

1990년 미국에서 처음 스토킹금지법이 제정되기 전에는 법집행기관에서 스토커들에 의해서 위협당하던 여성들을 돕기 위한 노력에 많은 지장을 받는 것으로 느꼈다. 범법자가 실제로 여성에게 무엇인가를 할 때까지는 상처로부터 여성을 보호할 수 있는 적절한 법이 없었기 때문이다. 그러나 여성에 대한 폭력의 심각성과 특성을 이해함으로써 여성에 대한 폭력을 금지하는 법률이 제정되게 되고 따라서 스토킹범죄라고 하는 범죄행위까지도 관심의 대상이 되고 법으로 규제하게 되었다. 물론, 가정폭력의 경우와 마찬가지로 성별과 무관한, 즉 남녀 모두가 가해자도 피해자도 될 수 있지만 아직은 대부분의 경우 스토커 또는 폭력자가 남성이고 그 피해자가 여성인 것으로 논의되고 있다.

이 표적범죄가 일반의 관심을 끌게 된 것은 물론 미국의 여배우인 Rebecca Schaffer가 그녀를 추종하던 남성 팬에 의하여 살해된 사건이 계기가 되었다. 이 사건으로 거의 모든 대중매체

---

7 M. R. Mahoney, "Legal images of battered women: Redefining the issue of separation," *Michigan Law Review*, 1990(1): 1–95.

가 스토킹(stalking)범죄와 그 무서운 결과, 피해자가 겪게 되는 무시무시한 무력감 등을 기사화하여서 세상의 관심을 끌기 시작하였지만, 이 범죄의 피해자가 결코 유명인만이 아니라 거의 모든 여성에 해당되어 가학적인 남성과의 관계를 끝내려는 거의 모든 계층과 직업의 여성에게 공통적인 문제라고 할 수 있다. 일부에서는 80% 이상이 가정에서 발생한다고 주장한다.[8] 그러나 어느 정도의 경우 가해자와 피해자가 근친관계였는지 폭력피해자 등 성폭력피해 여성의 어느 정도가 사건 전에 스토킹당하고 추적당하였는지 또는 어느 정도의 스토킹이나 추적범죄가 가정폭력과 중복되는지 등에 관해서는 아직 자료의 미비로 분명치는 않다.

2. 스토킹범죄의 법률적 논점과 특성

아주 최근까지만 해도 경찰은 합법적이지만 위협적인 방법으로 행동하는 사람을 체포할 권한이 거의 없었다. 심지어 용의자가 피해자의 뒤를 따라 다니고 증오하는 우편물을 보내고 또는 위협적인 방법으로 행동할지라도 경찰에서는 별다른 법률적 수단을 갖고 있지 못하였다. 그러나 오늘날 법집행관리들은 용의자를 체포해야 할 것인가를 결정하는 데 도움이 되는 스토킹방지법규를 활용할 수 있게 되었다. 이와 함께, 스토킹행위에 대한 범죄화는 법집행관리들로 하여금 스토킹행위에 내재된 위협의 정도나 수준을 평가하는 데 도움이 되는 기술의 발전을 자극하게 되었다.

(1) 스토킹과 스토커의 특성

물론 모든 스토킹범죄가 상이하고 동일한 사건의 내용들도 다양하지만, 한 가지 분명한 것은 스토커의 행위가 시간이 갈수록 그리고 횟수가 늘어날수록 점점 더 위협적이고 심각하며 폭력적이게 되는 것이 전형이라고 한다. 스토킹활동은 일반적으로 초기에는 성가시고 약을 올리는 정도지만 합법적인 것에서 시작하여 위협적이고 위험하며 폭력적이고 잠재적으로는 치명적인 행동 수준까지 상승하게 된다.

① 현재 또는 과거의 근친관계: 관련된 당사자들이 현재 결혼관계에 있거나 이혼한 부부, 현재 또는 과거의 동거자인 경우이며 대부분 가정폭력의 이력을 갖고 있기 쉽다. 실제로 한 조사결과에 의하면, 보고된 사례의 대부분이 과거 근친관계에 있었던 사람끼리 일어난 것이었다.[9]

---

8 New York Times, "New laws address old problem: The terror of a stalker's threats," February 8, 1993, 142(5): A1.

② 친지 등 아는 사이: 스토커와 피해자가 서로 잘 알고 있거나 공식 또는 비공식적으로 관련이 있는 경우이다. 예를 들어 몇 번의 데이트를 한 사이라던가 또는 서로 이야기를 주고받았던 적이 있거나 또는 직장동료이거나 과거 직장동료 등이 여기에 속한다.

③ 낯선 사람: 스토커와 피해자가 서로 전혀 알지 못하는 낯선 관계이다. 유명인사나 공인을 대상으로 하는 경우가 대부분 여기에 해당된다.[10]

그렇다고 가해자와 피해자의 관계가 스토킹행위에 대하여 사법적으로 어떻게 처리할 것인가를 결정하는 데는 크게 작용하지 못한다. 그것은 양자의 관계에 상관없이 스토킹행위가 법으로 규제되는 행위이기 때문이다. 그럼에도 양자의 관계가 의미를 가지는 경우가 있는데, 그것은 경찰이나 검찰 또는 변호인 측에서 사건을 진행하게 될 때이다. 예를 들어 과거 가정폭력의 전과가 있는 과거의 근친관계가 있는 사람 간에 일어난 경우는 피해자 요구나 안전에 보다 세심해져야 할 필요가 있는 것이다.

한편, 스토킹의 동기는 접촉과 통제하려는 욕구, 망상이나 강박관념, 시기와 질투 그리고 분노 등 다양하며, 가해자와 피해자의 관계도 사실적이거나 또는 상상의 관계에서 일어난다. 가해자가 피해자에 대해서 극단적인 증오나 매력을 느낄 수 있는 것이다. 경찰에 따르면 대부분의 사건이 경찰을 접하게 되면 중단하게 되나, 상당수는 쉽게 그치지 못하는 경우가 있는데 이들은 대부분 강박관념적, 망상적 행동과 같은 인성장애를 가지고 있어 정상적인 직장을 가지거나 정상적인 인간관계를 유지하는 등의 정상적인 일상을 가질 수 있는 능력에 중대한 장애를 받고 있는 사람들이라고 한다. 이들은 상당한 시간을 자신이 표적으로 하는 사람에게 쪽지나 편지를 쓰고 피해자의 행동이나 생활을 추적하며, 피해자를 대면하거나 직면하기 위하여 여행을 하는 데 보낸다고 한다.[11]

9 J. T. Tucker, "Stalking the problems with stalking laws: The effectiveness of Florida Statutes Section 784.048," *Florida Law Review*, 1993, 45(4): 609–707.

10 P. E. Dietz, D. B. Matthews, D. A. Martell, T. M. Stewart, D. R. Hrouda, and J. Warren, "Threatening and otherwise inappropriate letters to members of the United States Congress," *Journal of Forensic Sciences*, 1991, 36: 1445–68 and "Threatening and otherwise inapproapriate letters to Hollywood Celebrities," *Journal of Forensic Sciences*, 1991, 36: 185–209.

11 M. A. Zona, K. K. Kaushal, and J. Lane, "Comparative Study of Erotomania and Obsessional Subjects in a Forensic Sample," *Journal of Forensic Sciences*, 1993, 38: 894–903.

(2) 스토킹의 법률적 요소

1) 행위의 연속성

스토킹이 법률적으로 고려되기 위해서는 일회성 또는 단발성이 아닌 일련의 스토킹행위가 연속적으로 이루어져서 종합적으로 보아 일정한 행동유형을 보여주는 것을 전제로 하고 있다. 물론 여기서 스토킹행위를 원치 않는 대화 등 구체적인 행동에서 희롱 등의 보다 포괄적인 행동에 이르기까지 다양하게 규정하고 있지만 이러한 행위들이 최소한 두 번 이상 연속적으로 행해질 때 스토킹범죄로 규제한다는 것이다.

2) 위협의 요건

대부분의 경우는 스토커가 피해자에게 합리적인 사람이라면 누구나 두려움을 느끼게 되는 정도나 방법으로 행동하거나 위협을 가할 것을 요하고 있다. 그러나 이러한 위협의 요건이 반드시 문서나 구두로 이루어지는 것만은 아니다. 예를 들어 피해자에게 검은 장미를 보내고 손으로 권총을 겨냥하거나 집 앞에 동물의 시체를 배달시키는 것 등으로도 위협을 가할 수 있다. 일부에서는 위협을 한 다음 그 이상의 행동에 가담할 것을 요하기도 한다.

3) 스토커의 의도

스토커가 형사처벌되기 위해서는 피해자에게 공포를 야기하려는 범죄적 의사, 즉 범의가 있어야 한다. 스토킹범죄자의 행동이 반드시 의도적이고 목적이 있으며, 의식적이고 인지적이어야 한다. 그러나 공포를 초래한 행동을 할 의사가 있었다면 공포를 야기할 의사가 있었다는 것을 증명할 필요는 없다. 일반적으로 용의자의 행동으로 피해자가 어느 정도 공포나 두려움을 갖게 된다면 그것으로 범죄의 의사라는 요소는 충족된 것으로 간주되고 있다.

(3) 스토킹범죄의 실태

스토킹에 대한 과학적인 정보나 자료는 범죄의 심각성이나 대중매체의 관심 및 시민의 우려에도 제한적인 것이 사실이다. 따라서 미국 법무부가 전국적으로 조사하였던 실태조사보고서를 기초로 현재 미국 내의 스토킹범죄의 현황과 몇 가지 특징을 기술하면 다음과 같다.[12]

---

12 Patricia Tjaden, *The Crime of Stalking: How Big Is the Problem?*, Washington, D.C.: U.S. Department of Justice, 1997.

1) 정　　도

조사결과 스토킹범죄가 생각했던 것보다 그 정도가 훨씬 심각한 것으로 밝혀졌다. 조사 대상자 중 8%의 여성과 2%의 남성이 생애 중 한 번 이상 피해를 경험하였다고 대답하였다. 이 수치를 미국의 성인인구에 대비하면 무려 820만 명의 여성과 2백만 명의 남성이 생애 중 한 번 이상 피해를 당한 경험이 있는 것으로 간주된다.

2) 가해자와 피해자의 특성

대부분의 경우 피해자가 가해자를 개인적으로 아는 것으로 알려지고 있다. 여성 피해자일수록 현재 또는 과거의 배우자 등 근친관계에 있는 가해자로부터 당할 가능성이 더 높아서 여성 피해자에 의해서 파악된 가해자의 21%만이 낯선 사람이었다. 반면에 남성 피해자는 낯선 사람이나 친지에 의해서 피해를 당하는 경우가 더 높았다. 한편 전체 가해자의 87%가 남성이었으며, 여성 피해자는 주로 가해자 혼자에 의한 것이었으나, 50%의 남성 피해자는 통상 친구 등과 공동으로 가해진 경우였다. 또한 대부분의 피해자는 스토킹이 처음 시작되었을 때 18세에서 29세 사이의 젊은 여성이었으며, 여성 피해자가 전체의 80%를 차지하였다.

3) 행위의 특성

남녀 피해자 모두가 가해자들이 비록 자신에게 심각한 위협은 가하지 않았을 지라도 공포를 초래하는 행동을 하였다고 응답하였다. 구체적으로 45%의 피해자가 공공연한 위협을 당하였으며, 75%의 피해자는 스토킹을 당하였고 30%는 피해자의 재물을 손괴하였으며, 10%는 피해자의 애완동물을 죽이거나 죽이겠다고 위협한 것으로 조사되었다.

4) 피해자의 인식

전형적인 여성 피해자는 가해자가 자신을 통제하고 놀라게 하고 또는 관계를 지속하기를 원하기 때문에 자신을 가해한 것으로 생각하고 있었다. 근친관계에서 일어난 스토킹의 60% 정도가 그 관계가 끝나기 전에 시작되었다는 사실이 이를 잘 대변해 주고 있다. 그러나 남성 피해자는 통제와 위협을 가해자의 동기로 여기는 것으로 조사되었다.

5) 피해의 결과

물론 대부분의 스토킹이 1－2년 내에 끝나는 것으로 알려지고 있지만, 피해자들은 그 이후에도 오랜 동안 사회적·심리적 후유증을 겪게 된다고 한다. 피해자의 1/3이 심리적 조치를 받았으며, 1/5은 직장을 쉬거나 휴가 등을 얻어야만 하였으며, 그들 중 7%는 직장에 복귀하지 못하였다고 한다. 스토킹이 끝난 이유에 대하여 20%가 자신이 이사를 했기 때문이라고 답하였으며, 15%는 경찰이 개입하였기 때문이라고 응답하였고 또한 가해자가 새로운 배우자나 여자 또는 남자 친구가 생겼을 때 끝나는 경우도 적지 않은 것으로 알려지고 있다.

(4) 스토킹에 대한 개입

1) 체포 및 보호 명령

현재 대부분의 스토킹금지법규는 공포를 야기하고자 하는 악의적인 목적이 있다는 증거와 행동만으로도 충분히 체포할 수 있도록 규정하고 있다. 즉, 경찰이 더 이상 피의자가 실제로 무언가를 행동으로 옮기기를 기다릴 필요가 없이 적어도 일시적으로 또는 때로는 영원히 그러한 행동을 하지 못하도록 체포할 수 있게 되었다. 피의자를 체포함으로써 피해자가 안도할 수 있는지 여부는 대체로 피의자와 피해자의 관계, 피의자의 동기와 정신상태, 그리고 기소가능성 등과 같은 제 요인에 따라 결정된다. 피의자를 체포한 후에도 검찰에서는 피의자로 하여금 피해자에게 접근하지 못하도록 하는 등의 엄격한 재판 전 석방 조건을 부과하도록 법원에 요구할 수도 있다. 이처럼 피의자를 체포하도록 하는 정책이 항상 일관적으로 집행되지는 않으며, 또한 그 효과에 대해서도 일치된 결과가 있지도 않기 때문에 이 부분에 대한 계속적인 연구를 필요로 하고 있다.[13]

일반적으로 제지명령으로 알려지고 있는 보호명령은 특정인이 또 다른 특정인을 접촉하거나 가까이 접근하지 못하도록 하는 것이다. 이 보호명령을 위반하면 벌금을 부과하거나 심지어 구금하는 등의 처분을 가하기도 한다. 보호명령이 스토킹범죄에 대한 첫 번째 공식적인 개입이라고 할 수 있다. 보호명령을 발동함으로써 피의자에게 자신의 행위가 상대방이 원치 않고 있으며 그럼에도 불구하고 그 행위가 계속된다면 더 심각한 조치를 취할 수도 있다는 경고가 되는

13 Lawrence W. Sherman and Richard A. Berk, "Specific deterrent effects of arrest for domestic assault," *American Sociological Review*, 1984, 49(2): 261－272.

것이다. 그러나 실제는 제지명령이 부과된 피의자에 의하여 보호명령을 받은 피해자가 살해되거나 상해를 입은 후에나 경찰의 손이 미친다는 사실에서 알 수 있듯이 보호명령의 집행은 매우 어려운 것으로 알려지고 있다.

2) 협동적 접근

대부분의 여성을 상대로 한 폭력사건은 다른 형사사건에서는 없는 어려움이 따르고 있다. 많은 경우, 가해자와 피해자의 관계가 사건처리를 어렵게 하며 어떻게 처리하는 것이 최선의 방법인지를 찾아내기가 어렵고 가해자를 어떻게 기소할 것인가, 또는 피해자에게 어떠한 서비스를 어떻게 제공할 것인가를 결정하는 것이 어렵다. 그러나 한 가지 분명한 것은 형사사법기관, 사회봉사나 복지기관, 보건의료기관, 그리고 기타 유관기관의 협동적인 접근이 여성에 대한 폭력범죄를 다루는 데 있어서 가장 중요한 전제라는 사실이다. 이처럼 협동적이고 다학문, 다학제적 기제가 바람직한 것은 이들 유관사회기관들이 상호 밀접하게 공동으로 협동적으로 노력할 때 범죄를 예방하고 피해자를 보호하며 돕는 데 가장 효과적이라는 일반적인 사실에 기초하고 있다. 그것은 형사사법기관을 비롯하여 어떠한 기관이라도 혼자서는 제대로 대처할 수 없기 때문이다.

3) 지역사회경찰활동(Community policing)

지역사회경찰활동은 시민이 경찰에 도움을 요청한 다음에야 대응하는 식의 사후반응적·대응적 활동이 아니라 문제를 해결하기 위해서 사전예방적 노력을 취해야 한다는 인식에 기초하고 있기 때문에 스토킹범죄나 기타 가정폭력에 대처하는 효과적인 수단이 되고 있다. 지역사회경찰활동은 지역사회의 문제를 찾아내고 그 문제를 해결하기 위한 전략을 강구하며, 전략에 대한 효과를 평가하기 위하여 지역사회와 경찰의 동반자관계를 강조하고 있다. 스토킹과 같은 여성에 대한 폭력에 대처하기 위한 지역사회경찰활동은 각종 기록을 철저히 관리하고 보호명령을 받을 수 있도록 조치하며, 신고자나 피해자를 위한 은신처나 쉼터를 마련하는 등의 노력을 게을리 하지 않아야 한다.

4) 위험의 평가

일부 스토킹피의자는 위협을 하지만 결코 실제 행동으로 옮길 의도는 갖고 있지 않으며, 사실 피해자나 표적대상자에게 위협을 가하지 않는 경우가 많다. 반대로 일부 피의자는 피해자에게 위협을 가하지 않으면서 실제로는 매우 심각한 위험을 가하는 경우도 있다. 바로 여기서 이러한 두 가지 유형의 피의자를 구별할 필요가 있는데, 이를 위해서는 매우 전문화된 지식과 기술을 요하게 된다. 따라서 가능한 미래의 폭력범죄에 대한 정보나 우려를 인지하게 되면 정확한 위협과 위험성을 평가하고 그에 대한 적절한 조치를 취하기 위해서 도움이 되는 수사기술이나 기법과 접근방법 등이 강구되어야 한다.[14]

사건의 관리, 위험수준을 평가하기 위한 증거의 수집, 그리고 행위개요의 파악 등이 바로 적절한 개입에 반드시 필요한 조치들이다. 예를 들어 동일한 가해자와 피해자 간의 다른 사건에 서로 다른 경찰관이 출동하여 사건을 맡아서 처리한다면 이들 사건이 완벽하게 서류로 기록되어 관리되지 않는 한 별개의 사건으로 처리될 수도 있는 것이다. 이러한 문제를 피하기 위해서 심지어 범행의 증거가 분명치 않더라도 기록을 남기도록 할 필요가 있는 것이다.

5) 자료의 수집

예방과 사후처리를 위해서도 기록의 유지와 관리는 중요하지 않을 수 없다. 관계기관에서 일정한 서식을 마련하여 피해자로 하여금 스토킹에 대한 기록을 하고 관계기관에 신고할 수 있도록 할 필요가 있다. 피해자가 사건의 장소와 일시, 담당경찰관의 소속과 성명, 그리고 증인이나 증거물에 관한 정보 등을 기록하도록 해야 한다. 이를 위해서 서식과 안내책자 등을 각급 학교, 병원, 경찰관서, 직장, 사회복지기관, 쉼터 등에 비치하면 좋을 것이다. 이렇게 함으로써 피해자들에게 자신이 필요한 서비스를 받을 수 있는 기관이나 방법 또는 자원의 소재 등을 알 수 있게 해주며, 이러한 문제에 대한 사회적 인식을 제고시킬 수도 있고 한편으로는 잠재적 가해자에게는 경종을 울릴 수도 있는 것이다.

---

14 R. A. Fein, B. Vossekuil, and G. A. Holden, *Threat Assessment: An Approach to Prevent Targeted Violence*, Washington, D.C.: U.S. Department of Justice, 1996.

HOT ISSUE   스토킹

전 여자친구 스토킹 끝 살해, 자살로 위장한 명문대생 구속

헤어진 전 여자친구를 스토킹 끝에 살해한 명문대생이 범행 3개월 만에 구속됐다.

서울 성북경찰서는 전 여자친구인 A씨(21)를 목 졸라 살해한 혐의(살인)로 고려대 2학년생 이모씨(20) 를 구속해 지난 6일 검찰에 송치했다고 11일 밝혔다.

이씨는 지난해 12월7일 오후 3시30분쯤 서울 성북구 안암동에 있는 전 여자친구 황모씨(21)의 하숙집 에 찾아가 황씨를 목졸라 살해한 뒤 휴대전화 충전기를 목에 감아 자살한 것처럼 위장한 혐의를 받고 있다.

같은 과 동기인 두 사람은 2012년 10월부터 약 1년간 사귀다 헤어졌다. 결별 이후 황씨에게는 새로운 남자친구가 생겼지만 이씨는 "왜 안 만나주느냐", "사귈 때 잘해주지 않았느냐"며 황씨 주위를 떠나지 않았다.

사건 발생 당일에도 이씨는 서울 안암동에 있는 A씨의 하숙집 앞을 지키고 서 있다 기말고사를 치르고 돌아오는 황씨를 뒤따랐다.

황씨가 "방에서 나가지 않으면 소리 지르겠다"고 말하자 이씨는 황씨의 목을 5분 동안 졸라 살해했다. 이씨는 자신의 범행을 감추기 위해 황씨의 목에 휴대폰 충전선을 감아놓고 담요를 가슴까지 덮어두는 등 자살로 위장하는 용의주도함을 보였다.

경찰은 부검만으로는 자살인지 타살인지 구분할 수 없다는 국립과학수사연구원의 부검 결과를 통보받 은 뒤 타살을 염두에 두고 수사를 벌인 끝에 범행을 밝혀낼 수 있었다.

황씨의 손톱에서 나온 DNA가 이씨의 것과 일치한다는 국과수 분석 결과가 나오자 경찰은 지난 2일 경기 오산시 이씨 집에서 이씨를 검거했다.

한편 명문대생 구속 사건의 전말이 공개되자 네티즌들은 "세상이 무섭다 무섭다 했더니 별 일이 다 있네" "명문대생 구속, 스토킹하다 살해하다니 정말 끔찍하다" "삼가 고인의 명복을 빕니다" "명문대생 구속 사건, 충격적이다" 등의 반응을 보였다.

자료: 뉴스핌 2014년 3월 12일
http://www.newspim.com/news/view/20140312000134

쫓아다니던 남성 결박후 살해

　　20대 여성이 수개월 동안 자신을 쫓아다니며 괴롭힌 40대 남성을 살해한 혐의로 경찰에 붙잡혔다. 경남 김해중부경찰서는 A씨(23)를 살인 혐의로 구속했다고 18일 밝혔다. A씨는 지난 15일 오후 7시께 김해 자신의 집에서 B씨(43)를 흉기로 찔러 숨지게 한 혐의를 받고 있다. B씨가 지난 6개월간 A씨에게 전화나 휴대폰 문자메시지 등을 통해 '만나자'고 요구하며 스토킹을 해 온 것으로 알려졌다. A씨는 B씨에게서 많게는 하루 10여 차례 '보고싶다' '사랑한다' 등을 담은 문자메시지와 전화를 받았다.

　　사건 당일 A씨는 B씨에게 "묶여 있어도 괜찮다면 집에 들어오게 해주겠다"고 한 뒤 "알았다"며 집에 들어온 B씨를 식탁 의자에 묶었고 이후 흉기로 B씨를 살해했다.

　　A씨는 범행 후 '사람을 죽였다'며 스스로 경찰에 자수했다.

　　B씨는 6개월 전 A씨 어머니가 운영하는 미용실에 이발하러 갔다가 A씨를 알게 된 뒤 계속 스토킹을 한 것으로 알려졌다. B씨와 A씨 어머니는 봉사활동을 하며 알게 된 사이였다. 경찰 관계자는 "A씨가 평소 우울증을 앓고 있었다"며 "우울증 약은 먹었지만 정신질환에 대한 판정을 받은 적은 없다"고 말했다.

자료: 매일경제 2016년 1월 18일
http://news.mk.co.kr/newsRead.php?no=48473&year=2016

제 3 절　교제 폭력(Dating Violence)

　　근친 관계, 가족 간의 폭력 혹은 가정 폭력은 학문과 세상으로부터 상당한 관심을 받았지만, 비교적 최근에 와서야 새로운 하나의 사회문제로 등장하고 있는 교제 중인, 적어도 일방의 주장으로, 연인 간의 폭력, 즉 교제 폭력은 이제야 관심의 대상이 되고 있다. 그러나 지금까지는 관련 연구 결과들이 교제 폭력의 피해자에게 낮아진 자아-가치감(self-worth), 높아진 자기-비난(self-blame), 인지 장애(cognitive impairment), 더 낮아진 자아-존중감(self-esteem), 직무 수행의 어려움, 우울, 분노, 약물 남용, 만성 위장 질환과 심혈관 질환, 그리고 부상 등을 보인다고 주장하고 있을 만큼 이 문제에 대한 심각성을 경고하고 있다. 문제의 부작용은 여기서 그치지 않고, 교제 폭력을 겪은 이력을 가진 피해자는 종종 문제를 효과적으로 해결하는 능력이 줄어들었고, 교제 폭력을 경험하지 않은 사람에 비해 열등한 소통 기술을 보이기도 하며, 폭력이 파트너에게 영향을 미치고, 관계 상황, 여건에서 통제력을 얻을 수 있는 성공적이고 평범하고 보편적인 방법이라고 믿는 신념도 발전시키게 된다는 증거도 제시되고 있다. 실제로, 아동기 열등한 소통 기술이 후에 근친 파트너에 대한 폭력 자행을 예견하는 것이고, 파트너 간의 부정적 소통이 관계상의 폭력을 증대시킬 수 있다는 것을 보여주는 연구와 증거들이 있다고 한다. 더 큰 문제는 이런 형태의 폭력은 결국에는 대부분의 경우 여성이 살해되는 살인으로까지 이어진다는 점이다.[15]

교제 폭력은 보다 광의의 관점에서 보면 관계의 범죄, 관계 폭력 중의 하나에 속한다고 할 수 있는 것으로, 일정 수준의 해를 야기하여 다른 사람을 물리적으로, 성적으로, 또는 심리적으로 통제하고 지배하려는 시도라고 할 수 있다. 물론 여기서 해(harm)는 때리거나 밀치거나 하는 물리적이고, 동의하지 않은 성이나 원하지 않는 만짐 등 성적이고, 자신이나 파트너를 소외시키거나 시키겠다는 위협 등 심리적 공격으로부터 초래될 수 있다. 이러한 규정에서 그러한 행위들이 종종 두 사람이 가까운 관계에 있다는 이유로 무시, 경시되거나 덜 중요하게 여겨진다는 점에서 관계, 관계성(relationship)이라는 관점이 핵심이라고 할 수 있다. 이런 유형의 폭력이 성인의 경우에는 남성이 가해자이고 여성이 피해자로 정형화되고 있지만, 청소년의 경우에는 성별 차이가 특별하지 않다고 한다.[16]

1. 교제 폭력의 개념 규정

교제 폭력의 이론을 논하기 전에, 교제 폭력, 공격의 구성에 대한 개념적, 규정적 관점을 탐색할 필요가 있다. 사실, 교제 폭력과 관련된 연구를 실시하고, 그것을 다시 다른 표본과 장소와 시간에 되풀이, 반복하고, 이해하는 것이 매우 어려운 관계로 교제 폭력의 정의, 규정에 대한 합

---

15 R. C. Shorey, T. L. Cornelius, and K. M. Bell, "A critical review of theoretical frameworks for dating violence: Comparing the dating and marital fields," *Aggression and Violent Behavior*, 2008, 13: 185–194

16 C. Wekerle and D. A. Wolf, "Dating violence in mid–adolescence: Theory, significance, and emerging prevention initiatives," *Clinical Psychology Review*, 1999, 19(4): 435–456; B. Martin, "The transmission of relationship difficulties from onegeneration to the next," *Journal of Youth and Adolescence*, 1990, 19: 181–199; C. Wekerle and D. A. Wolf, "Prevention of physical abuse and neglect: Windows of opportunity," in P. K. Trickett and C. Schellenbach(eds.), *Violence Against Children in the Family and the Community*, New York: APA Books, 1998, pp. 339–370;

의나 동의가 부족한 것이 현실이다. 당연히, 적어도 부분적으로는 교제 중인 연인들 사이에서 일어나는 폭력의 형태, 기능, 심각성, 그리고 징후의 지나친 다양성으로 인하여 연구에서 규정되는 개념이나 정의도 너무나 다양할 수밖에 없다는 것이다. 그럼에도 가장 분명한 형태의 교제 폭력은 물리적 공격의 위험이나 행동을 통한 물리력을 함축하는 것이다. 이러한 기반에서, 다른 사람에게 고통이나 손상을 초래할 의도를 가지고 실행된 물리력이나 물리적 제재의 사용이나 위협이라고 초기에는 조작적으로 정의되었다. 그러나 최근에는 이러한 정의가 확장되어, 성적 학대와 심리적 학대도 포함하게 되었는데, 그것은 이들 성적, 심리적 학대가 종종 물리적 폭력을 선행하거나 물리적 폭력과 함께 협력하여 일어나기 때문이라고 한다. 이러한 관점에서, 최근에는 교제 폭력이 교제 관계의 상황, 여건, 맥락 안에서 결혼하지 않은 쌍의 한 사람이 다른 한 사람에게 물리적, 성적, 심리적 학대를 위협하거나 실제로 사용하는 것으로 보다 포괄적인 개념으로 규정되고 있다. 이러한 개념 규정은 물리적, 심리적, 성적이라는 세 가지 측면의 교제 폭력이 있음을 반영하는 것으로 이해되고 있다.[17]

2. 교제 폭력의 이론적 모형

흥미로운 사실은 교제 폭력의 위험 표지자, 위험 요인과 요소를 파악하는데, 그리고 예방과 개입 프로그램의 개발에 대한 연구는 상당히 많이 이루어져 왔으나, 교제 폭력의 설명을 위한 이론적 틀에 대해서는 상대적으로 소홀했다는 것이 현실이라고 한다. 성별, 아동기 공격에의 노출, 과거 피해, 대인 폭력에 대한 태도, 음주, 낮은 자기-존중과 우울 등을 포함하는 다양한 변수들이 교제 폭력과 공격에 관련된 선행요인, 중재 요인, 그리고 매개 요인으로 상정되어 왔으나, 이론적 개념화는 거의 이루어지지 않았다고 한다. 이런 이유로 인하여, 교제 폭력의 설명을 위한 이론적 틀은 기껏해야 비록 교제 폭력에 특정한 것이 아닌 기존의 대인 폭력의 설명을 위한 이론들이 원용되고 있다.[18]

---

17 F. Ismmail, H. Berman, and C. Ward－Griffin, "Dating violence and the health of young women: A feminist narrative study," *Health Care for Women International*, 2007, 28:453－477; D. B. Sugarman and G. T. Hotaling, "Violent men in intimate relationships: An analysis of risk markers," *Journal of Applied Social Psychology*, 1989, 19:1034－1048; K. M. Anderson and F. S. Danis, "Collegiate sororities and dating violence: An exploratory study of informal and formal helping strategies," *Violence Against Women*, 2007, 13: 87－100; Shorey et al., 2008, *op cit*.

18 S. F. Lewis and W. Fremouw, "Dating violence: A critical review of the literature," *Clinical Psychology Review*, 2001, 21:105－127; T. L. Cornelius and N. Resseguie, "Primary and secondary prevention programs for dating

(1) 사회학습이론

폭력 행위를 설명하는 측면에서, 사회학습이론은 교제 폭력을 이해하는 데 상당히 기여할 수 있는 잠재적으로 이론적 틀이라고 한다. 예를 들어, 사회학습이론에 기초한 폭력의 세대 간 전이(intergenerational transmission of violence)의 가설은 강압적이고 혐오스러운 대인적 행위는 자신의 출신 가정에서의 폭력적 상호 작용을 통해서 학습되는 것으로 가정되고 있다. 가정이라는 여건, 상황, 맥락에서 폭력을 목격하거나 경험하는 것은 폭력이 불만을 표현하고, 문제를 해결하고, 다른 사람을 통제할 수 있게 하는 한 잠재적으로 기능적이라는 것을 아동에게 가르칠 수 있다는 것이다. 파트너 관계에서 폭력의 사용에 대한 즉각적인 보상으로는 감소되는 갈등-관련 혐오스러움, 예를 들어 긴장감, 강제스러움의 인식과 증가하는 개인적 통제감이 포함된다고 할 수 있다. 또한 폭력은 혐오스럽고, 갈등으로 가득한 환경의 감소와 자기-효율감의 증대와 같은 즉각적인 재강화를 초래할 수도 있다고 한다. 물론 아동 학대나 세대 간 폭력이 보고되는 경우 교제 폭력의 위험성도 높다는 증거도 있기는 하지만, 그러한 증거는 제한적이고, 교제 폭력으로 이끄는 보다 더 복잡한 일련의 요인들이 존재한다는 제안들이 많다. 결과적으로, 출신 가정에서의 폭력 행위의 모형화(modeling)만으로는 추후 교제 폭력을 설명하기에는 충분하지 않으며, 따라서 이 공격성의 다양한 예측요인들을 결정하는 것이 더 중요하다는 것이다.[19]

아동기 가정에서의 경험을 통한 학습뿐 아니라, 사회학습 이론은 언론과 문화적 요소들도 대인적 폭력에 대한 개인적 이해에 설득적 영향을 미치는 것으로 알려지고 있다. 연예, 오락적 언론을 통해, 청소년들은 강제적이고 성차별주의적인 모형의 관계의 강력한 사례들을 접하게 된다. 특히 아동기 학대를 경험한 아이들이 그러한 메시지에 특별히 취약하다고 한다. 근친 관계, 성적 관계, 로맨스에 대한 청소년들의 인식은 언론과 문화 예술에 표출되는 인상, 메시지를 반영하기 시작하기 때문이라고 한다.[20]

---

violence: A review of the literature," *Aggression and Violent Behavior*, 2007, 12: 364-375; Shorey et al., 2008.

19 C. Wekerle and D. A. Wolfe, "Dating violence in mid-adolescence: Theory, significance and emerging prevention initiatives," *Clinical Psychology Review*, 1999, 19: 435-456; X. Fang and P. S. Corso, "Child maltreatment, youth violence, and intimate partner violence: Developmental relationships," *American Journal of Preventative Medicine*, 2007, 33; 281-290; J. R. Linder and W. A. Collins, "Parent and peer predictors of physical aggression and conflict managementin romantic relations in early adulthood," *Journal of Family Psychology*, 2005, 19: 252-262; V. M. Follette and P. C. Alexander, "Dating violence: Current and historical correlates," *Behavioral Assessment*, 1992, 14: 3952; Shorey et al., 2008, *op cit.*

이런 연유로, 주로 사회학습과 갈등 이론에 기초한 소위 "배경-상황 모형(Background-situation model)"이라고 불리는 교제 폭력이라는 구애 공격에 대한 보다 종합적인 이론 모형이 제안되었다. 이 모형에서 배경 요소는 사회학습이론과 일치하는 것으로 교제 폭력과 인과적으로 관련되는 변수들은 다시 갈등 해결 전략으로서 공격을 훨씬 더 쉽고 잘 수용하도록 권장, 조장하는 출신 가정에서의 폭력과 같은 배경 변수와 관계의 만족도, 소통 기술, 음주와 같은 상황 변수로 분리될 수 있다는 것이다.[21]

(2) 여성주의자 이론(Feminist theory)

여성주의 관점에서는 학대가 남성과 여성 간의 권력과 통제의 투쟁을 조장하는 근본적인 가부장적 사회체제의 결과이며, 그래서 대인적 폭력을 널리 퍼져있는 남성 지배와 여성 종속의 권력 구조의 징후, 현시라고 간주하고, 이러한 권력 불균형이 교제 관계에서의 폭력으로 이끈다는 것이다. 교제 폭력을 범하고 유지, 지속하는 것은 남성이 통제하고 여성은 종속하는 것으로 간주하도록 이끄는 가부장적 가치와 낭만주의의 결합의 결과라는 것이다. 실제로 남성이 가해자이고 여성이 피해자인 경우가 절대적이라는 현실이 이런 시각의 증거라는 것이다. 그러나 일부에서는 실제로 남성만이 아니라 여성도 적지 않게 교제 폭력의 가해자로 보고되고 있다는 지적에 대해서는 여성주의자들은 그 또한 남성 지배와 폭력에 대한 자기-방어의 행동이며, 피해자에게 공포심을 불러일으키고 피해자를 압박하고 억누르기 위해 종종 시도되는 남성 범행과는 질적으로 다르다고 반박한다.[22]

실제 연구 결과에서도 권력 불균형과 통제가 교제 폭력의 진전에 기여한다는 점을 보여주고 있다고 한다. 권력과 의존성, 종속성이 대인 관계에서의 폭력의 가능성을 증대시켰다는 것이다. 교제에 관련된 변수라고 할 수 있는 주도권, 비용 부담, 교통수단, 연령을 포함하는 권력의 지표들이 교제에 있어서 남성의 성적 공격성을 예측할 수 있었다는 것이다. 통제의 측면에서도, 여

---

20 Werkle and Wolfe, 1999, *op cit.*

21 D. S. Riggs and D. K. O'Leary, "Aggression between heterosexual dating partners: An examination of a causal model of courtship aggression," *Journal of Interpersonal Violence*, 1996, 11: 519-540

22 S. A. Lloyd, "The darkside of courtship: Violence and sexual exploitation," *Family Relations*, 1991, 40: 14-20; E. L. Hettrich and D. K. O'Leary, "Females' reason for their physical aggression in dating relationship," *Journal of Interpersonal Violence*, 2007, 22: 1131-1143; G. L. Stuart, T. M. Moore, K. C. Gordon, J. C. Helmuth, S. E. Ramsey, and C. W. Kahler, "Reasons for intimate partner violence penetration among arrested women," *Violence Against Women*, 2006, 12: 609-621; Shorey, 2008, *op cit.*

성 피해자들은 남성의 권력과 통제 동기가 그들의 범행의 원인으로 돌렸다는 것이다. 그러나 아직은 이 권력과 통제의 쟁점이나 관점이 폭력 이전에 존재하는 것인지 아니면 폭력적 범행의 자연스러운 결과인지는 분명하지 않다고 한다. 최근 이러한 여성주의 주장에 대해서 일각에서는 남성보다 많지 않다면 적어도 남성에 못지않게 많은 여성들이 자신의 남성 파트너에 대한 폭력을 가하는 것을 보여주고 있다고 여성주의 주장을 비판하고 있다. 이런 비판에 대해서 여성주의자들은 그처럼 많은 수의 여성이 남성 파트너에게 폭력을 가하는 것은 단순히 자신을 향한 남성 폭력에 대한 자기-방어일뿐이라고 반박한다. 그럼에도 여성에 의한 교제 폭력이 여성의 이런 자기-방어적인 행위보다는 다른 이유로 가해지고 있다는 주장도 제기되곤 한다.[23]

(3) 전념 이론(Attachment theory)

물론 전념이라는 용어가 사회통제이론 중 사회 유대 이론의 핵심 요소 중 하나이지만, 전념이라는 자체로도 교제 폭력의 설명이론의 하나로 여겨지고 있다. 아이들은 아동기 주보호자와의 경험에 기초하여 관계성의 정신적 표상이나 원형을 형성한다는 것이다. 이러한 관계성의 전형들이 시간이 흐름에 따라서도 비교적 일관적이고, 앞으로의 관계성에 대한 하나의 견본, 본보기가 된다고 한다. 전념 이론에 따르면, 청소년들은 이들 전형에 기초하여 교제 대상, 파트너를 선택한다는 것이다. 건강한 관계는 일관적이고 관심을 보이며 공감하는 보살핌, 돌봄의 결과인 반면, 건강하지 못한 관계는 일관적이지 못하고, 회피하고, 공감하지 못하는 아동 양육에서 나온다고 한다. 성인 대상의 연구에서도, 안정된 전념 유형을 가진 사람은 자신의 가장 두드러진 사랑 경험을 신뢰할 수 있고, 정이 넘치고, 사랑하는 것으로 기술하였던 반면에 이와는 대조적으로 불안정한 사람은 자신의 가장 중요한 사랑 관계를 시기적이고 불안정한 것으로 기술하였다는 것이다. 이러한 이론적 지향에 기초하여, 아동기 학대로 인한 불안정한 전념 형태를 가진 사람은 자신의 전념 모형이 피해자-피해를 가하는 사람(victim-victimizer), 지배-종속(dominance-dependency)의 차원을 따라 형성되기 때문에 교제 폭력에 대한 위험성이 특히 높다고 가정한다.

23 B. E. Carlson, "Dating violence: A research review and comparison with spouse abuse," *Social casework*, 1987, 68: 16-23; C. L. Muehlenhard and M. A. Linton, "Date rape and sexual aggressionin dating situations: Incidence and risk factors," *Journal of Counseling Psychology*, 1987, 34: 186-196; J. Archer, "Sex difference in aggression between heterosexual partners: A meta-analytic review," *Psychological Bulletin*, 2000, 126: 651-680; D. G. Dutton, "Female intimate partner violence and developmental trajectories of abusive females," *International Journal of Men's Health*, 2007, 6: 54-70; Hettrich and O'Leary, 2007, *op cit.*; Stuart et al., 2006, *op cit.*; Shorey et al., 2008, *op cit.*

이러한 관계성의 전형을 가진 사람은 관계성에 대한 자신의 전형적인 개념화와 일치하는 교제 관계를 지향하도록 끌릴 수 있다는 것이다. 이 이론의 한계 중 하나는 그러나 불안정한 관계성 (insecure relationship)을 가졌다고 모두가 교제 폭력을 행하는 것도 아니며, 안정된 관계성(secure relationship)의 전형을 가졌다고 교제 폭력에 전혀 가담하지 않는 것도 아니라는 점에 대한 설명 은 제대로 내놓고 있지 않다는 점이다.[24]

(4) 강제 가설(Coercion hypothesis)

교제 폭력을 포함한 관계 폭력(relational violence)은 설득이나 지속적인 주장과 같은 권력의 주장에서 물리력의 사용이나 위협과 같은 권력 남용에 이르는 일련의 대인적 강제의 연속선을 따라 폭넓게 구성된다고 한다. 분명하게 강제는 잘 학습된 하나의 전략이다. 관계에 있어서 일 관적이고 지배적인 강제력의 이용은 폭력의 가능성을 높인다는 것이다.[25]

그래서 일부에서는 매 맞는 여성이 특히 학대하는 파트너의 통제 전술을 특별히 크게 강조 한다는 점을 옹호하는 것과 함께, 근친 관계에서의 폭력 행위의 현시와 억제에 있어서 강제 과 정의 역할을 강조한다. 갈등 기간 동안, 파트너들은 서로가 상대방에게 영향을 행사하여 갈등을 분산시키도록 동기화된다는 것이다. 여기서 공격(aggression)과 고통(distress)의 행위라고 하는 두 가지 갈등 분산 전술이 이용된다고 하며, 이들 행위는 위상학적으로 구별된다고 한다. 공격은 감정적 고통과 물리적 해를 가할 의도를 가진 분노로 가득한 행동으로 개념화되는 반면에 이와 는 대조적으로 불평, 불만, 자기 폄하, 재확인, 재보장 추구 등을 포함하는 괴로운, 고통스러운 행위는 슬픔과 불행의 노골적인 대응이라는 것이다. 둘 다 상대에게 부정적인 감정적 반응, 대 응을 불러일으키며, 사회적 통제, 관계에서의 권력을 확보하고 지배를 보여주기 위한 방법이라 고 한다. 이러한 강제적 갈등 해결 전략은 고통스럽거나 공격적인 관계에서 보다 널리 퍼지고

---

24 E. Waters, G. Posada, J. Crowell and L. Keung—Ling, "Is attachment theory ready to contribute to our understanding of disruptive behavior problems?" *Development and Psychopathology*, 1993, 5: 215－224; C. hazan and P. Shaver, "Romantic love conceptualized as an attachment process," *Journal of Personality and Social Psychology*, 1987, 52: 511－522; D. Cicchetti and P. W. Howes, "Developmental psychopathology in the context of family: Illustration from the study of child maltreatment," *Canadian Journal of Behavioral Science*, 1991, 23: 257－281; J. P. Schwartz, S. M. hage, I. Bush and I. K. Burns, "Unhealthy parenting and potential mediators as contributing factors to future intimate violence: A review of the literature," *Trauma, Violence and Abuse*, 2006, 7: 206－221; Shorey, 2008, *op cit.*

25 Wekerle and Wolf, 1998, *op cit.*; Wekerle and Wolf, 1999, *op cit*

일반적이라고 하며, 여성의 이러한 고통스러운 행위는 혼인 관계의 맥락에서는 폭력을 억제하도록 기능한다는 것이다. 그러나 혼인 관계가 아닌 미혼 관계의 연인들에게 있어서 비공격적 연인에 비교하여 공격적 연인관계에서 강제적 갈등 해결 전략이 차이가 나도록 현저한지 여부가 검증되지는 않았다고 한다.[26]

(5) 행동 이론(Behavioral theories)

행동 이론이 얼마 전까지만 해도 연인 공격의 설명에는 크게 활용되지는 않았지만, 근친 관계에서의 폭력에 대한 행위적 설명을 지향하는 관심이 높아지고 있다고 한다. 학대적인 관계 행동 원리가 작동할 수 있으며, 긍정적이고 부정적인 재강화 패러다임이 미래 폭력 가능성을 증대시키도록 기능할 수 있다고 가정하는 것이다. 언어적이건 물리적이건 폭력의 범행은 피해를 당한 파트너로부터의 유형적 재강화재나 요구에 묵인하는 강화된 동조에 의해서 재강화될 수 있다는 것이다. 이런 상황은 또한 폭력의 가해자에게도 잠재적으로 재강화하는 것일 수도 있어서, 관계에 있어서 장차 폭력의 기회를 증대시킬 수 있다고도 한다. 받아들여지는 재강화의 맥락에서 보면 가벌자(처벌하는 사람)이 충분하게 작동하지 않아서 폭력적 행위가 이러한 동시적인 결과에 직면하여 지속될 개연성이 높다는 것이다.[27]

3. 교제 폭력의 예측 변수

(1) 폭력에 대한 태도

교제 관계에서 공격을 경험한 사람은 교제 폭력에 대하여 부정적인 태도를 적게 갖는 것으로 보고되고 있다. 교제 폭력의 남성 범법자들이 여성 범법자보다 폭력의 수용 정도가 더 강하다는 것을 보이지만, 비폭력 집단에서는 유사한 관계가 보이지 않았다고 한다. 남녀를 비교하면, 남성이 여성에 비해 폭력에 대한 태도를 받아들이는 것을 지지할 개연성이 더 높은 것으로 밝혀

---

26 M. A. Dutton and L. A. Goodman, "Coercion in intimate partner violence: Toward a new conceptualization," *Sex Roles*, 2002. 52: 743–756; J. katz, D. J. Jones and S. R. H. Beach, "Distress and aggression during dating conflict: A test of coercion hypothesis," *Personal Relationships*, 2000, 7: 391–402; C. Nelson and S. R. H. beach, "Sequential interaction in depression: Effects of depressive behavior on spousal aggression," *Behavior Therapy*, 1990, 21: 167–182; Shorey et al., 2008, *op cit*.

27 K. M. Bell and A. E. Naugle, "Understanding stay/leave decisions in violent relationships: A behavioral analytic approach," *Behavior and Social issues*, 2005, 14: 21–45; Shorey et al., 2008, *op cit*.

지고 있다.[28]

(2) 성-역할 태도(Sex-role attitudes)

전통적인 성 역할 태도를 적게 가진 사람일수록 폭력적인 관계에서 보내는 시간이 더 적으며, 여성의 역할에 대하여 보다 더 전통적인 태도를 견지할수록 관계에 있어서 폭력의 조기 시작과 상관관계가 있는 것으로 밝혀지고 있다. 경험적 증거도 더 전통적인 성 역할 태도가 폭력을 가하는 남성을 상당히 예측하고, 비폭력 남성에 비해 여성에 대한 더 전통적인 태도를 보여주는 학대적인 남성을 상당하게 예측하는 것으로 지적되고 있다. 전반적으로, 남성이 여성에 비해 더 전통적인 성 역할 태도를 견지하는 것으로 밝혀지기도 한다. 이처럼 남성의 전통적인 성 역할에 대한 태도와 학대의 관계로 인하여 그러한 태도가 여성은 아니지만 남성에 대한 교제 폭력의 중요한 예측 요소가 되는 것으로 기대를 받고 있다는 것이다.[29]

(3) 애정적 질투심(Romantic jealousy)

애정적 질투라는 감정이 보편적으로 교제 폭력의 발생과 관련이 있는 것으로 알려지고 있다. 실제로 질투심이 종종 교제 관계에서의 공격적 행위로 이끄는 갈등의 원천, 근원으로 지목되고 있으며, 연구 결과에서도 교제 관계에서의 폭력의 가장 절박한 원인으로 인식되었다고 한다. 흥미로운 것은 이 질투심이 여성에게는 표출적 폭력의 예측 요소였으나 남성에게는 해당되지 않았다고 하는데, 아마도 이 질투심이 남성보다 여성에게 훨씬 더 높은 수준이라는 사실과 여성의 질투심은 관계에 대한 의존성과 관련이 있으나 남성의 질투심은 전통적 성 역할 태도와 더 관련되기 때문인 것으로 해석되고 있다. 결론적으로, 질투심이란 여성에 의한 폭력에 대한 중요한 예측 요소이긴 하나 남성에 의한 폭력에는 해당되지 않는다고 할 수 있을 것이다.[30]

---

28 J. Bookwala, I. H. Frieze, C. Smith and K. Ryan, "Predictors of dating violence: A multivariate analysis," *Violence and Victims*, 1992, 7(4): 297−311; P. J. Burke, J. E. Stets and M. A. Pirog−Good, "Gender identity, self−esteem, and physical and sexual abuse in dating relationships," in M. A. Pirog−Good and J. A. Stets(eds.), *Violence in dating relationships: Emerging Social Issues*, 1989, New York: Praeger Publishers, pp. 72−93

29 C. P. Flynn, "Sex roles and women's response to courtship violence," *Journal of Family Violence*, 1990, 5(1): 83−94; R. K. Crossman, S. M. Stith, and M. M. bender, "Sex role egalitarianism and marital violence," *Sex Roles*, 1990, 22: 293−304; M. D. Smith, "Patriarchal ideology and wife beating; A test of feminist hypothesis," *Violence and Victims*, 1990, 5: 257−273

30 J. M. Makepeace, "Courtship violence among college students," *Family Relations*, 1981, 30: 97−102; J. E. Stets and M. A. Piorg−Good, "Violence in dating relationships," *Social Psychology Quarterly*, 1987, 50(3): 237−246; E. W.

(4) 대인적 공격성의 일반 수준(General levels of interpersonal aggression)

다른 사람들과 싸운 역사가 있는 사람이 교제 상대방에게도 폭력을 행사할 개연성이 더 높은 경향이 있다고 한다. 이전의 교제 관계에서 경험했던 폭력이 현재 교제 관계에서의 폭력의 주요 예측 요소라고 한다. 과거 교제 폭력을 행사했던 사람이 그런 경험이 없는 사람에 비해 다시 교제 폭력을 행사할 위험성이 더 높다는 것이다. 이런 연구 결과는 혼인 관계에서도 보고되어, 과거 공격성이 미래 공격성을 예측할 수 있었다고 한다.[31]

4. 교제 폭력의 위험 요소

교제 폭력의 위험 요소에 대한 연구들을 메타 분석한 결과에 의하면, 50여 개 이상의 위험 요소들이 활용되었지만, 대체로 우울증이나 불안과 같은 정신 건강 문제, 교제 관계에서의 폭력의 수용과 같은 공격적 사고/인지, 싸움이나 일반적인 반사회적 행위와 같은 청소년 폭력, 음주와 마리화나 같은 약물 사용, 다수의 성 관계자나 조기 성경험과 같은 위험한 성적 행위, 반사회적 교우관계 가담이나 저질의 우정과 같은 부적절한 관계와 우정, 부모의 혼인 갈등과 아동기 물리적 학대와 같은 부적절한 가정과 가족, 아동의 성과 인종과 같은 인구사회학적 요소, 그리고 공격적, 폭력적 언론에의 노출과 이용이라는 일반적인 범주로 나누어질 수 있다고 한다.[32]

특히 청소년들의 교제 폭력에 대한 위험 요소로는 주로 우울증, 일반적 공격성, 성적 공격성

Mathes, H. E. Adams and R. M. Davies, "Jealousy: Loss of relationship rewards, loss of self−esteem, depression, anxiety, and anger," *Journal of Personality and Social Psychology*, 1985, 48: 1552−1566; Bookwala, 1992, *op cit.*

31 D. S. Riggs and K. D. O'Leary, "A theoretical model of courtship aggression," in M. A. Piorg_good and J. E. Stets (eds.), 1989, *op cit.*, pp. 53−71; D. S. Riggs, K. D. O'Leary and Breslin, "Multiple correlates of physical aggression in dating couples," *Journal of Interpersonal Violence*, 1990, 5(1): 61−73; J. E. Deal and K. S. Wampler, "Dating violence: The primacy of preveous experience," *Journal of Social and Personal relationships*, 1986, 3: 457−471; K. D. O'Leary, J. barling, I. Arias, A. Rosenbaum, J. malone and A. Tyree, "Prevalence and stability of physical aggression between spouses: A longitudinal analysis," *Journal of Counseling and Clinical Psychology*, 1989, 57: 263−268

32 K. J. vagi, E. Rothman, N. E. Latzman, A. T. Tharp, D. M. hall and M. J. Breiding, "Beyond correlates: A review of risk and predictive factors for adolescent dating violence perpetration," *Journal of Youth and Adolescents*, 2013, 42(4): 633−649; J. A. Schumacher and A. M. Smith Slep, "Attitudes and dating aggression: A cognitive dissonance approach," *Prevention Science*, 2004, 5(4): 231−243

경력, 과거 교제 폭력, 또래 폭력에의 가담, 청소년 교제 폭력 가해자 친구, 부모의 혼인 관계 갈등이 포함되고 있다. 우울증, 일반적 공격성, 성적 공격성 이력, 과거 교제 폭력은 개인적 수준의 위험 요소이고, 또래 폭력 가담, 청소년 교제 폭력 가해 친구, 부모 혼인 갈등은 사회 생태학의 관계 수준에서 일어나는 위험 요소라고 할 수 있다. 이러한 연구 결과는 아동기 물리적 학대, 정신 건강 문제, 그리고 폭력의 수용 수준과 같은 폭력에 대한 배경 요소들이 폭력을 가할 위험성이 있는 사람이 누구인지 파악하는 데 매우 유용하며, 반면에 음주나 교제 상대와의 갈등과 같은 상황적 위험 요소들은 언제 폭력이 발생할까를 파악하는 데 매우 유용한 것으로 알려지고 있다.[33]

---

33 Riggs and O'Leary, 1989, *op cit.*; Vagi et al., 2013, *op cit.*

제 5 장
전통적 폭력범죄

1. 살인범죄의 의의

　　살인은 사람의 생명을 해하는 행위이다. 살인은 사람에 있어서 가장 중요한 생명을 해하는 행위라는 점에서 사회적으로 가장 중대한 금지행위로 인식되었고, 국가에 의하여 가장 극악한 범죄로 규정되어 가장 엄하게 처벌하는 행위이다. 분명 살인범죄는 사람의 생명을 해하는 범죄로서 피해자 개인에게는 회복할 수 없는 피해를 주며, 피해자의 가족이나 주변사람에게도 심리적, 경제적, 사회적 피해를 초래한다. 이러한 살인은 일반인들에게 범죄에 대한 두려움과 공포를 야기하며, 인명에 대한 사회적 가치를 약화시키는 역할을 한다. 이러한 점에서 살인은 사회에서 발생해서는 안 되는 범죄이며, 사회나 국가에서는 이러한 범죄에 대한 예방과 억제를 위한 노력에 최선을 다해야 할 대상이 된다. 그러나 이것이 반드시 불법적인 것만은 아니다. 우선 상해의 의향이 존재하지 않는 사고와 같이 용서 가능한 살인행위(excusable homicides)가 있고, 경찰관이 도주하는 강도범을 사살하거나 시민이 자기방어를 위하여 사람을 죽이는 경우와 같이 죽일 의향이 있더라도 어쩔 수 없는 것으로 받아들여질 수 있는 정당화할 수 있는 살인행위(justifiable homicides)도 있다. 여기서 우리가 관심의 대상이 되는 특정인에 대한 타인에 의한 불법적 죽임인 범죄적 살인행위(criminal homicides)이다.[1]

---

1 Hanry W. Mannle and J. David Hirschel, *Fundamentals of Criminology*(2nd ed.), Englewood Cliffs, NJ: Prentice‒Hall, 1998, pp. 109‒110.

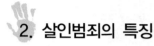

2. 살인범죄의 특징

통계적으로 살인범죄의 사례는 교통사고로 목숨을 잃는 경우보다 훨씬 적음에도 불구하고 우리들이 살인범죄에 대해서 가장 두려워하고 그것을 가장 강력한 범죄행위로 다루고 있다.

일반적으로 우리는 낯선 사람으로부터의 공격과 살해위협에 대해서 많은 두려움을 갖고 있다. 그러나 대부분의 범죄와는 달리 살인은 낯선 사람에 의해서 가해지는 경우가 극히 희박하며 오히려 많은 경우 지면 있는 사람에 의해 이루어지고 있는 것이 특징이다. 통상 신체적 상해가 적은 범죄일수록 낯선 사람에 의해서 저질러질 확률이 오히려 높은 것으로 분석되고 있다.[2] 실제로 80% 이상의 살인범죄가 지면관계에 있는 사람에 의해서 이루어지고 있으며, 그중에서도 상당수는 가족간의 살인으로 밝혀지고 있다. 즉, 물질적 취득이 주요한 동기인 강도살인과 같은 경우를 제외하고는 대부분의 살인사건에 있어서 가족 등 근친관계를 통해서 이루어지고 있다.[3] 그 이유는 가족간에는 대부분의 시간을 가까이서 보내고 있기 때문에 이들 가까이 있는 사람들이 즐거움의 주요 근원인 동시에 때로는 좌절과 상처의 주요 근원이 되기 때문이다.[4] 따라서 통상 대단한 감정을 요하는 살인에 있어 아무런 감정을 못 느끼거나 갖지 못하는 낯선 이방인을 살해하는 경우는 비교적 많지 않다고 할 수 있다.[5] 이런 점에서 Thio는 살인을 '가족문제(family affair)'라고 칭했다.[6]

---

2 Alex Thio, *Deviant Behavior*(2nd ed.), Boston, MA: Houghton Mifflin Co., 1983, p. 107.

3 Donald J. Mulvihill, Melivin M. Tumin, and Lynn A. Curtis, *Crimes of Violence*, Staff Reportto the National Commission on Causes and Prevention of Violence, vol. 11, Washington, D.C.: U.S. Government Printing Office, 1969, p. 217.

4 *Ibid.*, p. 218.

5 Ken Levi, "Becoming a Hit Man: Neutralization in a Very Deviant Career," *Urban Life,* 1981, 10: 47－63.

6 Thio, *op. cit.*, pp. 107－108.

3. 살인범죄의 원인과 과정

(1) 살인범죄의 원인

1) 생물학적 설명

① 인종학적 이론

인간은 생물학적으로 다른 동물보다 살인본능이 강하다는 것이다. 이는 사자와 같이 다른 사자를 죽일 수 있는 신체적 조건과 능력을 무장하고 있지 않은 인간은 다른 사람을 죽이고자 하는 살해본능을 금하는 제도적 기제가 필요 없기 때문에 인간은 살해본능이 강하다는 것이다. 따라서 인간은 사자와 같은 동물의 신체에 내재된 무기보다 훨씬 위험한 가공의 무기를 개발했는데, 이러한 무기의 개발이 너무나 갑작스러운 것이었기 때문에 살해본능을 금지하는 기제가 인간에게 개발되지 못하였고, 인간은 종종 자신이 개발한 가공적 무기를 이용하여 다른 사람을 죽이기도 한다는 것이다. 그러나 모든 사람이 전부 다 사람을 죽이는 것이 아니라는 지적을 받고 있다.[7]

② 유전학적 이론

대부분의 정상인은 23개씩의 X와 Y염색체를 가지고 있으나 극히 일부는 남성염색체인 Y염색체를 하나 더 가지고 있는데, 이 Y염색체가 남성을 강인하고 공격적으로 만들기 때문에 이들 XYY염색체를 가진 남성은 통상적으로 공격적인 경향을 가질 확률이 높다는 것이다. 따라서 Y염색체가 남성을 강인하고 공격적으로 만들기 때문에 이들 XYY염색체를 가진 남성은 통상적으로 공격적인 경향을 가질 확률이 높다는 것이다. 따라서 Y염색체가 이들 XYY남성을 살인과 같은 범죄를 범하도록 이끌게 된다는 주장이다.

그러나 이 주장은 우선 검증의 자료가 시설에 수용된 사람으로 제한되어 있었으므로 수용되어 있지 않은 대부분의 XYY범죄자를 고려해 볼 때 편견적인 것이었다. 한편, 일부 살인범이 XYY염색체를 가지고 있으나 대부분의 살인범은 XYY염색체를 가지고 있지 않으며, XYY염색체가 폭력성의 잠재요인은 될 수 있을지언정 결정인자는 아니라는 점도 지적할 수 있다. 따라서 오히려 사회문화적 요인이 이 잠재적 요인의 표출을 결정하는 것으로 사료되는 등의 문제점과 한계가 지적되기도 한다.[8]

---

7 Thio, *op. cit.*, pp. 116-117.

8 이 부분에 대한 보다 구체적인 논의는 제1부 범죄원인론의 생물학적 원인론을 참조하기 바람.

2) 심리학적 원인

① 심리분석학적 이론

심리분석학자들에 의하면 우리의 심리상태는 인간의 기본적 욕구인 id, 욕망을 성취하는 방법을 학습한 결과 얻어진 지식이라고 할 수 있는 ego, 그리고 인간의 자기만족 또는 자기희열에 대한 한계인 양심이라고 할 수 있는 superego로 구성되어 있다. 그런데 감정적이고 비이성적인 id와 superego는 욕구를 만족시키고자 하는 요구와 그것을 제한하는 갈등관계에 있게 마련이다.

그러나 이러한 갈등관계를 인간 마음의 이성적 부분인 ego가 해결해 주고 있다. 그런데 ego가 이러한 역할을 제대로 하지 못하여, 즉 id를 만족시키지 못하거나 superego를 거역했을 때 불행해지거나 죄의식을 갖게 되고 나아가 정신적 질병을 앓게 되어 결국 살인과 같은 폭력으로 이끌리게 된다는 것이다.[9]

그러나 정신분석학적 이론은 정신질환자에 의한 살인이 전체 살인의 겨우 5%에 지나지 않기 때문에 그 적용가능성과 범위에 한계가 있다. 더욱이 그것조차도 id, ego, superego 등 관찰하기 힘든 것이어서 경험적으로 검증하기가 어렵기도 하다.[10]

② 좌절-공격성 이론

이 이론에서 공격성은 항상 좌절의 결과라는 가정에서 시작한다.[11] 여기서 좌절이란 목표성취 시도의 봉쇄를 의미한다. 물론 공격성이 좌절의 결과라고 하지만 좌절감이 항상 공격성을 야기하지는 않는다. 즉, 좌절감이 인간을 공격적으로 행동하도록 하는 가능성을 증대시킬지는 모르지만,[12] 인간이 좌절감을 느낄 때마다 항상 공격적으로 대응하지는 않는데, 바로 이 점이 비판의 대상이 되고 있다.

---

9 이에 대한 자세한 논의는 심리학적 범죄원인론의 심리분석학 이론편을 참조하기 바람.

10 Wolfgang, *op. cit.*, p. 314.

11 John Dollard, Neal E. Miller, Leonard W. Doob, O. H. Mowrer, and Robert R. Sears, *Frustration and Aggression,* New Haven: Yale University Press, 1939, p. 1.

12 Leonard Berkowitz, "The Frustration−Aggression Hypothesis Revisited," in Berkowitz (ed.), *Roots of Aggression,* New York: Atherton, 1969, p. 2.

3) 사회학적 원인

① 외적 제재이론

Henry와 Short의 외적 제재이론은 살인이 좌절감의 결과라는 이유를 제공해 준다.[13] 그들에 의하면 자살과 살인 모두가 공격적 행동이라는 점에서 동일한 것이나, 자살이 자신을 향한 내부 지향적 공격성인 반면, 살인은 타인을 향한 외부지향적 공격성이라는 점에서 차이가 난다는 것이다. 그런데 만약 약한 외적 제재를 경험한다면 자기지향적 공격성, 즉 자살을 택하고 반면에 강력한 외적 제재로 고통받는다면 타인지향의 공격성, 즉 살인을 선택한다는 것이다. 여기서 논의되는 외적 제재의 강도는 타인의 기대감과 요구에 동조하는 정도, 즉 자신의 자유와 행동범위를 제한하기 위해서 자신에게 주어진 사회적 통제의 정도이다. 따라서 사회적 통제를 많이 받는 사람은 그들의 좌절감에 대해 남을 합법적으로 탓할 수 있기 때문에 자살보다는 살인을 지향하게 된다는 것이다.[14]

② 폭력의 하위문화이론

살인을 설명하기 위한 폭력성의 하위문화이론은 Wolfgang의 연구를 기초로 하고 있다. 그는 필라델피아에서의 살인에 관한 자료를 분석한 결과 대인적 폭행을 나쁘다거나 반사회적이라고 규정하지 않는 폭력의 하위문화가 있으며, 그 하위문화에서는 신체적 공격에 대한 즉각적인 호소가 사회적으로 용인되고 있었고 또한 그것이 어떤 자극에 대해 기대되는 부수적 결과라고 주장하였다.[15] 따라서 이 폭력의 하위문화가 바로 빈곤지역과 흑인밀집지역에서의 높은 살인율의 원인이 된다고 이론화하였다. 그러나 이러한 Wolfgang의 주장은 범죄다발지역의 사람과 살인범이 일반인과 비살인범에 비해 훨씬 폭력성에 유착되어 있다는 것을 지나치게 강조하고 있다.

또한 폭력성 하위문화가 결코 하류계층의 지역사회에 국한된 것은 아니라고 할 수 있으며 폭력성 하위문화는 모든 계층의 모든 사람에게 똑같은 영향을 미치는 것으로 나타난다는 한계가 있으나 그럼에도 불구하고 하류계층의 빈곤한 사람들이 부유한 사람에 비해 살인범죄에 더 많이 연구되는 이유는 부유한 사람들이 자신의 폭력성을 보다 문명적으로, 그리고 비공격적으로 표출할 수 있는 여러 가지 방법과 대안이 있는 반면, 하류계층은 그런 것들을 박탈당했기 때문이다. 이러한 관점을 세력이론(power theory)이라고도 부른다.[16]

---

13 Andrew F. Henry and James F. Short Jr., *Suicide and Homicide,* New York: Free Press, 1954 참조.

14 *Ibid.,* p. 17.

15 Wolfgang, *op. cit.,* p. 329.

제2절 강   간

　　강간이란 강력범죄의 하나로서 상대방의 동의 없는 성교라고 할 수 있다. 이 범죄는 최근 점차로 많이 증가하고 있음을 각종 통계수치로도 확인할 수 있지만, 범죄의 특성상 신고되지 않는 경우가 신고되는 경우보다 훨씬 많다. 그러나 강간은 이처럼 수적으로, 질적으로 가장 심각한 범죄 중의 하나로 인식되고 있음에도 불구하고 살인과 같은 다른 강력범죄와 동일하게 취급되지 않는 면이 있다.

　　물론, 살인사건에 있어서는 정당화될 수 있는 살인도 있을 수 있으나 강간에 있어서는 어떠한 경우에도 정당화될 수 있는 경우가 없다. 피해자촉진 살인은 살인피해자가 대부분 가해자보다 강한 사람이라는 사실에서도 알 수 있듯이 결과적인 피해자가 살인을 촉발한 경우로 볼 수 있으나 강간의 경우는 처음부터 피해자인 여성이 가해자인 남성보다 강하지 않다는 점에서 피해자 촉진과 그로 인한 비난보다는 가해자에 대한 책임과 피해자에 대한 옹호가 더 적절한 인식인 것 같다.[17]

　　강간사건의 대부분이 신고되지 않는 것을 보면 강간에 있어서 여성의 책임과 남성의 정당화를 암시해주는 사실이라고 주장할 수도 있다. 그러나 강간사건의 대부분이 신고되지 않는 이유는 여성의 책임이 많고 남성의 책임이 없어서가 아니라 보복의 공포와 수치심의 발로로, 그리고 자기비난의 감정과 인간관계의 파괴에 대한 두려움 때문이므로 이 주장은 잘못된 인식이다.

1. 강간이 피해자에게 미치는 영향

　　일반적으로, 강간이 피해자에게 미치는 영향은 강간을 전후한 피해자의 인식과 경험이 중요한 변수로 작용하고 있다.

　　① 강간에 대한 취약성(Vulnerability): 대부분의 성인강간은 낯선 사람에 의해서 이루어지지만 아동에 대한 성폭행 등은 면식범에 의해서 이루어진다.

---

16 범죄원인을 설명하기 위한 시도로서의 세력이론에 대한 자세한 논의는 Thio, *op. cit.*, pp. 83-96을 참조하기 바람.

17 Camille E. LeGrand, "Rape and Rape Laws: Sexism in Society and Law," *California Law Review,* 1973, 61: 929-930.

② 강간 전의 인생경험으로서 강간 전에 세상을 안전하게 여겼던 사람이 그렇지 못한 사람에 비해 강간의 영향을 더 크게 받는다.

③ 배신감의 문제로서 사회와 세상을 믿을 만한 곳으로 생각했던 사람은 그 만큼 배신감이 크고 따라서 강간의 영향도 그만큼 더 받게 된다.

④ 강간범과의 관계인데, 강간범과의 관계가 가까울수록 배신감이 더 커지고 따라서 가까운 사람으로부터 강간당했을 때 영향이 더 크다.

⑤ 강간에 대한 노출의 산물로서, 강간의 결과 자신의 신체가 영구적으로 망가졌다고 생각하는 사람일수록 피해의 결과가 크다.

⑥ 강간이 비밀스럽게 저질러진 경우일수록 피해자에게 미치는 영향이 크다.

⑦ 강간을 속으로 삭히거나 밖으로 표출하느냐에 따라서도 결과가 달라질 수 있는데, 속으로 삭히는 사람에게 더 큰 영향을 미친다.

강간의 영향은 매우 다양하지만 대체로 폭력적으로, 어린 나이에, 중상류층 출신으로서, 과거 성적 경험이 없는 경우에 가장 영향이 큰 것으로 알려지고 있다.[18]

2. 강간의 발생원인

① 강간범들은 다음과 같은 심리학적 문제를 가지고 있는 것으로 보고되고 있다. 강간범들은 바람직하지 못한 어린 시절의 경험으로 인해 성적 부적절성이라고 일컬어지는 인성결함이 생겼으며 이로 인해 여성과 적절한 관계를 갖지 못하게 되는 것이다. 이러한 성적 부적절성을 표출하는 가장 보편적인 방법이 성적 환상에 젖어서 여성을 강간하는 것인데 그렇게 함으로써 자신의 환상을 행동으로 표현하는 것이다.[19]

② 폭력의 부문화로서, 폭력적 부문화를 가진 하류계층의 흑인이 가장 높은 강간범죄율을 보인다는 사실에 기초하고 있다. 하류계층의 흑인이 전형적인 강간범이란 가정을 전제로 하기 때문에 적용상의 한계는 있다.

---

18 Gail Ryan, "Consequences for the Victim of Sexual Abuse," in Gail Ryan and Sandy Lane(eds.), *Juvenile Sexual Offending: Causes, Consequences, and Correction, Lexington, MA: Lexington* Books, 1991, pp. 164 − 167.

19 Norman S. Goldner, "Rape as a Heinous But Understudied Offense," *Journal of Criminal Law, Criminology and Plolice Science*, 1972, 63: 405.

③ 상대적 좌절감의 문제로서, 성적 제한이 심한 사회와 같이 혼외 성관계의 기회부족으로
인해 강간이 유발된다고 볼 수도 있다. 그러나 사실은 가장 개방적인 사회, 즉 성적 기회가 많은
사회일수록 더 많은 강간사건이 발생하고 있다.[20]

④ 차별적 통제의 문제이다. 여성에게만 제한이 가해지고 남성에게는 개방적이기 때문에 강간
이 많이 일어날 수밖에 없다는 논리이다. 이것을 바로 차별적 통제(Differential Control)라고 한다.[21]

⑤ 남녀성비의 불균형에서 강간의 원인을 찾는 것이다. 즉, 그 사회의 성비가 여자에 비해
남자가 월등히 많은 경우 성적 배출구가 부족하게 되고 따라서 성적 상대를 찾는 데 있어서 사
회적 긴장이 고조되므로 이에 강간이 성행한다는 논리이다.[22]

제3절 강 도

대개 범죄유형을 대인범죄와 대물범죄, 즉 재산범죄로 구분하고, 강도를 재산범죄로 분류하
지만, 법집행가들은 강도를 폭력범죄의 하나로 간주한다. 이는 강도가 피해자에 대한 폭력과 폭
력의 위협을 가하는 동시에 재물을 취하는 두 가지 특성을 가지기 때문이다. 이 점은 피해자를
공포에 떨게 하거나 폭력과 무력의 사용과 위협으로 타인의 가치 있는 물품을 빼앗는 것으로 강
도를 정의 하는데서도 강도의 폭력성 존재를 암시하고 있다. 이러한 이유 때문에 강도범죄는 재
산범죄의 측면과 폭력범죄의 측면에서 동시에 고려되어야 한다.[23]

---

20 Duncan Chappell, Gilbert Geis, Stephen Schafer, and Larry Siegel, "Forcible Rape: A Comparative Study of Offenses Known to the Police in Boston and Los Angeles," in James Henslin(ed.), *Studies in the Sociology of Sex, New York*: Appleton–Century–Crofts, 1971, pp. 175–177.

21 Robert A. LeVine, "Gusii Sex Offenses: A Study in Social Control," *American Anthropologist,* 1959, 61: 987.

22 Kaare Svalastoga, "Rape and Social Structure," *Pacific Sociological Review,* 1962, 5(1): 48–53.

23 Floyd Feeny and Adrianne Weir, "The Prevention and Control of Robbery," *Criminology,* 1975, 13: 104.

1. 재산범죄로서의 강도의 특징

돈의 필요성에 의해 강도하고자 하는 동기이다. 물론, 돈이 모든 강도범에게 유일한 동기는 아니지만 대부분의 강도범은 돈의 필요성을 범행의 동기로 가장 먼저 들고 있다.

대부분의 강도범들이 폭력범죄의 전과경력이 많은 사람들이다. 범행시 피해자의 저항이 있을 경우는 항상 폭력이 동원될 가능성을 내포하고 있으며 폭력의 위협은 강도를 용이하게 하는 효과도 있기에 강도가 폭력적이거나 적어도 폭력의 잠재성은 항상 존재한다.

2. 강도범죄의 유형

McClintock와 Gibson은 전문적 강도(Professional Robbers)와 아마추어 강도(Amateur Robbers)로 구분하였고,[24] Conklin은 다시 아마추어 강도를 기회주의자 강도(Opportunist Robbers), 약물남용 강도(Addict Robbers), 알코올중독 강도(Alcoholic Robbers)로 분류하였다.[25]

전문적 강도는 자신의 범행을 사전에 조심스럽게 계획하여 한 명 또는 그 이상의 공범자들과 함께 기술적으로 범행하여 고가의 재물을 챙긴다는 데 특징이 있다. 이들 전문적 강도범들은 생활비의 충당 방법으로서 범죄에 상당히 전념한다.

아마추어 강도로서 기회주의 강도는 보편적인 강도의 형태로 개인을 범행의 대상으로 삼고, 재물의 크기보다는 접근의 용이성과 상당한 취약성을 중시한다.

마약중독 강도범은 마약 복용 후 환각상태에서 강도를 저지르게 되는 것을 말한다. 이들은 기회주의자와 마찬가지로 계획하지 않는 편이며 따라서 소액강도를 주로 범한다. 알코올중독 아마추어 강도는 다른 강도에 비해 전념의 정도가 가장 약하며 경찰에 가장 잘 잡히는 강도이다.

3. 강도범죄의 원인

(1) 상대적 박탈론(relative deprivation)

상대적 박탈론은 경쟁적 자본주의사회에서는 어쩔 수 없는 빈부의 격차에서 빚어진 것으로

---

24 F. H. McClintock and Everlyn Gibson, *Robbery in London,* London: McMillan, 1961, pp. 14－16.
25 Conklin, *op. cit.,* pp. 59－78.

서 이때 하류계층의 덜 가진 사람들이 상대적 박탈감을 느끼게 되어 범행을 저지른다는 논리이다. 즉, 지위상승에 대한 기대는 증대되었으나 이를 실현할 기회가 제한되거나 차단되기 때문에 범행을 통하여 자신의 기대감을 성취한다는 것이다. 즉, 하류계층의 절대적 생활향상은 상류층과 동일한 지위의 생활을 누릴 것을 기대하도록 유도되지만 이러한 기대감을 실현하지 못할 때에는 대단한 좌절감을 경험하게 되어 강도를 행하게 된다는 것이다.[26] 그러나 경제적 성공의 기회가 제한되거나 차단되어 자신의 기대감을 실현하지 못한 모든 사람이 강도행위를 하지는 않는다는 사실을 보면 이 주장도 한계가 있는 것으로 보인다.

(2) 경제적 풍요로움

Gould는 경제적 풍요로움이 재산범죄의 발생률에 더 큰 영향을 미친다고 주장하며, 경제공항기에는 재산범죄가 비교적 낮은 수준을 유지하였으나 호황기에는 오히려 발생률이 증대되었다는 것이다. 이에 대하여 상대적 박탈감과 범행대상의 증대로 인한 범행의 용이함을 이유로 들었다. 즉 경제적 풍요는 재물을 소유하지 못한 사람들에게 오히려 상대적 박탈감을 증대시키는 동시에 이들이 남의 재물을 쉽게 취할 수 있는 기회도 증가시키기 때문에 아마추어 강도가 증가한다는 것이다.[27] 그러나 경제적 호황기에는 곤궁범죄보다 이욕범죄가 더 많을 수 있기 때문에 경제적 호황기에 아마추어 강도가 증가한다는 주장과 일면 상충되는 면이 있으며, 상대적 박탈감을 느끼는 사람보다 열심히 노력하는 사람이 더 많다는 사실은 이 이론의 한계라고 볼 수 있다.

HOT ISSUE   강   도

"11명 살해했다, 날 찾아오라" 감옥서 살인 고백男 무기징역

감옥에서 자신이 총 11건의 살인을 저질렀다며 형사에게 편지를 보낸 살인범이 무기징역을 선고받았다. 다른 범죄로 이미 징역 15년형이 확정된 상태에서 11건 중 1건의 살인 실체가 추가로 드러나 형량이 대폭 늘어났기 때문이다.

부산지법 형사합의5부(부장판사 권영문)는 동거녀를 토막 내 살인하고 시신을 암매장한 혐의(살인)로 기소된 이모 씨(51)에게 무기징역과 위치추적장치 부착 30년을 선고했다고 24일 밝혔다.

이 판결은 이 씨가 2011년 한 형사에게 "11명을 살해했다. 나를 찾아오라"며 보낸 편지에서 발단이

---

26 Conklin, *op. cit.*, pp. 12−58.

27 Leroy C. Gould, "The Changing Structure of Property Crime in an Affluent Society," *Social Forces*, 1969, 48: 51−58.

됐다. 그는 2011년 9월 유흥주점 여자 종업원을 살해하고 시신을 유기한 혐의로 수감 중이었다. 이후 징역 15년이 확정됐고, 이번에 추가 범죄가 드러나 형이 늘어난 것이다.

이 씨는 접견 온 형사에게 범죄를 나열한 자술서를 건네면서 사건을 풀려면 시키는 대로 할 것을 주문했다. 단서를 줄 듯 말 듯 형사를 괴롭히던 그는 낙서하듯 그린 약도 한 장을 건넸고, 이 곳에서 2003년 실종된 여성의 주검이 발견됐다. 하지만 곧장 자백을 번복하면서 또 다른 살인 사건의 단서를 던지는 등 수사를 방해했다. 이 씨의 행동은 드라마 소재로도 다뤄졌다.

이 씨의 방해에도 불구하고 검경은 끈질긴 수사 끝에 유죄를 이끌어냈다. 이 씨는 2003년 6월 동거녀(당시 34세)를 집에서 살해하고 시신을 토막 낸 뒤 여행용 가방에 담아 다음 날 경남 함양군 야산에 암매장한 혐의로 2012년 기소돼 이번에 무기징역을 선고받았다. 그는 동거녀를 살해하지 않았고 도박 빚을 탕감 받는 대가로 다른 남성 2명과 함께 비닐만 야산에 버렸다고 주장했다.

하지만 법원은 "수사기관을 농락했고 납득할 수 없는 변명만 했다"며 중형을 선고했다.

자료: 동아일보 2016년 1월 24일
http://news.donga.com/3/all/20160124/76104417/1

'폭력·살인범죄' 발생 최다 원인은 우발적 동기

지난해 발생한 폭력 범죄 5건 중 2건은 '우발적인' 동기에 의한 것으로 분석됐다.

경찰청은 지난해 발생한 모든 범죄의 발생과 검거 자료, 최근 5년간 범죄 추이 등을 담은 '2014 범죄통계'를 발간했다고 21일 밝혔다.

외국인 범죄와 범행 동기에 대한 관심이 높아짐에 따라 올해 통계자료에는 살인, 강도, 강간·강제추행, 절도, 폭력, 사기 등 주요 범죄에 대한 국적별·범행 동기별 분석이 추가됐다.

경찰통계에 따르면 지난해 발생한 전체 범죄건수는 177만 9천 건으로 전년보다 7만 8천 건(4.2%) 감소했다.

죄종별로 보면 지능범죄(−9.3%)와 절도범죄(−7.7%)가 많이 줄었다. 수사관이 적극적으로 민원상담에 나서 불필요한 고소·고발을 예방하고, CC(폐쇄회로)TV 통합관제 설치 등 지방자치단체와 연계한 범죄예방디자인(CPTED·셉테드) 활동을 펼친 덕분이라고 경찰청 측은 풀이했다.

발생건수 대비 검거건수 비율인 검거율은 지난해 78.3%로 전년보다 1.8%포인트 상승했다. 사기범죄(7.3%포인트), 성폭력 범죄(6.5%포인트)에서 검거율이 크게 개선됐다.

불법 사금융, 전화금융사기(보이스피싱) 등 서민경제 침해사범에 대한 특별·상시단속을 실시하고 일선 경찰서에 성폭력 전담수사팀을 추가로 설치해 적극적인 검거활동을 벌인 결과라고 경찰청 측은 설명했다.

올해 새롭게 추가된 범행 동기 분석을 보면 폭력, 살인, 강간에서 '우발적'으로 발생한 범죄가 많았다. 우발적은 홧김에, 충동적으로, 사전 계획 없이 저지른 경우를 의미한다.

폭력은 전체 발생건수의 42.5%가 우발적 동기에 의한 범죄였다. 가정불화(1.6%), 현실불만(1.3%) 등 차순위 동기에 비해 압도적으로 많았다.

살인 역시 우발적인 경우가 29.8%로 가장 많았고, 가정불화(8.3%)나 현실불만(3.6%)에 의한 경우도 적지 않았다.

강간은 범행 동기가 우발적(27.2%), 호기심(6.0%), 유혹(5.5%) 등 순이었다.

이 세 범죄는 범행 당시 범죄자가 술에 취한 상태인 경우가 많아 '술김에 우발적으로' 범죄를 저지른 것으로 보인다.

폭력은 범행 시 범죄자의 정신상태가 주취인 경우가 33.9%였고, 살인은 22.6%, 강간은 30.4%였다.

강도, 사기 등은 범죄 속성상 재물과 관련한 동기에 의해 주로 발생했다.

강도는 생활비 때문에 범행을 저지른 경우가 21.8%로 가장 많았고, 우발적(16.8%), 재물에 대한 욕심(13.3%)이 뒤를 이었다.

사기는 재물에 대한 욕심(7.5%)과 생활비(6.9%) 때문에 발생한 경우도 많았다.

6대 범죄를 저지른 외국인 중에서는 중국 국적이 모든 범죄에서 가장 많았다. 국내 체류 외국인 중 절반가량(50.1%)이 중국인인 영향 때문으로 풀이된다.

자료: 연합뉴스 2015년 10월 21일
http://www.yonhapnews.co.kr/bulletin/2015/10/21/0200000000AKR20151021085900004.HTML?input=1195m

제 4 부

현대사회의 특수범죄

MODERN SOCIETY & CRIME

제1장
사이버범죄

제1절 사이버범죄(Cyber Crime)의 개관

전통적 범죄를 범하기 위한 새로운 기술의 활용이 전혀 새로운 것은 아니다. 예를 들어 전화와 자동차의 출현과 같은 기술의 진보는 범죄자들에게 항상 새로운 범행의 수단을 제공해 왔다. 값싸고 폭넓게 활용되고 대규모로 전례 없던 속도를 가지는 컴퓨터가 원거리통신체계를 이용하여 전통적 범죄가 범해지는 새로운 수단이 되고 있다는 점에서 인터넷도 많이 사용되고 있다.

이처럼 인터넷이용자의 급속한 증가를 고려할 때, 곧 인터넷을 이용한 범죄의 증가도 쉽게 예상되고 있다. 예를 들어, 인터넷을 통한 통신교육, 연구, 상거래, 오락 그리고 공공부문의 업무를 위한 기회도 확충될 것이다. 전자우편이 기업과 개인적 통신을 위한 새로운 수단이 되어서 쉽고 빠르고 값싸게 재화와 용역을 팔고 살 수 있게 되었다. 특히 과거에는 일부에게만 허용되었던 자료와 정보가 이제는 검색 포털 사이트를 통해 일반시민 모두에게 쉽게 제공되고 있다.

그런데 대부분의 새로운 기술과 마찬가지로 인터넷도 태생적으로 가치중립적인 도구이기 때문에 사회적으로 이로운 방법과 해로운 방법으로 이용될 수 있다. 새로운 기술은 물론 새로운 형태의 사회적으로 바람직하지 못한 행위를 유발시키고 때로는 전통적으로 바람직하지 않은 행위를 범하는 새로운 방법을 제공하기도 한다. 예를 들어, 전화의 출현은 창의적 범법자로 하여금 장거리전화사기와 같은 새로운 범죄를 개발할 수 있게 했을 뿐만 아니라 전화를 이용한 희롱과 같이 전통적 범죄를 새로운 방법으로 범할 수 있게도 해주었다.[1]

---

1 The Electronic Frontier: The Challenge of Unlawful Conduct Involving The Use of The Internet, A Report of the President's Working Group on Unlawful Conduct on the Internet, March 9, 2000, http://www.cybercrime.gov/unlawful.htm.

인터넷은 사기, 아동음란물의 배포와 판매, 총기나 마약의 판매, 지적재산권으로 보호되는 소프트웨어 등의 불법적 배포 등과 같은 범죄의 새로운 도구가 되고 있다. 가장 극단적인 경우, 인터넷과 관련된 사이버 스토킹(cyberstalking)이나 기타 범죄행위가 신체적 폭력, 유괴, 또는 학대 등으로 이어질 수도 있다. 물론 인터넷을 이용한 불법행위의 정확한 정도는 분명하지 않지만 인터넷과 전자상거래 등의 급속한 성장으로 미루어 그 정도를 짐작할 수 있을 것이다.[2]

1. 사이버범죄의 개념

대부분의 문헌에서는 사이버범죄를 구별하기 위한 공통적인 특징을 찾으려고 한다. 요약하자면, 가상공간은 시간과 공간을 초월하기 때문에 국경을 넘나드는 정보에 대해서 국가권력이 미치지 않을 수 있고, 무엇이 사이버범죄인가에 관한 핵심적 가치에 대한 일련의 합의가 이루어지지 못하고 있으며, 범행을 위해서 상당한 수준의 기술적 지식을 요하고, 피해자보다는 가해자와 범죄에 기초하는 경향이 있는데, 이러한 특징들로 인하여 곧 가상공간에서 행해지는 범죄를 별도의 유형으로 다루어야 한다.[3]

그렇다면, 사이버범죄란 무엇인가. 대체로 컴퓨터와 관련된 범죄라는데 큰 이견이 없다. 그러나 컴퓨터범죄에 관한 개념은 다양하지만 컴퓨터로 행해지는 모든 범죄가 다 컴퓨터범죄는 아니다. 사이버범죄의 사전적 의미는 당연히 사이버공간(cyberspace)에서 일어나는 범죄라고 할 수 있다. 그러나 이 사이버공간을 명확하게 정의하기란 그렇게 쉽지가 않고 다소 추상적인 면이 없지 않다. 그럼에도 불구하고 일반적으로는 네트워크로 연결된 공간을 일컬으며 인터넷과 PC통신 등 통신망으로 구축된 정보교환의 장을 지칭하는 것으로 이해하고 있다. 우리가 감지할 수 있는 물리적 현실세계는 아닐지라도 사람들이 대화를 나누고 물건도 거래하는 현실적으로 존재하는 가상의 생활공간이다. 바로 이러한 특징 때문에 물리적 공간에서 확립된 규범이 그대로 적용되기 어려워지고 따라서 가상공간이 잠재적 범죄자들의 범행의 대상이자 수단이 되고 있다.[4]

---

2 컴퓨터와 관련된 범죄의 정확한 정도를 알기 어려운 이유는 컴퓨터범죄에 대한 통일된 명확한 규정이 없어서 특정행위가 컴퓨터범죄인가 아닌가 불분명하고, 여러 가지 이유로 다수의 컴퓨터범죄가 발견되지도 않고 보고되지도 않고 있으며, 그리고 설사 보고되더라도 어느 한 부서에 보고되어 체계적으로 집계되지 못하기 때문이다.

3 Terry Palfrey, "Surveillance as a response to crime in cyberspace," *Information & Communications Technology Law*, 2000, 9(3): 173 – 194.

4 양근원, "사이버범죄현황과 대책," 21세기 도전과 사이버스페이스, 사이버커뮤니케이션학회 1999년 추계학술대회 자료집, 1999년 11월, pp. 1 – 20; 허만형, 전게서, pp. 20 – 38.

이처럼, 사이버범죄란 사이버공간을 범행의 수단, 표적 그리고 장소로 삼는 범죄행위이며, 이러한 규정은 학교폭력, 가정폭력, 직장폭력 등과 같은 일부 전통적 범죄 중에서 범행의 장소를 강조한 범죄유형과 유사한 개념으로 붙여진 이름이라고 할 수 있다.

그런데 사이버범죄가 다른 전통범죄와 구별되어 논의되는 이유는 가상공간이 가지는 현실세계와 다른 몇 가지 특징 때문이다. 예를 들어, 가상공간에서는 익명성이 보장되며, 다수가 동시에 접속할 수 있으며, 시간과 공간을 초월하고, 이용 장소에 제한이 없다는 것 등이 가상공간의 특징이라고 할 수 있다. 이러한 가상공간의 특징으로 인하여 가상공간에서 일어나는 사이버범죄의 특징이 있다. 바로 이러한 특징 때문에 사이버범죄에 대처하기도 쉽지 않게 되고, 사이버범죄의 급증을 경험하고 있는지도 모른다.[5]

2. 사이버범죄의 유형

범행의 수법을 기준으로 범죄를 유형화할 수도 있으나 사이버범죄는 여러 가지 다양한 수법이 결합되어 발생하고 있기 때문에 수법에 의한 유형화는 곤란한 면이 있다. 그러나 대물범죄와 대인범죄로 구분하는 것처럼 침해되는 법익을 기준으로 한다면 전통범죄와 마찬가지로 사이버범죄도 유형화할 수 있을 것이다. 이러한 몇 가지 특성을 고려한 결과 대체로 정보유출과 관련된 사이버스파이, 가상공간에서의 지적재산권관련범죄, 음란물관련범죄, 전자상거래관련범죄, 전자공간에서의 파괴행위인 사이버테러, 사이버폭력의 하나인 사이버스토킹 등이 보호법익을 기준으로 한 비교적 새로운 형태의 사이버범죄라고 할 수 있다.

(1) 온라인 거래

온라인 거래는 다양한 상품정보를 충분한 시간을 가지고 살펴본 다음 구매결정을 하는 것이 아니라 즉각적인 결정을 요하고 있기 때문에 생길 수 있는 사기이다. 이와 함께 온라인 거래는 판매자가 실제로 존재하는지, 판매자가 광고하는 상품을 실제로 가지고 있는지, 광고내용과 상품이 일치하는지 등 구매자가 구매 이전에 상품을 검증할 수 없기 때문에 온라인상에서의 사기범죄가 쉽고 광범위하게 이루어질 수 있다.[6]

---

5 황상민·한규석, 「사이버공간의 심리」(서울: 박영사, 1999), pp. 8-17; 정진섭, "인터넷과 컴퓨터범죄 동향변화," 「정보화 사회와 범죄」, 한국형사정책연구원 제18회 형사정책세미나 자료집, 1996년 5월, pp. 59-67; 조병인, "하이테크범죄에 관한 연구," 「형사정책연구」, 제10권 제3호(통권 제39호), 한국형사정책연구원, 1999년 가을, pp. 198-202.

최근에는 온라인 중고사이트에서 판매자가 거래물품의 금액이 입금된 후 연락두절 혹은 올린 상품과 전혀 다른 물품을 받는 사기피해 사례가 있다. 또한 피해자에 대한 피해 구제와 가해자에 대한 처벌이 다소 어렵다는 점을 악용하여 온라인 계좌 등으로 상대방에게 현금을 먼저 건네주고 약속한 게임머니와 아이템을 받지 못하는 등의 게임머니, 게임 아이템 현금거래 사기 피해 역시 급증하고 있다. 더 나아가 게임 아이템 거래 중개 사이트를 사칭하거나 은행사이트의 거래내역 화면을 조작하는 사기 등 그 수법이 날로 다양해지고 있다.

(2) 사이버 스토킹

사이버 스토킹에 대한 보편적으로 받아들여지는 정의는 없지만, 일반적으로 다른 사람을 스토킹하기 위하여 인터넷, 전자우편, 그리고 기타 전자통신을 이용하는 것으로 이해되고 있다. 스토킹은 일반적으로 사람을 뒤따르거나 집이나 직장에 불쑥 나타나거나 귀찮게 괴롭히는 전화를 걸거나 문자 메시지나 물건을 남기거나 재물을 손괴하는 등과 같이 반복적으로 귀찮게 괴롭히거나 위협하는 행위를 포함하는 것으로 정의되고 있다. 미국의 경우, 대부분의 스토킹 관련 법규는 피해자에 대한 확실한 폭력의 위협을 전제로 하고 있으나, 일부에서는 피해자의 직계가족에 대한 위협을 포함시키기도 하며, 또 다른 일부에서는 스토커의 행위과정에 단지 함축적, 암시적 위협만 있어도 스토킹이 된다고 주장하고 있다. 따라서 사이버 스토킹이란 인터넷이나 전자 우편 또는 전자통신기술을 이용하여 이러한 행위를 하는 것이라고 할 수 있다.[7]

(3) 사이버 테러

테러리즘에 대한 일반적 정의를 원용한다면 사이버테러리즘은 사이버공간에서 일정한 목적을 가지고 계획적으로 정보시스템을 공격하는 행위라고 규정할 수 있을 것이다.

국가사회 기반시설의 작동과 통제와 인간의 생존에 관련된 정보의 관리가 점점 더 자동화, 전산화되고 있으며 네트워크화하고 있어서 최첨단 정보통신기술을 이용하여 국가사회의 중추신경인 전산망을 파괴하거나 교란시키는 것은 국가와 사회의 안전에 중대한 위협이 아닐 수 없다. 특히, 가상공간에서의 위협은 그 실체가 가시적인 것이 아니고, 시간과 공간에 관계없이 쉽게 접속하여 원격공격도 가능하나 그 대응은 익명과 같은 사이버공간의 특성으로 인하여 어려운

---

6 양문승, "전자상거래 관련범죄 및 대응방안," 「한국공안행정학회보」, 제8호, 1999, pp. 1-54.

7 *Cyberstalking: A New Challenge for Law Enforcement and Industry*, A Report from the Attorney General to the Vice President, 1999, p. 1.; http://www.cybercrime.gov/cyberstalking.htm.

현실이며, 더구나 가상공간에서의 공격은 적은 비용으로도 많은 피해를 줄 수 있고 큰 효과를 얻을 수 있기 때문에 앞으로도 더욱 기승을 부릴 것으로 보인다. 즉, 현대의 정보화 사회에서는 테러리즘의 수단과 대상이 폭발물과 건물이 아니라 바로 이 사이버세계가 되는 것이다.

주요 수법으로는 해킹으로서 인가되지 않은 사람이 컴퓨터를 부당하게 사용하고, 자료를 불법적으로 열람·유출·변조·삭제하며, 컴퓨터시스템의 정상적인 작동과 서비스를 방해하는 행위가 있다.

(4) 인터넷 불법 도박

과거에는 해외에서 거액의 도박을 했던 반면에, 요즘은 해외에 나가지 않고도 자신의 컴퓨터 앞에 앉아 도박을 하는 경우가 빈번하다. 최근 해외에 서버를 두고 판돈 4백억 원 규모의 불법 인터넷 도박사이트를 만들어 운영한 일당이 검찰에 적발되었으며, 불법 인터넷 도박에 가담한 유명 운동선수, 연예인 등의 불법 도박 범죄사례도 보도되고 있을 정도로 그 규모는 과거와 비교할 수 없을 만큼 커졌다. 또한 최근에는 스마트폰을 이용하는 등 사이버 상에서의 불법도박이 성행함에 따라 단속이 점점 어려워지는 양상을 띠고 있어 심각한 사회문제로 대두되고 있다.

(5) 신용카드 위조

최근 카드 위조 범죄에 쓰이는 '스키머'라는 신용카드 복제 장비가 인터넷 등을 통해 손쉽게 유통되고 있다. 대표적인 스키머 기기는 POS 스키머와 ATM 스키머 등이다. POS 스키머에 카드를 긁으면 눈 깜짝할 사이에 카드가 복제된다. 실제 단말기와 생김새가 워낙에 똑같기 때문에 사용자는 복제가 된 사실조차 모르기 때문에 막대한 피해를 입고 있다.

HOT ISSUE

사이버범죄

사이버범죄의 새로운 표적으로 떠오르는 '음악 산업'

SQL 인젝션 공격을 통해 사이트에 멀웨어 삽입
유출된 개인정보 다크 웹에서 거래되고 있는 상황

영국의 전설적인 EDM(Electronic Dance Music) 밴드인 페이스리스(Faithless) 사이트가 해킹됐다. 이로 인해 페이스리스 영국판 웹사이트(faithless.co.uk) 회원 약 1만 8,000명의 개인정보가 유출된 것. 이는 사이버보안 기업인 사이버인터(CyberInt)에 의해 포착됐다. 또한 해당 정보들은 단순히 유출된 것에서 나아가 일반인들이 정상적인 방법으로는 접근이 불가능한 사이버범죄자들의 소굴인 다크 웹(Dark Web)에서 거래되고 있는 것으로 전해졌다.

외신에 따르면 해당 사이트에는 공격자가 주소창 혹은 로그인창에 SQL 명령어를 입력한 후 웹사이트에 침투해 서버를 제어할 수 있는 SQL 인젝션 공격을 통해 멀웨어가 삽입됐다. 다크 웹에서 거래되고 있는 정보 종류로는 개인의 음악적 취향과 이메일주소 등으로 알려졌다. 따라서 피해자들은 이메일을 통해 피싱공격을 받거나 유출된 정보들이 악용되어 2차 범죄가 일어날 가능성이 있다고 전문가들은 설명했다.

또한, 관련 전문가들은 최근 5년 사이 음악 관련 개인정보를 노리는 사이버범죄가 늘어나고 있다는 점에 주목할 필요가 있다고 강조했다. 실제로 글로벌 음악 콘텐츠 서비스 기업인 소니(Sony)사는 지속적으로 사이버범죄의 타깃이 되고 있으며 최근 글로벌 온라인 음악 서비스 기업인 송킥(SongKick)에서도 해킹사건이 발생했다.

한편, 페이스리스의 경우 데뷔 20주년을 맞아 발표한 스페셜 리믹스 앨범(Faithless 2.0)이 지난 12월 국내에서 발매될 정도로 우리나라 EDM 업계에서도 인지도가 있는 밴드다. 따라서 페이스리스 영국 사이트에 가입했던 이용자가 있다면 확인이 필요하다.

자료: 보안뉴스 2016년 1월 13일
http://www.boannews.com/media/view.asp?idx=49203&kind=4

북한 활동 심상치 않다…사이버테러 주의

'청와대 사칭 해킹메일부터 삼성그룹 메신저 위장 악성코드까지.'
정부가 북한발 사이버 테러 주의보를 내렸다.

정부는 국가·공공기관 근무자의 상용메일 사용을 차단했다. 국가 주요 기반시설도 점검했다. 주요 정보통신서비스 제공업체와 SI·백신업체 등 민간부문도 사이버도발에 대비해 보안관리 강화를 주문했다.

정부는 지난 6일 이후 핵실험 이후 북한 사이버도발 가능성에 대비 사이버 경보를 정상에서 관심으로 한 단계 올렸다. 최근 해킹메일이 급격하게 증가해 각별한 주의를 강조했다.

청와대와 외교·통일부 등 주요 정부기관과 포탈업체 관리자를 사칭한 회신 유도형 위장메일과 자료 절취형 해킹메일이 수십 차례 유포됐다. 기반시설 관련 분야 종사자와 협력업체 직원을 대상으로 공격도 지속됐다.

정부는 지난 6일 이후 핵실험 이후 북한 사이버도발 가능성에 대비 사이버 경보를 정상에서 관심으로 한 단계 올렸다. 최근 해킹메일이 급격하게 증가해 각별한 주의를 강조했다.

청와대와 외교·통일부 등 주요 정부기관과 포탈업체 관리자를 사칭한 회신 유도형 위장메일과 자료 절취형 해킹메일이 수십 차례 유포됐다. 기반시설 관련 분야 종사자와 협력업체 직원을 대상으로 공격도 지속됐다.

한컴오피스 업데이트 파일로 위장한 악성코드도 대량 유포됐다. 삼성그룹에서 사용 중인 메신저 '마이싱글'이라는 신종 악성코드도 발견됐다. 마이싱글 메신저는 삼성그룹이 올 초 전 계열사와 해외 법인에 설치한 통합 모바일 메신저의 초기 개발명으로 알려졌다. 이 악성코드는 PC에 저장된 정보를 훔치며 추가 악성코드도 내려 받는 기능이 들어있다. 관련 악성코드는 2014년 북한 소행으로 밝혀진 미국 소니픽처스 해킹에 쓰인 것과 유사하다.

북한은 과거에도 핵실험 이후 정부에 대한 불신과 불안감을 조성하기 위해 대규모 사이버공격을 자행했다. 정부는 국민 참여를 요청했다. 개인PC나 스마트폰에 최신 백신을 설치하고 의심스러운 메일을 열람하지 않는 등 보안 관리를 생활화한다.

정부는 인터넷에 2014년 말 발생한 한국수력원자력 사이버심리전과 같은 상황이 발생해도 유언비어에 현혹되지 말라고 덧붙였다.

자료: 전자신문 2016년 1월 25일
http://www.etnews.com/20160125000182

제 2 절　사이버스파이 – 사이버공간에서의 정보유출

1. 개　관

정보의 효율적 관리를 위해 기업 등에서 수집하는 개인정보 등이 관리의 소홀이나 불순한 동기에 의하여 외부로 유출되고 있어서 중대한 사회문제로 지적되고 있다.[8] 특히, 수집된 정보 중에서도 개인의 신상정보가 유출되어 범죄에 악용되는 경우가 있어 더욱 문제가 되고 있다.

금융기관의 정보 중에서 고객의 입출금상황, 부도경력, 자금사정, 신용상태 등의 금융정보, 신용카드회사나 스포츠센터 또는 백화점 등의 회원이나 고객의 신상정보, 의료기관의 진료기록 그리고 형사사법기관의 범죄기록 등이 외부로 유출되는 경우 있을 수 있는 피해는 상당할 수밖에 없다. 또한, 정부기관의 개발계획 등이 사전에 유출되어 토지 등에 대한 부동산 투기가 조장되는 경우 또 다른 심각한 사회문제가 아닐 수 없다.

특히, 이러한 정보의 유출이 단순한 개인적 호기심의 발로일 수도 있으나, 영리를 목적으로

---

8 최영호, 「정보범죄의 현황과 제도적 대처방안」, 한국형사정책연구원, 1998, pp. 38–42.

정보를 빼내어 정보를 판매하는 조직적인 범행의 경우는 더욱 심각한 문제가 아닐 수 없다.[9] 물론, 전문적인 해커가 침입하여 중요자료를 유출시키기도 하지만, 조직내부에서 정보를 유출시키는 경우도 적지 않은데, 이 경우에도 내부인사가 자발적으로 또는 실수로 정보를 유출시킬 수도 있지만 약점이 잡혀서 강요와 협박에 의하여 어쩔 수 없이 정보를 넘겨주기도 한다.[10]

더구나 새로운 제품이나 기술 등의 개발주기가 짧아지면서 이러한 기술과 제품의 개발에 필요한 비용 또한 증대되게 되어 새로운 기술과 제품의 개발에 필요한 정보의 획득을 위한 활동도 더욱 기승을 부릴 수밖에 없는 것이다. 중요한 정보나 자료를 컴퓨터에 저장하는 것과 때를 같이 하여 이러한 스파이활동도 이제 가상공간에서 주로 이루어지게 되어 이를 두고 소위 사이버스파이라고 일컫고 있다. 따라서 사이버스파이는 컴퓨터에 저장된 정보나 자료를 수집하는 행위라고 할 수 있다.

2. 사이버공간에서의 정보유출의 특성

(1) 사이버공간에서 유출될 수 있는 정보

사이버공간에서 유출될 수 있는 정보는 매우 다양하다. 신용과 금융기록, 진료기록, 신상자료 등 개인적 정보에서부터 기업의 영업이나 기술정보와 국가의 안보와 관련된 정보에 이르기까지 매우 다양하다. 그러나 대체로 신상에 관한 정보, 신용에 관한 정보, 기술에 관한 정보, 정책에 관한 정보, 그리고 운영에 관한 정보 등으로 유출정보를 유형화하고 있다.[11] 신상정보는 개인의 인구사회학적 배경에 관한 정보이며, 신용정보는 개인의 금융거래나 재산상태 등에 관한 것이다. 기술정보는 새로운 기술이나 제품에 관한 사항이며, 정책정보는 토지정책 등 정부기관의 공공정책에 관한 정보이며, 운영정보는 기업의 인사나 업무지침 등과 같은 조직과 단체의 운영에 관련된 정보라고 할 수 있다. 그런데, 신상정보, 신용정보 등 개인의 정보가 유출되어 privacy의 침해라든가 신용카드범죄 등 사회적 문제가 있으나, 특히 최근에는 기업이나 국가가 치열한 생존경쟁에서 우위를 점하기 위하여 경쟁적 정보(competitive intelligence)를 선점하고자

---

9 엄호성, "개인정보 유출실태와 범죄이용현황," 「수사연구」, 제150호, 1996년 4월, pp. 23-26.

10 조병인, "하이테크범죄에 관한 연구," 「형사정책연구」, 1999, 10(3): 189-225.

11 한국형사정책연구원, 「사이버범죄에 관한 연구」, 형사정책연구원, 2000, p. 44.

기술정보나 운영정보를 빼내려는 소위 산업스파이나 산업첩보(industrial espionage) 또는 경제첩보(economic espionage)의 문제가 심각하게 대두되고 있다.

(2) 사이버공간에서의 정보보호의 한계

어떠한 정보이건 완전하게 보호하고 따라서 유출을 완전하게 차단하기란 어려운 일이다. 더구나, 가상공간에서 이루어지는 정보의 유출은 더욱 어려운 것으로 알려지고 있다. 가상공간이야말로 정보의 바다이다. 이는 곧 정보의 공유와 공개를 근간으로 하고 있음을 의미하며, 또한 국민의 알 권리가 강화되고 나아가 정보의 공개가 법적으로 강조되고 있고, 한편 언론의 보도경쟁도 심화되고 있는 마당이어서 처음부터 가상공간에서의 정보보호는 그 한계가 있기 마련이다.[12]

가상공간에서의 정보보호를 더욱 어렵게 하는 데는 가상공간의 특성에서도 찾을 수 있다. 가상공간이란 글자 그대로 공간과 시간을 초월한 개념이며 수많은 정보와 자료가 이 가상공간을 통하여 국경을 넘나들고 있다. 특히, 산업스파이의 경우는 기업 간의 정보경쟁이기 때문에 국가의 국내적 문제일 수도 있으나, 대부분은 선진국가나 기업의 선진기술이나 정보를 후발국가나 기업에서 빼내려는 소위 국경을 초월한 행위이다. 따라서 국가 간 이해관계가 다르고 개념의 정의도 달리하며 그에 대응하는 방법도 다를 수 있어서 특정국가의 전통적인 배타적 공권력만으로는 그 해결이 어렵다. 최근 대부분의 사이버범죄에 대한 대책으로서 국제적 공조가 중시되고 있음이 이를 대변하고 있다.

3. 사이버공간에서의 정보유출의 수법

가상공간에서 있을 수 있는 사이버스파이의 범죄유형은 대체로 해킹에 의한 것과 바이러스의 제작과 유포에 의한 것으로 대별할 수 있다. 해킹(hacking)이란 일반적으로 타인의 컴퓨터시스템에 무단으로 침입하여 수록된 정보를 빼내거나 시스템을 파괴하는 등 다른 사람의 정보처리장치가 수행하는 기능이나 전자기록에 부당하게 간섭하는 일체의 행위라고 한다. 구체적으로 이러한 해킹행위를 통하여 행할 수 있는 범죄는 행위의 유형에 따라 해킹에 의한 무단침입, 비밀침해, 자료삭제, 자료변경, 업무방해, 그리고 재산취득으로 나누어지고 있다.[13]

---

12 지영완, 「국가와 도청」, 도서출판 그린, 1999, pp. 339-344.

13 최영호, 「정보범죄의 현황과 제도적 대처방안」, 한국형사정책연구원, 1998, p. 61 이하; 유인모, "정보형법의 과제와 전망," 한국형사정책학회 2000년 동계학술회의 자료, p. 6 이하; 강동범, "사이버범죄와 형사법적 대처," 「형사정책연구」,

해킹의 가장 단순한 형태는 물론 타인의 컴퓨터시스템에 무단으로 접속하여 시스템에 침입하는 것이다. 무단침입은 다른 사람의 ID를 도용하거나 비밀번호를 사용하여 접속하거나 보호장치를 우회하거나 무력화하는 방법으로 주로 행해지고 있다. 무단침입이 심각하게 받아들여지는 것은 무단으로 침입하여 타인의 자료나 비밀을 알아내거나 변경하거나 삭제하고 재산을 취득하기 위한 하나의 수단으로 이용되기 때문이다.

타인의 컴퓨터에 침입하여 프로그램, 자료, 정보 등을 탐지해내는, 즉 타인의 컴퓨터에 수록, 저장되어 있는 자료나 정보를 획득하는 행위를 비밀침해라고 할 수 있다. 해킹에 의한 자료의 삭제는 통상 컴퓨터바이러스의 유포와 결부되어 이루어지고 있는 행위로서 해킹을 통해 컴퓨터시스템에 저장되어 있거나 처리 또는 전송 중인 정보, 자료, 프로그램 등을 삭제하는 행위이다.

한편, 해킹을 통해서 타인의 컴퓨터시스템에 저장되어 있는 자료나 정보 등 전자기록을 변경할 수도 있으며, 사무의 자동화에 따라 대부분의 업무가 컴퓨터로 처리됨으로써 해킹을 통하여 최근 미국에서 일어난 CNN, 야후, 아마존 등을 다운시켰던 사건처럼 한꺼번에 대량의 정보를 특정 사이트에 전송하거나 저장되어 있는 자료나 프로그램을 삭제하는 등 컴퓨터시스템을 파괴하거나 정보처리에 장애를 일으키는 행위를 해킹에 의한 업무방해라고 한다. 끝으로, 전자상거래 등이 활성화됨에 따라 타인의 비밀번호 등을 빼내서 타인계좌의 예금을 이체시키거나 은행의 프로그램을 변경시켜 자신의 계좌로 이체시키는 등 해킹에 의한 자산의 취득도 최근 증가하고 있는 해킹에 의한 범죄의 유형이다. 컴퓨터 바이러스를 제작, 유포하여 컴퓨터시스템의 작동을 불능케 하는 행위는 사이버공간의 존립 자체를 위협하는 중대한 행위이다.

4. 사이버공간에서의 정보유출의 방지대책

(1) 규범의 정비와 보완

어떠한 일탈행위이건 그것을 규제하기 위해서는 규제의 근거가 될 수 있는 법규의 마련이 선행되어야 한다. 사이버스파이의 규제를 위해서도 각종 가상공간에서의 정보유출행위를 규제할 수 있는 근거법규가 마련되거나 기존의 근거법규가 미약하다면 정비되고 보완되어야 할 것

한국형사정책연구원, 제11권 제2호(통권 제42호), pp. 65-91, pp. 78-86 참조.

이다. 특히 사이버스파이는 전통범죄와는 여러 가지 측면에서 차이가 있는 하나의 신종범죄이며 그 수법 또한 빠르게 변하고 있다는 점을 고려한다면 기존의 형법의 보완이나 특별법의 제정과 개정 등의 노력이 필요한 것이다.

예를 들어, 공공기관의 정보유출을 금하는 '공공기관의 개인정보보호에 관한 법률'은 사이버스파이의 다수를 차지하는 민간부문의 정보유출과는 아무런 관련이 없으며, '신용정보의 이용 및 보호에 관한 법률'도 신용정보업자가 아닌 기업 등의 정보유출과는 해당사항이 없으므로 이에 대한 보완이 시급하다.[14]

(2) 범행기회의 제거

일탈행위를 규제하기 위한 수많은 규범이 존재함에도 불행하게도 여러 가지 동기로 그 규범을 일탈하는 사람은 항상 있어 왔다. 또한 형사사법의 실패가 사후 대응적인 데서 그 원인을 찾기도 한다. 피해회복의 어려움과 그에 수반되는 각종 경비 등을 고려할 때 가장 바람직한 형사정책은 역시 사전 예방이어야 한다는 데는 큰 이견이 있을 수 없다. 범죄의 예방을 위해서 목표물 강화(target hardening)나 감시의 강화 등이 보편적으로 제시되는 예방대책이라고 할 수 있다.

사이버스파이의 예방을 위해서 할 수 있는 범행기회의 제거는 컴퓨터시스템에 대한 임의 또는 무단접근을 차단하는 기술과 정보통신망에서 정보가 위조, 변조, 도난, 훼손되는 것을 막는 기술로서 가능하다고 한다. 정보의 비밀성(confidentiality), 무결성(integrity), 그리고 가용성(availability)을 유지하려는 것이 곧 기회의 제거를 통한 방지대책의 목적이라고 할 수 있는데, 이를 위하여 '방화벽(fire wall)'과 '공개키암호체제(public key encryption system)'가 대표적으로 이용되고 있다.

방화벽이란 아파트의 경비실처럼 컴퓨터시스템이 외부로 연결되는 지점에 전자정보의 이동(traffic)을 걸러주는(filtering) 기계장치를 통하여 허가되지 않은 무단접근을 저지하는 것이다. 한편, 공개키암호체제는 암호화키와 복호화키를 다르게 하여 암호화키는 공개하되 복호화키는 암호해독자의 비밀키로 함으로써 불특정 다수의 상대와 안전하게 전자정보를 교신할 수 있게 해주는 암호기술로서 실제로 전자서명 인증제도에서 실용화되고 있다.

---

14 한국형사정책연구원, 전게서, p. 73.

(3) 감시체제의 강화

허가되지 않은 무단접속의 차단 등 범행기회를 제거하기 위한 노력에도 고도의 기술을 가진 전문적인 해커들을 완전히 차단하는 데는 한계가 있으며, 더구나 합법적인 접속을 할 수 있는 내부에서의 범행은 무단접속의 차단으로는 대처할 수 없기 때문에 효율적인 감시체제의 구축을 통하여 피해를 최소화하려고 한다. 이를 위하여 시스템의 보안취약점이 자동으로 복구되도록 하는 기술, 무단침입을 탐지하는 기술, 바이러스를 진단하는 기술 등이 적극적으로 도입되고 있으며, 이러한 기술의 효율적 활용을 위하여 감시요원의 확충과 전문화에 힘쓰고 있다.

구체적으로 해커의 감시를 전담하는 경찰의 전담기구와 부서를 보강하고 전담요원을 확충하고 있으며, 공간을 초월하는 범행의 특성에 따라 정보공조 등 정보교류활동이나 수사공조 등의 국제적 협력도 강화되고 있다. 또한, 정보통신업 종사자들의 정보유출도 적지 않기 때문에 이들에 대한 업무감독도 중시되고 있으며, 나아가 사이버스파이에 대한 감독기구와 신고센터의 설립도 적극적으로 논의되고 일부 추진되고 있다.

 HOT ISSUE 사이버 개인정보 유출

사이버 범죄, 수익성 높은 개인정보 노린다
개인정보 유출사고 성행…개인정보에 대한 기업 책임 강화

<월간 네트워크타임즈>가 지난달 진행한 정보보안 담당자 대상 연례 설문조사에서 2016년 가장 민감하게 여기는 정보보안 규제로 '개인정보보호법'을 꼽은 사람이 56%로 압도적으로 많았다. 이달부터 시행된 개정 개인정보보호법과 금융기관에 적용되는 신용정보법에서 개인정보 보호 규정을 크게 강화했기 때문이다.

개인정보보호법에서는 기업/기관이 보관중인 주민등록번호는 모두 암호화하도록 하고 있으며, 개인정보 유출사고가 발생했을 때 개인이 피해액을 입증할 책임이 없으며 실제 손해액의 최대 3배까지 유출기업이 보상하도록 돼 있다.

행정자치부는 주민번호 수집을 허용하는 42개 대통령령의 주민번호 수집근거를 폐지해 단순 본인확인 등 주민번호가 필요하지 않은 업무에서 주민번호 수집을 금지하고 관련 서식에서도 주민번호 기재란을 삭제하거나 생년월일로 대체하도록 했다.

금융기관은 개인정보를 비식별화 한 상태로 마케팅 용도로 사용할 수 있는 등 개인정보 이용에 자율성을 얻었지만, 대신 신용정보법에서는 개인정보 유출시 최대 50억원까지 과태료를 물게 된다.

대규모 개인정보 유출사고, 전 세계적으로 빈번하게 발생

우리나라에서는 대규모 개인정보 유출사고가 빈번하게 일어나면서 개인정보 보호에 대한 관심이 높아
졌다. 특히 2014년 초 KB카드, 롯데카드, NH카드 등 신용카드 3사에서 1억건이 넘는 개인정보가 유출됐
다는 사실이 드러나면서 개인정보 보호 문제가 뜨거운 이슈로 떠올랐다.

개인정보 유출은 전 세계적으로도 성행하고 있는 심각한 사이버 공격이다. 2015년 11월 홍콩 전자
완구업체 브이텍(VTech)에서 600만 건의 개인정보가 유출돼 전 세계가 비상에 걸렸다. 브이텍에서 유출
된 정보에는 아이와 부모의 사진 및 채팅 로그데이터 등이 포함돼 있었으며, 이 데이터를 마이닝해
정확한 개인식별이 가능해 추가 범죄에 악용할 가능성이 높다고 지적된다.

2015년 가장 큰 규모의 개인정보 유출사고는 미국 건강보험업체들이 고객DB 해킹으로 1억570만개의
개인정보가 유출된 사고이다. 앤섬(Anthem) 한곳에서만 9760만개의 개인정보가 탈취당하는 등 심각한
피해를 입었으며, 고객 뿐 아니라 앤섬과 동일한 보험 네트워크를 공유한 다른 회사 고객도 포함된
것으로 알려졌다.

불륜조장 사이트 애슐리 매디슨(Ashley Madison) 회원정보 3200만개, 미국 인사관리처 2570만개, T모
바일(T-Mobile)·익스피리언(Experian) 1500만개, 온라인 부동산 중개업체 스콧트레이드(Scottrade) 460
만개가 유출됐다.

심지어 비밀번호 관리 사이트 '라스트패스(LastPass)'도 해킹을 당해 비밀번호 DB가 유출됐으며, 사용
자 계정정보를 탈취당했다. 라스트패스는 서비스 사용자 개인의 비밀번호와 웹사이트 사용자가 계정에
저장한 비밀번호는 탈취당하지 않았으며, 암호화된 사용자 저장소는 안전하다고 설명했지만, 같은 비밀
번호를 여러 사이트에서 사용하는 사람들은 충분히 경각심을 가질만하다.

'돈' 되는 금융정보···사이버 범죄의 주요 타깃

개인정보 유출사고가 잇따르고 있는 것은 개인정보가 곧 '돈'이기 때문이다. 신용카드 3사에서 유출된
개인정보는 보험판매인, 대부업체 등에 판매돼 마케팅 용도로 사용됐다. 의료정보는 보험사의 마케팅
자료로 활용될 수 있으며, 보험사가 자사의 수익을 극대화할 수 있는 상품을 개발하는데 유용하게 사용
된다.

젬알토의 '2015년 상반기 데이터 유출/침해 인덱스(BLI: Breach Level Index)'에 따르면 이 기간 발생한
정보유출 사고의 53%가 개인정보로, 범죄자들은 수익을 극대화하기 위해 더욱 값나가는 개인정보에
더 많은 공격을 벌이고 있는 것으로 분석된다.

젬알토의 또 다른 보고서 '무너진 신뢰: 경계의 계절이 돌아오다: (Broken Trust: 'Tis the Season to
Be Wary)'에 따르면 64%의 소비자들이 금융 데이터 유출사고를 일으킨 기업과 거래하지 않겠다는 뜻을
밝혔다.

데이터 유출사고를 겪은 사람은 31%에 달했으며, 피싱·파밍 피해가 각각 40%, 37%로 가장 많았다. 데이터 유출사고 피해를 입은 사람의 23%는 해당업체를 상대로 법적조치에 착수했거나 검토중이라고 답했으며, 절반에 가까운 49%의 응답자는 유출에 관련된 모든 대상에 대해 법적 조치를 검토하거나 착수할 것이라고 답했다.

개인정보 유출시 기업 책임 강화하며 보안시장 성장 기대

우리나라에서는 개인정보 유출 사고가 일어나도 선진국에 비해 처벌이 약한 편이며, 소송이 벌여졌을 때에도 대체로 사고를 일으킨 기업에게 이로운 판결이 내려지는 상황이어서 기업의 개인정보 보호 노력이 미흡한 상황이었다. 재판부는 기업들이 평소 개인정보 보호를 위해 시스템을 갖춰왔다는 점을 들어 기업의 편을 들어준 것이다.

그러나 2014년 카드3사 개인정보 유출사고 후 정부의 기조가 크게 바뀌었다. 이 해부터 유출된 개인정보를 이용한 전자금융사기가 급증하면서 심각한 피해가 보고된 것이다. 유출된 개인정보가 단순히 마케팅 용도로만 사용되는 것이 아니라 막대한 규모의 금전적인 피해가 발생하게 돼 대책 마련이 시급해진 것이다.

또한 정부의 핀테크 활성화 정책에 발맞춰 정부와 금융감독당국이 금융서비스에 대한 규제를 대폭 완화하는 대신 금융기관의 자율보안체제 수립을 주문해 개인정보 보호 요구가 높아졌다. 금융기관은 새로운 금융 서비스를 자유롭게 시작할 수 있지만, 보안사고가 발생했을 때 전적으로 책임을 져야 하게 됐다. 개인정보 유출사고가 발생하고 피해가 생겼을 때 기존에는 피해자가 피해를 입증해야 했지만, 이제는 피해규모와 책임소재를 금융기관이 입증하도록 했으며, 금융기관의 책임을 강화하는 방향으로 규제개선이 이뤄진 것이다.

자료: Datanet IT정보마당 2016년 1월 11일
http://www.datanet.co.kr/news/articleView.html?idxno=95922

제 3 절   사이버 지적저작권침해 - 저작권침해 등

가상공간이란 그 성격이 기본적으로 열린 공간이며 모든 정보가 공유되기 때문에 그 접근 또한 자유롭다. 바로 이러한 특성으로 인하여 정보의 무단이용이라는 문제가 발생할 수 있는 것이다.

1. 사이버공간에서의 지적재산권 문제

지적재산권이란 인간의 지적 창작물에 관한 권리를 총칭한다고 할 수 있어서, 여기에는 저작권, 저작인접권, 특허권, 의장권, 상표권, 원산지 표시, 영업비밀 등 산업재산권과 저작권이 모두 포함된다. 그래서 세계지적재산권기구(WIPO)는 설립조약 제 2 조 제 8 항에서 "지적재산권이란 문학, 예술 및 과학적 저작물, 실연자의 실연, 음반 및 방송, 인간의 노력에 의한 모든 분야에서의 발명, 과학적 발견, 의장, 상표 및 기타의 명칭, 부정경쟁으로부터의 보호 등에 관련된 권리와 그 밖에 산업, 과학, 문학 또는 예술분야의 지적활동에서 발생하는 모든 권리를 포함한다"고 규정하고 있다.[15] 예를 들어, 서태지의 음반을 해적판으로 만들거나 영화 쉬리를 복제하여 돈을 받고 상영한다면 그것은 분명히 저작권의 침해이지만 전화번호부에서 사실자료를 복사하는 것은 설사 복사하는 사람이 얼마의 돈을 벌든지 그것은 저작권의 침해라고 할 수 없는 것이다.

이러한 지적재산권은 디지털기술의 발달에 따라 많은 변화를 겪고 있다. 예를 들어, 디지털기술에 의한 복제는 원본과 구별하기 어려울 정도여서 디지털시대의 저작권보호에도 많은 어려움을 유발시키고 있다. 더구나, 통신기술의 발달은 저작자의 뜻과는 상관없이 초고속정보통신망을 통하여 대량으로 고속으로 전파될 수 있어서 저작물을 원본과 구별하기 어려울 정도로 정교하게 흔적도 없이 복제하여 대량으로 초고속으로 수많은 사람들에게 동시에 전파할 수 있게 되나 그 적발은 더욱 어렵게 만들어 기존의 저작권보호제도만으로는 문제를 해결하기 어렵게 되었다. 또한 이러한 문제를 극복하기 위하여 개발된 무단침입방지 기술을 무력화시키는 기술도 급속하게 개발되고 있어서 악순환의 고리가 계속되고 있는 것이다.

---

15 한국형사정책연구원, 전게서, p. 87.

2. 알권리와 저작권

디지털 시대의 저작권보호는 공공의 접속과 소유자의 권리 또는 공공의 알권리와 지적재산권이라는 헌법적 의문을 야기하는 전쟁터가 되고 있다.[16] 즉, 정보란 그 권리자를 보호하는 것도 중요하지만 정보에 대한 공공의 알권리와 관련한 자유로운 접근과 유통도 중요한 덕목이지 않을 수 없다. 디지털저작물은 그 특성상 처음 저작하기에는 많은 노력과 비용이 필요하지만 복제는 거의 아무런 노력과 비용이 없이도 가능하기 때문에 저작권의 침해가 그만큼 쉬워서 더욱 철저하게 보호되어야 한다는 주장(copyright)이 있는 반면 가상공간의 장점이 정보의 공유라는 점을 강조하는 주장(copyleft)이 맞서고 있는 것이다.

정보의 공유를 주창하는 입장에서는 물론 전산화된 저작물에 대한 추가적인 보호의 필요성은 인정하면서도 저작권자의 이익을 지나치게 강조한 나머지 공공의 정보에 대한 접근을 방해할 수도 있다는 우려를 표시하고 있다. 일반적으로 저작권보호의 목적은 분명히 과학과 유용한 예술을 조장하기 위한 것이어서 저작권을 보호하려는 것은 지식의 흐름을 원활하게 하기 위한 것이어야 한다고 주장한다. 반면에, 저작권보호를 강조하는 사람들은 저작권을 효과적으로 보호하지 못한다면 창작에 대한 아무런 동기나 유인이 없으며 그것은 곧 지식의 흐름이나 물줄기가 통째로 막히게 되는 경우를 초래할 것이라고 경고한다. 즉, 도난품이나 장물이 나도는 시장은 암시장이라는 것이다.

3. 저작권보호와 관련된 논란

(1) 데이터베이스의 보호 여부

일반적으로 저작권법은 저작물의 독창성(originality)과 창의성(creativity)을 저작권보호의 전제로 삼고 있다. 가상공간에서 접할 수 있는 지적 창작물은 대체로 디지털기술을 이용하여 제작된 디지털저작물로서 컴퓨터프로그램, 데이터베이스, 컴퓨터창작물, 멀티미디어저작물 등이라고 할 수 있다. 가상공간에서 유통되는 이들 대부분의 컴퓨터프로그램, 컴퓨터창작물, 그리고 멀티미디어저작물 등의 저작물은 이러한 저작권이 보호되지만 가상공간에서 유통되는 다수의 데이

---

16 John Gibeaut, "Zapping cyber piracy," *ABA Journal*, Feb. 1997, 83: 60-63.

터베이스는 다수의 정보를 체계적으로 정리하여 컴퓨터로 검색할 수 있도록 만들어 놓은 정보의 집합체로서 독창성보다는 비용과 시간 그리고 인력의 투입으로 이루어지는 경우가 많아서 법적 보호에 대한 논쟁의 여지를 남기고 있다.[17]

그러나 유럽연합에서는 1996년 비록 독창성이 없는 데이터베이스도 법적 보호를 받도록 하는 지침을 제정하였는데, 이 지침에 의하면 데이터베이스의 내용을 취득, 검증 또는 표현하기 위하여 질적, 양적으로 상당한 투자를 한 경우 데이터베이스에 대한 내용의 전부나 상당 부분을 추출 또는 재이용(reutilization)하는 행위를 금지시킬 수 있는 권리를 데이터베이스의 제작자에게 부여하도록 하여 저작권리보다는 독자적인 권리를 인정하고 있다. 이는 곧 데이터베이스의 제작에 필요한 비용, 시간, 노력 등을 보전해 주자는 것이라고 할 수 있다. 그러나 이 지침도 비전자적인 데이터베이스를 사적 목적으로 추출하거나, 교육이나 학술적 목적으로 예시의 방법으로 사용하거나, 공공안전이나 행정적, 사법적인 절차상의 목적으로 사용하는 경우 등 제작자의 허가 없이도 데이터베이스의 추출과 재이용을 허용하고 있다.[18]

(2) 온라인 사업자의 책임 소재

국제사회에서는 전자적 데이터베이스를 보호하기 위한 입법을 고려해 왔으나, 학계와 과학계에서 자신들이 추구하는 정보로부터 단절될 것을 두려워한 나머지 상당한 항의가 제기되어 데이터베이스에 대한 보호에는 제동이 걸리고 있다. 여기에 인터넷접속제공업자들의 항의도 이어졌다. 이들 전화회사 등 인터넷접속제공업자들의 주장은 심지어 회사에서 고객들의 위반행위에 대하여 전혀 모르는 경우에도 고객들의 잘못에 대한 책임을 지게 되는 경우가 생길 수 있다는 것이었다. 물론 그들이 반대하는 실질적인 이유는 매일같이 인터넷을 오가는 그 많은 전송내용을 모두 모니터 할 수 없다는 것이다. 또한, 사업자들은 자료를 평가할 수 있는 위치에 있지 않고, 지나치게 책임을 묻게 되면 정보의 유통이 줄어들어 정보의 확대재생산이 장애를 받아 정보사회의 발전을 어렵게 하며, 저작물의 배포의 주체는 온라인 사업자가 아니며 온라인 사업자는 단지 전기통신사업자에 지나지 않는다는 주장도 내놓고 있다.[19]

그러나 반대 입장에서는 온라인서비스제공자들에 대한 책임을 강요하지는 않았지만 그럼에

---

17 한국형사정책연구원, 전게서, pp. 97-98.
18 최창수, "사이버상의 저작권 침해,"「형사정책연구」, 한국형사정책연구원, 2000, 제11권 제2호(통권 제42호), p. 29.
19 Gibeaut, *op. cit.*

도 불구하고 온라인서비스제공업자들이 고객들의 불법적인 활동을 발견할 수 있는 가장 적임자이며, 그들을 모든 책임으로부터 면제시키는 것은 위험한 관례가 될 수 있다는 주장을 펴고 있다. 온라인 사업자는 고객과의 관계에서 이용자의 신분을 잘 알 수 있고, 언제, 얼마나, 어떤 용도로 이용하는지도 잘 알 수 있으며, 운영지침이나 약관 등을 이용하여 고객과의 계약을 통해서 통제하고 분쟁을 해결할 수 있다는 이유에서 주장되고 있다. 더불어, 저작권자들도 서비스제공자들이 통제할 수 없는 위반에까지 불공정하게 처벌되어서는 안 되지만 서비스제공자들이 고객의 불법 활동에 대해서 알고 있었다면 그에 대한 책임을 져야한다고 주장한다. 한편, 동시에 이들 서비스제공자들도 자신들의 창작적 내용을 제공하기 때문에 저작권자와 서비스제공자의 분명한 구분은 어려운 것이어서 양쪽의 차이를 극복할 수 있을 것으로 믿고 있다.[20]

(3) 도메인 네임과 상표권 분쟁

한편, 인터넷의 활성화로 인하여 기업의 도메인 네임도 중요한 자산으로 인식되고 있다. 기업의 상표나 회사명 등이 다른 사람이나 기업이 도메인 네임으로 선점하여 사용하는 경우 도메인 네임과 관련한 상표권 분쟁이 발생하고 있다. 인터넷을 통해 정보를 주고받기 위해서는 각자가 도메인 네임을 가져야 하는데, 이 도메인 네임은 특별한 요건이나 입증이 없이 먼저 등록한 사람이 사용권을 갖게 되어 있고, 도메인 네임을 발급하고 관리하는 국제정보망센터 측에서는 도메인 네임의 합법성이나 타인에 의한 권리침해 여부와는 관계가 없다는 입장을 취하고 있어서 도메인 네임과 상표권의 충돌이 가능해지는 것이다.[21] 지금까지는 도메인 네임이 먼저 등록한 사람에게 사용권이 주어진다는 점에서 지적재산권으로 인정되고 있지 않지만 인터넷 도메인 네임의 경제적 중요성과 가치가 높아지고 있어서 상표권과의 충돌은 더욱 확대, 심화될 것이기 때문에 이에 대한 보호 장치가 마련되어야 한다는 목소리가 커지고 있다.

---

20 최창수, 전게논문, pp. 33-34.
21 한국형사정책연구원, 전게서, p. 125.

제4절   사이버음란물과 외설(Cyber pornography and obscenity)

출판물로 대변되는 전통적 형태의 음란물이나 외설물도 그 영향이 지대하지만 가상공간에서는 음란물이 더욱 빠르고 은밀하게 오가기 때문에 그 영향력은 훨씬 크다고 할 수 있다. 또한, 가상공간에서는 사람들이 이러한 음란물에 쉽게 접근할 수 있을 뿐만 아니라 쉽게 복제할 수 있다는 것도 가상공간에서의 음란물 문제를 더욱 심각하게 만드는 요인이 되고 있다. 어쩌면, 가상공간에서의 외설과 음란물은 정보화시대를 살아가는 우리에게 컴퓨터기술이 실제적인 손상을 가할 수 있는 범죄이며, 게다가 기술의 발달은 이 문제를 더욱 용이하게 할 뿐만 아니라 더욱 조장하는 면도 있어서 가상공간에서 일어날 수 있는 중요한 범죄라고 할 수 있다.[22]

특히, 가상공간을 이용하는 주 고객이 청소년이라는 점은 청소년들의 정서에 심각한 문제를 야기하고 있는 실정이다. 더군다나, 음란물이 청소년들을 성적으로 학대하는 것을 내용으로 하고 있다는 점에서 또 다른 문제의 소지를 안고 있다. 그런데, 청소년과 관련된 사이버 음란물의 문제는 대체로 다음의 세 가지 관점에 초점을 맞추고 있다.

우선 인터넷을 이용하는 청소년들이 우연하게 또는 일부러 음란영상에 접촉할 수 있다는 점이다. 둘째로, 음란물을 보는 것이 청소년들에게 부정적 영향을 미칠 수 있지만 동시에 청소년들이 음란물의 대상이 되어 성적 학대의 피해자가 될 수도 있다는 점이다. 셋째로 청소년들을 대상으로 하는 사이버 음란물이 일종의 조직적 범죄망으로 연계될 수 있다는 점이다.[23]

일반적으로 음란이란 그 내용이 사람의 성욕을 자극하고 흥분시켜 보통 사람의 정상적인 성적 수치심을 침해하고, 성적 도의관념에 반하는 것으로 인식되는 포괄적인 개념이다. 이러한 입장에서 보아, 사이버 음란물의 개념도 가상공간에 올려진 음란물이라고 규정할 수 있을 것이다. 그러나 문제는 사이버 음란물은 일반적인 전통적 음란물과 그 전달방법에 있어서 근본적인 차이가 있다고 한다.

---

22 Louise I. Shelley, "Crime and Corruption in the digital age," *Journal of International Affairs*, 1998, 51(2): 605-621.

23 T. Palfrey, "Surveillance as a response to crime in cyberspace," *Information & Communications Technology Law*, 2000, 9(3): 173-194.

1. 사이버 음란물의 유통형태와 방법

사이버 음란물은 통신기술의 발달로 인터넷 홈페이지 게시판을 이용하여 광고하거나, 최근에는 SNS를 통해 실시간 신속하고 광범위하게 전달되고 있다.

심지어 음란게임 소프트웨어나 가상섹스게임 등 게임을 이용하기도 하고, 기타 음란대화(채팅)나 음란사이트 배너광고(링크) 및 음란물 판매광고의 형태로 유통되기도 한다.

한편, 이들 음란물을 유통시키는 구체적인 방법을 보면, 웹호스팅 업체와 무료 홈페이지 제공업체의 증가 및 홈페이지 제작도구의 발달로 World Wide Web(WWW) 서비스를 이용하는 것이 가장 보편적인 방법이 되고 있으며, 통신에 무료로 배포되는 FTP를 PC에 설치하여 대량의 음란정보를 주고받기도 한다. 그리고 전자게시판(BBS)을 이용하여 음란소설이나 사진 등의 정보를 교환하거나 음란물을 판매하고, 뉴스그룹을 이용하여 음란물의 정보나 음란사진 등을 교환하는 USENET을 활용하는 방법이 쓰이기도 한다.

2. 사이버 음란물의 규제경향

미국에서는 가상공간에서의 음란물이 특히 청소년들에게 미치는 영향이 지대하다는 점을 고려하여 가상공간에서의 아동보호를 중심으로 규제가 이루어지고 있다. 그중에서도 온라인 아동보호법(Protection of Child On-Line Act)과 통신품위법(Communications Decency Act)이 대표적이라고 할 수 있다. 이 법에서 상업적인 성인물 판매업자는 이용자가 18세 이상인가를 확인한 후 접속을 허용해야 하며, 신용카드를 이용하여 결제하도록 하며, 음란사이트의 초기화면은 청소년에게 유해한 성인물을 게재하지 못하도록 금지하는 것을 주요내용으로 하고 있다. 한편, 아동포르노, 청소년에 유해한 전자우편이나 메시지의 전송 등을 처벌하고 있으며, 외국에서 제작된 음란물이 인터넷을 통하여 유입되는 것을 막기 위하여 관세법에서 통신을 통한 음란물의 수입을 금지시키고 있으며, 특히 아동포르노에 대해서는 법률을 점점 더 강화하는 추세이다.[24]

이처럼 사이버 음란물은 대체로 법률적으로 규제하는 경향이 있으나, 이러한 법적 규제에는 몇 가지 한계가 있다고 한다. 우선 사이버공간은 접근의 용이함, 즉 누구나 자신의 견해를 올릴

---

24 Y. Akdeniz, "Computer pornography: A comparative study of US and UK obscenity laws and child pornography laws in relation to the internet," *International Review of Law, Computers and Technology*, 1996, 10: 235.

수도 있고 받아볼 수도 있다는 것이 가상공간의 특징인데 바로 이러한 특징으로 인하여 그 규제가 어렵다는 점이다. 다시 말해서, 인터넷을 이용하는 모든 사람이 누구나 잠재적인 규제의 대상이 될 수 있기 때문에 이를 규제한다는 것은 사실상 모든 이용자를 규제하는 결과가 되어 규제에 필요한 막대한 비용은 물론이고 표현의 억제를 초래하여 결과적으로는 인터넷의 확산을 가로막는 장벽이 될 수 있다는 것이다.

또한, 효율적인 규제를 위하여 민-관 협동의 필요성이 제기되고 있으며, 그 일환으로 민간 업자들이 정부기관에 음란물을 제작, 판매, 유통시키는 사람들에 관한 자료를 제공하는 경우가 있는데, 이것이 비밀의 보장이나 프라이버시의 침해와 무관할 수 없다는 점에서 그 활용에 신중을 기하게 되는 어려움이 있다.[25] 특히, 사이버 음란물은 국경을 넘나들며 행해지고 있어서 국제적 협력이 강조되고 있지만 바로 이 점이 사이버 음란물의 규제를 어렵게 하고 있다. 어떠한 국제기구나 조직도 회원국이 모두 주권국가이기 때문에 이 문제에 적절히 대처할 수 없다. 한편, 통신기술은 대부분 다국적 기업이 지배하는 경향이 있고 통신기술에 대한 접근의 통제도 정부가 아닌 바로 이들 다국적 기업이 행사하고 있으나 첨단 기술 분야에서의 치열한 경쟁으로 인하여 기업 간 협조는 물론이고 민관 그리고 국제 간 협력도 쉽지 않은 현실이다.[26]

결과적으로, 사이버 음란물의 규제는 음란물에의 노출의 위험성과 그 위험성으로부터의 보호와 안전이라는 두 가지 어쩌면 상충된 과제를 균형적으로 해결해야 한다. 또한, 보호와 안전을 위한 규제와 통제는 어쩔 수 없이 표현의 자유, 알권리, 프라이버시의 권리가 허용하는 범위 내에서 이루어져야 하는 한계도 가지고 있다. 뿐만 아니라 인터넷의 규제는 민-관 협동의 노력이 요구되는데 민간분야의 자율규제와 정부기구의 강제규제라는 조화와 균형도 이루어져야 한다. 더불어, 청소년이나 여성의 경우는 자신이 사이버 음란물의 가해자도 될 수 있지만 동시에 피해자도 될 수 있다는 점도 규제정책에 있어서 고려되어야 할 부분이다. 한편, 인터넷이 음란물에의 노출의 위험성과 사이버 음란물의 신체적 학대를 초래할 가능성이라는 문제도 있지만 동시에 인터넷은 도움이 필요한 경우 접촉할 수 있는 가치 있는 방법이기도 하여 학대를 예방할 수도 있다는 점도 균형의 필요성을 더해주고 있다.[27]

인터넷이란 국경을 초월하여 이루어지는 것이어서 이의 규제를 위해서는 전 세계의 모든 인

---

25 L. I. Shelley, "Crime and corruption in the digital age," *Journal of International Affairs*, 1998, 51(2): 605-621.

26 Shelley, *op. cit.*

27 T. Palfrey, "Surveillance as a response to crime in cyberspace," *Information & Communications Technology Law*, 2000, 9(3): 173-194.

터넷 사용자를 규제해야 하는데 법이란 자국의 주권이 미치는 범위 내에서만 가능한 것이기 때문에 현실적으로 불가능한 것이다. 즉, 비록 국내에서 일어나는 음란물의 전송은 자국법으로 규제할 수 있을지라도 외국에서 전송되는 것까지 규제할 수는 없는 것이다.

3. 사이버 음란물의 규제대책

범죄자들이 음란물을 비밀리에 교환하고 유통시킬 수 있다는 점으로 인하여 법집행기관에서 이들 강력범죄자들을 검거하기가 더욱 어려운 입장이다. 특히, 음란 영상물을 컴퓨터를 이용하여 접속할 수 있다는 것은 이들 범법자들에게 위험성과 사회적 낙인을 절대적으로 줄여준다는 사실도 문제를 어렵게 하고 있다. 결과적으로 첨단기술이 범죄자들에게 접근의 용이함과 발각위험성의 감소라는 이중의 이점을 제공하고 있다.[28]

위에서 언급한 사이버 음란물에 대한 규제의 한계에서 알 수 있듯이, 사이버 음란물을 제도적으로, 법적으로 규제할 수 있는 확실한 방안이 사실상 없다는 것이 일반적인 인식이라고 할 수 있다. 더욱이, 대부분의 사이버범죄가 그러하듯이 사이버음란물 관련 범죄자들은 사이버공간의 특성상 그 접근은 용이하여 범행의 기회는 많으나 비밀성과 익명성 등의 특성으로 체포의 위험성은 더 낮아질 수밖에 없다는 점도 사이버 음란물의 규제를 어렵게 만들고 있다. 따라서 일부에서는 이용자의 자율적 노력만이 사이버 음란물을 차단할 수 있는 가장 확실한 방안이라는 주장이 제기되기도 한다. 이러한 인식에서 출발한 것이 소위 말하는 표준정보등급제라고 할 수 있는데, 이는 인터넷 이용자가 다양한 등급기준 중에서 자신에게 알맞은 등급의 서비스를 채택할 수 있도록 하는 것이나 인터넷 내용에 대한 규제는 사실상 이용자의 몫으로 남겨둔 일종의 자율규제라고 할 수 있다. 이러한 현실적 여건을 고려하여 다음과 같은 규제대책이 필요한 것으로 제기되고 있다.[29]

우선, 사이버 음란물과 관련이 있는 형사법규정을 정비할 것을 권고하고 있다. 현재 다양하게 산재해 있는 사이버 음란물과 관련된 제 규정의 적용기준을 보다 구체화하고 명확하게 하며, 이러한 규정들을 형법전상에 편입할 것을 권하고 있다. 그리고 현재의 법률시스템이 사이버공간의 개념을 염두에 두지 않고 제정된 것이므로 사이버공간에서 일어날 수 있는 거의 모든 문제를

---

28 Shelley, *op. cit.*
29 아래의 제안들은 한국형사정책연구원, 전게서, pp. 170−174를 요약한 것임.

해결하기 위한 통합 법률을 제정하는 방안도 제기되고 있다.

　　법률적 규제 못지않게 중요한 자율적 규제를 강화할 필요가 있다. PC방이나 게임방 등 청소년들이 쉽게 사이버 음란물에 접근할 수 있는 곳에 음란물을 차단할 수 있는 프로그램의 설치를 의무화하여 청소년들의 음란물 접촉 기회를 근본적으로 차단하거나 제한할 필요성이 강력하게 대두되고 있다. 이와 함께, 음란물 사이트의 데이터베이스를 지속적으로 구축하여 차단프로그램 개발자에게 보급, 활용토록 하고, 국내 ISP에게 전달하여 라우터(Router)나 프록시(proxy)서버를 통한 주소(address) 또는 URL별 필터링을 가능하게 함으로써 해외 음란물 사이트에 접속할 수 없도록 할 필요가 있다.

　　끝으로, 제작자를 제거하고 우편물을 통제하는 전통적 통제기제로 음란물을 제거될 수 있다는 생각은 더 이상 통하지 않으며, 오늘날은 음란 영상물을 유통시키고 확산시키는 전송체제에 초점이 맞추어져야 한다. 또한, 가상공간에서의 음란과 외설을 해결하기 위해서는 민간부분이 더 많은 책임을 맡아야 하고, 동시에 민간분야와 정부기관의 보다 적극적인 공동의 노력이 있어야 할 것이다.[30]

HOT ISSUE　　　　　　　　　　　　　　　　　사이버 음란물

[송혜민 기자의 월드 why] 세계는 지금 보복 음란 동영상과의 전쟁
떠난 연인에게 복수… 사생활 무차별 공개

　　한 여성이 친구의 다급한 전화를 받는다. 인터넷에 이 여성과 전 남자친구가 사랑을 나누는 모습을 담은 동영상이 떠돌고 있다는 내용이다. 누군가에게는 한 번 보고 즐기는 동영상 한 편일지 모르나, 그녀에게는 삶을 송두리째 무너뜨리는 동영상일 수 있다. 보복 음란 동영상, 일명 리벤지 음란물이다.

　　보복 음란 동영상은 사랑했던 애인과 헤어진 뒤 분노와 복수심으로 교제 시절 촬영했던 은밀한 사생활을 담은 영상을 무차별 공개하는 행위, 또는 그 결과물을 뜻한다. 피해자는 대부분 여성이다. 인터넷과 모바일을 자유롭게 사용할 수 있는 국가에서는 이미 골치 아픈 사회문제로 대두됐다. 세계는 왜 지워도 지워도 끝이 나지 않는다는 보복 음란 동영상에 빠졌을까.

　　● 日 피해 잦아 법 제정… 위반 땐 3년 이하 징역
　　전 세계 곳곳에서는 이러한 보복 음란 동영상을 둘러싼 사건사고가 끊이지 않고 있다. 성인물의 천국이라 일컫는 일본에서는 10대를 포함한 일반인의 피해가 이어지자 보복성 음란물법을 제정해 이를 어길 시 3년 이하의 징역 또는 50만엔(약 500만원)의 벌금을 부과하는 법률을 시행했다.

---

30 Shelley, *op. cit.*

● 작년 미국선 전용 사이트 운영자 18년형 선고

지난해 4월 미국 캘리포니아주 샌디에이고 법원은 보복 음란 동영상만 모은 전용 사이트를 운영하다 적발된 케빈 볼래트(28)에게 무려 징역 18년형을 선고한 바 있다. 영국에서 발생한 유사 사건의 피해자는 여성, 가해자도 여성이었다. 레즈비언 커플 중 한 여성은 애인과 말다툼을 벌인 뒤 그녀의 노골적인 사진을 자신의 SNS에 올렸다가 6주의 징역형과 18개월의 집행유예를 선고받았다. 영국에서는 보복성 음란물법이 지난해 4월부터 시행됐는데, 여성이 가해자가 돼 처벌받은 사례는 처음이었다.

한국 사정은 어떨까. 1990년대에 만들어진 대표적인 음란물 사이트 소라넷은 몰카 및 강간 모의와 더불어 공공연하게 알려진 보복 음란 동영상의 '성지'다.

● '소라넷' 해외에 서버… 처벌 시간 걸려 큰 피해

소라넷의 맹점은 서버가 해외에 있다는 사실이다. 관련 법에 의거해 사이트 접속을 차단하는 것까지는 가능하나 사이트 주소만 바꿔 재영업이 가능하다는 것이 소라넷과 유사 사이트가 살아남아 온 '비결'이다. 물론 정보통신망법 등에 의거해 미국이나 영국, 일본처럼 불법 동영상을 올린 개인을 처벌하는 것이 불가능한 것은 아니다. 하지만 여기에는 절차상의 문제가 따른다.

예컨대 보복 음란 동영상을 소라넷 등의 사이트에 올린 닉네임 'A'라는 사람을 처벌하기 위해서는 A가 접속한 IP 주소 등의 정보가 필요한데, 해외 서버를 이용했다면 해당 국가에 협조를 요청해야 한다. 국가 간 협조 공문이 오가고 사건을 파악하고 담당자가 배정된 뒤 사건 조사가 시작되기까지 걸리는 시간은 짧아야 수개월, 길면 수년이다. 그사이 셀 수 없이 많은 가해자와 피해자가 생기는 것은 불 보듯 뻔한 일이다.

방송통신심의위원회의 '2014 방송통신심의연감'에 따르면 불법 음란 사이트의 해외 서버를 통한 접속 차단 결정이 내려진 건수는 2014년 한 해 동안 5만 7830건에 달한다. 전년보다 무려 32.7%(1만 4125건)나 증가한 수치지만 보복 음란 동영상이 올라오는 불법 사이트가 줄었다는 것을 체감하기는 어렵다. '팔다리'에 불과한 이용자 한두 명만 처벌하거나 접속을 차단하는 것만으로는 해결이 불가능한 상황에 이른 것이다.

● 호기심 자극… 스마트폰·SNS 발달로 급속 확산

세계 각국이 보복 음란 동영상으로 몸살을 앓기 시작한 것은 정보기술(IT)의 시작과 궤를 같이한다. 스마트폰이 보급되면서 누구나 손쉽게 개인의 사생활을 촬영할 수 있게 됐고, 페이스북과 트위터 사용자가 급증하면서 SNS는 보복 음란 동영상을 퍼뜨리는 숙주가 됐다. 그야말로 스마트폰이 낳고 SNS가 기른 꼴이다. 아리스토텔레스가 인간을 인간이게 하는 특성이라고 주장한 호기심은 이 현상을 거들었다.

특히 한국의 소라넷은 게시물을 올릴 수 있는 조건이 매우 까다로운 것으로 알려져 있다. 자신이 올린 게시물이 이용자들로부터 많은 지지를 받아야만 더 많은 게시물을 올리거나 열람할 수 있는 권한이 주어진다. 타인의 은밀한 사생활에 대한 호기심은 사이버 세상에서 '영웅'이 되려는 욕망으로 변질됐고 그 중독성은 막강했다. 국적을 막론한 사람들이 보복 음란 동영상에 빠진 이유다.

보복 음란 동영상은 더이상 사랑에 배신당하거나 상처받은 사람들의 치졸한 복수가 아니다. 한 사람의 인생을 망가뜨리고 더 나아가 무거운 죗값을 치러야 하는 중범죄다. 더 많은 피해자가 양산되기 전에 적극적인 관련 법규 제정 및 국가 간 협조가 절실히 필요한 때다.

자료: 서울신문 2016년 1월 9일
http://www.seoul.co.kr/news/newsView.php?id=20160109015008

제 5 절   피싱(Phishing) 범죄

모든 인터넷이나 휴대 전화 사용자들을 가장 위협하는 범죄는 개인 자신의 이득을 얻으려는 공격자에 의해서 금전을 훔치는 것뿐 아니라 다른 범행을 위하여 다른 사람의 개인 정보를 훔치고 사용하려고 다른 사람의 신분을 위장하거나 흉내내는 것이라고 규정되는 '신분 절도(identity theft)'라고 한다. 이들 사이버 범죄자들은 또한 타인의 정보를 훔치는 방법도 발전시켜 왔으나, 사회공학에 기초(social-engineering-based)한 공격이 그들이 가장 선호하는 접근법이라고 한다. 이들 공격자들이 신분 절도를 수행할 수 있도록 허용하는 사회공학 범죄의 하나가 바로 '피싱(phishing)'이라고 불리는 범죄이다. Phishing은 피싱 사기꾼이 인터넷이나 휴대 전화 이용자들이 공격자의 메시지를 믿고 자신의 민감한 정보를 드러내 보이게 하도록 공적이거나 믿을 만한 조직이나 단체나 기관을 불법적으로 이용하거나 사칭하여 이용자의 민감한 정보를 얻기 위하여 이용자들을 미끼로 유인하려는 사회공학적 공격이다. Phishing 공격에서, 이들 사기꾼은 이용자들이 전자우편이나 문자 등을 수신하고 거기에 들어있는 링크를 따라서 악의적인 website로 이동시키기 위하여 사회공학 기술을 활용하는 것이다. 그 밖에 공격자들은 대안으로 '보이스 피싱(Voice Phishing)' 등 다양한 다른 매체나 도구도 이용한다. 사기꾼들은 또한 특정되지 않은 피해자들을 표적으로 대량 전자우편이나 문자를 보내거나 전화를 하는 것에서 특정한 피해자에게 보내는 방식으로 진화되기도 하였다.[31]

---

31 Z. Alkhalil, C. Hewago, L. Newaf, and I. Khan, "Phishing attacks: A recent comprehensive study and a new anatomy," *Frontiers in Computer Science*, 2021, 3: 1-23.

이처럼 phishing 범죄가 급속하게 증가하는 데는 그만한 이유가 있다고 한다. 훔친 정보를 이용하여 은행 계좌나 신용 카드 번호에 접근함으로써 잠재적 보상이 상당하고, 범행 수법도 합법적인 당국이나 기관을 흉내, 모방하는 전자우편, 문자, 전화 등 비교적 쉽고 간편하여 범행이 용이하고, 반면에 익명성 등으로 인하여 범인을 추적, 검거하기가 어려워서 처벌이라는 비용은 아주 적을 수 있기 때문이라는 것이다.[32]

사이버 범죄자들은 통상적으로 기술적 취약성에 더하여 적절하게 훈련되지 못한 사람들을 이용하여 약취한다. Phishing에 대한 민감성은 개인의 속성이나 그들의 인지 수준에 따라 다양하고, 따라서 대부분의 경우 세련된 기술을 활용하는 대신에 오히려 인간의 본성을 악용한다는 것이다. 실제 연구에서도 어떠한 개인적 특정이 일부 사람들을 다양한 유인, 미끼를 더 잘 받아들이게 만든다는 점이 밝혀지고 있다. 예를 들어, 다른 사람들에 비해 권위에 보편적으로 더 잘 복종하는 사람이나 공짜 선물이나 높은 이윤이나 디스카운트 등의 제공에 쉽게 현혹되게 만드는 탐욕도 바로 그러한 인격 특성, 인간 본성에 속한다는 것이다.[33]

1. 피싱(Phishing)의 정의

Phishing은 전형적으로 범죄의 성공을 인간 본성의 관점에 의존하는, 피해자가 기만적인 메일, 문자, 전화 등을 받게 되는 공격(attack)으로 이루어진다. 피해자는 일종의 사회공학이라고 할 수 있는 것으로, 개인 정보를 알려주도록 조종당하는 것이다. 그러나 Phishing은 또한 비밀번호를 낚아채는 등 기술적 착취나 기술과 사회공학의 결합에 기초할 수도 있다고 한다. Phishing의 어원은 고기잡이, 낚시를 뜻하는 영어의 "fishing"에서 온 것으로, 전자우편이나 문자나 전화가 인터넷의 바다에서 사용자를 낚기 위하여 마치 낚시에서 물고기를 유인하려고 사용되는 미끼(bait)이기 때문이다. 단지 낚시라는 fishing의 "f"가 컴퓨터 해킹 전통을 따라서 "ph"로 바뀌었다는 것이다.[34]

---

32 A. K. Ghazi–Tehrani and H. N. Pontell, "Phishing evolves: Analyzing the enduring cybercrime," *Victims & Offenders*, 2021, 16(10): 316–342.

33 C. Iuga, JRC, Nurse, and A. Erola, "Baiting the hook: Factors impacting susceptibility to phishing attacks," *Human–centric Computing and Information Sciences*, 2016, 6: 1–20; M. Ovelgonne, T. Dumitras, B. A. Prakash, V. S. Subrahmanian, and B. Wang, "Understanding the relationship between human behavior and susceptibility to Cyber attacks: A data–driven approach," *ACM Transaction on Intelligent Systems and Technology*, 2017, 8(4): 51–76; Alkhalil et al., 2021, *op cit.*

범행의 지속적인 진화와 변화로 인하여 "Phishing"이라는 용어에 대한 확실하게 인정받고 자리를 잡은 정의는 없다. 범인이 바라는 행동을 전자 우편이나 전화나 문자를 받는 수신인이 취하도록 속이는 과정이 일반적인 phishing 공격, 범죄에 대한 사실상의 정의로 고려되고 있다. 그래서 일부에서는 website를 범행을 위해 가능한 유일한 도구로 보아, 이용자가 자신의 개인적, 재정적, 또는 암호 정보와 자료를 제공하도록 속이기 위하여 기존의 웹 페이지의 복제품, 모형을 만드는 것을 포함하는 활동으로 정의한다는 것이다. 이러한 정의는 이용자를 가짜 web page로 이끄는 악의적인 link를 보내어 이용자들이 자신의 민감한 정보를 드러내 보이도록 속이려는 지도로 phishing을 기술하는 것이다. 이에 비해 다른 일부에서는 전자우편을 유일한 공격 매개체로 이름하여, phishing을 통상적으로 전자우편을 통하여 남의 개인적인 정보를 훔치려는 기만적인 시도로 정의한다. 또는 보다 포괄적으로, phishing은 타인의 민감한 개인 정보를 훔치려는 목적으로 하는 한 가지 형태의 온라인 신분 절도라는 것이다. 또 다른 입장에서는 결합된 사회적 기술과 기계적 기술의 활용을 강조하여, 소비자의 개인 정보와 재정과 회계 정보를 훔치기 위하여 사회공학과 기술적 속임수 양쪽을 다 쓰는 범죄적 기제(criminal mechanism)로 정의한다. 관련된 정부 기관에서는 믿을 만한 조직이나 단체로 가장하여 개인이나 기업으로부터 개인적 정보를 훔치려고 전자우편이나 악의적인 web site 또는 전화를 이용하는 사회공학의 형태라고 기술한다. 일부 학자는 공격자로 알려지는 낚시꾼, 사기꾼(phisher)이 신뢰할 수 있거나 공공 기관이나 조직, 단체의 전자 소통을 흉내, 모방하여 정당한, 합법적인 이용자들의 비밀스럽거나 민감한 자격이나 인증 등을 기만적으로 검색하려고 시도하는 일종의 사회공학이라고도 정의한다.[35]

그러나 더 최근에는 phishing을 4단계로 이루어지는 일련의 연속적인 과정으로 규정하고 정의하려는 시도도 있다. 이들에 따르면, 대부분의 phishing에서는 phishing 과정이 표적에 관한 정보를 수집하는 것으로부터 시작된다고 한다. 그리고는 사기꾼(phisher)이 계획된 단계 안에서의 첫 시작 단계로 공격에 이용될 공격 방법을 결정한다는 것이다. 이어지는 두 번째 단계는 준비단계로서 사기꾼이 자신이 덫을 놓을 피해자와 피해자의 취약성을 찾기 시작하는 단계이다. 이어지는 세 번째 단계에서 사기꾼이 공격을 감행하고 피해자의 반응을 기다린다는 것이다. 마지막 단계는 사기꾼이 귀중품 취득 단계에서 성과물을 수집하는 것이라고 한다.[36]

---

34 J. Lynch, "Identity theft in cyberspace: Crime control methods and their effectiveness in combating phishing attacks," *Berkeley Technology Law Journal*, 2005, 20: 259-300.

35 E. Kirda and C. Kruegel, "Protecting users against phishing attacks with AntiPhish," *The Computer Journal*, 2006, 49(5): 554-561; Alkahlil et al., 2021, *op cit*.

상식적으로, phishing 범죄를 예방하거나 피해를 방지하기 위해서는 우선적으로 과연 phishing이 어떤 범죄인지 그 개념이 명확하게 규정되어야만 한다. 글자 그대로 낚시라는 영어 단어 fishing과 마찬가지로, Phishing도 '미끼(bite)'를 물기를 가라며, '고리(hook)'를 준비, 제시하는 데 관한 것이다. 위와 같이 표준화된 정의가 없다는 것은 먼저 과학자들에게는 의미 있는 방식으로 연구 결과들을 비교하기가 어렵게 만든다. 이는 다시 범죄의 유형화와 분류를 어렵게 하고, 이어서 범죄의 정도도 측정하기 힘들게 만들어서 정확한 정도의 파악이 없어서 정책의 개발과 시행, 그리고 그 평가를 어렵거나 불가능하게 만들기까지 한다. 더구나 정의도 명확하지 않고 그 정도도 측정할 수 없고 그래서 정책도 대안도 만들어지지 않는다면 이는 곧 학문적 미성숙을 의미한다는 점에서 학문적으로도 문제가 될 수 있는 것이다.[37]

2. 피싱(Phishing)에 취약한 사람들의 기질 속성

사기꾼, 낚시꾼들은 개인의 구체적인 심리적/감정적 방아쇠는 물론이고 기술적 취약성을 이용하기 때문에 누구나 모든 사람이 다 이 phishing 공격에 민감하고, 취약하고, 그래서 걸려들기 쉽다고 한다. 예를 들어, 국가기관 등의 로고와 같이 뭔가 권위 있는 단서를 보면 사람들은 그런 전자우편 안에 있는 링크를 클릭하기 쉬워지고, 연구에 따르면 호기심과 긴급성도 사람들이 공격에 반응하도록 조장하는 가장 보편적인 방아쇠로 알려지고 있으며, 이들 방아쇠, 계기가 그 뒤에는 우선적인 감정적 동기 요인으로서 오락, 소셜 미디어, 보상/인정으로 대체된다고 한다.[38]

그런데 때로는 심리적 방아쇠, 계기가 사람들의 의식적인 결정을 능가하여, 예를 들어 사람들이 스트레스가 심하면 가능한 결과나 조건들을 생각하지도 않고 결정을 하는 경향이 있다는 것이다. 더구나 일상의 스트레스는 감정을 통제하는 뇌 영역에도 영향을 미치고 손상시킬 수도 있다는 것이다. 뿐만 아니라, 상이한 인구집단에 따라 phishing 성공 가능성이나 비율이 다른 이유를 파악하기 위한 시도로서 대부분의 연구에서 phishing에 걸리기 쉬운 취약성과 성별이나 연령과 같은 인구 사회학적 변수들의 관계를 지적하기도 한다. 구체적으로 젊은 사람이 나이가 많

---

36 Alkahlil et al., 2021, p. 3, Figure 1, General phishing attack process 참조.

37 L. Al−Hamar, R. Dawson, and J. Al−Hamar, "The need for education on phishing: A survey comparison of the UK and Qatar," *Campus−Wide Information System*, 2011, 28(5): 308−319; M. Khonji, Y. Iraqi, and A. Jones, "Phishing detection: A literature survey," *IEEE Communications Survey and Tutorials*, 2013, 15(4): 2091−2121

38 S. Furnnel, "An assessment of website password practices," *Computer Security*, 2007, 26: 445−451

은 사람에 비해 phishing에 걸려들기 더 쉽다는 주장도 있는데, 이런 주장의 뒤에는 젊은 사람
들이 노령층에 비해 인터넷 등의 이용률이 높아서 그 만큼 위험에 더 많이 노출되고 그래서 피
해자가 될 개연성이 더 높아지기 때문이라고 설명한다. 이와는 반대로 젊은이나 남성보다 오히
려 여성이나 노인들이 더 당하기 쉬운 인구집단이라고 주장하며, 이유는 그들이 인터넷 등에 미
숙하기 때문이라고 주장한다. 이는 아마도 범행 기회의 문제인지 아니면 기술적 취약성으로 인
한 피해자화 취약성 때문인지의 논쟁이라고 할 수 있을 것이다.[39]

　이처럼 개인의 인구 사회학적 특성과 phishing 공격을 정확하게 발각해내는 능력의 관계를
연구한 연구자들에 의하면, 디지털 기기를 자주 많이 사용하는 사람이 그렇지 않은 사람보다
phishing 공격이나 의도를 더 빨리, 더 정확하게 파악하는 경향이 있었다고 하며, 인터넷 중독,
집중과 운동 충동성이 위험한 사이버 보안 행위에 대한 긍정적 예측 요소였던 반면에 사이버 보
안에 대한 긍정적인 태도는 위험한 사이버 보안 행위에 대한 부정적 예측 요소였다는 것이다.
즉, 충동적이거나 인터넷에 중독된 사람이 phishing 공격에 걸릴 개연성이 더 높고, 반면에 사이
버 보안을 중시하는 사람은 그 개연성이 낮다는 것이다. 그리고 일부 website나 platform에 대
한 신뢰가 사기꾼들이 악용하는 구멍이라고도 하는데, 이런 경향은 그러한 신뢰가 이용자들을
속일 수 있는 시각적 모습에 기초한 것일 때 특히 더 그렇다고 한다.[40]

3. 피싱(Phishing) 설명을 위한 이론적 틀

　사실, 올바른 상황, 맥락에서 phishing에 대한 기존의 규정, 정의를 이해하려면, 어떠한 이
론적 틀이 필요할 것이다. 얼핏 생각해도, phishing은 범죄 활동이라는 요소를 품고 있기에 당연
히 그 설명을 위한 이론도 있어야 할 것이다. 물리적 세상에서의 범죄에 대한 설명을 위하여 다
양한 범죄 과학 이론들이 이용되고 있지만, 문제는 과연 이러한 물리적 세상의 범죄를 설명하기
위한 이론들이 디지털 세상에서도 적용될 수 있을지 그 가능성에 의문이 들기 마련이다. 그러나

---

39 G. Keinan, "Decision making under stress: Scanning of alternatives under controllable and uncontrollable threats,"
　 Journal of Personality and Social Psychology, 1987, 52: 639－644; E. J. Williams, J. Hinds, and A. N. Joinson,
　 "Explaining susceptibility to phishing in the workplace," *International Journal of Human－Computer Studies*,
　 2018, 120: 1－13; L. hadlington, "Human factors in cyber security; Examining the link between internet addiction,
　 impulsivity, attitudes toward cybersecurity, and risky cybersecurity behavior," *Heliyon*, 2017, 3(7).

40 Iuga et al., 2016, *op cit.*; Hadlington, 2017, *op cit.*

현재까지의 연구에서는 비록 phishing에 대한 적용 가능성의 증거는 많지 않아도 물리적 세상에서의 범죄 과학 이론이 디지털 세상에서도 적용될 수 있다는 주장이 우세하다는 것이다. 그런데 범죄 과학의 초점은 범죄자의 특성보다는 오히려 범죄를 위한 기회에 맞춰지고 있다고 한다. 범죄 기회에 초점을 맞춘 물리적 세계에서의 범죄 과학 이론은 주로 합리적 선택(Rational Choice), 범죄 유형(Crime Pattern), 그리고 일상 활동(Routine Activity)의 세 가지 관점, 접근, 이론이 활용되고 있다고 한다.[41]

지금까지는 대체로 이처럼 일상 활동 이론적 틀 안에서 phishing이 분석되어 왔다. 비록 사회학습 이론, 자기-통제 이론, 그리고 부문화 이론을 포함하여 다양한 범죄학 이론들이 사이버범죄를 설명하기 위하여 활용되었으나, 이 이론들은 범법자에 초점을 맞춘 설명의 방법이었다. phishing이 왜 존재하고, 지속되고, 그리고 phishing과 싸우려고 무엇을 해왔는지 분석하기 위해서는 상황에 초점(situation-focused)을 맞춘 이론이 더 적절하다는 것이다. 대표적으로 일상 활동 이론이 표적-강화(Target-hardening)와 같은 기술에 초점(technology-focused)을 맞추거나, 보호 능력(Capable guardian)과 같은 사람에 초점을 맞추어서 phishing에 맞서는 노력의 효율성을 분석하기 위한 도구를 제공하는 범죄 기회에 대한 상황적 이론이라고 한다.[42]

합리적 선택의 관점은 합리성의 한계를 고려한 제한된 합리성(bounded rationality)의 가정하에서의 범법자의 의사-결정에 대한 견해를 제공하고 있다. 범법자는 합리적 의사결정을 하고, 만약 범죄로부터의 인식된 이익이 범죄로 인한 인식된 비용을 능가한다면 범죄를 선택, 범한다고 가정하는 것이다. 범죄 유형 이론은 범죄와 물리적 환경, 특히 범법자의 매일의 일상생활에서 생기는 범죄 기회의 관계에 초점을 맞추는 것이다. 범죄 유형 이론에 따르면, 범죄는 시간과 공간적으로 무작위적으로 분포되지 않는다는 것이다. 잠재적 범법자가 자신의 규칙적인 매일 매일 통근하는 동안 범죄 기회를 우연히 발견할 수 있다는 것이다. 끝으로, 일상 활동 이론은 잠재

---

41 E. EH. Lastdraper, "Achieving consensual definition of phishing based on a systematic review of the literature," *Crime Science*, 2014, 3, http://www.crimesciencejournal.com/content/3/1/9, 2024,3, 6 검색.

42 A. Hutchings and H. Hayes, "Routine activity theory and who gets caught in the 'Net'?, *Current Issues in Criminal Justice*, 2009, 20(3): 433－451; B. W. Reyns, B. Henson, and B. S. Fisher, "Being pursued online: Applying cyberlifestyle－routine activities theory to cyberstalking victimization," *Criminal Justice and behavior*, 2011, 38(11): 1149－1169; A. Kigerl, "Routine activity theory and the determinants of high cybercrime countries," *Social Science Computer Review*, 2012, 30(4): 470－486; L. J. Stalans and C. M. Donner, "Explaining why cybercrime occurs: Criminological and psychological theories," in H. Jahankhani(ed.), *Cyber Criminology*, 2018, New York: Springer International Publishing, pp. 25－45.

적 범법자가 보호받지 못하는 상황에서 적절한 표적을 만날 때 범죄가 발생하는 것이라고 설명한다. 여기서 중요한 것은, 특히 사이버 세상, 디지털 세상과 관련하여 더 중요한 것은 일상 활동 이론은 어쩌면 포괄적으로 광범위하게 보면 특히 보호의 부재라는 관점에서 접촉이 없는 범죄를 포함하는 것으로 해석될 수 있다는 점이다. 예를 들어, 사이버 괴롭힘(cyber bullying)의 경우, 물리적 세상에서 대면하지 않고 온라인 채팅방이 범법자가 피해자를 '만나는' 장소인 것이다. 합리적 선택 관점 내에서 범법자의 의사결정에 초점을 맞춘다는 점에서 phishing은 범법자가 대부분 알려지지 않기 때문에 phishing에 관한 설명이나 합리화에 덜 적절할 수도 있다. 이와 유사하게, 범죄 유형 이론은 한편 인터넷상에서 주로 일어나기 때문에 phishing에 적용하기가 어려울 수도 있다고 한다. 이에 반하여, 일상 활동 이론은 범법자와 표적이라는 개념의 관점에서 phishing에 적용할 수 있고 특히 유용할 수 있다는 것이다.[43]

그러나 한편에서는 일상 활동 이론도 가상 환경, 상황, 공간에서는 완전하게 맞지는 않는다는 주장도 제기된다. 공간성(spatiality), 시간성(temporality), 물리적 보호와 가상적 보호(virtual guardianship)의 희박한 비교 등의 쟁점으로 인하여, 일상 활동 접근을 현실 공간에서 가상 공간으로 전환하는 것은 문제가 있다고 주장하는 것이다. 그럼에도 불구하고, 일상 활동 이론이 사이버 범죄 일반과 특히 phishing에의 적용 가능성을 지지하고 있다. 온라인상에서 더 많은 시간을 보내는 이용자가 가능한 잠재적 범법자에게 적절한 표적(suitable target)으로서 자신의 '노출(exposure)'을 증대시킴으로써 낚일(phished) 개연성이 더 높고, 스팸 필터(Capable guardian)를 이용하는 사용자도 피해자가 될 개연성이 더 높다는 것이다.[44]

---

43 R. V. Clarke, "Situational crime prevention: Theoretical background and current practice," in M. D. Krohn, A. J. Lizontte, and G. P. hall(eds.), Handbook on Crime and Deviance, New York: Springer, 2009, pp.259−276; L. E. Cohen and M. Felson, "Social change and crime rate trends: A routine activity approach," *American Sociological review*, 1979, 44(4): 588−608; P. Brantingham and P. Brantingham, "Environment, routine and situation: Toward a pattern theory of crime," in R. V. Clarke and M. felson(eds.), *Routine Activity and rational Choice: Advances in Criminological Theory*, Vol. 5. Piscataway: Transaction, 1993, pp. 259−294T. C. Pratt, K. Holtfreter, and M. D. Reisig, "Routine online activity and internet fraud targeting: Extending the generality of routine activity theory," *Journal of Research in Crime and delinquency*, 2010, 47(3): 2676−296; B. W. Reyns, B. Henson, and B. S. Fisher, "Being pursued online: Applying cyberlifestyle−routine activities theory to cyberstalking victimization," *Criminal Justice and behavior*, 2011, 38(11): 1149−1169; A. Hutchings and H. Hayes, "Routine activity theory and who gets caught in the 'Net'?, *Current Issues in Criminal Justice*, 2009, 20(3): 433−451

44 M. Yar, "The novelty of 'cybercrime': An assessment in light of Routine Activity Theory," *European Journal of Criminology*, 2005, 2(4): 407−427; Hutchings and Hays, 2009, *op cit.*; Ghazi−Tehrani and Pontell, 2021, *op cit.*

4. 피싱(Phishing)의 진화와 지속

phishing이 하나의 범죄 유형으로 각색되고 시간의 흐름에 따라 지속될 수 있게 하는 요소들은 바로 범행의 동기(motivation), 기술 숙련도 차이(Technological Proficiency Differential), 그리고 표적의 가치(Target Value)라고 한다. 즉, 범행의 동기가 이욕이고, 잠재적 피해자인 사용자의 디지털 기기와 기술에 대한 지식, 능력, 경험의 차이에서 오는 범행의 용이성, 그리고 범죄 수익이 큰 표적의 매력 등이 phishing 범죄가 진화하고 지속되는 이유라는 것이다. 여기에다 phishing 범죄의 주요 설명 이론이라고 할 수 있는 일상 활동 이론도 phishing이 비교적 쉽게, 그럼에도 처벌의 가능성은 상대적으로 낮고, 큰 수익을 챙길 수 있다는 범죄의 특성으로 범죄 발생의 필요충분조건이라고 할 수 있는 '동기가 부여된 잠재적 범법자'는 항상 있기 마련이라고 가정하고 있다. 인터넷에의 접속이 합법적 당사자(현실 세계에서는 집주인)는 물론이고 범죄적 당사자(phisher)에게도 접근을 허용함으로 인터넷에 연결하는 것은 현실 세계의 범죄에 비유한다면 주거침입 절도범에게 '앞문을 열어주는 것(opening the front door)'과 마찬가지라는 것이다.[45]

또한, 이용자들의 기술 숙련도 차이도 숙련도가 낮을수록 일상 활동 이론의 능력 있는 보호(Capable guardian)의 조건이 상대적으로 감쇄함에 따라 phishing이 사이버 범죄의 형태로서 계속해서 성공할 수 있게 한다는 것이다.[46]

---

45 Ghazi—Tehrani and Pontell, 2021, *op cit.*; P. N. Grabosky, "Virtual criminality: Old wine in new bottles?" *Social & legal Studies*, 2001, 10(2): 243—249; E. Leukfeldt and M. Yar, "Applying Routine Activity Theory to cybercrime: A theoretical and empirical analysis," *Deviant Behavior*, 2016, 37(3): 263—280.

46 Ghazi—Tehrani and Pontell, 2021, *op cit.*

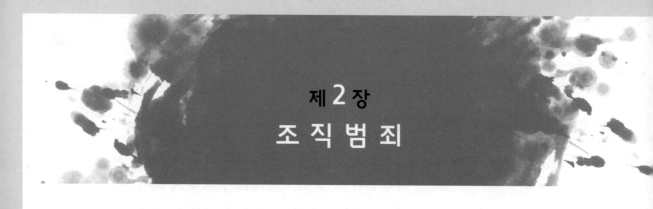

제 2 장
조직범죄

제1절　조직범죄의 개관

 1. 조직범죄의 개념

　영화나 소설 또는 대중매체의 보도를 통해서 조직범죄라는 용어를 쉽게 자주 접할 수 있지만, 이러한 매체에서 그려지는 조직범죄는 대부분 과장되거나 구체적이지 못한 경우가 대부분이다. 따라서 조직범죄에 대한 일반적인 인식이나 학문적 연구를 어렵고 복잡하게 만드는 경우가 많다. 특히 조직범죄에 대한 일반적인 인식은 흥미 위주의 대중적 접근이 주를 이루기 때문에 조직범죄에 대한 부정적인 면이 부각되기보다는 오히려 신격화되는 경우가 있다. 따라서 오늘날 더욱더 조직화되며 그 규모와 영역이 점차 확장되고 있는 조직범죄에 대한 이해를 더욱 심화해야 할 필요가 있다.

　조직범죄를 이해하기 위해서는 조직범죄가 무엇이며, 조직범죄의 특성과 활동범위 및 대상은 무엇이고, 조직범죄에 가담하는 범죄자들은 어떠한 특성을 가졌으며, 왜 조직범죄를 저지르는지에 대한 이유를 알아야 할 것이다.

　먼저 무엇이 조직범죄인가라는 질문에 대한 해답은 조직범죄가 갖는 조직(organization)으로서의 특성과 범죄활동의 특성이라는 두 가지 관점에서 규명되어야 한다. 그러나 조직범죄는 그 규모와 형태, 그리고 활동영역이 매우 다양하기 때문에 명확한 정의를 내리기가 쉽지 않을 뿐더러, 극단적으로는 조직범죄에 대한 일관적인 합의점마저 없다고 지적되고 있다.[1] 하지만 지금까

---

[1] Merry Morash, "Organized Crimes," in Robert F. Meier(ed.), *Major Forms of Crime*, Beverly Hills, CA: Sage, 1984.

지의 연구결과를 종합하면, 조직범죄에 대한 정의는 크게 법집행기관을 중심으로 하는 공식적 입장과 사회학자들을 중심으로 한 학계의 입장으로 나눌 수 있다.

조직범죄에 대한 공식적 견해는 미국의 '법집행과 형사사법행정에 관한 대통령위원회' (President's Commission on Law Enforcement and Administration of Justice)의 정의를 기초로 하고 있다. 위원회의 보고서에 따르면 조직범죄는 미국국민과 미국정부 외부에서 활동하려는 사회이다. 그리고 조직범죄라는 사회구조는 일반 대기업의 구조만큼이나 복잡하며, 합법적 정부의 법률보다 더 엄격하게 집행되는 그들만의 법규를 따라 움직이는 수천 명의 범죄자가 소속되어 있다. 그리고 조직범죄자들의 활동은 충동적이라기보다는 교묘하게 구성된 음모의 결과이며, 막대한 이익을 챙기기 위하여 전 분야에서 통제력을 행사하고 있다. 이들의 목표는 권력과 돈으로 요약되고, 이를 위하여 그들은 불법적 사업뿐만 아니라 합법적 사업에까지 관여하고 있다.[2] 이보다 더 구체적인 공식견해로서 미국의 '형사사법기준 및 목표에 관한 국가자문위원회'(National Advisory Committee on Criminal Justice Standard and Goals)는 "조직범죄는 강탈행위에 관여하고 적절한 경우에는 복잡하게 얽힌 금융조작에도 개입함으로써 불법적 이익과 권력을 추구하기 위하여 형법을 위반하는 활동을 주로 하는 사람들의 집단"이라고 정의한 바 있다.[3]

즉 조직범죄에 대한 공식적 입장이 조직범죄의 조직성에 초점을 맞추고 있기 때문에, 이를 어느 정도 확대해석하는 경향도 엿볼 수 있을 정도로 조직범죄를 아주 견고한 전국적 규모의 조직으로 파악하고 있지만, 바로 이 점이 비판의 대상이 되기도 한다. 예를 들어 Morash는 이들 공식적 견해가 마피아와 같은 전형적 범죄조직을 지나치게 의식한 정의라고 비판하고 있다.[4]

따라서 이들 공식적 견해에 대한 대항논리가 학계를 중심으로 개진된 바 있다. 학계의 비공식적 견해에 따르면, 마피아는 존재하지도 않으며, 조직범죄란 기껏해야 동일하거나 서로 다른 도시에서 독립적으로 활동하는 전문적인 범죄자들의 느슨하고 비공식적인 동맹에 불과한 것으로 정의되고 있다. 이들은 조직범죄를 기능적 관점에서 이해하려고 한다. 기능적인 면에서 본 조직범죄는 사회의 주요한 한 부분이지만, 사회적 해악이라는 데 문제가 있는 것으로 이해되고 있다. 이들 중에는 경제적 기능이라는 측면에서 조직범죄가 그 활동상 소비자가 필요로 하는,

---

2 President's Commission on Law Enforcement and administration of Justice, *The Challenge of Crime in a Free Society*, New York: Avon, 1968, p. 437.

3 National Advisory Committee on Criminal Justice Standards and Goals, *Organized Crime, Report of the Task Force on Organized Crime*, Washington, D.C.: U.S. Government Printing Office, 1976, pp. 213−215.

4 Morash, *op. cit.*

즉 소비의 수요가 있는 재화와 용역을 공급하는 일반적 경제활동과 다를 바 없다. 하지만 문제는 조직범죄의 활동이 불법적인 경우가 많으며, 이들에 의한 불법적 판매수익이 공무원의 매수와 기득권 보호를 위한 또 다른 불법적 활동에 이용된다는 점이다. 한편, 범죄학계에서는 "조직범죄는 불법적 또는 합법적 활동에 참여함으로써 이득과 권력을 확보할 목적으로 구성원 상호간 긴밀한 상호작용을 하는 위계적 근거로 조직된 사람들의 비이념적 사업"으로 해석하고 있다.[5]

조직범죄에 대한 두 가지 견해의 차이는 결국 범죄조직의 존재 여부라기보다는 범죄조직이 얼마나 견고하게 또는 느슨하게 조직되는가에 달려 있다. 즉, 공식적 입장에서 조직범죄란 견고하게 조직화된 범죄조직이나, 학계의 입장에서는 조직범죄가 아주 느슨하게 조직되어 조직이라고까지 할 수 없다고 보는 것이다.

이와 같은 두 가지 입장 차이를 고려하지 않고 조직범죄 관련문헌에서 조직범죄를 정의하기 위해 사용된 조직범죄의 특성들을 분석한 바에 의하면, ① 조직적 위계질서의 지속, ② 범죄를 통한 이성적 이익의 취득, ③ 이를 위한 무력사용이나 위협, ④ 면책유지를 위한 매수, ⑤ 용역에 대한 공공수요 등이 조직범죄를 정의하기 위해서 가장 빈번히 동원된 특성들로 나타났다.[6] 이를 종합하면 조직범죄는 위계질서가 있는 범죄집단이 상당한 대중적 수요가 있는 용역에 대하여 범죄적 방법으로 이성적 이득을 얻는 범죄행위이다. 또한 무력을 사용하거나 위협하고 공무원을 매수하는 등의 방법에 의해 그들의 범죄행위를 용이하게 하거나 지속하는 것으로 정의할 수 있을 것이다.[7]

2. 조직범죄의 유형

위와 같이 조직범죄를 정의한다면 조직범죄의 활동영역과 범위 및 그 형태도 매우 다양하다는 것을 쉽게 알 수 있다. Albini는 조직범죄를 네 가지 기본 형태로 파악하고 있다. 그에 따르면 조직범죄의 첫째 유형은 사회적인 것으로 테러나 과격한 사회운동과 같은 정치적 범죄활동이고, 둘째 유형은 금전추구 위주의 약탈적인 것으로 주로 갱과 같은 집단범죄이다. 셋째 유형

---

5 Francis A. Ianni and Elizabeth Reuss−Ianni, "Organized Crime," in Sanford H. Kadish(ed.), *Encyclopedia of Crime and Justice*, New York: McMillan, 1983, vol. 3, p. 5.

6 Frank E. Hagan, "The Organized Crime Continuum: A Further Specification of a New Conceptual Model," *Criminal Justice Review*, 1983. 8: 52−57.

7 Jay Albanese, *Organized Crime in America*(2nd ed.), Cincinnati. Anderson, 1989, p. 5.

은·심리적 만족을 주요 목적으로 삼는 폭주족 갱과 같은 내부집단 지향적 조직범죄이며, 마지막
으로 조직범죄의 일반적 이해와 정의에 가장 적합한 조직범죄가 있다. 이는 무력이나 위협을 통
하여 불법활동에 참여하는 지속적 집단이나 조직으로서 공공의 수요가 큰 불법용역을 제공하며
정치적 부패를 통해 면책을 확보하는 신디케이트범죄(syndicate crime)이다.[8] 그리고 Albanese는
조직범죄의 활동을 고리대금업이나 매춘 등과 같은 불법적 용역의 제공, 마약이나 장물과 같은
불법적 재화의 공급 그리고 노조관련 이익갈취행위와 오물수거나 자판기사업 관련 불법인수와
강탈 등 합법적 사업에의 침투로 구별하였다.[9]

　　그런데 대부분의 조직범죄는 고전적 형태인 뇌물공여나 강탈과 폭행 등의 전략·전술적 범
죄로부터 도박과 고리대금업, 매춘 그리고 마약과 같은 불법적 사업을 거쳐 운수업이나 오물처
리와 수거 또는 유흥업, 건설업 등 합법적 사업에 침투하고, 이어서 금융, 건설, 유통, 보험, 부
동산 등 거대기업으로의 참여와 활동의 관계로 발전·이행하는 것으로 해석되기도 한다. 한편,
Morash는 조직범죄의 발전단계에 있어서 후기단계라고 할 수 있으나 현대조직범죄의 보편적 추
세이자 특성인 합법적 사업이나 기업에 침투하는 방법으로 다음을 제시하고 있다. 첫째, 전초기
지(front)를 제공하는 등 불법적 경제활동을 지원하는 기업활동, 둘째, 보호비용을 요구하는 등
약탈적 착취, 셋째, 경쟁을 제한하기 위해 전매나 카르텔 형성, 넷째, 관리를 매수하거나 노조를
이용하여 불공정한 이점 확보, 마지막으로 주식 등의 합법적 장치에 대한 불법적 이용 등의 다
섯 가지를 제시하였다.[10]

3. 조직범죄의 특성

　　그렇다면 조직범죄의 일탈적·불법적 기업활동이 성행하고 이를 가능케 하는 것은 무슨 이
유인가? 이에 대해 Haskell과 Yablonsky는 다음과 같이 설명하고 있다. 특정 용역, 재화 그리고
활동에 대한 공중의 상당한 욕구와 수요가 사회의 잠재적 소비자를 양산하게 되지만 우리 사회
가 그러한 욕구와 수요를 만족시킬 합법적 수단을 제공하지 못하게 될 때, 조직범죄집단이 이들
용역, 재화 그리고 활동을 제공할 의향을 가지고 준비하기 때문이라는 것이다.[11]

8 Joseph Albini, *The American Mafia: Genesis of a Legend*, New York: Appleton-Century-Crofts, 1971, pp. 38-48.
9 Jay Albanese, *op. cit.*
10 Morash, *op. cit.*, p. 198.
11 Martin Haskell and Lewis Yablonsky, *Criminology: Crime and Criminality*(3rd ed.), Boston: Houghton Mifflin Co.,

따라서 이러한 활동을 주요 영역으로 하는 조직범죄는 전통적 범죄와는 다른 특성이 있을 것으로 간주될 수 있다. 물론 조직범죄의 정의나 활동영역의 다양성으로 인하여 조직범죄의 특성을 정확하고 명확하게 기술할 수는 없겠지만 그중 가장 보편적이고 일반적인 특성은 고려될 수 있다. 우선 공식적 입장에서 전술한 '형사사법의 기준과 목표에 관한 국가자문위원회'의 보고서는 다음과 같은 특성을 제시하고 있다. 첫째, 조직범죄는 불법적 수단에 의한 합법적 목표의 추구나 불법적 행동의 계획과 집행에 있어서 많은 사람의 공조를 요하는 음모적(conspiratorial) 활동이다. 둘째, 조직범죄는 권력과 신분의 확보도 동기요인이 되겠지만, 불법적 재화와 용역에 대한 독점을 통한 경제적 이득의 확보에 조직범죄의 주요 목적이 있다. 셋째, 그러나 조직범죄의 활동이 불법적 용역의 제공에 국한되지는 않는다. 넷째, 조직범죄는 위협·폭력·매수 등 약탈적 전술을 구사한다. 다섯째, 경험, 관습 그리고 관행상 조직범죄는 조직구성원, 관련자, 피해자 등에 대한 훈육과 통제가 매우 즉각적이고 효과적이다.[12]

한편, Abadinsky는 여덟 가지 포괄적 특성을 제시하였는데 그중 첫째, 조직범죄는 정치적 목적이나 이해관계가 개입되지 않으며, 일부 정치적 참여는 자신들의 보호나 면책을 위한 수단에 지나지 않는 비이념적인 특성을 가지고 있다는 점이다. 둘째, 특성은 조직범죄가 매우 위계적·계층적이라는 사실이며, 셋째, 조직범죄의 조직구성원이 매우 제한적이며 배타적이라는 것이다. 넷째, 조직범죄는 조직활동이나 구성원의 참여가 거의 영구적일 정도로 영속적이며, 다섯째로 목표달성을 쉽고 빠르게 하기 위해서 조직범죄는 불법적 폭력과 뇌물을 활용한다. 여섯째, 전문성에 따라 또는 조직 내 위치에 따라 임무와 역할이 철저하게 분업화되고 전문화되었으며, 일곱째, 조직범죄는 이익을 증대시키기 위해서 폭력을 쓰거나 관료를 매수하는 등의 방법으로 특정 지역이나 사업 분야를 독점하는 것이다. 끝으로 합법적 조직과 마찬가지로 조직의 규칙과 규정에 의해 통제된다는 특성을 들 수 있다.[13]

또한 Haskell과 Yablonsky는 다음의 다섯 가지를 조직범죄의 특성으로 제시하였다. 우선, 조직범죄는 대기업이나 군과 유사한 계층 구조를 가지고 있는데, 이는 다른 일반적 범죄집단의 구성원이 상호간 파트너로 기능하는 것과는 다른 면을 가지게 한다. 두 번째 특성은 조직범죄는 통상 무력을 사용하거나 무력으로 위협하며, 셋째, 기업운영, 인사관리, 정치인과 경찰과의 관계

1983, p. 361.

12 National Advisory Committee on Criminal Justice Standards and Goals, *op. cit.*, pp. 6–7.

13 Howard Abadinsky, *Organized Crime*(3rd ed.), Chicago: Nelson–Hall, 1990, pp. 4–6.

그리고 이익배분 등에 관한 철저한 계획을 한다. 넷째, 조직범죄는 비교적 형사처벌로부터 면책
되는 경우가 많다. 이것은 법집행관에게 직접 뇌물을 공여하거나 보호비용을 지불함으로써 경찰
이 특정 범죄활동에 간섭하지 않게 하거나, 범죄활동을 보호하기 위한 정치적 압력을 가하는
것, 조직범죄의 기업에 경찰관이 직접 참여하는 등의 방법이 있다. 다섯째, 조직범죄는 관련된
집단의 지도자들끼리 서로 맞물려 있는 특징도 가지고 있다.[14]

4. 조직범죄의 원인

그렇다면 이와 같은 조직범죄는 왜 발생하는가? 일반적으로 조직범죄의 원인을 다음과 같이
두 가지 측면에서 찾고 있다. 먼저, 조직범죄에 관해 가장 대중적으로 많이 알려진 것은 소위 외
래적 음모이론(alien-conspiracy theory)이다. 이는 정부 등 공식적 입장의 시각으로서 조직범죄란
시칠리아계 이탈리아인의 산물로, 마피아에 의해 결국 미국으로 들어오게 되었다는 주장이다.

그러나 대부분의 사회학자들은 조직범죄가 미국사회의 산물이지, 결코 외부로부터 유입된
것이 아니라고 반박하고 있다. 그중 가장 보편적인 것이 바로 Daniel Bell의 '이동성의 기이한
사다리'(a queer ladder of mobility)이다. Bell은 조직범죄를 도심 노후지역의 이민자 등 가난하지
만 야망이 있는 사람들의 미국식 생활방식으로 간주한다.[15] 앞에서 언급한 학계의 기능적 시각
처럼, Bell 또한 조직범죄가 가난하지만 야망이 있는 사람들에게 성공을 이룰 수 있게 해 주는
긍정적 기능을 하기 때문에 존재한다고 이해하였다. 이는 범죄란 그 역기능뿐만 아니라 순기능
적 역할도 가지고 있기 마련인데 조직범죄도 미국생활의 사회적 이동성이라는 기묘한 사다리의
하나에 해당되는 것으로 주장하는 것이다.[16] Bell뿐만 아니라 많은 사회학자들도 조직범죄가 다
양한 하류계층 인종집단에게 아메리칸 드림을 실현할 수 있는 기회를 제공했다고 동의하고 있
다. 예를 들어 Ianni는 조직범죄가 사회경제적 이동성을 위한 쉽고도 빠른 길을 제공했다는 Bell
의 주장에 동조한다.[17] 더군다나 Bell은 미국사회에서 사회적 이동성의 사다리를 오르기 위해서

---

14 Martin R. Haskell and Lewis Yablonsky, *Criminology: Crime and Criminality*(3rd ed.), Boston: Houghton Mifflin Co., 1983, p. 361.

15 Daniel Bell, *The End of Ideology*, New York: Free Press, 1962, pp. 127-150.

16 *Ibid*, p. 129.

17 Francis A. Ianni, "New Mafia: Black, Italian, and Hispanic Styles," in Francis A. Ianni and Elizabeth Reuss-Ianni (eds.), *The Crime Society*, New York: New American Library, 1976, pp. 118-148.

폭력에 호소하는 것이 결코 새로운 것은 아니라고 주장하였다. 그러나 그의 주장과 논리는 조직
범죄자가 전적으로 가난한 하류계층 출신도 아니며 오히려 중하류계층 출신자들이 대부분이라
는 점을 고려해 볼 때 충분치 못한 점도 있다. 뿐만 아니라 조직범죄집단의 지도자는 대부분 중
상류계층 출신자들이라는 사실적 자료로 인하여 많은 비판을 받기도 하였다.

한편, Block은 조직범죄를 기존의 미국체계를 반영하는, 느슨하게 구조화된 사회체계로 설
명하려 했다. 즉, 조직범죄를 하나의 사회체계로 간주하여 조직범죄가 외래－음모설 또는 유입
설이 아닌 내생설로 조직범죄를 설명하고자 하였다. 그에 따르면 조직범죄의 "사회체계는 전문
적 범죄자, 정치인, 법집행자 그리고 다양한 기업인을 묶어 주는 관계성으로 구성"되기도 하지
만, 경쟁집단간 끝없는 세력투쟁으로 인하여 때로는 혼란스럽기도 하다. 그는 전문적 범죄인의
세계를 정치적 경제에 의해 형상화된 것으로 간주하였다. 즉 조직범죄는 유럽전통을 수행하는
소수민족에 의해 지배되는 것으로서, 견고하게 구성되고 통일된 카르텔이 아니라 사회 세력에
의해 형성된 준경제적 기업으로 이해한다. 따라서 그는 조직범죄는 범죄인과 손잡은 재계지도
자, 정치인 그리고 노조지도자에 의해서 지배되는 것으로 간주한다.[18]

제 2 절   조직폭력의 개관

조직범죄의 대표적 형태 중 하나인 조직폭력은 우리에게 있어서 그리 낯선 용어가 아니다.
군사정권 시절에는 조직폭력단원들의 도로건설현장 투입, 삼청교육대 수용과 범죄와의 전쟁 선
포 등을 통하여 조직폭력에 대처하였다. 그럼에도 불구하고 조직폭력은 면면히 이어져 오고 있
으며, 오히려 오늘날 더욱 기승을 부리고 그 활동범위와 규모는 증대되고 있어서 많은 사람들이
공포심을 느끼며, 국민 생활의 거의 모든 분야에 영향을 미칠 정도로 심화되고 있는 실정이다.

그러나 이러한 현상이 비단 우리나라만의 문제는 아니다. 미국의 경우, 최근 특히 마약 밀거
래를 통한 이익과 영역에 대한 통제권에 대한 조직간 전쟁을 벌이는 갱 집단의 수가 증가하고

---

18 Allan Block, *East Side/West Side*, New Brunswick, NJ: Transaction Books, 1983, pp. 10－11.

있다. 로스앤젤레스 카운티의 경우 갱 문제의 핵심이라고 할 수 있는 갱과 관련된 살인사건이 1979년과 1990년 사이에만 무려 250%나 증가하였으나 같은 기간 갱과 관련이 없는 살인사건은 상당 수준 감소한 것으로 보고되고 있는 실정이어서 갱 폭력의 심각성을 엿볼 수 있게 한다.

1. 조직폭력의 개념

　조직폭력은 조직범죄의 하위개념으로서 조직범죄의 다양한 범죄행태 중 하나라고 할 수 있다. 그러나 우리나라에서는 조직범죄와 조직폭력이 유사한 개념 또는 동일한 용어로 혼용되고 있다. 조직범죄는 음모적 성격을 가진 모든 집단범죄가 포함되는 것으로 이해할 수 있기 때문에, 폭력을 주요 수단으로 경제적 이득을 취하려는 범죄 집단이라고 할 수 있는 조직폭력보다는 훨씬 광의의 개념으로 이해해야 한다.

　따라서 우리나라에서 학술적 용어라기보다는 실무계나 언론계에서 보편적으로 쓰이고 있는 조직폭력이라는 용어는 학술적으로 명확하게 정의된 개념은 아니다. 조직폭력은 일반적으로 폭력을 주요 수단으로 하여 경제적 이득을 취할 목적으로 다수인으로 구성되고 내부통솔체제를 갖춘 지속적 결합체인 폭력조직의 구성원에 의하여 집단적 또는 상습적으로 행해지는 폭력적 불법 활동을 말한다.

　현대적 조직폭력을 이해하기 위해서는 조직폭력과 관련된 몇 가지 유사한 용어와 그 어원을 알아볼 필요가 있다. 유명한 '정치깡패'로 알려진 유지광의 "깡패론 소고(小考)"에 따르면, '깡패'라는 말은 한국전쟁 직후 미군부대 주변의 구두닦이 소년들이 강도 같은 사람들을 '깽패'라고 하던 것이 '깡패'로 변한 것으로 추측하고 있다. 그런데 '깽패'의 '깽'은 조폭과 유사한 의미의 영어인 '갱'(Gang)이 된소리로 발음된 것이며, 불량한 무리를 뜻하는 '패'가 합쳐진 것으로서 '역전 앞'과 마찬가지로 동어 반복된 용어라고 한다. 1957년 5월 야당인 민주당의 장충단 공원에서의 시국강연회를 유지광 등의 동대문파 행동대원들이 방해한 사건을 신문에서 '정치깡패'로 보도하면서 '깡패'라는 용어가 일반적인 통용어가 되었다고 한다.

　유지광은 '깡패'를 다음과 같은 기본요소를 들어 개념적으로 정의한다. '깡패'의 첫째 요소는 '갱'이 말해 주는 것처럼 경제적인 이익을 노려야 하고, 둘째 요소는 그 목적을 달성하기 위하여 폭력을 수단으로 사용해야 하며, 셋째 요소는 패거리나 그 일원이어야 하고, 마지막 요소는 경제적 목적을 가지고 있으나 이 단체의 조직이 불법적이어야 한다는 것이다. 이러한 개념정의는 현대적 의미의 조직범죄집단의 개념과 거의 일치하고 있음을 알 수 있다. 즉 경제성, 폭력성, 조직성, 불법성이라는 현대 조직범죄의 중요한 속성을 지적하고 있는 것이다.

이러한 개념정의를 통해 결국 폭력이라는 것이 조직범죄의 개념의 중요한 한 부분을 차지하고 있음을 알 수 있는데, 조직폭력이 조직범죄의 한 수단임과 동시에 그 자체가 범죄행위임을 알 수 있다. 이러한 점에서 조직폭력에 대해서 보다 구체적인 개념을 정의할 필요가 있다. 조직폭력도 조직범죄만큼이나 그 정의나 개념이 다양하나, 일반적으로 단순히 다수인에 의한 폭력이라고만 하기에는 부족한 점이 많고, 상당히 장기간에 걸쳐 존재하는 조직단체의 활동으로서 행해지는 것으로서 폭력의 행사나 폭력에 의한 위협을 기반으로 하는 것이라는 데 큰 이견이 없다. 그래서 형법은 조직폭력의 개념을 특정, 다수인의 의사연락에 의해서 집합체를 형성하는 것이며, 이 집합체는 일정한 형식을 요하지는 않더라도 적어도 범죄를 한다는 공동의 목적 하에 이루어진 계속적인 결합체로서 그 단체를 주도하는 최소한의 통솔체제를 갖출 것을 요하고 있다. 우리의 조직폭력과 유사한 개념으로 일본 경찰청 조직령은 '집단적으로 또는 상습적으로 폭력적 불법행위를 행할 우려가 있는 조직'으로 폭력단을 규정하고 있으며, 더 구체적으로는 '시민의 일상생활을 위협하는 집단으로서 단체의 위력을 배경으로 그 활동을 생활자금획득의 수단으로 하는 집단'으로 설명하고 있다.

그러나 한국에서는 조직범죄나 조직폭력이 일부 실무나 언론에서 거의 같은 용어로 혼용되고 있다는 사실에 주의할 필요가 있다. 그것은 우리나라에서는 외국에 비해 뚜렷한 조직범죄유형이 없으며 그나마 폭력조직이 다른 범죄에 비해 비교적 조직화된 성격을 많이 가지고 있기 때문으로 이해되고 있다. 그러나 엄격하게 말한다면 조직폭력은 조직범죄의 여러 가지 유형 중 하나이고 또 조직범죄가 폭력의 사용이나 폭력사용의 위협을 수단으로 경제적 이득을 취한다는 점에서는 조직폭력이 조직범죄의 한 수단이 될 수도 있는 것이다. 즉 우리나라의 조직폭력은 그 자체가 폭력을 수단으로 이득을 취하는 것이 주된 목적인 집단이라고 할 수 있고, 따라서 우리나라의 조직폭력은 일반적인 조직범죄와는 약간의 차이가 있다고 할 수 있을 것이다.

2. 조직폭력의 생성원인

갱이나 조직범죄 또는 폭력조직의 구성원이 될 소지가 많은 요소로서 일부에서는 개인적 위험요소를 지적하는 경우가 많다. 이들이 지적하는 개인적 위험요소는 대부분 지위나 신분 또는 정체성의 필요, 빈곤, 실업, 가정의 역기능, 인종차별 그리고 교육기회의 불평등이라고 할 수 있다. 그것은 바로 이러한 요소를 가지거나 겪고 있는 청소년들에게 갱 조직의 가입이나 갱이 이들이 절실하게 필요로 하는 바를 제공하거나 또는 적어도 소속감이나 자아존중심 등을 채워주거나 제공하기 때문이라고 한다.

사실 우리나라의 조직폭력과 유사하다고 할 수 있는 미국의 갱도 조직원들이 자신들의 성취하지 못한 필요나 욕구를 충족시키기 위하여 갱에 가담하는 것으로 알려지고 있다. 그들의 기본적 욕구는 양육, 가족이나 사회구조, 경제적 기회 또는 소속감 등을 포함하는 것으로 보고되고 있다. 그러나 이러한 기본적 욕구만으로는 갱 조직으로의 가담을 다 설명할 수는 없는 것이다. 예를 들어, 일부 갱 중에는 부유한 가정에서 자라고 비교적 사회적응도 잘하는 청소년들도 있기 때문이다. 따라서 일부에서는 청소년들이 갱이 되는 것은 단지 생존을 위한 기본적 욕구의 충족만이 아니라 대부분의 청소년들에게 필수적인 요소라고 할 수 있는 여러 가지 문제에서 기인하는 것으로 설명하기도 한다. 우리나라의 경우처럼 학교에서의 실패와 소외감 등이 조직폭력에 가담하게 되는 이유 중 하나로 지적될 수 있다.

만화에서부터 비디오나 컴퓨터 게임, 그리고 영화나 음악 및 텔레비전 프로그램에 이르기까지 오늘날의 청소년들은 어떠한 도구적 목적 없이 단지 죽이기 위하여 죽이는 것과 같은 표출적 잔인성(expressive brutality)이라고 할 수 있는 폭력에 노출되고 있다. 최근 우리나라에서 폭력영화가 흥행에 성공하고, 조직폭력이 등장한 텔레비전 드라마가 폭발적인 시청률을 자랑하고, 그 결과 청소년들의 장래 희망이 깡패가 되는 것이라는 웃지못할 상황이 벌어지고 있어 대중매체의 폭력성이 청소년들에게 미치는 영향을 경고하고 있다. 가정이나 학교문제로 인하여 좌절에 빠지고, 무력감에 젖은 청소년들에게 있어서 별다른 탈출구가 보이지 않는 상황에서 폭력은 매력적인 기회 또는 대안이자 탈출구가 될 수 있다고 생각하게 되는 것이다. 갈등을 해결하는 가장 쉽고 확실한 방법으로 폭력을 조장하는 언론의 이미지가 어쩌면 청소년과 조직폭력의 고리가 될 수도 있다는 것이다. 물론 이러한 언론의 폭력성이 곧 청소년들에게 직접적인 영향을 미칠 수도 있지만, 가정의 문제 등 개인적 요인과 결합될 때 폭력조직원을 끌어들이는 효과적인 도구가 될 수 있다는 것이다. 실제로 미국의 갱은 학교에서 퇴학당하거나 학교에서 잘 적응하지 못하는 청소년들을 주로 새로운 조직원으로 끌어들이는 것으로 알려졌는데, 이들은 갱 활동과 생활이 자신들에게 매력적이고 흥미 있는 것으로 느끼게 되기 때문이라고 한다.

폭력조직의 생성원인을 인류학적 관점에서 찾는 경우도 있다. 인류학자들은 집단의 형성이 자연발생적이라는 주장을 한다. 인간이 집단을 이룰 때 생산과 보호 및 식량의 획득이 더 용이하고 이득이 되기 때문이라는 것이다. 따라서 이런 이유에서 폭력조직의 형성을 설명한다면, 한 개인이 폭력조직에 가담함으로써 보호받고 이득을 얻을 수 있기 때문이라고 할 수 있다. 그러나 이러한 이유만으로 폭력조직의 형성과 가담을 충분하게 설명하기에는 부족한 면이 없지 않다. 폭력조직의 형성과 가담이 순전히 자연발생적이고 사회생리적인 이유에서라면 모든 사람이 폭력조직에 가담해야 옳을 것이나, 현실은 그렇지 않기 때문이다.

이와는 반대로 집단의 형성을 사회적 비교라는 측면에서 설명하는 경우도 있다. 사람들은 사회적 비교를 통해서 자신의 신념을 검토하고 수정하며 살아가는데, 특히 자신이 세상에서 소외되고 박탈당하고 있으며, 이로 인해 위협받고 있다고 느낄 때 집단에 가담하는 가능성이 더 높아진다는 것이다. 조직폭력의 경우도 그 조직원들이 상당수가 사회의 소외계층이거나 사회적 욕구를 충족하기 어려운 사람들이라는 점을 고려한다면, 조직폭력에 대한 이러한 사회적 비교는 더욱 설득력이 있다고 할 수 있을 것이다.

다른 한편에서는 폭력조직의 발생을 다중한계인구(multiple marginal population)라는 측면에서 설명하는 경우도 있다. 이는 사람들이 사회적으로 편견과 차별을 받게 되면 자신들의 신념과 태도 또는 입장 등을 서로 비교하면서 상호 심리적 위안을 받게 되는데, 갱도 바로 이런 점에서 유사한 처지에 있는 사람끼리 모여서 폭력집단을 만들게 된다고 보는 것이다. 그런데, 이들 다중한계인구는 신체적으로 일할 능력이 아예 없는 절대적 한계인구와 신체적으로 일할 능력은 있으나 일할 기회가 주어지지 않아 일을 하지 못하는 상대적 한계인구가 있는데, 폭력조직은 신체적 능력은 있으나 기회를 갖지 못하거나 기회를 잡지 않은 사람들이라는 해석을 할 수 있다. 즉, 폭력조직에 가담함으로써 일자리와 일할 기회를 갖게 된다고 보는 것이다.

3. 조직폭력의 생태와 활동영역

(1) 생   태

폭력조직은 우연하게 한 순간에 조직되지 않는다. 물론 때로는 교도소 동기생들이 모여서 폭력조직을 형성하기도 하지만 대부분은 조직을 오래 유지하지 못한다. 지금까지 우리가 경험한 대부분의 조직폭력은 상당한 시간을 두고 결성 및 유지되고 있다는 것을 알 수 있으며, 새로운 조직의 형성은 조직 간의 이해와 조직내부의 반목과 갈등 등으로 인하여 쉽게 이루어지지 않고 있다.

또한 조직폭력은 오랜 기간에 걸쳐서 지속되고 있는데, 이를 위해서는 새로운 조직원의 확보가 꾸준히 이루어져야 한다. 조직 활동 중에 사상자가 생길 수도 있고, 교도소에 수감될 수도 있으며, 형사사법망을 피하기 위하여 때로는 조직원이 은신할 필요도 있는 등 조직이 지속적으로 활동하기 위해서 항상 새로운 인물들을 수급하여야 한다는 것이다. 이는 근래 조직폭력배들이 10대 청소년들을 포섭하는 과정에서 잘 밝혀지고 있는 사실이다.

그리고 폭력조직을 유지하기 위해서는 일정한 자금을 필요로 한다. 물론 조직폭력이 필요한 자금을 조달하는 자금원은 그 형태가 다양할 수 있으나, 대부분은 조직원이 받아오는 상납금으로 충당하고 있다. 일본의 폭력단은 마약밀매, 유흥업경영, 도박장개장, 경마 등 다양한 형태로 자금을 조달하고 있는 것을 보아 우리나라의 조직폭력도 장차 이와 유사한 형태로 자금을 조달할 것으로 보인다. 이러한 추세를 반영하듯 최근 우리나라에서도 특정한 업소를 직접 경영하여 나오는 수익금을 조직의 자금으로 이용하기도 하며, 때로는 재력이 있는 사람을 조직의 자금책으로 영입하여 활용하기도 한다.

조직 유지에 필요한 또 한 가지 요건은 위계질서의 확립이다. 이는 조직폭력의 경우에도 예외는 아니다. 이를 위하여 폭력조직은 조직원의 전과에 따라 계급을 승진시켜주는 방법으로 계급체계를 유지하려고 한다. 이들의 승진을 좌우하는 전공이란 다름 아닌 바로 실전에서 공을 세우는 것이고, 이 때문에 폭력조직 간 항상 싸움이 끊이지 않는 것이다.

한편, 폭력조직에서는 행동대장까지만 중요시되고 있다. 이는 한 사람의 행동대장이 수많은 행동대원을 쉽게 거느릴 수 있기 때문이다. 아직은 조직원이 아니지만 친구나 선후배들과 어울려 다니는 비조직화된 폭력배들은 바로 행동대장들이 언제라도 필요할 때 불러다 쓸 수 있는 것이다. 이들 중 실전경험을 통하여 검증된 사람은 조직원으로 편입시키고 반대로 이용가치가 없다고 판단되는 사람은 과감하게 퇴출시킴으로써 조직도 정비하고 조직원의 충성심도 유지할 수 있다.

(2) 행동양식

조직폭력은 경우에 따라서 돌발적인 폭력의 행사가 있으나, 대부분은 몇 가지 원칙에 따라 폭력이 사용된다고 한다. 우선 다른 조직과 마찰이 생겼을 때 폭력이 동원된다. 다른 조직과의 마찰은 하부조직에서 생기거나 상부조직에서 생기거나 아니면 이권을 놓고 다툼이 생기며, 이 경우 상당한 규모의 폭력이 행사되는 것으로 알려지고 있다.

조직의 폭력이 행사되는 두 번째 경우는 이권에 청부 개입된 경우로서, 조직의 힘으로 세력을 과시하여도 청부받은 일이 해결되지 않을 때 폭력이 행사된다. 처음에는 피해자에게 접근하여 계속적으로 방문하거나 전화를 걸거나 조직원을 동원하여 주변에 도열시키는 등 협박을 하고, 그래도 요구에 응하지 않을 때 실제 폭력을 행사하는 것이다.

조직폭력이 행사되는 마지막 경우는 조직 내부에서 조직원 사이에 갈등이 생기거나 조직원으로부터 도전이 있을 때이다. 이는 하부조직에서 상부조직에 반기를 들거나 조직원 개인이나 일부 하부조직원이 이탈할 때 발생할 수 있는 경우이다. 이러한 경우의 폭력은 다시는 반기를 들지 못하고, 이탈을 시도하지 못하며, 보복도 하지 못하도록 하기 위해서 다른 어떤 경우보다 잔혹한 폭력이 행사된다.

하지만 위에서 지적한 바와 같이 조직은 여러 가지 이유로 항상 전쟁, 즉 싸움을 할 필요가 있기 때문에 앞서 기술한 이유가 없어도 일부러 다른 조직과 싸움을 벌이기도 한다. 이는 싸움이 조직이 생존하고 유지되기 위한 전제이며 동시에 조직의 경제적 활로를 찾기 위해서도 그리고 조직을 주변 폭력세계에 알리거나 그 존재를 인식시키기 위해서 또는 조직원의 실전경험과 결속력을 배양하기 위해서도 필요한 것이다.

(3) 활동영역

폭력조직이 유지되기 위해서는 조직원들이 생계를 유지할 수 있는 자금이 필요하다. 바로 이러한 자금을 마련하기 위한 것이 폭력조직의 활동영역이다. 이러한 폭력조직의 활동영역도 시대와 상황에 따라 약간은 변하고 있다. 일례로 80년대 이전까지만 해도 유흥가 주변에서의 금품 갈취 정도에 지나지 않던 것이 최근 들어 그 활동영역이 확대되어 조직폭력이 미치지 않는 곳이 없을 정도가 되고 있으며, 앞으로도 그들의 활동영역은 더욱 확대될 것으로 보인다. 조직폭력의 활동영역을 구체적으로 살펴보면, 다음의 다섯 영역을 들 수 있다.

첫째, 유흥가 주변에서의 갈취이다. 폭력조직의 활동영역이 확대되고는 있지만, 아직도 그들의 활동이 가장 쉽고 많이 발견되는 곳은 역시 유흥접객업소 주변이라고 할 수 있다. 물론 그들의 활동 중에서도 가장 일반적인 것은 유흥접객업소를 직접 운영하거나 무력으로 지배하는 것이다. 이들 유흥업소는 여러 사람이 출입하고 많은 이권이 관계되며 취객의 통제도 쉽지 않는 등 사업의 성격상 아무나 경영하기 쉽지 않다는 이유로 이들 폭력조직이 직접 경영하거나 폭력조직을 고용하여 운영하게 된다. 즉, 폭력조직에서 직접 운영하는 경우는 그 두목을 정점으로 조직원들이 지배인이나 영업부장 등의 종업원으로 일하게 되고, 일반인이 경영하는 업소에서는 폭력조직이 개입하여 영업보호를 명분으로 이익을 배분하게 된다.

둘째, 연예인갈취이다. 무도장 등 유흥접객업소에서 필요로 하는 디스코 걸 등의 여자 종업원들의 공급권을 장악하여 그들의 출연료 등 수입을 착취하는 형태이다. 이를 위하여 폭력조직들은 소위 '기획사'라는 것을 차려서 활동하게 된다. 자신들의 활동구역을 철저히 보호하며, 이의 침해시 철저하게 보복하여 자신들의 구역을 지키고 있다.

셋째, 주류 공급권의 장악이다. 유흥업소를 둘러싸고 벌어지는 폭력조직 사이의 폭력이 행사되는 이유 중의 하나는 바로 유흥업소에 대한 주류나 음료수, 또는 과일 등의 공급권을 장악하기 위한 것이다. 즉, 폭력조직이 이들 업소에 대한 공급권을 독점함으로써 폭리를 취할 수 있기 때문에 공급권의 독점은 폭력조직의 중요한 사업이 되지 않을 수 없는 것이다. 이는 주류제조업체가 직판할 수 없고 중간 도매상을 거쳐야만 하는 유통구조상 엄청난 이권이 생길 수 있기 때문이다. 따라서 폭력조직에서는 가능한 많은 업소에 주류 등을 독점적으로 공급하기 위하여 폭력을 행사하게 되는 것이다.

넷째, 폭력조직이 손을 대기 쉬운 분야 중 하나는 도박장을 열어서 소위 '고리'를 뜯거나 도박자금을 빌려주고 높은 이자를 받는 등의 행위로서, 이러한 돈을 회수하기 위해서 폭력을 행사하는 것이다. 한편, 폭력회사를 만들어 일반인의 사건해결 청부를 받아 그것을 해결하기 위하여 폭력을 행사하는 경우도 있다.

마지막으로 폭력조직이 활동을 새롭게 확장하고 있는 영역도 살펴볼 필요가 있다. 최근 들어 폭력조직이 공사입찰, 건축자재 공급 등의 분야까지 침투하고 있으며, 심지어는 부동산투기에도 손을 뻗쳐 급매물로 나온 부동산을 폭력을 행사하여 싼값에 매수한 다음 제값에 팔아넘기는 수법을 쓰고 있다. 실제로 폭력조직이 아파트 입주권을 헐값에 매수하여 되팔아 이익을 취하는 사례가 나타나고 있다. 과거 폭력조직이 유흥업소 주변에서의 갈취 등 비교적 그 활동영역이 제한되어 있었으나 현재는 그 활동영역을 지속적으로 넓혀가고 있는 실정이다.

4. 조직폭력의 특성과 현대적 추이

(1) 일반적 특성

비록 조직폭력이나 조직범죄에 대한 명확한 일관적 정의는 발견하기 어렵지만 조직폭력을 포함한다고 할 수 있는 조직범죄에 대한 속성이나 특성에 대한 지적은 적지 않게 나오고 있다. 앞서 Abadinsky가 지적한 여덟 가지 특성 외에도 조직폭력이 갖는 특성은 지역이 중심이 된다는 점이다. 이는 미국의 갱도 마찬가지로 지역 또는 영역을 중심으로 조직되고 활동한다. 이는 물론 이권과 관련된 것이겠지만 조직 간 다툼이나 싸움이 빈번하다는 사실에서도 그들의 영역

중시를 알 수 있는 것이다. 이는 한국의 조직폭력에서도 예외는 아니어서 명동파, 동대문파 또는 목포파 등 대부분의 폭력조직이 지역을 중심으로 또는 연고로 조직되고 있음에서 알 수 있는 사실 이다.

한편, 조직범죄는 조직이 자신들만의 위계질서를 가지고 규칙과 규제에 의하여 통제된다. 물론 이러한 특성은 비단 조직범죄집단만의 특성은 아니지만 더욱 철저하게 지켜지는 것이 불문율이다. 폭력조직이 얼마나 엄격한 규율을 가지고 있는가는 국내외의 모든 폭력조직에서 발견되고 있는 행동강령에서 찾을 수 있다. 예를 들어, 마피아의 경우는 두목에게는 절대 복종할 것, 모든 일에 상호 협조할 것, 조직원의 신원을 밝히지 말 것, 조직내부의 일을 외부에 알리지 말 것 등을 요구하고 있으며, 한국에서도 이와 유사하거나, 더욱 철저한 행동강령을 조직원들에게 요구하고 있는 것으로 알려지고 있다. 이러한 특성은 곧 폭력조직의 응집력을 강화시키기도 한다. 예를 들어, 폭력조직의 조직원은 대부분 피로서 형제의 의를 맺는 평생의 동지이며, 한번 조직원은 평생 조직원이라는 조직의 생리가 이를 잘 보여주고 있다. 이처럼 폭력조직이 강력한 집단응집력을 가지는 데는 조직의 명령에 따라 움직이는 집단행동이 대부분 불법적이기 때문이다.

(2) 한국 조직폭력의 특성

한국의 조직폭력도 위와 같은 외국의 조직범죄가 가지는 특성 외에 나름대로의 한국적 특성을 가지고 있다. 우선, 한국의 조직폭력은 제1공화국 시절의 정치깡패들처럼 조직의 생존과 확장을 위하여 폭력을 수단으로 정치적 하수인 역할을 수행하여 정치세력에 기생하는 등 정치권력과 유착된 경우가 많다. 이승만 정권에서 이정재의 동대문파가 정치지향적인 폭력조직의 전형이라고 할 수 있으며, 이는 1987년 소위 '용팔이파'에 의한 통일민주당 창당 방해사건 등 비교적 최근까지도 존재하고 있다. 그리고 유흥업소 주변에 기생하며, 보호나 자릿세를 명목으로 금품을 갈취하거나, 또는 불법한 채무채권관계에 개입하여 폭력으로 해결하고 수수료를 받기도 한다. 또한, 기업과 연계하여 경쟁기업을 타도하거나 타 기업의 인수나 합병에도 개입하며, 회사의 경영권 확보나 방어, 공사의 낙찰이나 노사분규의 해결에까지 해결사로 활동하게 된다. 최근에는 조직폭력이 건설업 분야에까지 그 세력을 확장하여 입찰과정에서 폭력을 행사하거나 공사대금을 갈취하고 있다. 이를 종합하면, 한국의 조직폭력은 주로 자금이나 세력을 확장하기 위하여 공갈, 협박, 갈취 등 간접적 폭력을 사용하거나 실제 직접적 폭력을 행사하는 것을 주된 수단으로 삼고 있는 것으로 볼 수 있다.

(3) 한국 조직폭력의 현대적 추이

한국의 조직폭력은 해방을 전후하여 결성되었던 지역 패거리들의 주먹다툼에 지나지 않았으나, 최근에는 경제적 이득을 취하기 위하여 수단과 방법을 가리지 않는 고도로 조직화된 범죄집단으로 변해가고 있다. 더불어 과거에는 폭력조직이 그 발생부터 의리와 명분을 강조하며 생계를 위하여 폭력을 행사하였던 소외계층을 중심으로 결성되었으나, 현재는 생계형 조직폭력이 아니라 오히려 소비와 향락을 위하는 경우가 많아서 조직구성원들의 출신성분이 더 이상 생계를 위한 수단으로서 폭력을 행사했던 것과는 달리 교육도 받을 만큼 받고 소외계층이 아닌 20~30대 젊은이들로 변하고 있다. 이와 동시에, 조직력과 자금력을 바탕으로 외국으로 진출하거나 외국의 범죄조직들과 연계하는 등 조직폭력의 국제화도 엿볼 수 있다.

실제로 최근의 폭력조직들은 과거 유흥업소 주변에서 기생하던 것과는 달리 현재는 합법을 가장한 또는 심지어 합법적인 사업체를 운영하며, 각종 위조행위와 신용카드범죄, 산업폐기물범죄 및 불법적인 장기매매 등에 이르기까지 그 활동영역을 넓혀가고 있는 실정이다. 또한, 통신과 교통의 발달로 인한 세계화의 영향으로 조직폭력도 국제화하고 있는 추세이다. 일본의 야쿠자, 홍콩의 삼합회, 러시아의 마피아 등이 국내의 폭력조직과 결탁하고 있으며, 이러한 추세는 더욱 확대될 것으로 보인다.

현재까지 우리나라에서는 다른 나라의 조직범죄에 견주어 그 규모나 자금 또는 활동영역이 아직은 비교가 안 될 정도지만, 최근 들어 상당한 변화를 겪고 있다. 종래 유흥업소나 연예인의 갈취, 도박장의 개장과 운영, 주류나 유류 공급의 독점, 영세업소나 노점상 등에 대한 갈취 등 폭력, 공갈, 사기행위 등이 주를 이루었으나, 최근에는 마약의 불법거래, 장기매매, 화물탈취, 민사개입폭력, 기업대상폭력, 노사분규나 종교분규의 개입, 인신매매, 산업폐기물의 불법투기 등에까지 활동영역이 확대되고 있다. 또한, 심부름회사와 같은 사설정보업에 관여하고, 돈세탁, 파이낸스나 투자컨설팅 등의 유사금융업에도 진출하고 있어서 조직폭력의 활동영역은 더욱 확장되고 있는 실정이다.

한편, 폭력조직도 그 구성원의 성향이 변하고 있는데, 가장 큰 특징이 구성원의 연소화와 고학력화라고 할 수 있다. 경찰의 자료에 의하면, 최근 검거된 폭력조직원 2,855명 중 10~20대가 전체의 74.5%를 차지하고 있다. 이러한 저연령화, 연소화 추세는 더욱 심화될 것으로 보이는데, 실제로 폭력조직이 세를 불리기 위하여 중, 고등학생이나 가출 청소년 등을 조직원으로 가입시키는 사례에서 이를 알 수 있다. 또한 폭력조직 구성원들의 고학력화 추세도 경찰통계에 뚜렷이

나타나고 있다. 통계에 따르면, 조직원 초·중등학교 학력 소지자의 비율이 점점 감소하는 반면 고등학교 졸업 이상의 학력을 소지한 비율은 점점 높아지고 있음을 볼 수 있다.

(4) 한국 조직폭력의 성장배경

이처럼 한국의 조직폭력이 최근 성장하는 데는 그러한 이유가 있을 것이다. 먼저 조직폭력의 발생원인을 사회적 차별이나 경제적 불평등과 같은 사회적 소외의 산물로 설명하는 입장을 살펴보자. 이러한 주장은 이탈리아의 마피아가 경제적 불평등에서, 미국이나 일본에서는 인종차별에서 폭력조직이 형성되었다는 지적에서도 쉽게 찾을 수 있다. 아직은 우리나라의 조직폭력이 미국과 이탈리아의 마피아나 일본의 야쿠자 등을 조직이나 자금 또는 활동영역 면에서 따라가지 못하는 이유 중의 하나가 바로 사회적, 경제적 불평등이나 차별이 미국, 일본, 이탈리아에 비해 심각하지 않기 때문이라는 설명이 이를 잘 대변해주고 있다. 하지만 우리나라에서 호남지역의 폭력조직수와 조직원수는 물론이고 다른 지역의 폭력조직에서도 호남출신 조직원이 상대적으로 많다는 사실은 장기간 지속되어 온 지역 간의 불균형과 불평등에서 찾고 있는 것과 그 맥락을 같이 한다고 볼 수 있다.

한편, 일부에서는 조직폭력의 성장이 우리 사회의 유흥향락산업의 성장과도 무관하지 않다고 주장한다. 즉 지역사회의 유흥, 향락업소나 퇴폐업소 등이 성장함에 따라 그만큼 조직폭력이 서식하여 활동할 수 있는 여지도 많아졌기 때문이라는 것이다. 이와 함께 어떠한 조직도 조직의 리더십에 따라 성장과 몰락에 상당한 영향을 미치기 마련인데 조직폭력도 이 점에 있어서는 예외일 수가 없다. 자료에 의하면 폭력조직의 구성원 중 고등학교 이상의 학력을 소지한 사람의 비율이 점점 높아지고 있는데 이 또한 조직폭력의 성장에 기여한 요인이라고 할 수 있을 것이다.

또한 지극히 한국적으로 특수한 상황인지 모르지만, 조직폭력이 성장할 수 있었던 이유의 하나는 바로 정치적 부패에서도 찾을 수 있다고 한다. 한국의 조직폭력이 과거에서부터 정치활동에 관여해온 전례가 있으며, 지금도 조직폭력과 정치권의 결탁에 관한 언론보도를 심심하지 않게 듣고 있어서 이를 뒷받침해주고 있다.

5. 조직폭력에 대한 대책

(1) 대응의 어려움

조직폭력의 척결이 어려운 것은 조직폭력의 수사가 매우 어렵기 때문이라고 한다. 우선 많은 주요사건에서 실제로 피해자나 목격자의 신고와 그들의 진술에 의존하는 경우가 많지만, 조직폭력의 경우는 증인의 확보 및 진술확보가 어렵다는 점이다. 실제로 많은 정황증거가 있음에도, 피해자가 자신의 약점이 있거나 피해자와 목격자가 조직폭력의 보복이 두려워서 신고와 진술을 거부하는 경우가 많기 때문이다. 또한 조직폭력은 철저하게 위계질서를 가지고 있어서 범인을 검거하더라도, 대부분 조직의 하수인이거나 행동대원일 경우에는 상급자로부터의 범행교사사실을 밝히지 않기 때문에 필요한 증거를 확보하기가 쉽지 않다. 그리고 범죄사실이 밝혀지고 필요한 증거가 확보되더라도 조직폭력은 대부분 흉기 등으로 무장하는 경우가 많아서 수사기관에서 그들을 검거하기가 어렵다. 한편, 폭력조직이 폭력을 행사하더라도 조직폭력이 아니라 단순폭력으로 가장하기 때문에 폭력행위의 배후조직에 대한 파악이 어렵다. 이러한 어려움에도 조직폭력은 심각한 사회문제로 대두되고 있어서 더욱더 철저한 대응책이 강구될 필요가 있는 것이다.

조직폭력은 범행의 계획이 치밀하고 은밀하며 조직도 비밀스럽기 때문에 조직구조를 정확하게 파악하기가 쉽지 않다. 특히, 이들 조직은 거의 점조직으로 구성되어 있다는 것도 조직파악을 어렵게 하는 요인이 되고 있다. 게다가 조직상부의 범죄까지도 행동대원 등 조직하부 구성원이 자신의 범행으로 위장하고, 자신의 범행을 조직이 아닌 개인의 우발적인 행동으로 주장하는 것도 조직폭력을 파악하기 어렵게 하고 있다. 이외에도 폭력조직은 언제나 자신들을 보호하기 위하여 정치권, 언론계 등에 대대적인 로비를 하는 등 폭넓은 비호세력을 갖고 있으며, 조직의 경제활동이 합법을 위장하고 있다는 것도 조직을 파악하기 곤란하게 하는 요소로 작용하게 된다.

따라서 이러한 어려움을 극복하기 위해서는 조직범죄의 수사에 있어서 도청, 범죄사실의 인식, 범죄예방 그리고 범행을 조장하기 위한 잠입수사, 범행의사의 제공이나 범행기회의 제공을 위한 함정수사, 컴퓨터자료검색 등의 수사기법의 활용이 필요하며, 동시에 증인의 보호나 면책 등 여러 가지 제도적 보완이 요청되고 있다. 그러나 이러한 수사기법이나 제도들은 국민의 자유와 권리가 침해될 우려가 있으며, 이를 뒷받침할 수 있는 법률적 제도의 미비 등으로 상당한 논란의 여지가 있다는 점도 조직폭력의 수사와 검거 및 처벌을 어렵게 하고 있다.

(2) 사전예방

다른 모든 범죄도 마찬가지지만, 조직폭력의 근절을 위해서도 조직폭력에 대한 사전예방이 우선되어야 한다. 조직폭력의 예방을 위해서는 우선 폭력조직이 서식하기 쉬운 사회적 환경이 제거되거나 개선되어야 할 것이고, 한편으로는 조직폭력 범죄자들이 다시 조직에 복귀하여 재범하지 않도록 그들의 교화와 사회복귀에 힘써야 할 것이며, 더불어 장차 폭력조직에 가담하기 쉬운 청소년 불량 서클 등을 정비할 필요가 있다.

먼저, 조직폭력에 가담하게 되는 이유 중의 하나가 폭력조직이 직면한 사회적 현실에 대한 반응이라는 즉, 사회적 소외나 사회적 기회의 불균형과 차등이라는 사회구조적 관점에서 본다면, 그들을 주류사회로부터 소외시키는 그들이 직면한 사회적 현실을 개선할 필요가 있다. 이를 위하여 사회전체가 동원되어 그들에게 소속감을 느낄 수 있는 터전을 마련해 주어야 하며, 이는 모든 사회 구성원의 참여를 바탕으로 가능한 것이다.

한편으로는 폭력조직의 존립기반이 되고 있는 잠재적인 조직원, 자금원 그리고 무기에 대해서 철저하게 단속하고 차단함으로써 폭력조직에 실질적인 위협을 가하고, 그로 인하여 폭력조직의 존립기반을 무력화함으로써 조직을 와해시킬 수 있어야 한다.

구체적으로, 폭력조직의 서식환경을 개선하기 위해서는 폭력조직이 기생하기 좋은 유흥업소 주변을 철저히 관리할 필요가 있다. 조직원의 조달을 막기 위해서는 불량 청소년이나 학생 서클 등에 대한 단속이 강화되고 이들에 대한 감시감독과 보호가 강화되어야 할 것이며, 자금원의 차단을 위해서는 조직폭력이 축적한 자금을 몰수하거나 이들의 자금세탁을 방지하는 등의 노력이 요망된다.

조직범죄는 경제적인 이익의 추구를 목적으로 하기 때문에 이를 붕괴시킬 수 있는 가장 효과적인 방법은 우선 부정한 방법으로 취득한 수익을 몰수하는 것이다. 이는 이 제도를 이미 시행하고 있는 세계의 여러 나라에서 조직범죄에 대응하기 위한 아주 효과적인 방법임이 보고되고 있다. 조직범죄의 수익은 엄청난 규모이며, 이러한 수익은 대부분 돈세탁을 거쳐 합법 또는 불법적 사업에 다시 투자되고 있어 또 다른 새로운 문제를 낳고 있다. 이에 세계 여러 나라에서는 70년대부터 범죄수익에 대한 몰수를 목적으로 다양한 법률을 제정하고 있는데, 미국의 규제약물법, 일본의 마약특례법, 영국의 약물거래범죄법, 그리고 마약 및 향정신성물질의 불법거래 방지에 관한 UN협약 등과 같이 특정한 범죄에만 국한하여 그 수익을 몰수하거나, 독일 형법, 호주의 범죄수익에 관한 법률 또는 몰수에 관한 유럽이사회협약과 같이 범죄일반에 대한 수익을 몰수하는 경우가 있다. 우리나라도 이러한 추세에서 예외는 아니어서 특정범죄에 국한하는 마약류불법거래방지에 관한 특례법과 범죄일반에 대한 수익을 몰수하도록 규정하는 형법 제48조와 제49조를 두고 있다.

한편, 조직폭력의 자금원을 차단하여 조직을 와해시킬 수 있는 또 다른 방안으로 조직의 불법자금을 세탁하지 못하도록 하는 돈세탁의 규제를 들 수 있다. 대부분의 경우 조직범죄로 얻어진 수익은 합법적, 비합법적 활동과 영역에 재투자되는데, 이 때 자금의 추적을 어렵게 하거나 불가능하게 하고 은폐하기 위하여 자금을 세탁하기 마련이다. 따라서 이러한 자금세탁을 금지하고 처벌한다면 조직범죄에 대한 증거를 확보할 수 있고, 자금원을 고갈시킴으로써 조직범죄에 타격을 줄 수 있는 것이다.

(3) 사후대응

이러한 예방노력에도 불구하고 있을 수 있는 조직폭력에 대해서는 철저한 수사와 검거를 통한 사법적 대응이 있어야 한다. 이를 위해서는 폭력조직의 두목이나 간부들을 검거하여 장기 격리시켜서 조직을 와해시킬 수 있도록 하여야 한다. 더불어, 이들뿐만 아니라 심지어 하부조직원에 대해서도 중형을 선고하여 장기간 격리시킴으로써 다른 조직원에 대한 억제효과도 기대해볼 필요가 있다.

그런데, 폭력조직이 지속되는 이유 중의 하나가 조직의 응집력이며, 이러한 집단응집력은 조직원의 탈개인화(deindividuation)에서 비롯되는 것으로 알려지고 있다는 점을 고려한다면 조직폭력의 저지를 위해서는 바로 조직원의 탈개인화를 방지하고 동시에 탈개인화된 조직원을 개인화(individuation)할 수 있어야 한다. 이를 위한 한 방안으로 일부에서는 조직원의 명단을 사회적으로 공개할 것을 주장하고 있다. 이는 동시에 폭력조직의 특성 중의 하나가 비밀성이라는 점을 생각해서도 조직원의 신상공개는 일부 있을 수 있는 인권침해의 여지를 최소화할 수 있는 기술적 방안이 모색된다면 가치 있는 대안이 될 수도 있을 것이다.

한편, 이들의 검거를 어렵게 하는 이유 중의 하나가 폭력조직은 무장하는 경우가 많기 때문인데, 이런 점에서 무기에 대한 단속도 철저해야 할 것이며, 조직폭력에 대한 형사사법적 대응의 또 다른 어려움의 하나였던 신고와 증언의 기피를 없애기 위해서는 피해자나 목격자 등 신고자에 대한 신분보장이 철저하게 제공되어야 하고, 더불어 조직폭력을 전담할 상설 전담기구가 경찰이나 검찰에 설치될 필요성이 있다.

한편, 국제화와 더불어 우려되고 있는 조직범죄의 무국경화나 국제화에 따른 국제형사사법공조도 한층 강화되어야 할 것이다. 국제적 조직범죄가 더욱 심화되고 한국의 폭력조직들도 외국의 조직범죄와 연계하고 있는 경향이며, 이러한 추세로 인하여 국제 간 마약거래, 폭력, 테러 등이 심화되고 있으나, 이러한 국제적 범죄행위는 개별국가의 노력만으로는 해결하기 어려운 과제이다. 게다가 교통과 통신의 발달로 인한 국제교류의 증대는 이러한 범죄의 국제화를 더욱 부추길 것이기 때문에 더욱 국제형사사법공조의 필요성은 증대된다.

구체적으로 국제형사사법공조의 예를 살펴보자면 다음과 같다. 먼저 국가 간 범죄인의 인도를 필두로, 조직범죄에 대한 수사와 증거확보 등에 있어서 국가 간 협조라고 할 수 있는 형사사법공조와 체포한 조직 범죄자에 대한 재판과 유죄가 확정된 조직 범죄자에 대한 형의 집행과 관련하여 국가 간 공조하는 형사절차의 이송과 형사판결집행의 공조를 들 수 있다. 그러나 우리나라에서는 아직 국제형사사법공조와 관련된 국가 간 협정이나 조약의 체결이 만족할 만한 수준은 아니어서 이에 대한 앞으로의 노력이 더욱 필요하다고 할 수 있다.

이러한 노력을 통하여 폭력조직의 구성원들이 검거되더라도 이들에 대한 교화개선이 없다면 출소 후 또 다시 폭력조직으로 복귀하게 되므로, 이를 예방하기 위해서는 교정기관에서의 효과적인 교화개선 노력과 출소자의 사회복귀를 도울 수 있는 사회적 여건의 조성이 필요하다. 특히, 폭력조직의 생성이유가 금전적 이득이 중요한 원인이며, 조직원은 대부분 성취 욕구는 높으나 사회적으로 다중한계인구로서 자신의 욕구를 충족시킬 기회가 없다고 느껴 폭력조직에 가담함으로써 자신의 목표를 달성하려는 사람들이라는 주장을 감안한다면 이들에게 즐거움을 주고 목표성취의 수단과 기회를 제공할 수 있는 적절한 직업을 알선할 필요가 있다. 따라서 조직원에 대한 교화개선과 더불어 이들에 대한 직업훈련과 알선이 더욱 중요하다고 할 수 있다.

HOT ISSUE

법원 "보이스피싱에 범죄단체 조직죄 적용 정당"

조직적으로 역할을 나눠 보이스피싱 범죄를 저지른 일당에게 폭력조직 등에게 적용되는 형법상 '범죄단체 조직죄'를 적용한 것은 정당하다는 법원 판결이 나왔다.

대구지법 제2형사부(김정도 부장판사)는 8일 중국과 한국에 콜센터를 두고 기업형으로 보이스피싱 범행을 한 혐의(범죄단체 가입 및 활동죄·사기)로 기소된 범죄 조직원 35명에 대한 항소심에서 국내 관리자급 이모씨(28)에게 징역 3년6개월, 원모(29)·문모(40)씨 등 책임자급 2명에게 각각 징역 4년을 선고했다.

또 전화상담원 역할을 하거나 보이스피싱 범행에 가담한 나머지 32명에게 징역 1년4개월~5년 형을 내렸다.

재판부는 이들이 범행에 가담해 획득한 수익은 1심과 동일하게 전액 추징·몰수한다고 밝혔다.

다만 재판부는 "1심이 선고한 형량은 죄질에 비해 무겁다"는 피고인들의 주장을 받아들여 각각 1심에 비해 6개월~2년6개월 정도 형을 감형했다.

재판부는 "보이스피싱은 형편이 어려운 사람들의 고혈을 빨아먹는 악질적인 범죄로 엄단할 필요성이 있다"며 "피고인들 조직 내 위치, 실제 역할 등을 고려해 형량을 결정했다"고 밝혔다.

이씨 등 피고인 35명은 2012년 2월부터 이듬해 9월까지 급전이 필요한 서민 등을 상대로 "신용도를 높여 대출을 받을 수 있도록 해 주겠다"고 속여 범행에 사용할 계좌번호와 비밀번호가 적힌 체크카드를 건네받은 뒤 13억4000만원을 가로챈 혐의로 재판에 넘겨졌다.

이들은 체크카드 편취팀, 대출 사기팀, 현금인출팀 등으로 역할을 나눈 뒤 중국과 국내 조직 사이 협업 방식으로 범행을 했다. 드러난 피해자만 300명이 넘는다.

자료: 아시아투데이 2016년 1월 8일
http://www.asiatoday.co.kr/view.php?key=20160108010004655

조직폭력단 활동 변화..지능형 범죄 늘며 기업형 운영

과거 대규모 조직원을 이끌며 폭력적으로 세력을 확장했던 조직폭력배의 활동이 소규모 조직으로 축소되고 합법을 가장한 기업형으로 운영되는 추세로 변화하고 있다.

경찰청은 이같은 내용이 포함된 '2015 조직폭력배 특별단속 결과'를 12일 발표했다.

이번 특별단속은 올 1월부터 지난달까지 진행됐다. 이 결과 총 3024명이 검거, 이중 568명이 구속된 것으로 전해졌다.

경찰에 따르면 최근 조폭은 기존 대규모 조직원을 거느린 채 유흥업소 보호비 등을 갈취하거나 조직 간 세력 확장을 위해 집단폭력을 행사하던 활동방식을 벗어나 합법을 가장한 기업형으로 운영되고 있었다.

예컨대 10명 이하의 소규모 조직으로 재편한 뒤 보험사기·대포물건 유통·불법 사채 등 각종 이권에 합법을 가장해 개입하는 방식이다. 이와 함께 필요 시에는 다른 조직과 제휴하거나 이합집산을 통해 자금원을 확보하는 등 지능형 범죄가 늘고 있었다.

또 지역 내에서 강한 세력을 형성하던 기존 조직들이 수괴급의 수감 및 은퇴, 조직원의 고령화 등으로 세력이 약화되자 조직 재건을 위해 수괴급 교체·신규 조직원 영입 등 조직 재편이 이뤄지고 있었다고 경찰은 전했다.

아울러 기존 조직들의 빈 공간을 차지하기 위해 새로운 조직들이 형성되고, 조직 간 세력 확장을 위한 충돌 등 불법행위가 증가하고 있었다.

범죄유형별로 살펴보면 폭력·갈취 등 전통적인 조폭의 범행은 전체의 67.8%(2049명) 수준으로 가장 많으나 최근 3년간 지속적으로 감소 추세를 나타냈다.

반면 도박장이나 게임장 등 사행성영업과 마약범죄·성매매업·사채업 등으로 검거되는 사례는 꾸준히 늘고 있었다.

직업 측면을 살펴봐도 비슷한 변화가 나타났다. 최근 3년간 검거된 조폭들의 직업은 '무직자'가 가장 많았다. 하지만 그 비중은 2013년 77.9%, 지난해 67.8%, 올해 63.3%로 점차 낮아지고 있다.

하지만 유흥업이나 게임장 등 사행성 관련 직업을 가지고 있는 경우가 대체로 느는 추세였다.

경찰 관계자는 "앞으로도 국민 안전을 위협하는 모든 조직폭력 범죄에 대해 지방청 광역수사대를 중심으로 연중 상시 단속과 특별단속도 전개할 예정"이라며 "조폭이 생활 주변에 기생하면서 각종 이권에 개입하고 서민 경제 활성화를 저해하는 행위를 근절시키는데 수사역량을 집중할 계획"이라고 밝혔다.

자료: 한강타임즈 2015년 11월 12일
http://www.hg-times.com/news/articleView.html?idxno=101666

한국서 위조카드 긁어대는 유럽 범죄조직

유명 백화점을 돌며 10억원대의 명품을 쇼핑한 외국인 위조 신용카드 사기단이 경찰에 붙잡혔다. 루마니아와 말레이시아에서 온 이들은 보안에 허술한 마그네틱 카드 결제기가 한국에 많다는 점을 악용한 것으로 드러났다.

서울경찰청 국제범죄수사대는 9일 백화점에서 분실되거나 위조된 신용카드를 사용하려 한 혐의(특수절도) 등으로 루마니아인 M(32)씨와 말레이시아인 S(43)씨 등 6명을 구속했다고 밝혔다. 이들은 영국, 터키, 말레이시아 등지에서 활동하는 국제 범죄 조직원으로 위조카드 272장을 들고 입국했다. 주로 프랑스 파리에 있는 주유소, 슈퍼마켓의 현금지급기에서 카드 정보를 입수해 위조했다.

이들은 지난달 28일부터 이달 3일까지 서울 명동, 압구정동 등의 백화점에서 명품 시계, 가방, 신발, 의류 등 총 10억 7640만원어치를 구매하려고 시도했다. 대부분 승인이 거절됐지만 1억 7000만원은 결제가 이뤄졌다. 구매한 제품은 개당 3000만원짜리 불가리 시계, 구찌 핸드백 등 명품이었다.

경찰은 이들이 한국에서 명품을 사 오면 물건값의 10%를 떼 주겠다는 자국 총책의 말을 듣고 특정 물건만 구입하는 치밀함을 보였다고 밝혔다. 이들은 백화점 명품 매장에서 '이탈리아 부자' 행세를 했으며 의심을 피하기 위해 고급 호텔에만 투숙했던 것으로 드러났다. 특히 루마니아인 중에는 전직 축구 국가대표 출신 P(28)씨도 있었다.

경찰은 국제 범죄 조직이 한국을 범행 대상지로 고른 것은 허술한 결제 시스템 때문으로 보고 있다. '꽂는 방식'의 반도체(IC)칩 카드 결제기가 아니라 '긁는 방식'의 마그네틱 결제기를 이용해 위조카드 사용이 쉽다는 걸 노렸다. 이들은 현금지급기 인출도 노렸으나 현금지급기는 대부분 IC칩 방식이라 373차례나 시도했지만 1360만원을 인출하는 데 그쳤다.

경찰은 지난달 위조된 카드를 사용한 혐의로 구속한 말레이시아인과 S씨가 같은 위조 카드 범죄단인 것으로 파악했다. 경찰 관계자는 "신용카드를 연달아 2~3장 제시하는데도 반복해서 승인이 거절되면 카드 위조를 의심해 봐야 한다"며 "지난해 폐지된 50만원 이상 사용자의 신분 확인 제도를 부활할 필요가 있다"고 말했다. 경찰은 인터폴을 통해 신용카드 위조 총책과 달아난 공범에 대한 공조 수사를 요청할 계획이다.

자료: 서울신문 2015년 12월 10일
http://www.seoul.co.kr/news/newsView.php?id=20151210008014

제3장
다국적, 국제적 범죄

제1절 개 관

    지난 150여 년 동안 범죄학은 강·절도와 같은 소위 전통적 범죄의 설명과 대책의 강구에 몰두해 왔다. 그러나 1970년대 이후 비전통적이라고 할 수 있는 새로운 범죄현상에 대해서도 관심을 갖기 시작하였다. 범죄학에서 새롭게 관심을 보이게 된 새로운 유형의 범죄현상 중에서 국경을 초월하여 운영되는 다양한 종류의 조직에 의하여 2개국 이상에서 동시에 행해지는 범죄, 즉 다국적 조직범죄(multinational systemic crime) 또는 국제범죄(international crime)를 빼놓을 수 없다. 이는 이들 범죄가 국가안보를 위협할 정도로 심각한 위협이 되기 때문이다.

    하지만 이러한 다국적 조직범죄나 국제범죄가 전혀 새로운 것만은 아니다. 일부는 수 세기 또는 수 세대에 걸쳐서 행해져 왔으나 오늘날에는 더욱 조직화되고 다양한 국가정부의 막강한 합법적, 불법적 제도와 기구 또는 기관과 더욱 통합되고 있다. 예를 들어 어느 정부에서 반란군에게 무기를 합법적으로 선적하고, 그 무기를 이용하여 반란군은 다른 국가를 침입하여 민간인을 살상하고 조직범죄집단이 다양한 수송제도와 금융제도를 이용하여 마약을 거래하며, 국가 정보기관에서 외국인을 훈련시켜 상대국가의 기밀을 빼내도록 하는 등이 오늘날 우리가 경험할 수 있는 다국적 또는 국제범죄의 유형들이다.

    그런데 이처럼 국경을 넘나드는 네트워크는 지금까지 우리가 국내에서 발생하는 범죄를 기술하기 위하여 수용해온 개념과는 상당한 거리가 있음을 알 수 있다. 심지어 조직범죄까지도 일부 유사점이 없지 않지만 다국적 조직범죄나 국제범죄를 충분히 기술하기에는 부족하다. 이들 범죄는 오늘날의 세계적 현상과 상당한 관련이 있다. 오늘날 세계는 전통적 정치와 무역장벽이 허물어지고 이민이 가속화되며, 교통과 인터넷이나 기타 통신수단의 발달로 점점 접근이 용이하며 상호의존적이자 종속적으로 되어가고 있다. 따라서 세계는 자국의 정치·경제·사회적 안녕을 위해서 서로 의존적일 수밖에 없는 것이다. 다국적 범죄조직이 존재하며, 조직들이 서로 연관되어지며 확장되고, 강력해지는 동시에 이들 조직을 정확하게 파악 및 기술, 통제하기가 더욱 어려워지는 것은 바로 이러한 여건 때문이다.

최근 세계는 점점 국제화되어 가며 범죄 그 자체도 그렇게 되고 있다는 일반적인 사고가 범죄학적 문헌에서도 점점 많이 인식되고 있다.[1] 국제화된 범죄는 개인이나 소규모 범죄 집단이 아니라 대규모 범죄조직에 의하여 행해지며, 그러한 범죄조직은 우리가 일반적으로 말하는 조직범죄 그 이상을 함축하고 있다. 그러나 불행히도 국제화되고 있는 범죄에 대응할 국제화된 형사사법제도는 존재하지 않고 있다. 테러에 대한 최근의 세계적인 관심과 우려는 교정이나 법집행과 관련된 협의의 관점이 아니라 보다 광의의 정치학적 관점을 대두시키고 있다. 예를 들어, 일부 국가는 이러한 국제적 범죄로 인하여 정치·경제적으로 이익을 취할 수도 있기 때문에 모든 국제범죄의 통제에 쉽게 전념하기 어려운 것이다.[2]

다국적 조직범죄는 국내범죄가 확대된 이상의 의미를 갖는다. 그것은 때로는 정부의 지원을 받으면서 다국적 분야에서 운영되는 네트워크에 의하여 행해지는 범죄이다. 그러한 네트워크 내에서 참여하는 개인의 동기는 다양할지라도, 이들 범죄조직의 제도적 목적은 정치적이거나 경제적이거나 또는 양자 모두를 겨냥하는 것이다. 따라서 이들의 범죄행위는 자신의 특정한 제도적·도구적 목표를 성취하기 위한 조직화된 사적 이익집단이나 국가나 정부 또는 양자의 정치적, 경제적 행위로 인식될 수 있다. 그러나 다국적 조직범죄나 국제범죄를 보는 시각은 이러한 범죄가 국가안보, 경제, 외교정책 등에 심대한 영향을 미치기 때문에 국제범죄를 어떻게 설명하고 어떻게 통제할 것인가에 대해서도 다양한 차이가 있다. 따라서 이러한 국가적 자기이익이 때로는 각 국가가 국제범죄를 규정하는 데 상당한 영향을 미치게 된다. 극단적인 예로, 특정국가의 기밀을 빼낸 사람은 기밀을 도난당한 국가에서는 국가안보에 대한 심각한 위협을 가한 범죄자로 볼 것이나 기밀을 전해 받은 국가에서는 그가 민족독립의 영웅으로 칭송받을 수도 있는 것이다.[3]

---

1 F. Adler, G. O. Mueller, and W. S. Laufer, *Criminology*, New York: McGraw Hill, 1991, pp. 17–19 참조.

2 R. D. Crelinsten, D. Laberge–Altmejd, and D. Szabo, *Terrorism and Criminal Justice: An International Perspective*, Lexington, MA: Lexington Books, 1978, p. xiii.

3 J. Kwitny, *The Crimes of Patriots: A True Tale of Dope, Dirty Money, and the CIA*, New York: Norton, 1987, pp. 120–121.

제 2 절 다국적 조직범죄의 정의

다국적이라는 말은 범죄가 둘 이상의 국가에 걸쳐서 일어나며 둘 이상의 국가의 국민과 제도에 영향을 미치고 때로는 그 이상의 국가가 개입된 경우를 의미한다. 한편, 조직적(systemic)이라는 말은 범죄가 때로는 비공식적으로 조직되고 때로는 계층제로서 공식적으로 조직화된 집단의 집합적 행위라는 사실을 지칭한다. 각 집단은 지휘체계가 있으며, 분업화되어 있고, 전통, 사회적 규범, 보상과 제재를 가지고 있다. 이들 조직은 자신의 정치적 기반과 결연한 지지자를 가지는데, 때로는 그것이 국가가 지원하는 기반과 지지자일 수도 있다. 그리고 범죄는 그러한 조직의 행위가 적어도 하나 이상의 관련국가에서 형법의 위반으로 규정된다는 사실을 지칭한다. 그러나 그러한 범죄정의가 관련된 모든 국가에 의하여 적용될 필요는 없다. 예를 들어, 미국의 CIA가 앙골라의 반군에게 무기를 제공하는 것이 앙골라 반군이나 미국에서는 불법이 아닐지 모르지만 앙골라 정부에게는 다국적 범죄행위가 되는 것이다. 이를 종합하면, 다국적 조직범죄는 관련된 국가 중에서 적어도 하나 이상의 국가에서 범죄행위로 규정되는 둘 이상의 국가가 관련된 조직의 행위라고 정의될 수 있다.[4]

다국적 조직범죄는 다른 범주의 범죄와 비교하면 그 의미가 더욱 분명해질 수 있다. Martin과 Romano는 다국적 범죄를 포함하여 범죄를 일곱 가지 범주로 나누어 두 가지 변수의 관점에서 이들 범주를 [그림 4−1]과 같이 대조시키고 있다. 첫 번째 변수는 각각의 범주가 조직적 범죄행위를 포함하는 상대적 정도에 관련된 것이고, 두 번째 변수는 각각의 범주의 개인이나 집단이 사회의 사회적·정치적·경제적, 그리고 기타 제도와 통합되는 상대적 정도와 관련된 것이다.

다음의 그림을 보면, 범죄행위의 조직화의 정도가 클수록, 그리고 사회제도와의 통합의 정도가 높을수록 각각의 범주 내 범죄행위자와 집합성이 더욱 효율적이고 막강할 가능성 더 큰 것임을 알 수 있다. 예를 들어 관습적 범죄는 대부분의 국내 형법위반을 지칭하며, 이러한 범죄는 일반적으로 조직화를 거의 볼 수 없는 소규모 개인집단이나 개인의 행위이다. 그러한 관습적 범죄자는 대체로 하류계층이며, 주류사회의 중요한 사회제도에 거의 제대로 통합되지 못한 사람들

---

4 J. M. Martin and A. T. Romano, *Multinational Crime; Terrorism, Espionage, Drug and Arms Trafficking*, Newbury Park, CA: Sage Publications, 1992, pp. 14−15.

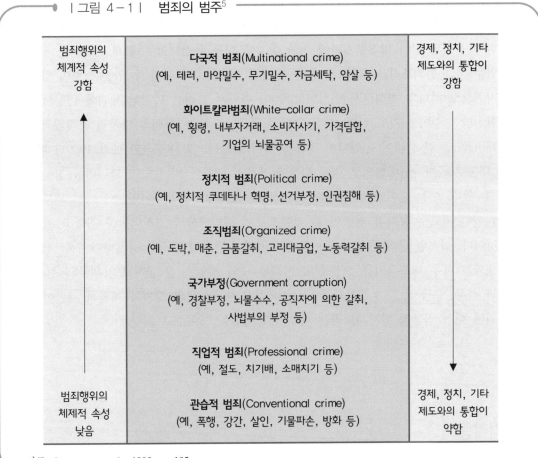

| 그림 4-1 | 범죄의 범주[5]

자료: Surette, *op. cit.*, 1992, p. 135.

이다. 그리고 관습적 범죄는 대부분의 법집행기관이 가장 많이 경험하고, 사건을 해결하는 데 가장 능숙하며 가장 성공적으로 기소할 수 있는 범죄유형이다.

　반대로 테러나 첩보행위와 같은 다국적 조직범죄는 관습적 범죄와 거의 모든 면에서 정반대라고 할 수 있다. 다국적 조직범죄는 대체로 통계적으로 드물며, 때로는 국가의 지원에 의한 것이며, 전형적으로 매우 조직화되었다. 공공대중이나 정책입안자에 대한 중요성이 발생빈도가 아니라 그러한 행위가 다양한 정치·경제적 조직에 가져올 수 있는 도발적이고 공포심을 유발하며 진정한 위협감에 크게 좌우되고 있다.

---

5 Martin and Romano, *op. cit.*, p. 23, Figure 1.1.

　　관습적 범죄로부터 멀어지고 다국적 조직범죄와 가까워질수록 다양한 범주에 포함된 범죄적 요소가 조직화와 사회적 통합을 통하여 더욱 효율적이고 더욱 막강해진다. 그 결과 중 하나는 그러한 효율성과 힘이 법집행기관에 의한 통제를 더욱 복잡하고 어렵게 만든다는 사실이다. 더구나 일부 이들 범죄조직은 경찰, 판사, 증인 등을 매수하고 보복할 수 있는 능력이 있다는 사실이 역사적으로 하나의 전설로서 인식되고 있다. 따라서 그러한 막강한 세력에 대항하는 것은 종종 위험천만한 일이 되기도 한다. 이런 점에서 최근에는 일부 형태의 다국적 조직범죄를 파악하고 억제하는 데 있어 군이 동원되어 경찰을 돕기도 한다. 그 대표적인 예가 1989년 파나마의 Noriega 대통령을 마약밀매혐의로 미국 법정에 세우기 위하여 미 육군이 파나마를 침공한 경우라고 할 수 있다. 이는 군이 일부 유형의 다국적 조직범죄와 기타 국가안보에 대한 외부 위협에 대처하기 위한 새로운 공격적 전략의 한 부분으로서 해외에서의 경찰역할을 취하고 있음을 보여주는 것이다. 이처럼 군의 동원이라는 점에서 국내의 관습적 범죄를 통제하기 위한 전통적 법집행 관행과는 매우 대조적임을 보여준다. 이러한 군의 개입은 곧 군사보안 위주의 접근, 빈번한 구속과 심문, 구금 등을 초래한다. 따라서 특정한 범죄행위의 증거와 개별적 재판이라는 관습적 범죄에 대한 전통적 형사사법과는 매우 대조적임을 보여주고 있다.

제3절　테러리즘

　　테러리즘은 전체 사회의 안전을 위협하는 비교적 소수의 불평불만을 가진 자나 의견을 달리하는 자들의 일이다. 테러행위는 그 행동의 시행이 갑작스러운 기회의 문제일지라도, 본질적으로 미리 계획된다. 테러가 효과적이기 위해서, 테러리즘은 그 메시지가 전달되는 지역사회에 대한 계산된 조작과 농간을 요한다. 테러리즘에 있어 두려움과 공포는 상당히 계산된 것이다. 테러리스트들의 즉각적인 목적 또는 이면의 목적이 무엇이든지 테러의 성공에 대한 전망은 대부분 테러의 목적에 지역사회를 참여시킬 수 있느냐에 달려있다. 관중이 없는 테러는 공허 속의 연습에 불과하다. 이러한 관점에서 테러리즘은 하나의 집합적 현상이라고 할 수 있다.[6]

1. 테러리즘의 문제

테러리즘을 이해하는 데 있어서 기본적인 문제는 테러리즘에 대한 정의 또는 규정의 문제이다. 어떠한 의미 있는 유용한 정의의 경우라도 중요한 순환성의 요소가 있기 마련이다.[7] 테러리즘이라는 용어는 감정적이며 구체적이지 않다. 이러한 정확성의 부족으로 인하여 사람들은 개념이 규범적 관계에서 볼 때 구체적인 규정을 무시하는 것으로 믿도록 한다.

문제의 일부는 테러리즘을 실제적인 본질적 범죄활동으로 범주화하는 데서 비롯된다. 사실, 테러리즘은 특정한 목적을 얻기 위하여 특정한 유형의 범죄활동에 개입하는 방법이라고 할 수 있는 하나의 기술이다. 테러범죄자에게 있어서 피해자에게 유발된, 지대하고 광범위한 두려움의 상태라고 할 수 있는 공포(terror)는 그 중요성에 있어서 단순히 하나의 도구나 기구라고 할 수 있는 범죄활동 그 자체를 능가하는 것이다. 공포는 자연적인 현상이고 따라서 테러리즘은 그것을 의도적으로 조작하고 이용하는 것이다. 테러리즘은 피해자와 사회 전체의 의지를 조작하기 위하여 고안된 강제적인 것이다. 테러로 인한 대단한 두려움이나 공포는 범죄 그 자체의 특성, 범행의 방법, 인명에 대한 경시 등으로 인하여 유발되는 것이다. 바로 이 엄청나고 무시무시한 공포가 테러리스트들의 힘의 원천이고 사회에 대한 자신의 도전을 표시하는 것이다.

물론 강도 피해자도 위협을 받지만 그것이 다른 사람에 대한 본보기로 여겨지지는 않는다. 강간범죄에 있어서 공포는 피해자의 의지를 극복하기 위한 것이지 다른 사람의 저항이나 의지를 극복하기 위한 것은 아니다. 즉 이들 범죄도 피해자나 다른 사람에게까지도 공포심을 불러일으킬 수 있지만 테러라고는 하지 않는다. 바로 이 점이 테러와 일반범죄의 차이라고 할 수 있다. 즉 테러는 직접적인 피해자가 그 행위 자체가 겨냥하는 특정집단에 미치는 전체적인 영향보다 덜 중요시되는 일반 억제·제지(general deterrence)와 유사한 목적을 가지고 있다. 물론 테러도 개별적인 피해자는 있을지라도 사회 자체에 대한 맹공이다. 이러한 견지에서, 미국의 '형사사법 기준과 목표에 관한 대통령자문위원회'에서는 테러리즘을 '강제적 목적을 위하여 광범위한 두려움을 유발하려는 일차적 목적을 위하여 폭력적 행동이나 위협이 수단으로 이용되는 기술이나 전술'이라고 정의하고 있다.[8]

---

6 National Advisory Committee on Criminal Justice Standards and Goals, *Disorders and Terrorism: Report of the Task Force on Disorders and Terrorism*, Washington, D.C.: Law Enforcement Assistance Administration, 1976, p. 1.

7 G. Schwarzenberger, "Terrorists, Guerrilleros and Mercenaries," *Toledo Law Review*, Fall/Winter, 1971, pp. 71–88, p. 72.

이처럼 테러리즘에 대한 정의는 매우 다양하다. 일부에서는 테러리즘을 변화를 증진시키기 위한 기제로서 폭력을 강조하는 정치적 범죄의 유형으로 본다. 일반 정치적 범죄자가 시위, 위조와 변조, 기밀의 판매, 스파이 등과 같은 행위에 참여하나 테러범은 자신들의 정치적 요구를 받아들이도록 하려고 정부, 집단, 지역사회, 개인 등을 테러하기 위하여 살상과 파괴의 위협을 하거나 실제 살상과 파괴를 제도적으로 이용하고 있다.[9]

하지만 테러리즘의 정의는 그렇게 단순하지 않다. 사실 테러에 대한 수많은 개념 정의가 이루어졌지만 여전히 모두가 수용하는 개념 정의에 이르지 못하고 있다. 이에 대한 가장 큰 장애는 바로 각 국가마다 테러범과 테러행위에 대한 대응에 있어서 서로 다른 정치적 자기이익을 가지고 있기 때문에 테러의 의미에 대한 국제적 합의를 발전시키는 것이 매우 어렵게 된다는 사실이다.[10]

2. 테러리즘의 유형

(1) 정치적 테러리즘

정치적 테러리즘은 그 폭력적이고 범죄적 특성과 비인간적 참조의 틀 그리고 정치적 목표나 목적을 위한 사회전체에 대한 두려움의 유포라는 장기적 목표 세 가지로 특징지을 수 있다. 따라서 정치적 테러리즘은 정치적 목적을 위하여 주로 사회 전체 또는 사회의 상당 부분에 두려움을 유발하기 위한 폭력적·범죄적 행위라고 정의할 수 있다. 이러한 관점에서 본다면, 순수한 개인적, 심리병리학적인 또는 사회정치적 중요성이 의도되지 않는 행위나 위협은 정치적 테러리즘이라고 할 수 없게 된다. 예를 들어서, 그 행위가 아무리 잔인할지라도 경찰관을 살해하는 것은 정치적 테러는 아니지만 경찰이나 지역사회의 다른 구성원들을 위협할 목적으로 다른 범행과는 관계없이 경찰관을 의도적으로 살해한다면 정치적 테러행위의 하나로 간주될 수도 있다. 이러한 규정은 범죄 그 자체와 그로 인한 두려움의 요소 모두를 내포할 정도로 충분히 포괄적이면서 엄격하다고 할 수 있다.

이처럼 정치적 테러리즘에 대한 규정의 명확성을 강조하는 데는 또 다른 중요한 이유가 있

8 National Advisory Committee on Criminal Justice Standards and Goals, *op. cit.*, p. 3.

9 L. J. Siegel, *Criminology*(2nd ed.), St. Paul, MN: West, 1986, p. 321.

10 D. E. Long, *The Anatomy of Terrorism*, New York: Free Press, 1990, pp. 3–4, 7.

다. 정확하게 개념을 규정하지 않으면, 대중매체를 통하여 불확실성이 유포되어 실제 폭력성은 줄어도 두려움 자체가 증대되고, 따라서 단순한 위협으로도 테러의 목적을 달성할 수 있게 되기에 노력의 효율성이나 경제성의 관점에서 이는 테러의 원인을 확대하는 결과를 초래하게 된다. 일단 개인이나 집단이 테러리스트로 낙인되는 데 성공하게 되면 모든 범죄활동이 테러로서 대중적으로 특징짓게 되어 테러리즘의 의미가 증식되고 피해에 대한 공포도 증대되어 테러문제에 대한 잘못된 그림이 그려지게 된다.

팔레스타인 해방기구에 의한 미국 내 표적의 폭파와 같이 다른 나라의 표적을 대상으로 하는 테러리스트는 국제적 테러리스트라고 부를 수 있다. 국제적 테러리즘은 그것이 유발하는 공포의 강제적 가치를 위한 비영토적 전쟁이다. 이러한 테러행위로 인한 피해 국가는 쟁점사항과는 아무런 직접적인 연관이 없을 수도 있지만 그들을 본보기로서 투쟁에 끌어들이게 된다. 이러한 종류의 정치적 테러리즘은 무고한 피해자를 선택하여 세계를 공포에 떨게 하는 국제적 현상이다. 이처럼 테러리즘이 범국제적인 것으로 간주되는 데 대한 점증하는 경고나 경각심은 상당 부분 국제적 테러리스트의 성공에 기인한다.

(2) 비정치적 테러리즘

비정치적 테러리즘은 협의로 규정된다. 정치적이라는 용어는 당국에 대한 폭력과 관련된 모든 활동을 포함하거나 폭력적 수단을 통한 변화의 도출을 주요 목적으로 하는 것이라고 할 수 있다. 실제로 오늘날 상당수 조직범죄와 같이 정치적이라고 부를 수 없는 사실상 테러활동의 분야가 어마어마하게 많이 있다. 이는 강제적 목적을 위하여 상당한 정도의 공포를 유발하는 사실상 테러리즘이지만 그 목표가 정치적 목표의 성취라기보다는 개인적 또는 집합적 이익인 경우이다. 의심할 여지없이 이러한 테러는 사회에 지대한 영향을 미치고 있다. 유사한 경우로서, 지역사회를 공포에 떨게 하는 많은 10대 청소년 갱의 테러행위도 정치적 테러리즘에 포함되지는 않는다. 그것은 그들의 테러행위가 공포를 조장하지만 그 메시지가 정치적 목표를 위하여 조작되지는 않기 때문이다. 이와 같은 경우의 테러는 관련된 집단의 사회적 구조와 추구하는 목표가 진실로 정치적 특징이 없으며 피해자의 공포도 사회적 또는 정치적 변화를 지향하는 것이 아니기 때문이다.

(3) 준테러리즘(Quasi-terrorism)

준테러리즘은 진정한 테러리즘과 그 방법 및 형태가 유사하지만 중요한 요소가 부족한 폭력범죄의 범행에 부수적으로 일어나는 활동에 적용된 기술이라고 할 수 있다.[11] 물론 직접적인 피해자에게 공포를 불러일으키기 위한 것이 주된 목적은 아니지만 진정한 테러리스트의 기술과 방법을 이용하여 유사한 결과와 반응을 초래하는 것이다. 말하자면 준테러리즘은 사실은 테러범죄가 아닌 상황에서 테러와 같은 기술과 전술을 이용하는 것이지만 바로 이러한 이유로 공포를 내포한다는 점에서 통상적 범죄와도 구별되는 것이다.

진정한 테러상황에서는 납치되어 위협받는 피해자가 당국으로 하여금 테러범의 요구를 들어주도록 강제하기 위한 협상의 제물로 작용한다. 최근에는 은행 강도와 같이 근본적인 테러의 목적이 없는 보통의 범죄자도 관습적인 폭력범죄가 일어나는 과정에서 인질을 잡는 경우가 빈번해지고 있다. 이 경우, 인질은 공포에 떨게 되고 범행을 용이하게 하기 위해서 또는 체포를 피하기 위한 협상카드로 이용된다. 준테러행위는 항의목적의 교도소폭동이 일어나는 과정이나 인질의 생명을 담보로 자유를 확보하기 위하여 특정한 상황을 조작하는 것과 같은 다른 목적을 지향하는 경우가 많다. 물론 이러한 행위가 진정한 의미의 테러는 아닐지라도 기술과 전술은 완벽하게 모방되고, 그 상황에 대처하는 반응도 정확하게 동일한 것이다.

(4) 제한된 정치적 테러리즘

완전한 형태의 정치적 테러는 그것이 현실적 전술의 여부와 상관없이 그 목적으로 기존정권의 전복이나 타도에 두어 그 특성상 혁명적이라고 할 수 있다. 그러나 다수의 정치적 테러사건은 특정한 목적을 수행하거나 또는 테러범이 더 큰 공격에 필요한 대중적 지지와 힘이 부족하다는 것을 알기 때문에 보다 제한된 목표를 갖기 마련이다. Wilkinson은 이러한 행위를 하위 혁명적 테러라고 규정하고 정치적·이념적 동기는 있으나 국가의 통제를 확보하기 위한 협정된 운동의 부분은 아닌 테러행위로 규정하고 있다. 정치적 목표와 이용된 기술이라는 이유에서 분명히 테러라고 할 수 있으나 이러한 행위는 그들의 독특한 사회적 여건으로 인하여 제한적일 수밖에 없다.[12]

(5) 공식적, 국가적 테러리즘

국제테러리즘에 대한 UN의 한 보고서는 개인적 폭력의 주요한 원인을 구성하는 것은 바로

---

11 National Advisory Committee on Criminal Justice Standards and Goals, *op. cit.*, p. 5.

12 P. Wilkinson, *Political Terrorism*, London: Macmillan Press Ltd., 1974, p. 120.

국가의 테러리즘이라고 주장하면서 그 이유로 강압적 국가정책과 시민의 의지 사이의 반대가 국가로 하여금 폭력을 사용하게 유도하고 이는 다시 상대적으로 시민으로 하여금 폭력적 수단으로 그에 대응하게 만들기 때문이라고 설명한 바 있다. 이와 관련하여, 독립이나 자결권, 해방 또는 기타 기본적 자유를 얻고자 하는 국민에 대한 침략국이나 외국정권의 억압적 행동을 국제적 테러리즘의 원인으로 설명하는 것이다.[13]

공포와 억압에 기초하여 통치하는 국가는 항상 있기 마련이고, 이러한 국가에서 대부분의 개인이나 집단의 테러행위는 이들 정부의 테러행위에 대한 반응이기 쉽다. 다수의 국제적 테러 사건도 이와 유사한 이유라고 할 수 있으며, 바로 이 때문에 대부분의 국제테러에 대한 국제적 합의의 도출이 어렵게 되고 있다.

이러한 입장에서, 개인이나 집단에 의한 정치적 테러가 억압에 대한 반응이나 자기방어로서 정당화되기도 한다. 특히, 국가 독립전쟁이 종종 국가테러에 대한 반응으로 정당화되기도 한다. 그러나 이러한 사고에는 위험의 여지가 많다. 즉, 이러한 사고는 받아들일 수 없는 테러에 대한 철학적 정당화로 유도될 수 있는데, 그것은 어떠한 형태의 정치적 테러도 정치적 정책의 도구로서 받아들여 질 수 없기 때문이다.

3. 현대 테러의 특성

테러는 실제 행동이나 위협으로 이루어진다. 처음부터 테러행위는 행위 그 자체의 실질적 결과에 못지않게 그 행위가 가지는 상징적 중요성도 존재해 왔다. 예를 들어, 테러리스트들이 자신들의 세력을 과시하기 위해 증오를 받고 있는 권력자를 암살하는 것은 가장 강력한 권력자까지도 공격할 수 있는 능력과 사회 전반에 불안 및 공포를 유발할 수 있는 능력의 표출이다. 동시에 유사한 입장에 있는 사람들에 대한 강력한 설득과 격려가 될 수 있음을 보여준다. 테러행위는 추종자의 모방을 장려하고 그러한 행위에 대한 참여를 권장하게 되어 하나의 전시나 자극 또는 동기 그리고 모형이 될 수 있다. 공명성을 끌어들임으로써, 지역사회 전반에 걸쳐 자신의 메시지를 전달하면서 테러범들은 우선적 목적을 수행하게 된다. 이는 곧 앞으로 일어날 일에 대한 선전포고 또는 이미 취해진 행위에 대한 강화일 수 있는 것이다.

---

13 United Nations, *Report of the Ad Hoc Committee on International Terrorism*, General Assembly Official Records: 28th Session, Supplement No. 28[A-9028], p. 15.

이처럼 일부 테러행위는 그 자체가 위협이나 경고일 수 있다. 이러한 테러위협은 공포심을 조장하는 폭력이라는 기존의 명성을 이용하는 테러의 경제성을 대변하고 있다. 테러위협은 매우 소규모인 폭력적 집단의 노력을 극대화하고 기존의 권력에 효과적으로 도전할 수 있는 충분한 힘이 있다는 인상을 줄 수 있다. 위협은 테러범들의 힘을 증대시키고 테러에 의한 공포의 수준을 상승시키게 된다. 그리고, 테러위협은 일반적으로 두 가지 형태가 있는데, 그 하나는 테러범의 요구가 받아들여지지 않으면 어떠한 행동이 취해질 것이라는 것을 공표하는 것이고 또 다른 하나는 이미 취해진 행위에 대한 경고로서 기능하는 것이다.

모든 형태의 테러는 강자에 대한 약자의 무기이다. 테러기법은 어떤 측면에서는 바로 세력 균형을 위하여 고안된 것이라고 할 수 있다. 인질을 잡는 것은 사회가 인질의 가치와 테러의 요구를 계산하여 자신들의 요구를 들어줄 것이라는 도박을 하는 일종의 협상카드로 활용한다. 테러 범들이 대치상황에서 사회에 비해 물질적으로는 약자이지만 그들의 강점은 무정함(ruthlessness), 무분별함(recklessness), 정신착란(mental derangement)에 있다. 따라서 테러에 어떻게 대처할 것 인가를 결정하는 데 있어서 가장 중요한 것은 테러범이 그들의 목표를 달성하기 위하여 과연 어 디까지 갈 것인가를 파악하는 것이다. 이런 면에서는 현대의 테러도 고전적 테러의 기본적인 요 소를 모두 가지고 있다고 할 수 있다.

그럼에도 불구하고, 현대 테러리즘이 전통적 테러와 구별되는 몇 가지 특성도 있다. 우선, 현대사회의 기술적 취약성의 산물을 지적할 수 있다. 사회의 기본적 욕구를 제공하는 제도와 용 역에 해를 끼칠 수 있는 잠재성이 과거에 비해 훨씬 더 크다는 사실이다. 사실, 비교적 성능이 떨어지는 무기를 가지고 치밀한 사전 계획이 없이 특별한 기술이나 정보가 없이도 적은 노력으 로 최신의 항공기와 상당한 재물과 인명을 납치할 수도 있다. 이러한 사실만으로도 국가는 인명 과 재산이 위협받게 되면 어쩔 수 없이 협상에 임할 수밖에 없게 되어 현대 테러의 협상력을 상 당히 증대시킬 수 있게 된다.[14]

또한 현대 테러는 통신과 교통의 발달의 도움도 적지 않게 받고 있다. 테러범들이 상당한 속도로 쉽게 이동할 수 있어서 서로 다른 조직과 목적을 가진 테러집단들이 합동으로 운영되고 훈련을 실시하며 기술을 이전한다는 상당한 증거들이 포착되고 있다. 가장 놀라운 사실은 극단 적인 폭력이 텔레비전 등의 방송과 영상매체를 통하여 쉽게 확산되어 테러범들의 메시지가 전 세계로 쉽고 빠르게 전달된다는 것이다.

---

14 R. Clutterbuck, *Living with Terrorism*, London: Faber & Faber, 1975, p. 30.

한편, 현대 테러는 과거에 비해 그 피해 규모가 지대하다는 사실이다. 종전에는 대부분의 테러가 기껏해야 수백의 인명에 지나지 않았으나 오늘날은 새로운 무기와 기술을 바탕으로 그 피해규모를 수천까지도 이르게 할 수 있게 되었다. 그러나 대부분의 현대 정치적 테러는 지나치게 많은 무고한 인명 피해는 자신들을 오히려 사회로부터 더욱 소외시킬 수 있다는 사실을 이해하기 때문에 현대 정치적 테러에 대한 제한이 과거에 비해 더욱 강화되고 있기도 하다.

최근 이슈가 된 IS테러집단은 주요 전 세계 도시에서 테러행위를 자행하고 있다. 미국의 국가 테러 및 대테러 연구센터(National Consortium for the Study of Terrorism and Responses to Terrorism, START)에 의하면 2013년 동안 세계에서 발생한 테러사건 중 탈레반의 뒤를 이어 IS의 전신인 ISIL이 두 번째로 테러에 가장 많이 가담한 것으로 나타났다(Rivinius, 2014).

IS는 이미 확보된 거액의 자금과 지속적으로 자금 획득이 가능한 루트를 가지고 있기 때문에 원하는 무기구입과 대원모집에 제약이 없다. 특히 다른 테러단체와 달리 생포한 포로들에게 참수, 화형 등과 같은 비인간적인 행위를 담은 영상과 직접 제작한 IS테러 집단 홍보영상을 SNS(Social Network Service)에 공개하는 등 소셜미디어 매체를 적극적으로 활용하고 있다. 그리고 테러리스트와 IS에 관심을 가지는 사람들과의 소셜미디어 상에서의 실시간 교류는 오프라인 접촉 등으로 이어져 IS집단의 급격한 세력 확장을 가능케 할뿐만 아니라 자생적 테러의 위험요소가 되고 있다.

HOT ISSUE   국제범죄조직

중미 마약조직, IS 전술 모방 …충원·훈련·운영 방식 배워

악명높은 중미지역 마약범죄 집단이 세계를 테러리즘의 공포로 몰아넣은 이슬람 극단주의 무장단체 '이슬람국가(IS)'를 교본으로 삼고 있다?

미국 국방대학의 더글라스 파라 객원연구원은 최근 외교안보 전문매체 포린 폴리시 기고문에서 중미의 이른바 '북부 3각지대'에 근거지를 둔 마약거래 조직 '마라 살바트루차(MS-13)'가 IS, 알카에다, 콜롬비아 반군인 콜롬비아무장혁명군(FARC) 등의 전술을 모방하는 방식으로 조직 역량을 키워가고 있다고 지적했다.

파라 연구원은 엘살바도르 경찰이 MS-13의 안가를 급습했을 때 입수한 압수물 가운데 알카에다와 IS, FARC 등의 군사전술에 관해 인터넷에서 내려받은 인쇄물들이 들어 있다고 설명했다.

마약조직이 이들 무장단체의 이념을 따르는 것이 아니라, 조직원 충원, 교육, 조직 운영 방식 등을 모방하고 있다는 뜻이다.

중미 '북부 3각지대'는 엘살바도르, 온두라스, 과테말라 세 나라를 가리킨다.

세 나라는 MS-13, 바리오 18 등과 같은 마약 범죄조직들이 기승을 부리는데도 국가는 무능하고 부패한 정부 때문에 제 기능을 하지 못해, 일부 지역에선 마약조직이 학교 무상급식 등 국가기능까지 대신하면서 정치적 정통성도 얻고 있다.

MS-13과 IS간 "놀라운 유사성"에는 MS-13의 조직원 충원 방식이 눈에 띈다. IS처럼 MS-13도 개인 접촉이나 사회관계망 서비스를 통해 경제적으로 궁핍한 젊은 남성 실업자들에게 인생의 보람과 성공을 약속하는 방식으로 조직에 끌어들인다.

비 조직원을 가리키는 "민간인들"과 경쟁단체 조직원들에 대해 무기를 들라고 사이비 종교단체처럼 호소하는 장면이나 야만적인 폭력 장면을 담은 영상물을 보여주는 방식으로 신입 조직원들의 의식 교육을 하는 것도 닮았다.

기계톱과 칼로 머리를 베거나 사지를 절단하고 잔혹한 고문을 하는 장면을 찍은 영상을 유튜브에 올려 경찰, 군 등을 무서워할 필요 없음을 보여줌으로써 조직원들을 끌어들이는 효과를 노리는 것 역시 마찬가지다.

사실, 정부가 무능과 부패에 찌들어 국민 보호라는 본연의 기능을 못하는 사이에 거대 마약 범죄조직들이 농단하면서 일반 국민은 궁핍과 폭력의 희생자가 되는 현실 자체가 시리아 등에서 국가 기능이 붕괴한 가운데 IS가 득세해 국가 기능을 대신하고, 폭력과 궁핍에 시달린 주민들이 대거 나라를 등지는 상황과 유사하다.

마약조직들이 주민들에 저지르는 잔혹한 폭력과 경쟁조직들 간 패권 쟁탈전 등으로 인해 중미 북부 3각지대는 살인율이 모두 세계 5위 안에 든다. 그중 지난해 인구 10만 명당 105명을 기록한 엘살바도르가 세계 1위다.

MS-13은 불과 수년전만 해도 엘살바도르에서 남루한 차림의 10대가 주 구성원인 거리의 깡패 수준이었다. 무기라고 해봐야 수제 권총이나 드물게 1980년대 내전의 유물인 AK-47 소총과 수류탄 정도였다.

그러나 이제는 상당수 지역조직이 군용 돌격소총뿐 아니라 차량, 안전가옥, 암호화된 위성전화를 갖추게 됐다. 일부 조직은 경찰과 경쟁 갱단의 움직임을 감시하는 무인기까지 운용할 정도로 급성장했다.

이들은 마약 거래로 막대한 수입을 얻는 외에도, 국가로부터 아무런 방해도 받지 않은 채 자신들의 '영토'에서 상인 등으로부터 보호를 명목으로 돈을 뜯어내고, 자체 통금을 실시하며 접근로를 통제하는 검문소를 운용한다.

초보적인 자체 사법체제도 갖췄다. 경찰에 대한 밀고 행위는 물론, 절도, 배우자 학대 등의 '범법자'들에 대해 가혹한 매질에서부터 공개 처형까지 처벌 규정을 뒀다.

온두라스에 있는 일부 조직은 빈곤층 어린이들을 위한 학교 급식 프로그램을 운영하기도 한다. 수프 한 그릇에 빵 한 조각이지만 나라가 해주지 못하는 일이다. 덕분에 이들은 지역에서 정통성과 정치적 지지를 얻게 되고, 이는 더욱 이들의 세력 확장을 촉진하는 효과를 내고 있다.

MS-13은 지난 2012년부터 2014년 사이에 엘살바도르 정부의 중재로 이뤄진 갱단간 휴전기간을 활용, 조직을 재무장, 재조직하고 지역의 마약 유통조직망과 관계를 강화하면서 최근 급성장의 기반을 닦았다.

조직원들을 경찰과 군대에 입대시키고 법학과 회계학을 공부토록 하는 등 조직 내부와 대외 이미지의 일신 작업도 해왔다. 지난해 엘살바도르 군은 MS-13 조직원으로 의심되는 223명을 군에서 쫓아냈으나, 더 많은 조직원이 "여전히 남아 계급이 올라가고 있다"고 파라 연구원은 설명했다.

MS-13은 한때 조직원들을 식별하는 필수사항이었던 문신도 금지했다. 경찰이 무서워서가 아니라 과거의 유물이라는 판단에서다.

온두라스 제2의 도시 산 페드로 술라의 일부 지역에선 MS-13이 축구 경기 중 위험한 행위를 하거나 심판을 위협한 조직원들을 경기장에서 불러내 폭행하는 처벌을 가한 사례도 있다. 축구경기 규칙을 못 지키는 사람은 조직 규율도 지키지 않게 된다는 이유에서다.

파라 연구원은 사법 당국과 정보기관 관계자들의 말을 인용, MS-13이 수입 확대와 자금 세탁을 위해 반합법 기업으로 변신을 꾀하고 있다고 설명했다. 현금 수입이 많이 발생하는 버스 등 대중교통업과 제빵점, 주유소, 기타 소매사업에 적극 진출하는 것은 자금세탁이 손쉽기 때문이다.

수만 명의 조직원을 거느린 MS-13은 정부를 상대로 조직원이 갇혀 있는 교도소에 매춘부 출입 허용, 휴대전화 자유 이용, 교도소 내부에서 경찰 철수 등과 같은 터무니없는 요구들도 관철시킨다. 정부가 거부하면 "말을 들을 때까지 길거리에 시체 더미를 쌓아놓으면" 되기 때문이다.

중미 북부 3각지대의 이러한 현실은 지난 2014년 미국에서 발생한 인도주의 위기와 직결돼 있다. 당시 엘살바도르, 온두라스, 과테말라 3국 출신 어린이 5만 2천 명이 미국 입국을 위해 미국-멕시코 국경에 몰려들어 미국 사회에 큰 논란을 불러 일으켰다. 이들은 부모가 동반하지 않은 '나홀로' 행렬이었다.

2009년만 해도 3국 합해 3천300명이던 것이 갑자기 15배로 불어난 것이다. 직전 해에 비해서도 2배나 증가했다. 멕시코 출신은 6년 사이에 1만 1천700명-1만 6천100명 수준으로 큰 변화가 없었다.

미국외교협회(CFR)는 지난해 3월 이 문제를 다룬 글에서 주로 13-17세 미성년자들이었지만, 6세-12세도 급증 추세였다고 전했다.

그 요인들로 강탈, 납치, 마약 거래 등과 같은 갱단관련 폭력, 극빈과 불평등, 과거 미국으로 이주한 중미지역 출신 미국 거주자 300여만 명의 가족 재회, 미국이 어린이들은 모두 받아들인다는 잘못된 소문 등 4가지가 지목됐다.

유럽연합(EU)의 해체 위기론까지 불러온 중동·북아프리카 난민 행렬과 미국에서 인도주의 위기를 불러일으킨 3각지대 어린이 입국 행렬의 모습은 닮아있다.

이들이 고향을 떠나 미국 국경에 이르기까지 "죽음의 기차"를 타고 북상하면서 온갖 고초를 겪는 장면 역시 유럽행 난민들이 배를 타고 수많은 난민을 수장시킨 죽음의 바다(지중해)를 건너는 장면과 겹친다.

지난해 8월 퓨 자선기금이 운영하는 비영리 온라인 매체 스테이트라인은 미국행 어린이의 물결이 멕시코 당국의 남쪽 국경 단속 강화 등을 통해 절반 정도로 감소했다고 전했다.

그러나 파라 연구원은 중미 북부 3각지역 "부모들은 평생 모은 돈을 브로커에게 줘서라도 자식들을 폭력과 빈곤의 땅에서 떠나 미국에서 더 나은 삶을 살도록" 해주려 한다며 이 지역 여건이 개선되지 않는 한 나홀로 미국 국경에 몰려드는 어린이들의 물결이 조만간 2014년 수준 이상으로 치솟을 것이라고 예고했다.

자료: 연합뉴스 2016년 1월 22일
http://www.yonhapnews.co.kr/bulletin/2016/01/22/0200000000AKR20160122135400009.HTML?input=1195m

4. 테러의 비용

신뢰할 수 있는 자료의 부재로, 극단적 폭력인 테러의 경제적 비용에 대한 일반적 추정마저
도 불가능한 일이다. 그러나 제트 여객기의 납치와 파괴만 생각하더라도 천문학적인 물질적 손
실을 초래한다는 것은 자명한 일이다. 여객기 자체의 파괴로 인한 비용은 말할 것도 없고 인명
과 재산의 손실에 대한 보험금의 문제, 그리고 때로는 테러범이 요구하는 몸값(ransom)도 무시
할 수 없는 비용이 되고 있다. 무엇보다도 무고한 인명의 손실은 경제적 비용으로 계산할 수 없
을 정도로 지대한 것이다. 이러한 테러에 대비하기 위한 사회와 국가의 비용도 여기에 추가되어
야 할 경제적 비용이다.

이처럼 테러의 경제적 비용이 엄청난 것이지만 이보다 더욱 중요한 것은 테러로 인한 심리
적 비용일 것이다. 문제는 그러나 테러의 심리적 비용은 경제적 비용보다 더욱 추정하기 어렵다
는 것이다. 테러활동은 당연히 사회의 삶의 질을 심각하게 떨어뜨리며, 위험에 노출된 시민들의
생활습관과 태도를 변화시키며, 사회의 정상적 기능을 어렵게 하거나 불가능하게 만든다. 테러
는 시민들, 특히 위협의 직접적인 표적이 되고 있는 시민들에게 피포위심리(siege mentality)를 조
장하게 되어 소위 '급성상황상태(acute situational state)'를 초래하게 된다. 특히 이러한 상황은 적
이 쉽게 파악되지 않고 폭력이 맹목적(blind)이고 임의적일 때 더욱 심각해진다.[15]

또한 테러의 사회적 비용도 만만치 않으나 그 추정이 어려운 것은 마찬가지이다. 이는 폭력
이 사회적 주입의 잠재적인 형태(insidious form of social indoctrination)를 형성하기 때문이다. 폭
력범죄는 피해자의 개인적 안전을 위협하거나 파괴하게 되어 범죄의 공포를 조장하게 된다. 그
런데 중요한 것은 이러한 사회적 불안은 일종의 전염성이 있다는 데 있다. 범죄에 대한 공포가
직접적인 피해의 결과뿐만 아니라 간접적인 피해의 경험과 심리적 요인에 의해서도 확산되기

---

15 *Science Digest*, September 1973, p. 26.

때문이다.[16] 이러한 테러의 사회적 비용은 나아가, 사회의 불확실성과 긴장을 초래하고 시민들의 상호 불신을 조장하게 된다.

5. 테러의 원인

(1) 테러에 대한 자극제로서의 사회조건

테러는 기존의 사회적 조건에 적용된 지적 과정의 산물이다. 따라서 테러는 진공상태에서는 결코 일어나지 않으나 사회적 조건의 배경에 대항한 것으로 이러한 조건이나 인상에 대한 감정적 반응으로 보여야 한다. 테러는 치유될 수 있는 부정의의 감정에서 나오며 따라서 실제 억압과 약탈이 테러의 근본적인 원인이 아니나 부정의에 대한 인식과 경험, 동시에 그러한 부정의가 사회적 행동에 의하여 치유될 수 있다는 믿음이 테러의 기본적 이유라고 알려지고 있다.[17]

이러한 입장에서 폭력을 사용함으로써만 무너질 수 있는 불공정한 체제에 대한 필요한 대응으로 테러를 정당화하는 사람들에 의하여 테러와 정치적 폭력을 방어하기도 한다. 이러한 주장은 주로 국가나 민족해방 전쟁을 지지하는 입장에서 소개되고 추구되고 있지만, 결과적으로 사회의 불이익계층에 의한 모든 비정상적인 국내적 폭력의 행위까지 정당화하게끔 무비판적으로 확대되어 왔다. 물론 사회적 조건 그 자체가 직접적으로 테러를 유발하는 특정한 불만족과 좌절을 필연적으로 양산하는 것은 아니지만 상황의 역동성을 이해하는 사람들에 의하여 이용될 때 이러한 조건이 관련된 사람들에 의하여 인식되게 하는 방식이 테러로 연계될 수 있다는 것이다. 개인적·집합적 불만족이 그러한 조건의 원인으로 가정되는 체제에 대한 극단적 폭력을 정당화할 수 있게 하기 위하여 확대되고 왜곡된다. 그래서 테러는 조건 그 자체의 결과라기보다는 그 조건을 악용하기 위해 취해진 정치적 활동의 결과에 더 가까운 것이다.

테러는 대체로 사회적 안정이 심각하게 파괴되었을 때 일어나게 된다. 테러는 종종 사회적 봉기나 동요의 부산물이다. 이러한 시기에는 흥분의 파도가 사회 전반을 스치면서 대규모의 폭력적 대응을 자극하게 된다. 한편, 테러가 사회적 타락(deterioration)의 시기보다 발전·향상·개

---

16 A. M. Platt, *The Politics of Riot Commission*, New York: Collier Books, 1971, p. 409; H. Toch, *Violent Men*, Chicago: Aldine Publishing Co., 1969, p. 203.

17 F. J. Hacker, *in Terrorism*, Part I, Hearings Before the Committee on Internal Security, House of Representatives, Washington, D.C.: Government Printing Office, 1974, p. 308.

선의 시기에 더 빈번하게 발생하는 것으로 관찰되기도 한다. 이 경우는 기대의 상승, 보다 정확하게 말해서 기대의 상승으로 인한 실망으로 인하여 자극받게 되는 것으로 알려지고 있다.[18]

(2) 정신병리의 부산물로서의 극단적 폭력성

집합적 정신병리는 분위기(mood)의 표현으로서 개인적 감상이나 그 표현을 모은 것 이상이라고 할 수 있다. 보통 어떤 행위가 통상 받아들일 수 있는 규범으로부터 크게 일탈하지 않는 합리적이고 안정적인 사람들은 광분한 군중에 휩싸일 때도 그들과는 사뭇 다른 행동을 하게 된다. 격앙된 군중(tumultuous crowd) 틈의 개별 참가자는 보통 공포 속에서 비정상적인 행동도 때로는 범하게 된다. 테러와 같은 다중폭력은 이러한 비정상적인 분위기(mood)에 초점을 맞추어 그들의 지배(sway)하에 개인들을 동원하게 된다. 따라서 집합적 폭력은 전통적으로 금기시 되었던 요소들의 붕괴를 나타내는 것이다. 이는 알코올의 영향 등과는 달리 다중흥분(mass excitant)의 효과를 가진다. 집합적 폭력의 명백한 표현(overt expression)을 지향하는 군중행위는 그것이 흥분(exaltation)상태에서 개별 참여자의 분명하고 합리적인 금지(inhibition)를 무시(override)하기 때문에 정신병리적이라는 것이다.

극단적 폭력에 가담하는 대부분의 사람들이 저지르는 행위는 분명히 정신병리적이다. 테러행위를 범하는 사람들이 정신적 질환에 의하여 받게 되는 영향의 정도는 이 부분에 대한 연구가 부족하기 때문에 분명하게 알려지지 않고 있다. 어떤 경우에나 테러범들은 동질적인 부류로만 구성되지는 않는다. 그럼에도 불구하고 미국의 경우 대통령을 저격하였거나 저격하려고 시도하였던 사람들이 이성적인 정치적 계획을 가지지 않았던, 정신적 장애가 있는 사람들이었다.

분명히, 정신병리학적 요인들이 종종 테러행위의 중요한 결정요인이 되고 있다. 그래서 테러에 대한 공식적인 대응도 범죄활동의 분류보다는 이 점에 초점이 맞추어져야 한다. 물론 모든 테러의 근원이 정신병리는 아니지만 심지어 분명한 정치적 동기로 인한 테러의 경우도 정신병리학적 징후(indication)가 무시되어서는 안 되는 것이다. 실제로 적지 않은 수의 테러범들이 정신질환의 경력을 가지고 있는 것으로 분석되기도 한다.

가장 참된 의미의 테러행위의 놀라운 특징은 피해자에 대한 극단적인 냉담함(callousness)과 비인격화, 비인간화이다. 테러행위의 자기칭송(self-glorification)과는 반대로, 테러행위가 용맹보다는 비겁함(cowardice)으로 특징지어지고 있다. 사실, 테러범들은 약자를 괴롭히는 자(bully)의

---

18 J. D. Davies, *When Men Revolt and Why*, New York: Free Press, 1971, p. 136.

속성을 다수 간직하고 있다.[19]

(3) 이념과 테러

이념적 고려가 때로는 테러에 대한 자극이 되곤 한다. 사실 이념이 종종 테러에 대한 정당화나 자기합리화가 되기도 한다. 현대 테러리즘은 혁명이론과 민족자결을 위한 국수주의적 투쟁의 구분을 희미하게 만들고 있다. 혁명이론과 이상은 기대되는 투쟁의 분위기를 조성하는 데 이용된다. 특정한 조건에서 혁명할 수 있는 권리가 심지어 보편적으로 폭력을 비난하는 사람들에 의해서도 받아들여지고 있는 형편이다.[20]

물론 참된 혁명을 위해서 폭력이 어느 정도 불가피한 것으로 간주되기도 하지만 테러를 정당화하거나 옹호하지는 않는다. 테러가 이념을 가지는 것은 아니며, 단순히 정당화나 참조를 위하여 다른 유형의 이념을 이용하는 것이다. 그런데 테러의 원인을 규명하기 위해서는 동기로서의 이념과 자기합리화 또는 정당화로서의 이념을 구분할 필요가 있는데, 그것은 후자가 테러의 참된 원인인 정신의 이상성을 숨기기 쉽기 때문이다.

(4) 모   방

테러활동에 있어서 전념과 모방이 중요한 요소라는 상당한 증거들이 제시되고 있다. 성공적인 테러기법이 널리 알려지게 되면 다른 테러범들에 의하여 모방되는 경우가 있다. 물론 관련된 테러범들에게는 이미 폭력범죄의 속성이 내재되어 있는 경우가 많기 때문에 성공적 테러기법의 홍보가 과연 다른 사람을 얼마나 자극하고 충동하는지 추정하기가 어렵다. 그러나 어떤 테러기법의 확실한 성공은 그러한 자극이 없었다면 테러행위에 가담하지 않았을 사람들을 장려할 수 있다는 데는 의문의 여지가 없다. 예를 들어, 여객기를 납치하여 거금의 몸값을 챙겨서 낙하산을 이용하여 성공적으로 탈출하였다면 이를 모방하는 사건이 생기게 마련이라는 것이다. 많은 납치사건이나 인질사건이 우연이라고 하기에는 어려울 정도로 유사점이 많다는 사실이 이를 간접적으로나마 보여주고 있다. 특히, 영상매체 등의 발달은 전념성과 모방성에 많은 영향을 미치고 있다. 또한 대중매체는 폭력범죄를 범할 가능성이 많은 사람들에게 더 큰 영향을 미치며, 폭력을 위한 조건을 만들기보다는 기존의 조건을 과장하는 경향이 있다.

---

19 Toch, *op. cit.*, p. 160.

20 O. Jaszi and J. D. Lewis, *Against the Tyrant*, Glencoe, IL: The Free Press, 1957, p. 235.

6. 테러에 대한 대책

(1) 장기적 해결방안 – 근본원인의 제거

테러의 근원은 단순하지 않고 테러가 성행할 수 있는 분위기나 기류를 형성하는 경향이 있는 복잡한 일련의 조건에 기인한다고 할 수 있다. 기본적으로, 테러는 국가의 독점권력에 대한 받아들일 수 없는 도전이고, 따라서 이를 해결하기 위한 장기과제란 필연적으로 국가의 독점적 권력을 행사하는 사람과 독점적 권력을 수용하도록 하는 것을 포함하게 된다. 건설적 반대의 표현을 허용하는 융통성과 함께 정치적·사회적 안정이 테러에 대한 가장 효과적인 방벽이고 보루다. 물론 이러한 조건은 한 국가 안에서도 성취하기가 매우 어렵기 때문에 국제적으로 그것을 기대하기는 더욱 어려운 것이다. 그러나 단순히 물질적 향상만으로 그러한 사회적 조화를 이룰 수는 없다는 점을 강조할 필요가 있다. 테러는 통제의 적용에 대한 반응이고 때로는 물질적 진전이 일시적으로 중단되었을 때에도 일어난다. 그 원인은 좌절이지, 물질적 박탈이 아니다.

실업, 빈곤, 불평등한 기회, 열악한 주거환경, 부적절한 교육기회 또는 서비스의 부재 등과 같은 테러의 근본원인을 제거하거나 해결하기 위해서 국가의 적극적인 개입이 필요하게 된다. 물론, 고용의 창출, 기회균등의 실현, 또는 빈곤의 해소 등이 실현되더라도 테러에 대한 보장은 될 수 없지만, 다만 그러한 노력 그 자체도 가치가 있으며 사회적 분파의 원인을 줄일 수는 있는 것이다. 따라서 정부와 사회에서는 지속적인 자기발전을 추구해야 하며, 그러한 정책은 특정한 하나의 근원에 대한 비현실적인 지나친 관심보다는 테러를 선호하지 않는 분위기를 조장하는 데 더 많은 도움이 될 수 있다.

그러나 그러한 근원의 제거는 특정한 사안보다 일반적인 특성을 가진 장기적 목표여야 한다. 단기적 처방이나 사후대응은 만족스러운 결과를 기대하기 어렵다. 여기서 요구되는 것은 단기적 대응을 현실적이고 종합적인 장기적 해결책으로 통합시키는 것이다. 물론, 이처럼 국가의 단기적 대응이 장기적 해결방안으로 발전될 수도 있는데, 경찰에서의 지역사회경찰활동과 교정에서의 범죄자의 교화개선이 좋은 예라고 할 수 있다.

(2) 중·단기적 해결방안

단기적 처방은 예견되는 테러의 위협에 대처하기 위하여 필요한 기존체제를 조정, 적응시키는 것과 일단 테러가 발생했을 때 즉각적인 대응이라고 할 수 있다. 반면에 중기적 대처방안은 즉각적인 단기방안의 결과로 개발된 것으로서 우리 사회가 테러의 결과로 얻을 수 있는 교훈을 포함하는 것이다.

그러나 중·단기적 방안의 수립에 있어서 분명한 것은 예방이 우선되어야 한다는 사실이다. 단기적 예방은 대체로 일반적 특성을 가지는 것으로서 인력의 증원, 보다 효과적인 절차, 장비의 개선 등을 통하여 보안이 개선되는 경우를 예로 들 수 있다. 중기적 해결책은 테러공격의 표적이 되는 재물의 구조를 개선하여 테러의 가능성을 보다 어렵게 만드는 것이다. 이러한 경우로서 장기적 방안은 위험성을 제거하기 위하여 새로운 환경설계를 도입하는 것이라고 할 수 있다.

단기방안은 일반 자연재해와 크게 다를 바 없지만 중·장기방안은 상당한 차이가 있다. 자연재해는 권위의 정당성이 아니라 오히려 그것을 극복하는 능력에 대한 도전이라는 사실이다. 단기적 및 중기적 대응은 질서를 되찾고 지역사회를 안정시키는 방향으로 설계되어야 하지만 지역사회가 미래의 약탈에 대한 보장을 받기 전에는 바라는 효과를 기대하기 어렵다. 대부분의 경우, 지역사회는 테러 이후 일단은 두고 보자는 기다리는 태도를 견지하기 때문이다. 사건을 잘못 처리하거나 공공에 대한 무관심 등은 당국에 대한 공공의 대규모 반발을 초래하게 되기 때문에 정부에서는 처음부터 지역사회의 지원을 중시해야 한다.

제 4 절 마약밀거래와 무기밀거래

1. 마약밀거래(Drug-trafficking)

마약밀거래(drug-trafficking)에 관하여 한 가지 분명한 것은 아편(opium)이 100년 이상 세계무역의 한 품목이었다는 사실이다. 이러한 마약밀거래는 현재도 지속되고 있어서 Mills는 마약밀거래가 강력하고 다국가적 정치적 기반을 가지는 지하제국(underground empire)[21]이 되었다고 기술한 바 있다. 그의 이러한 주장의 배경에는 아래와 같은 내용이 마약밀거래에 내포되어 있음

---

21 J. Mills, *The Underground Empire: Where Crime and Government Embrace*, New York: Doubleday, 1986.

을 알 수 있다. 이를 요약하면, 무수한 행위자가 공·사적인 경제망이나 경제체제로 조직화되고, 다국가적 기반 위에 분업화(division of labor)되며, 복잡한 일련의 태도, 가치관, 그리고 행동규범을 가지며, 국내와 국가간 생산과 분배체계를 가지고, 다량의 현금을 세탁할 수 있는 통로가 있으며, 종종 높은 수준의 폭력이 개입되고, 마약밀거래와 관련되어 때로는 이익을 얻게 되는 다양한 국가와 일련의 복잡한 관계를 가지는 특징을 보이는 것으로 규정되고 있다.[22]

그러나 이러한 지하제국이 권력의 핵심위치로부터 지배하는 한 사람의 정예의 지배자의 통제하에 있다고 보는 것은 잘못이며, 오히려 그러한 지하제국은 개인이 자신의 서비스를 기여하고 그로부터 보상을 받는 장기적 또는 단기적, 대규모 또는 소규모의 다양한 집단으로 구성되는 것으로 보는 것이 바람직하다. 더구나, 불법 마약산업 즉, 지하제국을 구성하는 다양한 집단에서 상위의 지위를 차지하는 개인은, 일을 처리하는 능력이라고 할 수 있는 선 또는 줄(connection)을 만들 수 있는 능력, 신속하고 대량의 폭력에 대한 통제와 특히 실제로 폭력을 사용하지 않고도 그러한 폭력을 통제할 수 있는 명성, 그리고 법집행 기관과 기타 다양한 기관의 부정과 부패에 대한 통제라는 세 가지 자산에 대한 가장 확실한 통제력을 가진 사람이다.

(1) 마약밀거래의 역사[23]

마약밀거래의 역사는 19세기 특히 영국을 비롯한 유럽과 미국의 거래상들에 의하여 중국 국민들에게 강요되었던 중국과의 정부규제 아편의 거래에서 찾을 수 있다. 영국 정부의 지원을 받았던 무역상들이 인도에서 생산되고 영국 동인도회사가 구매한 아편을 인도의 식민 지배에 필요한 경비를 조달하는 방법의 하나로 중국으로 밀반입하였다. 당시 중국정부는 막강한 영국 해군력을 감당하지 못하여 아편의 밀반입을 막지 못하였다.

19세기 중반, 프랑스가 인도차이나를 지배하기 시작하면서 아편의 밀반입은 번창하는 사업의 하나였다. 프랑스는 밀반입자들과 함께 인도차이나 전역에 걸쳐 아편재배자들에게 면허를 주어 얻은 이익으로 인도차이나에서의 식민지배에 필요한 비용의 절반가량을 지원할 수 있었다. 프랑스가 전쟁에 패하고 베트남으로부터 철수한 이후 그 자리를 차지한 미국이 아편거래를 전수받게 된다. 그러나 미국은 프랑스보다 더 나아가 베트남의 CIA 항공인 Air America를 이용하여 다량의 불법 아편을 라오스, 캄보디아, 그리고 미얀마 등으로부터 사이공이나 홍콩의 마약시

22 J. M. Martin and A. T. Romano, *Multinational Crime: Terrorism, Espionage, Drug and Arms Trafficking*, Newbury Park, CA: Sage, 1992, p. 51.

23 마약밀매의 역사와 국제적 통제 노력에 관한 내용은 주로 Martin and Romano, *op. cit.*, pp. 52−58을 요약, 정리한 것임.

장으로 정기적으로 수송하였다.

점증하는 일반의 비판으로 중국에 대한 미국의 아편의 밀매는 줄어들게 되어 1880년 중미 (Sino-American) 조약이 아편밀거래를 금지한 때쯤에는 아주 미미한 수준에 그치게 되었다. 그러나 20세기에 접어들면서 극동지역과 터키, 페르시아, 동유럽, 볼리비아, 그리고 페루를 주요 원산지로 하는 헤로인, 코카인, 마리화나 등과 같은 약물의 오용이 미국이나 유럽 국가들에게 상당한 국내적 문제가 되기에 이르렀다.

마약밀거래는 현재 전세계적으로 거래규모가 약 5,000억 달러에 이르고 지구상에는 약 2억 명 정도가 마약을 남용하는 것으로 추정되고 있다. 이러한 마약이나 마약의 원료는 주로 중남미 지역과 미얀마, 태국, 라오스를 잇는 동남아의 황금의 삼각지대(golden triangle area)와 아프가니스탄, 이란, 파키스탄을 잇는 서남아 지역의 황금의 초승달 지역(golden crescent area)에서 생산되고 최근에는 중앙아시아와 아프리카 지역으로 확대되고 있는 실정이다.[24] 또한 소비지역도 과거 미국이나 서유럽 등 선진국에서 중국, 동구지역, 동남아시아와 아프리카에 이르기까지 확대되고 있는 실정이다. 특히, 마약밀거래가 조직범죄의 가장 큰 수입원이 되고 있어서 앞으로도 마약밀거래는 더욱 확대될 것으로 보인다.

마약류 중 아편과 헤로인 등은 생산량의 90%가 동남아의 황금의 삼각지대와 서남아의 황금의 초승달 지역에서 생산되고 일부가 멕시코, 인도, 중국, 북한, 레바논 등에서 생산되는 것으로 알려지고 있다. 그중 황금의 삼각지대에서 생산되는 헤로인은 80% 정도가 태국, 싱가포르, 말레이시아, 중국, 홍콩, 대만 등을 거쳐 미국, 유럽, 호주 등지로 밀거래되거나 말레이시아와 싱가포르 등을 거쳐 아시아와 호주 등으로 밀거래되는 것으로 알려지고 있다. 반면, 황금의 초승달 지역에서 생산된 헤로인은 아프가니스탄과 파키스탄 접경지역에서 인도, 스리랑카, 카자흐스탄, 이란, 터키 등을 거쳐 미주지역이나 유럽으로 밀거래된다고 한다. 한편, 코카인은 남미의 콜롬비아, 페루, 볼리비아에서 전세계 공급량의 98%를 생산하고 있으며, 이 중 대부분은 콜롬비아에서 정제되는 것으로 보고되고 있다. 이들 지역에서 생산, 정제된 코카인은 대부분 마약 카르텔의 주도로 미국과 유럽으로 밀거래된다고 한다. 또한, 마리화나 해시시 또는 대마유로 가공되어 밀거래되는 대마는 거의 세계 전지역에서 생산되는 가장 보편적으로 남용되는 마약류로서 멕시코가 세계 최대의 대마 생산, 밀거래 국가로서 전세계 공급량의 40% 정도를 공급하는 것으로 알려지고 있다. 한편, 필로폰은 중국, 한국, 대만, 필리핀, 중동, 북한 등지에서 주로 생산되고 동

---

24 국가안전기획부, 「세계 마약류 생산과 밀매 실태」, 1997, pp. 3-5.

남아지역과 미주지역에서 주로 사용되는 것으로서 과거 일본을 중심으로 한 동북아 지역에서 주로 사용되었으나 현재는 대만과 필리핀에서 생산되는 필로폰이 주류를 이루고 일본을 비롯한 한국, 필리핀, 캐나다, 대만은 물론이고 하와이를 비롯한 태평양 연안지역으로까지 확산되고 있다고 한다.[25]

(2) 마약통제를 위한 국제적 노력

1900년 이후 마약의 원산지 국가의 생산과 폭 넓은 범위의 밀거래와 밀거래를 통제하기 위한 외교적, 국제적 노력은 성공적이지 못하였다. 사실 오늘날 마약밀거래를 차단하기 위한 요망과 노력은 중국이 초기 아편밀거래와 관련하여 겪었던 문제와 크게 다르지 않다. 그 당시 중국이 금지된 마약의 수입을 차단할 능력이 부족하였던 것처럼 오늘날 많은 국가도 불법 약물의 밀거래를 차단할 능력을 결하고 있기는 마찬가지이다.

마약밀거래를 통제하기 위한 국제적 노력은 제 1 차 세계대전 약 10년 전부터 극동지방에서의 마약밀거래에 관심을 가지고서부터 시작되었다고 할 수 있다. 20세기 초, 중국은 아편 반대운동을 벌였고 영국에서도 인도차이나로부터 아편을 중국에 밀거래하던 것을 사실상 중단하였다. 1912년 헤이그 아편회의에서는 참여국으로 하여금 중국과 기타 참가국의 마약문제를 해결하는 데 도움을 주도록 결정하기에 이른다.

마약밀거래를 차단하기 위한 제 2 단계 노력은 1920년대에 걸쳐서 이루어지는데, 이는 미국이 자국 내에서의 마약통제에 필요한 입법조치를 하면서부터이다. 그러나 이러한 미국의 노력은 미국 홀로서는 해결할 수 없으며 관련 국가들과의 협조를 필요로 한다는 사실에 직면하게 된다. 더구나 각국의 마약정책은 관련국의 마약밀거래를 통한 경제적 이익을 반영한다는 사실을 깨닫게 된다. 그럼에도 불구하고 미국을 위시하여 국제적으로는 아편과 기타 약물의 이용의 목적은 철저히 의료와 과학으로 제한되어야 하며, 그 해결책은 자원국가에서의 원재료의 생산을 제한하는 것이라는 점을 분명히 하였다.

1930년대에 이르러 국제적 마약통제의 노력은 그 3단계에 접어들게 된다. 이 기간 마약의 제조는 의학적, 과학적 요건에 국한해야 한다는 광범위한 합의에 이르게 되나, 마약밀거래 그 자체를 제한하는 부분에서는 만족스럽지 못하였다. 그러나 원재료의 원산지 국가 차원에서 원재료의 생산을 제한하려는 노력을 보이게 되나 이러한 3단계의 노력도 제 2 차 세계대전과 함께

---

25 경찰대학, 「범죄학」, 2000, pp. 290−292 참조.

중단되게 된다.

그러나 이와 같은 노력들은 그다지 만족스러운 결과를 가져다주지 못하였는데, 가장 큰 이유는 마약밀거래와 관련된 다수의 국가가 내부적으로 상당한 갈등을 겪고 있었기 때문이다. 또한 국제적 논의에 참여하던 국가들 중에서 마약을 생산하는 국가의 중요한 정치적, 경제적, 사회적 집단들이 지속적인 마약밀거래에 상당한 관심을 가진 것도 하나의 중요한 원인이다. 이러한 추세는 지금도 큰 변화가 없어서 아직도 일부 아편, 헤로인, 그리고 코카인 등을 서구의 소비국가에게 제공하는 제3세계의 마약 생산, 제조, 밀반출 국가에서는 불법 마약산업이 가장 중요한 외화벌이의 원천이 되고 있다. 물론 궁극적으로는 바람직하지 않지만 마약산업과 마약경제가 혁명세력이 항상 정권의 취약점을 노리고 있는 일부 3세계 국가에 정치적 안정을 제공하는 것으로 보이기도 한다. 결국 이는 다국가적 마약밀거래와 다양하고 때로는 갈등적 이해관계를 가진 여러 나라의 국제적 협조를 통한 통제의 어려움을 보여주는 대목이다.

20세기 중반에 이르러서도 이러한 상황은 큰 변동이 없었으나, 중국이 과거 아편의 소비국에서 아편과 헤로인 등의 주요 생산지의 하나로 바뀌었다는 점이 큰 변화라고 할 수 있다. 이는 분명히 해당 국가가 국제적인 마약밀거래에 대하여 가지는 이해관계, 즉 마약을 보내는 국가인가 아니면 마약을 받는 국가인가가 마약밀거래에 대한 각국의 관계를 설정하는 데 중요한 역할을 한다.

과거 수세기 동안 영국, 프랑스, 그리고 미국이 국제적 마약밀거래에 있어서 중요한 위치를 차지하였으나, 1975년 미국이 베트남에서 철수한 이래 라오스, 미얀마 그리고 태국 등이 마약의 생산과 밀매를 계속해왔기 때문에 서방세계의 마약통제 노력에 대한 심각한 위협으로 규정되고 있는 것으로 보인다. 따라서 서구와 극동의 역사적인 아편 등 마약밀거래는 아직도 계속되고 있다고 할 수 있다. 그러나 오늘날 서구국가들은 과거와는 달리 아편과 헤로인 파이프라인의 수요자로 바뀌어 이제는 소비국이 되었으나 반대로 극동의 생산국가, 밀거래자, 그리고 금융기관들은 경제를 확대하고 정치적 이해를 증대시키고 이익을 거두는 국가로 역전되었다는 점이다. 이들 극동국가가 서구에 대한 헤로인 판매로부터 얻게 되는 이익에의 의존성이 강할수록 이들 국가의 마약생산을 줄이려는 서구의 요구와 노력에 더 수동적일 수밖에 없다는 것이 문제가 되고 있다. 이러한 상황은 서구가 이들 극동국가에 제공하는 경제적 원조나 도움이 마약밀거래로 인한 이익에 미치지 못할수록 더욱 문제가 되나 심지어 경제적 지원이 상당하더라도 경제적 지원은 지원대로 받으면서도 동시에 마약의 밀반출도 지속할 수도 있다는 점을 중시하지 않을 수 없다.[26]

---

26 E. Sciolino, *World drug crop up sharply in 1989 despite U.S. effort*, New York Times, 1990, March 2, p. 1.

마약밀거래의 복잡한 다국가적 특성은 오늘날에도 동남아시아에서의 자생적 국가가 연계된 헤로인 밀거래를 통해서 입증되고 있다. 1970년대 월남에서의 미국의 철수와 함께 미군 시장이 메마르게 되자 동남아시아의 마약 신디케이트들은 잉여 마약으로 넘치게 되어 새로운 시장으로 눈을 돌리게 된다. 그중 하나가 호주로서 시드니의 조직범죄가 동남아시아의 헤로인을 반입하여 호주와 미국 등지로 분배하기에 이른다. 현재 대부분의 조직범죄의 마약밀거래가 국제적, 세계적 권력과 막강한 부의 기초를 제공하는 다국가적 특성을 가지게 되었다.

(3) 마약밀거래의 폭력성

마약밀거래가 특히 관심의 대상이 되고 있는 것은 마약 자체가 불법이기도 하지만 마약이 범죄, 특히 폭력범죄와 연계되는 경우가 많기 때문이다. 마약과 범죄를 연계시키는 데는 몇 가지 이유가 있다. 그중에서 마약이 주로 조직범죄의 대상이 되고 기업화하기 때문에 영역이나 이권의 분쟁이 생기게 마련이고 그로 인한 폭력이 유발되는 데서 마약과 범죄가 관련이 있다고 한다. 그러나 국내의 약물남용과 범죄의 관련성에 관심을 가지는 대부분의 학자들도 마약밀거래의 폭력성에 대해서는 알고 있지 않거나 무시하는 경향이 있다. 극히 일부 학자들이 마약밀거래의 중·상위 계층의 기업지향의 폭력을 연구하는 실정이다. 또한 마약밀거래와 관련된 폭력과 살상이 관심의 대상이 되고 있음에도 경찰을 비롯한 대부분의 형사사법기관과 요원들은 마약밀거래와 관련된 범죄까지도 판에 박힌 것처럼 처리해 왔다.

이처럼 국제적 마약밀거래와 폭력을 연계시키는 데는 마약밀거래 체제의 특성과 무관치 않다. 마약밀거래조직은 나름의 행동규범이나 관행을 가지고 있으나, 합법적인 기업처럼 법원이나 규제기관에 의해서 규제되지 않고, 규범이나 관행의 위반이나 경쟁의 축소 등을 위하여 근본적으로 폭력에 의존하는 바가 크기 때문이다. 즉, 위협, 협박, 폭행, 또는 살해 등이 다수의 마약밀거래에 있어서 이익의 확충과 유지를 위하여 기본적인 동시에 필수적인 것으로 인식된다는 사실이다. 자신의 마약습관을 지속하기 위한 말단수준의 폭력이 아니라 마약밀거래조직의 중·상위 계층에서의 대규모의 폭력이 개입되어 대부분의 마약밀거래조직이 위에서부터 아래에까지 폭력이나 폭력의 위협으로 이루어지고 유지되는 것으로 지적되고 있다. 실제로, 미국에서는 다수의 폭력범죄가 마약밀거래와 연관된 것으로 이해되고 있는 실정이다. 더 중요한 문제는 마약밀거래와 관련된 폭력이 현재의 법집행 개입 전략으로는 효과적으로 대처하지 못한다는 것이다. 놀라울 정도로 기타 살인사건과는 대조적으로 마약밀거래와 관련된 살인 등은 쉽게 해결되지 않고 있다.

특히, 페루나 콜롬비아와 같은 일부 불법마약의 근원국가(source country)에서의 대규모 마약관련 폭력은 더욱 심각한 것이어서 한편에서는 이를 마약관련 대폭력(drug-related mega-violence)이라고 칭하기도 한다. 이러한 대규모 폭력은 통상 정부관리, 신문 편집장 또는 기타 영향력 있는 시민들을 겨냥하고 있다. 한편 이러한 폭력은 마약밀거래 카르텔과 자생적 게릴라 집단의 실용적·비이념적 조합으로부터 생겨나기도 한다. 그러한 폭력을 마약-테러(narco-terrorism)라고 부른다. 그런데, 이러한 대규모 폭력(mega-violence)은 노상 중독자나 국내 마약 거래 집단의 체계적 폭력과는 상당한 차이가 있다. 체계적이고 지속적인 것 외에도 정치적 동기가 개입되는 경우가 허다하다.[27]

2. 무기밀거래(Arms trafficking)

국가 정보기관, 테러집단, 그리고 마약밀거래자들과 관련된 국가나 민간기업 등의 무기공급자들이 고객들의 무기수요를 충족시키고 있다. 한편으로는 이들 무기 공급자들이 관련된 국가의 정책에 따라 동맹국가에 무기를 팔거나 이전하지만, 또 다른 한편으로는 이러한 무기공급 조직이 때로는 관련된 국가의 법이나 정책을 위반하여 고객에게 무기를 공급하고 있다. 후자의 경우를 통상 무기밀거래라고 칭하는데, 이는 거래의 불법성을 강조하는 의미가 담겨져 있다.

무기거래의 합법성 여부와 관계없이, 무기를 거래하기 위해서는 상당한 조직을 필요로 하는 것으로 보인다. 사실 불법적 무기거래는 합법적인 무기거래에 필요한 것 이상으로 더 정교한 조직적 방법을 요한다고 할 수 있다. 이러한 불법적 무기밀거래를 보다 복잡한 관점에서 보면, 실제 행해지고 있는 무기밀거래를 숨기기 위하여 정보 분야의 정보교환이나 거래의 기교나 수법 등이 종종 활용되기도 한다. 무기밀거래는 민간분야나 정부의 특정 한 두 사람에 의해서 행해진다기보다는 국제적인 수준에서의 다양한 공·사조직의 은밀한 협조와 협동을 요하는 일이라고 할 수 있다.[28]

때로는 합법적이고 때로는 불법적이기도 한 무기거래의 역사는 꽤 오래된 것이라고 할 수 있으나, 산업혁명이 시작된 직후인 19세기 중반, 현대 무기산업이 시작되기 전에는 국제적인 것이 되지 못하였다.[29] 그러나 오늘날 무기거래는 국제문제의 핵심적인 쟁점이 되고 있다. 60년대

---

27 Martin and Romano, *op. cit.*, pp. 63-64.

28 *Ibid.*, pp. 67-68.

29 A. Sampson, *The Arms Bazaar: From Lebanon to Lockheed*, New York: Viking, 1977, p. 21.

말 이후, 세계의 개발도상국가들에 대한 무기거래는 극적으로 팽창하였고, 특히 70년대 이후에는 걸프만과 중동지역이 최대의 국제 무기거래의 고객이 되었으며, 아프리카와 라틴아메리카가 그 뒤를 따르고 있다. 서방국가들로부터의 무기수입이 3세계 국가에서의 권력의 향배와 부침에 있어서 주요한 요소가 되고 있다. 따라서 무기의 구매가 단순히 경제적인 측면만이 아니며 정치적 중요성도 내포하고 있음을 보여주고 있다. 결국 국제 무기밀거래를 이해하기 위해서는 무기거래의 정치적 관점에 특히 초점을 맞출 필요가 있는 것이다.

흥미로운 사실은 최근 중국이 러시아, 미국, 프랑스에 이어 세계 4대 무기수출국으로 부상했다는 점인데, 특이할 만한 것은 중국의 대외 무기수출 중에서 중국제 AK-47 공격용 소총이 그들의 관점에서는 합법적으로 미국 캘리포니아의 민간 총기상에게 거래되어 다시 멕시코와 콜롬비아의 마약밀거래 조직에 불법적으로 유입되었다는 점이다. 이는 무기밀거래에서 때로는 무기대금으로 현금 대신 마약이 무기밀거래조직에 지불되고 있음을 보여주고 있으며, 이는 다시 무기밀거래와 마약밀거래의 협조적 관계를 보여주는 것이라고 할 수 있다. 즉 무기밀거래자가 마약밀거래자에게 불법무기를 제공하고 마약밀거래자는 무기밀거래자에게 불법 마약을 제공하며 이들 무기밀거래자들이 받은 불법 마약을 현금으로 판매하고 있다는 것이다.

한편, 미국제 소형 무기류가 라틴 아메리카로 불법으로 거래되고 있다는 것도 이미 잘 알려진 사실이다. 미국은 세계적인 무기수출국이고 대부분의 라틴 아메리카 국가들은 시민의 총기구입과 소지를 엄격하게 제한하고 있다. 그럼에도 불구하고 최근 이들 국가에서의 총기수요가 급증하면서 이들 수요를 충족시키기 위하여 미국으로부터의 무기밀거래도 증가하고 있다. 미국이 다량의 소형 총기류를 생산하고 있으며 라틴 아메리카 국가들은 미국 시장의 불법 마약 수요를 충족시키기 위하여 불법으로 판매되는 코카인 등의 마약을 다량으로 생산하고 있어서 마약밀거래와 무기밀거래의 쌍방향 불법거래가 성행할 수 있는 실정이다.

그런데, 대부분의 무기밀거래는 아무런 정치적 동기가 개입되지 않고 전적으로 경제적인 행위로 보인다. 그러나 분명히 민간집단에 의한 무기밀거래는 그 동기가 매우 정치적인 것일 수도 있다.

George Thayer는 그의 저서 The War Business: The International Trade in Armaments에서 무기밀거래의 구성원으로 다음을 제시했다. 첫째, 무기를 대량으로 거래하는 대규모 기업에 가까운 거상(big-time dealer), 둘째, 소규모 조직을 운영하고 융통성이 있으며 정부의 정책을 적절하게 피해 나갈 수 있고 거상(big-time dealer)들이 위험성이나 부정적 결과를 피하기 위하여 뒤로 물러서 있을 때 고객에게 무기를 선적하고 운반하는 군수품 조종자(munitions manipulators),

그리고 명백한 불법무기 소개를 전문으로 하는 총기 밀반입자(gun runners)가 그것이다.[30] 그런데, 이들 총기 밀반입자(gun runner) 중에는 일부 독립적 개인 운영자도 있지만, 미국의 CIA와 같이 정부 정보기관도 해당되기도 한다.

1988년 Klare는 그의 논문에서 불법적 무기거래에 대해 잘 요약하였는데, 그중에서도 가장 중요한 것은 불법적인 무기거래가 얼마나 중요한가가 분명함에도 그러한 범죄에 대한 분석이나 정보가 학술이나 실무분야에서 찾기 어렵다고 결론을 내렸다. 그는 국제 무기거래에서 금전적 가치의 1/3 정도가 불법적인 암거래에 해당한다고 일갈하면서 불행하게도 국가에서는 이처럼 심각한 문제에 대해서 심각한 정책적 배려를 하지 않고 따라서 그러한 무기밀거래 등에 대한 저항력을 거의 제공하지 못하고 있다고 비판하였다.[31]

국가간 무기거래의 또 다른 유형은 바로 정부에 의한 무기거래이다. 선진 산업국가들은 동맹국이나 무기를 수입하는 고객국가에 합법적으로 무기를 거래하고 있다. 이들 국가는 또한 선전활동에서 다른 정부에 대한 준군사작전에 이르기까지 다양하고 은밀한 거래도 하고 있다. 최근 미국이 이란반군에 대한 무기밀거래가 성공적이지는 못하였지만 가장 많이 알려진 정부에 의한 은밀한 무기거래의 예라고 할 수 있다.[32]

통상 합법적인 무기거래도 군사기밀 또는 국가기밀이나 국가안보라는 이유로 생산자와 소비자, 구매자와 공급자가 잘 알려지지 않고 있어서 불법적인 무기밀거래가 한층 더 용이한 경우라고 할 수 있다. 특히, 최근에는 이러한 비밀성이란 무기거래의 특성으로 인하여 국제적인 조직범죄집단의 개입도 가능해져서 심지어 일부 테러단체에서 이들 국제적 조직범죄단체를 통한 불법적인 무기를 구입하여 테러활동을 강화하기도 한다. 더구나, 90년대 구소련과 동구권의 붕괴와 그로 인한 군과 무기에 대한 통제가 약화되고 또한 경제사정도 악화되어 이들 국가로부터의 무기유출이 심화되었다고 한다. 그 결과, 한국에서도 부산을 비롯한 여러 지역에서 러시아로부터 유출된 각종 불법 무기류가 적발되고 있으며, 일본에서도 폭력단의 98%가 총기를 보유하고 있는 것으로 추정되고 있는데 이들 무기의 대부분이 러시아의 마피아나 중국의 삼합회 등과의 밀거래를 통하여 유입되는 것으로 알려지고 있다.[33]

---

30 G. Thayer, *The War Business: The International Trade in Armaments*, New York: Simon & Schuster, 1969.

31 M. T. Klare, "Secret operatives, clandestine trades: The thriving black market for weapons," *Bulletin of Atomic Scientists*, 1988, 44(3): 16－24.

32 Iran－Contra Affair라고 불리는 이 사건에 대한 자세한 기술은 R. Gutman, Banana Diplomacy: The Making of American Policy in Nicaragua, 1981－1987, New York: Simon & Schuster, 1988, pp. 337－338 참조 바람.

제 5 절   자금세탁

마약밀거래나 무기밀거래 등의 조직범죄를 통한 수익이나 뇌물 또는 기타 불법자금 등 불법적인 소득을 금융기관이나 제도적인 장치를 통하여 자금의 출처, 성격, 소유관계 등을 위장하여 합법적인 자금으로 전환 또는 변형시킴으로써 불법행위로 얻은 소위 '더러운 돈'을 '깨끗한 돈'으로 바꾸는 일련의 과정을 통상 '자금세탁(money laundering)'이라고 한다. 미국의 '조직범죄에 관한 대통령 위원회'는 '불법 소득의 실체와 불법적인 출처, 또는 불법적인 사용을 은폐하고, 이러한 소득을 합법적인 것처럼 보이도록 위장하는 과정'이라고 규정하고 있다.[34] 이러한 자금의 변형은 획득한 재산의 성격과 불법적 수익의 출처를 모호하게 함으로써 이루어지는데, 이는 통상적으로 정상적인 은행이나 기타 금융기관, 카지노 등에서의 위장된 거래 등을 통하여 행해진다.[35] 자금세탁은 범죄의 흔적을 없애고, 수사기관의 추적을 어렵게 하며, 적발될 경우에도 수익의 몰수가 불가능하게 하기 위하여 수입의 존재, 출처, 소유, 사용처 등을 은닉하거나 위장하고, 합법적인 자금과 혼합함으로써 범죄로부터 얻은 불법자금을 합법적 소득으로 가장하거나 합법적인 투자로 변형할 목적으로 행해진다.[36]

최근 약물남용의 급증으로 인한 마약밀거래조직들은 무려 연간 3,000억 달러에 이르는 자금을 국제적 규제기관들의 면밀한 조사를 피할 수 있도록 투자해야 할 문제에 봉착하게 되었으나, 그들은 합법적인 기업에 제공되는 여러 가지 금융서비스를 이용하여 세탁하는 것으로 눈을 돌리게 되었다. 단순한 속임수나 전신송금망 또는 세금천국(조세피난지, tax haven)의 비밀보호법 등을 이용하여 그들은 마약밀거래를 통한 깨끗하지 못한 수익을 은행예금이나 부동산 등 깨끗하고 합법적인 자금으로 전환시킬 수 있었다. 불행하게도 깨끗하지 못한 돈이나 세탁된 돈을 찾아내기란 힘든 일이다. 검은 돈의 흐름이 때로는 법률적으로는 합법적으로 취득되었지만 규제당

33 국가안전기획부, 「미 FBI의 조직범죄대응기법개관」, 1997, p. 144, 153.

34 The President's Commission on Organized Crime, *The Cash Connection: Organized Crime, Financial Institutions, and Money Laundering*, Interim Report to the President and the Attorney General, 1984.

35 F. N. Baldwin, Jr. and R. J. Munro, "General Introduction," *Money Laundering, Asset Forfeiture and International Financial Crimes*, New York: Oceana Publications, 1993, p. 3.

36 *Ibid.*, p. 4.

국으로부터 조사받기는 원치 않는 소위 '회색자금(gray money)'의 흐름과 혼합되고 있어서 문제를 더욱 어렵게 하고 있다. 더구나, 경제의 세계화로 인하여 검은 돈이 쉽게 해외로 이전될 수 있고, 이전된 검은 돈은 정치적, 경제적으로 불안정하여 그 가치가 안정된 달러의 수요가 많은 국가의 암시장에서 쉽게 깨끗한 돈으로 전환되고 있다.[37]

그 결과, 미국 국무부 국제마약문제국(Bureau of International Narcotics Matters)에서는 매년 1,000억 달러 이상의 불법적인 소득이 미국 내에서 세탁되며, 전세계적으로는 매년 3,000－5,000억 달러 정도가 세탁되는 것으로 추정하고 있다.[38] 물론, 자금세탁이 현대사회의 신종범죄의 하나로 다루어지지만 과거에도 이와 유사한 범죄가 없었던 것은 아니나 경제의 세계화와 전자통신의 발달 및 전자은행과 금융제도의 발달로 본격화되었다고 할 수 있다. 특히, 조직범죄가 성행하고 조직범죄로 인한 자금의 규모가 커짐에 비해 전신송금체제가 발달하여 국가 간 자금이전이 용이해지기 때문에 자금세탁의 규모는 앞으로도 더욱 증대될 것으로 전망되고 있다. 더구나, 마약밀거래 외에도 조직범죄의 도박, 음화, 대출사기, 밀수, 횡령, 뇌물, 세금포탈 등으로 인한 수익들도 자금세탁의 대상이 되고 있어서 자금세탁의 규모를 더욱 증대시키고 있다.

1. 자금세탁의 과정과 수법

자금세탁은 통상 '배치단계(Placement)', '반복단계(Layering)', 그리고 '통합단계(Integration)'라는 세 가지 단계적 과정을 거치며 이루어진다고 한다. 우선, 배치단계는 범죄로부터 취득한 수익을 은행이나 적법한 거래체계로 끌어들임으로써 수사기관에 적발되지 않도록 그 소재를 이전하는 단계이고, 반복단계는 거래에 대한 자금추적이 불가능하도록 하기 위하여 입출금을 반복하여 불법적인 수익을 그 원천으로부터 분리하는 단계이며, 통합단계는 세탁된 불법자금을 합법적인 수익과 혼합하거나 합법적 소유권으로 위장하기 위하여 기업에 투자하는 등 정상적인 경제거래에서 합법적인 자금으로 이용하는 단계이다.[39]

37 Aninda Nath, "Money laundering: Criminal cash and the international banking system," *Harvard International Review*, 1990, 12(4): 50－51.

38 *International Narcotics Control Strategy Report*, Bureau of International Narcotics Matters, The United States Department of State, 1992, p. 393.

39 R. Bosworth－Davies and G. Saltmarsh, *Money Laundering: A Practical Guide to the New Legislation*, London: Chapman & Hall, 1994, pp. 98－102.

배치단계에서는 자금을 물리적으로 은닉하거나 역외(offshore)국가라고 하는 은행비밀이 잘 보호되는 국가의 은행에 예치하여 자금을 국외로 운반하거나, 소액권을 고액권으로 바꾸거나 현금을 수표나 여행자수표 등으로 교환하거나 또는 가명이나 익명계좌에 예치하는 등 은행을 이용한다. 또 환전상이나 전신송금업자 등을 이용하여 차명으로 은행거래를 하거나 운반책을 이용하여 자금을 운반하고 일정액 이상의 금융거래에 대한 보고의무를 피하기 위하여 분산거래(smurfing)를 하는 등 비금융기관을 활용하기도 하여 카지노나 경마장 등을 이용하여 소액권을 고액권으로 바꾸거나 카지노와 은행 간의 거래를 통하여 범죄수익을 세탁하는 등 자금의 소재를 이전하거나, 합법적 수익과 혼합하여 자금의 성질을 알 수 없도록 하는 방법들이 이용되고 있다.[40]

그런데, 위에서 제기한 '역외(offshore)' 금융센터들이 급증하는 데는 소위 '공간(spaces)'이라는 개념으로 이해될 수 있다. 먼저 '비밀성 공간(secrecy space)'은 역외 금융기관 이용자를 위한 가장 중요한 유인요소로서, 역외 구조의 불투명한 특성으로 약물밀거래, 강력범죄, 테러 등의 수익의 세탁과 같은 불법 활동이 쉽게 가려질 수 있기 때문이다. 일부에서는 '비밀이 사기의 상징'이라는 말까지 하고 있으며, 바로 이 비밀성으로 인하여 역외 국가에 예치되는 비정상적인 부의 원천을 조사할 수 없거나 어려운 이유가 되고 있고, 반대로 그만큼 자금세탁을 원하는 사람들에게는 매력적인 것이 된다. '규제적 공간(regulatory space)'은 대체로 이들 역외국가가 엄격하게 본국의 직접적인 규제도 받지 않으면서 자체적인 규제도 마련되지 않아서 생기게 되는 역외국가와 본국 사이의 규제공간으로 인하여 역외 금융기관에 대한 규제에 틈이 생기기 때문에 선호되고 있다는 것이다. '정치적 공간(political space)'은 역외국가와 그들의 본국과의 관계의 특성이 역외금융센터로서의 유용성을 결정하는 중요한 요인이라는 것이다. 대부분의 역외 국가는 아직 그들의 헌법적 지위 등이 일부 잘못 규정되는 등의 이유로 자금세탁의 계략에 필요한 여지를 제공하는 혼란과 불투명성을 가지고 있기 때문이라고 한다. 끝으로, 소위 세금으로 일컬어질 수 있는 '재정적 공간(fiscal space)', 즉 탈세나 절세 또는 세금포탈 등이 가능한 공간이 클수록 역외금융센터로서의 가능성과 유용성이 더 커질 수 있으나 자금세탁을 원하는 사람들은 대부분 그들의 주요경제활동에 대한 세금을 내지 않기 때문에 실제는 역외금융센터의 선택에 있어서 크게 중요시되지 않고 있다.[41]

반복단계에서는 부동산이나 보석, 예술품 등 고가품목을 구입하거나 매각함으로써 불법수익

---

40 Nath, *op. cit.*

41 M. P. Hampton, *The Offshore Interface: Tax Havens in the Global Economy*, Basingstoke: Macmillan, 1996, p. 69.

을 유형적인 자산으로 교환하거나 반복적인 전신송금을 통하여 자금을 다른 나라로 이송하거나 바하마, 버진 아일랜드, 바베이도스와 같은 비밀이 잘 보호되고 탈세 등이 용이한 '역외 세금천국(offshore tax haven)'에 위장기업이나 자회사를 설립하여 위장된 일정의 기업활동을 하면서 불법자금을 위장기업이나 자회사의 명의로 이들 국가의 은행에 예치하는 방법 등이 동원되고 있다.

자금세탁이 항상 지탄의 대상이 되지만 정부나 기업에서는 전통적으로 자금세탁을 예방하기 위한 적극적인 노력을 경주하기를 꺼려하고 있다. 그것은 금융산업이 상당한 소득과 고용을 창출하기 때문이다. 특히, 경제가 불안한 지역일수록 달러와 같은 외화는 상당한 매력을 가진다는 점도 강력한 규제를 꺼리게 하는 요인이 되고 있다. 더구나 비록 자금세탁은 중단되어야 한다는 일반적인 합의가 이루어짐에도 불행하게도 인력과 예산 그리고 전문성의 부족으로 만족할 만한 성과를 거두지 못하고 있다는 사실도 하나의 이유가 되고 있다.

그리고 통합단계에서는 외국의 유령회사를 내세워 국내의 관련회사에 투자하는 방식으로 불법수익을 외국에서의 사업을 통한 수익인 것처럼 위장하거나, 유령회사로부터 일정액을 대부받아 이자를 지급하고 그 이자를 모아 합법적인 자금으로 위장하여 국내로 환송하거나(loan back), 역외의 세금천국에 유령은행(shell bank)을 설립하여 이들 은행을 이용하여 불법자금을 정당한 출처에서 나온 자금으로 합법화시키거나, 허위채무를 부담하거나 위장송장을 이용하는 등의 방법으로 불법수익을 정상적인 사업에서 취득한 합법적인 자금으로 이용한다.

최근 미국 상원의 한 조사소위원회에서는 '대리은행(correspondent banking)'을 자금세탁을 위한 통로라고 지적한 바 있다. 보고서에 따르면, 은행이 다른 은행에 환전이나 현금이송 등과 같은 서비스를 제공하는 영업활동인 대리은행업이 은행으로 하여금 지점 등 물리적 시설이 없는 외국에서의 합법적인 영업활동을 가능케 하는데, 1999년 중반 미국의 75개 은행이 가지고 있는 대리은행계좌가 무려 3,490억 달러에 달하였다. 그럼에도 불구하고, 은행이 이러한 대리은행계좌를 통한 자금세탁을 방지하기 위한 적절한 노력을 기울이지 않아서 대리은행제도가 범죄수익과 자금세탁의 관이 되고 있다는 것이다.[42]

한편, 부분적으로는 범죄조직의 발전적 결과이고 부분적으로는 자금세탁에 대한 새로운 대응과 자금세탁범죄 해결의 강조로 인하여 자금세탁도 상당히 전문화되는 경향을 보이고 있다. 자금세탁의 전문화 경향은 금융인, 법조인, 그리고 회계사 등 전문가들의 개입이 증대되고 있으며, 자금세탁이 광범위한 범죄자와 하나 이상의 범죄조직에게 서비스를 제공하는 것 등의 경우

42 Detroit Free Press, "Illicit money passes through U. S. banks," 2001. 2. 6.

에서 이러한 자금세탁의 전문화가 입증되고 있다. 물론, 자금세탁의 전문화는 범죄조직이 기회는 극대화하고 위험성은 최소화하기 위한 어쩔 수 없는 결과이다. 조직범죄가 이러한 요건을 충족시키기 위하여 대체로 위험분석과 위기관리, 기술이용의 증대, 그리고 세탁과 투자에 있어서 전문화의 증대 등 세 가지 방법이 주로 이용되는 것으로 알려지고 있다. 그런데, 자금세탁의 전문성 정도에 따라 '빨래방(launderette)', '손세탁(handwash)', '가족세탁기(family washing machine)' 그리고 '콘도미니엄 세탁기(condominium washing machine)' 등과 같이 자금세탁의 수준을 구분하기도 한다.[43]

2. 대응방안

(1) 통제의 필요성

자금세탁은 불법행위를 은폐하여 수사기관의 추적을 피하고 탈세를 가능케 하며, 합법적인 사업에 위장 투자되어 건전한 경제활동을 방해한다. 또 불법수익의 몰수를 불가능하게 하여 범죄조직이나 다른 불법행위에 사용되거나 뇌물로 사용되어 형사사법기관의 공정한 법집행을 방해하기도 하기 때문에 자금세탁은 철저하게 통제되어야 하는 것이다. 이를 위해서는 자금세탁을 명백한 불법행위로 규정하고 범죄수익을 철저하게 몰수할 필요가 있다.

조직범죄가 대부분 수익의 창출을 주요 목적으로 하기 때문에 이를 예방하는 동시에 이로 인한 불법적인 자금의 세탁을 막기 위해서도 범죄조직의 불법적인 수익을 몰수함으로써 범행동기는 물론이고 범죄조직의 생성과 유지에 필요한 경제적 기반을 제거할 필요가 있는 것이다. 범죄수익의 몰수는 우선 범행동기를 약화시키고, 형벌의 효과를 제고하며, 건전한 경제질서를 확립하고, 공직의 부패를 척결하고, 형사사법 정의를 구현할 수 있다는 점에서 그 필요성이 인정되고 있다. 우선, 불법적인 범죄수익이 철저하게 몰수된다면 처벌의 위험성을 감수하면서 수익을 올리기 위한 범행을 할 아무런 매력이 없기 때문에 범행의 동기가 저하될 수 있는 것이다. 이와 함께, 자유형이나 벌금형 등의 통상적인 형벌로서는 막대한 범죄수익을 가져다주는 조직범죄를 효과적으로 통제하기는 쉽지 않다. 이는 막대한 수익을 위하여 일정기간의 자유형은 감수

---

43 J. Reuvid, "The Focusing on money laundering," pp. 175−183 in J. Reuvid(ed.), *The Regulation and Prevention of Economic Crime*, London: Kogan Page, 1995, pp. 179−180.

할 수 있으며 벌금형도 불법수익의 극히 일부에 지나지 않기 때문이다. 한편, 범죄수익이 깨끗하게 세탁되고 몰수되지 않는다면 지하경제는 확대되고 반면에 건전한 경제질서는 문란하게 된다. 또한, 막대한 자금을 비교적 손쉽게 동원할 수 있는 범죄조직이 탈세와 불공정 거래 등의 방법으로 합법적인 기업에 비해 경쟁적 우위를 점할 수 있어서 시장과 경제질서를 해칠 수 있다. 그리고 범죄조직의 유지 등을 위하여 범죄수익이 공직사회에 뇌물로 제공되어 공직사회의 기강과 도덕성을 해치며 때로는 형사사법기관의 공정한 법집행을 방해하는 등 형사사법정의마저 해칠 수 있다. 이러한 점을 고려할 때 자금세탁에 대한 철저한 규제와 통제가 필요한 것이다.

(2) 구체적 대응방안

자금세탁의 규제와 통제는 모든 국가의 관심사항이기도 하지만 대부분의 자금세탁이 국제적인 조직범죄가 개입되고 자금세탁을 위한 수법 또한 국제적인 금융거래 등을 활용하기 때문에 대체로 국제적 공조를 강조하고 있다. 이 점을 반영하듯 자금세탁에 공동으로 대응하기 위한 각종 국제적 협약이 마련되고 있다. 물론 국제협약이 체결되기 전부터 미국에서는 '자금세탁규제법'이, 그리고 영국에서는 '약물거래범죄법'이 마련되어 자금세탁을 규제하거나 불법수익을 몰수하는 규정을 마련한 바 있다.

1) 국가적 노력

우선 미국은 1970년 '은행비밀법(The Bank Secrecy Act of 1970)'을 제정하여 은행이나 기타 금융기관으로 하여금 계좌보유자에 대한 신분확인과 기록보존, 그리고 10,000달러 이상의 금융거래에 대한 국세청 보고를 의무화하였다.[44] 그러나 이 법은 고객에게는 보고의무를 부과하지 않았고, 보고상한액을 초과하지 않기 위한 분산거래가 가능하며, 위반자에 대한 민형사상의 제재가 가능하나 금융기관이 제대로 보고하지 않아서 큰 효과를 얻지 못하였다. 그러자 레이건 대통령의 '조직범죄에 대한 대통령 위원회'는 1984년 자금세탁을 조직범죄의 생명줄로 보고 자금세탁을 범죄화하고 연방기구의 수사권한을 확대하며 은행비밀법상의 현금거래 보고의무를 강화할 수 있는 새로운 법률의 제정을 제안하였다. 그 결과 1986년 '자금세탁규제법(The Money Laundering Control Act of 1986)'이 제정되고 1988년과 1990년에 개정, 강화되었다.

---

44 F. N. Baldwin, Jr. and R. J. Munro, "The United States and Money laundering," Baldwin, Jr. and Munro(eds.), *op. cit.*, pp. 7-40; Bosworth-Davies and Saltmarsh, *op. cit.*, p. 113.

이 자금세탁규제법은 대상범죄를 마약범죄에 국한하지 않고 그 범위를 확대하고, 자금세탁 행위를 '금전적 도구 세탁범행(monetary instrument laundering offense)'과 '금전거래범행(monetary transaction offense)' 두 가지로 규정하였다. 금전적 도구 세탁범행은 자금의 성격을 숨기거나 보고의무를 피할 목적으로 행해지는 거래임을 인지하고도 특정한 불법활동의 수익과 관련된 거래에 의도적으로 관여하는 것인 '거래에 의한 자금세탁(transaction money laundering)', 이러한 목적을 위하여 금전적 도구를 국제적으로 이송하는 것인 '이송에 의한 자금세탁(transportation money laundering)'을 금지하고, 자금세탁조사를 위하여 함정수사(sting operation)를 허용하도록 규정하고 있다. 한편, '금전거래범행'은 특정한 불법활동으로 인한 수익과 관련된 금융거래에 관여하는 것을 처벌하도록 규정하고 있다.[45]

한편 영국도 미국이 '자금세탁규제법'을 제정한 1986년 '약물거래범죄법(The Drug Trafficking Offences Act of 1986)'을 제정하여 약물범죄에 의한 수익의 자금세탁을 범죄화하여 약물범죄로 취득한 수익을 몰수할 수 있도록 규정하였다. 이어 1990년에는 형사사법법을 제정하여 국제형사사법공조를 가능하게 하고 자금세탁을 본격적으로 규제하기 시작하였고, 1993년에는 '자금세탁규정(The Money Laundering Regulations 1993)'을 마련하여 자금세탁과 관련된 금융과 재정분야에 대한 감독과 규제를 강화하였다. 특히, 1986년의 약물거래범죄법은 약물거래범죄로 인한 수익의 자금세탁으로 한정하여 약물거래수익인 줄 알면서도 그것을 취득하거나 소지 또는 사용하는 것을 범죄화하는 '약물거래수익의 취득, 소지 및 사용범죄'와 다른 사람이 약물거래수익을 보유하거나 관리하는 것을 용이하게 해주는 행위를 범죄화하는 '약물거래원조범죄' 등을 규정하고 있으며, 물론 약물거래로 얻은 불법수익은 몰수할 수 있도록 규정하고 있다.[46]

마약문제가 크게 심각하지 않아서 마약자금의 세탁도 그리 심각하지 않았던 일본에서도 마약범죄의 확산과 마약자금의 세탁에 대한 국제적 압력 등으로 1991년 두 개의 마약특례법을 제정하기에 이른다. 그중 '국제적 협력하에 규제약물에 관한 부정행위를 조장하는 행위 등의 방지를 도모하기 위한 마약 및 향정신성약물단속법 등의 특례 등에 관한 법률'에서 약물범죄수익의 몰수 및 추징, 자금세탁행위의 처벌, 국제사법공조, 금융기관의 보고제도 등을 규정하고 있다. 자금세탁행위를 처벌하는 규정은 불법수익 등의 취득이나 처분에 관한 사실, 불법수익의 발생원인에 대한 사실을 가장하거나 불법수익 등을 은닉한 경우에 성립되는 '불법수익 등 은닉죄'와 수

---

45 조균석, 「자금세정 규제론」, 경진사, 1993, pp. 85-86, p. 108.

46 이병기·이경재, 「돈세탁행위의 범죄화에 관한 연구」, 한국형사정책연구원, 1994, p. 80.

수에 관련된 재산이 불법수익 등이라는 것을 알면서 수수한 경우에 성립되는 '불법수익 등 수수
죄'를 두고 있다.[47]

2) 국제적 노력

마약과 조직범죄에 대한 정치적, 사회적 운동의 영향으로 향정신성 약물에 대한 1988년 UN
비엔나 협약(UN Vienna Convention against Psychotropic Substances)을 시작으로 일련의 국제적 제
도가 통과되었고, 가장 최근에는 관리에 대한 뇌물을 범죄화하는 1997년 OECD 협약이 만들어지
기도 하였다. 그 밖에 국가간 조직범죄에 대한 UN 협약도 제안되고 있고, 1998년에는 G7 재무장
관회의는 세금을 낮게 정하거나 아예 세금을 떼지 않는 국가를 파악하여 경제제재를 통하여 무력
화하겠다는 OECD의 계획을 승인하였다. 그 결과, 물론 이 문제의 해결을 위해서는 단순히 의례
적인 법제화 그 이상을 요하지만 많은 나라에서 이 문제에 대한 법률 등을 제정하게 되었다.[48]

우선, 1988년 비엔나 협약은 서명국들이 약물범죄를 통하여 취득한 자금의 세탁을 범죄로
규정하고 자금을 몰수하도록 하는 데 목적이 있으며, 이를 위하여 국제적인 형사사법공조를 규
정하고 있다. 물론 자금세탁의 대상이 되는 수익을 약물범죄로 인한 것으로만 제한하고 있다는
한계는 있지만 자금세탁의 범죄규정, 몰수나 추징할 수 있는 대상의 확대, 그리고 국제공조 등
의 새로운 시도는 긍정적으로 평가되고 있다.[49]

한편, 1990년 유럽이사회가 체결한 '범죄수익의 세탁, 압수, 수색 및 몰수에 관한 협약(The
Council of Europe Convention)'은 비엔나 협약이 협약의 대상이 되는 범죄를 약물범죄로 제한하였
던 점을 보완하여 약물범죄는 물론이고 기타 수익이 발생할 수 있는 모든 중대범죄로 그 대상을
넓혔다는 데 의의가 있다. 이 협약은 범죄수익의 몰수, 몰수대상 재산의 분명한 규정 등 국가차원
의 조치와 공조의 절차나 원칙 등 국제공조를 위한 국제협력 차원의 조치를 규정하고 있다.[50]

1989년 G-7 정상들은 마약문제의 심각성과 대책의 필요성을 인식하여 기타 마약문제에 관
심을 가진 유럽국가들과 금융활동 특별위원회(Financial Action Task Force)를 설치하였는데, 여기
서 자금세탁의 범죄화, 효과적 대처를 위한 국내법과 제도의 개선, 금융기관의 역할강화, 그리고

---

47 조균석, 전게서, p. 178; 이병기·이경재, 전게서, pp. 115-116, p. 119.

48 M. P. Hampton and M. Levi, "Fast spinning into oblivion? Recent developments in money-laundering policies and
   offshore finance centers," *Third World Quarterly*, 1999, 20(3): 645-656.

49 조균석, 전게서, pp. 32-33.

50 상게서, p. 50.

국제공조 등을 권고하였다. 이어 1990년과 1991년에는 보고서를 통하여 자금세탁의 대상범죄를 확대할 것을 권고하였고, 자금세탁죄를 개인뿐만 아니라 법인에게도 적용하고 범죄수익의 몰수를 위한 각국의 구체적인 입법조치를 촉구하였다.

1991년 유럽공동체이사회는 '자금세탁을 위한 금융기관 이용방지에 관한 이사회 명령서(European Community Council Directive)'를 통하여 자금세탁행위의 금지의무, 고객의 신분확인 의무, 기록의 보존의무, 수사기관에 필요한 정보의 제공의무 등 자금세탁방지를 위한 금융기관의 임무나 조치 등을 규정하였다.

HOT ISSUE 국제범죄조직

유엔 안보리, 'IS 자금줄 차단' 결의안 만장일치 채택

유엔 차원에서 이슬람 수니파 과격 무장 세력인 이른바 '이슬람국가(IS = Islamic State)'에 대한 금융제재(자금줄 차단)를 위한 결의안이 17일(현지시각) 만장일치로 채택됐다.

유엔 안전보장이사회(안보리)는 출범 이후 최초로 재무장관회의를 열고, IS로 흘러들어가는 자금줄을 차단하기 위한 금융제재 결의안을 채택했다.

이 결의안의 주요 골자는 자금을 지원하는 개인, 단체에 자금을 동결하는 등의 제재를 가한다는 것으로, 유엔에서 주도해 국제적인 포위망을 통해 'IS'의 숨통을 조이며 약체화를 도모하겠다는 뜻이다.

이번 결의안을 주도하고 재무장관 회의의 의장을 맡은 제이컵 루(Jacob Lew) 미국 재무장관은 결의안을 채택한 뒤 이번 결의안에 대해 "중요한 첫 걸음"이라고 의미를 부여한 후 "(유엔 회원국이) 테러리스트에 대한 자금 원조를 처벌할 수 있는 법적 수단을 손에 넣게 됐다"고 그 의미를 강조했다.

이번 결의안은 'IS'가 시리아와 이라크 지배지역에서 생산되는 원유와 약탈한 문화재의 밀매, 외국인 인질의 몸값(ransom payment), 기타 범죄 행위 등으로 자금을 마련하고 있다는 점에 심각한 우려를 나타내고, "어떤 형식의 자원도 저지해야 한다"고 적시했다.

또 'IS'의 조직원은 물론 'IS'에 자금, 무기를 제공하거나 전투원 권유활동을 벌인 단체, 개인에게 해외 도항, 무기 매매를 금지하는 안도 결의안에 포함됐다. 또 'IS'의 자금줄을 차단하기 위해서는 각국이 테러에 관한 금융거래 정보를 공유해야 한다고 촉구하고, 국제기관 가운데 이른바 '돈세탁(Money Laundering)' 규제에 관여하는 국제기관의 협력도 환영한다고 밝혔다.

이번 결의안은 안보리가 지금까지 국제테러조직 알카에다에 부과해온 제재 망을 IS까지 확대하고, 알카에다에 대한 안보리 제재위원회가 IS도 담당해 자금줄 차단 활동을 펼치게 된다.

한편, IS의 전체 수입의 40~45%가 석유 밀매를 통해 확보하고 있는 것으로 알려졌다.

자료: 뉴스타운 2015년 12월 18일
http://www.newstown.co.kr/news/articleView.html?idxno=233631

진화하는 테러, 크라우딩펀딩·페이팔로 자금조달

지난달 129명의 목숨을 앗아가며 전세계를 충격에 빠뜨린 파리 연쇄 테러의 주범들은 최소 2개의 호텔 방과 3대의 차량을 빌린 후 신원을 노출하지 않고 쓸 수 있는 선불카드를 이용한 것으로 알려졌다. 프랑스에서는 현재 선불카드를 쓰면 익명으로 한 번에 최대 250유로(한화 약 31만원), 1년에 2500유로(한화 약 310만원)까지 결제할 수 있다.

글로벌 테러조직에 속하지 않은 이른바 '외로운 늑대(자생적 테러범)'가 급증하면서 테러 수행의 핵심 중 하나인 자금조달 수법도 진화하고 있다. 독지가의 기부나 마약밀매 등 범죄수익에 의존하는 고전적인 자금조달 대신 크라우딩펀드나 페이팔 등 최신 금융 및 결제기법이 테러자금 조달 수단으로 급부상하고 있다.

6일 FATF(자금세탁방지기구)가 최근 발표한 보고서에 따르면 SNS(소셜네트워크서비스), 지급결제수단, 천연자원 등이 새로운 테러자금 조달 창구로 주목받고 있다. 새로운 수법은 다양한 방법으로 소액 자금조달 및 세탁이 가능해 대책 마련이 시급하다는 분석이다.

과거에는 거액의 기부금을 내는 자산가들이 테러범들의 주요 '돈줄'이었다면 지금은 SNS를 통해 불특정 다수가 자금조달에 활용되는 양상으로 바뀌고 있다.

일례로 지난 2013년 독일에서는 요리 레시피(조리법)를 공유하는 평범한 페이스북 그룹에 "긴급하게 음식과 약품 등이 필요하다"는 글이 올라왔다. 시리아에서 익명으로 게시된 이 글에는 독일 은행의 계좌번호가 첨부됐고, 모금이 끝난 후 해당 계좌주는 바뀌었다.

또 기존에는 NPO(비영리재단)를 사칭하거나 악용해 테러자금을 모았으나 최근에는 크라우딩펀딩 같은 최첨단 금융기법이 각광 받고 있다. 크라우딩펀드는 인터넷을 통해 다수의 사람들로부터 투자 혹은 기부의 형식으로 손쉽게 자금을 모으는 것이 가능하기 때문이다. 실제로 캐나다에서는 테러를 목적으로 나라를 떠나려 했던 테러범들이 사전에 온라인을 통해 크라우딩펀드를 운영하고 있던 것이 확인됐다.

파리 테러에서 사용돼 주목받은 선불카드는 익명성이라는 장점 외에 직접적인 자금세탁 수단으로도 쓰인다. 테러조직으로부터 기부를 요청받은 개인들이 온라인이나 모바일을 통해 국제선불카드를 구입한 후 SNS로 카드번호를 보내주면 다시 이를 저가에 팔아 현금화해서 테러조직에 보내는 식이다.

비트코인 등 가상화폐도 테러범들이 눈독 들이는 자금조달 수법 중 하나다. 지난 8월 미국의 한 10대 소년은 트위터를 통해 7000건이 넘는 메시지를 보내면서 비트코인 같은 가상화폐로 IS(이슬람국가)에 돈을 보내자고 선동하는 등 테러조직을 도운 혐의로 11년형을 선고받기도 했다.

국내에서도 주목받고 있는 지급결제수단 중 하나인 페이팔도 계좌를 통해 현금화 및 타계좌로 이체가 가능하다는 점 때문에 자금조달 경로로 이용되고 있다. 실제로 프랑스의 한 구호단체가 200만 유로의 기부금을 모았는데 이중 60만 유로는 페이팔 계좌를 통해 모인 것으로 나타났다.

이밖에 최근에는 원유나 천연가스, 광물 등의 천연자원을 이용한 자금세탁도 눈에 띈다.

금융위원회 산하 금융정보분석원(FIU) 관계자는 "테러에 참여하는 젊은 층이 늘어나면서 신금융 및 기술을 이용한 자금세탁 수법들이 속속 등장하고 있다"며 "특히 크라우딩펀딩 등은 소액자금을 쉽게 끌어모을 수 있어 대책 마련이 시급한 상황"이라고 말했다.

자료: 머니투데이 2015년 12월 7일
http://www.mt.co.kr/view/mtview.php?type=1&no=2015120612165424952&outlink=1

제4장
마 약 범 죄

제1절 개 관

일반 대중에게 있어서 마약과 범죄의 관계는 너무나도 강력한 인상을 주어서 최근의 심리학적 실험에 따르면 마약이라는 단어가 칼, 싸움, 그리고 부상 등과 같은 단어와 밀접하게 연관된 것으로 인식하고 있음을 보여줄 정도라고 한다.[1] 마약과 범죄를 취급하는 대부분의 형사정책 전문가나 실무자들에게 있어서 마약과 범죄의 관계는 더 이상 논쟁의 대상이 되지 못한다. 범죄자와 약물남용자 사이에는 중요하지만 복잡한 관계가 존재하고 있음을 누구나 인식하고 있다는 것이다. 따라서 우리 사회에서 약물을 남용하는 사람이 줄어든다면 우리 사회에는 특정한 유형의 범행도 줄어들 것으로 인식되고 있다.[2]

이러한 인식은 다음과 같은 실증적 자료나 연구결과에서도 입증되고 있다. 미국의 체포된 범죄피의자 마약남용감시 프로그램(Arrestee Drug Abuse Monitoring Program: ADAM)에 따르면 체포된 남성 범죄자의 40-80%가 체포 당시 약물검사에서 적어도 한 가지 이상의 마약에 대하여 양성반응을 보였다고 한다.[3] 그리고 미국 연방교도소 재소자의 22%와 주립교도소 재소자의 33%, 강도, 절도, 자동차 절도범의 혐의로 주립교도소에 수용된 범죄자의 약 40%가 범행 당시

---

1 B. J. Bushman, "Individual differences in the extent and development of aggressive cognitive−associative networks," *Personality and Social Psychology Bulletin*, 1996, 22: 811−819.

2 International Association of Chiefs of Police, *Reducing Crime by Reducing Drug Abuse: A Manual for Police Chiefs and Sheriffs*, Gaithersburg, MD: International Association of Chiefs of Police, 1989, p. 5.

3 Arrestee Drug Abuse Monitoring Program, *1998 Annual Report on Drug Use among Adult and Juvenile Arrestees*, Research Report(NCJ 175656), Washington, DC: U. S. Department of Justice, National Institute of Justice, 1999.

약물의 영향하에 있었다고 한다.[4] 강도혐의로 수형 중인 재소자의 27%와 절도범의 30-32%가 마약을 구입하기 위해서 범행하였다고 하며,[5] 범죄 피해자의 31%가 그들의 가해자가 범행시 약물이나 알코올의 영향하에 있었다고 대답한 것으로 조사되고 있다.[6]

  따라서 만약 우리가 마약과 범죄의 문제를 해결하려면 바로 이 마약과 범죄의 관계를 밝혀야 하는데, 문제는 이 관계가 인과관계에 따른 결과인지 아니면 이보다 더 복잡한 것인지 분명치 않다는 점이다. 물론, 그렇더라도 이 점에 대한 연구가 부족한 것은 아니다. 마약과 범죄와의 직접적 인과모형이 상당한 지지를 받고 있는 것도 사실이다. 즉 약물복용이 범죄로 이끌거나 아니면 범죄가 약물복용을 유도한다는 것이다. 이러한 주장은 직접적인 인과모형이나 마약과 범죄 사이에는 중요한 관계가 존재한다는 믿음에 기초하여 발전해온 것이다. 이 점에 대해서는 경찰이나 마약관련 기관에서도 인식하고 있는 것으로서 범죄자 중에서 상당수가 약물을 복용한다는 점을 들고 있다.

  그러나 약물과 범죄가 빈번하게 같이 발견되고 또 상호관련이 있다는 사실이 반드시 그 둘의 인과관계를 보여주는 것은 아니다. 아직은 직접적 인과모형의 증거가 분명치 않다는 것이다.[7] 그 결과, 현재 우리는 과거에 비해 마약과 범죄의 관계의 복잡성을 더 많이 수용하게 되어, 구체적으로 어떠한 약물이 어떠한 범죄를 얼마나 유발하는가 아니면 어떠한 범죄가 어떠한 약물복용을 얼마나 유발하는가에 대하여 상당한 불확실성이 존재한다는 주장에 점점 더 민감해지고 있는 실정이다. 심지어 일부에서는 직접적인 인과모형을 전면 부정하고 그 대신 범죄와 마약의 연관성은 일련의 원인의 한 집락(cluster)이라는 상식적인 일반원인으로 가장 잘 설명된다는 주장을 펼치기도 한다. 이들의 주장은 마약과 범죄의 관계를 정확하게 이해하기 위해서는 사회적, 문화적, 생물학적, 또는 화학적 쟁점과 같은 많은 쟁점에 대한 관심을 기울여야 한다는 점에서

4 Bureau of Justice Statistics, *Survey of Inmates in Federal Correctional Facilities*, Washington, DC: U. S. Department of Justice, Bureau of Justice Statistics, 1997.

5 Bureau of Justice Statistics, *Survey of Inmates in State Correctional Facilities*, Washington, DC: U.S. Department of Justice, Bureau of Justice Statistics, 1991; Bureau of Justice Statistics, *Survey of Inmates in Federal Correctional Facilities*, Washington, DC: U.S. Department of Justice, Bureau of Justice Statistics, 1991.

6 *National Crime Victimization Survey, Criminal Victimization in the United States*, 1998 Statistical Tables(NCJ 181585), Washington, DC: U. S. Department of Justice, Bureau of Justice Statistics, 2000.

7 E. Goode, *Between Politics and Reason-The Drug Legalization Debate*, New York: St. Martin's Press, 1997, p. 119; H. H. Brownstein, "What does 'Drug-Related' mean? Reflections on the problem of objectification," *The Criminologist*, 1993, 18: 1, 5-7.

설득력이 있다고 할 수 있다.[8]

    실제로, 이 분야에 대한 지금까지의 연구는 다음과 같은 원칙을 중심으로 진행되어 왔다. 우선, 물론 다수의 연구나 자료가 약물복용과 범죄행위의 상관성을 보여주지만 그것이 반드시 인과성을 의미하는 것은 아니다. 원론적으로 말하자면 약물복용이 범죄를 유발, 조장 또는 권장할 수 있으며, 반대로 범죄성이 약물복용을 유발, 조장, 권장할 수도 있고 약물복용과 범죄가 환경, 상황, 생물학적 변수와 같은 일부 제 3 의 변수들에 의하여 유발, 조장, 권장될 수도 있는 것이다. 실제로, 이 세 가지 경우가 적어도 일부 여건과 사람들을 대상으로 하는 연구결과 경험적으로 지지를 받고 있다.

    그러나 이러한 인과적 영향은 결정적이라기보다는 확률적이라고 볼 수 있다. 대부분의 약물복용자가 범죄적으로 활동적이지 않으며, 대다수의 약물복용사건이 다른 형태의 범죄성을 유발하거나, 수반하지도 않는다. 그럼에도 불구하고 마약은 폭력과 재산범죄에 있어서 분명히 중요한 역할을 하고 있다. 또한, 이와 같은 인과적 영향이 무조건적이라기보다는 우연적인 것이라고 할 수 있다. 약물복용 자체가 직접적으로 사람들을 일부 직접적이고 무조건적인 방법으로 공격적으로 되도록 만들거나 또는 범죄성 그 자체가 그들을 약물을 복용하도록 유인한다는 직접적인 증거는 거의 없기 때문이다. 약물과 범죄의 관계는 개인에 따라, 그리고 개인의 발달 시간에 따라, 상황에 따라 다양한 것이다.

    한편, 약물복용이 범죄성에 인과적으로 영향을 미칠 수 있다는 것이 필연적으로 약물의 정신약리학적 속성을 함축하는 것은 아니다. 중독, 약물을 구입하기 위한 돈을 마련하고자 하는 욕망이나 필요성, 그리고 불법적인 마약시장의 특성 등이 약물이 범죄를 유발할 수 있는 독특한 기제라고 할 수 있다. 따라서 약물의 금지가 마약관련 범죄에 대한 유일한 대응일 수 없으나, 일부 약물관련 범죄의 인과적 선행변수는 될 수 있는 것이다.

    요약하자면, 약물복용자, 약물, 지역 그리고 상황에 따라 약물과 범죄의 관계나 영향이 상당히 복잡하고 이질적이며, 이러한 요소들 사이의 상호작용의 영향도 존재할 수 있다는 점을 이해할 필요가 있다.

---

8 Office of Justice Program, *Office of Justice Programs Fiscal Year 2000 Program Plan: Resources for the Field*, Washington, DC: U.S. Department of Justice, Office of Justice Programs, 2000, p. 23.

1. 이론적 접근

(1) 생태계이론(Ecosystem theory)

범죄나 마약을 포함한 인간의 행위는 여건, 사회적 규범, 문화적 조건, 그리고 다른 사람들과의 상호작용 등 폭넓은 사회환경 속에서 일어나는 것이다. 생태계이론은 법률적, 경제적, 조직적 그리고 정치적 세력, 문화, 대인관계, 그리고 생물학 등의 상호작용이 인간의 행위에 영향을 미친다는 적극적인 인식을 요하는 조직의 틀로서 기능하는 것이다.[9]

범죄행위를 설명하기 위한 일종의 결정론(definitive theory)들은 매우 다양하나, 60년대 이후 아노미(anomie), 사회해체(social disorganization), 차별적 접촉(different association), 사회통제(social control), 억제(deterrence), 낙인(labeling) 그리고 갈등(conflict)이론이 지배적이었다. 그러나 최근 연구와 이론의 발전이 예방과 처우를 더 잘 지원할 수 있을 것이라는 희망을 가진 새로운 접근방법에 관심을 가지게 되었다. 즉, 통합이론(integrated theory), 일반이론(general theory), 생애과정전이(life course transition) 그리고 사회자본(social capital)이 미래에 대한 희망을 가져다 준다는 것이다.[10]

(2) 사회자본(Social capital)

사회과학은 항상 지역사회조직, 사회적 상호작용, 그리고 개인적 행위의 관계에 상당한 관심을 가지게 된다. 오늘날 사회자본의 개념은 사회의 상호작용과 그 영향의 정도를 이해하기 위하여 점점 이용되고 있다. 사회자본이란 원래 지역사회와 가정에서의 사람들의 상호작용의 깊이와 질이라고 정의되어 왔다. 이를 더 구체화하여, 상호이익을 위한 협동과 협조를 용이하게 하는 신뢰, 규범, 그리고 망을 포함하는 개념으로 발전시키고 있다. 더 나아가 일부에서는 사회의

---

9 J. Beckett and H. Johnson, "Encyclopedia of social work: Human development," in R. L. Edwards(ed.), *Encyclopedia of Social Work*(19th ed., vol. 2), 1995, pp. 1385－1405, Washington, DC: National Association of Social Workers.

10 C. Bartollas, *Juvenile Delinquency*(5th ed.), Boston: Allyn and Bacon, 2000, p. 564.

상호작용의 양과 질을 형성하는 규범, 관계, 제도를 포함하는 것으로 개념정의를 수정하고 있다. 이처럼 사회자본을 정의하고 중시하는 것은 사회자본과 융화 그리고 규범적 환경이 지역사회와 개인의 삶의 질에 중요하기 때문이다. 따라서 사회통제나 낙인이론에 기초한 연구에서 지역사회의 융화와 통합, 비공식적 망, 가족의 역동성 등을 범죄와 연관시켜서 설명하려고 한다.[11]

　그럼에도 불구하고 마약문제의 설명을 위하여 사회자본이라는 개념을 적용한 연구는 많지 않다. 그러나 사회자본이라는 개념이 마약과 범죄의 관계를 파괴하는 데 몇 가지 방법으로 적용될 수 있다. 우선, 높은 수준의 사회자원은 강력한 공식적·비공식적 사회유대와 망의 존재를 통하여 마약이나 일탈행위를 예방하는 데 중요한 역할을 할 수 있다. 예를 들어서 지역사회의 강력한 마약반대 규범이 있다면 약물남용의 정도는 낮아질 것이고 반면에 사회자본의 수준이 낮다면 사회통제와 규범의 약화와 그로 인한 마약과 범죄에의 접근이 훨씬 용이해질 것이다. 다음으로, 약물복용으로 형사사법제도의 통제를 받게 되는 경우 지역사회의 사회자본의 수준이 높다면 지역사회에서의 전환 프로그램의 가능성과 유형이 훨씬 더 많아지게 된다. 그리고 설사 마약범죄자가 구금되더라도 높은 수준의 사회자본의 존재는 출소 후 재통합을 위한 지원망이 더 강해진다. 마지막으로 사회자본의 수준이 높은 지역사회에서는 마약과 관련된 공식적 사회망도 강하기 때문에 강력한 기관간 협조를 통하여 다양한 서비스의 제공이 가능해질 수 있다.

2. Goldstein의 분류

　Goldstein은 마약과 폭력성의 관계를 설명하기 위하여 이용자에 대한 정신활성적(psychoactive) 약물의 직접적인 영향으로 인한 폭력으로 설명되는 정신약리학적(Psychopharmacological) 폭력, 값비싼 약물을 구입하는 데 필요한 돈을 마련하기 위하여 도구적으로 행해지는 폭력인 경제적-충동적(Economic-Compulsive) 폭력 그리고 약물거래와 관련된 투쟁이나 구역다툼과 같은 불법약물의 거래와 시장에 관련된 폭력인 제도적(Systemic) 폭력이라는 세 가지 형태로 유형화하고 있다.[12] 보다 쉽게 표현하자면, 폭력은 약물복용의 직접적인 결과일 수도 있고, 약물을

11　J. S. Coleman, "Social capital in the creation of human capital," *American Journal of Sociology*, 1988, 94(supp.): s95-s120; R. Putnam, "The prosperous community: Social capital and public life," *The American Prospect*, 1993, 4(13): http://www.prospect.org/print/V4/13/putnamr.html

12　P. Goldstein, "The drug/violence nexus: A tripartite conceptual framework," *Journal of Drug Issues*, 1985, 14: 493-506.

구입하기 위한 돈이나 약물을 구입하기 위한 복용자의 충동의 결과일 수도 있으며 또는 약물이 제조되고 교환되는 사회체계에 내재된 폭력과 해체의 산물일 수 있다는 것이다.

실제로 이러한 틀을 경험적 연구에 적용한 결과 약물과 알코올이 상당 부분의 모든 살인사건에 대한 중요한 원인이었다는 것이 밝혀지기도 하였다. 구체적으로, 414건의 살인사건 중 53%가 마약이나 알코올과 관련된 것이었으며, 그중 14%가 정신약리학적이었으며, 4%가 경제적-충동적인 것이었고, 74%가 제도적인 것으로 분류되었다.[13]

(1) 정신약리학적 폭력(Psychopharmacological violence)

정신약리학적 폭력에 대한 광범위한 견해는 정신약리학적 요인으로 인한 폭력은 흔하지 않으며 대부분은 불법약물보다는 오히려 알코올에 기인한 바 크다는 것이다. Fagan에 의하면, 약물중독이 일관적으로 공격적 행위로 유인되지 않으며, 알코올, 코카인, 헤로인 또는 기타 약물의 복용이 직접적인 또는 정신약리학적인 범죄의 원인이라는 주장에 대해서는 오로지 제한적인 증거만 있다는 것이다. Parker와 Auerhahn에 의하면, 사회 환경이 약물과 관련된 정신약리학적인 요소보다 폭력행위에 기여하는 바가 더 강하다는 증거는 많이 찾을 수 있다고 한다.[14]

실제로, 어떠한 약물이라도 심리학적 또는 상황적 중재요인과 격리되어 공격성을 유발하는 데 충분치 않다고 할 수 있다. 반면에 알코올과 같은 일부 약물은 공격성의 심리학적·상황적 조장요인을 증폭시킬 수는 있는 것이다.[15] 구체적으로, 이에 상응한 중재요소로는 상황적 스트레

---

13 P. Goldstein, H. H. Brownstein, and P. J. Ryan, "Drug-related homicide in New York: 1984 and 1988," *Crime and Delinquency*, 1992, 38: 459-476; P. Goldstein, H. H. Brownstein, P. J. Ryan, and P. A. Bellucci, "Crack and homicide in New York City, 1988: A conceptually based event analysis," *Contemporary Drug Problems*, 1989, 16: 651-687.

14 J. Fagan, "Intoxication and aggression," pp. 241-320 in M. Tonry and J. Q. Wilson(eds.), *Drugs and Crime*, vol. 13 of Crime and Justice: A Review of Research, Chicago, IL: University of Chicago Press, 1990, p. 243; R. Parker and K. Auerhahan, "Alcohol, drugs and violence," *Annual Review of Sociology*, 1998, 24: 291-311; H. R. White and D. M. Gorman, "Dynamics of the drug-crime relationship," in Crime and Justice 2000, vol. 1: The Nature of Crime: Continuity and Change, pp. 151-218(NCJ 182408), Washington, DC: U.S. Department of Justice, National Institute of Justice, 2000.

15 B. J. Bushman, "Effects of alcohol on human aggression: Validity of proposed explanations," pp. 227-243 in M. Galanter(ed.), *Recent Development in Alcoholism*, Vol. 13: Alcohol and Violence: Epidemiology, Neurobiology, Psychology, Family Issues, New York: Plennum Press, 1997; T. A. Ito, N. Miller, and V. E. Pollock, "Alcohol and aggression: A meta-analysis on the moderating effects of inhibitory cues, triggering events, and self-focused attention," *Psychological Bulletin*, 1996, 120: 105-120; Fagan, *op. cit.*

스 요인(stressor)과 좌절 요인(frustrator), 약물의 효과에 대한 개인적, 문화적 신념과 약물의 영향으로 인한 행동을 용인하거나 수용하지 못하는 것에 대한 규범이라고 할 수 있는 기대효과 (expectancy effect), 탈억제(disinhibition), 자기통제와 의사결정능력의 저하, 주의력의 저하 등 인지기능의 장애, 자기존중심이나 자기정체성에 대한 사회적 위협 등을 꼽을 수 있다.

(2) 경제적-충동적 폭력(Economic-compulsive violence)

이러한 주장의 요지는 체포되거나 구금된 범죄자들이 약물을 구입하는 데 필요한 돈을 마련하기 위하여 범행하였다고 진술한다는 것이다. 물론 그들의 주장이 자신의 범죄행위에 대한 변명일 수도 있고 자기합리화일 수도 있다. 그러나 적어도 헤로인 중독자에게 있어서 만은 그들의 주장이 사실이라고 할 수 있다. 즉 이들의 범죄활동의 빈도가 그들이 헤로인을 집중적으로 복용하는 시기와 거의 일치하며, 중독자들이 메타돈 유지기간에는 그들의 범죄가담을 상당히 줄인다는 연구결과가 이를 뒷받침해주고 있다. 그러나 Goldstein의 유형론을 적용하면 이 경제적-충동적 범죄성은 비교적 흔하지 않으며, 이는 과거의 불법마약시장보다 크랙(crack)의 밀매에 더 많은 돈이 오가기 때문에 마약밀매가 굳이 돈을 마련하기 위하여 범행할 필요성을 약화시키기 때문일 수도 있다고 한다.[16]

경제적-충동적 범죄에 대한 해석과 이해는 약물의존에 대한 과학적 이해와 같이 전개되어야 한다. 신체적 금단증상이 극적일수록 약물은 더 위험하고 심각한 것이다. 그러나 이러한 사고는 구시대적이다. 가장 위험하고 중독성이 강한 약물의 다수는 심각한 신체적 금단증상을 양산하지 않는다. 더욱 심각하게 문제가 되는 것은 오히려 약물이 중독의 핵심이라고 할 수 있는 충동적·강제적 약물추구와 복용을 유발하는가라는 의문이다.[17]

한편, 가격과 관련된 논의도 논쟁의 대상이 될 수 있다. 전통적으로 중독자들은 약물의 노예가 되었고 금단증세를 피하기 위해서는 약물을 구할 수 있는 방법을 찾아야만 하기 때문에 약물의 가격에는 민감하지 않다는 것이다. 만약, 중독자들이 약물의 가격에 민감하지 않다면 약물가격의 상승이 경제적·충동적 범죄의 증대를 초래할 것으로 기대할 수 있다. 그러나 최근 많은 연구결과, 중독자들이 약물 가격에 민감하다는 사실을 밝히고 있다.[18]

---

16 White and Gorman, *op. cit.*, p. 189; Fagan, *op. cit.*

17 A. I. Leshner, "Addiction is a brain disease, and it matters," *Science*, 1997, 278: 45−47.

18 J. Caulkins and P. Reuter, "Editorial: The meaning and utility of drug prices," *Addiction*, 1996, 91: 1261−1264.

(3) 제도적 폭력(Systemic violence)

이는 경쟁적 이점에 대한 투쟁으로 비교적 협의로 해석되고 있다. 마약시장은 다양한 방법으로 폭력을 유발하고 시장폭력은 시간과 장소에 따라 제도적으로 다양하다고 한다. 그러나 불법성 그 자체는 시장에서의 높은 수준의 폭력을 유발하는 데 충분한 조건은 되지 못한다. 일부 약물에 대해서는 시장이 폭력을 거의 조장하지 않는다. 예를 들어, 마리화나는 경쟁적 또는 유통상의 분쟁으로 인하여 큰 손상을 초래하지 않는다.

그러나 일부 약물시장은 분명히 폭력적 성격을 가지고 있다. 즉, 다수의 관련자가 구매자나 공급자로서 상대방에 의하여 심각한 부상을 당하거나 살해될 위험성을 가지고 있다. 특히, 크랙시장은 시장에 관련된 폭력에 취약한 것으로 알려지고 있다. 이처럼 일부 약물시장이 폭력적인 것은 다음과 같은 이유에서이다. 폭력성 범죄의 발생률이 정점에 달하는 시기가 곧 18-22세로서 대부분의 크랙 밀매자들이 이 연령에 해당하는 사람들이라는 이유에서이다. 한편, 약물의 가치 그 자체로서 일부 약물의 가격 자체가 워낙 고가이기 때문에 폭력이 개입될 여지는 항상 높을 수밖에 없는 것이다. 그리고 법집행의 강화로 또는 마약단속의 강화로 마약의 거래는 상당한 불확실성과 위험성을 가지고 이루어지는데 바로 이 점이 잠재적 정보제공자로서 다른 사람을 지명하는 불리한 결과를 증대시킴으로써 폭력에 대한 동기를 고조시키게 된다. 또한, 약물복용자는 통상 보다 폭력적이고 공격적이어서 마약거래자들이 약물을 외부에서 판매하기를 선호하도록 만들고 이는 또한 복용자와 거래자의 믿지 못할 행위를 조장하고 따라서 마약의 공급자들에 의한 더 심한 보복을 조장하게 된다. 그러나 마약시장, 즉 마약거래와 관련된 폭력과 범죄는 위에 기술한 가능한 요소 하나만이 아니라 이들 요소가 합쳐서 유발하는 것이라고 보면 더 좋을 것이다.

3. 마약과 범죄의 통계적 관계

대부분의 마약정책이 마약의 공급을 제한하고 위반자에 대한 강력한 처벌을 가하는 등 강력한 억제적 접근을 포함한 금지의 입장을 취해왔기 때문에 마약과 범죄의 관계에서 상당한 부분이 단순히 법률과 정책 그 자체의 가공물이라고 할 수 있다. 즉, 대부분의 범죄가 약물의 제조, 유통, 소지 그리고 복용의 범죄라고 할 수 있다.

그럼에도 불구하고, 일반적으로 많은 연구결과가 체포된 범죄자들의 심각한 약물복용, 범죄나 비행과 약물복용의 높은 상관관계, 약물복용자들의 높은 수준의 범죄행위, 뿐만 아니라 일반대중들의 범죄나 비행과 약물복용의 높은 상관관계 등을 지적하고 있다. 물론, 이러한 관련성도 약물과 범죄의 유형에 따라 상당한 차이를 보이고 있다는 점도 분명한 사실이다.

(1) 인구특성별 마약과 범죄의 관계

70년대 이후 생물학적 또는 자기보고식 자료에 따르면 구금된 수형자나 체포된 범죄 피의자들의 약물복용 수준이 상대적으로 상당히 높은 것으로 나타나고 있다.[19] 미국의 ADAM에 의하면, 체포된 범죄자의 약 2/3 정도가 그들이 체포될 당시 체내에서 불법약물이 검출된 것으로 알려지고 있다. 심지어 비행청소년들에게서도 대부분 소변검사에서 불법약물이 검출되고 있다고 한다.[20]

한편, 미국 법무부 형사사법통계국의 자료는 지방 구치소 수용자들의 과도한 약물복용을 보여주고 있다. 이 자료에 따르면, 대다수의 수용자들이 범행 한 달 전 약물을 복용한 것으로 알려지고 있다[21]. 물론, 약물복용자들의 범죄에 대한 자료도 보고되고 있는데, 한 자료에 따르면 절대 다수의 약물복용자가 범죄경력과 수형경험을 가지고 있는 것으로 밝혀지고 있다.[22] 이러한 사정은 소년범죄자에게도 예외는 아니어서 약물문제로 치료를 받은 청소년의 40-57%가 비행을 범한 것으로 보고되고 있다.[23]

한편, 일반시민들에게서도 위와 같은 범죄와 마약의 관계가 나타나는 것으로 알려지고 있다. 특히, 청소년들에게 있어서 비행과 약물의 복용이 상당한 관계가 있다고 한다. 실제로, 전체 표본의 5%에 불과한 경성마약(hard drug)을 복용한 청소년이 전체 비행의 40%, 그리고 지표범죄의 60%를 범한 것으로 조사된 바 있다.[24]

---

19 D. C. McBride and C. B. McCoy, "The drugs-crime relationship: An analytical framework," *The Prison Journal*, 1993, 73(3-4): 257-278.

20 Arrestee Drug Abuse Monitoring Program, *1999 Annual Report on Drug Use among Adult and Juvenile Arrestees*, (NCJ181426), 2000: http://www.adamnij.net/files/INTO.pdf.

21 D. J. Wilson, *Drug Use, Testing, and Treatment in Jails*(BJS Special Report, NCJ 179999), 2000,; http://www.ojp.usdoj.gov/bjs/pub/pdf/duttj.pdf.

22 L. Defleur, J. Ball and R. Snarr, "The long-term social correlates of opiate addiction," *Social problems*, 1969, 17(2): 225-233.

23 K. C. Winters, "Kids and drugs," *Corrections and Today*, 1998, 60(6): 118-121.

24 L. Harrison and J. Gfroerer, "The intersection of drug use and criminal behavior: Results from the National Household Survey on Drug Abuse," *Crime & Delinquency*, 1992, 38(4): 422-443; B. D. Johnson, E. D. Wish, J.

(2) 범죄와 마약의 유형에 따른 관계

대부분의 연구에서 마약과 범죄의 관계는 존재하며 그 관계는 매우 복잡하여 마약의 유형에 따라 범죄에 미치는 영향이 다를 수 있고 범죄의 유형에 따라 상이한 마약의 영향을 받을 수 있다는 점을 지적하고 있다. 마약의 유형에 따라 범죄와 마약의 관계에 상이한 영향을 미친다는 연구결과는 우선 1999년 ADAM 보고서에서 잘 나타나고 있는데, 예를 들어 폭력범죄자에게서는 대체로 코카인보다는 마리화나가 더 많이 검출되었고, 반면에 재산범죄자에게서는 마리화나보다는 코카인이 검출될 확률이 더 높았다고 한다.[25]

한편, 범죄의 유형도 범죄와 마약과의 관계에 상이한 영향을 미칠 수 있다고 한다. 우선, 마약과 관련된 범죄의 대부분은 단순한 마약관련 법규의 위반으로서 대부분 약물의 유통과 복용이라고 한다. 그중에서도 대부분은 또 마리화나가 차지하고 있다. 따라서 이러한 범죄유형을 제외한다면 범죄와 마약의 관계는 달라질 수도 있을 것이다.

흥미로운 것은 약물의 복용은 재산범죄와 관련 있었고, 반면에 약물유통이나 거래는 물론 재산범죄와의 관계가 더 강하였지만 폭력범죄와 재산범죄 모두와 긍정적인 상관관계가 밝혀지기도 하였다. 또한, 약물복용, 약물거래 그리고 폭력과 재산범죄 사이에는 상호작용효과가 존재하고 있음을 보여주기도 한다. 청소년의 경우 마약의 소지와 판매 모두 재산범죄와 관련이 있었으나, 강도는 오로지 약물의 소지가 아니라 판매와만 관련이 있었다. 결국, 일부에서는 범죄와 마약의 관계는 주로 마약시장을 통하여 연계되는 것이라고 할 수 있다.[26]

(3) 마약과 범죄관계의 특성과 복잡성

일반적으로 마약과 범죄의 관계를 이해하는 데는 다음과 같은 세 가지 설명모형이 있을 수 있다. 즉, 약물복용이 범죄를 야기하거나 유인하고, 범죄가 약물복용을 야기하거나 유인하며, 또는 그 관계는 순전히 우연이거나 상식적인 생태학에 기초한 것으로 이해하는 것이다. 그러나 분

Schmeidler, and D. Huizinga, "Concentration of delinquent offending: Serious drug involvement and high delinquency rates," *Journal of Drug Issues*, 1991, 21(2): 205－229.

25 Arrestee Drug Abuse Monitoring Program, *op. cit.*

26 S. De Li, H. Priu, and D. MacKenzie, "Drug involvement, lifestyles, and criminal activities among probationers," *Journal of Drug Issues*, 2000, 30(3): 593－620.; J. Linever and D. Shoemaker, "Drugs and crime: A macro－level analysis," Paper presented at the Society for the Study of Social Problems, 1995; J. Roth, Psychoactive Substances and Violence(NIJ Research in Brief, NCJ 145534); http://www.ncjrs.org/txtfiles/psycho.txt

명한 것은 어느 하나의 모형으로는 마약과 범죄의 관계를 다 설명할 수 없다는 사실이다. 오히려 약물 복용 후 범행을 하는 인구는 매우 이질적이며, 마약과 범죄로 이어지는 행로는 복합적이라고 인식할 필요가 있다.[27]

　　많은 사람들에게 있어서 범죄와 마약의 관계는 분명히 인과적인 것으로 인식되고 있다. 즉, 약물의 복용이 범죄를 유발한다는 것이다. 위에서 언급한 Goldstein의 유형화가 이러한 주장에 기초하고 있다. 이미 기술한 바와 같이 약물의 자극제가 공격성과 망상증을 증대시킬 수도 있고 판단력을 심각하게 방해할 수도 있다. 또한, 약물의 높은 가격과 복용자의 높은 실업률은 약물을 구하기 위한 재산범죄를 증가시킬 수 있고, 약물복용 그 자체가 범죄이기 때문에 약물복용은 복용자를 범죄적 하위문화에 가담시키게 되고 나아가 미래의 일탈로 인도하게 되어 범죄행위와 부문화적 관계를 가지고 있다는 것이다.

　　이와 반대로 일부에서는 청소년들에게 있어서 비행이 약물복용을 선행한다는 주장을 펴기도 한다. 여기서도 부문화적 설명이 도입되는데, 그들에 따르면 범죄활동이나 하위문화에의 참여와 가담은 차후 약물개입에 기여하는 상황, 동료집단, 그리고 여건 등을 제공한다는 것이다. 범죄적 성향이나 일탈적 생활유형을 가진 사람은 자가치료나 일탈행위에 대한 변명의 목적으로 약물을 이용할 수 있다는 것이다.[28]

　　한편, 마약과 범죄관계에 대한 연구의 전통 중 하나는 마약과 범죄가 직접적인 인과관계가 없을 수도 있다는 것이다. 오히려 이들은 좋지 못한 사회적 지지와 지원체제, 학교에서의 어려움, 일탈적 집단과의 교우, 또는 사회적 격리, 인적, 사회적 자본의 부족 등과 같은 사회환경적·제도적 요소를 지적하고 있다.[29]

27 H. White and D. Gorman, "Dynamics of drug-crime relationship," in G. LaFree(ed.), *Criminal Justice 2000*, Volume 1: The Nature of Crime: Continuity and Change(NCJ 182408), 2000, pp. 151-218.; http://www.ncjrs.org/criminal_justice2000/vol_1/02d.pdf.

28 White and Gorman, *op. cit.*

29 A. J. Lurigio and J. A. Schwartz, "Changing the contours of the criminal justice system to meet the needs of persons with serious mental illness," in J. Horney(ed.), *Criminal Justice 2000*, Volume 3: Policies, Processes and Decisions of the Criminal Justice System(NCJ 185528), 2000, pp. 45-108.; http://www.ncjrs.org/criminal_justice2000/vol_3/03c.pdf.

제3절 주요 약물의 유형

1. 마리화나(Marijuana)

대마초의 꽃, 씨앗, 줄기, 잎을 말리고 부순 초록, 회색 또는 갈색의 혼합물로서 마음을 변경시키는 약물(mind-altering drug)이라고 할 수 있다. 마리화나의 주요 단기 영향이나 효과는 기억과 학습 장애, 왜곡된 인식, 사고와 문제해결의 어려움, 조정력의 상실, 심장박동의 증대 그리고 불안 등이다. 마리화나는 통상 담배처럼 피우는 것이다. 그러나 음식에 섞어서 먹거나 또는 차에 타서 마시기도 한다.

마리화나는 여러 가지 건강에 해로운 영향을 끼친다고 한다. 빈번한 호흡기 감염, 학습과 기억 장애, 심장박동의 증가, 불안, 공포심 등이 주요 영향이라고 할 수 있다. 마리화나는 중독성 약물의 범주를 충족시키고 동물실험의 결과도 마리화나가 신체적 의존성을 야기하며, 일부 금단 증상도 있음을 보고하고 있다. 또한 모유를 먹이는 엄마가 수유 첫 달에 마리화나를 남용하게 되면 아기의 근육신경의 발달에 장애를 초래할 수 있다는 연구결과도 있다.[30]

마리화나를 주기적으로 피우는 사람은 천식과 담, 습관적 기관지염 증상, 기침감기 등을 포함한 담배를 피우는 사람이 경험하는 것과 같은 동일한 호흡기 문제를 겪게 된다. 지속적으로 마리화나를 피우면 비정상적인 폐 기능을 초래할 수도 있다고 한다. 학자들은 마리화나가 학습과 기억 그리고 감정과 동기와의 감각적 경험을 통합하는 데 중요한 뇌의 부분인 해마상 융기에 감각정보가 도달하고 처리되는 방법에 변화를 일으키기도 한다고 한다. 실제 실험연구의 결과도 마리화나를 많이 피우는 학생들에게서 주의력, 학습력, 기억력과 관계된 기술이 많이 떨어지는 사실을 입증하고 있다.[31]

---

30 Drug facts-Marijuana, Office of Drug Control Policy, 2002.; http://www.whitehousedrugpolicy.gov/drugfact/marij.../marijuana_b.htm.

31 National Institute on Drug Abuse, *Marijuana Infofax*, October 2001.

2. 메스암페타민(Methamphetamine)

메스암페타인은 주사로 맞을 수도 있고, 코로 흡입할 수도 있으며, 담배와 같이 피울 수도 있고, 입으로 먹을 수도 있는 매우 중독성이 강한 중앙신경계통 자극제이다. 복용자는 약물이 처음 주입되면 짧지만 매우 강한 황홀감(rush)을 느낀다고 한다. 이 약물의 효과는 활동성의 증대, 식욕의 감소, 그리고 6-8시간 지속되는 행복감 등이다. 메스암페타민은 발작, 주의력결손장애 그리고 비만의 치료를 위한 의료용으로만 쓰이도록 제한되어 있다.[32]

메스암페타민은 시중에서 구입할 수 있는 재료로 은밀한 비밀실험실 등에서 쉽게 제조될 수 있으며 따라서 대부분의 국가에서 가장 많이 제조되고 쓰이는 합성약물이다. 이처럼 쉽게 제조할 수 있고 그 중독성이 매우 강하다는 사실로 인하여 그 이용을 확대, 증폭시키고 있다.

메스암페타민 복용의 결과는 중독, 정신병적 행위 그리고 뇌손상 등이 포함될 수 있다. 이 약물은 매우 중독적이고 따라서 복용을 끊으려는 사람은 우울, 불안, 피로, 망상, 공격성, 약물에 대한 갈망 등을 포함하는 금단증상으로 고통을 받을 수도 있다고 한다. 상습적인 복용은 폭력적 행위, 불안, 혼돈, 불면증 등을 초래할 수 있다. 또한 자살이나 살인도 초래할 수 있는 환청, 감정장애, 망상 그리고 환상 등도 복용자에게서 나타날 수 있다. 메스암페타민은 복용 후 수개월 후에나 발견될 수 있는 뇌손상을 초래할 수 있는데, 메스암페타민으로 인한 뇌손상은 심장마비, 간질, 알츠하이머 질환 등에 의한 손상과 유사하다고 한다.[33]

3. 헤로인(Heroin)

헤로인은 매우 중독성이 강한 약물로서 가장 많이 남용되고 가장 빠르게 효과가 나타나는 진정제이다. 헤로인은 여러 종류의 양귀비의 씨앗으로부터 추출된 몰핀(morphine)으로부터 만들어진다고 한다. 쓴 맛이 있는 하얀 분말인 순수 헤로인은 길거리에서는 거의 밀매되지 않는다. 대부분의 불법 헤로인은 흰색에서부터 짙은 갈색에 이르는 다양한 색깔의 분말이다. 색깔의 차이는 제조과정에서 남게 되는 불순물이나 첨가물의 존재에 기인한 것이다.[34]

---

32 National Institute on Drug Abuse, *Methamphetamine: Abuse and Addiction*, April 1998.

33 *Ibid.*

34 *Ibid.*

　　헤로인은 주사로 투입될 수도 있고, 담배처럼 피워서 흡입할 수도 있고, 코로 흡입할 수도 있다. 주사로 투입하는 것이 순도가 낮은 헤로인을 투입하는 가장 효과적인 방법이라고 한다. 그러나 순도가 높은 헤로인의 존재와 주사기를 공동으로 사용하는 데 따른 감염에 대한 공포심으로 인하여 코로 흡입하거나 피워서 흡입하는 경우가 빈번해지고 있다. 이러한 복용방법의 변화는 물론 코로 흡입하거나 피워서 흡입하는 것이 주사보다 중독되지 않는다는 잘못된 인식에도 기인한다.[35]

　　헤로인 남용으로 인한 단기적 영향은 헤로인을 복용하자마자 바로 나타난다고 한다. 정맥주사 주입은 복용자가 경험할 수 있는 초기 황홀감을 가장 빠르고, 강하게 느끼게 한다. 정맥주사를 이용한 주입은 전형적으로 헤로인을 주입한 후 약 7-8초 내에 황홀감을 느낄 수 있게 하는 반면 근육주사 주입은 비교적 느려서 황홀감을 느끼기까지는 주입 후 약 5-8분이 걸린다고 한다. 헤로인이 코로 흡입되거나 피워서 연기로 흡입될 때는 약물효과가 10-15분 안에 최고에 달한다고 한다.[36]

　　초기 쾌감과 더불어, 헤로인의 단기효과는 피부가 붉어지고, 입이 마르며, 사지가 무거워지는 것 등으로 나타난다. 초기 쾌감을 느낀 후, 헤로인 사용자는 깨어있거나 졸린 상태를 왔다 갔다 하고, 때로는 수시간 동안 졸음을 느낀다고 한다. 중앙신경계통의 쇠약으로 인하여 정신기능이 장애를 받게 되고, 추가로 호흡이 느려질 수도 있다고 한다. 일정 기간 반복적으로 헤로인을 복용하면 장기효과도 나타날 수 있는데, 상습복용자는 정맥이 줄어들고, 심장벽과 심장판막이 감염되며, 간질환과 종양의 위험을 겪을 수 있다. 그 밖에, 장기 상습복용자에게는 폐렴과 같은 폐질환도 초래될 수 있다고 한다.[37]

　　한편, 헤로인을 과다하게 복용하면 호흡곤란, 경련, 혼수상태를 겪거나 때로는 죽음에 이를 수도 있다. 물론 헤로인 복용의 가장 중요한 결과는 중독이다. 정기적으로 헤로인을 사용하게 되면 약물에 대한 내구성이 발달하여 사용자가 추구하는 느낌을 느끼기 위해서는 점점 더 많은 헤로인을 복용해야만 한다. 헤로인을 많이 오랜 시간 복용할수록 신체적 의존과 중독은 심화되는 것이다. 헤로인을 마지막으로 복용한지 불과 몇 시간만 지나면 금단증상이 일어나는데, 약물에 대한 갈망, 침착하지 못함, 근육과 뼈의 통증, 구토 등이 나타날 수 있다. 금단증상은 마지막

---

35 National Institute on Drug Abuse, *Infofax: Heroin*, 2000.

36 *Ibid.*

37 *Ibid.*

복용 후 48－72시간 안에 최고에 달한다고 한다.[38]

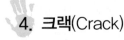

4. 크랙(Crack)

　　코카인이 처음 사용되고 100여 년이 지나서 새로운 변종의 하나인 크랙(Crack)이 나타나 1980년대 이후 널리 사용되고 있다. 크랙이 이처럼 대중화된 것은 비싸지 않게 제조하고 구입할 수 있고 즉각적인 효과를 느낄 수 있기 때문이다. 크랙은 일반적으로 연기로 마시는 매우 중독성이 강한 형태의 코카인이다. 여기서 'Crack'이라는 단어는 Crack의 제조에 사용되는 중탄산나트륨(중조)이 가열되면서 내는 우두둑하는 맹렬한 소리(cracking)에서 따온 것이다. 물론 연기로 흡입하는 것이 가장 보편적인 방법이나 때로는 주사로 주입하거나 코로 흡입하는 경우도 있다고 한다.[39]

　　코카인은 강력한 중앙신경계통 자극제이다. 크랙을 포함한 코카인 복용의 신체적 영향은 혈관의 수축, 혈압의 상승, 심장박동의 상승 등이다. 침착하지 못함, 과민함, 불안 등도 복용자가 경험할 수 있는 영향이다. 일부 연구에 의하면 연기로 흡입하거나 주사로 주입하는 사람이 코로 흡입하는 사람보다 자신에게 해를 끼칠 위험성이 더 큰 것으로 알려지고 있다. 예를 들어, 연기로 흡입하는 사람은 기침, 급한 호흡, 가슴통증 등을 포함한 호흡기 문제로 고통을 받을 수 있으며, 특히 공격적인 망상적 행위를 유발할 수도 있다.[40]

　　코카인은 강력한 중독성 약물이다. 강박관념에 사로잡힌 코카인의 복용은 코로 흡입할 때보다 담배로 피워서 흡입할 때 그 효과가 더 빨리 나타난다. 코카인의 느낌에 대한 내성이 발전하여 처음 복용하였을 때 느꼈던 것만큼의 느낌을 갖지 못한다고 한다.

　　크랙을 담배로 흡입하면 다량의 약물이 폐로 전달되어 정맥주사와 유사한 효과를 초래하게 된다. 이런 효과는 흡입 즉시 즉각적으로 느껴지며 매우 강하나 오래 지속되지는 않는다. 예를 들어, 담배로 흡입할 때는 그 효과가 5－10분 정도 지속되지만 코로 흡입하는 경우는 15－20분 정도 지속된다고 한다. 코카인과 알코올을 동시에 하게 되면 코카인의 위험은 배가된다. 알코올과 코카인이 혼합되면 사람의 간이 이 둘을 혼합하여 코카에틸렌이라는 새로운 제 3 의 물질을

---

38 National Institute on Drug Abuse, *Research Report: Heroin Abuse and Addiction*, 1999.

39 National Institute on Drug Abuse, *Cocaine Abuse and Addiction, May 1999; Infofax: Crack and Cocaine*, October 2001.

40 *Ibid.*

만들기 때문이다.[41]

5. LSD

보통 '산(acid)'으로 알려지고 있는 LSD는 원래 순환기와 호흡기 자극제로 개발되었다. LSD는 호밀이나 기타 작물을 성장, 발육시키는 균류인 맥각(ergot)에서 발견되는 리세르그 산(lysergic acid)으로부터 만들어진다. 알약이나 캡슐로 주로 판매되나 때로는 액체형태로도 거래된다고 한다. LSD는 향기가 없고 색깔도 없으며 약간 쓴맛을 내며 보통 입으로 삼켜서 복용하는 약물이다.[42]

LSD의 효능은 복용자의 인성, 기분, 기대감, 복용량, 주변환경과 여건 등에 따라 달라지기 때문에 예측하기 힘들다. 통상 복용자가 복용 30－90분 후에 약물의 효과를 느끼게 된다고 한다. 사용자들은 LSD의 복용체험을 일종의 환각체험(trip)이라고 하며 그중에서 심각한 반대의 반응을 '나쁜 체험(bad trip)'이라고 한다. 이러한 경험은 12시간 후에나 없어질 정도로 오래 지속된다. 신체적 영향은 동공의 팽창, 체온의 상승, 심장박동의 증가, 혈압의 상승, 땀, 식욕의 상실, 불면, 입이 마름, 전율 등이다. 감각과 느낌은 신체적 신호보다 훨씬 빨리 변화한다. 충분한 양을 복용하면 망상과 시각적 환상을 초래한다.

다수 LSD 이용자들이 더 이상의 복용이 없이도 LSD 금단증상의 하나인 환각의 재현(flashbacks)을 경험하게 된다. 이 환각의 재현은 아무런 경고도 없이 LSD 복용 며칠 후에서부터 심지어 1년 후에도 나타날 수 있다고 한다. 환각의 재현이나 나쁜 환각은 LSD 복용의 위험성의 일부에 지나지 않으며 우울증과 같은 정신병을 비교적 장기간 나타낼 수 있다. 그러나 대부분의 LSD 복용자는 시간이 흐름에 따라 자발적으로 복용을 중단하거나 줄이게 되는데, 이는 LSD가 코카인, 메스암페타민, 헤로인, 니코틴과 같이 강제적인 약물추구 행위를 양산하지 않기 때문에 LSD가 중독성 약물로 고려되지 않고 있는 데서 그 이유를 알 수 있다. 그러나 대부분의 중독성 약물과 마찬가지로 LSD도 내구성이 있어서 반복적으로 복용하게 되면 같은 결과를 얻기 위해서도 점점 더 많은 양의 복용을 요하게 된다.[43]

---

41 National Institute on Drug Abuse, *op. cit.*, 2001.

42 National Institute on Drug Abuse, *Infofax: LSD*, 2000.

43 *Ibid.*

보통 해가 없는 것으로 인식되고 있지만 LSD도 이용자에게 다수의 영향을 미칠 수 있다. LSD의 정신적 영향이 통제되지 않거나 이용자가 약물상태를 종식시키고 싶어 할 때 강력한 환 각으로 인하여 심각한 공황반응(panic reaction)을 야기할 수 있다. 이러한 공황반응은 시간이 지 남에 따라 성공적으로 없어지지만 장기화된 불안과 정신병적 반응도 나타날 수 있다고 한다. 정 신적 영향이 정신병적 위기를 유발하고 기존의 임상병리적 문제에 더하게 된다.

LSD의 직접적인 영향으로 인한 죽음은 거의 불가능하나, 이용자가 경험하게 되는 망상, 환 상, 환각, 공항반응의 결과로 일어날 수도 있다고 한다. 대부분의 LSD 관련 문제의 원인은 사실 처럼 보이는 강력한 시각적 환상이다. 초기 복용량이 적을 때는 시각적 이미지가 집중되고 불빛 과 색깔이 보이다가, 복용량이 많아지면 시각적 이미지가 현실의 왜곡으로 나타나거나 완전히 새로운 시각적 이미지로 나타나고 눈을 뜨거나 감더라도 보일 수 있게 된다. 환각(hallucination) 은 또 다른 형태를 취하는데, 생각이 자유롭게 떠돌아다니거나 꿈처럼 되고, 시간의 인식이 지 연되거나 왜곡되며, 자신의 신체가 다른 사람과 합쳐진다는 인식을 하게 된다.[44]

6. 클럽 약물 – 엑스터시

최근 들어 나이트클럽이나 카페 또는 레이브 파티 등에서 젊은이들에게 널리 퍼지고 있는 일부 약물을 총칭하여 '클럽 약물(club drug)'이라고 한다. 대표적으로 엑스터시(Ecstasy)가 이에 속한다. 흥분과 환각적 효과를 유발시킴으로써 파티 참가자들로 하여금 더 오랜 시간 춤추고 활 동적이게 하기 때문에 엑스터시가 파티에서 자주 이용되고 있다. 이 약물은 알약으로 삼키는 것 이 보통이나 때로는 부셔서 코로 흡입할 수도 있고 주사될 수도 있으며 좌약의 형태로도 이용될 수 있다.

엑스터시의 복용은 심각한 심리적, 신체적 손상을 초래할 수 있다. 심리적 영향은 혼란, 우 울, 불안, 그리고 망상을 초래하며, 복용 후 몇 주 동안 지속될 수 있다. 육체적으로는 메스꺼움, 생기를 잃음, 심장박동과 혈압의 심각한 상승 등을 경험할 수 있다. 또한 엑스터시는 고열, 근육 이완, 심장발작, 발작, 신장과 심장혈관 질환을 유발할 수 있고 때로는 죽음에 이르게 할 수도 있다. 상습적인 복용은 사고와 기억에 핵심적인 뇌의 부분의 장기적인, 때로는 영구적인 손상을 일으킬 수 있다고 한다.[45]

---

44 National Institute on Drug Abuse, *op. cit.*, 2000.

7. 흡입제(Inhalants)

흡입제(Inhalants)라는 용어는 '취하기 위하여 입으로 또는 코로 흡입함으로써 의도적으로 남용될 수 있는 수많은 제품'을 통칭한다고 할 수 있다. 이들 제품은 휘발성 용매와 상업적 접착제, 라이터 연료, 세제, 또는 페인트 용품 등에서 일반적으로 발견되는 물질로 만들어진다. 이들 제품에 대한 접근이 용이하고 가격이 저렴하고 숨기기가 쉽다는 이유로 많은 사람들에게 흡입제가 최초의 약물남용이 되는 경우가 많다.

흡입제의 사용방법은 고무풀이나 액체 지우개와 같은 제품의 용기로부터 직접 코나 입으로 흡입하거나, 플라스틱 봉투와 같은 것을 머리 위에 덮어쓰고 흡입하거나, 약물이 젖어서 스며든 옷이나 천으로부터 흡입하는 방법 등이 있다. 물론 약물이 직접 연무질 깡통으로부터 또는 풍선과 같은 대체용기로부터 흡입할 수도 있다. 일부 휘발성 물질은 가열되면 취하게 하는 수증기를 만들어 낼 수도 있다.

흡입제의 효과는 알코올의 취기와 유사한 점이 있다. 흡입에 따라, 신체는 산소가 부족하게 되어 뇌로 보내는 혈액의 흐름을 증대시키기 위한 시도로서 심장박동을 더 빨리 하도록 만들게 된다. 흡입자는 처음에는 자극과 흥분, 억제력의 상실 그리고 현실과 공간관계에 대한 왜곡된 인식을 경험하게 된다. 단기간의 이러한 경험 이후에는 감각이 쇠약해지고 신체가 뇌로 가는 혈액의 흐름을 다시 안정시키려고 시도함에 따라 무감각상태가 일어나게 된다. 흡입자는 약물의 단기적이나 빠른 효과로 인하여 몇 시간을 두고 여러 차례에 걸쳐 취할 수도 있다. 다수의 흡입자는 두통, 구토, 언어장애, 운동기능의 조정력 상실, 숨 막힘 등을 경험하게 된다.[46]

지나친 흡입제 사용은 흡입제에 대한 내구성을 유발하고 흡입중단 이후 수일에서 수 시간 내에 금단증상이 일어날 수 있다. 금단증상은 땀을 흘리고, 맥박이 급해지며, 손이 떨리고, 불면증, 구토, 메스꺼움, 신체적 동요, 불안, 환각, 발작 등을 포함한다. 흡입제 사용의 표시는 신체나 옷에 반점이나 자국이 있으며, 입 주변에 점이 있거나 부어있고, 코와 눈이 붉거나 콧물이나 눈물이 나오고, 호흡시 화학냄새가 나며, 술에 취하거나 어지러운 모습을 보이고, 식욕을 상실하는 것 등이라고 한다.[47]

---

45 National Institute on Drug Abuse, *Infofax:MDMA*(Ecstasy), 2001.

46 Office of National Drug Control Policy, Factsheet: Inhalants, 2001.; http://www.whitehousedrugpolicy.gov/publications/factsht/i.../index.htm.

47 *Ibid.*

8. 스테로이드(Steroids)

현재, 시중에는 100여 종의 근육 증강제(anabolic steroids)가 유통되고 있다. 근육 증강제는 입으로 삼킬 수도 있고, 근육주사로 주입할 수도 있으며, 젤이나 크림의 형태인 경우는 피부에 문지를 수도 있다고 한다. 이들 약물은 소위 cycling이라고 불리는 형태로 이용되고 있다. 이는 특정한 기간 동안 다량의 증강제를 취하고 일시 중단했다가 다시 복용하는 것이다. 복용자들은 종종 stacking으로 알려진 과정으로서 상이한 유형의 증강제를 혼합해서 복용한다. 이는 복용자들이 각 증강제를 별도로 개별적으로 복용하는 것보다 함께 복용함으로써 상호작용을 일으켜 근육강화에 더 큰 효과를 볼 수 있다고 믿기 때문이다. 또 다른 형태의 복용방법은 피라미드라고 해서 복용량을 점진적으로 늘리고 정점에 도달한 이후 점진적으로 양을 줄이는 것이다.[48]

근육 증강제의 남용은 남자의 가슴확대와 같은 신체적으로 어울리지 않는 데서부터 생명을 위협하는 데 이르기까지 다양한 부작용을 초래할 수 있다. 대부분의 이들 부작용은 사용을 중단하면 회복될 수 있지만 일부는 영구적일 수도 있다고 한다. 이러한 신체적 영향 외에도 흡입제의 남용은 과민성과 공격성을 증대시킬 수도 있다. 근육 증강제 남용으로 인한 건강과 관련된 일부 문제는 간암, 심장마비, 콜레스테롤의 증대 등이 있다. 그 밖에 청소년들의 근육 증강제 남용은 뼈의 발육을 조기에 중단시켜 청소년의 성장을 저해할 수도 있다고 한다.

일부 근육 증강제 남용자는 복용을 중단하면 금단증상을 겪을 수도 있다. 주요 금단증상으로는 기분전환, 피로, 식욕상실, 성욕감퇴, 우울, 불면증 등을 들 수 있다. 이러한 우울증이 자살의 시도로 이어질 수도 있고, 치료하지 않고 내버려둔다면 복용중지 후에도 몇 년 동안 지속될 수 있다.

---

48 National Institute on Drug Abuse, *Research report: Anabolic Steroids Abuse*, April 2000.

제4절 마약정책

마약정책의 역사는 금지, 위험성 감축, 의료화(medicalization), 합법화/규제(legalization/regu-lation), 그리고 비범죄화(decriminalization)라는 다섯 가지 주요 접근방법으로 나눌 수 있다. 여기서, 금지(prohibition)란 마약의 생산, 유통, 그리고 복용에 대한 엄격한 처벌을 강조한다. 반면에 위험성 감축(risk reduction)이란 불법약물과 관련된 위험과 해를 줄이기 위하여 공중보건 접근법(public health approach)을 활용하며, 위험성, 안전한 복용관행, 예방, 그리고 처우에 대한 교육을 강조한다. 의료화는 약물남용을 주로 의학적 쟁점으로 간주하여 약물중독자에 대한 의학적 치료와 처우를 요구하며, 합법화/규제는 약물에 대한 정부의 규제를 통하여, 특히 정부가 통제하는 유통구조를 통하여 특정한 약물의 분배도 가능할 정도로 약물에 대한 접근을 용이하게 하자는 것이다. 끝으로, 비범죄화는 개별적인 약물복용에 대한 형법의 적용에 종지부를 찍자는 주장이다.

1. 범죄로서의 마약가담

마약에 대한 합법화 논란이 제기되고 있지만 아직은 마약 그 자체가 불법이고 금지되고 있다는 것은 몇 가지 중요한 것을 시사하고 있다. 우선, 마약의 금지는 시장과 관련된 제도적 폭력에 해당되는 범죄에는 반드시 필요한 것이다. 우리는 알코올이나 담배 판매상의 일상적 폭력을 관찰하지는 않는다. 그리고 물론 약물의 금지에 의하여 유발되지는 않지만 경제적-충동적 폭력은 마약의 금지는 어쩔 수 없이 가격을 상승시키기 때문에 일부 과장된 면이 있다. 또한, 낙인의 영향과 같은 일부 상이한 기제를 통하여 약물의 불법적 지위가 범죄적 영향을 끼칠 수도 있다고 한다. 그중에서 대표적인 기제가 무능력화(Incapacitation)와 대체효과(Replacement effect)이다.

많은 연구자들이 재산범죄자나 성범죄자에 비해 마약밀매자에 대한 무능력화의 효과는 약할 것이라고 주장한다. 실제로 일부 경우에는 대체효과로 인하여 마약거래의 정도가 전체적으로 증대하는 결과를 초래하기도 한다. 일부 비싼 마약의 경우, 그 마약밀매자의 구금은 오히려 다른 사람에게는 마약밀매의 좋은 기회를 제공해줄 수도 있는 것이다. 뿐만 아니라 조직적인 마약밀매단의 경우 단원의 구금은 새로운 밀매자를 모집하거나 기존의 밀매자들의 활동을 증대시킴으로써 대체시킬 수 있다는 것이다.[49]

2. 강력한 단속이 폭력을 확대시키는가?

일부 여건에서는 지나치게 강력한 단속이 오히려 마약 관련 폭력을 증가시킬 수도 있다고 한다. 예를 들어, 강력한 단속은 경쟁에 있어서 더 많은 폭력을 유발할 수 있다. 일부 연구결과, 마약사범이 증가한 지역의 이웃한 지역에서의 폭력범죄가 증가하였다고 하는데 이는 바로 대체 효과의 영향으로 집중단속지역의 밀매자들이 이웃한 지역으로 옮겨갔기 때문이라고 한다.[50]

3. 처우와 처벌

마약문제의 심각성에 기초를 둔 가장 중요한 정책의 하나가 바로 마약범죄자에게 최소한의 강제형을 부과하는 소위 최소 강제형(mandatory minimum sentencing)이라고 할 수 있다. 물론 처음에는 마약범죄에 대한 강력한 강제형이 약물복용, 범죄, 또는 기타 관련된 비용에 상당한 억제효과를 가질 것으로 기대되었다. 그러나 일차적인 결과는 약물관련 체포자와 마약복용 수형자의 수와 비율을 극적으로 증가시킨 것이었다.[51]

강제된 처우(Coerced 또는 compulsory, mandated, involuntary treatment)는 격렬한 논쟁의 대상이다. 일부에서는 철학적 또는 헌법적인 바탕에서 반대하고 반면에 많은 처우 전문가들은 만약 중독자가 진실로 변화의 동기가 있다면 처우가 성공적일 수 있다고 주장한다. 또 다른 일부에서는 상습적 복용자는 강제나 강요가 없다면 자발적으로 형사사법제도에 들어가서 남아있을 사람은 거의 없다고 주장한다. 반대로 강제조치나 처분의 활용이 처우를 자발적으로 받고 지속할 가능성을 증대시킨다. 강제적인 약물남용처우가 하나의 효과적인 처우의 자원이 된다는 것이다. 일반적으로 처우의 기간이 처우의 성공과 상당한 관련이 있기 때문에 우선 처음에는 강제로 처우를 받게 하고 지속적으로 참여하도록 동기를 부여하기 위하여 점진적인 제재(graduated sanction)를

---

49 M. A. R. Kleiman, "The problem of replacement and the logic of drug law enforcement," *Drug Policy Analysis Bulletin*, 1997, 3: 8−10.

50 J. Eck and E. McGuire, "Have changes in policing reduced violent crime? An assessment of the evidence," pp. 207−265 in A. Blumstein and J. Wall,an(eds.), *The Crime Drop in America*, New York: Cambridge University Press, 2000.

51 D. C. McBride, C. J. Vander Waal, R. Pacula, Y. M. Terry, and J. Chriqui, "Mandatory minimum sentencing and drug law violations: Effects on the criminal justice system," in S. G. Leukefeld, F. Tims and D. Farabee(eds.), *Treatment of Drug Offenders: Policies and Issues*, pp. 319−334, New York: Springer Publishing Company, 2001.

적용하는 것이 잠재적으로 성공적인 전략이 될 수 있다. 따라서 강제처우라도 마약범죄자의 처우에는 상당한 역할을 한다고 할 수 있다.

그러나 단순히 범죄자로 하여금 처우를 받도록 강제하는 것이 성공이나 동기를 증대시킬 가능성은 거의 없다고 한다. 이유는 처우에 대한 준비나 동기를 부여하지 못하면 처우의 효과가 떨어지기 때문이라고 한다. 또한 강제처우의 적용은 매우 다양한 형태로 행해지기 때문에 어떤 유형의 마약범죄자가 어떠한 환경에서 어떠한 형태의 처우를 받게 하는 것이 가장 효과적인가를 결정하기 위한 더 많은 연구가 필요하다고 한다.[52]

HOT ISSUE 마약범죄

관세청, 마약류 밀반입 등 국제범죄 '척결'…국경 사전차단 '강화'

관세당국이 국제범죄조직에 의한 마약류 국내 밀반입과 한국 경유 중계밀수 등 국경 사전차단에 역량을 높이기로 했다.

관세청은 19일 전국세관과 경찰청 본부 및 일선 마약단속 책임자 등 70여 명이 참석한 가운데 '제21차 국내외 단속 기관 마약수사공조회의'를 개최했다.

이번 회의에서는 경찰청 등 국내외 단속기관 간 정보교류·수사공조를 더욱 강화하는 등 국내 마약류 남용의 확산을 차단하기 위한 방안이 중점 논의됐다.

이 회의는 불법 마약류의 밀수, 국내 밀거래 및 투약 등 마약류 범죄의 효과적 대응을 위해 관세청과 경찰청이 매년 2회씩 개최하는 등 회수로 10년째다.

특히 지난 2010년부터는 관세청과 경찰청을 비롯해 국가정보원, 식품의약품안전처, 아·태지역정보센터(WCO RILO AP), 미국 마약단속청(DEA) 한국지부 등 국내외 마약단속기관들의 참석이 확대되고 있다.

이날 관세청과 경찰청은 최근 국내외 마약류 밀수동향과 주요 적발사례를 소개하고, 조직화·국제화되는 마약류 범죄에 효과적인 대응 등 공조강화방안을 심도 있게 논의했다.

황승호 관세청 국제조사팀 과장은 "국제범죄조직에 의한 마약류 국내 밀반입과 한국을 경유하는 중계밀수가 지속되고 있다"며 "공항·항만 등 국경 사전차단을 위해 마약단속역량을 강화할 것"이라고 설명했다.

자료: 아주경제 2015년 11월 19일
http://www.ajunews.com/view/20151119155357416

---

52 D. Simpson, G. Joe, K. Broome, M. Hiller, K. Knight, and G. Rowan−Szal, "Program diversity and treatment retention rates in the Drug Abuse Treatment Outcome Study(DATOS)," Psychology of Addictive Behaviors, 1997, 11(4): 279−293; D. Simpson, G. Joe, and B. Brown, "Treatment retention and follow−up outcomes in the Drug Abuse Treatment Outcome Study(DATOS)," Psychology of Addictive Behaviors, 1997, 11(4): 294−307.

마약도 익명 수령.. 범죄 키우는 고속버스 택배

2013년 염모(40)씨가 차린 퀵서비스 업체는 배송 물량이 끊이지 않았다. 비결을 묻는 주변의 질문에 염씨는 "고정 수입원이 있다"고만 했다.

그가 말한 고정 수입원은 바로 중국의 보이스피싱 조직이었다. 염씨는 통장모집 총책이자 내연녀인 중국인 오모(35)씨로부터 대포통장 배달을 지시 받고 퀵서비스로 건당 4만원가량의 배송료를 받아 챙겼다. 그는 '연계 배송'이란 신종 수법을 통해 경찰의 눈을 감쪽같이 속였다. 통장 공급자가 퀵서비스를 이용해 주거지 부근의 고속버스 터미널로 배송하면 이를 수화물 택배로 서울 등 수도권 터미널로 옮긴 후 다시 퀵서비스를 거쳐 통장 모집책이나 인출책에게 전달하는 방법이었다. 염씨는 이런 식으로 1년 동안 6억원이나 벌었지만 결국 지난해 9월 경찰에 꼬리를 잡혔다.

상대적으로 저렴한 가격에 물건을 나르는 '고속버스 수화물 택배'가 범죄에 악용되는 사례가 꾸준히 발생하고 있다. 마약, 대포통장 등 범죄의 부산물이 택배로 둔갑해 버젓이 고속도로를 활보하고 있지만 감시의 사각지대에 놓여 있어 대책 마련이 시급하다는 지적이다.

범죄자들이 수화물 택배를 선호하는 가장 큰 원인은 익명성 때문이다. 수령지로 배달하는 일반 택배와 달리 버스 터미널에서 직접 받아가 정확한 주소가 필요 없는 데다, 찾아가는 사람이 운송장 번호만 알고 있으면 물건 교환이 가능하다. 신분을 굳이 노출하지 않아도 범행에 쓰이는 물건을 안전하게 옮길 수 있다는 얘기다. 지난해 9월 경찰에 구속된 주부 최모(48)씨는 마약 공급책 박모(49)씨로부터 900여명이 동시 투약 가능한 필로폰 27g을 510만원에 사들였다. 그 역시 고속버스 택배로 마약을 건네 받은 뒤 재포장해 퀵서비스로 판매하는 수법을 썼으나 두 사람은 1년 넘게 거래하면서 익명 채팅 애플리케이션으로 연락을 취했을 뿐, 얼굴을 맞댄 적은 한 번도 없었다.

게다가 물건을 보내는 사람이 포장을 한 뒤 발송하는 탓에 내용물 확인이 어렵고, 10㎏ 미만의 소규모 택배의 경우 이용료가 저렴(6,000~7,000원)한 점도 범죄의 표적이 된 이유로 꼽힌다. 특히 보이스피싱과 마약 범죄에 대한 경찰의 감시망이 촘촘해지면서 수화물 택배로 거래되는 대포통장 및 대포폰, 마약류의 규모가 급증하는 추세다. 지난해 8월엔 울산에서 외국인 명의를 도용해 만든 대포폰 2,400여대를 수화물 택배를 이용해 팔아 넘긴 일당이 구속되기도 했다.

수화물 택배를 취급·관리하는 버스 운송업체와 터미널 운영업체들은 어쩔 수 없다는 입장이다. 택배 물품을 수합해 버스에 싣는 터미널 측은 위험한 물건이나 현금, 여권, 유가증권 등은 발송 대상에서 제외된다고 사전 고지하나 내용물을 들여다볼 권한이 없어 권고사항에 불과하다. 한 고속버스 터미널 관계자는 "하루에 1,200건이 넘는 택배를 취급하는데 포장이 끝난 물건을 일일이 뜯어볼 수는 없는 노릇"이라고 말했다. 국토교통부는 이런 문제점을 감안해 2013년 전국 고속버스 터미널에 X선 투시기 등 공항 수준의 화물검색 장비를 구비토록 했으나 비용 문제로 실제로 설치한 곳은 아직 없다.

경찰도 정밀한 검색 장비가 갖춰지지 않는 이상 범행 물품을 걸러내기 어려운 것은 마찬가지다. 경찰 관계자는 "보이스피싱 수사의 출발점은 고속버스 터미널이라고 해도 과언이 아니다"라며 "현재로선 현장에 나가 수화물을 흔들어 보고 감에 의존해 추적하는 수밖에 없다"고 말했다.

자료: 한국일보 2016년 1월 11일
http://www.hankookilbo.com/v/10055f3c873346a6879cba89dc623500

감형 받으려… 마약사범들의 허위제보 백태

"필로폰 100g을 사서 회사 비닐하우스 땅에 묻어놨습니다."

마약사범으로 구속된 김모 씨(52)는 9월 면회 온 지인을 통해 대구지검 강력부에 마약상 A 씨(57)의 존재를 제보했다. 김 씨는 A 씨가 판매한 필로폰 100g을 땅에 묻어뒀다며 '내가 운영하는 조경회사 비닐하우스에 놓인 TV 거치대 밑'이라는 구체적인 위치까지 일러줬다. 과거 A 씨와 마약거래를 했던 기록이라며 800만 원을 이체한 본인 통장기록도 제시했다. A 씨는 마약 전과가 여러 건 있는 인물이었다.

마약범죄는 뚜렷한 피해자가 없고 워낙 은밀히 이뤄져 관련자의 제보가 없이는 적발이 쉽지 않다. 그래서 다른 마약 범죄를 제보하면 처벌 수위를 낮춰 주는 것이 관행처럼 돼있다.

검찰이 급히 김 씨가 말한 위치를 확인해보니 필로폰 100g이 봉투에 싸여 묻혀 있었다. 하지만 검찰에 붙잡혀온 A 씨는 한사코 혐의를 부인했다. 연이은 추궁에도 "김 씨에게 과거 800만 원을 떼먹은 적은 있지만 마약을 판 적은 없다"고 강변했다.

검찰은 김 씨와 A 씨의 통화기록과 위치를 조회해봤다. 김 씨가 "지난해 12월 중순 A 씨가 전화를 걸어와 만나 마약을 샀다"고 진술했지만, 그 시기에 둘의 동선은 단 한번도 일치하지 않았다. 수상하다는 생각이 든 대구지검 강력부 김준선 검사(40·사법연수원 37기)는 김 씨의 옥중 면회녹취록 수십 개를 확보해 일일이 들어봤다. 면회 온 지인에게 "작업복 100벌(필로폰 100g)을 땅에 묻어라"는 식의 암호를 이용한 비밀대화가 여러 차례 오간 정황이 포착됐다.

김 검사는 김 씨가 감형을 받으려고 A 씨를 무고했다고 확신하고 집중 추궁하자 진실이 드러났다. 김 씨는 "면회 온 지인을 시켜 필로폰을 사서 땅에 묻어둔 뒤 감형을 받으려고 검찰에 허위 제보했다"고 털어놨다. A 씨를 지목한 건 마약 전과가 있는 데다 과거 돈을 갚지 않은 데 따른 괘씸한 마음 때문이었다. 대구지검 강력부(부장 강종헌)는 필로폰 30g과 대마 100주를 투약 보관한 혐의로 구속돼 재판에 넘겨진 김 씨를 필로폰 100g 구입과 무고 혐의로 추가 기소했다고 29일 밝혔다.

검찰에 체포된 마약 사범들은 감형을 받기 위해 갖가지 무고행위를 하는 것으로 알려져 있다. 택배를 이용해 마약 전과가 있는 지인의 주소로 마약을 부친 뒤 수사당국에 신고하거나, 측근에게 돈을 주겠다고 유혹해 마약을 사게 한 뒤 신고하는 것은 고전적인 수법이다.

최근에는 마약사범 가족마저 감형을 바라고 수사기관에 허위 제보를 한 사례까지 있었다. 조모 씨(44·여)는 남편의 필로폰 투약 사실을 수사기관에 제보한 B 씨에게 복수하고 남편의 감형을 위해 '꽃뱀'을 자처했다. 조 씨는 B 씨에게 따로 술을 마시자며 접근한 뒤 자기 술잔에 몰래 필로폰을 타 마신 뒤 "B 씨가 술에 마약을 타 먹였다"고 허위 신고했다가 덜미가 잡혀 징역 1년에 집행유예 2년를 선고받았다. 검찰 관계자는 "감형을 노린 마약 무고 범죄는 반드시 허술한 연결고리가 포착될 수밖에 없다"며 "수사기관에 허위 제보했다간 반드시 적발돼 형량만 늘어난다"고 말했다.

자료: 동아일보 2015년 11월 30일
http://news.donga.com/3/all/20151130/75089479/1

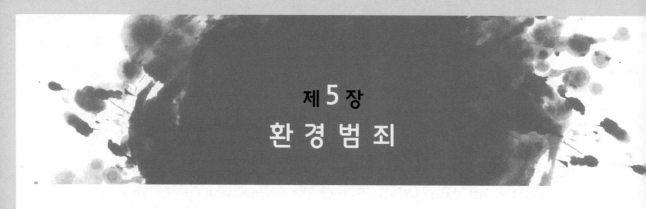

제5장
환경범죄

    환경범죄(Environmental Crimes)가 가장 빠르게 성장하는 범죄유형의 하나라는 점을 최근 수년 동안 대부분의 범죄학자들이 주장하고 있다. 사실 환경범죄는 연구의 부족이나 현실적인 문제 등으로 인하여 명확한 규정을 하기 쉽지도 않지만 마찬가지 이유로 환경범죄라고 하면 상당히 폭넓은 범주를 포함하게 된다. 일반적으로 환경범죄는 인간에 대한 위협으로서 환경의 질적 저하에 관련된 것으로 이해될 수 있다. 그러나 환경의 질(quality)이란 생태학적으로 환경의 양(quantity)에도 직결되는 것임이 분명하다. 오존의 감소, 물의 부족, 그리고 어족자원의 감소, 산림의 훼손 등은 지구상의 모든 사람에게 직접 또는 간접적인 생태학적 손상을 야기하고 있다. 이런 측면에서 환경손상은 모든 국가와 국민의 관심사이며 따라서 이 문제는 자연히 국내 문제임과 동시에 국제적 문제가 되고 있다.[1]

제1절 환경범죄의 개념

    과거 형사사법기관 등에서 환경사범이나 공해사범 또는 공해범죄 등의 용어를 사용하였으나 현재는 환경범죄라는 용어가 더 널리 사용되고 있는 데서 환경범죄와 관련된 용어나 그 개념

---

1 T. Homer–Dixon, "Environmental change and violent conflict," *Scientific America*, February 1993: 38–45; P. Sands, "Enforcing environmental security: The challenges of compliance with international obligations," *Journal of International Affairs*, 1993, 2: 366–389; Michael R. Pendleton, "Beyond the threshold: The criminalization of logging," *Society & Natural Resources*, 1997, 10(2): 181–184.

의 정의가 상대적으로 확실하지 않다는 것을 알 수 있다.

우선 공해범죄의 경우는 공해 그 자체에 주목하여 과거 관련법에서는 이 공해를 배출시설에서 나오는 먼지, 매연, 악취 및 가스 등으로 인한 대기오염, 배출시설에서 나오는 화학적, 물리학적, 생물학적 요인에 의한 수질오염, 그리고 소음과 진동으로 인하여 국민의 건강에 미치는 위해의 생활환경을 저해함으로써 발생되는 피해로 규정하였었다. 이를 보면, 공해는 국민의 건강에 미치는 생활환경을 저해함으로써 발생되는 피해이며, 그 원인은 대기오염, 수질오염, 소음 그리고 진동으로 간주하여 주로 산업공해를 표적으로 삼고 있음을 알 수 있다.[2]

그러나 이처럼 환경범죄를 공해, 즉 산업 활동과 관련된 사람의 건강과 생활환경에 관련된 피해로만 본다면 환경의 적극적, 전향적 관리와 보전이라는 측면이 소외될 수 있다. 바로 이 점에서 최근 환경의 보전이라는 측면이 강조되고 있는데, 여기서 환경의 보전은 회귀적이거나 환경오염이라는 피해의 객체로서보다는 미래지향적 의미까지 내포하게 되었다.

한편, 환경사범과 같이 환경과 관련된 범죄행위를 중심으로 한 개념은 사람의 건강에 위해를 주거나 환경을 저해하는 환경오염행위 또는 이와 관련된 행위로서 법에 저촉되어 처벌되는 행위로 법률적으로 규정하고 있다. 이는 물론 환경의 보호도 고려하고는 있으나 용어 자체부터 환경의 보호보다는 위반행위에 대한 단속에 치중하고 있는 느낌을 주고 있다.

따라서 이들 개념을 종합한다면, 환경범죄는 결국 환경을 적절하게 보전하고 관리하는 적극적 의미의 환경보호와 환경의 오염이 초래하는 국민에 대한 해악성과 실질적 불법성을 동시에 규정하는 것이어야 한다. 이러한 입장에서, 일부에서는 환경범죄를 사람의 건강에 위해를 주거나 환경을 저해하는 환경오염행위 또는 이와 관련된 행위로서 법에 의하여 처벌되는 행위라고 규정한 바 있다.[3]

---

2 신동운, "환경범죄의 효율적 대처방안,"「형사정책연구」, 1990, 1(2): 7–52, p. 11.

3 유명건, "환경범죄의 현황과 대책,"「공해대책」, 1987년 7월호, p. 29.

제 2 절 환경범죄의 특성

1. 기업범죄로서의 특성

사회학자들은 환경범죄가 단순히 무작위적이거나 우연한 것이 아니라 동일한 기업과 정부
기관의 수많은 조직 사이에서 일어나는 제도화된 행위의 예라고 볼 수 있기 때문에 사회적으로
만들어진 것으로 이해하고 있다. 일부에서는 환경범죄가 여러 가지 기업범죄의 단지 한 부분에
지나지 않으며, 환경을 오염시키고 파괴하는 것이 일부 산업분야 기업들의 제도화된 관행이 되
어왔다. 나아가 사회적으로 만들어진 또는 유형화된 녹색범죄는 다른 유형의 기업범죄(corporate
crime)도 관련이 되고 있다. 이런 면에서 환경범죄는 일종의 기업범죄로 이해되기도 한다.[4]

기업범죄는 전 산업에 골고루 분포되지 않고 특정 분야에 집중되는 특징이 있다. 예를 들어,
미국에서는 석유화학, 제약, 그리고 자동차 업계가 법무부에 의해 기소된 전체 기업범죄의 60%
를 범한 것으로 보고된 적이 있다.[5] 이들 업계는 오랜 동안 다양한 범죄활동의 기록을 가지고
있는데, 이는 C. Wright Mills가 기술한 옳고 그름에 대한 제도화된 불감증이라고 할 수 있는 고
도의 부도덕성을 가지는 것으로 받아들일 수 있으며,[6] 따라서 이들 업계가 기타 화이트칼라 범
죄뿐만 아니라 환경범죄도 가장 빈번하게 행하는 것으로 이해할 수 있다.

그런데 환경범죄가 이들 분야의 기업들에서 집중적으로 행해지고 있는 데는 몇 가지 이유가
있다. 우선, 사회의 주류언론이 환경범죄의 개별적 사건이나 그러한 위반행위의 심각성에 대해
서 축소 또는 과소보도하기 때문이다. 더욱이, 미국의 경우 GE나 Westinghouse와 같은 주요 환
경범죄유발 업계의 대기업들이 주요 언론도 소유하고 있어서 이들 기업의 범죄행위에 대한 보
도는 자연히 축소되고 은폐되고 최소화되기 일쑤다. 특히, 이들 기업은 기업행위로 인한 환경손
상을 은폐하기 위한 적극적인 공공관계나 홍보활동을 벌이기도 한다.[7]

4 D. R. Simon, *Social Problems and the Sociological Imagination*, New York: McGraw—Hill, 1995, p. 6.

5 M. B. Clinard, *Corporate Crime*, Washington, DC: Government Printing Office, Congressional Quarterly, June 19, 1998, p. 549.

6 C. W. Mills, *The Power Elite*, New York: Oxford University Press, 1956, pp. 343—361; D. R. Simon, *op. cit.*, 1999, pp. 50—90.

한편, 환경범죄는 국가적이나 국제적으로 정부의 역할도 무시할 수 없는 특징을 가지고 있다. 이는 정부도 때로는 주요한 환경오염자가 되고 때로는 주요 산업계와 연계되어 환경범죄 행위에 가담하고 있기 때문이다. 그러나 이러한 국가 기업범죄는 종종 쉽게 그리고 아주 잘 숨겨지고 있어서 외부로 잘 알려지지 않고 있다. 공기업이 때로는 환경범죄의 주범이 되기도 하며, 때로는 기업의 환경범죄에 동조하거나 공범자가 되기도 하는 것이다.[8]

2. 범죄피해의 국제화

환경손상의 피해자는 주로 하류계층의 사람들이라는 것도 환경범죄의 특징이라고 할 수 있는데, 이러한 속성은 국제적 전형이기도 하다. 선진국의 다국적 기업이나 대기업들이 환경규제나 법규 등이 까다로운 자국을 피하여 외화나 일자리 또는 경제적 지원이 절실하여 외국기업을 유치하기 위하여 환경규제나 법규가 느슨한 개발도상국이나 저개발국으로 공장 등을 이전하고 있으며, 때로는 자국의 공장 등에서 배출되는 유독성 폐기물 등을 자국에서 처리하는 데는 비용이 많이 든다는 이유로 저렴한 비용으로 처리할 수 있는 이들 국가로 반출하고 있다. 그런데, 이러한 폐기물의 해외반출은 거의 대부분 관계공무원에 대한 불법적인 뇌물이 제공되고 있으며, 때로는 폐기물을 반입해주는 국가에 대한 재정적 보상과 지원을 제공하기도 한다. 그래서 일부에서는 이 국제적 폐기물 산업을 세계에서 가장 부패한 산업이라고 지적하고 있으며, 이러한 국제적 환경범죄의 피해자는 주로 환경범죄에 저항할 힘도 없는 가난하고 아무런 권력도 가지지 못한 계층의 사람들이다.[9]

실제로, 미국에서는 매 5분마다 유독성 폐기물이 해외로 반출되고 있다고 한다. 이는 미국 환경청이 기업으로 하여금 유독성 폐기물 처리시설과 장소를 마련하도록 규정하고 있으나 그 건설비용이 수천만 달러에 달하고 오랜 시간을 요하는 반면 제3세계로 이들 유독성 폐기물을 반출하는 것은 톤당 20달러에도 미치지 못하고 있는 실정임을 감안한다면 기업의 유독성 폐기물 해외반출은 다반사일 수밖에 없다. 더구나, 이들 다국적 기업에서는 폐기물을 받아들이는 국가에 대하여 상당한 경제적, 재정적 보상을 제시하고 있으며, 때로는 수입국가의 공무원들이나

---

7 J. Ridgeway and J. St. Clair, *A Pocket Guide to Environmental Bad Guys*, New York: Thunder's Mouth, 1998, pp. 135−152.

8 D. R. Simon, *Elite Evidence*(6th ed.), Needham Heights, MA: Allyn & Bacon, 1999, pp. 303−328.

9 C. Jensen, *Censored: The News that Didn't Make It and Why*, Chapel, NC: Shelburne, 1993, p. 57.

정치인을 대상으로 로비를 벌이고 뇌물을 공여하고 있어서 이를 더욱 부채질하고 있다.[10]

3. 환경오염자로서의 정부

어느 학자는 미국 정부가 미국에서 제1의 오염자라고 비난한 바 있다. 엄청난 규모의 정치헌금과 기타 형태의 정치적 영향력으로 인하여 정치헌금을 내고 정치적 영향력을 행사하려는 환경오염자들의 주요 원군이 되고 있다는 것이다. 뿐만 아니라 정부 자체에서도 각종 유독성 폐기물은 물론이고 심지어 핵폐기물까지도 내놓고 있으며, 또한 각급 군사시설이나 군 기지에서도 폐기물을 함부로 처리하거나 오염된 폐기물 처리장을 가지고 있다. 한 보고서에 따르면, 6천만 미국인이 군 관련 핵폐기물 저장시설이나 장소로부터 50마일 이내에 거주하고 있으며, 거의 모든 군 시설이나 기지는 다양한 형태로 유독성 물질을 다루고 있으며 유독성 폐기물을 배출하고 있다고 한다. 뿐만 아니라 환경규제기관 자체도 부패하고 업계와의 유착으로 기업의 환경오염을 규제하기보다는 오히려 규제로부터 제외시켜주려고 노력하기도 한다.[11]

4. 규제의 덫(Regulatory capture)

환경당국은 오랜 기간 다양한 범죄행위의 경력을 가진 기업 등을 규제해야 할 책무를 지닌다. 그러나 과거의 전례에 비추어, 이들 환경오염기업들이 환경행정 당국을 그냥 놓아두지 않고 부패시키는 것은 불을 보듯 뻔하다. 이는 많은 연구결과와 감시와 감사를 통하여 지적되어 온 사실이기도 하다. 미국에서의 한 연구보고서에 따르면, 실제로 환경청(EPA)이 의회가 보다 강력한 환경규제법안을 통과시키는 데 반대해왔고, 기업에 대한 규제활동보다는 각종 규제로부터 기업을 면제시켜주는 데 더 많은 자원을 할애해 왔으며, 규제활동과 노력이 지나치게 미약하기 때문에 환경감시단체가 법에 호소해야만 해결되는 경우가 종종 있어 왔음을 밝히고 있어서 이 같은 사실을 입증해 주고 있다. 그 결과, 다수의 고위관리가 환경관련 산업체의 임원이 되고, 이는 다시 환경당국과 산업체는 회전문과 같다는 비난을 면치 못하게 하고 있다. 이를 두고 혹자는 '규제의 덫(regulatory capture)'이라는 말로 표현하고 있는데, 다시 말하자면 환경당국이 자신이

---

10 David R. Simon, "Corporate Environmental crimes and social inequality," *American Behavioral Scientist*, 2000, 43(4): 633−645.

11 Ridgeway and St. Clair, *op cit.*, p. 108; Jensen, *op. cit.*, p. 56.

규제하도록 되어 있는 기업으로부터 오히려 지배받게 되는 것이라고 할 수 있다. 결과적으로 환경당국은 공익보다는 규제대상인 기업의 이익에 더 관심을 가진다는 것이다.[12]

제3절 환경범죄의 이론적 배경

일반적으로 조직범죄와 관련된 이론적 배경에는 차별적 접촉이론(differential association theory)과 신아노미이론(neo-Mertonian Anomie theory)이 지배적인 이론으로 이해되고 있다.[13] 우선 차별적 접촉이론은 범죄활동과 범행의 방법이 사회적으로 용인되는 행위로서 학습되는 것으로 간주하는 것이다. 그러한 행위가 석유화학이나 관련된 산업에서 왜 그리고 어떻게 학습 되는가와 같이 생태학적 범죄를 유발하는 데 있어서 조직문화와 조직환경의 역할을 평가하는 데 매우 중요한 것이다.

그리고 신아노미이론은 환경범죄가 발생하는 제도적 구조와 미시적 문화 전반에 초점을 맞추고 있다. 예를 들어, 미국의 사회구조는 개인주의, 성취욕, 경쟁 그리고 배금사상 등을 강조하는 문화적 가치와 기업제도 등에 의한 도구적 지배를 내포하고 있다. 이러한 사회구조는 특히 이익과 권력이라는 목표가 합법적 기업관행이라는 수단보다 더 강조되는 분위기를 만들게 된다. 그와 같은 가치관은 범죄활동에 가담하는 등과 같이 목표를 성취하기 위한 수단은 경시할지라도 물질적 성공을 성취하도록 개인과 조직 모두에게 압력을 가하게 된다. 생태학적 범죄는 조직범죄행위에 대한 이들 두 가지 이론에 대한 검증과 재규정을 위한 일종의 실험의 장을 제공하고 있다.

---

12 Harold Barnett, *Toxic Debts and the Superfund Dilemma*, Chapel Hill: University of North Carolina Press, 1994, p. 45 이하; C. Jensen, *op. cit.*, p. 56.

13 S. Messner and R. Rosenfield, *Crime and American Dream*, Monterey, CA: Brooks/Cole, 1994; Simon, *op. cit.*, pp. 11-12에서 재인용.

제 4 절   환경범죄의 유형

　　미국 법무부에서 실시하였던 검찰의 환경범죄기소에 대한 전국적인 조사결과에 의하면 대부분의 환경범죄사건이 지속적으로 증가하고 있으며, 검찰이 기소한 환경범죄 중에서 가장 보편적인 것은 불법폐기물처리였으며 그중에서도 유독성폐기물이 가장 빈번한 것으로 조사되었다. 그런데 이 조사에서는 환경범죄의 유형을 다음과 같은 네 가지로 나누고 있다. 우선, 불법처분으로서 유독성 폐기물, 전염성 폐기물, 병원 폐기물 등 각종 폐기물을 불법적으로 처분하거나 처리하는 것이며, 두 번째는 그러한 폐기물을 불법적으로 부적절하게 운송하는 것이며, 세 번째는 폐기물을 부적절하게 저장하는 행위이고, 마지막으로 폐기물의 부적절한 조치나 처리 및 기타 불법행위로 구분하였다. 이들 네 가지 중에서는 폐기물의 불법처분이 가장 많은 것으로 조사되었다.[14]

제 5 절   환경범죄의 규제전략

　　일반적으로, 환경범죄를 다루는 데는 두 가지 규제전략이 제시되고 있다. 하나는 소위 억제전략(deterrence strategy)이라고 하는 것으로서 위반사항을 적발하여 위반자를 처벌하는 것을 강조하는 전략이다. 두 번째는 준수전략(compliance strategy)으로서 대결보다는 협조를, 강제보다는 회유와 조정을 찾는 전략이다.[15] 물론, 이들 두 전략 사이의 연속선상에는 다양한 많은 입장이 존재할 수 있다. 대부분의 국가에서는 규제기관이 대체로 억제보다는 준수전략을 지향하는 편이며, 기업의 목을 죄기 위해서가 아니라 기업과 협력하고 그들로 하여금 성취 가능한 방향이나

---

14 *Environmental Crime Prosecution: Results of a National Survey*, http://www.ncjrs.org/ txtfiles/envir.txt, 1994 참조.

15 Neil Gunningham, "Negotiated non-compliance: A case study of regulatory failure," *Law and Policy*, 1987, 9(1): 69-95.

지시를 수용하도록 설득하기 위한 것이라고 말할 수 있다. 준수전략의 옹호자들은 권위주의적일 뿐 아니라 불가피하게 기업의 분개, 협력의 부재, 규제의 실패를 초래하게 될 억제전략의 지시와 통제라는 사고를 비난하고 불행하게도 이러한 유연한 접근은 규제기관 내부의 비집행 문화(culture of non-enforcement)와 심지어 피규제 업계에 포위되는 결과를 초래하고 있음을 지금까지의 기록이 보여주고 있다.[16]

한편, 환경범죄와 다른 대다수의 범죄를 구별해주는 한 가지 특성은 '그 행위가 얼마나 나쁜 것인가'라는 도덕적 모호성이라고 할 수 있다. 그런데 바로 이러한 도덕적 모호성이 절대적인 자연보호를 강조하는 소위 '자연권'에 기초한 도덕성(natural rights-based morality)과 경제적 효율성을 강조하는 공리적 도덕성(utilitarian morality)의 갈등 속에서 환경범죄에 대한 규제집행을 위한 사회적 압력을 방해하게 된다. 따라서 환경손상이 범죄로 고려되고 규제되기 위해서는 이 도덕적 모호성이 제거되어야 하고 그 행위가 얼마나 나쁜가라는 의문이 해소되어야 한다.[17]

80년대 중반부터는 환경손상의 문제를 다루기 위하여 강력한 형사제재를 부과하는 것이 세계적인 추세가 되고 있다. 실제로 미국에서는 환경범죄에 대한 체포, 기소, 그리고 형사제재의 강도 등이 증가하고 있다. 캐나다에서도 환경보호법이 강력한 형사처벌과 벌금을 규정하고 있으며, 지난 10년간 독일에서도 환경범죄에 대한 형사소추가 거의 두 배로 증가하고 있는 실정이다.[18] 이와 같은 추세는 비단 미주와 유럽의 선진 국가에만 국한된 것이 아니라 아프리카의 개발도상국가에서 마찬가지라고 할 수 있다. 아이보리코스트에서는 환경범죄에 대해서 20년의 실형이나 1백만 달러가 넘는 벌금을 부과하기 시작하였고, 나이지리아에서는 화학폐기물을 불법으로 내다 버리면 사형까지 집행할 것임을 공언하고 있고, 케냐는 코끼리를 보호하기 위하여 코끼리 밀렵자를 현장에서 사살할 수 있는 정책을 채택하기도 하였다. 심지어 최근에는 유엔이 환경손상에 책임이 있는 개인을 재판할 세계법정(world court)을 설치할 것을 요구하는 목소리도 나오

---

16 Drew Hutton, "Countering environmental crime: The role of environmental regulators," *Social Alternatives*, 2000, 19(2): 24-27.

17 R. Kagan, "On regulatory inspectorates and police," pp. 37-64 in K. Hawkins and J. Thomas(eds.), *Enforcing Regulation*, Boston: Kluwer-Nijhoff Press, 1984; J. Gilboy, "Regulatory and administrative agency behavior: Accommodation, amplification, and assimilation," *Law & Policy*, 1995, 17(1): 3-21.

18 J. Starr and T. Kelly, Jr., "Environmental crimes and the sentencing guidelines: The time has come … and it is hard tume," *Environmental Law Report*, 1990, 20: 10096-10104; A. Vercher, "The use of criminal law for the protection of the environment in Europe: Council of Europe resolution (77) 28," *Northwestern Journal of International Law and Business*, 1990, 10: 442-459.

고 있다.[19]

그러나 환경범죄에 대한 강력한 대응이 필요하다면 이를 위한 전제로서 환경범죄에 대한 수사역량도 강화되어야 할 것이다. 먼저 경찰과 검찰 등 형사사법기관의 전문화가 전제되어야 하나, 환경범죄에 대한 수사능력을 증대시키기 위하여 일부에서는 전통적으로 법집행기관과 규제기관의 인력으로 구성된 일종의 task force로서 네트워크를 구축할 필요성을 강조하고 있다. 이는 환경범죄의 수사가 상당한 수준의 과학적 전문성을 요하기 때문이나 경찰을 비롯한 법집행기관에서는 그러한 전문성을 갖추기가 어렵기 때문이다.

형사정책의 성공적인 집행을 위해서는 시민의 이해와 협조를 필요로 하지 않을 수 없다. 그러나 대부분의 화이트칼라범죄나 기업범죄와 마찬가지로 환경범죄 또한 그 엄청난 위해와 피해의 규모에도 불구하고 피해자가 불특정 다수인이거나 피해사실과 정도를 잘 알지 못하는 등과 같은 피해자 없는 범죄의 일부 특징으로 인하여 단순한 행정범으로 다루어지는 경우가 허다하였다. 그러나 환경범죄는 여러 사람의 생명, 신체의 건강과 안전 등에 심각한 위해를 초래하고 더구나 장래의 국민에게도 해악을 끼치는 중대한 범죄라는 사실을 국민과 형사사법기관 그리고 관련기관 모두가 인식할 필요가 있다. 인식의 전환을 통하여 국민은 환경범죄에 대한 감시와 신고정신을 고양하고 규제기관에서는 철저한 규제활동을 벌이고 사법기관에서는 엄중한 처벌을 할 수 있게 됨으로써 환경범죄에 대한 강력한 억제가 가능해질 것이다.

HOT ISSUE   환경범죄

한강유역환경청, 폐수 다량 배출한 43곳 위반업체 적발

한강유역환경청이 최근 폐수배출 사업장 특별기획단속을 실시해 43곳 사업장이 최종 방류수의 유량계를 고의 조작하거나 무허가 폐수 배출시설 설치 또는 운영하는 등 4건의 위반사항을 적발했다고 5일 밝혔다.

한강유역환경청(청장 홍정기)은 지난해 10월 1일부터 12월 2일까지 폐수 유량계 조작 가능성이 높은 97개곳 단속을 실시했다.

한강유역환경청은 이번에 적발된 사업장들이 계획관리지역 내에서 폐수 1일 50톤 이상 배출 사업장은 입지가 불가능하다는 것을 알고도 폐수배출량을 속이는 방법으로 입주한 것으로 판단하고 있다.

---

19 B. Huntoon, "Emerging controls on transfers of hazardous waste to developing countries," *Law and Policy in International Business*, 1989, 21:250; N. Peluso, "Coercing conservation: The politics of state resource control," pp. 46–70 in R. Ripschutz and K. Conca(eds.), *The State and Social Power in Global Environmental Politics*, New York: Columbia University Press, 1993.

한강청은 적발된 43곳의 업체에 대해서는 해당 지자체에 해당시설의 폐쇄명령 등 행정처분을 의뢰했으며, 27건의 고발사항은 자체 수사 후 검찰에 송치할 예정이며 고의적이거나 상습적으로 폐수배출량을 속여 계획관리지역에 입지하는 등 불법행위를 일삼는 환경사범을 상대로 지속적인 지도와 점검을 강화할 계획이다.

또한 중소 영세 업체나 반복 위반업체를 대상으로 환경기술 지원과 환경오염시설의 개선을 유도해 수질오염을 사전에 예방하고 수도권 주민의 식수 안전 확보에 만전을 기할 방침이다.

자료: 아시아투데이 2016년 1월 5일
http://www.asiatoday.co.kr/view.php?key=20160105010002026

환경사범 적발하면 뭐하나…처벌 결과도 모르는 환경부

지난해 10월, 환경부 한강유역환경청은 경기도 지역의 대표적인 산업단지인 시화공단의 업체들이 환경법을 잘 준수하고 있는 지를 점검했다. 그 결과 여전히 환경법을 잘 안 지키고 있는 기업들이 감시단의 눈에 들어 왔다. 그 중에는 우리가 알 만한 곳도 있었다. 적발 업체 중 한 곳은 제약 '대기업'인 JW중외제약이었다. 한강유역환경청이 1년 전인 지난해 10월17일 확인한 일이다.

JW중외제약에 따르면 시화공단에서 환경법을 어겨 적발된 것은 당시가 처음이라고 한다. 하지만 '초범'이라고 넘어가기에는 사안이 위중했다. 화학물질을 주로 다루는 의약 업계에서 외부로 유출되는 물질을 제대로 신고하지 않은 혐의였기 때문이다. '배출시설 변경 허가 미이행', 당시 JW중외제약이 받은 혐의다.

결과는 그러나 상식적으로 생각할 수 있는 수준보다는 약했다. 300만원, 당시 한강유역환경청이 검찰에 송치한 후 JW중외제약에 부과된 벌금이다. 올해 상반기 매출액만도 2180억원인 JW중외제약의 직원 1명 월급보다 약한 수준이었다. 그렇게 JW중외제약이 저지른 범법은 직원 월급 수준으로 갈음됐다.

'2951건'

환경부가 지난 3년간 적발한 환경사범 건수다. 수질, 대기, 폐기물 등 다양한 분야에서 환경 관련 규제를 어겨 적발된 사례. 전반적으로 연평균 약 1000건에 달하는 환경사범들이 법을 어긴다는 얘기다. 그만큼 많은 사업자들이 여전히 '환경법'을 등한시하고 있다는 방증이기도 하다.

하지만 이들을 적발하는 것이 얼마나 실효성이 있는 지는 의문이다. 환경부는 적발한 이들을 검찰에 송치한 후 처벌을 기다리지만, 돌아 오는 답변은 기소조차 없이 500만원 이하의 벌금으로 끝났다는 경우가 대부분이다. 앞서 사례로 든 JW중외제약이 대표적이다.

기소율은 연평균 1%가 조금 넘는 수준으로, 100건을 고발하면 1건 정도나 기소가 될까말까다. 기업들이 환경법을 우습게 보기 '딱' 좋다.

환경부의 관리 부실도 문제다. 매년 검찰에 송치하는 건들 중 약 3% 정도는 어떻게 처벌이 내려졌는 지조차 모른다. 검찰은 송치된 사건 결과를 부처에 통보하는 데도 법망에서 '사라진' 이들이 있다는 얘기다. 단속 실적에만 급급하다보니 결과 관리가 허술한 것 아니냐는 지적이 나오는 이유다.

환경사범 검찰 기소율 연평균 1.6% 수준
허울뿐인 환경 단속, 환경법 '실효성' 의문

국회 환경노동위원회 소속 장하나 의원(새정치민주연합)이 환경부 국정감사 마지막 날인 7일 공개한 2012~2014년 환경부 환경감시단 수사 송치 결과를 보면 지난 3년간 모두 2951건이 적발돼 2749건을 검찰에 송치했다. 2012년 964건, 2013년과 지난해에는 각각 947건과 838건이 송치됐다.

검찰 송치율은 93.2%이며 나머지는 내사로 종결했다. 최소 10건 중 9건은 검찰로 '공'이 넘어가 수사가 시작된다.

하지만 수사 결과를 보면 '환경법이 약하나' 하는 의문이 든다. 미국의 경우 최근 폭스바겐그룹의 배출가스 조작 사건과 관련해 최대 21조원이라는 벌금까지도 거론되지만, 우리나라는 그렇지 않다.

장 의원이 밝힌 자료에 따르면 송치된 사건 중 검찰이 기소해 법정으로까지 간 사건은 지난 3년간 44건에 불과하다. 평균으로만 보면 전체 적발 건수의 1.6% 정도만 기소되는 셈이다.

연도별로 보면 2012년이 2건, 2013년이 7건, 지난해가 35건이다. 나머지는 혐의가 없다고 결론내거나 기소 유예, 벌금형 정도로 끝났다. 그만큼 검찰이 '엄중한' 사안으로 보는 환경사범이 거의 없다는 것.

가장 많은 처벌인 벌금형의 경우도 문제. 벌금이 너무 미약하기 때문이다.

2012~2014년간 벌금형을 선고받거나 아직 벌금이 미정인 사건은 모두 2025건이다. 약 73.7%, 10건의 사건 중 7건은 벌금으로 처벌이 끝난다.

벌금형 중 100만원 이하의 벌금형은 661건, 100만~500만원의 벌금형은 1073건이다. 전체의 85.6%가 500만원 이하에 불과하다.

100만~500만원 범위의 벌금이더라도 300만원이 채 안되는 벌금이 많다는 의견이 대다수다. 한국형사정책연구원의 2009년 자료를 보면 2006~2008년간 일반환경 사건의 95%는 200만원 이하의 벌금이, 특별 단속이더라도 3건 중 1건은 250만~300만원의 벌금이 부과됐다. 이같은 추세는 매년 비슷한 추이를 보인다는 게 학계의 중론이다. JW중외제약의 경우도 이에 속한다

벌금조차 선고되지 않은 건수는 '기소유예'거나 '혐의 없음'으로 귀결됐다. 이런 상황이니, 기업들 입장에서는 굳이 복잡한 환경법을 일일이 지켜 가면서 사업을 영위할 이유가 없어 보인다. 왜 이런 상황이 반복될까.

한 법조계 관계자는 "환경사범의 경우 당장 사람들에게 상해를 끼치는 것이 아니기 때문에 검찰이 법적 형량보다 매우 낮게 법을 집행하는 경향이 있다"며 "그러다보니 막상 환경오염이 되고 나면 행위자가 아닌 정부가 예산으로 이를 '치유해야' 하는 악순환이 이어진다"고 꼬집었다.

그렇다면 대안은 없을까. 학계는 벌금에 불과한 현행 형사제재의 종류를 다양화하거나 몰수·추징 제도를 활용하는 것도 필요하다고 본다. 미국이 1980년대 말쯤부터 적극 활용하기 시작한 '원상회복명령 제도', 즉 환경을 훼손한 기업 등이 이를 원상회복하도록 만드는 등의 형벌이 있어야 한다는 지적이다.

이진국 아주대 법학전문대학원 교수는 한국환경법학회 학술지를 통해 "환경범죄에 대한 형사제재 수위를 상향조정하는 것 외에도 종류를 다양화하고 다른 한편으로는 환경범죄로 인해 획득한 수익을 박탈해야 한다"고 강조했다.

환경부, 단속 후 결과 모르는 건 있어
법무부에서 다 통보했는데 왜?

환경법의 실효성도 논란 거리지만, 단속한 이후의 결과를 관리해야 하는 환경부도 문제다. 검찰에서 통보한 건들을 제대로 관리하지 않고 있는 정황이 환경TV 취재 결과 확인됐기 때문이다.

환경부 자료를 보면, 2012~2014년까지 3년간 '미확인'이라고 표기한 검찰 송치 결과가 82건이나 된다. 전체의 3.0%가량에 해당되는 수치다. 쉽게 말해 100건을 적발해 검찰에 수사를 의뢰했다면, 그 중 3건을 유발한 환경사범은 어떻게 처리됐는 지조차 모른다는 얘기다.

이는 상식적으로 불가능한 일이라는 게 검찰의 판단이다. 검찰은 정부 각 부처에서 송치한 사건에 대해 "사무규칙 제60조 제3항에 따라 처분 결과를 통보하게끔 돼 있으며 그 항목에 '미확인'은 없다"고 설명한다. 설령 통보가 늦어졌다고 하더라도 2012년에 미확인 된 36건처럼 3년 전 수사 결과가 현재까지 통보되지 않는 경우는 없다는 입장이다.

대검 정책기획과 관계자는 "미확인이라는 항목으로 통보되는 경우는 없으며, 설령 늦어지는 경우라도 3년이나 걸리는 경우는 거의 없다고 보면 된다"라고 설명했다.

대검에서 제대로 통보가 갔는 지까지는 확인되지 않았지만, 최소한 100건 중 3건에 해당하는 환경사범의 처벌 결과에 대해서 환경부가 '손놓고 있었다'는 사실만은 분명하다. 결과가 어떻게 됐는지 신경쓰기보다는 단속 실적에만 급급한 거 아니냐는 지적이 나오는 이유다.

장하나 의원은 "환경사범의 대부분이 경미한 벌금형에 그친다는 것은 우리 사법체계가 얼마나 환경범죄에 너그러운지를 반증하는 사례"라면서 "환경부는 환경범죄에 대한 엄격한 조사와 철저한 사후관리를 통해 환경 관련 법령의 무거움을 스스로부터 보여줘야 한다"고 지적했다.

자료: 환경TV 2015년 10월 7일
http://www.greenpostkorea.co.kr/news/article.html?no=52803

제 5 부

현대사회의 경제범죄

MODERN SOCIETY & CRIME

제1장
경제적 환경과 범죄

제1절 이론적 배경

범죄의 경제적 이론은 사회경제적 조건을 합법적 활동과 불법적 활동에 대한 개인의 상대적 소득에 연계시키는 것이다. 사회학적 이론들은 이보다 더 다양하여 긴장, 생태적 또는 기회이론들은 집단의 사회적 구조에 영향을 미치는 불리한 사회경제적 조건을 개인의 범행기회와 유인에 연계시킨다. 사회통제나 학습이론들은 사회경제적 조건이 범죄성향을 통제하지 못한 사회의 실패와 연결시키기도 한다. 이처럼 다양한 이론적 기초로서 재산범죄와 경제적 조건의 다양한 관계를 조명하고 있다.[1]

1. 경제적 선택이론

개인은 부분적으로는 상대적 매력에 기초하여 합법적인 것과 불법적인 것에 대한 선택을 한다. 물론 도덕적 가치가 사람의 행동에 영향을 미치지만 경제적 요인에 따라 변하는 것으로 알려지지는 않고 있다. 일반적인 경제이론과 마찬가지로, 변화나 차이에 대한 반응으로서 합법적인 것이 보상이 적고 또는 불법적인 것이 보상이 크다면 사람은 합법적인 것으로부터 멀어지고 반면에 범죄로 눈을 돌리게 된다는 것이다. 여기서 이러한 선택에 교육이 상당한 영향을 미치게 되는데, 즉 실업의 위험을 높이고 저임금과 만족스럽지 못한 직업을 가질 위험성을 증대시키는

---

1 M. Hughes and T. Cater, "A Declining economy and sociological theories of crime: Predictions and explications," pp. 5-25 in K. N. Wright(ed.), *Crime and Criminal Justice in a Declining Economy*, Cambridge: Olegeschlager, Gunn & Hain, 1982.

저학력이 범죄가담확률을 높이는 것으로 알려지고 있다.

이러한 견지에서 보면, 범죄란 합법적인 수단에서 얻어진 소득을 대체하는 것이다. 따라서 경제적 선택이론은 대부분의 소득을 가져다주지 않는 폭력적 범죄를 설명하기에는 곤란하게 되는데, 그것은 대부분의 폭력범죄가 도구적(instrumental)이라기보다는 표출적(expressive) 범죄이기 때문이다. 그렇다고 경제적 선택이론이 폭력범죄와 전혀 무관하지는 않은데, 이는 취업이 직장의 상실과 소득의 상실을 통한 구금이라는 기회비용을 증대시키기 때문이다.

경제적 선택이론에 따르면, 사람은 합법적인 일과 불법적인 일에 동시에 개입할 수 있는 것으로 가정된다. 그것은 대부분의 범죄자가 부분적으로는 합법적인 일에도 관계를 유지하기 때문이다. 합법적인 것과 범죄의 상대적 매력의 변화에 영향을 미치는 것은 이들 두 가지 형태, 합법적 또는 불법적 소득창출활동을 위한 시간의 활용이다. 즉, 취업기회의 증대와 향상은 곧 사람들이 범죄활동에 보내는 시간을 감소시키기 때문이다. 또한, 만약 취업기회가 부족하다면 사람들은 합법적인 취업기회를 위해 필요한 교육 등 인간개발을 위한 시간에 대한 투자를 축소하고 그 결과 합법적인 소득의 취득을 감소시키고 범죄의 기회를 증대시키는 것으로 가정되고 있다.

2. 기타 사회학적 이론

통제이론에 의하면, 취업이나 직장이 사람들에 대한 사회적 통제를 행사하게 된다. 반대로, 실업은 그 사람의 긍정적인 사회적 유대를 붕괴시키며, 나아가 그 사람의 범죄활동을 증대시키도록 유인하게 된다. 이들에 따르면, 오늘날 범죄를 포함한 많은 사회문제가 바로 일이 없어진 결과로 보고 있다. 결국, 취업이 친사회적 유대와 제도를 만드는 주요한 요소이고, 반대로 실업은 친사회적 유대의 부재를 초래하여 대규모 소요와 혼란을 초래한다는 것이다. 따라서 직장으로부터 제외된 사람들이 사회를 하나로 엮어주는 유대가 약화된다는 것이 전혀 놀라운 사실은 아니다.[2]

아노미이론은 보다 집합적 수준의 이론으로서, 소득불균형이나 불평등에 기인한 좌절감이 사람들로 하여금 범죄에 호소하도록 한다는 것이다. 한편 낙인이론은 범죄 자체를 하나의 범죄요인으로 보는 것이다. 이들에 의하면, 범죄에 가담하는 사람은 낙인을 받게 되어 이 낙인으로 인하여 합법적 기회가 거부된다. 그런데 여기서 중요한 것은 이 이론이 범죄와 취업의 환류

---

2 E. Currie, *Confronting Crime: An American Challenge*, New York: Pantheon Books, 1985, p. 105.

(feedback)의 가능성을 암시한다는 사실이다. 즉, 일단 범죄활동이 시작된 후에는 범죄로부터의 단절은 매우 어렵게 된다는 것이다. 이러한 주장은 개인뿐만 아니라 지역사회 단위에서도 가능한 설명인데, 특정지역이 실업문제가 심각해지면 투자를 유치하기가 어려워지고 따라서 취업의 기회는 줄고 실업은 증대하기 때문에 범죄성향이 높아진다는 것이다.

제 2 절   실업과 범죄

상식적으로 실업은 합법적 소득을 얻을 기회를 감소시키고 불법적 활동에 의한 소득을 얻음으로써 실업에 대처할 수 있다는 가정은 언제나 가능하며, 실업으로 인한 관습적 사회와의 유대관계의 붕괴나 약화는 사회통제의 약화와 그로 인한 범죄의 가능성을 조장할 수도 있다. 즉, 실업자는 자신의 범행의 결과로 직업을 잃거나 직장에서의 동료들과의 유대를 상실하는 데 대해서 두려워할 필요가 없으며, 따라서 관습적인 활동과 사람과의 밀접한 관계가 부족하여 범죄부문화의 유혹에 쉽게 노출될 수 있기 마련이다.[3] 한편, 마르크스주의 범죄학자들은 실업으로 인한 분열적, 붕괴된 심리상태를 통하여 범죄를 유발한다고 주장한다. 그들은 일자리를 잃은 근로자들이 때로는 소외감에서 범행을 하게 된다고 주장한다. 반면에 일부에서는 자신의 소비욕구를 충족시킬 수 없는 실업자의 비이성적 불합리성, 좌절감 또는 아노미에 범죄가 기인하는 것으로 가정한다.[4]

그러나 일부에서는 대부분의 실업자는 범죄자가 되지 않으며, 30년대 대공황에서도 범죄율이 크게 높아지지 않았다는 역사적 사실을 근거로 실업이 범죄에 미치는 영향을 수용하지 않는다. 오히려 실업률이 높은 기간에는 가정에서 보호자로서 역할과 기능을 하는 사람들이 많아지게 되고, 또한 범죄표적의 가치를 줄이기 때문에 실업이 범죄활동을 감소시킨다고 주장한다.[5]

---

3 M. Tsushima, "Economic Structure and Crime: The Case of Japan," *Journal of Socio-Economics*, 1996, 25(4): 497-516.

4 D. S. Grant, and R. Martinez, "Crime and the restructuring of the U.S. economy: A reconsideration of the class linkage," *Social Forces*, 1997, 75(3): 769-798.

이들은 실업과 그로 인한 경제적 고통이 범죄의 외적 유인은 될 수 있을지 모르나 그리 중요한 직접적 원인은 아닐 수 있다는 것이다. 즉, 실업과 범죄의 관계는 개인의 동기나 인식 등 개인적 요인에 의해서 매개될 수 있다는 것이다.

따라서 실업과 범죄는 그 관계가 가장 빈번하게 논의되는 것 중의 하나이나 한편으로는 가장 복잡한 관계이기도 하다. 개인에게 있어서, 직장 또는 직업과 범죄의 관계는 상호보완적일 수도 있으며 동시에 대체적일 수도 있기 때문이다. 예를 들어, 사람들은 범죄로부터 더 많은 돈을 만들 수 있다는 기대감 때문에 합법적인 직업 대신 범죄를 택할 수도 있으나, 반대로 횡령과 같은 일부 범죄의 경우는 직장이 범죄의 기회를 제공하기 때문이다. 이러한 논쟁은 끝나지 않았으며, 혹자는 이들 상반된 견해를 종합하여 실업으로 인한 보호성의 증대가 처음에는 재산범죄를 줄이나 실업으로 인한 빈곤이 궁극적으로는 범죄활동을 증대시킬 수 있다고 주장하기도 한다.[6]

사회적으로 볼 때도, 직업과 범죄의 관계가 복잡하기는 마찬가지이다. 특정 지역사회에서의 범죄는 범행성향과 범행기회의 상호작용의 결과이기 때문이다. 예를 들어, 취업률이 높은 지역은 부의 편재로 인하여 범행성향은 축소되나 범행기회를 증대시킬 수 있으며, 반대로 빈곤지역은 범행기회는 줄어도 범행성향은 커질 수 있는 것이다.

이처럼 실업과 범죄의 관계는 복잡하고 따라서 아직도 끝나지 않은 논쟁으로 남아 있다. 거의 대부분의 연구는 범죄로부터의 이득과 합법적인 직업이 연계하여 범죄에 가담하는 결정에 어떻게 영향을 미치는가를 설명하고 있다. 그러나 분명한 것은 범죄와 실업의 관계를 명확하게 하기 위해서는 관계의 복잡성이 고려되어야 한다. 이를 위해서는 적어도 범죄가담과 실업의 관계를 개인과 지역사회라는 상이한 수준과 청소년, 청장년, 노년 등 개인의 연령이라는 상이한 시점에서 분석되어야 한다. 한 예로 실제로 많은 사람들이 연령구조와 재산범죄를 연계시키는데 이들은 젊은 사람은 재산범죄에 필요한 물리적 기술은 많이 가지고 있으나, 합법적 직업에

5 L. E. Cohen and M. Felson, "Social change and crime rates trends: A routine activity approach," *American Sociological Review*, 1979, 44: 588−607; L. E. Cohen, "Modeling crime trends: A criminal opportunity perspective," *Journal of Research in Crime and Delinquency*, 1981, 18: 138−164; L. E. Cohen, M. Felson, and K. C. Land, "Property crime rates in the United States: A macrodynamic analysis, 1947−1977; with Ex Ante forecasts for the Mid−1980s," *American Journal of Sociology*, 1980, 86(1): 90−118; L. E. Cohen, J. R. Kluegel, and K. C. Land, "Social inequality and predatory criminal victimization: An exposition and test of a formal theory," *American Sociological Review*, 1987, 52: 170−183.

6 D. Cantor and K. C. Land, "Unemployment and crime rates in the Post−World War II United States: A theoretical and empirical analysis," *American Sociological Review*, 1985, 50: 317−332.

필요한 교육과 훈련은 상대적으로 부족하기 때문이라고 주장한다.[7]

한편, 실업이 범죄에 영향을 미치는 데는 두 가지 또 다른 사회병리가 내포되어 있다. 즉, 직장의 상실은 이들 실업자들로 하여금 마약으로 이끌게 되고, 알려진 바와 같이 약물의 오남용이 재산범죄를 유발하게 된다고 가정되고 있다. 또한, 사람들이 직장을 잃게 되면 알코올의 소비가 증대되고 음주는 곧 심각한 폭력범죄와 밀접한 관련이 있는 것으로 주장되고 있다. 더불어 실업은 실직자로 하여금 구직으로 인하여 가족을 떠나게 만들어 가족의 유대를 상실케 하며, 바로 이러한 가정의 붕괴도 범죄를 증대시킬 수 있다고 한다.[8]

일련의 횡단적 연구들에 대한 검토 결과 대부분의 경우 실업과 범죄는 정적인 관계, 즉 실업률이 높아지면 범죄율도 높아지는 것으로 보고하였음을 지적하고 있으나,[9] 실제로 범죄와 실업은 이보다 훨씬 복잡한 관계가 있다는 주장도 제기되었다. Cantor와 Land는 실업이 범죄의 동기를 증대시킬 수도 있지만, 반대로 범행의 기회를 감소시킬 수도 있음을 경고한 바 있다.[10] Farrington 등도 청소년들에게 있어서 고용기간보다 실업기간에 범죄율이 더 높았음을 밝히고 이러한 결과는 범죄성향이 있거나 지위가 낮은 청소년들이 어린 나이에 저지른 재산범죄에서 더욱 분명해지며, 또한 이혼율이나 편부모 비율 등의 요인에 의해서 관계의 정도가 달라진다고 주장하였다. 즉, 실업이 준법적인 청소년들로 하여금 범행하도록 만들지는 않지만 범행성향이 있는 청소년들의 범죄율을 증대시키는 것으로 해석할 수 있다.[11] 결론적으로 실업과 범죄는 일반적으로 긍정적인 관계가 있으나, 연령과 범죄유형에 따라 상당한 차이가 있음을 알 수 있다. 그러나 일반적으로 실업률이 재산범죄율에는 영향을 미친다는 데는 큰 이견이 없는 것으로 이해되고 있다.[12]

---

7 L. E. Cohen and K. C. Land, "Age structure and crime: Symmetry versus asymmetry and the projection of crime rates through the 1990s," *American Sociological Review*, 1987, 52: 170−183.

8 Currie, *op. cit.*, p. 107.

9 S. Box, *Recession, Crime and Punishment*, MacMillan Education, London, 1987, pp. 85−86.

10 D. Cantor and K. Land, "Unemployment and crime rates in the post World War II United States: A Theoretical and empirical analysis," *American Sociological Review*, 1985, 50: 317−332.

11 D. Farrington, B. Gallagher, L. Morley, R. Ledger, and D. West, "Unemployment, school leaving and crime," *British Journal of Criminology*, 1986, 26(4): 335−356.

12 D. M. Smith, J. A. Devine, and J. F. Sheley, "Crime and unemployment: Effects across age and race categories," *Sociological Perspectives*, 1992, 35: 551−572; J. Hagan, "The social embededness of crime and unemployment," Criminology, 1993, 31: 465−491; W. G. Skogan and A. J. Lurigio, "The correlates of community anridrug activism," *Crime and Delinquency*, 1992, 38: 510−521.

그런데, 이처럼 실업과 범죄의 관계가 복잡하고 애매한 데는 몇 가지 이유가 있다. 우선, 실업률 자체가 범죄에 모순된 영향을 미친다. 그리고 공식적인 실업률 하나로서는 실업과 범죄의 관계의 중요성에 대한 지침으로서 부족하다. 또한 실업과 범죄의 관계가 공공정책이나 지역사회의 특성 등을 포함한 계량적 연구에 잘 나타나지 않는 매개변수에 의하여 영향을 받는다는 것이다. 먼저 실업과 범죄의 관계가 복잡한 것은 실업이 일면 범죄를 증가시킬 수도 있으나 반대로 범죄를 감소시킬 수도 있기 때문이다. 실업이 일부 범죄의 동기를 증대시킬 수 있으나 한편으로는 범행의 기회를 제한할 수 있다. 예를 들어, 실직자는 주로 집에서 보내는 시간이 많기 때문에 노상강도나 주거침입절도 등의 피해를 줄일 수 있는 것이다. 한편으로는 부모의 실직은 또한 자녀에 대한 감독의 시간을 증대시켜서 청소년 비행을 감소시킬 수도 있다는 것이다.[13]

13절   빈곤, 소득, 불평등과 범죄

대부분의 범죄이론들은 빈곤이나 불평등이 범죄적 요인이라고 이해하고 있다. 경제학자들은 일반적으로 개인의 합법적 활동과 불법적 활동에 대한 개인의 기대이익과 절대적 빈곤을 연계시키는데, 이들에 의하면 절대적 빈곤이 그 사람의 기술이 범죄활동에 더 생산적이라는 인식을 만들어낼 수 있으며, 가난한 사람은 그들의 시장에 대한 상대적 접근의 한계 때문에 범죄에 가담할 확률이 높으며, 처벌로 인하여 잃을 것이 많은 부유층보다 잃을 것이 없는 가난한 사람들에 대한 형사제재의 비용이 더 적기 때문에 범죄에 가담할 확률이 더 높다는 것이다. 사회학적 이론에 따르면, 절대적 빈곤은 하류계층의 사회구조를 제한하고 사회통제와 보호를 축소시키며, 범죄학습의 기회를 증대시킴으로써 범죄활동을 증대시킨다고 가정한다.[14]

경제와 범죄의 관계에서 실업이 주요 연구의 대상이었지만 그에 못지않게 빈곤, 소득 그리고 경제적 불평등 등도 상당한 관심의 대상이 되고 있다. 지금까지는 주로 절대적 빈곤과 범죄

---

13 Currie, *op. cit.*, p. 109.

14 L. E. Cohen, J. R. Kluegel, and K. C. Land, "Social inequality and predatory criminal victimization: An exposition and test of a formal theory," *American Sociological Review*, 1981, 46: 505–524.

의 관계가 다루어졌지만 연구결과가 일관적이지 않고 오히려 소득불평등과 범죄의 관계를 입증하는 경험적 증거들이 더 많이 밝혀지고 있다.[15] 즉, 실업과 범죄의 관계가 확실한 증거를 많이 가지지 못하지만 지금까지의 경험적 연구는 불평등의 정도가 높을수록 범죄율도 높아지는 것으로 가정되고 있다. 그것은 실업은 경제적 소득의 불평등을 통해서만 범죄율에 의미 있는 영향을 미칠 수 있다는 것이다. 결국, 범죄율에 영향을 미치는 중요한 변수는 빈곤이 아니라 불평등이라는 주장이다.[16]

불평등, 즉 상대적 빈곤 또는 상대적 박탈감은 좌절감을 초래하고 이 좌절감은 또 공격성을 유발할 수도 있다는 것이다. 따라서 경제적 불평등이 심화되면 범죄율 또한 높아질 수 있다는 논리이다. 상대적 박탈이론(Relative-deprivation theory)에 의하면, 범죄를 행하는 사람들은 자신들의 상대적 경제, 사회적 지위에 대한 통제가 부족하다고 느끼는 체제에 대하여 질책하고 힐난하는 것이다. 따라서 심지어 합법적 노력으로도 더 좋은 생활을 영위할 수 있는 사람까지도 사회의 준거집단에 비해 정당화되지 않는 상대적 박탈감을 인식하게 되면 범죄행위에 가담하게 된다는 것이다.[17] 이와 관련하여, 일본의 낮은 범죄율을 일본인의 90% 이상이 자신을 중산층이라고 인식하는 등 일본 사회의 부의 재분배가 상대적으로 공평하기 때문인 것으로 설명하기도 한다.[18] 실제로 미국에서도 비록 폭력범죄와의 관계는 일관적인 것이 아니나 경제적 불평등이 재산범죄와는 일반적으로 긍정적인 관계가 있는 것으로 연구결과 밝혀지고 있다.

이와는 반대로, 절대적 또는 상대적 빈곤과 범죄의 관계를 부정적으로 보는 경우도 있다. 빈곤이 범죄로 인한 절대적 소득까지 줄이기 때문에 범죄활동을 감소시키며,[19] 빈곤이 잠재적 범죄표적의 활동유형을 변화시키고 따라서 범행기회를 감소시키는[20] 등 범죄를 줄일 수 있다는 것

15 J. Braithwaite, *Inequality, Crime, and Public Policy*, London: Routledge & Kegan Paul, 1979, p. 211.

16 L. Carroll and P. I. Jackson, "Inequality, opportunity, and crime rates in central cities," *Criminology*, 1983, 21(2): 178−194.

17 J. Deutsch, U. Spiegel, and J. Templemen, "Crime and economic inequality: An economic approach," *Atlantic Economic Journal*, 1992, 20(4): 46−54; S. Stack, "Income inequality and property crime," *Criminology*, 1984, 22(2): 229−257.

18 D. H. Bayley, *Forces of Order*, Berkeley: University of California Press, 1991, p. 171; D. A. Ladbrook, "Why are crime rates higher in urban than in rural areas?−Evidence from Japan," *Australian and New Zealand Journal of Criminology*, 1988, 21: 81−103; I. Tanioka and D. Glaser, "School uniforms, routine activity, and the social control of delinquency in Japan," *Youth and Society*, 1991, 23: 50−75.

19 F. T. Cullen, "Were Cloward and Ohlin strain theorists? Delinquency and opportunity revisited," *Journal of Research in Crime and Delinquency*, 1988, 25(3): 214−241.

20 Cohen et al., *op. cit.*

이다. 한편, 일부에서는 절대적 또는 상대적 빈곤이 재산범죄에 대하여 조건부적 관련만 있다고 주장한다. 예를 들어, 빈곤은 가족과 지역사회의 불안정과 관련을 통해서만 재산범죄에 연관이 있으며[21] 또는 빈곤에 대한 반응으로서 범죄는 문화적 기회에 따라 다양해진다[22]는 것이다.

빈곤과 범죄의 관계는 영양상태, 위생, 생활습관과 같은 요소와 이러한 조건을 효과적으로 극복할 수 없는 관계로 인한 불법행위에의 가담의 상관관계에 초점이 맞추어지고 있다. 일부 초기 연구는 범죄와 관련이 없는 것으로 주장하는데, 예를 들어 Quetelet는 빈곤지역이 아니라 급변한 사회변동이 있는 지역에 범죄가 심각하다고 하였으며, Shaw와 Mckay도 범죄율이 빈민층의 수적 변화와 일관되게 변하는 것은 아니기 때문에 빈곤 그 자체가 범죄를 야기 시키는 것으로 볼 수 없다고 주장하고 있다.[23] 그럼에도 불구하고, 빈곤이 중요시되는 것은 배가 고픈 사람은 먹기 위해서 훔치게 된다는 극히 단순한 논리에서이다. 빈곤한 사람이 자신의 생활을 통제할 수 없을 때나 무력함으로 시달릴 때 빈곤의 압박이 무책임성이나 일탈을 초래할 수 있다는 것이다.[24] 결국, 직접적이든 간접적이든 빈곤이 사람들의 범죄활동에 가담할 확률을 증대시킬 수 있다고 가정하는 것이다. 이러한 주장은 적어도 폭력범죄는 아니더라도 일부 재산범죄의 경우는 경험적 연구를 통하여 상당한 타당성이 있는 것으로 받아들여지고 있다.[25]

그러나 일부에서는 범죄율에 영향을 미치는 것은 소득과 경제적 불평등 그 자체가 아니라 합법적 활동에 대한 기회비용의 증대로 인하여 불법적으로 취득된 소득이나 부가 범행할 성향에 영향을 미치는 것이라고 주장한다. 이들은 경제적 부의 불평등의 증대가 가난한 사람들이 범행에 가담할 의사결정이나 이미 범죄활동에 가담하고 있는 사람들의 범죄활동의 수준을 증대시키는데 미치는 영향은 결정적인 것이 아니라고 주장한다.[26] 최근 Allen은 자신의 연구결과 절대

---

21 E. B. Patterson, "Poverty, income inequality and community crime rates," *Criminology*, 1991, 29: 755−776.

22 Cullen, *op. cit.*

23 M. Tsushima, "Economic structure and crime: the Case of Japan," *Journal of Socio−Economics*, 1996, 25(4): 497−506, p. 3에서 재인용.

24 M. B. Philips, "A hedgehog proposal," *Crime and Delinquency*, 1991, 37: 555−574.

25 R. D. Crutchfield, M. R. Greerken, and W. R. Gove, "Crime rate and social integration," *Criminology*, 1982, 20: 467−478; D. Jacobs, "Inequality and economic crime," *Sociology and Social Research*, 1981, 66: 12−28; S. F. Messner, "Poverty, inequality, and urban homicide rate," Criminology, 1982, 20: 103−114; W. C. Bailey, "Poverty, inequality, and city homicide rate," *Criminology*, 1984, 22: 531−550; K. R. Williams, "Economic sources of homicide: Reestimating the effects of poverty and inequality," *American Sociological Review*, 1984, 49: 283−289; J. R. Blau and P. M. Blau, "The cost of inequality: Metropolitan structure and violent crime," *American Sociological Review*, 1982, 47: 114−129.

적 빈곤과 상대적 빈곤 모두가 재산범죄에 부정적 상관관계가 있으나, 절대적 빈곤은 통계적으로 유의하나 상대적 빈곤은 통계적으로 유의하지 않은 상관관계임을 밝히고 있다.[27]

제 4 절 경기변동, 불황과 범죄

일반적으로 경제적 불황이나 공황이 범죄, 특히 강도, 강도와 같이 소위 말하는 폭력이 가미된 재산범죄와 밀접한 관계가 있는 것으로 알려져 왔다. 경기변동 또는 불황과 범죄의 관계는 경제적 곤궁이 사람들의 범죄행위를 자극하게 되고, 범죄를 억제할 수 있는 지역사회의 능력을 제한하기 때문에 물가의 상승, 경기의 불황 등이 범죄율을 증대시킬 수 있다는 주장이다.[28]

일반적 경기불황은 경기순환의 하향국면으로 인한 순환적 실업을 유발하게 된다. 그러나 모든 집단이 이러한 순환적 실업의 영향을 동동하게 받는 것은 아니며, 전문직이나 기술직이 단순 노동자나 서비스, 제조, 건설 종사자에 비해 순환적 실업의 고통을 적게 받는다. 한편 이들 순환적 실업자들의 상당수가 일정기간의 취업노력에도 실업자로 남게 되는 구조적 실업자가 되며, 이들이 재산범죄의 범행에 더 많이 쉽게 노출될 수 있다는 것이다.[29]

경제환경과 범죄를 논함에 있어서 실업을 강조하다보면 범죄활동에 대한 물가상승의 영향이 일반적으로 무시되거나 경시되기 쉽다. 그러나 Devine 등은 인플레이션이 재산범죄에 긍정적인 영향을 미치게 하는 세 가지 요인을 제시하고 있다. 그들에 따르면, 인플레이션은 임금과 물가의 차이로 인하여 미숙련 노동자의 실질소득을 감소시키거나, 불법시장에서의 수요의 증대

26 J. Deutsch and U. Spiegel, "Crime and income inequality: An economic approach," *American Journal of Economics and Sociology*, 1992, 20(4): 46-54.

27 R. C. Allen, "Socioeconomic conditions and property crime: A comprehensive review and test of the professional literature," *American Journal of Economics and Sociology*, 1996, 55(3): 293-308.

28 J. A. Devine, J. F. Sheley, and M. D. Smith, "Macroeconomic and social-control policy influences on crime-rates changes, 1948-1985," *American Sociological Review*, 1988, 53: 407-420.

29 R. W. Ralston, "Economy and race: Interactive determinants of property crime in the United States, 1958-1995," *American Journal of Economics and Sociology*, 1999, 58(3): 405-434.

와 그로 인한 실질이윤의 증대로 재산범죄자에게는 보상을 제공하게 된다. 그리고 인플레이션은 기존의 사회제도의 신뢰감을 파괴하여 사회 통제력을 약화시키며, 마지막으로 실질적 범죄억제력을 유지할 수 있는 지역사회의 경제력을 부식시키게 된다는 것이다.[30] 이러한 관계는 경험적으로도 제시되고 있는데, Allen은 인플레이션 영향이 절도와 강도 그리고 자동차절도 모두에 통계적으로 유의미한 긍정적 상관관계를 미친다는 사실을 밝힌 바 있다.[31]

더구나 일반적으로 경찰이나 검찰 심지어 법원에서도 경제적 공황 또는 불황의 시기에는 재산범죄는 물론이고 때로는 일부 강력범죄까지도 관대하게 처리하는 경향이 있어서 통계상 나타난 범죄의 정도보다 사실은 범죄율이 더 높을 수도 있는 것이다.[32] 따라서 경제적 공황과 범죄의 관계가 통계적 자료에 나타난 것 이상일 수도 있는 것이다. 이러한 현상은 IMF 사태를 겪으면서 범죄의 증가와 수용인구의 증가로 현실적으로 경험한 사실이기도 하다.

그러나 불황과 같은 경제적 여건만이 범죄율에 가장 많은 영향을 미치는 것은 아니다. 오히려 안정된 지역사회의 자연스러운 지원이나 적극적이고 인본주의적인 공공정책 등에 의해서 경제적 곤궁 등의 정도가 달라지고 따라서 범죄에 미치는 영향도 달라질 수 있다. 즉, 경제공항의 부정적 영향을 극복할 수 있는 완충물의 제공이 범죄에 대한 중요한 방어가 될 수 있다. 마찬가지로 지역사회의 안정이나 지원 등을 해치는, 즉 완충물을 제거하는 사회정책은 범죄에 대한 경제공황의 영향을 악화시킬 수 있는 것이다.

HOT ISSUE

불황과 범죄

'불황'에 무임승차·무전취식 급증

경범죄 즉결심판 전년대비 95%이상 높아져
경찰, 내년부터 경범죄심사위원회 만들 예정

딱히 직장이 없는 A씨(45)는 하루하루 노동일하며 살고있지만 경기불황에 추위까지 겹치면서 일감이 줄어들었다.

A씨는 허기짐을 달래기 위해 지난달 25일 오후 8시 40분께 배를 채우기 위해 한 식당에 들어가 배를 채웠다.

---

30 J. A. Devine, J. F. Sheley, and M. D. Smith, "Macroeconomic and social-control policy influences on crime rates changes, 1948-1985," *American Sociological Review*, 1988, 53: 407-420.

31 Allen, *op. cit.* 1996.

32 Currie, *op. cit.*, p. 123.

포만감도 잠시, 소주와 꼬막 값 4만원을 생각하니 돈이 부족해 걱정이 앞섰다.

결국 음식값을 지불하지 못하고 주인과 말다툼을 벌이다 출동한 경찰에 붙잡혔다.

지난 5일 오전 4시30분께 B씨는 자신의 집으로 가기위해 택시를 탔다. 15여분 뒤쯤 택시가 자신이 거주하는 서구 금호동까지 도착하자 문을 열고 황급히 도주했다.

그러나 얼마가지 못하고 잡혔다. 택시비 1만2천원이 없어서 저지른 범죄였다.

경기 불황이 지속되면서 무임승차 및 무전취식 등 생계형 범죄가 급격히 늘고 있다.

17일 광주경찰청 등에 따르면 올해 경범죄처벌위반 혐의로 즉결심판에 넘겨진 사람은 모두 1천 46명이다.

지난 2013년 562명, 2014년 534명에 비교했을 때 약 95%이상 오른 수치다.

즉결심판은 경미한 범죄사건에 대해 정식 형사소송 절차를 밟지 않고 '즉결심판에 관한 절차법'에 따라 경찰서장이 청구해 이뤄지는 약식재판이다.

대부분 무전취식과 무임승차로 적발됐다.

최근에는 상습적인 무전취식보다는 경기불황을 반영하듯 생활형 범죄가 크게 늘고 있다.

이렇다보니 음식점과 택시업계에서는 '무전취식·무임승차'로 골머리를 앓고 있다.

개인택시기사 이모(54)씨는 "목적지에 도착한 뒤 돈이 없다며 나몰라라 하거나 갑자기 도망가는 사람들을 보면 정말 화가 난다"고 말했다.

한 음식점 주인도 "계산하지 않고 갑자기 나가는 사람들을 볼 때마다 불쌍한 사람 도와준다고 생각하지만 요즘처럼 장사도 안 될 때에는 너무 속상하다"고 토로했다.

이 같은 소액 범행이 급증한 데에는 경제난과 양극화가 한 몫하고 있다는게 대체적인 시각이다.

경찰 관계자는 "즉결심판에 회부되는 대부분이 무전취식, 무임승차다"며 경제적으로 어려움을 겪고 있는 서민들이 경범죄로 처벌받는 경우가 계속되고 있다"고 말했다.

이어 "현재 경미형사범에 대해 범죄자 양성 방지 차원에서 형사입건 대신 즉결심판하자는 분위기다"며 "내년에는 각 서에 경미범죄심사위원회를 만들어 경미형사범에 대해 적정한 처분을 할 예정이다"고 말했다.

출처: 무등일보 2015년 12월 21일
http://www.honam.co.kr/read.php3?aid=1450623600482993011

불황의 그림자…사기·공갈 범죄 사상최대

- IMF·글로벌 금융위기 때보다 많아져

경제불황 등의 여파로 지난해 사기범죄가 사상최대를 기록한 것으로 나타났다.

2일 대법원의 '2015 사법연감'에 따르면 범죄 행각이 적발돼 법정에 세워진 사기·공갈사범은 지난 20년 동안 약 4배 증가해 작년에는 사상 처음으로 4만명을 돌파했다.

이는 1997∼1998년 IMF 외환위기, 2008∼2009년 글로벌 금융위기로 우리 경제가 휘청거렸을 때보다도 많은 것이다.

불황을 틈타 횡령·배임사범도 덩달아 증가, 지난 한 해 6600여 명이 재판에 넘겨진 것으로 나타났다.

▶ 사기·공갈범 사상 최대 … 경제범죄 꾸준히 증가 − 일반적으로 불황기에는 고수익을 원하는 피해자들의 심리를 공략한 사기 범죄가 기승을 부린다.

여기에 최근엔 IT(정보기술)의 발달로 스마트폰과 인터넷을 이용한 스미싱이나 보이스피싱 등의 사기 범죄를 부추기고 있다.

실제 사기·공갈 사건은 22년 간 4배 가까이 증가해 사기 피해자들을 양산한 것으로 집계됐다.

전국 1심 형사재판에 넘겨진 사기·공갈사범은 지난해 사상 최대치인 4만308명을 기록했다.

사기·공갈범은 1990년대 초·중반 1만명 안팎을 맴돌다가 IMF 사태를 겪은 뒤 1998년 2만1397명으로 처음 2만명을 넘어섰다.

이어 미국발(發) 금융위기 여파가 절정에 달했던 2009년 3만9788명으로 늘어났다가, 이듬해 3만4720명으로 줄어드는 추세를 보였다.

이어 2013년 3만8483명으로 증가세를 보이더니 작년엔 급기야 4만308명을 기록한 것이다.

또 횡령·배임 사건으로 재판에 넘겨진 사람들 역시 지난 10년 간 꾸준한 증가세를 보이고 있다.

횡령·배임사범은 1997년 3504명이었으나 IMF 직후인 1998년 4589명, 1999년 5197명으로 늘었다. 2009년엔 6800명을 넘으며 정점을 찍은 뒤 등락을 거듭하다 2012년 5617명까지 줄었으나, 2013년 6506명을 기록한 데 이어 지난해 6607명을 기록하며 다시 상승세.

▶ 형사 배상명령액도 사상 최대 − 사기 범죄가 기승을 부리면서 법원의 배상명령액도 지난해 사상 최대 수준으로 늘어났다.

배상명령이란 형사사건 재판 과정에서 피해자가 범행으로 인해 발생한 물적 피해를 물어달라고 요구했을 때 법원이 이를 받아들여 가해자에게 보상을 명령하는 것을 말한다.

사법연감 집계를 보면 지난해 형사사건 배상명령액은 2012년 691억원, 2013년 1187억원으로 늘더니 작년엔 사상 최고액인 1470억원에 달했다.

대법원 관계자는 "사기 사건 같이 재산 범죄로 인한 피해를 본 사람들이 많아졌다고 볼 수 있다"면서 "사기 피해를 입은 이들이 형사재판 중 재판부에 배상명령을 신청하는 것"이라고 설명했다.

자료: 헤럴드경제 2015년 11월 2일
http://news.heraldcorp.com/view.php?ud＝20151102000344&md＝20151102121055_BL

제5절 정책적 논의

정책적인 측면에서 보면 이처럼 범죄와 실업의 쌍무적 관계로 인하여 상당한 어려움을 겪게 된다. 범죄율이 높은 지역에서는 자산과 인명피해의 위험 등으로 인하여 투자의 매력이 낮아서 실업률을 낮추기 위한 투자를 유치하려면 범죄율의 감소가 필요하며 범죄율의 감소를 위해서는 취업기회의 증대가 필요하기 때문이다. 설사 취업의 기회가 주어지더라도 대부분의 범죄자는 시장성 있는 기술력이 부족하기 때문에 이들에 대한 기술향상이 전제되어야 한다. 따라서 실업과 범죄와 관련하여 범죄율을 줄이기 위해서는 대체로 범죄자에 대한 직업교육과 훈련 등을 통하여 고용주들이 범죄자에 대한 매력을 느낄 수 있도록 하는 공급자 측면에서의 프로그램과 세제상의 혜택을 제공하는 등의 방법으로 고용주의 취업기회 확대에 따른 비용을 줄여주는 등의 수요자 측면에서의 프로그램으로 대변할 수 있다.

1. 공급자 입장에서의 정책

초기의 노동시장에 기초한, 즉 실업과 관련한 범죄예방 프로그램은 위험집단에 대한 합법적 취업의 기회나 취업에 필요한 기술의 제공이 범죄에의 가담을 줄일 수 있다는 논리에 근거하고 있다. 이를 위하여 기본교육과 직업훈련 그리고 작업경험을 제공하기 위한 다양한 프로그램들이 개발되었다. 대부분의 프로그램은 범죄예방의 관점에서 위험성이 있는 청소년에 대한 조기개입이 성공확률이 높다는 가정하에 주로 청소년층을 대상으로 하였으며, 다른 한편으로는 이미 형사사법의 대상이 된 범죄자의 재범을 예방한다는 취지에서 이들 범죄자들을 대상으로 삼아왔다. 현재 형사사법의 대상인 범죄자나 형사사법제도를 떠나기 직전 또는 떠나는 범죄자들에 대한 프로그램은 가장 위험성이 높은 집단에 자원을 집중할 수 있다는 장점이 있으며, 한편으로 청소년범죄에 대한 프로그램은 소년원 등 청소년 범죄자를 위한 교정보호시설이 대체로 성인시설에 비해 교화개선을 더 강조하고 교육과 훈련이 교화개선의 주요한 부분이라는 점에서 이점이 있는 것으로 정당화되고 있다.

2. 수요자 입장에서의 정책

공급자 측면에서의 정책은 주로 범죄자 개인의 행위를 변화시키는 데 초점을 맞추는 반면, 수요자 측면의 정책은 고용자의 입장을 배려한 정책이다. 즉, 고용자의 입장에서는 범죄자의 고용이 업무수행능력의 부족, 기술의 부족, 직장에 대한 애착과 전념의 부족, 신체와 재산에 대한 피해의 우려 등 잠재적 위험이 될 수 있다고 느끼기 때문에 이들에 대한 취업기회의 부여를 꺼리게 된다는 점을 고려한 각종 고용창출의 동기를 부여할 수 있는 정책을 의미한다. 따라서 전과자나 범죄자를 고용하는 데 따른 이러한 위험을 상쇄할 수 있는 보상을 중심으로 한 정책이다. 전과자를 고용하는 기업에 대한 세제의 혜택이나 보조금의 지급 등이 그 예라고 할 수 있다.

한편, 예방적 차원에서의 정책이라고 할 수 있는 것으로서 지역사회의 개발을 들 수 있다. 이러한 프로그램은 특정지역의 개발을 전제로 하고 이는 곧 취업기회의 확대를 가져올 수 있으며, 나아가 교육과 훈련에 대한 동기를 제공할 수도 있는 것으로 가정되고 있다. 또한, 새로운 고용의 창출과 기업의 유치 등은 사회기관과 주민들의 사회적 상호작용을 증대시켜서 사람들에게 긍정적인 영향을 미치고 따라서 범죄를 예방할 수 있다는 장점도 기대할 수 있다. 그런데, 지역개발을 촉진하기 위해서는 투자, 노동 그리고 재정적 매력의 제공이 전제되어야 하는데, 투자의 매력을 제고하기 위해서는 각종 인허가의 편의나 재산세나 거래세 등의 감면 등 세제상의 혜택을 제공할 수 있고 노동시장의 매력을 신장하기 위해서는 고용의 창출에 대하여 세금면제 등의 혜택을 제공할 수 있고 재정적 매력은 기업자금의 대출 등 금융지원을 통하여 이루어질 수 있다.

3. 통합적 접근 – 성공적 프로그램

불행하게도 과거 미국에서 시도되었던 정책들, 예를 들어 뉴욕에서의 청소년을 위한 지역사회동원(community mobilization for youths)이나 존슨대통령이 강조하였던 범죄와의 전쟁을 위한 빈곤과의 전쟁(war on poverty) 등이 크게 성공적이지 못했던 것처럼 위험집단에 대한 취업의 증대에 대한 평가가 그렇게 긍정적이지는 못하다.

그러나 한 가지 성공적인 프로그램이 있다면 더 이상 형사사법의 대상이 아닌 나이가 많은 성인 전과자에 대한 직업 프로그램이라고 할 수 있다. 그럼에도 불구하고 이러한 프로그램이 크게 관심 있게 다루어지지 않았던 것은 이들 프로그램은 범죄자들이 형사사법을 떠난 후에 주로 노령에 가까운 전과자들을 대상을 이루어지기 때문이었다. 그런데, 이러한 프로그램의 성공은 일반적으로 사람이 나이가 들어갈수록 안정을 찾게 되고 위험을 줄이며 미래를 염려하는 인생역정과 상당한 관련이 있는 것으로 보인다. 반대로, 위험성이 높은 청소년들에 대한 단기 프로그램들은 대부분 범죄율에 큰 영향을 미치지 못한 것으로 부정적 평가를 받고 있다. 그 이유는 주로 이들 청소년들이 취업의 기회가 많지 않다고 인식하여 프로그램에 대한 참여 동기가 부족하기 때문인 것으로 추정되고 있다.

그렇다면, 어떠한 프로그램이 긍정적인 효과를 얻을 수 있을까? 우선 공급자 측면에서는 위에서 언급한 것처럼 수형자의 상당 부분을 차지하는 성인범죄자에 대한 시설 내 직업교육을 들 수 있다. 물론, 이 또한 수형자 연령과 인생역정과 관련된 것이다. 그러나 이 프로그램이 성공적이기 위해서는 무엇보다도 참여의지와 동기의 부여가 중요하다. 반면, 수요자 측면에서는 범죄가 사회의 환경, 특히 물리적 환경과 경제여건의 영향을 많이 받기 때문에 지역사회의 고용의 창출이 중요하며 이를 위해서 지역사회의 개발이 범죄의 예방에 도움이 될 수 있을 것으로 보인다.

제 2 장
산업스파이(Industrial spy/espionage)

현대사회의 사람들은 정보와 함께 살아가고 있어서 우리는 이를 정보화 사회라고 한다. 기업에 있어서는 기업의 정보가 중요한 자산이 되기 때문에 산업정보가 급증하게 되는 것이다. 과거 기업의 자산은 주로 물질적 특성을 가지고 있었으나, 현대는 기업의 주요자산이 지식근로자들의 머리나 전자적으로 가치가 계산되는 환경에 살고 있으며, 우리는 이러한 가치를 지적 자산(intellectual capital)이라고 한다. 기업의 가치모형이 과거 제조중심(manufacturing-intensive)에서 이제는 지식중심(knowledge-intensive) 경제로 변하고 있다. 물리적 자산에 비해 이 지적 자산이 가치 면에서 적어도 3-4배는 더 높은 것으로 평가되고 있고, 기업마다 지적 자산을 최고의 가치와 자산으로 간주하게 됨으로써 기업에 있어 지적 자산의 보호는 그만큼 중요한 요소가 되었다.

기업과 관련된 정보를 우리는 소위 "경쟁적 정보(competitive information)"라고 이름하고 있다. 여기서 경쟁적 정보는 체계적인 지식관리과정이라는 방법으로 기업이 미래를 준비하는 예술이고 과학이라고 할 수 있다.[1] 실제로 최근 미국의 USA Today지는 FBI의 자료를 이용하여 미국의 기업들이 자신들의 경쟁적 정보, 즉 경쟁기업의 경쟁적 산업정보를 얻기 위한 스파이를 위하여 매월 20억 달러를 투자하고 있다고 보도한 바 있다.[2] 왜냐하면 경쟁적 정보의 관리에 따라 기업과 경쟁기업의 이익과 손실에 영향을 미칠 수 있기 때문이다.

경쟁자나 적으로부터 중요한 기업비밀이나 정보 또는 기술 등을 보호하는 것은 현대의 기술정보사회에 있어 점점 그 중요성을 더해 가고 있다. 산업사회에서의 기술과 정보 등의 유실은 막대한 손실을 유발하게 되는데, 그러나 그 중요성에 대해서는 대부분 손실이 밝혀진 후에나 깨닫게 된다.

이러한 중요성으로 인하여 미국에서는 경제첩보법률(Economic Espionage Act)과 국가 도난

---

1 J. Calof and B. Skinner, "Government's role in competitive intelligence," *Competitive Intelligence Magazine*, April, 1999, pp. 20-23.

2 USA Today, February 10, 1999.

재산법(National Stolen Property Act) 등 경쟁적 정보와 관련된 지적 재산권 범죄에 대한 강력한 법안들을 입안하였다. 더불어 미국 정부에서는 재산범죄의 유형으로 거래비밀의 도용, 상표권의 위조, 저작권의 침해 등을 포함시키고 있다. 또한 냉전의 종식과 함께 세계가 군사정보보다는 경제정보에 더 큰 관심을 가지게 되어 국가마다 국가정보기관까지 산업정보와 스파이나 첩보행위(Espionage)와 같은 경쟁적 정보활동에 참여하고 있다.[3]

급속하고 기술지향적인 성장으로 기업들은 치열한 경쟁을 겪게 되고 경쟁적 우위나 이점을 추구하게 되는데, 산업 또는 경제 첩보행위(industrial or economic espionage)가 하나의 방안이 되고 있다. 정보전쟁의 한 형태로서의 산업 또는 경제 첩보행위는 기업의 경쟁이 존재한 이래 있어온 것이지만, 현대의 정보화 시대에 있어서 경쟁은 더욱 치열하고 시간을 요하는 것이 되었고, 기업의 성공에 보다 심각한 요소가 되었으며, 극적으로 증가해 오고 있다. 그 결과 바로 그 경쟁적 우위를 확보하기 위한 수법도 발전되고 증가하게 된다.[4]

정보화 시대는 더 많은 국제적 경영, 더 많은 국제적 경쟁자, 그리고 그 경쟁자에 대응하기 위해 공동으로 힘을 합하는 더 많은 국제적 사업과 경영을 초래하였고, 그 결과 상대로부터 정보나 기술을 훔칠 기회도 더 많이 초래하게 되었다. 한편으로는 경영의 파트너로서 계약관계가 되면서 다른 한편으로는 상호 경쟁관계가 되어 현실적으로 국제적인 기업경쟁은 곧 경제전쟁으로까지 불리게 되었다. 이러한 국제적 경쟁은 국제적인 네트워크와 통신의 연계와 더불어, 이와 같은 네트워크를 통한 기술과 정보를 훔칠 더 많은 기회를 제공하게 되었다. 게다가 대부분의 제 3 세계 국가와 과거 공산주의 국가들은 급속한 기술개발을 위한 충분한 재원과 시간이 부족하여 선진국과 회사로부터 과학적·기술적·상업적 비밀을 훔치는 등의 방법을 택하는 경우를 초래했다. 한편 냉전의 종식으로 퇴출된 정보요원과 스파이들이 자본주의적 환경에서 자신의 기술과 능력을 계속해서 수행할 수 있게 된 것도 경제스파이와 산업스파이의 확대가 크게 기여하고 있다.[5]

즉, 기술의 상업적 가치의 끊임없는 증대, 새로운 기술의 개발을 위한 막대한 연구개발비의 요구, 제품의 아주 짧은 싸이클, 전자통신수단과 네트워크의 확대, 대규모의 다운사이징과 그로

---

3 R. Gidsag, B. Santorelli, E. Walsh and G. Wells, "Intellectual property crimes," *The American Criminal Review*, 1999, 103(26): 835−879.

4 G. Kovacich, "Information warfare and the information systems security professional," *Information Systems Security*, 1997, 6(1)2: 45−56.

5 B. W. Nelan and F. O. Jackson, "A New world for spies," *Time*, July 3, 1993, 142(1): 28−31.

인한 임시고용인과 계약근로자 그리고 아웃소싱 등으로 인한 회사에 대한 충성심의 약화 등은 산업스파이나 경제첩보를 증대시키는 추세에 기여하고 있다.[6]

　　기업의 전략적 계획, 연구개발의 정보, 그리고 제조과정의 자료에 대한 접근을 얻기 위하여 수행되는 이 산업첩보행위는 영업비밀정보의 이송과 절도를 위한 가능한 수단인 컴퓨터기술의 증대로 더욱 쉽게 그리고 적은 비용으로도 가능하게 되었다. 즉, 현대의 통신수단의 연계성, 상업적 기업활동, 그리고 기업자료의 사무용·가정용 컴퓨터에의 게시와 접근성 등이 가치 있는 영업비밀과 정보를 전송하고 복사하는 것을 더욱 용이하게 한다는 것이다. 특히, 가장 가시적인 진전이라고 할 수 있는 인터넷의 발전과 그 응용의 확대는 세계 어디서나 정보의 전송과 접근을 용이하게 하였고, 이는 영업비밀의 보전, 특허권의 보호, 그리고 저작권 침해의 위험 등과 같은 법률적 관심거리를 증대시키게 되었다.[7] 실제로 인터넷을 통한 해킹에 의하여 연간 적어도 20억 달러 정도가 도난당하고 있으며, 저작권 침해는 인터넷을 통하여 범해지는 가장 중요한 재산범죄로 여겨질 정도가 되었다.

　　새로운 세계질서와 환경은 기업의 소유정보를 과거보다 훨씬 가치 있는 것으로 만들고 있다. FBI는 '기업이 소유하는 경제정보'를 유형이건 무형이건 그리고 물리, 전자적, 도형, 사진 또는 문서로 저장, 편집, 기억되거나 한 상업전략, 부호, 프로그램, 절차, 과정, 모형, 설계, 제조법, 성분, 기술, 장비, 기획, 자료 등 이에 국한되지는 않지만 이들을 모두 포함하는 모든 형태와 유형의 재정적, 과학적, 기술적 또는 공학적 정보라고 정의하고 있다. 그런데 이러한 정의는 정보의 소유자가 그것을 보호하기 위하여 합리적인 조치를 취하며, 따라서 일반에 공개되지 않고, 정보가 공공에 의하여 적절한 수단을 통하여 쉽게 확인되지 않으며, 일반적으로 알려지지 않음으로써 실제 또는 잠재적인 별도의 경제적 가치를 파생하는 것을 가정하고 있다.[8]

---

6 W. J. Holstein, "Corporate spy wars," *U.S. News & World Report*, Feb. 23, 1998, 124 (7): 46－51.

7 H. Nasheri and T. J. O'Hearn, "Crime and technology: New rules in a new world," *Information & Communications Technology Law*, 1998, 7(2): 145－157.

8 G. Kovacichi, *op. cit.*

제 1 절   산업스파이의 정의

산업스파이 또는 경제첩보는 때로는 경쟁적 정보(Competitive intelligence)와도 상호 교환적으로 활용되고 있으나, 상당한 차이가 있음을 간과해서는 안 된다. 사전적 정의에 의하면, 산업첩보는 직접적인 절도로부터 뇌물에 이르기까지 다양하게 이루어지는 불법적 활동이라고 한다면, 반대로 경쟁적 정보의 수집은 대부분 정보를 얻기 위한 불법적 수단의 이용을 제외한 기업윤리와 직업윤리에 따른 것이라고 할 수 있다.[9]

구체적으로 경쟁적 정보의 수집은 "관리부서에서 경쟁적 우위를 발전시키거나 유지하는 데 도움이 되도록 기존의 또는 잠재적 경쟁자의 행위와 능력 그리고 산업분야의 발전 등을 평가하는 공식화된 것이나 지속적으로 발전되는 과정"이며, 따라서 조직이 경쟁자에 대한 정확한 기존의 정보를 가지고 있으며, 우위를 점하기 위하여 그 정보를 활용할 계획을 가지고 있음을 확인하는 것이다. 결과적으로 경쟁적 정보의 수집은 시장 환경, 경쟁자, 그리고 경쟁 등에 관한 정보를 개발하고 발견하기 위하여 법률적 윤리적으로 접근되고 파악될 수 있는 모든 정보인 공공정보나 자원을 활용하는 것이며, 산업첩보 또는 경제첩보는 해킹 등과 같은 불법적 수단에 의하여 필요한 정보를 개발하게 된다.[10]

산업첩보행위(Industrial espionage)는 시장경제에 있어서 경쟁적 우위를 점하기 위한 목적으로 행해지는 정보활동에 대한 산업체나 개인기업의 지원이나 협조라고 할 수 있다. 한편 경제첩보행위(Economic espionage)는 특정 국가의 경제적 경쟁성을 제고하기 위한 목적으로 행해지는 불법적일 수도 있고 합법적일 수도 있는 국가가 지시하고 지원하고 또는 조정하는 정보활동이라고 할 수 있다. 결국 산업정보는 기업의 경쟁적 정보 내지는 첩보활동이고 경제첩보는 국가적 차원의 경쟁적 정보활동이라고 할 수 있다.[11] 미국의 경제첩보법률(Economic Espionage Act: EEA)에서는 기업비밀을 불법적으로 확보할 목적으로 미국의 개인, 기업체, 단체나 정부를 표적으로 외국 정부나 권력기관에서 지원하거나 협조하는 정보활동으로 규정하고 있음에서도 경제첩보는

---

9 J. A. Nolan, III, "What is competitive intelligence and what can it do to you?" *Security Technoligy & Design*, January/February 1996.

10 Y. Malhotra, "Competitive intelligence programs: An overview," [www document], @BRINT Rasearch Institute (www.brint.com), 1996.

11 *Ibid.*

국가간 또는 국제적 정보활동을 의미하는 것으로 받아들여지고 있다.[12]

여기서 영업비밀(trade secrets)이라 함은 "특허권이나 저작권이 부여되지 않아서 법률적으로 보호되지 않는 재료나 자재(material)"라고 미국의 경제첩보법(Economic Espionage Act)은 규정하고 있다. 이러한 정의에 따르면 생산공정, 입찰가, 생산일정, 컴퓨터 소프트웨어, 기술도해 등에 관한 정보들을 포함하는 것으로 볼 수 있으며, 이러한 정보는 기업이 그 보호를 위하여 합리적인 노력을 취하고, 비밀이 보호됨으로서 가치가 있고, 일반 공중에 의하여 쉽게 개발되지 않는 것을 가정하고 있다. 그러나 한편으로는 영업비밀이 조심스럽게 규정되어야 하는데, 그것은 사람들이 직장에서 얻을 수 있는 일반적 경험이나 지식까지 기업비밀에 포함되지 않도록 할 필요가 있기 때문이다.[13]

그래서 첩보행위는 비윤리적이고 대부분 불법적이며 때로는 아주 혁신적이기도 하다. 예를 들어 기술적 비밀을 위하여 경쟁자에게 뇌물을 제공하고, 경쟁자의 제품, 과정 또는 시장을 취득할 목적으로 경쟁사의 임직원을 빼오기도 하며, 간교하게 사진을 촬영하기도 한다. 통신을 도청하고, 고정 첩보자를 경쟁회사에 심기도 하며, 주요 임직원을 협박하기도 하고, 미인계나 직업여성을 이용하기도 하는데, 이러한 수법의 형태는 이루 헤아릴 수가 없을 정도로 많다.[14]

그런데 이러한 산업스파이나 경제첩보행위는 전혀 새로운 현상은 아니며, 18세기에도 있어 온 것으로 알려지고 있다. 첩보의 대상은 주로 제품과 공정에 관한 정보, 시장계획, 인사자료, 제품위조와 변조에 유용한 정보 그리고 보안기술 등이며, 또한 이들 정보 등을 빼내는 사람은 임원이나 기술전문가만이 아니라 행정지원자, 장비설치자 심지어 잡부까지도 예외는 아니라고 한다. 실제 조사결과, 가격에 관한 자료, 고객명단 그리고 제품 개발자료가 가장 많이 첩보와 스파이의 대상이 되는 정보였으며, 스파이나 첩보행위에 관련된 사람 중 58%는 전·현직 근로자였으며, 정보취득의 방법은 침입, 절도, 불법적 자료재생산, 뇌물 그리고 전자감시 등이었다고 한다.[15]

---

12 P. W. Kelley, "The Economic espionage act of 1996," *FBI Law Enforcement Bulletin*, 1997, 66(7): 287−294.

13 S. H. Miller, "Economic espionage: Now it's a federal case," [www.scip.org] text, Spring, 1997.

14 R. Pagell, "Economic espionage: Spies, Lies, and Competitive Intelligence," *Database Magazine*, 1998, 21(4): 23−28.

15 E. M. Teagarden, "James Bond and George Smiley go into business−Teaching about business espionage," *Journal of Education for Business*, 1997, 72(4): 250−252.

제 2 절   산업스파이의 실태

현재로서는 산업스파이나 경제첩보의 범위나 피해의 정도를 정확하게 파악할 공식적 기제는 없다. 다만, 피해기업에서는 수천만 달러의 금전적 손실, 일자리의 손실 그리고 시장의 손실 등을 보고하고 있다. 그러나 이러한 보고나 보도는 대부분 손실이 공개된 이후에나 밝혀지는데, 이는 기업이 주가, 고객의 신뢰도, 그리고 궁극적으로는 시장 경쟁성과 시장점유에 미치는 영향 등을 고려하기 때문이다.

Harold Worden은 28년 동안 Eastman Kodak회사에서 일하였으며, Kodak에서 수백만 달러의 연구개발비를 투입한 401 Machine이라는 일급비밀기기를 설계하는 중심적인 지위에 있다가 은퇴 후 그가 가지고 있던 정보와 기술 등을 경쟁회사에 돈을 받고 넘겨준 혐의를 받고 있다. 이러한 일들은 더 이상 놀라운 일이 아닐 정도로 빈번하며, 미국에서는 1996년에 1,300여 회사에서 1,100여 건의 이러한 산업첩보나 스파이 행위가 발생하였고, 이들 정보의 잠재적 상업적 가치는 무려 3천억 달러에 이를 것이라고 한다.[16]

한국에서도 1997년 4월 30일, 한국의 경찰은 미국의 군수물자 공급회사인 Litton사의 한 임원을 산업스파이 혐의로 체포하였다. 그는 한국의 조기경보기구매계획에 관한 군사정보를 빼낸 혐의를 받고 있었다. 일반기업을 대상으로 한 산업스파이의 예도 종종 보도되고 있는데, 대표적으로 음향기기 회사의 직원이 신기술을 대만회사에 팔아넘긴 경우라든가, 국내 굴지의 반도체회사 연구원 등이 회사기밀을 대만회사에 팔아넘긴 일 등이 그것이다. 그러나 한국에서는 산업스파이에 대한 구체적인 자료가 부족하여 정확한 피해의 규모를 알 수 없는 실정이나 피해의 정도나 규모가 확대되고 있다고 할 수 있다.[17]

1996년 국가정보원에서 한 조사기관에 의뢰하여 실시된 산업보안의식에 관한 조사보고서를 보면 우리나라의 산업보안 실태를 어느 정도 알 수 있다.[18] 조사대상자의 절대다수(97.0%)가 산업기밀의 보호가 필요하다고 답하였으며, 보호필요성의 인식은 주로 신제품이나 기술을 개발했을 때(74.9%)인 것으로 조사되었다. 특히 이러한 추세는 신제품의 연구와 개발에 종사하는 연구

---

16 W. J. Holstein, "Corporate spy wars," *U.S. News & World Report*, Feb. 23, 1998, 124 (7): 46－51.
17 C. P. Ehrlich, "A brief CI compliance manual," [http://qqq.asip.org/news/cireview－article], 1998.
18 이 조사에 대해서는 http://www.nis.go.kr/menu/m15000000/m08040500.html을 참조할 것.

소 종사자(81.3%)나 연구개발업무 담당자(81.1%)에게서 높았으며, 산업보안에 관한 교육을 이수한 사람(77.9%)에게서 더 높은 것으로 조사되었다. 다행인 것은 대다수의 응답자(82.1%)가 경영층이 산업보안에 대한 관심을 가지고 있다고 답하고 있다는 사실이다.

경영층이 산업보안에 관심이 있으며, 산업보안의 필요성을 느끼고 있음에도 불구하고 아직도 보안교육을 받은 사람이 28.1%에 지나지 않고 있어, 산업보안의 필요성은 인식하고 있으나 경영에 심각하게 반영되고 있지 못함을 보여주고 있다. 그 뿐만 아니라 회사의 보안관리 수준에 대해서도 25.4%가 긍정적으로 평가한 반면 28.1%가 부정적으로 평가하였으며, 특히 문서보안, 정보통신, 인원보안, 시설관리 등의 보안관리가 취약한 것으로 지적하였다. 또한 회사의 보안비용 지출규모도 78.8%가 부족하다고 응답하였고, 대부분이 산업보안과 관련한 부서를 두지 않고 있으며, 심지어 산업보안에 관한 규칙이나 규정도 절반 이상이 구비하고 있지 않은 실정인 것으로 나타났다.

그 결과, 조사대상 업체의 43.6%가 보안사항의 외부유출로 업무에 어려움을 겪었고, 보안에 대한 전문지식과 의식의 부족(59.6%), 경영층이나 담당자의 보안의식부족(22.5%), 회사의 보안제도 불철저(12.4%) 등이 주된 이유로 지적되었다. 특히 산업기밀의 유출로 인한 피해를 경험하였다고 답한 회사가 16.8%에 이르고 있으며, 더구나 산업스파이로 인한 피해의 규모가 1억 이상으로 추산한 업체가 47.6%로 나타나 산업스파이의 경제적 피해규모의 정도를 짐작케 해주고 있다.

우리의 산업기술이나 정보를 가장 많이 수집하는 나라로 일본(57.3%), 미국(16.0%) 그리고 중국(10.8%)의 순으로 나타났으며, 이들 외국 산업스파이의 주요 관심 분야로는 반도체기술(83.3%), 정보통신기술(42.8%), 응용프로그램 개발기술(23.8%), 기계전자기술(23.8%), 정밀화학기술(20.9%)의 순으로 지적되었다. 그러나 산업스파이 활동이 가장 많은 기업으로는 우리나라 기업(44.3%), 우리나라에 진출한 외국합작 공동기업(35.4%), 우리나라에 진출한 외국 단독기업(14.9%) 등으로 답하고 있어 산업스파이를 아직은 국내기업간의 문제로 인식하는 것으로 나타났다.

산업기밀을 획득하는 주요방법으로는 스카웃(71.7%), 매수(46.9%), 합작사업이나 기술협력(44.7%), 복사(37.5%) 등으로 나타났으며, 산업스파이의 주요 표적은 제조기술(57.4%), 사업계획 정보(21.9%), 판매 및 시장정보(13.7%), 기초과학정보(3.9%), 생산계획(2.7%)으로 응답하였으며, 최근 산업스파이의 증가 이유로 제품개발비의 절약(35.4%), 단시일 내에 판매시장 확보(27.7%), 정보화 사회 진입에 따른 필연적 현상(22.7%), 시장개방으로 인한 다국적 기업화(14.0%)의 순으로 응답하였다.

제 3 절 정보보안의 위협요소

경제 스파이나 첩보행위의 증가는 대부분 그러한 위협에 대한 기업의 취약성에 기인한 바가 크다. 기업은 자신들의 정보를 적절하게 규정하여 보호하지 않고 있으며, 자신들의 컴퓨터와 통신체계와 제도를 적절하게 보호하지도 않고 있다. 또한 기업은 적절한 보안정책과 절차도 갖고 있지 않고 있으며, 임직원들은 회사의 기업정보를 보호할 자신들의 책임을 인식하지 못하고 있다. 많은 임직원들이 자신들이 훔칠 만한 가치가 있는 정보를 가지고 있다고 믿지 않으며 정보손실이나 유실이나 절도 등이 자신에게는 일어날 것으로 믿지 않고 있다. 즉 기업이 자신의 정보를 적절히 보호하지 못하면, 시장점유율, 이윤 그리고 기업경영, 나아가 국가경제에까지 손실을 초래할 위험을 감수할 수밖에 없다는 것이다.[19]

정보의 불법적 취득이라고 할 수 있는 첩보행위(espionage)는 점점 상당한 이익을 가져오는 모험이 되고 있다. 상업적 첩보행위의 이점은 새로운 기술을 정상적으로 구매하는 데 필요한 막대한 비용을 절감하고 오랜 연구기간을 단축할 수 있으며, 시간과 비용을 요하는 기술적 실수와 실패를 피할 수 있고 계획이 실패 없이 성공할 것이라는 사실을 미리 알 수 있다는 것이다. 다시 말해서, 상상도 할 수 없을 정도로 엄청나게 값비싼 정보를 아주 헐값에 제공해주기 때문이다.[20]

컴퓨터 칩이나 새로운 호르몬제의 특허나 설계를 훔침으로써 막대한 돈이 만들어질 수 있기 때문에 경제첩보와 산업첩보의 위협은 증가 일로에 놓여 있다. 급속한 기술의 발전은 많은 기업이나 국가로 하여금 연구개발에 드는 막대한 비용을 들이지 않고 지적 재산을 얻을 수 있는 이러한 방법을 취하도록 유혹하고 있다. 더불어 인터넷과 각종 통신기술의 발달은 이러한 유형의 스파이를 예전에 비해 훨씬 쉽게 만들고 있어서 경제 또는 산업첩보와 스파이의 위협은 증대되고 있다.

이러한 현실에서 미국은 1994년 르노 법무장관이 경제첩보행위자에 관한 제보자에게 현상금을 지급할 수 있는 법률적 근거를 마련하였고, CIA에 위치하고 FBI 요원이 이끄는 National Counter-intelligence Center(국가방첩센터)가 설치되어 정부차원의 경제첩보와 스파이에 대응하게 된다. 최근에는 FBI가 설치한 Economic Counter intelligence Unit(경제방첩단)과 국무부의

---

19 Kovacich, *op. cit.*

20 R. Perle, "The Soviet connection," *Security Mabagement*, 1982, 26(7): 106-109; N. R. Bottom, Jr. and R. R. J. Gallati, Industrial espionage, Boston: Butterworth, 1984, p. 27.

Overseas Security Advisory Council(해외보안자문회의)에서도 이에 대한 정보와 지원을 제공하고 있다.[21]

1. 사   람

　　권한이 주어지지 않은 사람이나 상대에게 정보를 잃게 되는 경우는 대부분 전·현직 고용자, 컴퓨터 해커, 스파이, 직업범죄자, 자문역, 고객, 영업사원, 업자 그리고 잡부 등의 사람들에 기인한다. 실제로 정보유실의 99%는 직원 등 고용인이 이야기해서는 안 될 사람에게 말을 하거나 기밀문서를 부주의하게 처리하거나 기본적인 보안절차에 주의를 기울이지 않아서 일어난다고 한다.[22] 그래서 각 기업에서는 윤리적으로는 문제가 될지언정 합법적인 여러 가지 방법으로 정보수집에 가담하게 된다.

　　잠재적 지원자 회유(Milking potential recruits)는 상대 기업에서 일하고 있는 사람들을 끌어들이는 것으로서, 이들은 알게 모르게 취업을 위하여 면접관을 만족시키려고 중요한 정보까지도 제공하게 된다. 그리고 학회 등에서의 정보 공유로서, 대부분의 엔지니어나 연구자들은 경쟁 상대에게 민감한 정보를 유출할 수도 있다는 위험에도 새로운 발명에 대한 정보나 연구결과를 서로 공유하고자 한다. 그것은 많은 사람들이 비밀을 유지하면 발명이나 발견절차와 과정이 지연된다고 느끼기 때문인데, 바로 이 점으로 인해 이들이 경쟁자들의 주요 표적이 되고 있다. 그 밖에 정보를 얻기 위하여 경쟁사로부터 핵심간부를 스카웃하고, 자문회사를 이용하여 경쟁사에 대한 정보를 얻도록 요구하며, 고객을 이용하여 상대회사의 제품 등에 대한 정보를 얻고 또는 납품업자를 통해서 경쟁회사에 관한 정보를 캐기도 하는 등 다양한 방법으로 정보의 확보에 가담하게 된다.[23]

　　이러한 정보의 가치나 기밀유지의 중요성에 대한 이해의 부족과 정보의 공개 등을 통한 부주의한 태도는 정보의 손실을 초래하게 한다. 공개석상에서의 일상적인 동료들과의 대화, 은행이나 정부기관 또는 보험회사에 제출한 상품정보나 재정정보, 부주의한 광고나 기사자료 등이 바로 정보의 유출을 초래할 수 있는 경우들이다.

---

21 D. Pasternak and G. Witkin, "The lure of steal," *U.S. News & World Report*, March 4, 1996, 120(9): 45-49.

22 B. Hollstein, "Keeping the lid on new ideas," *Security Management*, 1984, 28: 22-25.

23 S. Flax, "How to snoop on your competitors," *Fortune*, May 14, 1984, pp. 29-33.

그 밖에 직접 훔치는 것 또한 가치 있는 정보를 얻기 위해 자주 이용되는 수법이다. 경쟁적인 기업과 충직하지 못한 직원들이 이와 같은 정보의 절도를 통해 경쟁자의 운영과 기획에 지대한 피해를 입히고 있는 것이다. 어떤 면에서는 직원, 방문객, 구매자, 자문위원 등 누구나 이러한 산업스파이나 첩보행위에 가담할 수 있다. 이들 스파이는 눈에 잘 띄지도 않으며 세인의 관심을 끌지도 않아서 쉽게 알려지지 않는다.[24]

직장에 불만이 있거나 문제에 있어서 취약한 직원들이 조직의 정보에 대한 가장 큰 위협이 되고 있다. 실제로 컴퓨터범죄 피의자의 53%가 회사의 사원이라는 통계에 의해서도 분명해지고 있는데, 그것은 이들이 민감한 정보에 대한 접근이 용이하기 때문이라고 한다. 또한 이들은 경쟁자에게 팔거나 공개하거나 고용주와 협상할 기업기밀을 고를 수 있는 이점도 있다. 그리고 산업구조나 과정에 대해서 잘 알고 있어서 외부인에게는 알려지지 않은 취약점을 어떻게 이용할 것인가에 대한 지식도 가지고 있다.[25] 그러나 회사에 불만이 있거나 문제가 있는 사람 외에도 연구원, 임원, 전산요원 또는 심지어 잡부까지도 민감한 정보에 접근할 수 있는 사람이라면 누구나 표적이 될 수 있다. 실제로 한 조사에 의하면 산업첩보원이나 스파이 등으로 인한 지적 자산의 손실의 74%는 전·현직 직원, 계약자, 납품업자 등 신뢰관계의 사람들에 의해서 이루어지는 것으로 밝혀지기도 하였다.[26]

2. 기   술

보통 조직의 정보에 대한 가장 파괴적인 위협은 현대적 기술을 이용하는 경우가 많다. 정보를 생산, 재생, 저장, 이송하는 기술들이 조직에 보다 정확하고 시의적절한 정보를 제공해 준다. 그 결과 조직들은 산업세계에서 경쟁하고 기능하기 위하여 이들 기술에 의존하게 되었다. 따라서 이와 같은 기술에 대한 보안의 위협이 큰 관심의 대상이 되지 않을 수 없는 것이다.

---

24 Bottom and Gallati, *op. cit.*, p. 21.

25 W. S. Broadwell, "Commercial espionage: The phenomenon of information theft," *Journal of Security Administration*, 1984, 6(2): 41−51.

26 National Counterintelligence Center, *Annual Report to Congress on Foreign Collection and Industrial Espionage*, July 1996, p. 3.

(1) 기술적 범죄자(Techno-criminal)

전자 전기기술과 관련된 범죄에 가담하는 사람을 파악하기란 무척 어려운 일이다. 기술적 범죄의 증대는 바로 위험성은 제한적이지만 그 이윤은 높다는 사실에 기인한 바 크다.[27] 대부분의 침입자는 이들 범죄를 수사하고 예방하고 기소해야 할 형사사법이나 보안요원들보다 훨씬 기술적으로 앞서 있기 때문이다.

(2) 복제로 인한 위협

복제기술의 발전은 정보보안에 대한 새로운 위협이 되고 있다. 휴대용 복사기나 카메라는 기밀서류 등을 물리적으로 옮기지 않고 침입자로 하여금 쉽게 숨기고 들어가서 복사할 수 있도록 해주고 있다. 더구나 기업들이 서류의 보관 등을 목적으로 사용하는 마이크로필름도 순식간에 복사될 수 있다. 물론 디스켓에 저장된 정보도 스파이나 첩보, 스파이행위에 취약하기는 마찬가지이다.

(3) 컴퓨터와 관련된 위협

컴퓨터의 작동과 운영에 대한 위협은 회복할 수 없을 정도의 해를 끼칠 수 있는 잠재력을 가지고 있다. 기업이 점점 컴퓨터 기술에 의존도가 높아지면서 이러한 위협은 더욱 심화될 수밖에 없다. 그 결과 기업들은 프로그램이나 자료의 유실, 장비나 시설 등의 파괴나 손실 또는 기밀정보의 공개 등으로 인한 손실을 감수하고 있다. 특히, 컴퓨터 통신과 검색기술의 발달로 컴퓨터 정보를 언제 어디서나 쉽게 접근할 수 있게 되었다. 그러나 이러한 정보의 절취는 일부에 지나지 않고 컴퓨터 시스템에 대한 불법적 접근은 자료나 프로그램을 파괴시킬 수도 있다.[28]

(4) 전자 도청

통신기술의 발달과 더불어 각종 도청장비와 기계 또는 기술도 상당히 발전되어 전화는 물론이고 일상적 대화까지도 도청할 수 있는 실정에 이르게 되었다. 더욱이 컴퓨터 네트워크의 성장과 위성통신과 전화의 확대사용으로 전자적 도청은 더욱 쉬워지게 되었다. 실제로 대부분의 사

---

27 G. Green and R. J. Fisher, *Introduction to Security, Boston: Butterworth*, 1987, p. 325.

28 B. Starr, O. Port, and Z. Schiller, "Are data bases a threat to national security?" *Business Week*, December 1, 1986, p. 39.

람들이 낯선 사람들에게는 말을 조심하지만 전화나 컴퓨터를 이용한 통신이나 대화의 경우에는 조심하거나 주의를 소홀히 하는 경향이 있다. 사람들은 자신의 통신을 사적인 것으로 생각하나 여기서 프라이버시는 존재하지 않는다.[29]

제 4 절　산업스파이의 수법

 ## 1. 전통적 수법

(1) 핵심인력 빼오기

정보수집의 가장 보편적이며, 최고의 원천은 필요한 정보를 제공하도록 임무를 맡길 수 있는 경쟁기업 내부의 믿을 만한 사람이다. 여기서 내부인사란 사내의 지위나 직위와는 무관할 수 있다. 아무리 좋은 정보나 자료를 얻었다고 하더라도 그 정보나 자료를 이해할 수 있는 사람의 도움이 없다면 무용지물이 되고 말기 때문에 더욱 중요한 것이다. 물론 주로 연구원, 핵심관리자 그리고 임원 등이 그 대상이겠지만 사무직원, 전산요원, 기술자, 심지어는 잡부 등 지원인력도 대상이 될 수 있다. 특히 지원인력은 경쟁적 정보에 대한 접근이 어렵지 않으면서도 그들의 지위나 급여는 낮은 수준이기 때문에 경쟁기업의 조작에 쉽게 넘어갈 수 있기 때문이다.[30]

(2) 투 항 자

또 다른 부류는 자발적으로 걸어 들어오는 투항자라고 할 수 있다. 이들은 약물이나 마약 또는 지나친 음주 등의 개인적 문제, 금전적 문제 또는 개인적 스트레스나 고통 등으로 인한 신상문제를 해결하기 위한 돌파구의 하나로서 회사의 기밀이나 정보를 가지고 경쟁회사와 흥정하고 거래하는 경우이다.

---

29 J. Thompkins, "Gossip: Silicon Valley's secret weapon," *Science Digest, August*, 1986, pp. 58–81.

30 Holstein, *op. cit.*

(3) 단순 침입절도

경제첩보나 산업스파이 수법의 가장 단순한 유형은 얻고자 하는 정보가 있는 사무실에 침입하여 정보를 훔치는 것이다. 사무실의 컴퓨터나 디스크가 분실되고 있으나, 많은 경우 신고되지 않고 있으며, 신고되더라도 단순히 침입절도로 간주되고 있다. 즉 디스크나 컴퓨터가 표적이 아니라 담겨 있는 내용과 정보가 표적일 가능성은 고려되지 않고 있다.

(4) 전문화된 기술적 운용

전산망의 침입, 통신의 감청과 도청, 부호의 해독 등의 방법으로서 경제첩보나 산업스파이 활동의 상당 부분을 차지하고 있다. 전자통신 등은 쉽게 접근이 가능하고 또 쉽게 감청되거나 도청될 수 있기 때문에 기업의 전자통신은 매우 취약하며, 영업비밀이나 경쟁정보를 얻고자 원하는 사람 누구에게나 유혹적인 원천이 되고 있다. 산업스파이 중에서 한 가지 분명한 불법적 방법은 컴퓨터침투일 것이다.

2. 기타 수법

(1) 유학생의 활용

경쟁 또는 상대국에서 유학하는 학생을 이용하는 수법으로서, 이들에게 다양한 기술적 경제적 분야에 대한 정보를 얻도록 임무를 맡기는 것이다. 일부는 유학 가기 전부터 대상자를 선발하여 파견하고 유학 중 기술정보를 보내도록 하고, 일부에서는 이미 유학 간 학생을 포섭하여 임무를 맡기기도 한다.

(2) 경쟁국의 자국인 임직원의 활용

때로는 애국심에 호소하여 외국회사나 경쟁기업에 근무하는 자국 출신 임직원들에게 필요한 정보를 훔치도록 시키고 있다. 정보기관들에 의하여 전통적으로 활용되었던 비밀포섭과 유사하나 이 경우는 정보기관이 개입되지 않고 단지 경쟁기업이 주도하고 있다. 경우에 따라서 애국심에도 호소하지만, 때로는 국내에 남아있는 가족을 담보로 요구하기도 한다.

(3) 학자들의 회유

고급기술이나 정보 또는 지식을 가진 학자나 전문가들을 학회 등에서 회유하여 필요한 정보나 기술을 얻고자 하는 시도이다. 이를 위하여 기업에서 제반경비를 지원하기도 하며 체제비 일체를 지원하여 초청하여 필요한 정보와 관심사에 대한 충고와 자문 등을 듣기도 한다. 때로는 이들 학자들이 돌아간 뒤에 다시 재접촉하여 그 이상의 필요한 정보를 요구하는 경우도 있다.

(4) 연구활동의 후원

경쟁국의 대학이나 연구소 등에 연구비를 지원하여 연구 성과를 얻는 경우이다. 대부분의 경우는 대학이나 연구소 그리고 후원자 모두에게 이러한 활동은 유익할 수 있으나, 때에 따라서는 일방적으로 필요한 정보와 연구결과만을 얻기 위한 기회로 활용되는 경우가 있다.

(5) 브로커나 컨설턴트의 고용

일부 브로커들은 각종 정보를 다양한 방법과 채널을 통하여 수집하여 이를 분리하고, 이용 가능한 유용한 자료로 포장하여 필요한 수요자에게 판매한다. 때에 따라서는 유명인사를 로비스트나 컨설턴트로 고용하여 이들의 인맥을 이용하여 필요한 정보를 얻기도 한다.

제 5 절　대　　책

경제첩보나 산업스파이로부터 기업비밀을 보호하기 위한 강력한 대책을 마련하기란 쉽지 않다고 하는데 그것은 다음의 두 가지 장애에 주로 기인하는 것으로 알려지고 있다. 첫째는 기업들이 피해사실이 알려지는 것을 꺼려하기 때문에 보고하지 않는다는 점이다. 극단적으로 기업들은 비밀의 보호보다는 기밀을 도난당했다는 사실을 보호하는 데 더 많은 관심을 가진다고 한다. 둘째는 대부분의 하이테크정보와 지적 재산의 도난에 있어서 제품 자체가 아니라 제품에 관한 정보가 도난당하고 부호화되어 보내지기 때문에 도난사실을 입증하기가 쉽지 않다는 점이다.[31]

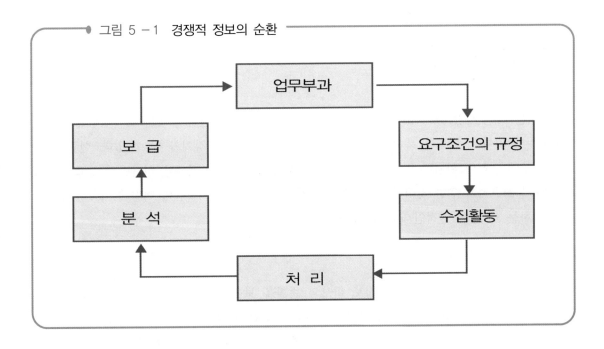

그림 5 - 1 경쟁적 정보의 순환

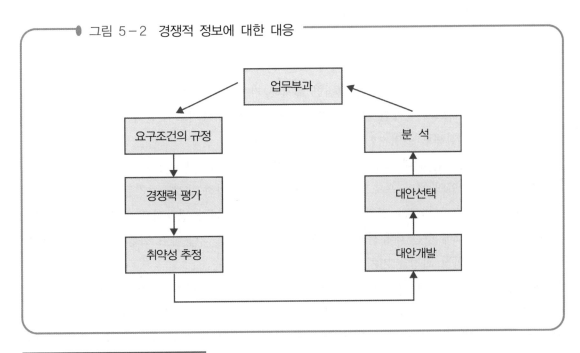

그림 5 - 2 경쟁적 정보에 대한 대응

31 M. T. Clark, "Emerging security threats," *Orbis*, Winter 1998, 42(1): 121 - 130.

1. 외적 보호장치의 마련

(1) 특허와 저작권

특허는 다른 사람으로 하여금 발명품을 팔거나 사용하거나 만들지 못하도록 정부에 의하여 부여되는 권리이다. 이러한 특허권은 소유권을 확립하는 법률적 장치가 될 수 있다. 한편, 저작권은 정부에 의하여 확립된 또 다른 형태의 보호장치로서 저자의 작품을 허가받지 않고 복사할 수 없도록 보호하기 위한 것이다. 이 저작권은 저자에게 자신의 저작품이 어떻게 이용될 것인가를 결정하는 데 관한 전적인 권리를 제공해 준다.

(2) 기업비밀의 보호

[그림 5-1]은 기업의 경쟁적 정보 확보의 순환을 보여주는 것이다. 기업의 최고위층에서 특정한 전략이 결정되면, 그 전략과 더 이상의 의사결정을 지원하는 데 필요한 정보가 정해지고 그에 따라 정보수집의 요건이 결정된다. 이렇게 결정된 후에는 업무로서 대상이 되는 정보에 가장 접근이 용이한 집단이나 개인에게 임무가 할당된다.

전반적인 보안관점에서 보면, 오늘날 대부분의 기업은 다음의 세 가지 분야 중 하나에 속한다. 우선 일부 기업에서는 전통적인 물리적 또는 인적 보안에 의존한다. 그러나 정보의 가치에 대한 실질적 평가가 없이 이루어지는 그러한 절차는 기껏해야 기업을 하는 데 있어서 필요불가분한 비용이며 더 나쁘게 말하면 일상적 기업 활동에 대한 장애이고 극단적으로는 근로자의 기본적 권익에 대한 침해로 여겨져 왔다.

그러나 [그림 5-1]의 내용보다 사전 예방에 적극적인 기업에서는 [그림 5-2]와 같이 하부 계선조직에까지 기업의 보안 프로그램의 실질적 가치를 평가하고 보호하려는 프로그램을 도입하고 있다. 즉, 필요한 임무가 결정되면 경쟁이 어느 정도인가가 평가되고 회사가 얼마나 취약한가를 평가하여 그에 맞는 대응책을 마련하고 적절한 대책을 수용하여 집행하고 그 결과를 분석하는 일련의 순환적 과정을 거치게 된다.

세 번째 유형은 TQM 전문가들이 소위 가장 우수하다고 주장하는 것으로서 단순한 CI와 CICM을 연계시키고 있다. [그림 5-3]에서처럼 상급관리자는 적극적인 활동가로서 그리고 수혜자로서 중요한 역할을 한다. 또한 보안전문가의 가치도 상급관리자와 주요 수혜자와의 밀접한 상호작용으로 인하여 상당히 증대하게 된다. 결국 보안에 대한 보다 철저하고 체계적인 접근으

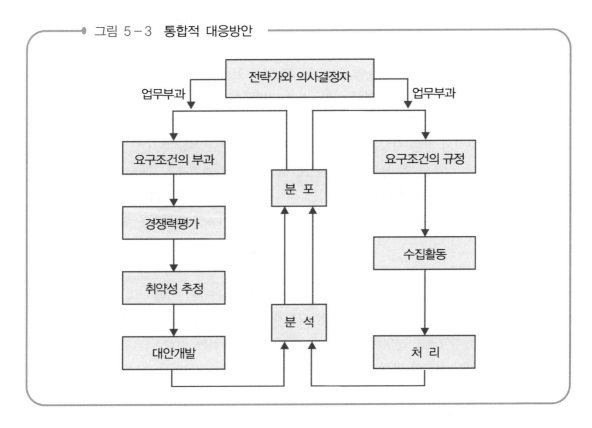
그림 5-3 통합적 대응방안

로 보안기능의 가치와 기여도를 인식할 수 있도록 해준다.

① 보호의 필요성의 규정

이 단계에서는 의사결정자나 전략수립가들이 성공에 핵심적인 것이 무엇인가, 즉 무엇이 보호될 필요가 있는가를 결정하는 데 도움이 되는 틀을 제공해야 한다. 실제로 실무자에게 있어서는 이처럼 상층부의 관심과 강조가 중요한 전제가 될 수 있다. 이 단계에서 해결되어야 할 사항은 얼마나 오랫 동안 보호할 것인가, 가장 중요한 핵심적 요소는 무엇인가, 어느 부서가 어느 정도나 관여할 것인가, 그리고 지금까지 알려진 것은 무엇인가 등이라 할 수 있다. 그런데 이러한 접근은 경쟁적 정보의 수집에도 도움이 되는데, 이는 수집, 분석, 보고되는 정보가 잘못된 정보가 아니라는 것을 확인할 수 있는 다양한 장치를 제공하기 때문이다.

② 경쟁적 평가

이 단계에서는 정보수집능력에 초점이 맞추어진다. 예를 들어 일부 회사에서는 계약직 단순근로자에게 가끔 자료를 취합하도록 하는 데 그쳐서 개별적인 경쟁자의 정보수집 경쟁력보다는 일반적인 업계의 추세 등에만 관심을 갖게 된다. 그러나 이때 경쟁업체에서 경쟁적 정보를 수집하고 보고하는 데 대한 동기부여를 위하여 새로운 보상제도를 도입하였다는 것을 알게 되는 것이 중요한 정보로 작용할 수도 있는데, 그것은 경쟁업체에서 정보수집을 더욱 강화하고 그만큼 경쟁이 심화될 것임을 알 수 있기 때문이다. 결국, 기업 스스로가 경쟁자의 정보수집 경쟁력을 평가하는 것은 중요한 일이다. 이러한 경쟁력은 단순한 재정적 투자 외에도 기업의 정보경쟁력을 평가하는 데 포함된 많은 사항들이 있다. 어떠한 유형의 정보수집 부서를 가지고 있으며, 어떻게 조직되었는가, 그동안 얼마나 성공적이었는가, 경쟁자의 조직구조 내에서 어느 정도나 영향력을 가지고 있는가, 어떠한 형태의 정보분석부서를 가지고 있으며 어떤 위치에 소속하고 있는지 그리고 정보수집의 목표와 우선순위는 무엇인가 등을 기초로 경쟁력을 평가할 수 있는 것이다.

③ 취약성의 평가

이 단계는 무엇이 보호될 필요가 있고 보호될 가치가 있는가를 이해하고, 경쟁자의 능력을 파악하는 것으로 시작된다. 자기 회사에 대한 경쟁자의 관점을 취함으로써 경쟁자의 정보수집노력에 대한 자신의 취약점을 분명히 이해할 수 있게 된다. 이러한 취약점을 파악하기 위해서는 다음과 같은 몇 가지 사항이 밝혀져야 한다. 우리의 중요한 정보가 언제 어디에 존재하는가, 이 정보가 어떻게 착취에 취약한가, 우리의 커뮤니케이션(communication)은 얼마나 취약한가, 대안적 커뮤니케이션은 어떤 것이 있는가, 구매자, 납품업자, 운송업자 등 관련자들은 어떤 사람인가, 상대가 우리의 약점, 능력, 전략, 계획, 운영에 대하여 알고 있는 것은 무엇인가, 상대가 우리에게 중요한 정보를 어떻게 처리하는가 등을 알아야 한다.

④ 대응책의 개발

지금까지의 전 단계에 기초하면, 자사의 중요한 정보를 수집할 수 있는 경쟁사의 능력에 따른 자사의 취약성의 정도에 맞는 대응전략이 개발될 수 있다. 그런데 여기서 대응책의 개발에 있어서 비용-편익이 고려되어야 한다. 위기관리를 위한 대응책을 마련하는 데는 어떠한 표준보안시책이 회사의 중요한 정보를 보호할 필요성을 충족시킬 수 있는가, 기존의 표준보안시책으로서 보호될 수 없는 중요정보는 무엇인가, 이들 정보를 보호하기 위하여 필요한 추가적인 적정전략은 무엇이며 그 비용은 얼마나 되는가 등의 질문으로부터 시작되어야 한다. 이러한 의문과 함께 몇 가지 경영상의 쟁점도 고려되어야 하는데, 기대되는 시장점유의 잠재적 가치는 무엇인가 그리고 각종 자료를 정확하게 해석할 가능성은 얼마나 되는가 등이 그것이다.

⑤ 대응전략의 운용

대응전략은 대응책의 인식에서 자사의 경쟁적 정보관련 분야가 어떻게 운영되는가에 대한 정보를 개발하는 것으로 변하면서 시작된다. 그리고 현대 시장경제에 있어서 경쟁적 정보의 특성, 유형, 정도, 그리고 성공여부 등에 관한 인식훈련에서 전문가들이 시행하는 전략을 다루기 위한 특수기법을 내포하게 된다.

⑥ 대응책의 분석

대응책의 분석은 자사의 전략에 대한 경쟁사의 반응을 분석하는 데 전략적 가치를 두는 것이다. 이는 자사의 중요정보를 보호하는 데 도움이 될 뿐만 아니라 전략 자체의 가치를 평가하는 데도 도움이 될 수 있다. 또한 기업의 대응전략의 분석은 경쟁적 분석과 함께 이루어질 때 양자에게 상당한 가치를 더해 주게 된다. 더군다나 군 지휘관에게 전쟁터의 정보에 대한 완전한 그림을 제공하듯이 기업의 임원에게 시장의 완전한 그림을 제공하는 것이다. 그 결과는 당연히 가능한 모든 정보에 기초한 최선의 결정에 도달할 수 있는 관리능력의 향상이라고 할 수 있다.

2. 내적 보안장치의 마련

핵심기밀을 내부적으로 보호하는 것이 외부적 보호에 비해 우선시되는 경우가 많다. 법률이 제공하는 외부적 보호가 제한적인 마당에 종합적인 보호 프로그램을 마련하는 것이 민감한 정보의 기밀성과 완결성을 확보하는 데 있어서 기업이 할 수 있는 만족스러운 유일한 수단이 되고 있다.

(1) 행정적 보안장치

이는 모든 행정 또는 경영의 절차와 과정에 걸쳐서 정보를 보호하고 통제하기 위하여 개발되는 정책, 계획 그리고 절차 등을 일컫는다. 이들 대책이 곧 보호될 필요가 있는 정보가 무엇이며, 누가 그 정보를 이용하는가, 어떻게 그 정보가 이용될 것인가 그리고 어떠한 보호장치가 마련되어야 할 것인가를 규정하고 있다. 이들 보호장치의 성공여부는 이러한 장치에 대한 경영층의 가시적인 지원의 정도에 크게 좌우된다. 경영층의 적극적인 지원, 참여, 그리고 처벌의지 등이 핵심정보의 보호의 중요성에 대하여 구성원들에게 하나의 강력한 메시지를 전달하는 것이기 때문이다. 그런데 이들 행정적 보안장치는 다음과 같은 단계로 이루어지게 된다.

① 어떤 정보가 민감한 정보인가의 결정: 자료, 정보, 자원 그리고 제도 등의 면에서 민감한

것이 무엇인가를 미리 규정한다.

② 인력의 선별: 이들 민감한 정보를 다루는 사람들은 철저한 조회가 필요하다. 물론 조회 시 각자의 경력, 능력 그리고 교육훈련의 정도 등이 조사되어야 할 뿐만 아니라 과거 잘못에 대한 검증도 필요하게 된다.

③ 인력의 교육훈련: 조회를 통과한 사람이라고 누구나 중요한 정보에 대한 보호나 보안 업무와 책임을 수행할 능력이 있는 것은 아니기 때문에 이들에 대한 주기적인 교육과 훈련이 있어야 한다.

④ 민감한 분야에 대한 안정장치의 마련: 중요정보를 다루는 사람들의 업무를 정할 때는 항상 일련의 핵심적인 안전장치가 마련되어야 한다. 첫째, 민감한 정보에 대한 소유권을 할당하는 것, 즉 각 정보에 대한 감독의 책임자를 정한다. 둘째, 매우 민감한 정보는 절대로 혼자 다루게 하지 않고 반드시 둘 이상의 사람이 다루도록 하는 원칙을 세울 필요가 있다. 예를 들어, 정보의 파기, 전송, 또는 공개 등은 둘 이상이 지켜보는 가운데 상급자의 승인하에 이루어지도록 하여야 한다. 셋째, 민감한 정보를 다루는 사람은 지나치게 오래 같은 임무를 부과하지 않는 것이 좋다. 특정인이 특정한 정보 분야에 영구적으로 배치되는 것보다는 순환근무를 시키는 대신에 신임 교대자로 하여금 전임자의 잘못이 있는지를 검토하도록 하는 것이 좋다는 것이다. 마지막으로 정보에 대한 임무나 접근권을 분산시킬 필요가 있다. 한 사람에게 모든 정보와 보안장치에 대한 임무와 접근권을 다 주지 말고 한 사람에게 한 가지 정보와 보안장치에 대한 임무와 접근권을 주는 것이다. 이러한 장치하에서 전산소의 프로그래머는 컴퓨터를 운영하지 못하게 하고 반면에 컴퓨터 운영자는 프로그램을 하지 못하도록 하는 것이다.

1) 정보공개에 대한 정책과 절차의 운영

민감한 정보를 허가 없이 폭로하거나 공개하는 것을 방지하기 위하여 정보공개의 권한이 누구에게 있으며, 안전을 담보하기 위하여 필요한 절차는 무엇인가 등 필요한 정책과 절차가 마련되어야 한다. 일반적으로 공개될 정보는 책임자의 검증을 거쳐, 공개에 대한 승낙서를 작성하고 적어도 두 명 이상의 관계자가 증명하게 된다. 한편 특별한 관리를 요하는 민감한 정보의 유형별로 공개정책과 절차를 개발하고 실행할 필요가 있다.

2) 감사의 실시

규칙적인 점검은 정보보안의 중요한 부분이다. 정보체제의 형태에 따라 감사도 다양할 수 있다. 어떤 경우에도 이러한 감사의 실시는 정보가 계획대로 보호되고 있음을 확인시켜주는 중요한 도구가 되는 것이다.

(2) 물리적 보안장치

물리적 보안장치는 절도, 사고 또는 자연재해에 기인한 손실로부터 정보와 정보처리장비를 보호하기 위하여 이용되는 모든 기술과 도구라고 할 수 있다. 정보에 대한 접근을 통제하고 정보에 대한 보호를 제공하는 것이 물리적 보안장치의 두 가지 목적이라고 할 수 있다.

민감한 정보와 그 정보처리장비는 하나의 장소에 집중적으로 배치될 수도 있고 혹은 폭넓게 분산될 수도 있다. 도서관이나 전산소와 같이 중앙 집중화된 정보처에 대한 접근은 대부분의 경우 접근할 수 있는 정도를 정하거나 장벽을 설치함으로써 통제되고 있다.

정보처에 대한 접근을 통제하거나 보호하기 위한 것으로는 경보장치, 지문이나 필체 또는 눈동자 등을 이용하는 생물측정법적인 신분확인제도, 신분증의 제시, 입구 등에 대한 폐쇄회로 카메라의 설치, 카드 열쇠 등 프로그램을 통한 접근통제 등의 방법을 포함하는 다양한 절차와 도구가 이용되고 있다.

중앙 집중화된 장소가 아닌 외부에 있는 민감한 정보와 장비에 대한 접근은 일반적으로 단지 제한된 정도의 보호벽이나 장애물만을 설치할 수 있기 때문에 그 통제가 보다 어렵다고 한다. 예를 들어, 실제로 개인용 컴퓨터나 컴퓨터 네트워크를 중시하는 회사라면 대부분의 컴퓨터가 사실은 위험에 노출되기 때문에 한계는 더욱 분명해진다. 이러한 경우에는 오로지 사무실이나 창고 등에 대한 자물쇠의 설치, 철창 등의 물리적 장치의 설치, 폐쇄회로 텔레비전의 설치 또는 순회순찰 등의 방법이 이용되고 있다.

(3) 기술적 보안장치

기술의 진보는 정보가 저장, 처리, 이용 그리고 보호되는 방식의 변화를 초래하였다. 이러한 진보는 이들 핵심적인 자원인 정보를 훔치는 방법도 변화시키고 있다. 그래서 기술적 보안장치는 전자신호, 음성통신과 자료, 컴퓨터 체제나 자료 및 소프트웨어에 대한 허가되지 않은 접근에 기인한 손실로부터 전자전산장치를 보호하기 위한 다양한 도구의 사용을 포함하게 된다. 따라서 이런 분야에 있어서 기술적 전문성은 정보의 보안을 위한 중요한 요구가 되고 있다.

현재 시중에 널리 이용되고 있는 각종 컴퓨터 보안을 위한 소프트웨어나 기술, 프로그램 등 컴퓨터 기술을 활용하거나 음성통신과 자료의 보호를 위하여 각종 도청과 감청장치를 찾아내는 여러 가지 제품을 이용할 수 있다.

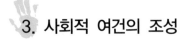
3. 사회적 여건의 조성

(1) 기구의 신설

캐나다에서는 Canadian, Security intelligence Service(CSIS),[32] 미국에서는 National Counter intelligence Center, National Security Council, FBI의 National Security Division, CIA의 Counter intelligence Center, State Department의 Bureaus of Intelligence and Research and Diplomatic Security, The Director of Counter intelligence and Security Programs in the Office of the Assistant Secretary of Defense for Command, Control, Communication and Intelligence, The Defense Intelligence Agency, the US Army Intelligence and Security Command, the Naval Criminal Investigative Service, the Air Force Office of Special Investigations, the Defense Investigative Service, the Personnel Security Research Institute, the National Security Agency, the Department of Energy의 Counter intelligence Division, the Department of Commerce의 Office of Export Enforcement, the Department of Treasury의 Office of Intelligence Support, US Customs Service의 Office of Intelligence 등[33]의 기관이 경제첩보나 산업스파이와 관련된 활동을 하고 있다. 따라서 우리도 국가정보원을 중심으로 경찰과 검찰은 물론이고 국방부, 외교부, 기획재정부, 산업통상자원부, 과학기술정보통신부 등 유관부서에 적절한 기구와 기관을 제도적으로 설치할 필요가 있을 것이다. 특히 과거 냉전체제에서와는 달리 정치, 군사정보보다는 산업, 경제정보가 중시되는 경제전쟁의 시대인 현대에는 국가정보원의 기능 중에서 경제, 산업정보의 역할이 중시되어야 할 것이다.

미국의 FBI는 산업스파이나 경제첩보 가담자들의 명단을 확보하여 그들의 스파이나 범죄활동의 경제적 대상을 파악하고 기술과 기밀을 훔치는 데 이용된 수법들을 파악한 상당한 정보를 이미 확보하고 있다고 한다. 특히 경제첩보법의 집행을 강화하고 1997년에는 6개 지역에서 정부와 기업간의 협조를 원활히 하기 위하여 경제첩보에 대한 세미나를 개최하기도 하였다. 또한

---

32 Porteous, *op. cit.*

33 *Annual Report to Congress on Foreign Economic Collection and Industrial Espionage,* [www.fas.org] text, July 1995, pp. 1-2.

FBI에서는 Awareness of National Security Issues and Response(ANSIR)을 두어 이에 가입한 약 25,000개의 기업체에게 경제첩보의 위험성 등을 경고해주고 이에 대한 대책이나 자문을 해주고 있다.[34]

이처럼 유관부서와의 긴밀한 협조를 통하여 이 문제의 특성을 이해하는 데 중요한 기술적이고 상업적인 분야의 전문성을 상호 활용할 수 있어야 한다. 방첩·대정보(Counter Intelligence)와 법집행의 공조를 통해 적절한 정보수집과 분석의 기준과 요건 등을 강구할 필요가 있는 것이다. 그러나 대부분의 국가에서는 경제 및 산업정보수집활동과 그에 대응하는 국가와 정부기관의 노력이 중복되거나 분파되어 있는 경우가 많아서 효율적인 결과를 얻지 못하는 실정이다. 실제로 법집행기관과 경쟁적 정보 또는 방첩·대정보(Counter intelligence) 기관은 효과적으로 조화를 이루지 못하고 있다. 결국 이처럼 상호 공조와 협조의 부족은 정보의 수집과 분석의 능력 및 노력을 분산시키는 결과를 초래하게 되는 것이다.

(2) 인식의 전환

경제첩보나 산업스파이에 대한 시민, 국가 그리고 기업의 관심을 증대시키기 위한 노력이 요구되고 있다. 우선 경제안보가 국가안보의 중요한 부분이라는 개념을 제도화하여야 한다. Counter intelligence(방첩)의 목적은 국가안보를 위협하는 외국과 경쟁자의 정보활동을 파악하고 침투하여 중화시키는 것이다. 국가 권력과 구조가 경제와 산업에 의하여 측정되는 오늘날의 세계에서는 재정과 무역을 담당하는 국가기관과 주요 산업분야가 국가의 정보수집활동의 핵심적인 역할을 할 것으로 기대되고 있다. 1990년과 1995년에 발표된 미국 백악관의 국가안보전략은 국가이익뿐만 아니라 국가안보의 중요한 부분으로서의 경제안보에 초점을 맞추고 있다.[35]

그리고 기업과의 접촉을 통하여 문제의 심각성과 주의를 환기시키고, 기술적 지도를 제공할 필요가 있는 것이다. 과거 방범경찰활동의 일환으로 주민들을 방문하여 방범진단을 해주고 기술을 제공하는 등 방범지도활동을 했던 것과 같은 노력이 필요하다. 이러한 필요성의 하나로서 미국 정부는 민간분야를 경제성장의 엔진으로 간주하고 정부의 역할이 기업의 이익을 옹호함으로써 민간분야에 대한 파트너로 보고 있다.

---

34 H. Nasheri and T. J. O'Hearn, "High-tech crimes and the American economic meachine," *International Review of Law, Computers & Technology*, 1999, 13(1): 7-19.

35 Annual Report to Congress, *op. cit.*, p. 10.

(3) 법률적 보안

심각한 경제첩보와 산업스파이의 피해를 최소화하기 위해서는 이를 규제하고 통제하는 최소한의 법률적 장치가 마련되어야 한다. 경제첩보나 산업스파이와 관련된 제도나 기구 또는 업무 등을 규정할 수 있고 예방과 보호를 위하여 누가 무엇을 어떻게 할 것이며, 위반자에 대하여는 어떻게 처벌할 것인가 등을 규정하는 법률의 장비가 있어야 한다. 예를 들어, 미국에서 입안된 경제첩보법(Economic Espionage Act)과 같은 법률의 제정과 운용이 필요한 것이다.

HOT ISSUE 산업스파이

영업비밀 갖고 튄다…"산업스파이 피해 연 50조"

기업 울리는 산업스파이

5년간 472건…절반이 해외 유출
범인 80%가 전·현직 직원 등 내부자…기술력 높은 정밀기계 피해 커
"산업보안은 기업 존망의 핵심…보안 시스템 갖춰 선제 대응을"

기업의 기술 정보와 영업비밀을 경쟁 회사에 빼돌리는 산업스파이가 기승을 부리고 있다. 경찰이 적발한 산업기술 또는 영업비밀 유출 사건은 2010년 40건에서 지난해 111건으로 5년 새 세 배 가까이로 늘었다. 개인 이익 추구에 눈이 멀어 회사 기밀을 경쟁 업체에 팔아넘기는 내부 직원의 소행이 가장 많았다. 국가정보원 산업기밀보호센터에 따르면 산업스파이는 피해 회사의 전직 직원 52.8%, 현직 직원 27.1% 등 내부자가 80%를 차지했다. 협력업체 직원 비율은 7%였다.

한국산업기술보호협회는 기술을 유출당한 업체의 피해가 연평균 50조원에 달한 것으로 추정했다. 지난해 기준 국내총생산(GDP)의 3%에 해당하는 규모다. 중소기업(평균 연매출 107억원) 4700여개의 연매출과 맞먹는 규모다. 글로벌 기술전쟁 시대에 산업스파이들이 피해 기업은 물론 국익까지 위협하는 것이다.

기술 훔쳐 회사 직접 세우기도

최근 한 중소기업 직원은 자신이 몸담은 회사가 110억원을 들여 개발한 기술을 중국에 빼돌렸다가 경찰에 붙잡혔다. 경기지방경찰청 국제범죄수사대(국수대)는 자사 자동차 변속기 검사장비 기술을 중국 경쟁업체에 넘기고 해당 회사로 이직한 강모씨를 불구속 입건했다고 지난 10일 발표했다. 강씨는 연봉을 두 배로 올려주고 상하이에 아파트를 제공하겠다는 중국 업체의 회유에 넘어갔다. 이 중국 업체는 강씨가

빼돌린 기술로 중국 내 자동차 제조회사 두 곳과 30억원 상당의 납품 계약을 맺었다.

자사 영업비밀을 빼돌려 아예 새 업체를 차리는 사례도 있다. 서울지방경찰청 국수대는 자신이 해외영업팀장으로 근무했던 카메라 교환렌즈 제작사에서 제작도면과 신제품 개발계획 등 영업비밀을 외장하드디스크에 옮겨 빼낸 뒤 퇴사해 동종업체를 차린 김모씨를 구속했다고 4일 밝혔다. 김씨는 계속 기밀을 빼내기 위해 전 직장 동료 6명을 줄줄이 영입하기도 했다. 이 같은 범행은 김씨가 이메일 계정을 로그아웃하지 않은 채 전 직장에 노트북을 반납했다 공범들과 주고받은 이메일이 들통나며 드러났다.

대기업도 영업 비밀 유출 피해에서 자유롭지 못하다. 지난 7월에는 국내 모 대기업의 자동차 설계도면이 중국 자동차 제조사의 협력업체에 유출된 사실이 밝혀졌다. 범인은 이 대기업의 협력업체에서 일했던 김모씨 등 2명이었다. 이들은 전 직장 동료들을 통해 피해 회사의 자동차 설계도면 등 영업비밀 130여건을 입수했다. 해당 중국 업체는 신차 개발에 이 같은 정보를 활용했다. 피해 회사는 이 사건으로 700억원에 이르는 경제적 손실을 본 것으로 알려졌다.

중소기업 피해 더 많아

지난 5년간 경찰이 적발한 산업스파이 범죄는 472건에 이른다. 이 중 절반가량이 해외 유출 건이다. 국정원이 지난해 적발한 해외 산업스파이 건수는 63건이었다. 기술유출 피해는 중소기업에서 더 잦다. 국정원에 따르면 최근 5년간 기술유출 피해는 중소기업에서 64%, 대기업에서 16% 발생했다. 한국이 높은 경쟁력을 갖고 있는 정밀기계(34%) 전기전자(26%) 정보통신(14%) 등에서 기술유출이 많았다.

기술 경쟁이 치열해질수록 산업스파이는 늘어난다. 많은 시간과 비용을 들여 연구개발(R&D)을 하는 대신 남의 기술을 빼오는 것이 낫다는 유혹에 빠지기 쉽다. 여기에 내부 정보를 팔아 한몫 잡으려는 비도덕적인 내부자들이 이 같은 범죄를 돕는다. 국정원 분석에 따르면 기술유출 동기는 금전 유혹 및 개인 영리 추구가 78%, 자사의 인사·처우에 대한 불만이 13%로 조사됐다.

전문가들은 기술 보호의 중요성에 대한 기업과 정부의 인식이 높아져야 한다고 강조한다. 김민배 한국산업보안연구학회장(인하대 법학전문대학원 교수)은 "산업보안은 비용이 아니라 기업 존망의 핵심 요소"라며 "기업들은 기술유출을 막을 수 있는 보안 시스템을 갖춰 선제적으로 대응하고 정부는 기술보호 관련 산업을 보안산업 차원에서 육성할 필요가 있다"고 말했다.

자료: 한국경제 2015년 9월 12일
http://www.hankyung.com/news/app/newsview.php?aid=2015091147961

중소기업 영업비밀 유출, 동종업체 설립한 일당 적발

중소기업의 영업비밀을 빼낸 뒤 경쟁업체를 설립한 일당이 경찰에 적발됐다.

서울지방경찰청 국제범죄수사대는 부정경쟁방지 및 영업비밀보호에 관한법률 위반 혐의로 김모씨 (41)를 구속하고 정모씨(44) 등 6명을 불구속 입건했다고 4일 밝혔다.

경찰에 따르면 국내 카메라 교환렌즈 제작사인 A사에서 해외영업팀장으로 근무하던 김씨는 지난해 3월 퇴사 전후로 고성능 카메라 교환렌즈 제작도면, 신제품 개발계획, 거래처 정보 등 A사의 영업 비밀을 유출한 혐의를 받고 있다.

김씨는 지명수배 중인 A사의 유럽 총판업자 H씨(37·폴란드)로부터 외국 자본 33억원을 투자받아 지난해 8월 동종업체인 T사를 설립하고, 유출한 A사의 영업 비밀을 회사 운영에 사용했다.

경찰조사 결과 김씨는 퇴사 이전 A사의 영업비밀이 저장된 컴퓨터 파일들을 외장 하드디스크에 옮겨 유출한 것으로 드러났다.

김씨는 또 A사에서 함께 일하던 동료 정씨 등 6명을 차례로 T사에 영입하며 이들에게도 A사 영업 기밀을 빼오라고 지시한 것으로 조사됐다.

H씨는 A사 내부망에 무단으로 접속해 '신제품 개발계획'이 저장된 파일을 다운로드했다. 이들이 지난 2월까지 빼돌린 A사 컴퓨터 파일은 수만 건에 달하고 이중 영업 기밀로 볼 수 있는 자료는 278개에 이른다고 경찰은 전했다.

자료: 파이낸셜뉴스 2015년 9월 4일
http://www.fnnews.com/news/201509040826168833

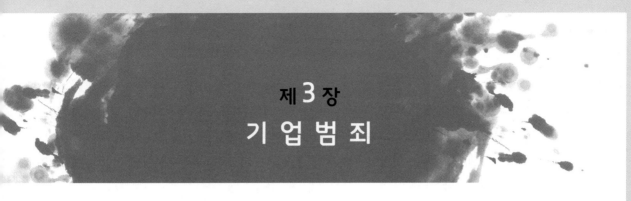

제 3 장
기 업 범 죄

│1절 기업범죄(Corporate Crimes)의 개념

　　전통적으로 범죄학자들은 범죄를 하류계층에 국한된 문제로 다루는 입장에서 범죄문제를 연구해 왔다. 즉, 범죄를 의도적인 법률위반행위로 보고 있다는 점에서 법률의 영향을 고려하여 범죄학의 범위를 규정하고 있다. 그러나 범죄가 주로 하류계층의 문제라는 가정은 금세기 들어 범죄학적 사고에서 더 이상 환영받지 못하고 있다.

　　이러한 사상적 편견은 대체로 상사나 기업에 의한 범죄문제를 경시하는 법률적 그리고 인종차별적 관점을 초래하게 되었다. Sutherland가 말했듯이 이는 마치 빨간 머리 범죄자만 연구하고 빨간 머리가 범죄의 원인이라고 결론 내리는 것과 다를 것이 없다.[1] 그는 범죄학자들은 민·형사를 막론하고 어떠한 처벌 가능한 행위까지도 모두 연구해야 한다고 주장하며, 기업이나 상사범죄를 연구하는 데 있어서 지적 기초를 제공하였다. 나아가 그에 따르면, 범죄학자는 법률적 정의라는 장벽을 마음대로 넘을 수 있어야 한다고 하였다.[2]

　　갈등이론가들은 범죄학적 연구의 주요대상이 기존에 횡행하는 범죄에 대한 법률적 규정에서 제한되지 않아야 한다고 더욱 강력하게 주장하고 있다. 예를 들어 Schwendinger부부는 범죄를 음식, 숙소, 의복, 여가, 직업, 안전 등 인간의 기본적 권익의 침해로 보아 인권의 측면에서 정의하였다.[3] 따라서 범죄를 매우 제한적인 법률적 개념에서 인간의 기본권에 기초한 매우 넓은

---

1 E. H. Sutherland, *White Collar Crime*, New York: Dryden, 1949, p. 9.

2 E. H. Sutherland and D. R. Cressey, *Principles of Criminology*(9th ed.), Philadelphia, PA: Lippincott, 1974, p. 21.

3 H. Schwendinger and J. Schwendinger, "Defenders of order or guardians of human rights?," pp. 113–146 in I. Taylor, P. Walton, & J. Young(eds.), *Critical Criminology*, Boston, MA: Routledge and Kegan Paul, 1975.

개념으로 확대될 수 있음을 보여주고 있다. 이러한 추세는 지금까지 경시되었던 범죄의 많은 부분에 대하여 일깨워주는 결과를 초래하였다. 그 결과 범죄학자들은 폭넓은 분야를 회피할 수 있고 사회적으로 유해한 행위를 면밀히 관찰하게 되었고 이러한 노력의 대부분은 바로 기업세계에서 일어나는 것이었다.[4]

기업의 일탈을 체계적으로 연구한 사람은 Sutherland라고 할 수 있지만, 그는 경제적 이익을 추구하는 기업에 의하여 범해지는 사회적으로 해악하고 피할 수 있는 행위에 대한 범죄화를 방해하는 사회적 그리고 정치적 장애도 이해하고 있었다. 예를 들어, 기업은 과장된 광고, 오염, 불안전한 작업여건 등에 대한 법률적 통제에 대항하여 로비를 벌이고 실패할 경우 새로운 방안을 추구하게 된다. 또한, 형사제재를 위하여 범행의사를 증명할 것을 요구하는 것과 같은 형법상의 편견도 상사범죄의 범죄화를 어렵게 하는 이유가 되고 있다.[5] 더군다나 행정법규의 제정이나 보다 처벌적인 형사제재를 대신한 벌금형의 부과 등도 기업범죄에 대한 기업의 영향을 보여주는 것이다. 또한 그들은 기존의 법률적 통제가 적용되는 빈도나 강도에도 영향력을 행사하고 있다. 기업은 특히 각종 정보까지도 통제할 수 있어서 해악적인 기업활동의 범위와 특성에 대한 인식조차도 바꿀 수 있다.[6]

물론 기업 또는 상사범죄는 가해자의 힘이라는 면에서 상당한 차이가 있다는 것 외에도 노상범죄와는 다른 점이 있다. 우선 기업의 구조가 특정 기업범죄자의 영향을 확인하기 어렵게 만들며, 그 해악을 기업과 기업의 임직원에게 직접 연계시키기는 어렵다. 또한 기업범죄의 영향을 완전히 평가하기란 쉽지 않을 것이다. 그리고 일반인, 형사사법전문가, 범죄학자들의 대부분이 자신을 중류계층으로 인식하고 있어, 이들은 하류계층을 범죄성이 높은 것으로 인식하는 편견을 갖기 쉽다. 이에 반해 기업범죄자는 중상류계층의 특성을 가지기 때문에 그들이 이들 기업범죄자를 범죄자로 낙인하기가 더 어렵게 된다. 결국 이러한 차이와 특성으로 인하여 기업범죄의 정도나 특성을 평가하기 위하여 새로운 개념의 틀이 필요하게 된다.[7]

범죄에 대한 기존의 가설들은 우리들에게 어쩌면 가장 큰 해악, 손상 그리고 고통을 야기하는 행위들을 지칭하는 것이 아니다.[8] 물론 기업범죄의 정도에 대한 평가는 다양하지만 대부분의

---

4 S. E. Brown and C. Chiang, "Defining corporate crime: A critique of traditional parameters," pp. 29−55 in M. B. Blnkenship(ed.), *Understanding Corporate Criminality*, New York: Garland Publishing Inc., 1993.

5 A. Hopkins, "Class bias in the criminal law," *Contemporary Crisis*, 1981, 5: 385−394.

6 S. S. Evans and R. J. Lundman, "Newspaper coverage of corporate price−fixing," *Criminology*, 1983, 21: 529−541.

7 Brown and Chiang, *op. cit.*, p. 31.

관찰자들은 기업범죄의 범주가 전통적 범죄의 범주를 훨씬 능가한다는 점에 대해서 의견을 같이 하고 있다.

기업범죄의 정도에 대한 가장 의미 있고 함축적인 추정은 범죄에 대한 기존의 법률적 규정의 제한적 영향을 인식하는데서 시작한다. 범죄에 대한 보다 광의의 개념은 기존의 민·형사적 법률과 행정법규의 위반행위뿐만 아니라 법률적 또는 도덕적 비난을 결하지만 그 행위가 왜 법률에 저촉되는지 그만한 이유가 있는 유해하지만 피할 수 있는 일련의 행위들을 포함하게 된다.[9] 사회적으로 해악한 행위 중에서 후자에 속하는 부분이 바로 아직 그에 대한 어떠한 법률도 만들어지지 않은 악이라고 고려될 수 있는 것이다.[10] 따라서 유해한 기업행위를 다음의 세 가지 유형의 하나에 속하는 것으로 규정할 수 있을 것이다.

① 기존의 형법에 위반되는 행위
② 기존의 민법이나 규제법에 위반되는 행위
③ 유해하지만 아직 법률적 조치가 마련되지 않은 행위

이러한 형태의 유형화는 물론 처벌될 필요는 없을지 모르지만, 반드시 처벌할 수 있다는 Sutherland의 화이트칼라 범죄개념을 원용하고 있다. 그러나 여기서는 범죄에 대한 보다 자유주의적 규정에 의하면 반드시 처벌될 수 있는 행위까지도 포함함으로써 그의 규정을 확대하고 있다.[11]

물론 이러한 개념규정에 대한 비판도 없지 않겠지만, 실제로 기업범죄의 상당 부분이 기존 법률의 위반이지 형사사법제도에 의하여 법률의 위반으로 간주되지 않으며, 더구나 기존의 공식적 범죄측정이 범법자의 유죄확정을 요하지 않는다. 더 중요한 것은 범죄학자들이 범죄에 대한 기존의 법률적 규정에 얽매이지 않아야 한다는 것 등을 고려한다면 기업범죄에 대한 위와 같은 개념규정의 확대가 필요하게 된다. 특히 대부분의 시장 경제적 정치경제하에서는 범죄성에 대한 전통적 함의가 낙인과정을 통한 지배계층의 권익을 유지하는 데 기여하고 있으며, 범죄에 대한 공식적 측정은 조직범죄와 직업범죄를 포함하지 않기 때문에 타당한 범죄의 측도라고 할 수 없는 것이다.

---

8 S. Box, Power, *Crime, and Mystification*, London: Tavistock, 1983, p. 13.

9 B. B. Levenbook, "Bibliographical essay/criminal harm," *Criminal Justice Ethics*, 1982, 1: 48-53.

10 N. Frank, *Crimes Against Health and Safety*, New York: Harrow and Heston, 1985, p. 43.

11 Brown and Chiang, *op. cit.*, p. 32.

범죄에 대한 이러한 진보적 규정은 범죄피해에 대한 의미의 확대도 포함하게 된다. 물론 전통적 범죄와 기업범죄가 모두 일차적, 이차적 그리고 삼차적 범죄피해를 초래하지만 기업범죄로 인한 해악의 심각성이 전통적 범죄로 인한 해악을 훨씬 능가한다는 데는 의심의 여지가 없다. 기업범죄로 인하여 더 많은 사람이 죽고 다치며 더 많은 금전적 피해를 봄에도 불구하고, 더욱 쓸쓸한 것은 기업에 의한 범죄피해는 죽음과 같이 어쩔 수 없는 것이라고 깨닫는 것이다. 또한 많은 사람들이 노상범죄의 피해자가 될 확률을 최소화하기 위하여 스스로 여러 가지 조치를 취할 수 있지만 기업범죄의 피해자가 되는 것을 방지하기 위해선 어떠한 방안도 마련하지 않는다.

기업범죄는 물론 사회에도 이롭지 못하다. 적정 수준의 전통적 범죄는 사회적 경계를 창출하는 등 일부 사회적 순기능도 있었지만, 기업범죄는 사회적 결속을 조장하는 데 필요한 정도로 사회적 오명이나 비난을 받지 않기 때문에 역기능적이기만 하다. 기업의 부정은 사회적 구조를 손상함으로써 평등한 사회에 대한 희망을 파괴한다. 기업범죄에 함축된 신의의 상실은 법이나 기타 사회제도에 대한 냉소주의를 만들어 낼 수도 있다.

물론 기업범죄로 인한 해악을 계량화하기는 어렵지만, 기업범죄의 참된 영향은 범죄에 대한 진보적 규정과 그에 따른 범죄피해의 규정에 의하여 가장 잘 이해될 수 있을 것이다. 따라서 범죄는 "어떠한 형태이건 다른 사람의 생활의 질이나 양을 감소시키는 개인, 조직, 또는 정치단체에 의하여 범해지는 의도적이거나 피할 수 있는 행위"라고 규정될 수 있을 것이다.[12] 이러한 규정에 준하여 기업범죄를 다음과 같은 예로서 유형화할 수 있을 것이다.

1. 처벌 가능한 범죄

(1) 경제적 범죄

기업범죄가 노상범죄에 비해 그 경제적 비용이 훨씬 크다는 인식이 점점 확산되고 있지만 아직도 그 정도를 추정하기는 쉽지 않다. 그럼에도 불구하고 한 가지 분명한 것은 기업범죄의 발생빈도에 관계없이 그 피해의 정도는 천문학적일 수 있다. 예를 들어 미국에서의 Savings and loan scandal이 미국시민 1인당 5,000달러의 부담을 안겨주었다거나[13] 우리나라에서의 금융사고

---

12 *Ibid.*, p. 34.

13 L. Sinder, "The regulatory dance: Understanding reform processes in corporate crime," *International Journal of Sociology Law*, 1991, 19: 209–226.

단 한 건으로서도 국민에게 천문학적인 재정적 피해를 안겨주었던 것으로 입증되고 있다.

Sutherland(1949)와 Clinard와 Yeager(1980) 등이 회사기록이나 국가의 공식기록 등 문헌의 조사를 통하여 법률적인 견지에서 범죄는 아니더라도 기업범죄가 광범위함을 밝히고 있다. 그들의 연구 논의에서 기업에 의하여 초래된 피할 수 있는 해악은 제외되고 있음을 감안할 때, 실제 여기서 규정한 광의의 기업범죄 정의에 의하면 기업범죄는 이 보다 훨씬 더 많은 정도로 발생하고 있다고 할 수 있을 것이다.[14] 그런데 경제적 손실을 초래하는 이들 기업범죄는 광범위하며, 그 비용이 크며, 다양한 형태를 취하고 있는데 몇 가지 주요 유형은 다음과 같다.

1) 불공정 거래(Antitrust case)

기업들이 담합하여 가격을 조정하는 것을 법률이 정하는 경제범죄의 한 가지 고전적 예로 들 수 있는데, 그 이유는 가격담합을 통하여 가격이 상승하고 그 결과 소비자에게 비용이 전가되어 추가 부담을 강요하기 때문이다. 구체적인 예로서, 미국의 GE와 Westinghouse 등 굴지의 가전기업들이 담합입찰과 같은 나름대로의 운용방안(modus operandi)을 만들어 비경쟁적 또는 기업사회주의(corporate socialism) 가격으로 시장을 분점하려고 담합하였다고 한다.[15] 이러한 현상은 우리나라에서는 더욱 빈번하게 발생하여 거의 관행으로 여겨질 정도가 되고 있다.

2) 의료보험 사기

우리나라에서도 이와 유사한 예로서 의원 등에서 진료하지도 않은 진료행위를 허위로 기록하여 보험료를 과다하게 청구하는 등 의료보험과 관련된 사건은 흔히 일어나고 있다. 미국에서는 한 약국에서 의료부조기관에 약값을 이중으로 청구하여 형사처벌을 받기도 하였다. 미국에서의 예는 결국 국가를 피해자로 만드는 것이며, 한국의 예는 일차적으로는 보험회사를 피해자로 하나, 둘 다 결국은 소비자 또는 시민에게 그 피해가 돌아가게 된다.

3) 투자자나 납세자의 돈 떼어먹기(Bilking)

지금까지 알려진 가장 피해가 큰 기업범죄라고 할 수 있는 것으로서 미국의 Savings and

---

14 E. H. Sutherland, White Collar Crime, New York: Dryden, 1949; M. B. Clinard and P. C. Yeager, *Corporate Crime*, New York: Free Press, 1980 참조.

15 G. Geis, "The heavy electrical equipment antitrust cases of 1961," in M. Clinard and R. Quinney(eds.), *Criminal Behavior Systems*, New York: Holt, Reinhart and Winston, 1967.

loan scandal이다. 이 사건은 관련 국가기관, 납세자, 투자자, 고용인 그리고 관련 기업 등 거의 전 분야에 걸쳐 영향을 미쳤다. 의회와 행정부에서는 자유시장은 자율규제시장이고 그 결과 납세자에게 2천억 달러의 피해를 초래한 일련의 범법행위를 용이하게 하였던 입법과 정책들이 만들어지고 집행되었기 때문이라고 주장하였다. 즉, 이들 금융기관을 적절하게 규제하지 못했기 때문에 금융 산업계에 불법적인 모험, 집합적 횡령과 사기 그리고 은폐의 기회를 주게 되었다는 것이다.[16] 분명히 구조적 결함과 함께 미국 역사상 가장 큰 피해를 주었던 기업범죄를 초래한 경제적 유인이 있었던 것이다. 이러한 견지에서 "은행 강도를 하는 가장 좋은 방법은 은행을 소유하는 것이다"라는 말이 나오기도 하는 것이다. 집합적 횡령(collective embezzelment)은 자신의 은행을 강도하는 것이다. 한편, 이들 스캔들은 광범위하게 일어나고 있으며, 그에 대한 은폐노력도 상당한 것으로 알려지고 있다.

그런데 문제는 이러한 스캔들이 범죄유발 또는 조장적인 경제구조를 발전시키는데 있어서 정부의 중요한 역할로 인하여 그 원인의 규명 등은 사실 그리 명확하지 못하다는 것이다. 산업자본주의에서는 재화와 용역을 생산하기 위하여 잉여 노동력과 일차적 재료를 요하지만 금융자본주의에서의 이윤은 '돈을 요리'함으로써 생기는 것이다. 그러나 지금도 정부의 보호와 함께 이러한 금융스캔들의 기초적인 구조적 근원들이 변하지 않았기 때문에 금융스캔들은 현재 진전되고 있는 '카지노' 경제에 있어서 미래 범죄에 대한 전주곡일 수 있다고 한다.

(2) 폭력적 범죄

일반적으로 폭력범죄는 하류계층에 독특한 범죄로 그려지고 있다. 사실, 거의 모든 공식범죄통계도 폭력범죄가 하류계층과 동의어라는 신화를 전파하는 대신 폭력적 기업범죄의 논의는 가려지고 있다. 물론, 언론에서도 폭력범죄를 이렇게 계층 편견적 관점에서 다루는 경향이 있다.

그러나 일반 시민들도 점점 기업에 의한 폭력을 우리 사회의 전반적인 범죄문제의 중요한 부분으로 여기게 되었다.[17] 사람은 통제할 수 없는 세력에 의하여 생명이 단축되기 전까지는 건강하게 생존할 합리적 기회가 주어져야 한다는 생각을 갖게 된다. 이러한 의식과 태도의 변화는 곧 폭력이 변경 가능한 이념적 구성이라는 사실의 반영이라고 할 수 있다.

---

16 K. Calavita and H. N. Pontell, "Heads I win, tails you lose?: Deregulation, crime, and crisis in the savings and loan industry," *Crime and Delinquency*, 1990, 36: 309－341.

17 F. T. Cullen, B. G. Link, & C. W. Polanzi, "The seriousness of crime revisited: Have attitudes toward white－collar crime changed?," *Criminology*, 1982, 20: 82－112.

전통적인 노상 폭력범죄가 무수히 발생하고 있고 그에 대한 시민의 공포 또한 이루 말할 수 없지만, 사실은 기업의 폭력에 의한 공포와 두려움이 이를 훨씬 능가하는 것이다. 직장에서의 죽음과 부상, 각종 제조물의 결함으로 인한 죽음과 부상 그리고 환경오염으로 인한 생명의 손상 등이 이를 증명하고 있다.[18] 따라서 이러한 형태의 기업폭력의 피해자는 일반 소비자도 될 수 있고, 직장의 근로자도 될 수 있으며, 일반 시민들도 될 수 있는 것이다. 물론 이 중에는 사실 사고도 있을 수 있으나 대부분은 법률이나 규칙위반의 결과이며, 일부는 여기서 논의된 피할 수 있는 해악의 부류에 속할 수 있는 것들이다.

2. 처벌되어야 할 범죄

기업에 의한 피할 수 있는 해악의 유형은 놀랄 정도로 보편적이어서 법률이나 규칙의 위반뿐 아니라 법률로도 금지되어야 하지만, 그렇지 않은 잘못의 형태까지 다양하다. 대부분의 기업범죄 중 후자의 형태는 외국인의 인명을 경시하는 데 기초하고 있다. 폐기물 등을 외국에 처분하는 경우 자국에서는 안전하지 못한 것으로 규정된 제품을 판매함으로써 계속해서 이익을 취할 수 있도록 해주고 있다.

(1) 제 3 세계로의 처분

외국으로의 처분은 제 3 세계의 취약성에 의존하고 있다. 이들 국가의 소비자들은 소비자 보호의 허술함과 그 제품에 대한 수용의 증대에 기인한 불안전한 제품의 분배를 위한 표적이 되고 있다. 이들 형태의 기업범죄는 대체로 다음의 유형으로 이루어지고 있다. 우선 자국에서 유해한 것으로 규정되어 그 과정에서 좋지 않은 명성을 얻고 시장에서 자취를 감추게 되면 제품의 명칭을 변경하여 외국으로 처분하는 것이다. 두 번째로 환경보호기관 등에서 판매를 허용하지 않으면 등록을 취소하고 마지막 순간에 수출용이라고 이름 붙여서 수입국가로 하여금 자국에서 금지된 제품이라는 것을 알리지 않아도 되는 것이다. 세 번째로 농약회사와 같은 경우 자국의 공장을 폐쇄하고 좋은 시장에 근접한 국가에서 유해한 제품을 생산하는 것이다. 네 번째는 제약회사 등에서는 제품의 일부 요소를 약간 추가하거나 줄이거나 대체하여 검사에 통과하는 것이다.

---

18 L. Snider, "The regulatory dance: Understanding reform processes in corporate crime," *International Journal of the Sociology of Law*, 19: 209-236.

다섯 번째는 단순히 그 제품을 제한하거나 규제하는 국가는 그냥 건너뛰어 규제하지 않는 국가에 수출하는 것이다. 끝으로 특정 제품이 규제될 것 같아도 폐기처분하지 않고 제품의 원료를 따로 수출하여 제품을 수출, 판매하고자 하는 국가에 조립공장을 설치하여 완제품을 만드는 것이다.[19]

(2) 담배산업

담배제품 판매의 폭력적 결과는 잘못 고안된 자동차나 부적절하게 연구된 의약품이나 제약도구와는 달리 제조자의 지시대로 이용되었을 때 생명을 위협하는 것이기 때문에 매우 독특한 편이다. 흡연에 대한 연구결과는 흡연이 인체에 장, 단기적인 위해를 줄 수 있는 것으로 지적하고 있어서 많은 국가에서는 흡연을 수많은 인명을 앗아가는 주요한 건강문제로 간주하고 있다.

이러한 이유로 자국에서 담배의 판매가 줄어들게 되자 담배제조업자들은 개발도상국들을 성장성이 있는 잠재시장으로 인식하게 된다. 흡연으로 인한 폐해에 대한 무지와 교육의 부재 그리고 광고에 대한 통제의 미비로 이들 개발도상국의 담배시장은 급격히 성장하게 되었다. 이 인명을 위협하는 담배의 판매가 자국에서 격감하지만 개발도상국 등에 판매함으로써 기업의 이익을 보전할 수 있게 되었다. 흡연으로 인한 피할 수 있는 인명의 손상은 다른 어떤 형태의 기업 범죄로 인한 인명의 손상을 능가하기 때문에 담배의 판매를 가장 광범위한 기업에 의한 폭력 범죄로 규정하는 것이다.[20]

(3) 근 로 자

최근 우리나라에도 경제적 어려움을 겪으면서 기업마다 벤치마케팅이나 다운사이징(기업규모축소) 또는 인수합병 등의 변혁을 겪게 되었다. 그 결과 근로자들은 기업의 이익을 위하여 지속적으로 희생을 감수하지 않을 수 없게 되었다. 가족과 친지와 떨어져 살게 되고 그 결과 가족 간의 긴장이 심화되며 그리고 과거 의식주를 책임졌던 가장에 대한 스트레스를 증대시키는 등의 고통을 감수하게 되었다. 그러나 구조조정이나 다운사이징으로 인한 해악이 이들 재배치된 근로자에게만 국한된 것이 아니라 그 피해는 기업과 사회에까지 확대될 수 있다. 물론 이러한 형태의 착취나 조작이 전통적인 의미에서는 범죄가 아닐 수 있으나 근로자나 가족생활의 질을

---

19 M. Dowie, "Pinto madness," pp. 23－41 in J. Skolinick & E. Currie(eds.), *Crisis in American Institutions*, Boston: Little, Brown, 1979, p. 25.

20 Brown & Chiang, *op. cit.*, p. 47.

떨어뜨린다는 것에는 의문의 여지가 없다. 따라서 근로자의 착취도 기업범죄의 하나로 고려되어 야 한다.[21]

2절　기업범죄의 피해

　기업범죄에 의한 피해가 전통적인 노상범죄의 피해를 능가한다는 인식이 일반적인 견해가 되고 있지만 아직도 기업범죄의 정확한 피해규모와 정도에 대해서는 그 측정이 쉽지 않다. 그것 은 기업범죄와 그 피해를 어떻게 규정할 것인가에 따라 크게 달라지나 아직은 이에 대한 분명한 합의점을 찾지 못했기 때문이다. 즉, 우리가 기업범죄를 어떻게 규정하느냐에 따라 그 피해의 범위와 넓이가 결정될 것이다. Packer가 말했듯이 범죄의 정도에 관해서는 우리가 무엇을 범죄 로 계산할 것인가에 따라 우리가 원하는 만큼의 범죄를 가질 수 있는 것이다.[22]

1. 기업범죄 규정의 어려움

　전통적 범죄는 일반적으로 특정한 행위가 특정한 법률에 의하여 범죄로 규정될 것, 법률로 서 그 행위가 금지될 것, 그리고 법률의 위반에 대하여 처벌이나 제재가 공표될 것 등의 세 가 지 조건을 요한다. 그러나 이러한 범죄에 대한 규정은 특정행위가 반드시 처벌될 것을 요하지 않고 다만 처벌될 수 있을 것만을 요구한다.[23]

　그러나 Clinard와 Yeager는 기업범죄를 행정법, 민법 또는 형법에 상관없이 국가에 의하여 처벌되는 기업이 범한 행위라고 규정하고 있다. 그들의 규정은 범죄에 대한 엄격한 법률적 정의 와는 차이가 있다. 즉, 우선 위반행위가 발생했다는 객관적 사실만으로는 충분치 않으며 반드시

21　Brown & Chiang, *op. cit.*, pp. 49－50.

22　H. Packer, *The Limits of the Criminal Sanction*, Stanford, CA: Stanford University Press, 1968, p. 364.

23　B. G. Stitt and D. J. Giacopassi, "Assessing victimization from corporate harms," pp. 57－83 in M. B. Blankenship (ed.), *op. cit.*, p. 58.

처벌이 있어야 함을 강조한다. 또한 이는 형법의 위반뿐만 아니라 민법과 행정법의 위반까지도 다루기 때문에 상당히 광범위하게 규정하고 있다. 그들은 기업범죄에 대한 규정의 확장을 이렇게 하지 않는다면 기업에 의한 법률의 위반을 보통의 범죄와 같은 맥락에서 고려할 수 없기 때문이라고 합리화하고 있다.[24] 또한 Clinard는 일반 시민이 기업범죄가 상대적으로 자주 기소되지 않기 때문에 기업범죄를 심각하게 생각하지 않고 비범죄적인 것이라고 여기기 때문에 더욱 기업범죄의 확장이 필요하며, 이것이 기업의 법률위반을 보통의 범법자들과 동일한 관점에서 다룰 수 있는 유일한 방법이라고 주장하였다.[25] 또한 기업은 기업의 일탈에 대하여 형사처벌 대신에 비형사적 조치나 행정 또는 민법적 조치로 다루도록 정치적인 로비 등을 하기 때문에 이러한 주장은 더욱 정당화될 수도 있다. 그러나 이처럼 민사적 또는 행정적 처분까지를 포함시키더라도 정부당국에 의한 공식적 인식과 대응은 분명한 기업범죄의 예로 고려될 수 있는 기업행위를 요하고 있다.

이와 유사한 것으로 기업의 잘못을 기업의 일탈로 개념화하는 것이다. 이 경우 분명한 것은 기업의 일탈이 관련된 개인보다는 조직에 이익이 되는 행위라는 특성을 가지고 있다. 이것이 바로 기업범죄와 화이트칼라 범죄의 일반적 범주를 구분하는 특성이기도 하다. 여기서 중요한 것은 해악의 정도도 아니고, 민사인지 형사인지 행정처분인지도 아니며 일탈이라는 낙인의 속성이다.

Clinard와 Yeager의 기업범죄에 대한 개념의 확장이 정당화될 수 있을 것으로 보이나 만약 우리가 범죄피해에 관심이 있다면 기업범죄는 단순히 처벌될 수 있는 행위가 아니라 처벌되어야 할 행위를 요한다는 Sutherland의 지적이 더욱 적절할 수도 있다. 물론 붙잡혀서 처벌받는 가해자가 없어도 피해자는 있을 수 있다. 기업의 일탈로 보는 것도 기업범죄 규정의 확대를 강조하지만 그 자체가 애매한 개념이고 또 경험적으로 측정하기 어려운 개념이다. 따라서 피해자에 초점을 둔 또 다른 대안적 개념이 고려되어야 한다.

2. 범죄피해의 속성

기업범죄의 피해자는 누구인가? Viano는 "범죄피해자는 타인에 의하여 손상이나 해악을 입고 공사기관이나 지역사회에 의하여 해악을 받은 것으로 인식되고 또한 도움을 받은 개인"이라

---

24 M. B. Clinard and P. C. Yeager, *Corporate Crime*, New York: Free Press, 1980, p. 16.

25 M. B. Clinard, *Corporate Corruption*, New York: Praeger, 1990, p. 15.

고 정의하고 있다.[26] 이와 같은 정의는 인식과 해악이라는 두 가지 중요한 개념을 가지고 있다. 피해자로 하여금 자신의 피해를 인식하도록 하여 범죄피해가 일어나기 위해서는 인식이 필요함을 지적하고 있다. 그러나 이는 매우 주관적이며 환경오염과 같이 피해자가 자신의 피해사실을 잘 알지 못하는 다수의 기업범죄를 제외시키게 된다. 물론, 피해자에 대한 사회부조 등을 위하여 피해에 대한 자기인식이 매우 중요한 것이지만 문제가 아닐 수 없다.

더군다나 범죄피해의 범위는 더 중요한 문제가 된다. Stitt는 범죄로 인한 해악은 첫째 개인이 물리적으로 손상을 입었을 때, 둘째 개인의 자산이 해를 입었을 때, 셋째 개인이 심리적으로 손상을 입었을 때, 넷째 개인이 사회적으로 손상을 입었을 때, 또는 개인의 자유가 빼앗겼을 때 일어날 수 있다고 주장하였다.[27] 그런데 이러한 개인적 피해보다 사회적 손상과 해악은 더욱 추상적이다. 이러한 관점에서 Feinberg는 공익에 대한 두 가지 형태의 해악을 들고 있다. 첫째는 기명할 수 있는 특정인을 위협하는 것은 아니지만 누구나 그러한 입장이 되면 영향을 받을 수 있는 일반적으로 위험한 행위로 인한 해악으로서 불안전한 제품의 제조와 판매, 허위광고, 불안전한 근로조건 그리고 차별적 고용관행 등이 이에 속한다고 할 수 있다. 둘째는 광범위하게 공유된 특정 이익에 대한 해악으로서 환경의 오염을 대표적으로 들 수 있으며, 이러한 유형의 해악은 즉각적인 부정적 영향을 미치지 않을 수 있으나 알려지지 않은 장기적인 생태적 문제를 초래할 수 있다.[28]

결국, Feinberg의 견해에 의하더라도 공익에 대한 해악이라지만 궁극적으로 물리적, 금전적, 그리고 심리적으로 영향을 받는 것은 바로 개인이라는 사실이다. 따라서 분명한 것은 개인은 물론이고 전체적으로는 지역사회도 피해자가 되는 것이다. 결국 기업범죄의 개념문제는 어느 정도 해결될 수도 있으나, 기업범죄는 피해자가 누구인가를 분명하게 규명하는 것은 아직도 해결되지 않은 과제이다. 이 문제는 소위 피해자 없는 범죄의 경우 더욱 분명해진다. 그것은 범죄의 피해는 궁극적으로 원치 않는 결과여야 하기 때문이다. 즉 스스로 선택한 해악과 피해는 포함될 수 없다는 것이다.[29]

---

26 E. Viano, "Victimology today: Major issues in research and public policy," pp. 3–14 in E. Viano(ed.), *Crime and its Victims: International Research and Public Policy Issues*, Proceedings of the Fourth International Institute on Victimology, New York: Hemisphere, 1989, p. 4.

27 B. G. Stitt, "Victimless crime: A definitional issues," *Journal of Crime and Justice*, 1988, 11(2): 87–102.

28 J. Feinbeg, *The Moral Limits of Criminal Law*, Vol. 1: Harm to Others, New York: Oxford University Press, 1984, p. 223.

29 B. G. Stitt, "Victimless crime: A definitional issue," *Journal of Crime and Justice*, 1988, 11(2): 87–102.

여기서 중요한 것은 대부분의 기업범죄 피해가 결과를 알면서도 스스로 동의하거나 선택한 결과라는 사실이다. 그러나 이처럼 사전 동의는 범죄피해에 대한 요구를 약화시킨다는 사실이다. 예를 들어, 흡연이 건강에 치명적이라는 경고를 받고도 흡연을 하고 그 결과로 고통을 받는다면 이러한 경우도 범죄의 피해자라고 할 수 있는가의 문제에 직면하게 된다. 물론, 심각한 고통을 받을지라도 피해자 신분에 대한 지위는 자신의 동의로 인하여 상당히 약화될 수밖에 없는 것이다. 결국, 범죄로 인한 해악이나 손상은 첫째 사전에 동의하지 않고, 둘째 합리적인 판단을 할 수 없으며, 셋째 자신에게 부정적 결과를 초래하는 상황에 가담하도록 강요받거나 속은 사람에게만 일어날 수 있다는 것이다.[30]

3. 기업범죄 피해의 역설

통상 기업범죄의 피해자는 형사사법제도의 기능에 인식할 수 있을 정도의 영향을 미치지 못하고 거의 전적으로 눈에 잘 보이지 않는 것으로 알려지고 있다. 이처럼 공식적으로 기업범죄의 피해자를 잘 인식하지 못하는 데는 몇 가지 이유가 있다.

우선, 기업범죄는 거의 전적으로 경미하고 피해가 널리 흩어진 손상을 초래하는 것으로 알려지고 있다. 기업범죄의 해악이 신체적이건 금전적이건 개인에게 심각한 영향을 미치는 것으로는 거의 믿어지지 않고 있다. 휘발유 값을 리터당 단돈 몇 원만 더 받아도 정유회사는 막대한 이윤을 남기겠지만 일반 시민의 재정적 조건에는 그리 심각한 영향을 미치는 것은 아니다.

둘째로, 기업범죄는 그 발각과 수사가 매우 어렵다. 불법행위가 대부분 사적으로 행해지며 대중이나 법집행기관에 잘 알려지지 않는다. 기업의 관료조직은 조직범죄의 관료제적 구조가 조직범죄의 지도자를 범죄로부터 보호하는 것과 마찬가지로 기업의 임원진을 격리하기 때문이다. 그 결과, 범죄의향이 거의 나타나지 않으며 기업 내 특정 개인에게 연계되고 있다. 그래서 민사 또는 행정적 조치의 거의 대부분은 기업을 피의자로 이르게 된다. 이처럼 기업 범죄에 대한 접근이 어려운 것 외에, 법집행자는 환경오염이나 회계부정과 같은 기업범죄를 발각하고 수사하는 데 필요한 전문적인 기술이 부족한 실정이다.

셋째로, 언론이 기업범죄를 자주 심도 있게 기사화하지 않기 때문에 기업은 그들의 범죄에 대한 대중의 비난을 받기 쉽지 않다. 언론은 기업범죄보다는 더 극적인 폭력범죄 등에 더 많은

---

30 Stitt and Giacopassi, *op. cit.*, p. 67.

관심을 가지며, 기업범죄로부터 이들 폭력범죄로 관심을 전이시키게 된다. 이는 기업범죄가 대부분 기자나 독자들이 잘 이해하지 못하는 복잡하고 기술적인 법률위반을 내포하기 때문이다. 많은 기업범죄가 결정적인 결론에 이르기까지는 오랜 시간을 요하는 경우가 많아서 언론이 이를 취급하여 독자들에게 알리기가 쉽지 않은 것도 이유라고 할 수 있다. 결과적으로 언론에서는 기업범죄를 일반적으로 제외하게 되고 반면에 언론에 자주 등장하는 노상범죄가 범죄, 범죄자 그리고 피해자의 전형이 되고 있다.[31]

넷째로, 기업이란 정치적, 경제적으로 강력한 세력집단이다. 각종 선거자금이나 정치적 헌금 그리고 강력한 로비활동을 통하여 기업범죄에 대한 규제를 줄이거나 그 정도를 완화하고 있다. 기업은 기업활동을 지배하고 규제하는 법률과 규정 등에 상당한 영향력을 행사하게 된다.

마지막으로 기업은 막대한 자금을 가지고 최고의 법률자문과 변호인단을 구성할 수 있어서 정부의 규제나 소비자나 기타 불만이나 고소, 고발 등에 대하여 지배적인 지위를 가지고 대처할 수 있게 된다. 또한 기업은 다년간 많은 사건을 접하기 때문에 상당한 경험과 지식을 가지고 있어서 자신에게 유리한 방향으로 처리할 수 있다. 이러한 요인들이 합쳐서 기업범죄와 그 피해자들의 역할과 가시성을 약화시키게 된다.

그 결과, 기업범죄에 대한 피해자의 반응에 대한 연구는 그리 많지 않다. 연구결과에 의하면, 모든 형태의 범죄피해에 대한 보편적인 반응은 충격, 분노, 무력감 그리고 우울감 등을 느끼는 것으로 알려지고 있다. 그러나 기업범죄의 피해는 전통적 범죄의 피해와는 몇 가지 관점에서 구별되고 있다.

우선, 기업범죄의 피해는 대체로 일차적 또는 집중적이라기보다는 2차적 또는 3차적 피해라고 한다. 물론 개인들도 손상을 경험할 수 있으나 그 해악의 영향이 특정 개인에 대해서는 상당히 약화된다는 것이다. 둘째로 범죄의사를 찾기가 어렵기 때문에 개인이 아니라 기업이 피의자가 된다. 기업이 잘못된 관행에 대하여 비난받을지 모르나 기업이 나쁜 것으로 인식되지는 않고 있다. 셋째로 해악을 초래하는 행위의 동기가 의도적으로 손상을 가하는 것은 아니다. 이윤의 극대화가 기업일탈의 가장 중요한 동기라고 할 수 있는데, 이러한 동기가 인명의 손상을 가할 수 있으나 신체적 손상이 일탈행위의 동기를 부여하는 의도는 아니다. 기술적 재앙도 물론 피의자가 있지만 인명의 손상이 근본적인 의도는 아니다. 따라서 이러한 기업범죄는 처음부터 의도되거나 고안된 것은 아니기 때문에 그 결과도 피해자에게 심리적으로 크게 충격적인 것은 되지

31 S. S. Evans & R. J. Lundman, "Newspaper coverage of corporate price−fixing," *Criminology*, 1983, 21(4): 529−541.

못한다.[32] 넷째로 특정한 개인이 기업범죄의 피해자로 선정되지 않는다. 그 결과 피해자는 자신이 피해자가 된 것이 개인적 속성 때문이 아니라 불행한 상황이나 환경 또는 여건의 결과로 여기게 된다.

제 3 절 기업범죄의 유형

기업범죄와 관련된 행위가 복잡하고 다양하기 때문에 그 유형의 분석도 매우 복잡할 수밖에 없다. 기업범죄의 형태는 해악을 초래하는 행위의 유형, 기업행위에 의하여 유발된 해악의 유형 그리고 피해자의 유형을 나눔으로써 분석해 왔다.

Clinard와 Yeager는 불법적인 기업행위를 여섯 가지 주요 형태로 분석하였다. 행정적 위반은 환경오염통제시설의 미비와 규제기관이 요구하는 적정한 정보를 제공하지 않는 등 법률적으로 강제된 사항에 대한 기업의 불응이라고 할 수 있다. 환경적 위반은 법률적으로 용인되는 수준 이상의 환경오염이나 기타 유해한 환경오염행위 등을 초래하는 기업행위이다. 재정적 위반은 조세법 위반과 같은 법으로 금지된 금전적 거래와 이동이나 법률로 정해진 의무의 미수행 등이 해당된다. 노동관련 위반은 고용차별, 직업안전규칙의 위반, 불공정한 노동관행 그리고 임금과 근로시간의 위반이 포함된다. 제조관련 위반은 결함이 있거나 위험한 제품의 생산을 말한다. 불공정한 거래행위는 허위광고에서 가격담합과 독과점관행에 이르는 기업행위를 말한다.[33]

그 밖에 일부에서는 잠재적으로 사회에 가장 파괴적이고 심각한 기업활동의 유형을 강조하였는데, 예를 들어 Cullen 등은 기업이 정부에 로비와 뇌물을 제공하여 정부활동을 왜곡시키는 '정부부패'라는 형태의 기업범죄를 지적하였다. 두 번째는 '폭력적 화이트칼라 범행'이라고도 하며 '기업폭력'이라고도 하는 유형으로서, 이러한 유형의 기업범죄는 결함이 있거나 위험한 기업관행이나 제품이 기업의 근로자나 고객에게 심각한 인체의 손상을 초래하거나 생명을 앗아가는 경

---

32 R. Janoff-Bulman, "Criminal vs. noncriminal victimization: Victim's reactions," *Victimology*, 1985, 10(1-4): 498-511.

33 Clinard & Yeager, *op. cit.*, 1980, pp. 113-116.

우 발생하게 된다. 물론 이러한 유형도 Clinard와 Yeager의 유형에 포함시킬 수 있는 것이지만, Cullen 등은 행위의 중요한 특성이 기업범죄의 유형화에 초점이 되어야 한다고 믿었던 것이다.[34]

다른 일부 학자들은 해악이나 손상의 형태 그 자체에 초점을 맞추고 있다. Meier와 Short은 물리적, 재정적 그리고 도덕적 해악을 기업비행과 관련된 해악의 형태로 구분하였다. 일반인에게 있어서는 분명히 재정적 해악이나 손실이 기업의 불법과 가장 현저히 관련되는 것으로 알려지고 있다. 가격담합, 독과점 관행, 기타 유사한 다양한 행위가 기업의 이윤극대화 시도에 대하여 시민들이 낯설지 않게 하는 것이다. 이는 이윤의 극대화가 기업일탈의 가장 분명한 이유이기 때문이다. 그래서 기업범죄에 대한 대부분의 연구도 물리적 해악보다는 경제적 손실에 초점을 맞추고 있다.[35]

그러나 최근 들어 기업범죄의 신체적 해악이나 손상에 관한 관심이 증대되고 있다. 미국에서의 포드자동차 Pinto 사건, 인도의 보팔 가스 폭발사고 등이 그 대표적인 예라고 할 수 있다. 이러한 기업범죄와 관련된 신체적 위험은 시민의 인식을 변화시키게 되어 기업범죄를 점점 매우 심각한 일로 간주하게 되었다.

이처럼 신체적 손상이나 재정적 손실이 보편적으로 기업범죄와 관련된 것이라고 할 수 있지만, 도덕적 손상도 기업일탈의 광범위한 결과로서 중요한 기업범죄의 하나로 지적되고 있다. 예를 들어 기업범죄나 화이트칼라범죄의 결과 중 하나는 바로 사회제도에 대한 신뢰의 상실과 파괴와 사회의 도덕적 기초의 붕괴라고 지적되고 있다. 그 밖에 사회적 소외의 증대, 사회적 확신의 감소 그리고 사회의 도덕적 분위기와 결집에 대한 손상 등도 기업범죄의 결과와 상관되는 것으로 지적되고 있다. 특히 기업범죄에 관련된 사람들이 사회적으로 존경을 받고 있고 높은 지위를 가지기 때문에 그들의 범죄행위는 사회적인 냉소주의를 조장하고 도덕적 불감증을 초래하며 사회생활에 기초가 되는 사회적 신의를 위협하게 된다는 것이다.[36] 물론, 이러한 해악은 사회적인 것으로 보이나 개인에게도 심리적 결과를 초래하게 되어 개인적 손상으로도 볼 수 있는 것이다.

기업범죄를 유형화하는 마지막 수단은 피해자에 따른 구분이다. McCaghy는 기업범죄의 피해자를 일반대중, 소비자 그리고 근로자의 세 가지 유형으로 구분하였다. 일반대중에 대한 기업

34 F. T. Cullen, B. G. Link & C. W. Polanzi, "The seriousness of crime revisited: Have attitudes toward white－collar crime changed?," *Criminology*, 1982, 20(1): 83－102.

35 R. F. Meier & J. F. Short, Jr., "The consequences of white－collar crime," pp. 23－49 in H. Edelhertz & T. D. Overcast(eds.), *White－collar Crime: An Agenda for Research*, Lexington, MA: Heath, 1982.

36 Meier & Short, *op. cit.*, pp. 27－36.

범죄는 공정거래의 위반이나 공무원에 대한 뇌물의 공여 또는 환경오염 등의 범죄를 들 수 있다. 소비자에 대한 범죄는 결함이 있거나 위험한 제품의 생산판매를 들 수 있고, 근로자에 대한 범죄는 작업장 안전장치나 설비의 위반 등이 해당된다. 그런데 작업환경은 가장 위해하면서도 아직 우리 사회에서 그 위험성이 가장 인식되지 않고 있는 범죄이다.[37]

마지막으로 기업의 주식을 소유하고 있는 주주도 기업범죄의 피해자가 될 수 있다고 한다. 기업의 규모가 크기 때문에 대다수의 주주, 특히 소액 주주들은 기업의 활동에 대하여 정보가 없고 영향력도 행사하기 어렵다. 따라서 기업의 임원과 감독기관 등에게 각자의 임무를 성실히 수행하도록 믿고 맡기게 되는데 그들이 자신의 역할과 임무를 제대로 수행하지 않거나 못하여 기업에 손실을 가져오거나 파산하게 되면 주주들에게 막대한 피해가 돌아갈 수 있다. 결과적으로 주주도 기업범죄의 피해자가 될 수 있는 것이다.[38]

제 4 절   기업범죄의 원인 – 이론적 설명

기업범죄의 유형, 기간, 그리고 빈도 등은 매우 다양하며, 이러한 다양성을 설명하고 예측하기 위하여 기업범죄의 원인에 관한 이론들이 다양하게 개발되고 시험되고 수정되어 왔다. 그런데, 이러한 노력의 대부분은 두 가지 의문에 답하기 위한 것이다. 첫째, 정해진 일정기간 동안 적어도 하나 이상의 범죄행위를 한 기업의 정도를 설명할 수 있는 요소는 무엇인가이다. 이러한 유형의 다양성을 설명하고자 하는 이론들은 일부 또는 많은 기업이 범죄에 가담하는 조건을 밝힘으로써 집합적 수준에서의 기업의 범죄가담율의 시간적·공간적 다양성을 설명하려는 것이다. 집합적 수준의 이론들은 기업이 운영되는 광범위한 정치·경제적, 사회적, 법률적 환경의 관점에 초점을 맞추고 있다. 이는 전통적 범죄율의 설명을 위하여 지역적으로 집합적 수준의 차이에 초점을 맞추는 것과 유사한 것이다.

---

37 C. H. McCaghy, *Crime in American Society*, New York: Macmillan, 1980, p. 197.

38 D. Schichor, "Corporate deviance and corporate victimization: A Review and some elaboration," *International Review of Victimology*, 1989. 1: 67–88.

기업범죄성의 이론에 의하여 제기된 두 번째 문제는 왜 일부 기업은 범죄를 범하는 데 반하여 다른 일부기업은 범행하지 않는 이유를 설명하려는 것이다. 전형적으로 이러한 의문에 대한 이론적 해답은 기업과 환경의 교류나 거래에 있어서 기업 내적 다양성이나 차이의 중요성을 중시한다. 전통범죄에 대하여 개인의 자기관념이나 내재화된 규범기준 등에 초점을 맞추어 설명하는 것처럼 이들 이론은 기업의 범죄가담을 설명하기 위하여 기업의 내적 규범준수 기제의 부재, 법률에 대한 복종과 정직성의 규범에 대한 전념의 약화와 같은 기업단위의 변수를 밝혀내고 있다. 이러한 견지에서, 일부에서는 기업범죄를 조직의 목표나 임무를 추구하여 개인이나 집단에 의하여 범해지는 범죄라고 할 수 있는 조직범죄(organizational crimes)의 하위유형으로 보고 있다.[39]

기업범죄의 이론들은 일부 부분적인 변형은 있으나 대체로 노상범죄의 이론들로부터 직접적으로 차용하고 있기 때문에 긴장, 사회해체, 차별적 접촉, 통제이론 등 유사한 원인론들이 등장하고 있다. 그러나 여기서 범죄를 선택으로서 범죄의 해석과 범행기회라는 입장에서 주로 설명하고자 한다. 물론, 두 관점이 모두 범죄에 대한 합리적 선택이라는 가정에 기초하고 있다.

1. 집합적 단위의 이론

기업범죄에 대한 집합적 단위에서의 측정은 대체로 노상범죄의 그것과 같이 정해진 기간으로 하는데, 적어도 한 번 이상의 범행에 가담한 기업의 수로 정의하고 있다. 이러한 집합적 단위의 기업범죄율은 노상범죄와 마찬가지로 시간에 따라, 지역에 따라 그리고 업종에 따라 다양할 수 있다. 미국에서는 대체로 석유, 제약, 그리고 자동차산업 분야가 가장 높으며 반대로 의상이나 음료산업 분야가 가장 범죄율이 낮다고 한다.[40]

기업범죄에 있어서 집합적 단위의 다양성에 적용되면, 범죄기회이론은 범죄기회의 정도 또는 크기와 그 기회를 이용할 소지가 있는 범죄자 수의 크기라는 범죄수준의 두 가지 기본적인 결정인자에 초점을 맞추게 한다. 범죄기회이론은 외부관찰자의 눈에는 계산이 합리적이지 않게 보일지 모르나 범죄자는 범죄행위를 포함한 기회를 평가하고 선택을 하는 행위자라는 개념 위

---

39 N. Shover, "Defining organizational crime," pp. 37–40 in D. Ermann and R. J. Lundman (eds.), *Corporate and Governmental Deviance*, New York: Oxford University Press, 1978.

40 H. C. Barnett, "Industry culture and industry economy: Correlates of tax noncompliance in Sweden," *Criminology*, 1986, 24: 553–557; A. Blumstein, J. Cohen, and D. P. Farrington, "Criminal career research: Its value for criminology," *Criminology*, 1988, 26: 1–36.

에 만들어진 기업범죄의 분석과 해석에 논리적이고 실질적으로 일치하는 것이다. 임직원들이 범행을 하는 기업의 비율에 있어서 지역적, 역사적, 그리고 산업별 다양성을 초래하는 것이 무엇인가를 이해하기 위해서는 범죄자의 공급과 범죄기회의 근원 모두를 살펴야 한다.[41]

(1) 범죄기회의 공급

범죄기회는 객관적으로 주어진 상황이나 범죄수단에 의하여 기업자산을 늘리거나 기타 기업의 목표를 확대할 수 있는 매력적인 잠재성을 제공하는 기업인이 직면한 조건이라고 할 수 있다. 물론 그것이 매력적인 주요원인은 즉각적인 감시나 효과적인 통제절차가 없다는 데 있다. 예를 들어 이러한 기업범죄의 기회는 전자장비가 갖추어져 있으나 하루 종일 비어 있어서 침입절도범에게 매력적인 경우와 같은 것이다. 그래서 기업범죄와 범죄기회를 연계하는 일차적인 논리적 가정은 기업범죄율은 직접적으로 범죄기회의 공급에 따라 다양하다는 것이다. 즉, 범행의 기회가 많은 지역, 시기, 산업 분야에 따라 그에 상응한 기업범죄를 기대할 수 있으나 반대로 이러한 범죄기회가 부족하다면 그만큼 기업범죄율도 낮을 것이라고 가정된다.[42]

그런데, 기업범죄의 기회의 제공을 결정하는 것은 매우 다양하다. 특히 법률적, 구조적, 경제적 그리고 기술적 요인이 범행기회를 증대시키거나 감소시키기도 하고 때로는 재분배시키기도 한다는 사실은 분명하다. 범죄기회의 가장 중요한 근원은 역시 범죄화이다.

또 다른 중요한 범행기회의 근원은 특정산업, 지역 또는 시장에서의 기업간 불평등의 정도이다. 산업의 시장구조의 불평등은 시장조건을 통제할 수 있는 기업의 상대적 능력이라고 할 수 있는 시장점유율에 영향을 미침으로써 범죄기회에 영향을 미치게 된다. 소수의 지배적인 기업과 수많은 소규모, 종속적인 기업체로 구성된 산업분야라면 범죄행위가 그만큼 쉬워진다는 것이다.[43]

자동차산업을 예로 들면, 거대한 자동차회사가 부과하는 일정한 성과를 거두기 위해서 자동차 판매상들은 어쩔 수 없이 불법적인 관행을 하지 않을 수 없게 된다. 경제력의 집중은 산업불균형을 초래하는데, 기업체의 수가 비교적 적고 경제적 집중도가 중간 수준인 경우 경쟁이 심하

---

41 N. Shover and K. M. Bryant, "Theoretical explanations of corporate crime," pp. 141-176 in M. B. Blankenship (ed.), *op. cit.*

42 P. J. Cook, "The demand and supply of criminal opportunities," pp. 1-28 in M. Tonry and N. Morris(eds.), *Crime and Justice: An Annual Review of Research*, Vol. 7, Chicago: University of Chicago Press, 1986.

43 J. W. Coleman, "Toward an integrated theory of white-collar crime," *American Journal of Criminology*, 1987, 93: 406-439; P. C. Yeager, "Analyzing corporate offenses: Progress and Prospect," pp. 93-120 in J. E. Post(ed.), *Research in Corporated Social Performance and Policy*, vol. 8, Greenwich, CT: JAI, 1986.

고 은폐가 용이하기 때문에 담합과 같은 공정거래위반에 대한 매력적인 기회를 제공할 수 있다. 경제적 집중이 심한 경우는 관계된 기업이 거의 없어서 불법행위를 은폐할 수 있는 능력을 증대시키기 때문에 모의할 수 있는 기회를 증대시키게 된다.[44]

산업분야의 불평등의 정도가 기업간의 관계의 구조에 영향을 미친다. 소수업체로 구성된 산업분야에서의 경쟁은 관련업체가 적기 때문에 불법적 상호작용의 기회가 많아지고 선두회사를 필두로 가격의 담합도 가능하고 시장을 통제하고 안정시킬 수 있게 된다.

(2) 범죄자의 공급

범죄기회이론의 두 번째 공리적 가설은 범죄율은 동기가 부여된 범죄자의 공급에 직접적으로 비례한다. 기업범죄에 적용된다면, 기업범죄 가담율은 기업에 따라 이용할 수 있는 범죄의 기회를 활용할 경향이 있는 사람의 비율에 직접적으로 비례한다고 할 수 있다. 개인이나 집단이 법을 위반할 성향이 있는 기업은 중요한 기업시장에서의 불확실성의 수준, 범죄적 기업문화 그리고 통제의 강도와 일관성이라는 세 가지 조건에서 파생되는 것으로 볼 수 있다. 첫 번째 조건은 점점 더 많은 기업에서 구성원들이 업무수행의 압력과 긴장을 받을 때 생기게 된다. 두 번째 조건은 기업과 그 직원들이 범죄를 용이하게 하는 태도, 기술 그리고 범죄행위를 도덕적으로 법률적으로 정당화할 수 있는 것으로 여기는 언어적 공감대 등에 노출될 때 생긴다고 한다. 세 번째 조건은 법률위반을 금지하는 것이 이상적으로 또는 실제로 일관되지 못하고 약할 때, 그래서 자유롭게 법을 위반할 수 있는 기업의 수를 증대시킴으로써 나타나게 된다.[45]

기업이 제품의 생산과 판매를 위하여 다양한 시장에 참여할 수밖에 없는데, 여건이 재정적으로 불황이거나 불안정할 때는 시장불확실성이 증대되고 이는 곧 계획을 어렵게 하고 불안을 증대시키며 잠재적 범죄자의 규모를 증대시키게 된다. 그런데 국가, 지역, 산업경제의 건전함이나 건강이 이러한 불확실성을 증대시킬 수 있는 가장 중요한 요인의 하나이다.[46]

기업범죄는 실업과 직접적으로 정비례하며, 주가와 반비례하는 것으로 알려지고 있다. 자원

44 H. Farberman, "A criminogenic market structure: The automobile industry," *Sociological Quarterly*, 1975, 16: 438–457; J. W. Coleman, "Toward an integrated theory of white–collar crime," *American Journal of Sociology*, 1987, 93: 406–439; P. C. Yeager, "Analyzing corporate offense: Progress and prospect," pp. 93–120 in J. E. Post(ed.), *Research in Corporate Social Performance and Policy*, Greenwich, CT: JAI, 1986.

45 N. Shover and K. M. Bryant, "Theoretical explanation of corporate crime," pp. 141–176 in M. B. Blankenship(ed.), *Understanding Corporate Criminality*, New York: Garland Publishing, Inc., 1993, pp. 147–148.

46 P. Asch and J. J. Seneca, "Is collusion profitable?," *Review of Economics and Statistics*, 1976, 58: 1–12.

이 충분하지 못하면 불확실성을 더욱 강조하게 되어 기업들이 자원 확보를 위한 범죄활동에 의존하게 만들 수 있다. 경쟁은 제품시장에서의 고조된 불확실성의 또 다른 근원이다. 이와 같은 치열한 경쟁의 범죄적 특성이 사회주의나 공산주의 사회에서보다 자본주의 사회에서 기업범죄율이 더 높은 이유라고 주장되기도 한다.[47]

한편, 기업활동에 대한 통제의 약화도 기업범죄자의 공급을 증대시키게 된다. 일관적이지 못하거나 약한 통제는 기업의 임직원으로 하여금 부정적인 결과에 대한 두려움이 최소화되어 범죄를 범할 수 있게 만든다. 그런데 범죄통제 이념과 전략에 기초하여 통제형태를 구분할 수 있다. 예를 들어, 억제형(deterrence style)은 기업행위자를 공공복지에는 무관심하고 욕심 많고 이기적이고 계산적인 존재로 정의한다. 그들은 오로지 이윤의 추구와 권력에만 관심이 있기 때문에 그들을 억제하기 위해서는 국가의 강제라는 통제가 필요하다는 것이다. 따라서 기업이 책임 있게 행위하도록 하기 위해서는 엄격하고 철저하게 집행되는 외부통제가 의무적, 강제적이어야 한다는 것이다. 그래서 억제형을 주장하는 사람들은 기업이 순응하고 동조하도록 하기 위하여 위협과 처벌적 제재의 활용을 옹호하고 있다.[48]

반면에 순응형(compliance style)은 책임 있는 기업행위를 권장하기 위한 기업의 선의와 시장기제의 힘을 가정한다. 자유시장의 역동성과 함께 기업의 이윤추구는 집합적 선이라는 이익을 가져다주는 것으로 본다. 기업을 이렇게 개념화함으로써 범죄행위자는 윤리적, 통계적 탈선으로 치부된다. 기업가들이 일반적으로 윤리적이고 책임 있는 것으로 인식되기 때문에 외부규제와 통제에 대한 반대기류가 강하다. 정부규제는 획일적이고 경쟁과 생산성에 해로운 것으로 비하된다. 국가의 규제 대신에 기업의 선의와 양심에의 호소, 순응에 대한 동기의 제공 그리고 기업모형이나 기업의 자율규제에 기초한 프로그램의 실시를 주장한다.[49]

잠재적 범죄자의 공급을 최소화하기 위한 통제의 효과성은 통제에 대한 기업문화의 지지나 반대에 있어서 지리적, 시간적, 또는 산업분야별 다양성에 따라 달라진다. 즉 비동조 또는 비순

47 S. S. Simpson, "Cycles of illegality: Antitrust violations in corporate America," *Social Forces*, 1987, 65:943–963; M. S. Baucus and J. P. Near, "Can illegal corporate behavior be predicted? An event history analysis," *Academy of Management Journal*, 1991, 34: 9–36.

48 R. A. Kagan, "Editor's introduction: Understanding regulatory enforcement," *Law & Policy*, 1989, 11: 89–119; J. Braithwaite and G. Geis, "On theory and action for corporate crime control," pp. 189–210 in G. Geis(ed.), *On White–collar Crime, Lexington*, MA: D. C. Heath, 1982.

49 P. Bromiley and A. Marcus, "The deterrent to dubious corporate behavior: Profitability, probability and safety recalls," *Strategic Management Journal*, 1989, 55: 57–71.

응의 정도가 강한 기업문화일수록 범죄적 행위를 정상적인 기업관행으로 부추기거나 변명하는 등의 기업활동 방법과 공동의 이해를 통하여 잠재적 범죄자의 공급을 증대시킨다는 것이다. 반대로 동조적 또는 순응적 기업문화가 지배적인 경우는 합법적이고 정직한 기업활동이 강조되어 법률위반의 성향이 있는 기업의 수를 줄이게 되고 결과적으로 잠재적 범죄자의 공급도 줄이게 된다고 한다. 따라서 기업범죄자의 공급은 비동조적 기업문화의 강도에 직접적으로 관련되는 것으로 가정될 수 있다.[50]

결론적으로 지금까지의 논의에 기초하여 기업범죄에 대한 집합적 수준의 이론은 [그림 5-4]와 같이 요약될 수 있다.

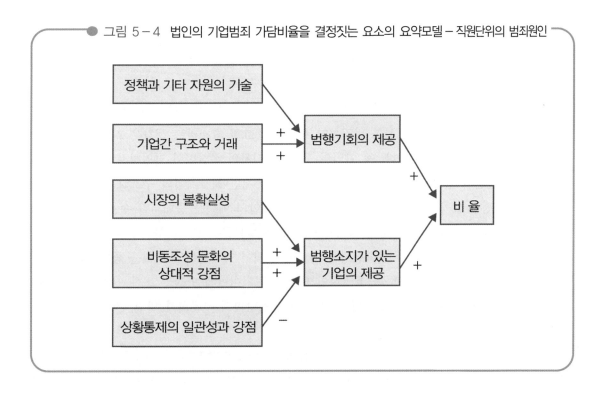

그림 5-4 법인의 기업범죄 가담비율을 결정짓는 요소의 요약모델 – 직원단위의 범죄원인

50 H. C. Barnett, "Industry culture and industry economy: Correlates of tax noncompliance in Sweden," *Criminology*, 1986, 24: 553-574.

2. 기업단위의 이론

　　기업범죄의 가담률이 높거나 낮거나 일부 기업은 법률에 순응하고 일부는 순응하지 않는다. 또는 범죄기회가 많거나 적거나 모든 기업과 입직원이 모두 가담하는 것은 아니며 기회를 다 같이 이용하지도 않는다. 즉 기업의 범죄가담은 개별 기업에 따라 달라진다는 것이다.[51]

　　기업의 범죄가담에 대한 기업단위이론의 원론적인 인과적 개념은 전통적 노상범죄의 설명에 있어서 범죄선택 이론적 접근과 유사한 것이다. 선택으로서의 범죄라는 가설에 의하면, 범죄행위는 행위자의 종합적인 의사결정의 결과라는 것이다. 그렇다고 범죄를 선택으로 보는 것이 반드시 그 선택이 합리적일 것이라는 가정을 요하지는 않는다. 그러나 범죄행위를 행하고자 하는 결정은 완전하지는 않지만, 각 대안의 잠재적 위험과 소득에 대한 평가에 기초하는 것으로 가정되고 있다. 따라서 기업범죄에 대한 기업단위의 이론은 기업의사결정자가 범죄기회를 수용할 수 있는 것으로 판단하는 의향을 증대시키는 요소들을 중심으로 설명되고 있다.

(1) 구조 및 절차적 복잡성(Complexity of structure and procedures)

　　기업의 구조와 절차의 복잡성이 범죄가담 성향의 중요한 요소라는 생각은 기업범죄의 수사에 있어서 기본이라고 할 수 있다. 즉 기업의 구조 및 절차의 복잡성이 기업범죄 가담의 가능성과 직접적인 관련이 있다고 할 수 있다. 이러한 주장의 저변에는 기업의 구조와 절차의 복잡함이 의사결정과정을 왜곡시킬 수 있고 따라서 범죄적 대안의 매력을 증대시킬 수 있다는 것이다. 조직 복잡성의 가장 보편적인 요소는 기업규모인데, 규모가 클수록 전문화된 조직활동과 분권화된 의사결정으로 인하여 상당한 불확실성을 경험하게 되어 불법행위의 기회를 증대시킨다는 것이다. 이는 기업규모가 커짐에 따라 효과적인 내부통제를 어렵게 만들고 또한 기업규모가 커지고 따라서 더 복잡해질수록 하부조직에서 중화 또는 정당화의 부문화가 발전, 지속될 가능성도 커지기 때문이다.[52]

　　기업의 규모가 커지고 구조가 복잡해지면 통제의 부재, 일탈적 하위문화, 권위의 왜곡 그리고 대화의 부재 등을 초래하게 된다. 그 결과 사회에 지대한 영향을 미치는 거의 모든 중요한 의사결정에 대한 개인적 책임의 정도를 퇴각시키게 되어 일탈이 쉽게 발생하고 또 체크(check)

51　Baucus & Near, *op. cit.*; S. S. Simpson, "The decomposition of antitrust: Testing the multi-level, longitudinal model of profit squeeze," *American Sociological Review*, 1986, 51: 859-875.

52　Baucus & Near, *op. cit.*; Bryant, *op. cit.*

되지 않고 지나가게 된다.[53]

(2) 실적에 대한 압박

기업의 실적이나 성과가 일정수준 이상을 유지하고 초과하려는 욕구에 의한 긴장이나 압박이 기업가나 직원들에 의한 범죄의 개연성을 증대시킬 수 있다는 것이다. 제품을 생산하고 시장을 개척할 자원의 확보가 어려운 기업일수록 그 임직원이나 관리자가 범죄행위에 가담할 확률이 높은 기업이라고 할 수 있다. 따라서 기업범죄 가담의 개연성은 임직원에 대한 성과나 실적의 압박에 직접적으로 관련된다고 가정할 수 있다.[54]

자유시장경제에서는 이윤의 추구와 유지의 필요성은 가장 중요한 것이다. 일반적으로 이윤성의 감소는 범죄기회의 매력성과 범죄가담의 개연성을 증대시킨다. 이윤의 감소는 곧 더 높은 실적과 결과에 대한 내부압력의 근원이다. 이러한 압박의 증대에 대한 반응으로서 임직원이나 고용인은 범죄적 관행에 호소할 수도 있게 된다.

(3) 추정된 좋지 않은 결과(Estimated aversive consequences)

실적에 대한 압박 외에 기업단위이론의 다른 하나는 특정한 범죄적 대안을 선택하는 데 대한 인지된 위험성의 정도에 따라 기업의 범죄가담이 달라진다는 것이다. 범죄가담의 확률은 범죄가담으로 인하여 위협받을 수 있는 부정적인 결과에 대한 추정된 확실성과 강도에 직접적인 관계가 있는 것으로 가정될 수 있다. 이는 기업 구성원들이 범죄행위에 가담하는 위험성이 가져올 수 있는 이익을 능가한다고 믿도록 만드는 요인을 밝히는 것이 중요한 과제임을 보여주고 있다.

여기서 위험성이란 다양한 정도와 유형의 부정적인 결과에 대한 잠재성인데 기업외적일 수도 있고 내적일 수도 있다. 즉, 기업관계자가 법위반에 대하여 국가가 부과하는 처벌을 두려워하고 동료집단으로부터의 비난을 두려워하고 기업에 대한 부정적인 평판의 영향을 두려워하고 비동조나 비순응이 죄의식을 초래하며, 자신의 직업적 장래에 해를 끼칠까 두려워하기 때문에 법을 지키게 된다는 것이다.[55]

---

53 M. B. Clinard and P. C. Yeager, *op. cit.*, 1980, p. 44.

54 E. Gross, "Organizational structure and organization crime," pp. 52−76 in G. Geis and E. Stotland(eds.), *White−collar Crime*, Beverly Hills, CA: Sage, 1980; N. Passas, "Anomie and corporate deviance," *Contemporary Crises*, 1990, 14: 157−178.

55 J. Braithwaite and T. Makkai, "Testing an expected utility model of corporate deterrence," *Law and Society Review*,

물론 이들 다양한 통제요소간의 관계가 잘 설명되는 것은 아니지만, 외부기관에 의한 제재의 확실성과 강도에 대한 인식과 신념은 기업내부의 통제와 조건에 의하여 크게 영향을 받는다고 할 수 있다. 다시 말해서 경찰, 법원 또는 규제기관에 의하여 부과되는 위험성의 추정은 기업이 어디에 우선순위를 두고 어떠한 관점을 견지하느냐에 따라 달라진다는 것이다. 즉, 최고경영자와 관리자가 법의 준수와 윤리적 행위에 대하여 어떠한 태도와 자세를 취하는가가 매우 중요한 것이다. 이들 최고경영자나 관리자들은 통제구조와 절차의 위험성, 합법성 그리고 신뢰성에 대한 그들의 인식에 영향을 미침으로써 중간관리자와 직원들에게 하나의 모범을 보여주기 때문이다.[56]

그리고 최고관리자는 기업 내에서 권위와 권력의 지배자로서 윤리강령이나 관리지침 등 비윤리적 행위와 범죄적 행위를 최소화하기 위한 정책, 구조, 절차에 있어서 조직자원을 어떻게 활용할 것인가를 결정할 재량권을 가진다. 경영진에서 적절하고 효과적인 통제방안을 구축하게 되고 법의 준수가 원칙적인 기업목표임을 지속적으로 알리면 그들이 스스로 보여주는 모범이 직원들에게 영향을 주게 되는 것이다. 그러나 최고 관리자가 이를 분명히 하지 못하면 이는 윤리적 행위와 법의 준수가 우선적인 것이 아니며 법의 위반이 심각한 부정적 결과를 초래하지도 않을 것이라는 신호를 직원들에게 보내게 된다. 법에 대한 준수와 복종을 우선사항으로 규정하는 분명한 정책을 가진 기업이 그러한 정책이 없는 기업에 비해 법의 위반이 훨씬 적은데, 그것은 그러한 정책과 통제가 잠재적으로 기업이 법을 위반하지 못하도록 격리시키는 작용을 하나 그러한 통제와 정책의 부재는 범죄가담을 증대시키는 조직결함(organizational defects)을 만들어 내기 때문이다.[57]

(4) 범죄조장문화(Crime-Facilitative Culture)

범죄를 범하지 않는 기업과 비교하여 기업범죄를 범하는 기업은 불법행위를 조장하는 문화

1991, 25: 7−40; J. W. Coleman, "Toward an integrated theory of white−collar crime," *American Journal of Sociology*, 1987, 93: 406−439; D. W. Scott, "Policing corporate collusion," *Criminology*, 1989, 27: 559−587.

56 K. E. Goodpaster, "Ethical frameworks for management," pp. 507−522 in J. B. Matthews, K. E. Goodpaster, and L. L. Nash(eds.), *Policies and Persons: A Casebook in Business Ethics*, New York: McGraw−Hill, 1985; D. C. Hambrick and P. A. Mason, "Upper echelons: The organization as a reflection of its top managers," *Academy of Management Review*, 1984, 9: 193−206.

57 H. C. Finney and H. R. Lesieur, "A contingency theory of organizational crime," pp. 255−299 in S. B. Bacharach (ed.), *Research in the Sociology of Organizations*, Vol. 1, Greenwich, CT: JAL, 1982.

를 가진다는 점에서 구분될 수 있다. 가설적으로 말해서 기업의 범죄가담 가능성은 기업문화의 범죄조장적 요소의 정도에 따라 직접적인 영향을 받는다고 할 수 있다.[58]

기업의 범죄가담 확률을 예측할 수 있게 해주는 요소는 다양하나 그중에서 하나의 접근은 국가가 기업에 부과하는 통제에 대한 근본적인 성향을 들고 있다.[59] 일부 기업의 문화는 이윤의 추구를 가장 중요한 조직의 목표로 강조하여 이들 기업의 임직원은 범죄로 인한 위험과 기대되는 이윤을 평가하여 이윤이 위험을 능가할 것으로 기대될 때 법률을 준수하지 않게 된다는 것이다. 이와는 반대로 정치적 시민정신을 강조하는 기업은 자의적이고 불합리한 것으로 여기는 공공정책에 대해서는 저항할 수 있다는 신념 때문에 어느 정도 제한은 되지만 법에 대한 존중과 임무로서 법을 준수하게 된다. 끝으로 일부기업의 기업문화는 조직적 무능함으로 인하여 직원들을 제대로 감독하지 못하기 때문에 기업범죄에 가담하게 된다는 것이다. 또 다른 하나의 접근은 기업의 윤리적 분위기를 파악하는 것이다. 여기서 윤리적 분위기란 무엇이 윤리적으로 옳은 것인지, 그리고 윤리적 쟁점이 어떻게 다루어지는지에 대한 공유된 인식이라고 할 수 있다.[60]

범죄조장적 기업문화의 가장 폭넓게 이용되는 접근법은 기업의 억제기술과 중화기술의 수와 강도를 비교하는 것이다. 제재 또는 억제의 기술은 직원들의 일상 업무에서 범죄적 대안을 선택할 확률을 줄이게 한다. 예를 들어 정직이 최상의 정책이라는 의식의 확산 등을 통한 범죄적 대안 선택의 확률을 줄이는 것이다. 그러나 이러한 도덕성이 무디어지면 기업의 범죄가담도 가능해지는데 이 경우 범죄가담에 대한 죄의식을 중화시키는 것이다. 기업범죄의 중화기술도 소년범죄와 마찬가지로 책임의 부정(denial of responsibility), 손상의 부정(denial of injury), 피해자의 부정(denial of the victim), 비난자의 비난(condemnation of the condemners) 그리고 더 높은 충성심에 대한 호소(appeal to higher loyalties)의 방법으로 범죄를 정당화한다.[61] 그 밖에 전통범죄

---

58 M. L. Needleman and C. Needleman, "Organizational crime: Two models of criminogenesis," *Sociological Quarterly*, 1979, 20: 517−528.

59 R. A. Kagan J. T. Scholz, "The criminology of the corporation and regulatory enforcement strategies," pp. 67−96 in K. Hawkins and J. M. Thomas(eds.), *Enforcing Regulation*, Boston: Kluwer−Nijhoff, 1984.

60 B. Victor and J. B. Cullen, "A theory and measure of ethical climate in organizations," pp. 51−71 in W. C. Frederick(ed.), *Research in Corporate Social Performance and Policy*, Vol. 9, Greenwich, CT: JAI, pp. 51−52; B. Victor and J. B. Cullen, "The organizational bases of ethical work climates," *Administrative Science Quarterly*, 1988, 33: 101−125.

61 G. M. Sykes and D. Matza, "Techniques of neutralization; A theory of delinquency," *American Sociological Review*, 1957, 22: 664−670.

와 달리 기업범죄는 성공하기 위해서는 기업의 경쟁과 고용의 조건이 범죄행위에 가담할 수밖에 없다는 신념인 필요성에 대한 호소(appeal to necessity)를 추구하기도 한다.[62] 중화기술이 범죄가담에 대한 사후 합리화 또는 정당화로 작용할 뿐만 아니라 범행 이전에 작용하여 범행을 조장할 수도 있는 것으로 가정되고 있다. 중화기술과 억제기술의 혼합 정도에 따라 결정되는 기업의 지배문화가 기업의 범죄가담에 대한 중요한 결정요소가 되는 것이다. 이러한 기술의 존재와 그 기술의 이용에 대한 묵인이 범죄가담의 확률을 바꾸는 것이다. 중화의 문화와 범죄조장적 문화가 수용되고 의사결정에 활용되는 기업에서는 기업범죄 가담확률이 그만큼 증대되는 것이다. 아래의 [그림 5-5]는 기업범죄의 원인을 기업단위에서 설명한 것이다.

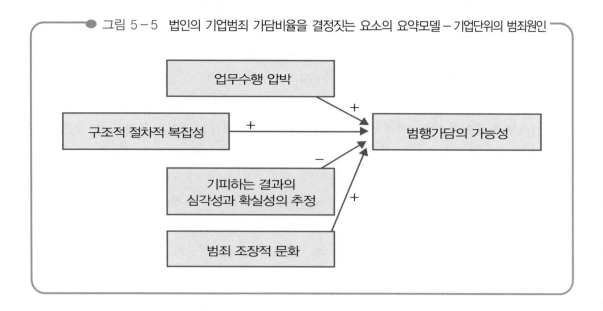

그림 5-5 법인의 기업범죄 가담비율을 결정짓는 요소의 요약모델 – 기업단위의 범죄원인

62 J. W. Coleman, "Toward an integrated theory of white-collar crime," *American Journal of Sociology*, 1987, 93: 406-439.

(5) 정부의 역할과 책임

유해한 기업활동에 대한 정부의 규제는 공공의 이익과 잠재적인 개별적 손상의 균형을 맞추는 데서 시작한다. 즉, 정부의 규제기관에서는 기업활동에 의한 해악과 그에 대한 제재가 기업에 미치는 영향이나 지역사회 전체에 미치는 영향을 저울질하게 된다. 예를 들어서, 이러한 규제를 위한 법안의 일차적 목적이 기술적 진보나 혁신에 대한 불필요한 장애를 만들지는 않아야 한다는 것이다. 마찬가지로 작업장의 안전기준의 집행도 그로 인한 경제적 영향을 하나의 요소로 고려해야 한다. 그 결과 손상을 초래할 수 있는 행위를 평가할 때 손상 외의 다른 요소들이 고려되기 때문에 정부가 기업이 야기한 잠재적 손상을 평가할 때는 일반적으로 상당히 관대하게 평가되기 쉽다.[63]

유해한 기업활동에 대한 정부의 관대함은 형사제재의 과정에까지 이어진다. 규제기관에서 유해한 기업활동에 대한 범죄화는 기업의 협조를 줄이게 되고 따라서 지속적인 남용의 잠재성을 증대시킴으로써 효과적인 규제를 방해하는 역작용을 초래하게 된다는 믿음을 내재화하게 된다. 결과적으로 기업의 유해행위가 정부의 규제나 개입을 필요로 할 때 규제기관에서는 처음부터 처벌하기보다는 기업의 협조와 선의가 효과적인 규제에 필수적이라는 생각에 먼저 규정 등을 준수하도록 유도하게 된다. 따라서 이러한 시도가 실패하고 상당한 손상이 가해진 후에야 비로소 형사사법의 과정이 시작되게 된다.[64]

실제로 이와 같은 협조적(cooperative) 또는 강제된 자율규제(enforced self-regulation) 모형이 효과적인 기업규제의 수단으로 상당히 옹호되고 있지만, 피해자화의 관점에서는 몇 가지 문제도 없지 않다. 우선 기업에 대한 정부나 공식적인 규제행동이 크게 억제효과가 없다는 검증되지 않은 가정이다. 기업은 공공의 호의에 절대적으로 의존하기 때문에 기업비행의 공개, 특히 낙인화는 특별제지나 일반제지를 위하여 필요한 것으로 이해되고 있다.[65]

자율규제모형의 두 번째 문제는 협조적 관계로 인하여 규제하는 당국과 규제받는 기업의 협

---

63 J. Thomas, "The regulatory role in the containment of corporate illegality," pp. 88-112 in H. Edelhertz and T. Overcast(eds.), *White-collar Crime: An Agenda for Research*, Toronto: D. C. Heath, 1982.

64 J. Scholz, "Voluntary compliance and regulatory enforcement," *Law & Policy*, 1984, 6(4): 385-404; L, Snider, "Cooperative models and corporate crime: Panacea or cop-out?," *Crime & Delinquency*, 1990, 36(3): 373-390.

65 J. Braithwaite, "Enforced self-regulation: A new strategy for corporate crime control," *Michigan Law Review*, 1982, 80: 1466-1507.

조이다. 이러한 상황은 산업계가 기업규제의 내역을 결정하는 데 영향력을 가지게 될 때도 일어나게 된다. 업계의 로비활동으로 기업임원의 개인적 형사책임을 허용하는 충분조건으로서 부주의한 감독실패를 포함시키지 못하게 하는 등이 그 한 예가 될 수 있다. 기업은 합법적 또는 심지어 불법적 헌금을 통하여 자신들의 이익을 위한 정치적 과정에 관여하게 된다. 국가기관에 기업임원 출신자가 자리를 차지하고 강력하게 로비를 벌이며 막강한 자금력으로 정치적 헌금을 제공함으로써 기업이 정치인으로 하여금 기업의 의견에 귀를 기울이게 한다.[66]

세 번째 문제는 일부 시민에 대한 의도적인 해악도 그것이 기업에 의하여 행해진 것이라면 정부에 의하여 용인되는 경우가 있다는 사실이다. 즉 가해자와 피해자 모두의 입장에서 노상범죄(street crime)와 특실범죄(suite crime)에 적용되는 이중 잣대와 기준에 관한 우려가 제기되는 것이다. 사실 범죄는 사회에 해악적인 모든 의도적 행동으로 규정되고 있는데, 대부분 기업범죄로부터 야기되기 쉬운 형태의 해악인 간접적 해악에 대하여 통상적인 범죄행위보다 덜 해악적인 것으로 취급하는 것은 어떠한 경우에도 정당화될 수 없다는 것이다. 그러나 기업범죄에 대한 정부의 대처는 비기업범죄와는 다른 모형에 기초하고 있다. 즉 정부는 기업행위가 자본주의체제에 대한 확신을 해칠 정도로 엄청나고 분명할 때만이 형사사법과정과 절차를 시도하게 된다는 것이다.

제 5 절 기업범죄의 대책

1. 기업범죄의 규제에 영향을 미치는 요소

(1) 기업 스스로의 정화활동

기업범죄와 일탈이 밝혀짐으로써 기업의 명성을 해치게 되면 업계에서는 스스로 정리하고 정화하게 된다. 예를 들어, 서비스업계에서는 고객들이 쉽게 거래선을 바꾸기 때문에 부정적인

---

66 M. B. Clinard, *Corporate Corruption*, New York: Praeger, 1990, p. 6.

공명성은 기업의 경제적 실적에 급속한 영향을 미치게 된다. 또한 재정 금융업계에서도 신뢰에 크게 의존하기 때문에 금융스캔들은 심각한 영향을 미치게 된다. 깨끗한 기업 또는 깨끗한 인상은 기업 자체의 이익에 관계되기 때문에 기업이 스스로 정화한다는 것이다.[67]

간단히 말해서, 업계 스스로 기준을 정하고 과다한 비행을 제재하고 정도가 심한 일탈업체를 업계로부터 추방함으로써 일부 유형의 일탈을 통제하려고 노력한다는 것이다. 이는 경제지표나 시장지표의 고통스러운 변화에 대한 업체의 민감성으로 인하여 더욱 권장되는 자기 이익추구의 한 형태라고 할 수 있다. 실제로 업계는 자신의 환경을 구성하고 업계와 제품에 대한 긍정적인 인상을 만들어 내려고 노력한다.

(2) 정부의 역할

경제활동의 규제와 관련된 정부의 역할은 매우 중요하다. 외관상으로 정부는 중립적인 심판관이다. 이상적인 세계에서는 정부가 시장과 소비자의 수호천사이고 사회의 갈등적이고 경쟁적인 이익관계를 공정하고 법에 따라 균형을 잡도록 행동하게 된다. 예를 들어, 다수의 기업범죄 피해자들은 자신들에게 가해진 해악의 근원에 대해서 알지 못하고 강도 피해자처럼 형사사법제도를 가동할 수 없기 때문에, 사전 예방적 조사와 그 결과에 따른 효과적인 제재라는 형태로 강도 피해자를 위한 형사사법제도와 같은 기제를 제공하는 것이 국가의무라고 할 수 있다.[68]

그러나 현실적으로는 정부가 상황에 맞도록 규율을 변경하고 당파적이며, 심지어 환경오염의 경우와 같이 주요 범법자이기도 하다. 분명한 것은 경제활동과 기업의 일탈에 대한 효과적인 규제는 정치적 의지를 요한다는 것이다. 정치적 의지는 정치와 재계의 강력한 연계에 의하여 형성되고 또 왜곡될 수 있다는 것이다. 이러한 정치적 의지는 사회, 정치, 경제변동 그리고 권력관계의 특성과 관련된다.

(3) 솜방망이 처벌

경제활동을 규제하기 위한 정부의 정책은 법률로 나타난다. 그런데 관심의 대부분은 법전상의 법률과 실제 집행되는 법률의 차이에 집중되고 있다. 법의 제정은 오랜 시간을 요하고 복잡한 분야의 법은 항상 불가피하게 일부 빠져나갈 수 있는 구멍이 있게 마련이며, 기업에서는 법

67 M. Punch, *Dirty Business: Exploring Corporate Misconduct*, London: Sage Publications, 1996, p. 250.

68 C. Wells, *Corporations and Criminal Responsibility*, Oxford: Oxford University Press, 1994, p. 17.

의 집행에 있어서 자신에게 유리한 방향으로 해석하려고 한다. 또한 다수의 국가에서는 법원이 기업범죄를 다루는 데 특별히 효과적이지도 않다고 한다. 따라서 법률, 특히 형법은 기업범죄를 다루는 데 효과적인 도구가 아닐 수 있다는 것이다. 법률적 용어와 관행은 조직의 현실과 실체를 제대로 반영하지 못하는데 그것은 형법의 개념은 개인주의와 관련이 있고 법률적 언어는 개인으로서 행위하는 인간적, 자율적, 합리적 객체를 가정하기 때문이다. 따라서 이러한 개인의 행위를 중심으로 하는 형법은 기업범죄와 같은 형태의 조직적 일탈에는 효과적이지 못하다는 것이다.[69] 특히 기업은 법정에서 자신의 무죄를 주장하고 입증하기 위한 경제적, 인적 자원을 가지고 있으며, 기업의 임원에 대한 법원의 인식도 긍정적이고 법률의 집행은 범죄와 범죄자가 전형에 따라 영향을 받고 결정되는데 기업이란 전형적인 일탈적 범법자가 아니기 때문에 기업범죄에 대한 법의 적용은 그만큼 힘들어지기도 한다.[70]

(4) 규제기관

대체로 법을 집행하거나 업계를 감독하는 기관은 인력이 부족하고 자질이 떨어지며, 제재가 미약하고 개입하기 꺼려하며, 통제하는 회사에 무관심하거나 나태한 것으로 그 구조적 취약점이 지적되어 오고 있다. 업계에서는 이들 기관에 지대한 영향력을 행사하여 이들 기관을 이빨 빠진 호랑이로 만들기 쉽다. 그 대표적인 예가 소위 '회전문(revolving door)'이라는 말로 표현되는 것으로서 민간분야에서 매력적인 고용계약을 제시함으로써 통제자의 전문성을 매수하는 것이다. 더불어 공직자들에게 직접적인 뇌물제공과 부정부패도 무시할 수 없다.

더구나 통제기관들은 어쩌면 태생적으로 갈등적이라 할 수 있는 산업의 규제와 증진이라는 이중의 기능을 갖는 것도 문제다. 또한 이들 기관은 인사, 예산 등에 있어서 정치적으로 자유로울 수 없으며, 유관기관간의 조직간 관계에서도 상호 이권다툼이나 영역다툼 등 관료제적 문제도 도외시할 수 없다.[71]

실제로 이들 규제기관은 적대적 입장을 취하기보다 교육, 경고, 개인적 접촉 등에 기초한 동조와 추정의 전략에 주로 의존하게 된다. 이는 기관의 제한된 자원에 어울리기도 하지만 주로 이러한 전략이 보다 효과적이라는 철학에 기인한다. 이러한 관행은 가르치고 달래는 스승과 같

---

69 Well, *op. cit.*, p. 63.

70 *Ibid.*, p. 12.

71 H. N. Pontell and H. N. Calavita, "The savings and loan," in M. Tonry and A. J. Reiss(eds.), *Beyond the Law*, Chicago: University of Chicago Press, pp. 203－246, p. 205.

은 관계를 업계와 유지하게 되고 반면에 검찰의 기소를 실패로 간주하게 된다. 경우에 따라서는 길고 위험한 재판을 피하고 벌금이나 배상을 허용하며 업계의 세력균형을 근본적으로 방해하지 않으려고 한다. 예를 들어 환경오염 분야에 있어서 환경오염 그 자체보다 규제권력의 합법성을 상징적으로 위협하거나 파괴하는 것이라고 지적되고 있기도 하다.[72]

때에 따라서는 내부규제가 정부규제보다 더 효과적이고 두려움의 대상이 되기도 하는데 그것은 내부규제기관은 업계의 맹점을 포함한 업계에 대한 지식이 더 많고 그들의 제재가 일탈자에 대한 직접적인 영향을 행사할 수 있기 때문이다. 그러나 이들 내부규제조직은 동료에 대한 완전한 제재를 가하기를 꺼려하는 경우가 있다.

사실, 규제기관과 피규제자의 관계가 단순한 것은 아니다. 예를 들어, 미국의 FDA와 같이 제약업계에 대한 강력한 통제를 구사하면 업계에서는 규제기준을 준수하려고 노력하는 긍정적인 면도 있지만, 반대로 양로원에 대한 엄격한 규제는 오히려 관료화만을 조장하여 수용된 노인에 대한 처우를 획일화하는 등의 부정적 결과를 초래할 수도 있는 것이다. 즉, 규제자와 피규제자의 관계는 때로는 매우 복잡한 것이고 심지어 규제에 대한 업계의 반응의 특성까지도 형성할 수 있지만 원래 의도했던 것과 반대되는 전혀 예기치 못했던 결과를 초래하기도 한다. 따라서 규제의 장점과 약점을 검증하기 위해서는 바로 이러한 규제자와 피규제자의 관계의 복잡성과 상황성이 동시에 고려되어야 한다.[73]

(5) 수사와 개입

일반적으로 내부고발자의 제보나 익명의 제보자의 제보 등 외부 환경으로부터의 지적에 반응하는 사후반응적인 경우가 많다. 사실 규제기관의 수사는 경찰과 같은 통제자를 요청하게 되는 회사내부조사에 의한 경우가 많다. 사전 예방적 감시는 FBI, DEA, IRS와 같은 보다 공격적인 자세를 취하는 다른 법집행기관에서 종종 취하고 있다. 이들 수사기관에서는 합법적 기업에 의한 범죄보다는 조직범죄에 더 많은 관심을 가지나 다수 사건을 성공적으로 기소하지 못하는 등 그들의 수사방법은 일부 문제의 소지가 있을 수 있다.

그런데 이들 상사 또는 기업과 관련된 일탈자들은 대부분 매우 지능적이고 신뢰받고 있으며, 동기부여가 강하며, 철저한 감시를 받지 않으며, 자신에 대한 통제를 이용할 수 있는 능력이

72 J. Hawkins, *Environment and Enforcement*, Oxford: Oxford University Press, 1984, p. 205.
73 Punch, *op. cit.*, p. 256.

있으며, 음모에 가담하는 등의 특징을 가지고 있으나, 어쩔 수 없이 그들도 흔적을 남기게 된다. Bologna는 기업범죄의 수사에 있어서 동기(motivation), 기회(opportunity), 수단(means), 그리고 방법(methods)이라는 MOMM에 초점을 맞추어 설명한 바 있다. 특히 그는 일탈을 파헤치기 위한 다학문적 감사팀을 만드는 것에 대하여 강조하고 있다. 여기서 출발점은 일탈자의 마음과 방법을 철저하게 파악하는 것이다. 이는 상부를 지향하는 것을 뜻하는데 그것은 일탈의 기회가 존재하고 통제에 영향력을 미치는 사회적 권한이 존재하는 곳이기 때문이다.[74]

비록 일탈이 추적될 수 있다는 Bologna의 가정을 따를지라도 대부분의 경우 수사의 성패는 규제기관의 회계사, 변호사, 수사관, 전산전문가 등이 회사의 관계자들보다 앞설 수 있느냐에 따라 좌우될 수밖에 없다. 분명히 사전 예방적 조치들이 스캔들이나 파산 등에 대한 사후 반응보다는 깨기 어려운 것이다.

(6) 억제와 제재

기업범죄를 집합적으로 또는 개별적으로 들여다보면 개인이나 기업 모두가 통제의 부과에 긍정적으로 반응한다는 증거를 엿볼 수 있다. 여기서 핵심은 일탈이 특정한 딜레마에 대한 도구적, 일시적 적응이라는 것이다. 일탈사실의 공개와 기소에 직면하게 되면 기업에서는 사람들을 이동시키고 통제를 재부과하고 일탈의 방지를 보증하고 일반적으로 내부정리를 하게 된다. 그래서 이들 기업은 검사관들과의 협상과 기소위협, 비공식적 공명성 등에 반응하기 때문에 형사소추가 없이도 상당한 실질적 개혁이 이루어질 수 있다고 한다. 여러 가지 복합적인 동기로 합법적 기업들은 때로는 통제에 순응하게 되는데 그것은 신뢰, 확신, 명성 그리고 체면 등은 지지되어야 하고 일탈적 낙인은 항거를 받기 때문이다.[75] 그러나 일부에서는 전과경력이 있는 기업은 추가 범행을 할 확률이 더 높은데 그것은 기존의 처벌기준이 불법행위를 억제하지 못하고 오히려 불법행위의 범행이 어떻게 더 이상의 법률위반을 할 수 있는가를 가르칠 수 있는 것으로 보일 수 있기 때문이다.[76]

그리고 기업이 억제되고 심지어 교화·개선될 수 있다면 범죄에 대한 영속적이고 표출적인

---

74 J. Bologna, *Corporate Fraud: The Basics of Prevention and Detection*, Boston: Butterworths, 1984; Punch, *op. cit.*, p. 259에서 재인용.

75 J. Braithwaite, "White collar crime," *Annual Review of Sociology*, 1985, 11: 1−25, p. 9.

76 M. S. Baucus and J. P. Near, "Can illegal corporate behavior be predicted? An event history analysis," *The Academy of Management Journal*, 34(1): 9−36.

가담이라기보다 관리자의 부분적 자아를 내포하는 부분적 활동이라고 가정할 때, 개별 경영자에게도 억제되고 교화·개선될 수 있다고 할 수 있다. 즉, 최고경영자가 범죄적 낙인에 직면하게 되어 범죄사실의 공개는 상당한 충격이 될 수 있기 때문이다. 한편으로는 기업경영자는 지위, 존경, 재력, 직업, 안락한 주택, 지지적인 가정 등 일련의 긍정적인 속성을 지니고 있어서 법정에서 범죄자로 간주되기 쉽지 않고 잠재적 재범자로도 인식되지 않아서 보석이나 보호관찰 또는 가벼운 처벌을 받는 경우가 많다. 반대로 이들 경영인은 다수의 통상적인 범죄자와 비교할 때 재범할 가능성이 낮고 많은 것을 상실할 수 있다는 점도 사실이다.

다시 말해서 기업범죄자는 항상 쉽게 억제되지는 않을지라도 비교적 쉽게 교화·개선될 수는 있다고 할 수 있는 것이다. 더군다나 이는 엄중한 제재가 중요한 억제요인은 아니며, 신상의 공개나 범죄적 낙인 등도 충분히 장기형의 위협보다 더 심각한 영향을 미칠 수 있다는 것을 보여주는 것이다. 실제로 일부의 경우 제재가 강할수록 당국을 속이기 위한 도전은 더욱 강해지기 마련이다.

또한 기업에 대한 강력한 제재는 회사에 자유형을 부과할 수 없는 것처럼 문제가 될 수 있으며, 벌금은 기업범죄로 인하여 취득할 수 있는 것에 비하면 극히 일부에 지나지 않는다. 비교적 적은 액수의 벌금은 아무런 영향을 주지 못하고 큰 액수의 벌금은 소비자나 주주들에게 넘어가기 때문에 오히려 또 다른 형태의 부정의를 초래하게 된다. 그래서 일부에서는 그 밖에 보호관찰, 사회봉사명령, 직접적인 보상 등 다양한 형태의 조처를 활용하게 된다.[77]

기업체에 대해서 면허의 취소, 제품의 리콜 그리고 파산 등이 형사소추나 기소보다 더 위협적일 수 있는 것이다. 그리고 개인의 경우와 마찬가지로 기업도 명성, 체면의 손상, 부정적 공명성 그리고 규제압력 등에 매우 민감하다. 관습적인 형사제재는 기업에 재통합의 기제를 제공하기보다는 기업에 낙인을 부과할 뿐만 아니라 기업을 거부하게도 한다.

특히 동조하도록 유인하기 위한 노력들이 기소나 강력한 제재에 의한 범죄억제의 목표보다 일반적으로 또는 장기적으로 볼 때는 보다 효과적일 수 있다. 그러나 조직의 범행의사를 파악하려고 할 때 많은 어려움에 직면하기 쉽다. 한편으로는 기소의 초점이 개인에 있기 때문에 기업이 제재를 피해갈 수 있으나, 반대로 개인은 기업이란 옷으로 자신들을 숨길 수 있기 때문에 처벌을 면할 수 있기도 하다.

이러한 견지에서 일부에서는 상사범죄에 대한 공식적 제재의 영향력이 의문시되고, 반면에

---

77 C. Wells, *Corporations and Criminal Responsibility*, Oxford: Oxford University Press, 1944, p. 85.

부정적인 명성, 중요한 사람들로부터의 존경의 상실 등과 같은 범행에 대한 비공식적 비용의 인식이 범행결정에 더 큰 영향을 미칠 수 있다는 주장이 제기되기도 한다.[78] 비공식적 제재의 기업범죄에 대한 영향에 관한 연구는 주로 사례연구에서 다루어지고 있는데, 실제 한 연구의 결과는 공식적 제재보다는 자아의식이나 공식, 비공식 명성에 대한 부정적 영향이 기업범죄의 통제에 더 효과적이라는 것을 보여주기도 하였다.[79]

(7) 최고경영자의 도덕적 경영

대체로 최고경영자가 기업의 도덕적 분위기나 성향 등의 수준을 정하고, 일탈의 압력을 유발하기도 하며 때로는 불법적 관행에 깊숙이 간여하기도 한다. 물론 반대의 경우도 사실인데, 최고경영자가 법이나 윤리헌장에 대한 동조를 공개적으로 노출시키고 역할모형이 될 수 있는 강력한 상징적 지도력이 깨끗한 기업에도 요구되는 것이다.[80] 중요한 것은 기업의 개혁은 여러 가지 문제에 좌우되지만 그중에서도 지도력이 중요한 하나의 요소라는 것이다. 경영자의 도덕적 지도력이 없다면 기업의 사회적 책임이라는 것은 한갓 죽은 글자에 지나지 않는 것이다.

(8) 윤리성과 내부고발자

기업윤리가 성장산업의 하나가 되고 다수의 기업이 윤리강령을 선포하고 있다. 그러나 윤리강령과 행위가 필연적 관계에 있다는 증거는 없으며, 윤리강령의 영향에 대하여 회의적일 수 있다. 그럼에도 불구하고 이러한 추세에 대한 다수의 긍정적 관점도 없지 않은데, 예를 들어서 윤리강령을 도입하는 데 대한 논의 그 자체만으로도 윤리적 쟁점에 대한 관리자의 양심을 일깨우고, 터부시되던 문제를 공개적으로 논의할 수 있는 것으로 만들고 있다. 또한 법규의 위반에 대

---

78 F. T. Cullen and P. J. Dubeck, "The myth of corporate immunity to deterrence," *Federal Probation*, 1985, 49: 3−9; S. S. Simpson and C. C. Koper, "Deterring corporate crime," *Criminology*, 1992, 30: 347−375; J. Braithwaite and T. Makkai, "Testing an expected utility model of corporate deterrence," *Law and Society Review*, 1991, 25: 7−39; T. Makkai and J. Braithwaite, "The dialectics of corporate deterrence," *Journal of Research in Crime and delinquency*, 1994, 31: 347−373.

79 S. S. Simpson, "Corporate−crime deterrence and corporate control−policies," pp. 289−309 in K. Schlegel and D. Weisburd(eds.), *White−collar Crime Reconsidered*, Boston: Northeastern University Press, 1992; L. A. Elis and S. S. Simpson, "Informal sanction threats and corporate crime: Additive versus multiplicative models," *Journal of Research in Crime and delinquency*, 1995, 32(4): 399−425.

80 R. N. Kanungo and J. A. Conger, "Promoting altruism as a corporate goal," *Academy of Management Executive*, 1993, 7(3): 37−48.

한 가장 많은 압력을 받는 중간 관리자들이 이 강령을 한계를 설정하는 기준으로 이용할 수 있다. 즉 지나친 환대와 선물이나 뇌물을 기분 나쁘지 않게 하면서도 거절할 수 있는 정당한 사유로 삼을 수 있게 된다.

그러나 심지어 이러한 윤리강령을 채택하는 다수의 회사마저도 관리자들의 윤리에 대한 감시, 훈육 또는 효과적인 의사소통을 위한 교육훈련 등에는 소홀한 경향이 있다. 따라서 윤리강령을 제대로 적용하기 위해서는 기업은 윤리위원회를 두고 사건을 다룰 필요가 있다. 그런데 일부에서는 익명성을 요구하게 되고 이러한 필요성은 반드시 보장되어야 한다고 느낄 수도 있다. 이러한 이유로 윤리적 행위를 지원하고 내부고발자(whistle-blowers)에 대하여 공식적으로 또는 비공식적으로 제재하지 않는 기업의 정책과 관행이 필요하게 된다.[81]

현실적으로 윤리적 행위와 내부고발을 방해하는 일련의 사회적 압력과 비공식적 과정이 있음에는 의심의 여지가 없다. 윤리강령과 내부고발자의 보호는 이러한 추세에 대응하기 위한 두 가지 방법이다. 그러나 윤리강령이 얼마나 강력하고 내부고발자의 목소리가 얼마나 크건 간에 중요한 것은 조직의 이익을 위하여 자신의 의지를 묻어두고 양심을 보류하려는 의지에 달려 있다. 많은 경우 경영자들의 윤리적 무감각과 기업에 있어서 실용적 구조적 비윤리성이 팽배하다. 개인이 집단에 굴복하고 조직이 자신의 도덕성을 형성하게 한다. 따라서 조직의 특성을 변화시켜야 하는 것이다.[82]

(9) 대중매체

기업에 대한 강력한 통제의 하나는 강력하고 독립적인 대중매체의 존재이다. 겁에 질린 내부고발자, 절망적인 피해자 그리고 화가 난 소비자 모두 기업의 비행에 대한 자신들의 이야기에 대중매체가 반응할 수 있도록 해야 한다. 특히 기업이 우월한 지위와 자원을 가지고 있으며, 그들과의 법률적 다툼이 긴 시간과 비용을 요하기 때문에 더욱 그렇다. 그러나 대중매체도 광고라는 견지에서 상업적 압력, 정치적 영향, 그리고 재계와 대중매체의 상호연계성에서 자유로울 수 없다는 점이 문제가 되고 있다. 그럼에도 불구하고 기업에 대한 통제의 수단이 온전하지 못한 상황에서 기업의 비행을 밝히는 데 대중매체가 핵심적일 수밖에 없는 것이다.

---

81 B. Fisse and J. Braithwaite, *Corporations, Crime and Accountability*, Cambridge: Cambridge University Press, 1993, p. 56.

82 C. Wells, *Corporations and Criminal Responsibility*, Oxford: Oxford University Press, 1994, p. 94.

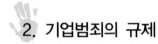

2. 기업범죄의 규제

전형적인 집행도구라고 할 수 있는 규제기관에 대한 검증 없이는 기업범죄성을 완전히 이해하기란 불가능한 일이다. 일반적으로 범행이 발견되면 먼저 규제기관에서는 고발 등 공식적 규제절차를 밟거나 중재나 협조를 중심으로 하는 비공식적, 교육적 역할을 선택하게 된다. 기업범죄의 빈도와 심각성에 대한 인식의 증대와 함께, 정부의 규제에 의하여 기업을 통제하려는 시도도 증대되고 있다. 그러나 최근의 규제완화의 추세가 이러한 규제증대의 물결을 완화하거나 역전시켰는지 분명치는 않다.

(1) 규제 집행과정의 특성

사실 비집행(nonenforcement)이 가장 두드러진 그리고 가장 빈번한 규제기관의 특성이라고 할 수 있다. 그래서 규제기관들이 원래 기대되던 방식으로 기능하지 않는다는 분명한 증가가 있다고 주장되기도 한다. 관련기업을 상담하고 교육하거나 심지어 달래거나 그 반대로 공식적 규제행동을 취하는 것 중에서 하나를 선택하는 상황에 직면하면, 대부분은 비공식적 과정을 택하게 된다. 그러나 규제기관이 정부가 만든 것이고 정부는 기업범죄에 대하여 관대할 충분한 이유가 있기 때문에 이러한 현실이 전혀 놀라운 것은 아니다.[83] 즉 정치인은 선거에서 이기고 권력을 유지하기 위하여 민간기업의 자금이나 지지 또는 지원을 필요로 하기 때문이다. 그래서 공식적인 집행행위를 취하는 것보다는 기업과 좋은 관계를 유지하는 것이 규제기관이 할 수 있는 가장 쉽고 안전한 선택이 되고 있다.

결국 규제기관은 자신이 규제하는 기업에 대하여 가급적 적대적 태도는 피하는 대신 교육적 태도를 많이 견지하려는 경향이 있음을 알 수 있다. 규제기관의 장은 기업범죄의 문제는 행정기관에서 기업이 직면한 문제에 대하여 보다 동정적이라면 해결될 수 있는 것으로 믿고 임직원들은 사과상자 속의 일부 썩은 사과와 같이 극히 일부 기업인에 의하여 저질러지며, 이들 썩은 사과는 대부분 사과상자의 밑바닥에서 주로 발견되기 때문에 규제활동의 두 번째 특징은 기업계층의 밑바닥 조직에 초점을 맞추는 경향이 있다는 것이다.[84]

그래서 가장 집중적인 조사활동은 대부분 규모가 비교적 작은 기업에 대해서 이루어지고 가

---

83 R. Cranston, "Regulation and deregulation: General issues," *University of New South Wales Law Journal*, 1982, 5: 1-29.

84 L. Sinder, "Regulating corporate behavior," pp. 177-210 in M. B. Blankenship(ed.), *op. cit.*

장 강력한 제재도 그들에게 처분되기 쉽다. 반대로 가장 규모가 크고 가장 막강한 힘을 가진 다국적 기업과 같은 대기업은 규제기관과 그 관리들과 밀월관계를 즐기기 쉽다. 또한 이들 대기업이 그들에게 부과될 수 있는 제재나 규제에 대하여 법률적으로 도전할 가능성이 가장 많은 기업이기도 하다.

기업의 규모에 따른 이러한 차별적 조치는 이들 중소기업과 규제기관의 관계를 살피면 잘 알 수 있다. 중소기업은 수사를 방해하거나 막을 힘이 부족하고 범죄를 숨기거나 조작할 자원이나 복잡성이 없기 때문에 이상적인 정치적 대상이 되는 것이다. 또한 중소기업은 비교적 짧은 시간에 조사되고 제재가 가해질 수 있고 규제기관이나 직원에게 정치적 압력을 가할 능력도 없다.

이처럼 규제활동이 주로 중소기업에 초점이 맞추어지는 것을 이해할 수는 있지만 만약 기업범죄가 이들 극히 일부 썩은 사과와 같은 기업인이나 소규모 중소기업들에 의해서만 범해진다면 오늘날 기업범죄의 범위와 정도를 보아 그 심각성은 있을 수 없는 것이다. 다수의 가장 규모가 크고 가장 명성이 높은 대기업들이 상습적 범법자로 밝혀지고 있는 마당에 중소기업에 집중된 규제로는 기업범죄의 심각성이나 빈도에 큰 영향을 미치기는 어려운 것이다. 사실 대기업의 지배증대와 기업범죄의 높은 이윤율을 고려할 때 보다 규모가 크고 보다 성공적인 기업일수록 범행할 가능성이 더 높은 것으로 이해하는 것이 가장 보편적인 추론일 것이다. 반대로 물론 중소기업도 법을 위반할 수 있으나, 이들에게만 집중된 규제로는 대기업이 지배하는 경제체제에서 심각한 재난을 유발할 가능성이 거의 없고 최소한의 피해자와 피해를 초래하는 기업들만 골라내는 꼴이 되고 마는 것이다.

규제기관의 세 번째 특성은 기업에 부과하는 경제적 제재가 기업의 재정규모 등에 비추어 지나치게 작다는 것이다. 실제로 대부분의 경우 기업범죄에 부과된 벌과금이나 민형사상의 형벌이 지나치게 낮아서 그 억제효과마저 의심스러운 정도라고 한다. 사실 대부분의 기업범죄는 기업에 대한 벌과금의 부과로 끝나고 기업가나 경영인에 대한 형사적, 민사적 책임을 묻는 경우는 거의 없으며, 기업에 대한 벌과금의 수준도 전통범죄나 당해 기업범죄로 인한 이윤에 비해 극히 일부에 지나지 않는다는 것이다.[85]

---

85 W. G. Carson, "Legal control of safety of British offshore oil installations," pp. 173-196 in P. Wickham and T. Daily(eds.), *White-collar and Economic Crime*, Toronto: Lexington Books, 1982; M. Levi, "Giving creditors the business: The criminal law in inaction," *International Journal of Sociology of Law*, 1984, 12: 321-333.

(2) 정치와 규제과정

산업계와 규제기관의 긴밀한 관계를 주장하는 입장에서는 협조(cooperation)라는 용어를 선호한다. 산업에 대한 정부규제의 완전한 제거인 규제철폐는 이 협조 모형(cooperative model)의 개요라고 할 수 있다. 이 입장은 자유시장은 자율 규제할 수 있다는 믿음에 기초하고 있다. 그러나 반대 입장에서는 이러한 관계를 내통으로 보고 이를 피할 수 있는 전략을 추구한다. 이처럼 규제기관이 산업계에 포섭되는 것은 규제쟁점이 산업계에는 매우 중요하지만, 규제기관에게는 크게 중요하지 않거나 규제력이 없을 때 가장 잘 일어나는 것으로 알려지고 있다.

이 규제기관의 포섭현상은 그 정도가 국가의 정치경제에 크게 좌우되지만 구조적으로 피할 수 없는 현상이라고 한다. 규제는 처음부터 공공의 이익이 아니라 규제되는 산업의 이익을 위하여 고안되고 운용되는 것이다. 산업계에서는 국가보조를 받고, 경쟁자의 시장진입을 통제하며, 시장을 규제하고, 기업자신과 제품에 대한 공공의 신뢰를 향상시키기 위하여 국가권력을 필요로 한다. 국가는 규제기관을 통하여 산업계가 제공할 수 있는 자원, 예를 들어 투표, 선거기금 등을 필요로 하게 된다.[86]

기업규제에 대한 논쟁이나 쟁점의 대부분은 기업에 대한 정부규제가 바람직한가에 관한 가치판단에 달려있다. 규제의 영향이나 특정규제기관의 효과성은 입법목적이 명료하게 밝혀지지 않는 한 판단하기 어렵다. 입법의 근본목적이 문제에 대하여 무언가 하고 있다는 것을 보여줌으로써 투표에서 표를 잃지 않고 또는 공공에 대한 관심을 상징적으로 보이기 위한 것이었다면 규제기관은 존재 그 자체만으로도 목적을 달성할 것이다.

지지자들은 위험한 일을 하고자 하는 근로자는 높은 임금을 받게 되는데, 이는 작업장에서의 건강과 안전에 대한 정부규제를 불필요하게 한다고 주장한다. 다른 지지자들은 노동자의 건강을 보호하려는 법이 개별근로자의 노동시장에서의 가치보다 그 법을 운용하고 집행하는 것이 더 많은 비용을 요하게 된다고 주장한다. 따라서 그러한 법과 그 법이 요구하는 규제구조는 낭비적이며 비효율적이고 폐지되어야 한다는 것이다.

반대로 일부에서는 규제는 중요하며, 규제기관은 환경을 보호하고, 공공을 보호하며, 근로자와 소비자의 생명을 구할 의무를 지닌다고 주장한다. 실제로 처벌과 위법이 통계적으로 유의한

---

86 J. Peltzman, "Toward a more general theory of regulation," *Journal of Law and Economics*, 1976, 19: 211–240; R. Cranston, "Regulation and deregulation: General issues," *University of New South Wales Law Journal*, 1982, 5: 1–29.

부정적 관계가 있음이 밝혀지기도 하였는데, 이러한 사실은 규제기관에 의한 처벌의 부과가 위법사례의 감소를 가져온 것임을 보여주고 있다.[87] 예를 들어, 미국에서는 근로자의 안전과 환경오염에 대한 규제의 이익이 규제의 비용보다 다섯 배나 더 큰 것으로 주장되기도 하였다.[88]

이러한 규제로 인한 긍정적 사회이익이 있다는 증거에도 불구하고 규제해야 할 기업과 친기업적 정치인을 더 좋아하게 되는 규제기관을 쉽게 볼 수 있다. 또한, 국가의 예산적자가 높게 보이거나 친기업적 정부가 집권하게 되면 정부의 예산감축의 일차표적은 항상 규제기관이 되기 쉽다.

(3) 이념과 규제과정

이는 규제기관의 적절한 역할에 관한 논쟁이다. 기업범죄를 통제하는 데 있어서 형사제재의 제한된 활용으로 인하여 일부 비판가들은 규제기관이 민형사제재를 보다 빈번하게 부과할 것을 요구하고 있다. 그러나 예로부터 규제자는 민형사상의 처벌을 요구하는 것보다는 기업에 대한 설득과 교육을 선호해왔다. 더구나 법률도 법집행의 이익과 손실이 균형을 이루도록 제정하는 경향이 있다. 예를 들어, 형사제재로 인하여 표는 잃지 않는가 또는 실업은 생기지 않는가 등 부정적 결과가 없는지 고려하도록 한다는 것이다.

이처럼 기업범죄자에 대한 강력한 대응(get−tough)에 저항하는 것이 문제라고 판단하여 많은 비판가들은 그 대책으로서 구금과 높은 벌과금의 부과를 주장하고 있다. 이들은 범죄성의 낙인이 사회가 부과할 수 있는 가장 무거운 도덕적 제재이며, 산업계에서 심각하게 여기는 유일한 것이라고 주장한다.[89] 이러한 범죄화는 정치적 이점도 가진다. 기업범죄를 규제하는 법률을 제정하는 것은 쉽지 않다. 대부분은 심각한 환경오염이나 큰 재난이 발생하여 공공의 분노가 극에 도달해서야 비로소 움직이게 되며, 가장 좋은 방법이 법률의 제정인데 그 이유는 범죄화가 가시적이며 강경하게 보이고 도덕적 오명을 상징하기 때문이다.

그런데 형법의 수와 강도를 증대시키는 것이 기업범죄에 대한 더 나은 통제를 하지는 못했다는 사실은 법의 불충분한 활용에서 그 원인을 찾을 수 있다. 법이 효과적 억제가 되기 위해서는 형사제재가 일관적으로 부과되어야 하며, 형사제재를 피할 수 있는 가능성이 거의 없다고 잠

---

87 A. P. Bartel and L. G. Thomas, "Direct and indirect effects of regulation: A new look at OSHA's impact," *Journal of Law and Economics*, 1985, 28: 1−25.

88 N. Tabb, "Government regulations: Two sudes to the story," *Challenge*, 1980, 23: 40−48.

89 F. Pearce, "Responsible corporations and regulatory agencies," *Political Quarterly*, 1990, 61: 415−430.

재적 범죄자들이 인식하여야 한다. 즉, 기업범죄는 누구나 범죄에 대한 처벌을 확실히 받는다는 인식이 전제되어야 한다. 벌금은 범죄로 인한 이익의 가능성과 기업의 규모에 상응해야 하며, 자유형의 가능성도 항상 크게 보일 수 있어야 한다.[90]

그러나 이러한 범죄화 모형은 최근 상당한 비판의 대상이 되고 있다. 가장 심각한 비판은 형법이 기업범죄자에게는 효과가 없다는 것이다. 또한 규제법은 그 목표가 처벌이 아니라 동조의 확보와 그것에 따르지 않는 기업의 교육에 있기 때문에 전통적 형법과는 다르다는 것이다. 기업범죄자가 동조에 필요한 기술이 부족할 수도 있고, 고의가 아닌 의도하지 않은 오류 등으로 범행하게 될 수도 있으며, 법을 무시할 수도 있고, 더구나 기업비행의 다수가 눈에 보이지 않으며, 법의 범위를 벗어나는 것이기 때문이다.

그리고 범죄화가 실제로 기업범죄로 인한 해악의 정도를 증대시킨다는 것이 두 번째 비판이다. 법원의 철저한 증거요구는 기업이 처음 법을 어겼을 때 즉각 개입하지 않고 충분한 증거를 확보할 때까지 그냥 놔두게 된다. 또한 형사절차상의 비용도 만만치 않다. 전통범죄보다 기업범죄가 더 많고 사회에 대한 해악 또한 더 크기 때문에 기업범죄를 통제하기 위하여 형사사법제도에 의존하는 것은 재정적으로 감당할 수가 없다. 더 안전하고 건강한 환경을 만들기보다 범죄화의 강조와 증대는 보다 위험한 공장, 작업장 그리고 환경으로 내몰게 될 것이라고 한다.[91]

또한 규제기관이 처벌적 조치를 취하지 않게 하는 네 가지 가정이 있다. 우선 기업이 지나치게 제한적이고 제한적이라고 규정하는 규제에 저항할 수 있을 정도로 기업이 충분히 강하며, 경제적 활력을 위협하는 규제는 처음부터 통과되지 않을 것이며, 사회는 산업의 해악적 부작용만 제재하기를 원하며, 그리고 규제가 지나친 것으로 비치면 규제기능에 대한 사회적 합의가 철회될 것이라고 가정하기 때문에 처벌적 조치를 꺼리게 된다는 것이다.

결국, 규제기관이 가장 효율적인 방법, 즉 최소의 자원으로 입법취지를 가장 빠르게 성취하고자 한다면 형법에 의존할 수는 없다는 것이다. 그것은 지나치게 느리고 지나치게 비용이 많이 들고 처벌을 피할 수 있도록 하는 법적 안전장치를 가지고 있는 막강한 기업이 다수이기 때문이다.

90 J. C. Coffee, "Corporate criminal responsibility," pp. 253－264 in S. H. Kadish(ed.), *Encyclopedia of Crime and Justice*, Vol. 1, New York: St. Martin's, 1984; J. C. Watkins, "White collar crimes: Legal sanctions and social control," *Crime and Delinquency*, 1977, 23: 290－303.

91 S. Shapiro, "The road not taken: The elusive path to criminal prosecution for white collar offenders," *Law and Society Review*, 1985, 19(2): 179－217.

1) 협조(cooperation): 범죄화(criminalization)의 대안

범죄화에 반대되는 증거로서 학자들은 범죄화를 포기하거나 마지막 분석에서만 법률에 호소하는 협조적 규제 모형(Cooperative regulatory model)의 가능성을 고려하기 시작하였다. 이 모형은 기업에 대한 정부의 속박이라는 골치 아픈 문제에 대한 해결책으로서 알려져 왔다. 예를 들어, 기업이 자체적으로 오염통제나 근로자 안전과 같은 잠재적으로 문제가 될 수 있는 분야에 대하여 감찰하기 위한 방안을 실천하도록 요구받는다. 그러한 계획에 대한 엄격한 최소기준이 입법화되면, 기업은 분야별 특정한 기준을 충족시켜야만 하고 이를 토대로 구체적인 안이 만들어지면 정부로부터 사전 승인을 받아 실행에 옮겨지고 주기적으로 감시(monitor)된다.

이러한 모형이 법률에 의존하는 것보다 몇 가지 이점이 있다. 각 기업의 계획을 집행하는 책임이 있는 사람은 외부규제기구의 대리인이 아니라 자체 근로자이기 때문에 외부인에게는 주어지지 않는 모든 종류의 공식적, 비공식적 정보에 대한 접근이 가능하다. 또한 그들은 효과적인 규제를 위하여 필요한 공장이나 산업과정에 대한 기술적 지식도 갖고 있으며, 일상적으로 동료 직원들과 접촉하기 때문에 동료 직원들의 눈에 적으로 보일 확률이 낮다.

기업들이 자체적인 규제를 정하기 때문에 규칙이 자신들의 조직구조와 조화를 이룰 수 있도록 할 수 있는데, 이는 어떠한 형법도 이룰 수 없는 것이다. 또한 기준과 절차가 생산방법의 변화에 따라 조정될 수 있으며, 더구나 규제를 받는 조직에서 대부분의 비용을 부담하게 되어 국가의 재정절감을 실현할 수도 있다.

그러나 사실 기업으로 하여금 이윤가능성을 희생하면서 기업에게 책임을 지우는 규율을 만들게 하는 것이 쉽지 않다는 것이다. 다행히도 이 문제는 기업의 계획안을 승인하기 전에 철저하게 감시(monitor)함으로써 어느 정도 극복될 수 있다고 한다.

이러한 내용을 기초로, Fisse와 Braithwaite는 법원이나 행정기관이 아닌 다른 방법에 의한 행동제재를 극대화하기 위한 모형을 제시하였다. 기업범죄에 대한 비공식적 사회통제는 반사회적 행위에 대한 불이익으로서 낙인이나 좋지 않은 평판에 주로 의존하게 된다. 따라서 이러한 공공의 비판이 잠재적 기업범죄에 대한 유용한 억제가 될 수 있기 때문에 기업범죄에 대한 지식과 공공의 접근을 증대시킬 수 있는 기제가 마련되어야 한다는 것이다.[92]

---

92 B. Fisse and J. Braithwaite, *The Impact of Publicity on corporate offenders*, Albany, NY: State University of New York Press, 1984, p. 1.

그 밖에 형벌의 계층에 기초한 다단계 피라미드식 접근이 제안되기도 한다. 만약 기업의 자율규제가 없거나 실패하면 규제기관에서 즉각적으로 정해진 과정에 따라 행동을 취하도록 한다. 우선 규정을 지키도록 설득하고, 설득이 실패하면 공식적인 경고를 하며, 그래도 안 되면 강제적 벌금형 등에 이르는 민사적 강제를 강구하고, 마지막으로 형사책임을 추궁하는 것이다. 이러한 접근은 하나의 특정한 규제도구에 지나치게 의존함으로써 생기는 문제를 극복할 수 있다.

이러한 형식의 규제는 규제기관과 피규제자 모두에게 최대한의 이익을 줄 수 있다고 한다. 예를 들어, 양자 모두가 비용의 절감을 원하나 규제를 받는 측에서만 제재를 최소화하는 데 관심을 가진다면, 협조적 모형은 통상 집행하고 준수하는 데 비용이 적게 요구되기 때문에 양자에게 모두 이익이 된다는 것이다. 또한 이론적으로는 기업이 규준을 어김으로써 얻는다.[93]

2) 협조모형의 한계

범죄화모형이나 협조모형 모두가 자본주의 체제의 폭넓은 사회경제적 현실을 고려하지 못하기 때문에 규제의 핵심을 공략하지 못하고 있다. 범죄화를 주창하는 사람들은 보다 철저한 법의 집행, 더 많은 벌금, 장기형 등을 요구하나 기존의 형법도 이미 십분 활용되지 못하고 있다. 규제기관, 법원 등에서 형사제재라는 상당한 무기를 사용하는 것을 선택하지 않기 때문에 심지어 지금보다 더 처벌적인 법을 집행하는 것이 가능한가? 범죄화에 대한 저항의 근원은 단순히 학계로부터의 요구로 극복될 수 있는 것은 아니다.

협조모형의 주창자들도 계층에 기초한 권력의 적용을 다루기를 꺼려하기는 마찬가지다. 그들은 기업 측의 절대적인 반대가 형법을 효과적으로 활용하려는 규제기관의 노력을 일관적으로 방해하고 있다는 것을 인식하고 있지만 그것이 협조모형에도 동일한 영향을 미친다는 사실을 경시하고 있다.

기업의 빠르고 높고 안정적인 이윤의 욕구와 사회의 안전한 작업장과 인간적인 운영절차에 대한 욕구 사이의 이익의 기본적인 갈등이 경시되는 것이다. 규제기관이나 규제정책을 비효과적인 것으로 만드는 것은 규제대책 그 자체의 결함이라기보다는 바로 기업의 세력이다. 왜냐하면 유사한 대책이 사회통제라는 마찬가지로 복잡한 분야에서는 매우 적절하게 기능하기 때문이다.

기업비용을 증대시키고 기업문제에 외부기관이 개입하도록 권한을 제공하는 것은 다름 아

---

93 R. Kagan and J. T. Scholz, "The criminology of the corporation and regulatory enforcement strategies," pp. 243–265 in K. Hawkins and J. Thomas(eds.), *Enforcing Regulation*, Boston, MA: Kuwer–Nijhoff, 1984.

닌 효과적인 규제에 대한 기업의 저항이다. 사실 협조모형이 범죄화에 비해 훨씬 효과적이지 못
하리라고 기대할 수밖에 없다. 이 협조모형이 기업에 상당한 이점을 제공하기 때문이다. 사실,
바로 이러한 치명적인 결함이 기업분석가, 기업언론 또는 동지적 정치인들에게 매우 인기가 높
은 비밀이다.

협조모형의 위험성은 규제기관이 규제의 목표를 지나치게 낮게 잡을 수 있도록 허용한다는
것이다. 그들은 규제자와 기업분야의 기존의 세력균형이라는 현상유지를 기업범죄를 규제하는
정부의 능력을 결정하는 현실, 출발점 그리고 기본적 사회적 사실로 취급한다. 그러나 우리가
규제효과성이라는 목표에 접근하려면 현상유지라는 것은 움직일 수 있는 표적이 되어야 한다.
기업범죄에 대한 보다 효과적인 통제를 갈구하는 사람들의 목표의 하나는 기업이나 규제기관이
이러한 목표에 보다 근접하도록 하는 것이어야 한다.

3) 기업범죄의 제재

기업범죄분야에 있어서 양형의 특성에 관한 몇 가지 근본적인 의문이 있다. 우선 기업범죄
가 기업 자체에 관한 것인가 또는 기업인에 관한 것인가 아니면 모두에게 관련된 것인가이다.
즉 아직도 기업범죄의 정확한 의미에 관한 풀리지 않는 근본적인 의문이 남아 있다는 것이다.

그러나 분명한 것은 기업범죄자나 화이트칼라범죄자가 전통적 관습범죄자에 비해 훨씬 더
가벼운 처벌을 받을 수 있게 하는 양형의 불균형이 존재한다는 사실이다. 이러한 관대함으로 인
하여 기업과 기업인들이 법률을 규칙적으로 위반하나 거의 재판에 회부되지 않고 경고나 민사
적, 행정적으로 처리되기 일쑤다. 그 결과, 시민들은 사법제도의 공정성과 평등성 등에 비판과
의문을 제기하게 된다.[94]

이러한 양형의 불균형을 설명하는 데는 두 가지 일반적 범주로 분류할 수 있는 다양한 설명
들이 있다. 첫째는 법관, 규제기관원, 국회 그리고 기업인들이 보편적인 문화적 배경을 공유하고
실제로 집행과정을 방해하거나 거의 이용되지 않는 불법적 기업 활동 통제를 위하여 고안된 법
률, 화이트칼라범죄자에 대한 최소한의 처벌, 가능한 기업범죄자를 추적할 자원의 부족 그리고
법의 입안과 적용에 영향을 미치는 기업인들의 능력을 반영하는 기업 활동을 규제하는 법률의
다수가 비형사적이라는 점 등을 포함하는 것이다.

둘째 범주는 기업활동의 통제를 어렵게 만드는 법률적 장애에 초점을 두고 있다. 이 설명과

---

94 C. Goff, "Sanctioning corporate criminals," pp. 239－262 in Blankenship(ed.), *op. cit.*

관련된 요소로는 기업활동의 복잡성을 통제하기 위한 법률의 개발과 운용의 어려움, 규제기관의 수사를 방해하는 기업의 능력, 수사기관의 자원의 부족, 범죄자들의 모범적 과거기록 그리고 기업범죄성의 입증과 관련된 절차적, 증거적 문제 등이다.

HOT ISSUE

기업범죄

폭스바겐 배출가스 조작 임직원 대부분 인지

폭스바겐의 배출가스 조작 사실이 그동안 폭스바겐의 주장과 달리 폴크스바겐 엔진 개발부서의 임직원 다수가 알고 있었다는 주장이 제기됐다. 배기가스 조작이 공공연한 비밀이었다는 것이다. 폭스바겐은 그동안 소수 인원만 조작 사실을 알고 있었다고 주장해왔다.

독일 일간 쥐트도이체 차이퉁은 폴크스바겐 엔진 개발부서의 임직원 다수가 배출가스를 조작하는 장치를 알고 있거나 개발에 직접 참여했다고 22일(현지시간) 보도했다.

쥐트도이체 차이퉁이 입수했다는 자체조사 결과에 따르면 기기 조작이 해당 부서에서 공공연한 비밀이 된 것은 최대 2006년부터다. 심지어 2011년 내부 고발자 한 명이 타부서 고위 임원에 이 같은 사실을 알렸지만 아무런 반응이 없었다고 신문은 설명했다. 이 내부 고발자는 배출가스 조작에 연루된 인물로 현재 폴크스바겐 본사가 있는 브라운슈바이크에서 검찰 조사를 받고 있다.

폴크스바겐 대변인은 이 같은 보도에 대해 '추측'이라고 일축하고 아직 자체 조사가 진행 중이라며 답변을 거부했다.

조사 결과는 4월 주주총회에서 처음으로 공개할 예정이다.

자료: 아시아경제 2016년 1월 23일
http://view.asiae.co.kr/news/view.htm?idxno=2016012313042755695

제 4 장
직원범죄(Employee Crimes)
- 고용인 절도, 사기, 횡령

1절 직원범죄의 개관

직원들에 의한 일탈행위, 비행 또는 범죄는 기업의 파산은 물론이고 소비자의 부담을 높이기도 하며, 패스트푸드 체인에서부터 병원에 이르기까지 모든 산업에 그 영향을 미치기 때문에 그 사회적 심각성은 대단하다고 할 수 있다. 실제로, 직원의 약 2/3 정도가 어떤 형태의 절도 등의 범죄나 불필요한 병가나 음주나 마약을 한 상태에서의 근무 등 생산에 차질을 빚는 옳지 못한 행위의 경험이 있는 것으로 알려지고 있다. 그럼에도 불구하고 직원들에 의한 일탈행위는 거의 적발되지 않거나 적발되더라도 처벌되지 않기 때문에 아직도 눈에 보이지 않는 사회적 문제로만 남아있는 실정이다.[1]

그런데, 기업을 상대로 한 범죄로 인한 직·간접적인 비용의 추산은 다양하다. 예를 들어, 미국에서는 의료보험사기 하나만도 납세자에게 연간 500억 내지 800억 달러의 부담을 주는 것으로 알려지고 있다. 보험업계에 따르면, 보험료 1달러당 거의 10센트 정도가 보험사기로 지불되어 연간 거의 180억이라는 돈이 낭비된다고 한다. 이처럼 기업범죄의 전반적인 비용은 무시무시한 것이어서 GNP의 약 2.3%에 달하며, 컴퓨터 sabotage로 매년 2억 4천 4백만 그리고 금융기관이 사기로 인한 채무로 250억 정도 피해를 보고 있으며, 횡령이나 kickback으로 270억, 방

---

1 R. C. Hollinger, K. B. Slora, and W. Terris, "Deviance in the fast-food restaurant: Correlates of employee theft, altruism, and counterproductivity," *Deviant Behavior*, 1992, 13: 155-184; R. C. Hollinger, "Acts against the workplace: social bonding and employee theft," *Deviant Behavior*, 1986, 7: 53-75; K. B. Slora, "An empirical approach to determining employee deviance base rates," *Journal of Business and Psychology*, 1989, 4: 199-219; D. K. Harris and M. L. Benson, "Nursing home theft: The hidden problem," *Journal of Aging Study*, 1998, 12: 57-67.

화와 기물파손으로 약 100억, 그리고 다양한 형태의 보안이나 손실예방 프로그램을 위하여 기업들은 360억 이상을 투자하고 있다고 한다.[2]

직원에 의한 절도, 상품의 유실, 좀도둑, 그리고 상인이나 납품업자에 의한 절도 등으로 인한 손실도 지속적으로 증가하여 매년 1,000−1,500억에 이르는 것으로 알려지고 있다. 물론 이러한 수치는 일부 과장된 면도 없지 않겠지만 직원들에 의한 절도가 미국에서 개인적으로 행해지는 가장 손실이 큰 범죄중의 하나임에는 틀림이 없다고 할 수 있다. 그러나 직원들에 의한 절도의 실제 비용은 잃어버린 또는 없어진 상품의 가격 그 이상임에는 틀림이 없다. 예를 들어, 병가요구의 증대, 회사물품의 오용과 남용, 기물의 파손, 생산방해, 약물남용 그리고 근로시간의 손실 등으로 가격상승을 유도하고 이러한 범죄를 통제하는 경비를 증대시키게 된다.[3]

이처럼, 직원들에 의한 절도의 정도는 자료에 따라 매우 다양하지만, 일반적인 통계에 의하면 많게는 기업의 전체 매출의 2%에 이르는 것으로 지적되고 있다.[4] 구체적으로, 미국에서의 한 연구에 따르면 연매출이 5억 이상의 업소에서는 손실액이 전체 매출의 1.56%, 총 매출이 5억 달러 이하의 기업에서는 전체 매출의 1.88%, 그리고 총 매출이 1억 달러 이하의 기업에서는 전체 매출의 2.37%에 이른다고 한다.[5] 연간 순익이 1억 달러 이하에서 10억 달러 이상에 이르는 양판점, 전문점 그리고 백화점에 대한 또 다른 조사연구에서는 이들 업소가 대부분이 직원들에 의한 절도로 인한 피해를 전체 매출의 2.08%인 연평균 2천 10만 달러나 입고 있다고 한다. 이 조사에 의하면, 직원들에 의한 절도가 이들 기업의 재정손실에 있어서 가장 큰 몫을 차지하고 있으며, 절도혐의로 체포된 사람의 약 7%가 회사의 직원들이었다. 동시에, 회수된 전체 금액의 38%가 체포된 직원들로부터 회수된 것이었고, 기업체별 약 24만 달러 이상이 회수되지 않은 피고용인에 의한 절도 피해였다고 한다.[6] 한편, 사원들에 대한 조사에 따르면, 조사된 회사원의 약 1/3

2 J. Taylor, "Medicaid fraud control," *FBI Law Enforcement Bulletin*, 1992, 61: 17−20; S. H. Traub, "Battling employee crime: A review of corporate strategies and programs," *Crime and Delinquency*, 1996, 42(2): 244−257.

3 C. McGaghy and T. A. Capton, *Deviant Behavior: Crime, Conflict, and Interest Groups*, New York: Macmillan, 1994, p. 263; C. P. Cullen, "The specific incident exemption of the employee polygraph protection act: Deceptively straightforward," *Notre Dam Law Review*, 1990, 65: 262−299; T. J. Mangan and M. G. Shanahan, "Public law enforcement/private security: A new partnership," *FBI Law Enforcement Bulletin*, 1990, 59: 19−22.

4 D. Buss, "Ways to curtail employee theft," *Nation's Business*, 1993, 81: 36−37.

5 L. Freeman, "Clover: Designed for security," *Stores*, 1992, 74: 42−43.

6 Enerst & Young's Survey of Retail Loss Prevention, *Chain Store Age Executive with Shopping Center Age*, 1992, 68: 2−58.

정도가 회사의 재물을 훔친 적이 있다고 대답하였으며, 2/3 이상이 약물남용이나 기업에 막대한 손실을 입히는 다른 형태의 비행에 개입한 적이 있다고 답하였다고 한다. 이를 종합하면, 결국 실제 직원들에 의한 절도의 빈도는 알려지는 것보다 10-15배 정도 더 많다고 할 수 있다.

일반적으로 근로자는 어떤 일을 어느 정도나 많이 해야 할 것인가에 관한 기준이나 규칙을 마련할 뿐만 아니라 동시에 자신이 어떤 것을 얼마나 많이 훔칠 것인가 아닌가에 대한 자신의 기준과 규칙도 마련한다고 한다. 따라서 대부분의 직원들에 의한 절도는 분명하게 구별되는 규범을 가진 일종의 집단적 제재활동이라고 할 수 있다. 즉, 이들 규칙은 동료 근로자의 범죄행위를 무시해야 한다는 것을 전략적으로 이용함으로써 절도하는 동료직원을 때로는 지지하기도 한다.[7] 따라서 회사나 상급자 또는 경영자가 아니라 동료 사원의 반응이 직장에서의 행위에 대한 수용 가능한 범위에 대한 규범적 한계를 지우는 데 더 큰 영향을 미친다고 할 수 있다. 즉, 근로자들이 그들의 절도를 용인한다면 절도는 발생할 것이고 회사의 규정이나 규칙이 직장문화의 일부가 아닌 이상 회사의 규칙이나 규정에 의해서 억제되지 않을 것이다.[8]

2절 직원범죄의 이해

 ## 1. 직원범죄의 실태

직원들에 의한 범죄는 종업원이나 직원이 직장에서 근무 중 회사나 직장을 상대로 금품을 훔치거나 사기를 하거나 횡령하는 행위라고 할 수 있다. 물론, 공식적인 통계를 보면, 직원들에 의한 범죄보다는 외부인에 의한 범죄가 훨씬 더 많은 것으로 나타나고 있지만, 어떤 면에서는 직원들에 의한 범죄와 그 피해가 더 크고 많은 것으로 알려지고 있다. 그런데 이러한 주장의 이면에는 직원들에 의한 범죄의 속성에 기인한바 크다고 한다.[9]

7 J. Coleman, *The Criminal Elite*, New York: St. Martin's, 1994, p. 17.

8 R. C. Hollinger and J. P. Clark, "Formal and informal control of employee deviance," *Sociological Quarterly*, 1982, 23: 333-343.

범죄피해로 인한 기업손실의 약 70%가 직원들에 의한 절도, 횡령, 사기에 의한 것임에도 불구하고 공식적인 범죄통계나 기록은 이에 훨씬 미치지 못하는 것으로 나타나고 있어서 대부분의 회사에서는 직원들에 의한 범죄의 심각성을 제대로 인식하지 못하고 있는 실정이다. 오히려 이들 기업에서는 내부 종업원이나 직원에 의한 범죄로 인한 피해도 외부인에 의한 범죄로 판단하고 처리하고자 하는 경향이 있다.

더구나, 이들 회사에서는 심지어 직원들에 의한 범행임이 확인된 범죄에 대해서도 회사의 대외적인 명예와 공신력의 실추 등을 우려한 나머지 외부인의 소행으로 돌리고 싶어 한다. 이와 함께, 종업원에 의한 절도, 횡령, 사기 등은 거의 발각되거나 인지되지 않고 넘어가는 경우가 대다수이기 때문에 공식적인 범죄통계에는 암수범죄로 남게 되어, 실제 직원들에 의한 범죄는 알려진 공식통계상의 그것보다 훨씬 많은 것으로 추정되고 있다.

실제로, 미국의 한 조사연구에 의하면, 직원의 약 절반 이상이 자신이 다니는 직장의 금품을 훔치거나 횡령한 사실이 있음을 시인하였다고 한다.[10] 또한 더욱 놀라운 것은 직장인의 7－80%는 적어도 한두 번 이상 자기 직장의 금품을 훔치고 있으며, 이들 중 30%는 무슨 일이 있더라도 범행을 하고야 만다는 사실을 많은 전문가들이 믿고 있다는 것이다.[11] 구체적인 예로, Montgomery Ward라는 회사에서는 전체 종업원의 약 3%에 해당하는 약 4,000여 명이 절도혐의로 해고되었으며, 이들이 약 25억 달러 상당의 금품을 회사로부터 훔친 것으로 발표한 바 있다. 더 놀라운 사실은 미국에서 도산하는 기업의 30% 정도는 바로 이 종업원에 의한 절도, 횡령, 사기 등의 직원들에 의한 범죄 때문이라는 주장까지 나오고 있다. 더불어, 소매상의 가격상승을 초래하는 이유 중에서 이들 직원들에 의한 범죄의 손실을 메우기 위한 부분이 약 3－5% 정도에 이르고 있다고 할 정도로 직원들에 의한 범죄는 기업뿐만 아니라 시민 모두에게 상당한 영향을 미치는 심각한 문제임을 알 수 있다.

9 U.S. Department of Commerce, *Crime in Retailing*, 1975, p. vii.

10 P. F. Parrilla, R. C. Hollinger, and J. P. Clark, "Organizational control of deviant behavior: The case of employee theft," *Social Science Quarterly*, 1988, 69(2): 261－280.

11 A. J. Fisher, *Security for Business and Industry*, Englewood Cliffs, NJ: Prentice－Hall, 1979, p. 227.

2. 직원범죄의 징후[12]

(1) 회계이상(Accounting Anomalies)

직원들이 자신의 고용주로부터 사기나 횡령을 하는 경우 문서, 장부, 출납부 등 회계기록이나 문서 또는 서류가 종종 조작, 변경, 또는 상실되고 있다. 예를 들어, 유령회사를 만드는 방법으로 사기나 횡령을 하는 경우 유령회사의 명의로 발급된 가짜나 거짓 청구서를 회사에 제출하고, 회사에서는 그 유령회사 앞으로 대금을 지불하는 것이다. 한편, 직원이 자신의 출장경비를 부풀려서 회사공금을 횡령하는 경우 조작되거나 위조된 호텔 영수증과 같은 서류를 제출하고 실제 경비보다 많은 출장비를 타내는 것이다. 그리고, 때로는 직원이 허위청구서를 작성하여 회사의 돈을 횡령하기도 한다.

일부 직원에 의한 사기나 횡령은 회계상의 이상을 보여주는 예외적이거나 비정상적이거나 특이한 회계기록을 감지함으로 발각되고 있다. 예를 들어, 거래은행에서 다액이거나 평범하지 않은 금융거래나 근로자의 은행계좌에 나타난 이상한 거래내역 등의 기록을 활용하고 있다. 회계이상을 보여주는 보편적인 증상은 서류의 미비나 불비, 서류의 변경, 복사된 서류 또는 재정서류에 대한 중요한 변경 등 다양한 형태로 나타날 수 있다.

(2) 내부통제징후(Internal Control Symptoms)

일반적으로 압력, 기회, 그리고 합리화가 동시에 가능해질 때 사기나 횡령은 발생할 수 있다고 한다. 대부분의 사람들은 압력을 받기 마련이고, 모든 사람은 자신을 합리화하기 마련인데, 내부통제가 없거나 미약할 때는 역시 누구나 사기나 횡령을 범할 수 있는 기회도 갖게 된다는 것이다.

내부통제는 통제환경, 회계제도, 그리고 통제절차로 구성되는 것이다. 내부통제와 관련된 보편적인 사기와 횡령의 징후는 적절치 못한 통제환경, 임무에 대한 명확한 분리의 부족, 물리적 안전지침의 부족, 독자적인 검사의 부족, 적절한 권한의 부족, 적절한 서류와 기록의 부족, 기존 통제의 변경 그리고 부적절한 회계제도 등의 형태로 나타나고 있다.

---

12 W. S. Albrecht, "Employee fraud," *Internal Auditor*, 1996, 53(5): 26–36.

(3) 분석적 징후(Analytical Symptoms)

분석적 징후란 믿기 어려울 정도로 지나치게 비현실적이거나 비정상적인 절차나 관계라고 할 수 있다. 적절하지 못하거나 비정상적인 시간이나 장소에서 일어나거나, 보편적으로 참여하지 않는 사람이 관계되거나 행해지고, 비정상적인 절차, 정책, 그리고 관행을 보이는 사건, 행사, 출입금 등이 직원에 의한 사기나 횡령의 분석적 징후라고 할 수 있다. 또한 지나치게 많거나 적고, 지나치게 자주 발생하거나 평소 거의 행해지지 않거나, 지나치게 높거나 낮고 또는 그 결과가 지나치게 크거나 작은 입출금 등도 이상징후로 볼 수 있다.

그 밖에도 kickback fraud와 관련된 몇 가지 다른 분석적 징후도 있다. 우선, 특정업체로부터의 구매량이 급증한 대신 다른 업체로부터의 구매량은 급감하거나 중단된 경우이다. 또는 특정업체나 특정업체가 아니더라도 구매가격이 급격하게 올라가는 대신 제품의 질은 낮아져서 고객의 불평과 불만을 증대시키는 경우도 있다. 이와 관련하여, 구매량이 급격하게 많아져서 재고가 지나치게 쌓이게 되어 새로운 창고를 임대하는 등 과거에 볼 수 없었던 과다한 제품의 비축도 하나의 이상징후로 볼 수 있을 것이다.

(4) 제보와 불만신고

감사관들은 종종 더 많은 사기와 횡령 등을 발각하지 못한다는 비판을 받곤 하지만 사기와 횡령의 특성으로 인하여 때로는 감사관이 이들 범죄를 발각할 수 있는 가장 나쁜 위치에 있다고도 볼 수 있다. 모든 사기범죄는 절도행위, 은폐 그리고 현금전환이라는 세 가지 요소로 구성된다. 따라서 사기는 이 세 가지 모든 단계에서 다 적발될 수 있으나 그렇다고 반드시 감사관에 의해서 적발되는 것은 아니다. 이는 곧 감사관이 사기를 적발하기 위해서는 종종 사기범죄의 세 가지 요소 중에서 적어도 두 가지와 관련된 다른 사람으로부터의 제보와 신고에 크게 의존하게 된다.

절도는 현금, 비품, 정보 또는 기타 재물을 직접 손으로 또는 컴퓨터나 전화로 취하는 것이다. 이 단계에서는 사기가 누군가가 재물을 취하는 것을 목격함으로써 적발될 수 있으나 이러한 절도가 발생할 때는 대부분 내부감사관은 현장이나 현장주변에 있지 않다는 사실이다. 따라서 현장에서 사기를 적발할 수 있는 가장 좋은 위치에 있는 사람은 감사관이 아니라 현장에 있는 동료나 상사라는 것이다.

은폐란 범죄자가 다른 사람으로부터 사기를 숨기기 위해서 취하는 단계로서 재무제표를 변조하거나 재물조사를 조작하거나 증거를 파기하는 등의 방법으로 이루어진다. 내부감사관도 감사를 통하여 재물이나 현금의 조작이나 변조 등을 찾아냄으로써 적발할 수 있으나 이 단계에서도 회계책임자나 동료가 사기를 적발하기 더 좋은 위치에 있다.

현금전환은 훔친 물품을 팔거나 현금으로 바꾸어서 사용하는 것이다. 취한 재물이 현금인 경우에는 전환단계에서는 단순히 훔친 자금을 쓰는 것이라고 할 수 있다. 이 단계에서도 사기는 횡령한 사람이 횡령한 돈을 전환할 때 비싼 자동차나 패물과 보석을 구입하거나 호화스럽고 사치스러운 생활을 하는 등 불가피하게 하게 되는 생활유형의 변화를 감지함으로써 적발할 수 있다. 불행하게도 감사관은 횡령범의 이러한 생활유형의 변화를 인식할 수 있는 방법이 많지 않다는 것인데 그것은 생활유형의 변화를 판단할 만한 기준이나 근거가 없기 때문이다.

따라서 사기나 횡령과 관련된 세 가지 단계를 고려할 때, 이들 범죄를 적발하기 가장 좋은 위치에 있는 사람은 감사관이 아니라 바로 동료나 상사라는 것이다. 그것은 이들이 무언가 잘못되고 있다는 제보를 제공할 수 있기 때문인데, 바로 여기에 감사관은 회사로 하여금 잘못에 대한 제보를 수집하도록 장려할 이유가 있는 것이다. 실제로, 상당수의 사기와 횡령사건이 고객이나 직원의 제보에 의해서 발견되고 있어서 제보가 직원에 의한 사기나 횡령을 적발하는 가장 효과적인 방법이라고 할 수 있다. 이들 내부 고발자를 흔히 whistle blower라고 한다.

(5) 행동의 변화

심리학적 연구에 따르면, 특히 초범자는 물론이고 일반적으로 사람들이 범행을 할 때 두려움과 죄책감에 사로잡히기 쉽다고 한다. 그러한 감정이 그들로 하여금 엄청난 스트레스를 갖게 하는데, 그 스트레스를 이기기 위하여 약물이나 알코올의 남용, 흡연량의 증대, 비정상적인 성격이나 의심, 평소 즐기던 일에 대한 즐거움의 결핍, 체포의 두려움, 다른 사람의 눈을 제대로 쳐다보지 못함, 항상 시비조거나 방어적임, 지속적인 핑계와 희생양 찾기 등 비정상적이고 외관상 인식할 수 있는 행동유형을 보이게 된다는 것이다. 이러한 행동들은 특별한 것이 아니라 오히려 사기나 횡령을 암시하는 행위의 변화라고 할 수 있다. 일상적으로 좋은 사람이 협박적이거나 호전적이 되거나 반대로 평소에는 호전적이거나 협박적인 사람이 갑자기 좋은 사람으로 변하는 경우 등이다.

(6) 생활유형의 변화

회사의 공금을 횡령하거나 사기하는 사람은 대부분 심각한 경제적 어려움을 겪거나 압박을 받는 사람이기 쉽다. 때로는 그러한 압박이 사실일 수 있고, 때로는 그것이 지나친 욕심일 수도 있다. 일단 한번 자신의 경제적 욕구를 충족시키게 되면 통상 자신의 생활유형을 향상시키는 데 횡령한 돈을 사용하기 위하여 지속적으로 훔치거나 사기하거나 횡령하게 된다. 대체로 회사의 공금을 사기하거나 훔치거나 횡령하는 사람치고 그 돈을 저축하는 사람은 거의 없다고 한다. 대부분은 자신이 횡령한 돈을 단시간 내에 유흥비나 생활비 또는 물품구매에 탕진하는 것으로 알려지고 있다. 일단 자신의 사기나 횡령에 자신을 갖게 될수록 더욱 대범해져서 점점 더 많은 돈을 훔치고 탕진하게 된다. 그 결과, 그들은 자신이 정상적으로는 도저히 감당할 수 없는 생활유형에 물들게 되어 점점 더 많은 액수를 더욱 빈번하게 지속적으로 훔치거나 횡령할 수밖에 없게 된다.

3. 직원범죄의 수법과 범인의 특이성

직원이 자신의 직장을 상대로 행하는 범죄는 매우 쉽게 행해질 수 있다는 점이 특징이라면 특징이어서 범행의 수법 또한 매우 다양한 것으로 알려지고 있다. 그중 가장 보편적으로 알려진 직원에 의한 범죄의 수법은 다음과 같다.

- 금품을 미리 숨겨 두었다가 공범에게 인계하거나 직접 **빼내** 간다
- 친지 등에게 정가보다 싸게 판매한다
- 고객에게 정가보다 비싸게 팔아서 그 차액을 착복한다
- 특정고객을 위해서 상품의 가격표를 바꾸어 붙여서 비싼 것을 싸게 살 수 있게 해준다
- 금전등록기에 판매대금을 기록, 입금하지 않고 착복한다
- 허위 반품서류를 작성하여 그 대금을 착복한다
- 반품을 대장에 기록하지 않고 대금을 착복한다
- 허위로 판매기록을 작성하고 돈을 착복한다
- 동료의 금전등록기에서 현금을 인출하여 착복한다
- 종업원용 특별 할인권을 남용한다
- 일부러 상품에 흠집을 내어 싸게 산다
- 흠집이 있는 상품을 싸게 사서 새것과 바꿔치기 한다
- 버려진 영수증을 훔친 물건에 붙여서 현금으로 환불받는다
- 상품의 구매시 고가로 매입해 주고 업자로부터 사례금을 받는다

- 금전등록기에 판매액수를 줄여서 입금하고 차액을 착복한다
- 회사의 물품을 사적으로 이용한다
- 출퇴근부의 출퇴근 시간을 변조한다
- 출장비나 기타 업무비용을 실제보다 과다 계산한다

그런데 어떠한 형태나 수법이든 직장을 상대로 범행을 하는 사람은 어딘가 모르게 이상한 행동을 하거나 특이한 면을 보이는 경우가 많다고 한다. 아래에 열거한 일부 특이성이나 이상행동을 하는 종업원일수록 범행할 가능성이 높다는 것이다.

- 회사장부를 여러 번 되풀이해서 작성한다
- 직장 동료로부터 금품을 자주 빌린다
- 채권자가 자주 찾아온다
- 외상값이나 술값 등의 독촉전화를 자주 받는다
- 의심을 받지 않기 위해서 동료를 일부러 험담한다
- 아무것도 아닌데도 항상 방어적인 태도를 취한다
- 샐러리맨으로 감당하기 어려운 정도로 빚이 많다
- 도벽이나 음주벽 또는 낭비벽이 심하다
- 지나치게 호화스러운 또는 방탕한 생활을 하거나 쇼핑을 한다
- 항상 시간외 근무를 자원한다
- 한시도 자리를 비우지 않는다
- 기록을 자세히 하지 않고 대충한다
- 고객으로부터 원성을 자주 듣는다

4. 직원범죄의 원인

종업원, 직원, 근로자에 의한 절도, 횡령 또는 사기는 그들이 직장에서 직업 활동을 하는 과정에서 직장의 재산을 훔치거나 사기하거나 횡령하는 것을 의미하는 것으로 이해되고 있다.[13]

---

13 D. H. Merriam, "Employee theft," Criminal Justice Abstract, 1979, 9: 375−406; G. Robin, "White collar crime and

그런데, 일상적인 절도범과 마찬가지로 직원에 의한 범죄도 그들이 개인적인 이익을 얻기 위하여 직장에서 금품을 훔치거나 횡령한다는 것이다. 범죄경제학적인 측면에서 볼 때, 범죄의 결과로 얻어지는 것이 범죄로 인하여 잃을 수 있는 것보다 더 크고 많을 때 범죄가 발생하게 되는 것이다. 범죄의 결과 잃을 수 있는 것, 즉 범죄의 비용에는 범죄실행상의 어려움과 체포가능성 및 그 결과 처벌에 대한 두려움이 큰 비중을 차지하고 있다. 그러나 직원에 의한 범죄는 이와 같은 범죄의 비용과는 별 관계가 없는 것으로 알려지고 있는데, 이 점이 바로 직원에 의한 범죄를 부추기는 하나의 요인이 되기도 한다.

우선, 직원이 자신의 직장을 상대로 도둑질을 하는 것이 다른 절도행위를 하는 것보다 훨씬 쉬운 것으로 여기고 있다. 절도는 물론이고 대부분의 경제범죄와 마찬가지로 직원에 의한 범죄도 일종의 기회의 범죄(crime of opportunity)인데, 종업원이 일하는 직장의 상품이나 금전은 이들 직원에게는 항상 노출되어 있기 때문에 그만큼 범행의 기회가 많아지고 따라서 마음만 먹으면 언제든지 쉽게 금품을 훔칠 수 있는 것이다.

또한 앞에서도 언급되었듯이 직원에 의한 범죄의 대부분은 쉽게 발각되지 않으며, 신고되지도 않기 때문에 범인의 체포가 사실상 매우 어려운 현실이다. 직원이 자신의 회사를 상대로 범죄를 행하는 또 다른 이유의 하나는 기업주에 대한 직원의 개인적인 원한의 표출일 수도 있다. 자신의 보수, 상여금, 작업환경, 승진 등의 인사문제에 대한 불평과 불만을 이유로 자신의 직장에 대한 범죄를 정당화하고 합리화할 수도 있다는 것이다.

한편, 어쩌면 보편적인 이유가 될 수도 있는 것으로서 직원이 헤어날 수 없는 심각한 경제적 곤궁을 겪고 있을 때 이를 타개하기 위하여 회사의 금품을 훔치고 횡령할 수 있다는 것이다. 즉, 사치스러운 호화생활, 낭비벽, 도박이나 음주 등의 이유로 파생된 금전적인 문제를 회사나 직장의 금품을 이용하여 해결하는 경우가 있다는 것이다.

많은 연구에서 직원에 의한 범죄는 직업 또는 직장에서의 만족도가 상당한 관계가 있음을 지적하고 있다. 자신의 직업과 직장이 자신의 장래 희망이나 직업목표를 성취할 수 있다고 만족하는 직원은 그 목표를 위하여 회사에 자신을 투자하기 때문에 일탈행위를 억제하게 되지만 그러한 희망과 목표를 가지지 못한 직원은 그렇지 않다는 것이다.[14] 예를 들어, 절도범에 비해 비

employee theft," *Crime and Delinquency*, 1974, 20: 251−262.

14 J. Huiras, "Career jobs, survival jobs, and employee deviance: A social investment model of workplace misconduct," *Sociological Quarterly*, 2000, 41(2): 245−264; R. D. Crutchfield and S. R. Pitchford, "Work and crime: The effects of labor stratification," *Social Forces*, 1997, 76: 93−118; C. Uggen, "Ex−offenders and the conformist alternative:

절도범이 자신의 직업에 매우 만족한다고 답한 비율이 2배 이상이나 되고, 상급 관리자나 하급 직원 모두 절도를 하고 안 하는 직원의 차이를 직업만족도의 차이에 기인한다고 답하고 있다.[15] 반면에 직업에 대한 만족이 직장범죄를 줄일 수 있는 것처럼, 직업에 대한 불만은 직장범죄를 가중시킬 수 있다고 한다. 실제로 불평등의 인식과 그로 인한 죄의식의 중화가 근로자의 일탈을 증대시키는 것으로 조사되고 있고, 근로자의 불만과 분배의 불공정의 인식이 직원의 일탈을 직접적으로 동기지우거나 그것을 규제하는 비공식적 사회통제를 방해하는 것으로 보고되고 있다. 따라서 직업에 대한 만족과 불만이 직원범죄에 직접적으로 영향을 미치는 것으로 이해되고 있다.[16]

3 절　직원범죄의 예방과 대책

일반적으로 범죄문제는 사전예방이 최선이며, 범죄의 예방은 범죄자의 특성이나 범행의 동기보다는 범행의 기회를 줄이는 데 초점을 맞추는 것이 가장 바람직한 것으로 이해되고 있다. 특히, 직원에 의한 범죄는 대부분이 기회의 범죄라는 특성이 있다는 사실을 고려한다면 직원에 의한 범죄도 그 예방이 우선이며, 범행을 줄이는 것이 최선의 예방책이라고 할 수 있다. 범행기회의 제거나 축소라는 범죄예방 전략은 대체로 물리적 환경에 대한 직접적인 변화나 변경보다는 주민들에 의한 의도적인 감시의 강화가 중요시되고 있어서, 직원에 의한 범죄도 범행기회의 축소와 발각과 체포의 위험성을 증대시키는 데서 그 해법을 찾아야 할 것이다. 그런데 이러한

A job quality model of work and crime," *Social problems*, 1999, 46: 127－151.

15 Harris and Benson, *op. cit.*; W. Terris and J. Jones, "'Psychological factors related to employees' theft in the convenient store industry," *Psychological Reports*, 1982, 4: 199－219.

16 J. Greenberg, "Employee theft as a reaction to underpayment inequity: The hidden cost of pay cuts," *Journal of Applied Psychology*, 1990, 75: 561－568; R. C. Hollinger, "Neutralizing in the workplace: An empirical analysis of property theft and production deviance," *Deviant Behavior*, 1991, 12: 169－202; J. Greenberg and K. S. Scott, "Why do workers bite the hands that feed them? Employee theft as a social exchange process," pp. 111－156 in B. M. Straw and L. L. Cummings(eds.), *Research in Organizational Behavior*, Greenwich, CT: JAI Press, 1996; S. R. Robinson and A. M. O'Leary－Kelly, "Monkey see, monkey do: The influence of work groups on the antisocial behavior of employees," *Academy of Management Journal*, 1998, 41: 658－672.

관점에서 직장에서의 직원에 의한 범죄의 예방을 위한 범행기회의 축소는 대부분 보안과 기소를 강조하거나, 고용정책과 고용자 교육훈련, 그리고 범죄행위의 신고라는 세 가지 분야에서 추진되고 있다.[17]

1. 보안의 강조

직원들에 의한 범죄, 특히 절도를 억제하기 위한 가장 보편적이고 직접적인 수단의 하나는 경비나 보안요원을 활용하는 것이다. 용역경비업체와의 계약을 통하여 경비인력을 지원받아 그들로 하여금 경비와 순찰임무를 수행하도록 하는 것이다. 그러나 경비요원에 대한 인건비의 과중은 효율적이고 효과적인 활동에 장애가 되어 부족한 인력을 보조할 수 있는 부수적인 대책이 요구되고 있다.[18]

범죄활동에 개입된 직원에 대하여 공식적인 법적 절차를 밟는 것이 한 가지 효과적인 방안으로 권장되고 있다. 그러나 범죄자를 공격적으로 기소하는 등의 법적 절차는 상당한 시간과 경비를 요하고 있어서 대부분의 기업에서는 단순히 책임이 있는 직원을 내보내는 것으로 처리하고 있다. 그러나 이는 범행을 한 대부분의 직원이 처벌받지 않고 넘어가게 되어 민사소송을 통하여 손실을 배상받는 방법으로 기소를 대신하고 있다. 이 방법은 범죄의 억제와 예방은 물론이고 손실에 대한 보상과 경비나 보안에 쓰이는 비용을 상쇄할 수도 있다는 장점을 가지고 있다.[19]

범행기회의 제거나 축소를 위한 또 하나의 전략은 다양한 방법으로 시행될 수 있는 출입통제라고 할 수 있다. 한편, 폐쇄회로 텔레비전이나 EAS 또는 POS와 같은 기술도 직원범죄의 예방과 억제에 많이 활용되고 있다. POS를 활용하여 판매상황을 철저히 추적할 수 있고, EAS (Electronic Article Surveillance)는 진열된 고가의 상품에 전자장치를 부착하여 무단반출을 방지할 수 있다.

---

17 D. P. Rosenbaum, "Community crime prevention: A review and synthesis of the literature," *Justice Quarterly*, 1988, 5: 323-395; S. H. Traub, "Battling employee crime: A review of corporate strategies and programs," *Crime & delinquency*, 1996, 42(2): 244-257.

18 S. G. Ghezzi, "A private network of social control: Insurance investigation units," *Social Problems*, 1983, 30: 521-531; N. Reichman, "The widening webs of surveillance: Private police unraveling deceptive claims," pp. 247-265 in *Private Policing*, edited by D. Shearing and C. Stenning, Beverly Hills, CA: Sage, 1987.

19 Traub, *op. cit.*

2. 직원 채용과 교육

오늘날 대부분의 기업이 직원들에 의한 범죄문제의 예방을 위하여 직원의 채용과 채용 후의 교육훈련의 중요성을 인식하고 있다. 직원의 채용시 요구되는 기본적인 자질과 요건 외에 보다 세밀하고 깊이 있는 심층면접을 중시하는 것이 그 한 예라고 할 수 있다. 나아가 인터넷의 활용에 힘입어 이제는 이러한 심층면접까지도 온라인을 통하여 이루어지고 있어서 면접자가 지원자에 대하여 더 많은 깊이 있는 정보를 얻을 수 있게 되었다. 또한 온라인을 통하여 지원자의 정직성도 검증할 수 있도록 하고 있어서 과거 거짓말 탐지기를 대신하게 되었다. 그 결과 많은 기업에서 잘못된 직원채용으로 인한 각종 문제와 범죄를 줄이는 데 상당한 효과를 보고 있는 것으로 알려지고 있다.[20]

이러한 채용 전 선별과 검증, 정직성 검사 또는 약물검사 등은 사실 직원범죄의 예방을 위한 아주 기본적인 것에 지나지 않는다. 이들 전략은 직원들에게 범죄의 비용에 대한 정보를 제공하고, 그러한 범죄와 그 비용을 줄이는 데 있어서 직원 각자가 할 수 있는 역할이 무엇인지를 주지시키는 교육훈련 프로그램과 연계되어야 효과적일 수 있다. 이러한 범죄예방프로그램이 갖는 주요한 목적의 하나는 회사가 직원이 관련된 범죄로 인한 손실을 예방하고 줄이는 데 상당한 관심을 가지고 있다는 것을 주지시키는 것이다. 이를 위하여 회사에서는 뉴스레터, 공보지, 홍보지, 사보, 비디오, 포스터, 게시판 또는 회의 등을 통하여 전 사원에게 이 문제가 모두의 책임이라는 메시지를 확산시킬 필요가 있다.[21]

3. 내부고발(Whistleblowing)

위와 같은 노력에도 불구하고, 직원에 의한 범죄의 극히 일부만이 경비요원, 감시기기 또는 직원의 교육훈련에 의해서 해결되고 있는 실정이다. 사실 직장범죄의 신고에 있어서 직원의 역할을 경시하는 전통적인 경찰활동의 관행은 시민의 신고와 제보가 없이는 일반적인 범죄사건의 인지와 해결이 지극히 어려운 것과 마찬가지로, 직장범죄를 해결하는 데 있어서 그리 성공적이지 못했다. 따라서 오늘날 많은 기업에서 핫라인의 개설, 보상제도의 운영 등과 같이 직장범죄

---

20 J. Abend, "Employee theft," *Stores*, 1986, 68: 57–62.

21 B. Guthart, "Loss prevention: Minimizing risk, maximizing deterrents," *Discount Merchandiser*, 1993, 33: 58–59; R. Hayes, "Battling workplace theft," *Security Management*, 1992, 36: 150–153.

를 줄이기 위한 방법으로 직원의 참여를 권장하는 방안을 모색하고 있으며 실제로 그러한 노력
이 직장범죄의 통제전략으로서 상당한 역할을 하고 있는 것으로 평가되고 있다.

그런데 핫라인이 성공적이기 위해서는 무엇보다도 제보자의 익명성이 철저히 보장되어야
하고, 접근이 용이해야 한다. 그러나 대부분의 핫라인은 제보가 고용주에게 직접 전달될 수 있
기 때문에 신분이 노출될 수도 있다는 우려와 근무시간 중에만 운영되어 때로는 자동응답기에
제보를 남기게 되어 사실이 왜곡될 수 있다는 점이 문제점으로 지적되고 있다. 이러한 문제를
극복하기 위하여, 기업에서는 핫라인의 운영을 회사가 아닌 제 3 자에게 그 운영을 위탁·계약하
고 있다.[22]

실제로 제보자에 대한 보상제도가 직장범죄와의 전쟁에서 상당한 역할을 하는 것으로 나타
나고 있다. 직원들이 동료의 절도에 대하여 알고 있지만, 그 동료를 신고하는 데 대하여 꺼릴 수
도 있다. 따라서 금전적 보상, 익명성의 보장, 근무평정상의 보상 등 보상과 포상제도는 바로 이
러한 직원들의 망설임을 상쇄하여 제보를 권장하기 위한 방편이 되고 있다. 그 결과, 이제는 많
은 직원들이 동료의 범행이나 비행에 대한 제보와 신고를 긍정적으로 인식하는 경향이 있다고
한다.[23]

---

22 Traub, *op. cit.*

23 G. T. Marx, "The interweaving of public and private police in undercover work," pp. 172−193 in D. Shearing and
   C. Stenning(ed.), *op. cit.*; Reichman, *op. cit.*

제 5 장
화이트칼라범죄(White-Color Crime)

제1절 화이트칼라범죄의 개념

　일찍이 Edwin Sutherland가 White-collar Crime이라는 용어를 사용한 이래 범죄학자는 물론이고 일반시민의 입에까지 빈번하게 오르내리게 되었을 정도로 이는 중요한 사회문제가 되었다. 즉, 화이트칼라범죄가 그만큼 빈번하게 발생하고 있으며, 그 영향 또한 적지 않기 때문일 것이다. 물론, 화이트칼라범죄의 정도와 그 영향이 어느 정도인지 정확하게 평가하기는 어렵다. 그렇지만 경제적 손실만 하더라도 많은 전문가들은 어떤 종류의 전통적 범죄보다 훨씬 더 심각하다고 믿고 있다. 더욱 심각한 것은 이러한 금전적 비용 외에도 신체와 생명의 손상 그리고 사회적 비용의 낭비 또한 적지 않다는 사실이다. 그래서 Gilbert Geis는 화이트칼라범죄가 핵물질이나 화학물질의 불법매립이 누출되었을 때 가능한 결과를 상상한다면 노상범죄보다 훨씬 더 심각하다는 사실을 쉽게 상상할 수 있을 것이라고 설파한 바 있다.[1] 따라서 Sutherland는 화이트칼라범죄의 재정적 비용은 일상적으로 범죄문제로 치부되어 온 모든 범죄의 재정적 손실보다 몇 배가 될 것이라고 했다. 그리고 이러한 재정적 손실 그 자체도 심각하지만 사회관계에 대한 해악이 더욱 심각할 것이라고 하였다. Sutherland는 기타 다른 범죄는 사회제도와 조직에 그다지 큰 영향을 미치지 않는데, 화이트칼라범죄는 신뢰를 파괴하고 따라서 불신을 초래하며, 대규모적인 사회해체를 유발하고 사회적 도덕을 저하시킨다고 주장하였다.[2]

---

1 Gilbert Geis, "White-collar and Corporate Crime," in Robert Meier(ed.), *Major Forms of Crime*, Beverly Hills, CA: Sage Publications, 1984, p. 145.

2 Edwin Sutherland, "White-collar Criminality," *American Sociological Review*, 1940, 5: pp. 2-10.

　　그럼에도 불구하고 일반적으로 화이트칼라범죄가 살인이나 강간과 같은 범죄보다 위험하지 않은 것으로 인식하고 있다는 사실이 더욱 큰 문제로 중요성을 더하고 있다. 그것은 대부분의 화이트칼라범죄가 쉽게 인지되지 않으며, 겉으로 드러나지 않고, 피해자가 불특정 다수인이거나 피해 자체를 쉽게 느낄 수 없는 특징을 갖기 때문이다. 그리고 때로는 피해가 장기적으로 나타나기도 하며, 한편으로는 화이트칼라범죄자가 그들의 지위나 신분상 일반범죄자에 비해 위험하지 않은 것으로 잘못 생각하고 있기 때문에 더욱 심각한 사태를 초래하는 이유가 되는 것이다. 더군다나 화이트칼라범죄의 피해당사자는 범죄자를 형사적으로 처벌되기 바라는 것보다 그들의 손실을 만회하거나 회복하는 데 더 관심을 가지기 때문에 대부분의 사건이 민사적으로 취급되어 전통범죄학의 주요한 연구대상이 되지 못한 면도 없지 않다.

　　그러나 시민의식의 고양과 시민운동의 활성화 등에 힘입어 화이트칼라범죄의 심각성이 제기되면서부터 화이트칼라범죄의 통제 등 적극적인 대책이 강구되기 시작했다. 그 한 예로 미국에서의 범죄의 심각성에 대한 전국적 조사를 들 수 있는데, 그 조사에 따르면 미국국민들은 환경범죄가 흉기로 다른 사람을 찌르거나 해치는 것보다 더 심각하다고 인지하고 있었다는 사실이다.[3] 그럼에도 불구하고 아직도 화이트칼라범죄자의 기소는 비교적 희박한 사건이며, 심지어 기소되더라도 그들에게 자유형이 부과되는 경우는 더욱 희박하여 대부분 벌금형으로 끝나는 경우가 많다.

　　그렇다면 화이트칼라범죄는 과연 어떤 범죄를 두고 일컫는 것이며, 어떻게 정의되어야 하는가? 화이트칼라범죄는 1939년 Sutherland가 부유한 사람과 권력 있는 사람들의 범죄활동을 기술하기 위해 처음 사용한 용어이다. 그는 높은 사회적 지위를 가지고 존경받고 있는 사람이 자신의 직업과정에서 범하는 범죄로 정의하였다. 따라서 비록 상류계층에 의해서 범해질지라도 살인 등은 직업적 절차의 일부라고 볼 수 없기 때문에 화이트칼라범죄라고 할 수 없다는 것이다. 반면 지하세계의 부유한 구성원에 의한 범행도 그들이 사회적 지위가 높거나 사회적 추앙을 받는 사람이 아니기 때문에 화이트칼라범죄의 범주에는 들지 않게 된다.[4]

　　이를 종합해 볼 때 그는 화이트칼라범죄는 하류계층보다 사회적 지위가 높으며 비교적 존경받는 사람이 자신의 직업과정에서 수행되는 직업적 범죄라고 정의하고 있다.

　　그러나 이러한 규정은 많은 비판을 초래하였는데, 그중에서도 중요한 것은 화이트칼라범죄

---

3 Bureau of Justice Statistics, *The Severity of Crime*, Washington, D.C.: U.S. Government Printing Office, 1984.

4 Edwin H. Sutherland, *White-collar Crime,* New York: Holt, Reinhart and Winston, 1949, p. 9.

자가 보편적 범죄자와는 달리 자신을 범죄자로 생각하지도 않으며 범죄적 기질도 가지고 있지 않다는 것이다. 때문에 실질적으로 범죄자라고 볼 수 없다는 목소리가 높아지게 되었다. 한편, 화이트칼라범죄는 범죄라기보다 단지 이윤을 추구하는 기업세계의 정상적인 한 부분이라고 보는 것이다. 따라서 하나의 영악한 관행에 지나지 않는다는 비판도 제기되고 있다. 다른 한편에서는 어떤 경우라도 그가 법정에서 유죄가 확정되지 않는 한 화이트칼라범죄자라고 할 수 없다고 이의를 달기도 하였다.

그런데 알고 보면 이러한 비판들은 범죄와 범죄자를 하류계층의 사람들과 결부시키는 대중적 태도에 기인하는 것으로 보인다.[5]

어쨌거나 오늘날 화이트칼라범죄의 존재와 현실을 부정하는 사람은 없으나, 대체로 초기 Sutherland의 정의보다는 그 의미를 확대해석하여 화이트칼라범죄의 개념과 적용범위를 넓게 보는 경향이 있다. 즉, Sutherland의 정의가 사회적 지위와 직업적 과정이라는 두 가지 특성으로 화이트칼라범죄를 특징지었던 것을 중심으로 새롭게 개념을 재정립하게 되었다.

구체적으로 화이트칼라범죄가 반드시 사회적 지위가 높은 사람에 의해서 범해지는 것만은 아니라는 사실이다. 예를 들어 기업조직의 하급지위자가 주로 범하게 되는 고용자절도나 횡령 등이 바로 그것이다. 따라서 이러한 유형의 범죄는 하류계층의 사람에 의해서도 범해질 수 있기 때문에 Conklin은 화이트칼라범죄라고 하지 않고 기업범죄(business crime)라고 정의하였다. 그럼에도 불구하고 Conklin의 정의가 화이트칼라범죄의 범주에 속한다고 볼 수 있는 것은 그가 이들 범죄의 직업적 특성을 고려했기 때문이다.[6] 물론 Conklin은 사회적 지위의 높고 낮음을 중시하지는 않았지만, 일부 학자들은 전혀 무시하지 못하여 화이트칼라범죄라는 용어 대신에 상사범죄(corporate crime)라는 말로 표현하기도 하였다.[7]

결과적으로 오늘날의 화이트칼라범죄에 대한 정의는 폭넓은 상황을 함축하게 되어, 대체로 자신의 범죄활동을 목적으로 시장을 이용하는 개인의 범죄적 행동, 즉 조세범죄, 신용카드범죄 등과 정부나 기업에서의 자신의 지위를 이용한 횡령범죄 등도 이에 포함되게 된다. 따라서 횡령이나 뇌물수수와 같은 범죄 그리고 의료사기와 같이 일반대중을 가해할 목적으로 처음부터 기

---

5 John E. Conklin, "Illegal But Not Criminal," *Business Crime In America*, Englewood Cliffs, NJ: Prentice-Hall, 1977, pp. 9-12.

6 *Ibid.*, p. 13.

7 Sheila Balkan, Ronald J. Berger, and Janet Schmidt, *Crime and Deviance in America: A Critical Approach*, Belmont, CA: Wadsworth, 1980, pp. 164-166.

업을 만드는 행위 등까지 현대적 의미에서는 화이트칼라범죄에 포함시키고 있다. 더불어 이처럼 개인행위로서의 화이트칼라범죄 외에 자신의 기업이윤이나 시장점유를 확대하기 위해서 범죄적 음모에 가담하는 등의 조직적 범죄행위, 즉 기업범죄까지도 화이트칼라범죄의 범주에 포함된다. 따라서 화이트칼라범죄는 모든 사회계층 사람들이 자신의 직업적 과정에서 범행하는 직업지향적 법률위반을 지칭한다고 정의할 수 있다.

그러나 대부분의 화이트칼라범죄는 Sutherland가 규정한 바와 같이 '사회적 지위가 높은 사람에 의한 직업적 범죄'로 볼 수 있기 때문에 Sutherland의 개념정의가 아직은 상당한 비중을 가질 수밖에 없다. 물론 이러한 그의 정의는 현실을 정확하게 기술하기 위한 개념정의라기보다 일반적으로 전통적 범죄학에서 벗어나 새로운 영역의 범죄에 대한 관심을 불러일으키기 위한 의도가 많이 포함된 것이기 때문에 그의 정의는 학문적 지칭이라고 보기에는 약간의 어폐가 있다. 따라서 범죄적 기질을 가지거나 비하류계층에 의한 다양한 위반 및 일탈행위에 대한 관심을 표현한 것으로 이해하는 것이 정확할 것이다.

제 2 절 화이트칼라범죄의 폐해

화이트칼라범죄가 우리 사회에 미치는 영향이나 결과에 대해서는 정확한 추정 혹은 계산이 현실적으로 어려운 일이다. 그러나 모든 노상범죄에 비해서 그 폐해가 더 크다는 사실은 전혀 이의가 없는 것으로 이해되고 있다.

그 이유는 화이트칼라범죄가 통상 범죄에 비해 경제적 손실 외에도 신체적 손상 그리고 심지어는 사회적 폐해도 엄청나기 때문이다. 더군다나 화이트칼라범죄는 그 피해의 정도가 어느 정도인지 완전히 파악될 수 없고, 설사 파악되더라도 피해의 정도나 범위가 명확하지 않으며, 범죄나 피해 자체가 알려지지 않는다. 또한 다양한 유형의 범행에 따라 문제의 성격과 정도가 다르기 때문에 정확한 영향을 추산할 수 없게 만들고 있다.

화이트칼라범죄의 경제적 비용은 위에서 언급한 바와 같이 정확한 추정은 힘들기 때문에 단지 일반범죄의 경제적 손실보다 몇 배 이상 되리라는 짐작만 할 뿐이다. 그러나 1967년 미국의 사법행정과 법집행에 관한 대통령위원회는 화이트칼라범죄의 경제적 손실이 일반재산범죄의 피해보다 27배에서 42배에 이를 것으로 추정한 바 있다.[8] 즉, 최근의 수치로 추정해 보았을 때, 일상범죄의 연간 경제적 피해가 30~40억 달러인 점으로 미루어 화이트칼라범죄는 그 경제적 피해가 약 500억 달러에 상당할 것으로 평가하고 있다.[9]

뿐만 아니라 이보다 더 중요한 사실은 전체적인 피해규모 외에도 개별사건의 피해규모 또한 엄청나게 크다는 것이다. 특히 컴퓨터 이용의 확산으로 컴퓨터를 이용한 횡령 등의 화이트칼라범죄가 발생하는데 이는 단일사건일지라도 그 피해규모가 더욱 증대되고 있는 실정이다. 또한 소비자사기사건의 피해를 입은 노약자나 가난한 사람들의 예에서 알 수 있듯이 개별피해자의 입장에서도 엄청난 경제적 손실의 과부담을 강요당하고 있는 것이다. 이는 일반재산범죄가 지갑 속의 현금을 강취하는 데 그치는 반면, 화이트칼라범죄는 일생 동안 저축한 전재산을 사취할 수도 있기 때문이다.

한편, 화이트칼라범죄의 피해가 큰 이유 중 하나는 직접적인 피해자뿐만 아니라 대부분의 다른 사람들에게도 그 영향이 미치기 때문이다.

예를 들자면 금융사기사건 피해가 일반예금주의 피해나 주식소유자의 피해를 강요하게 되고, 세금포탈의 경우는 일반시민의 납세액을 상승시키게 되며, 가격담합은 소비자로 하여금 더 많은 부담을 안겨 주게 된다는 사실들을 지적할 수 있다. 그러나 이러한 경제적 손실은 대부분 피해자 자신도 모르고 있다는 사실이 화이트칼라범죄의 피해를 심각하게 하는 요인이 되고 있다.

화이트칼라범죄의 폐해 중 경제적 손실보다 더 중요한 폐해는 예측할 수 없는 사회적 손실 또는 비용일 것이다. 화이트칼라범죄의 사회적 비용 중 대표적인 것은 우리 사회의 윤리적 조직을 붕괴시킨다는 사실이다. 즉, 믿을 만한 사람을 믿지 못하고 특권계층을 부정직한 사람으로 보게 된다는 것이다.

그 결과 화이트칼라범죄는 곧 자신의 한층 나은 생활의 영위를 위해 더 좋은 기회를 가진 사람이 타인의 재물을 취하는 능력으로 비쳐지게 되는 것이다. 따라서 다른 범죄와는 달리 사회의 윤리적 조직을 의심케 만든다. 즉, 세력이론이 주창하는 바와 같이 화이트칼라범죄의 증대는 강도 등 하류계층의 노상범죄동기를 자극하게 되고, 나아가 사회의 부도덕성 내지는 법의식의 둔감증을 초래하게 되어 무규범의 사회를 조장할 수도 있게 한다. 또한 신뢰감을 파괴하고 불신

8 President's Commission on Law Enforcement and Administration of Justice, *Crime and Its Impact*, Washington, D.C: U.S. Government Printing Office, 1967, pp. 102−103.

9 "Crime in the Suites: On the Rise," *Newsweek*, 1979년 12월 3일호 p. 114.

감을 조장하여 사회윤리를 저하시키며 사회해체를 조장하여 범죄발생의 온상 내지는 원인을 제공하게 된다.

예를 들어 가격담합이나 뇌물공여 등의 화이트칼라범죄는 시장경쟁원리를 조작하게 되어 경제를 왜곡하는 결과를 초래하기도 한다. 더불어 이러한 불공정 경쟁은 물질만능주의와 기회주의를 살찌게 하여 건전한 근로정신을 해치기도 한다. 또한 뇌물성 헌금이나 뇌물공여 등은 정부나 정치권에 영향을 미치게 되고, 이는 다시 부도덕한 기업이나 개인에 대한 특혜를 제공하게 되어 결과적으로 일반시민의 비용으로 남게 된다.

그러나 이보다 더 중요한 사실은 화이트칼라범죄가 청소년 비행과 기타 하류계층 범인성의 표본이나 본보기가 된다는 사실이다. 사회적 지위가 높은 사람이 범행을 저지름으로써 일반대중이나 청소년들에게 정직하기를 강요할 수 없게 되고, 오히려 일탈할 수 있는 동기와 빌미를 제공하게 되는 것이다.[10]

끝으로 화이트칼라범죄의 결과가 어떤 면에서는 위에서 언급한 경제적 비용과 사회적 비용에 그치는 것으로 보이지만, 사실은 노상범죄와 마찬가지로 상당한 신체적 손상을 야기시키기도 한다. 예를 들어 변질된 음식이나 유독한 약품의 생산과 판매는 상해 심지어는 살인의 위험성까지도 야기시킬 수 있다.

더욱이 환경오염은 더 큰 신체적 손상을 초래할 수도 있으며, 결함 있는 자동차를 생산해 냈다면 그로 인해 수많은 사람이 생명을 잃을 수도 있다는 사실을 알아야 한다. 이런 것들을 살펴볼 때 우리는 화이트칼라범죄의 신체적 비용도 만만치 않다는 사실을 알 수 있다.

그런데 살인이나 강간 등 전통적 대인범죄와 달리, 화이트칼라범죄의 폭력성은 투명하게 눈에 잘 띄지 않으며 훨씬 더 복잡한 형태이다. 그리고 그 피해가 천천히 오래 지속되며, 그 원인이나 가해자를 직접적으로 추적하기 쉽지 않기 때문에 그 피해가 확산되고 심화될 수 있다는 점이 문제시되고 있다. 바로 이런 점에서 화이트칼라범죄의 폭력성을 '지연된 폭력(postponed violence)'이라고 한다. 물론 이들 화이트칼라범죄의 폭력성이 의도적이지 않을 수도 있다. 하지만 기업이나 경영자가 불안전한 제품을 생산·판매하고, 종업원의 안전한 작업환경이나 시설을 제공하지 않아 많은 사람들에게 신체적 손상을 입혔다 하더라도 그 행위가 종업원이나 소비자를 해치고 싶어서 의도적으로 행해졌는지는 쉽게 알아낼 수가 없는 것이다.[11]

---

10 Alan A. Block and William Chambliss, *Organizing Crime*, New York: Elsevier, 1981, p. 196.

11 Thio, *op. cit.*, pp. 416−417.

3절 화이트칼라범죄의 특성

화이트칼라범죄가 일반범죄와 구별되는 것은 무언가 화이트칼라범죄만의 특성이 있기 때문일 것이다. 즉, 대표적인 특성이 바로 범행의 합리성(rational execution)과 그 결과 초래되는 높은 이익이라는 것은 익히 지적된 바 있다. 그러나 그 외에 화이트칼라범죄의 특징이라고 할 수 있는 것은 피해자의 무의식적 협조, 사회의 무관심, 그리고 범죄자의 비범죄적 자기인상을 들 수 있다.[12]

우선 화이트칼라범죄를 상당수의 피해자 없는 범죄(victimless crime)라는 테두리에 넣을 수 있다는 사실이 일반범죄와는 다르게 가해자와 피해자의 관계 및 역할을 규정지어 준다. 즉, 그것은 화이트칼라범죄가 피해자의 무의식적 협조를 전제로 가능하기 때문이다. 이렇게 피해자의 협조가 무의식적인 이유는 그것이 피해자의 부주의와 무지에 기초하고 있기 때문이다. 예를 들어 피해자가 자신이 피해를 입게 될지도 모르는 상황에 대해 그 사실의 특성을 알고자 하더라도 그것은 매우 어려운 일이기 때문에 그들은 예견하지 못했던 피해를 입게 된다.

또한 피해자의 무지와 부주의가 피해자로 하여금 범죄자에게 무의식적으로 협조하게 하며, 화이트칼라범죄에 대한 사회의 무관심은 화이트칼라범죄자에게 의식적으로 주어진 하나의 축복이 된다. 이는, 피해자 스스로가 피해사실을 모르거나 느끼지 못하고 피해자가 불특정 다수인 경우가 많아서 범죄 자체가 인지되지 않는 경우가 많고, 인지되는 경우에도 범죄자가 체포되고 강력한 처벌을 받는 경우가 많지 않다. 또한 화이트칼라범죄자는 경제적으로 또는 정치적으로 그 세력이 매우 지대하기 때문에 일반시민은 물론이고 정부까지도 화이트칼라범죄와의 강력한 전쟁을 벌이지 못하고 있다.

이처럼 피해자의 무의식적 협조와 사회의 무관심 속에서 화이트칼라범죄자는 자신을 범죄자로 보지 않고 존경의 대상으로 보아 자신들의 비범죄적 인상을 유지할 수 있게 된다. 이들은 자신의 비범죄적 인상을 몇 가지 합리화를 통해서 표현한다. 예를 들어 물가담합의 주범이 자신의 행위로서 물가를 안정시켜 국가경제에 기여했다고 자신을 합리화시키며, 횡령범은 자신의 범행을 훔친 것이 아니라 잠시 빌렸을 따름이라고 묘사하고 있다.

---

12 Thio, *op. cit.*, p. 426.

제 4 절   화이트칼라범죄의 유형

화이트칼라범죄는 그 유형이 너무나 다양하기 때문에 일관성 있게 분명히 구분하기가 어렵다. Thio는 범죄의 피해자가 누구인지를 기초로 나누었으며,[13] Edelhertz는 범행의 수법·목적 등 가해자를 중심으로 분류하기도 하였다.[14] 그리고 Moore는 순전히 범행수법을 기준으로 구분하기도 하였다.[15]

먼저 Edelhertz의 분류에 의하면 화이트칼라범죄를 다음의 네 가지 유형으로 분류하고 있다. 즉, 복지연금사기나 세금사기 등 일련의 삽화적 사건으로서 개인적 이득을 위해 범해지는 특별위반(ad hoc violation), 횡령이나 뇌물수수 등 조직 내에서 신뢰할 만한 위치에 있는 사람이 조직에 대해서 범하는 신뢰남용(abuses of trust), 공정거래위반 등 기업의 이익을 확대하기 위해 기업조직이 범하는 방계적 기업범죄(collateral business crime) 그리고 토지사기처럼 고객을 속이기 위한 목적으로 범해지는 사기수법(con game)이 바로 그것이다. 이러한 Edelhertz의 분류는 화이트칼라범죄의 다양한 특성을 간파할 수 있게 해 줄 뿐만 아니라 어떻게 하여 개인과 조직이 가해자 및 피해자가 되는지도 알 수 있게 해 준다.

한편, Thio는 피해자가 누구인가를 기준으로 회사에 대한 범죄, 고용원에 대한 범죄, 고객에 대한 범죄 그리고 일반시민에 대한 범죄로 분류하고 있다. 회사에 대한 범죄는 고객이나 종업원이 회사를 피해자로 하여 범행하는 것으로 이에는 고용인절도와 횡령 및 날치기 등이 해당된다. 그런데 이들 범죄는 Sutherland의 개념규정에 의해서 볼 때 결코 화이트칼라범죄라고 하기 곤란한 점이 많다. 하지만 그들 스스로 자신을 범죄자로 보지 않으며, 특히 고용인절도의 경우 절도범이 대개 중상류층 출신이라는 점에서 화이트칼라범죄자의 특성 중 일부를 공유하고 있다고 할 수 있다. 더구나 고용인절도나 횡령은 직업적 과정에서만 가능한 범죄라는 점도 그 의미를

---

13 Thio, *op. cit.*, p. 419.

14 Herbert Edelhertz, The Nature, Impact and Prosecution of White-collar Crime, Washington, D.C.: U.S. Government Printing Office, 1970, pp. 73-75.

15 Mark Moore, "Notes Toward a National Strategy to Deal With White-collar Crime," in Herbert Edelhertz and Charles Rogovin(eds.), A *National Strategy for Containing White-collar Crime*, Lexington, MA: Lexington Books, 1980, pp. 32-34.

확대하고 있는 현대적 의미의 화이트칼라범죄에 포함시키고 있는 것이다.

물론 기업이나 회사마다 산업안전과 무재해를 목표로 근로자들의 안전에 대해 더 많은 신경을 쓰고 있긴 하지만 아직도 근로자의 안전에 대한 회사측의 경시태도는 여전한데, 이로 인한 산업재해나 직업병의 발생을 두 번째 유형인 고용원에 대한 범죄라고 한다.

그런데 이렇게 회사측이 근로자의 안전과 건강을 도외시하는 이유는 다음과 같다. 첫째, 기업은 이익의 극대화에 가장 큰 관심을 가지기 때문이며, 둘째 기업구조의 특성상 경영자는 단기적 성공이나 결과를 중시하기 때문에 산업안전에 대한 투자를 꺼리며, 셋째로 이들 범죄를 억제하고자 하는 정부의 강력한 의지가 결여되었기 때문이다.

고객에 대한 범죄는 그 유형이 다양한데, 가장 대표적인 것은 위험한 음식, 불안전한 제품, 소비자사기, 허위광고 그리고 가격담합과 같은 것이 있다. 마지막으로 회사나 기업이 일반시민을 대상으로 범하는 화이트칼라범죄로서 가장 대표적인 것이 기업의 환경오염이라고 할 수 있다. 폐기물의 불법매립이나 폐수의 불법방출 등으로 인한 대기와 수질오염은 일반시민 모두에게 영향을 미치는 것이기 때문이다.

한편, Moore의 분류는 다음의 일곱 가지 요소로 되어 있다. 그가 분류한 첫 번째 유형은 상품의 방문판매에서 어음사기에 이르기까지 다양한 사기사건과 같은 신용사기/사취(stings/swindles)이며, 두 번째는 계량기의 속임이나 부당한 요금청구 등 규칙적으로 소비자나 고객을 속이는 사취(chiseling)이며, 세 번째는 자신의 사회적 지위를 이용하여 그 조직 내의 권한을 개인적인 이익을 위해 남용 및 착취(exploitation of institutional position)하는 것으로서 소방검정시 업주로부터 검증허가의 대가로 금품을 요구하는 것, 기업체의 물품구매시 금품의 수수 등이 이에 속한다.

네 번째는 조직 내 자신의 지위를 이용하여 조직의 재물을 자신을 위하여 횡령하는 범죄로서 횡령과 고용인사기가 이에 속하며, 조직의 하부에서 상층부에 이르기까지 어느 단계에서나 가능하다. 이의 대표적인 유형이 신종범죄로서의 컴퓨터범죄이다.

다섯 번째 유형은 고객사기로서 보험사기, 신용카드사기, 복지관련사기, 의료사기 등 고객이 조직을 상대로 하는 일종의 절도이다.

여섯 번째는 기관의 중요한 위치에 있는 사람이 그 기관의 활동을 예측하거나 활동에 영향을 미치고 싶어하는 사람에게 권력, 영향력 또는 정보를 파는 행위로서 '정보판매와 뇌물(influence peddling and bribery)'이라고 하며 정부와 기업 분야 모두에서 가능한 범죄이다. 마지막 유형은 기업범죄로 일컬어지는 범죄로서 경제, 정치, 정부기관의 행위를 규제하는 규칙을 의도적으로 어기는 행위인데, 예를 들어 가격담합이나 불공정거래 및 환경범죄 등이 여기에 속한다.

제 5 절   화이트칼라범죄의 원인

화이트칼라범죄의 원인을 설명하고자 하는 시도는 화이트칼라범죄의 종류만큼이나 다양한 것으로 알려지고 있다. 그러나 일반적으로 범죄원인론에서 기술된 이론들과 결부시켜 본다면, 화이트칼라범죄도 대체로 심리적 소질론, 차별적 접촉론 그리고 중화이론을 이용하여 설명될 수 있다.

먼저, 화이트칼라범죄에 대한 심리적 소질론은 화이트칼라범죄가 기본적으로 정직한 기업세계의 극히 일부인 '썩은 사과(rotten apples)'를 대표하는 희귀한 현상으로 보고 있다. 따라서 화이트칼라범죄자도 비범죄자와 다른 심리학적 기질을 가지고 있다고 주장한다. 구체적으로 그들은 기회만 주어진다면 남을 속이려는 타고난 소질을 가지고 있으며, 법을 위반할 의향이나 유혹에 대한 저항이 낮은 인성을 갖는다.

또한 화이트칼라범죄는 만약 내재화되거나 억압되었을 때 의료적 또는 임상병리적 문제를 유발할 수 있는 긴장이나 불안감의 외향적 표현으로 파악되기도 한다. 즉, 기업범죄자가 어린 시절 부모의 끝없는 사랑을 갈망하는 데서 기인하여 경쟁자를 이기고 돈을 벌고자 하는 극도의 신경증적 욕구를 가진 사람들로 진단되기도 하는 것이다. 그러나 이러한 심리학적 주장들은 말 그대로 주장에 불과하지 그 주장을 뒷받침할 확실한 증거가 있지 못하다. 그러나 일부 화이트칼라범죄자 중에서 죄책감이 결여된 사람들을 볼 때 이들의 주장이 전혀 터무니없는 것은 아니라고 할 수 있다.[16]

Sutherland는 화이트칼라범죄나 일반범죄가 다를 바 없다고 보고 자신의 차별적 접촉이론을 이용하여 화이트칼라범죄를 설명하려 하였다. 즉, 화이트칼라범죄자도 화이트칼라범죄행위를 부정적으로 규정하는 정직한 기업인들보다 그것을 긍정적으로 규정하는 다른 화이트칼라범죄자와 더 많은 접촉을 가졌기 때문에 그 범죄행위를 학습하게 된다고 보았다. 그의 이러한 주장은 하류계층범죄자가 법을 준수하는 하류계층의 사람들보다 법을 어기는 하류계층의 사람들과 더 많은 접촉을 한다는 사실처럼 화이트칼라범죄자도 마찬가지일 것이라는 가정에서 시작한다. 그런데 그는 여기서 그치지 않고, 화이트칼라범죄의 원인은 하류계층범죄의 원인과 아주 다른 점 이

---

16 Conklin, *op. cit.*, 1972, pp. 72-78.

있다는 사실을 함축하는 새로운 개념, 즉 차별적 사회조직(differential social organization)을 제시하였다. 즉, 기업조직은 법규나 규정의 위반을 위한 조직이지만, 정부조직은 기업규정의 위반에 강력히 대항하지 못하고 있기 때문에 범죄를 유발하는 차별적 접촉의 학습과정을 더욱 용이하게 한다는 것이다. 다시 말해 기업의 잠재적 범법자들은 그들의 동료나 상사에 의해서 직·간접적으로 화이트칼라범죄를 범하도록 압력을 받고 있으나, 정부나 일반시민들은 화이트칼라범죄를 강력하게 비난하거나 강력한 법집행을 시행하지도 않기 때문에 범죄적 학습과정을 용이하게 한다는 주장이다. 종합한다면 화이트칼라범죄는 부정직한 기업인과의 차별적 접촉을 통한 범죄의 학습과 부정직한 기업관행을 통제하고자 하는 사회적 노력의 부족에 기인하는 것으로 볼 수 있다.[17]

　화이트칼라범죄에 대한 중화이론적 설명은 횡령의 경우처럼 자신은 돈을 훔친 게 아니라 잠시 빌렸을 뿐이라고 합리화시킬 수 있을 때, 그 가정을 화이트칼라범죄에 확대적용한 것이다. 그런데 화이트칼라범죄자가 자신의 범죄를 정당화 내지 합리화하는 방법은 대체로 다음과 같다. 우선 그들은 자신의 범죄로 인한 피해를 부정한다. 예를 들어 종업원이 회사의 기물을 훔치더라도 보험으로 보상되기 때문에 회사에는 실제 아무런 피해를 주지 않는다는 합리화이다. 두 번째 합리화는 피해를 당연시하는 것으로 예를 들어 종업원 절도시 그들은 회사가 근로자와 고객을 착취하기 때문에 손실을 입어도 괜찮다는 식의 합리화이다. 그리고 세 번째 합리화는 비합법적이거나 불공정한 법은 어겨도 괜찮다는 식의 합리화이다. 이는 기업범죄자에게 가장 보편적인 것으로, 정부의 각종 기업규제가 곧 자유기업경영체제(free enterprise system)에 대한 위반이기 때문에 그것은 공정치 못하고 따라서 어길 수밖에 없다는 논리이다.[18] 또 다른 합리화는 다른 기업이나 기업인도 다 법을 어기기 때문에 자신들의 행위도 그리 나쁘지 않다는 논리이다. 예를 들어 세금을 포탈하지 않고는 돈을 벌 수 없다든지 또는 돈만 쓰면 안 되는 일이 없다는 등의 주장처럼 모든 사람이 다 세금을 포탈하고 모든 사람이 다 뇌물을 주고받기 때문에 안하는 사람이 바보일 뿐이라는 것이다.

---

17 Sutherland, *op. cit.*, 1949, p. 255.

18 John E. Conklin, *Illegal But Not Criminal: Business Crime in America*, Englewood Cliffs, NJ: Prentice-Hall, 1977, pp. 86-99.

HOT ISSUE

'실손보험으로 공짜 성형수술'···보험사기 병원 무더기 적발

질병이나 사고로 치료를 받았을 때 실제 지출한 의료비를 보상해주는 실손의료보험으로 '공짜 성형수술'을 받거나 치료비를 부풀린 환자와 의료기관이 무더기로 금융당국에 적발됐다.

금융감독원은 실손의료보험금을 허위 청구하는 등 보험사기를 저지른 병원 36곳을 적발해 의료법 위반 및 사기혐의로 수사기관에 넘겼다고 21일 밝혔다.

이들 병원은 실손의료보험을 이용해 치료비를 경감할 수 있다고 홍보하며 환자를 유치한 뒤, 실손보험의 보장 대상이 아닌 미용 목적의 시술이나 성형수술을 하고 진단명을 조작해 보험금을 허위 청구하는 수법을 썼다. 보험설계사 등이 개입된 전문 브로커가 병원과 공모해 환자를 유치하고 병원을 알선하기도 했다.

금감원에 따르면 서울의 ㄱ의원은 환자와 공모해 실손보험 보장이 되지 않는 피부 마사지, 미백 주사 등의 시술을 하고 마치 도수 치료(의사의 처방 하에 물리치료사가 척추통증 등을 치료하는 의료기술)를 한 것처럼 진료기록부를 조작해 진료비 영수증을 발급했다. 환자가 처음 내원하면 병원에 상주하는 상담실장(코디네이터)이 실손보험 가입 여부를 먼저 확인한 뒤, 비용 부담 없이 시술을 받을 수 없다고 소개했다. 실제 물리치료사와 도수 치료실이 없음에도 도수 치료를 받았다고 진료 차트를 조작한 병원도 있었다.

치료 횟수 및 금액을 부풀러 허위로 보험금을 청구한 병원도 덜미를 잡혔다. 척추 및 관절 전문 비수술 병원인 서울의 ㄴ의원은 휜다리 교정을 목적으로 내원한 환자에게 5회 도수 치료를 했음에도 총 31회 치료를 받은 것처럼 허위의 진료기록과 영수증을 발급했고, 병명도 '경추통', '척추측만' 등으로 조작했다.

경기도에 위치한 ㄷ외과의원은 무릎관절염으로 26일간 입원한 환자에게 주1회 단위로 권장되는 체외충격파 치료를 무려 177회 실시한 것으로 부풀리는 등 보험사기를 저질렀다. 이 병원에서 치료를 받은 환자는 과다 청구된 진료비 영수증으로 실손보험금을 수령했고, 실제 치료비를 제외한 차액은 생활비 등으로 쓴 것으로 조사됐다.

실손보험에서 보장하지 않는 자가지방 줄기세포 이식술 등 고가의 미승인 의료기술을 실손보험이 보장되는 치료로 조작해 보험금을 편취한 사례도 있었다.

이들 병원은 홈페이지와 간판 등에 '실손보험 적용으로 비용부담 0'이라는 광고를 게재해 환자를 유치했고, 일부 브로커들은 보험 미가입자에게도 가족 등 제3자의 명의로 실손보험을 적용받게 해준다며 병원을 알선하고 소개비를 불법 수수했다. 이번에 적발된 환자들의 대부분은 병원에서 먼 곳에 거주하는 것으로 드러났다. 대부분 브로커 알선을 통해 병원을 찾았다는 얘기다.

이 같은 의료기관의 허위·과잉 진료가 늘어나면서 실손의료보험 손해율은 2015년 상반기 124.2%를 기록하는 등 증가 추세인 것으로 나타났다.

이준호 금감원 보험조사국장은 "실손의료보험의 허위·과다 청구로 인한 손해율 악화로 선량한 보험소비자에 대한 보험료 과다 인상이 우려된다"며 "향후 실손보험 보장체계 개편을 위한 연구용역 및 공청회를 통해 합리적인 개선 방안을 강구할 계획"이라고 말했다.

자료: 경향비즈 2016년 1월 21일
http://biz.khan.co.kr/khan_art_view.html?artid=201601211200051&code=920401&med=khan

"돈 벌면 그만" 금융범죄에 빠진 고학력 전문직

좋은 학벌에 높은 소득을 올리는 젊은 전문직 종사자들이 '검은 돈'의 유혹에 빠져들고 있다.

특히 금융·투자업계 등에서 관행적으로 답습되는 한탕주의까지 맞물려 20, 30대가 우리 사회 '화이트칼라' 범죄의 주범으로 등장해 있다. 가정과 사회가 도덕적 가치보다 성공을 앞세우며 경쟁을 부추기면서 이들이 '사회의 괴물'이 되고 있다는 지적이다.

서울남부지검은 11일 한미약품의 대형계약 체결 정보를 미리 빼내 주식 투자로 2억여원의 부당이익을 취한 노모(27)씨와 양모(30)씨를 구속기소하고 이모(27)씨를 벌금 700만원에 약식 기소했다. 세 사람은 각각 해당 회사 연구원과 증권사 애널리스트로 모두 전문직에 종사하면서 서울대 약대 동문이라는 네트워크로 연결돼 있었다.

지난달에는 기업 회계감사를 하며 얻은 미공개 정보를 활용, 주식 투자를 통해 억대 이득을 챙긴 삼일회계법인 소속 회계사 이모(29)씨 등 6명이 기소됐다. 부정행위에 연루된 대상은 30명에 달했다. 이들 역시 삼일 삼정 안진 등 국내 '빅3' 회계법인 소속으로 이 중 10명은 특정 사립대 동문이거나 입사 동기로 끈끈한 친분을 유지해 왔다.

검찰 관계자는 12일 "요즘 주식과 관련된 범죄자들을 보면 전문 기술을 보유한 20, 30대들이 업무상 취득한 고급 정보를 학연 등으로 형성된 '그들만의 리그'에서 공유하고 이를 바탕으로 사욕을 채우는 공통점을 갖고 있다"고 설명했다.

주가조작 등 화이트칼라 범죄에 무감각한 세태는 젊은이들을 돈의 굴레로 내몬 가장 큰 이유로 꼽힌다. "수백억원 이익이 날아가네" "괜찮아 뭐. 내 돈도 아니고. 펀드가 불쌍하지". 올해 6월 불법 채권거래 혐의로 기소된 증권사 브로커와 펀드매니저의 이 같은 메신저 대화 내용은 업계의 도덕적 해이를 적나라하게 드러냈다. 전상진 서강대 사회학과 교수는 "금융범죄를 저지르는 고학력 종사자들은 자신이 원하는 결과만 중요시하는 사이코패스와 비슷한 성향을 보인다"며 "피해자가 눈에 보이지 않는 금융범죄의 특성상 죄의식을 덜 느끼게 되는 것"이라고 말했다.

실적·성과 제일주의에 빠진 업계의 관행도 한몫을 했다는 분석이다. 펀드매니저 등 금융·투자업계 종사자들은 젊은 나이에 큰 돈을 좌지우지할 수 있는 막대한 권한이 주어지는 반면, 실적에 대한 압박이나 자본시장의 불확실성에서 오는 불안감으로 인해 순간의 유혹을 이기기 쉽지 않다고 한다. 한 증권사 관계자는 "펀드매니저는 수익률이나 운용기금 규모 등 일정 기간의 실적에 따라 몸값이 결정된다"며 "이 때문에 40대만 돼도 옷을 벗는 경우가 많아 한탕주의 범죄를 부추기고 있다"고 전했다.

궁극적으로 명문대 진학과 대기업 입사처럼 선망하던 목표만 달성하면 어느 정도의 과오를 용인하는 우리사회 분위기는 젊은 층에게 도덕적 가치의 중요성을 훼손시키고 있다는 분석이다. 이수정 경기대범죄심리학과 교수는 "부모의 희생을 바탕으로 부와 지식을 쌓은 우리나라의 20, 30대는 극심한 경쟁에서 타인을 배제하고 성취를 이루는데 익숙해져 배려가 부족한 '사회적 괴물'이 돼 가고 있다"고 진단했다.

　금융당국 등 관리·감독기관이 꾸준히 불법·부당행위를 감시하고 있지만 업계 전반의 자정 노력과 종사자 개인의 사회적 책임이 없다면 유사범죄는 언제든 재발할 것으로 보인다. 문찬석 남부지검 2차장은 "시장경제의 생태계인 자본시장이 건강하게 움직이려면 그 토대를 이루는 젊은 종사자들부터 소명의식으로 무장해야 할 것"이라고 말했다.

자료: 한국일보 2015년 12월 12일
http://www.hankookilbo.com/v/aa4b446c1147416db11edccca92c29bb

제6부

범죄예방론

제 1 장
범죄예방이론

제1절 상황적 범죄예방이론

건강은 건강할 때 지켜야 한다거나 치료보다는 예방이 좋다는 등의 말을 우리가 흔히 하는 것처럼, 외국에서도 1온스의 예방이 1파운드의 치료만큼이나 가치 있는 것이라는 말들을 한다. 치료보다는 예방을 중시하는 이와 같은 말들이 범죄학에서는 더욱더 가치 있는 명언이지 않을 수 없다. 만약 우리가 범죄가 파괴적인 영향을 미치기 전에 범죄를 효과적으로 제어할 수 있는 방법을 찾을 수 있다면 더 이상 바랄 수 있는 묘안은 있을 수 없는 것이다.

이것은 범죄가 일단 발생하게 되면, 개인적으로 사회적으로 많은 비용을 유발시키기 때문이다. 피해자의 경제적·신체적 손상은 물론이고 가해자에게 주어지는 처벌이라는 비용, 형사절차를 진행시키는 데 필요한 형사사법경비, 그리고 가해자와 피해자간의 갈등과 사회적 불안과 공포 등의 비용을 수반한다. 이러한 면에서도 범죄의 예방은 가치 있는 형사정책적 범죄억제라고 할 수 있다.

그러나 질병의 예방이나 범죄의 예방은 그 절차상의 타당성이 강조되어야 한다. 그것은 범죄발생이나 발병 후의 치료를 위한 사후 대응적 개입과는 달리 예방적 대응은 잠재적으로 폭발적인 상황이 실현되고 역으로 다른 사람에게 영향을 미치기 전에 중재·조정할 수 있기 때문이다. 바로 여기서 범죄예방이나 질병예방을 위한 기술과 절차 등은 확실한 경험적 자료에 의한 철저한 검증을 요한다는 것을 알 수 있다.

상황적 범죄예방이론은 범죄가 발생하는 상황적 조건 및 범죄기회를 제거함으로써 범죄를 예방하려는 논의라고 할 수 있다. 이러한 상황적 범죄예방이론은 합리적 선택이론(rational choice theory), 생태학적 범죄학(ecological criminology), 일상활동이론(routine activity theory) 등에 기초하고 있다. 이 이론의 범죄예방논리는 범죄행위에 대한 비용과 위험을 높이고, 범죄행위의 이익을 감소시킴으로써 예방할 수 있다고 본다. 이 이론에서는 억제이론과 같이 인간의 자유의지, 공리주의적 인간관, 합리적 선택 등에 근거한 범죄관을 전제로 한다.

　상황적 범죄예방은 범죄의 기회를 제거함으로써 범죄를 예방하고자 하는 전략으로 가해자에 대해서는 체포의 위험을 느끼는 정도를 증가시키는 공간구성이 강조되는 반면, 피해자에 대해서는 범죄의 접근이 어렵도록 방범장치를 강화하거나 범행유인요소를 제거하는 일련의 방범활동을 뜻한다.[1] 클라크에 따르면 상황적 범죄예방은 특정한 범죄유형을 대상으로 하고, 가능한 한 체계적이고 지속적으로 환경을 관리하고 설계하거나 조정하는 것이며 잠재적 범죄자들에 인식되는 검거의 위험성 및 범행의 어려움을 증가시키거나, 보상이나 범죄의 명분을 감소시키는 것을 내용으로 한다. 이러한 상황적 범죄예방은 특정한 범죄행위를 예방하기 위한 단기적 대책을 개발하는 데 역점을 둔다.[2]

　클라크(Ronald V. Clarke)와 홈멜(R. Homel)은 상황적 범죄예방이론을 설명하면서 범행기회의 제거기법을 크게 4가지의 범주로 나누어 제시하였다. 즉 범행기회의 제거기법은 범죄자로 하여금 범행에 투입하는 노력을 증가시키는 방법(increasing perceived effort), 범행의 위험성을 제고시키는 방법(increasing perceived risk), 범행으로부터 획득할 수 있는 보상을 감소시키는 방법(reducing anticipated rewards), 범행으로 인한 죄의식이나 수치심을 유도하는 방법(inducing guilt or shame) 등으로 나눌 수 있다.

　이를 다시 구체적으로 16가지의 기법으로 나누었는데 범행대상의 견고화(target hardening), 접근통제(access control), 범죄자 회피(deflecting offenders), 편의시설 통제(controlling facilitators), 출입구 감시(entry/exit screening), 공식적 감시(formal surveillance), 고용인의 감시(surveillance by employee), 자연감시(natural surveillance), 범행대상 제거(target removal), 재물표식(identifying property), 매력감소(reducing temptation), 이익의 부정(denying benefits), 법규의 제정(rule setting), 양심의 자극(stimulating conscience), 탈억제물의 통제(controlling disinhibitor), 순응의 촉진(facilitating compliance) 등이 그것이다.[3]

---

1 최응렬, 「환경설계를 통한 범죄예방」(파주: 한국학술정보(주), 2006), p. 26.

2 Clarke, Ronald V., *Situational Crime Prevention: Successful Case Studies,* 2nd ed., (Albany, New York: Harrow and Heston, Publishers, 1997). p. 4.

3 Clarke, Ronald V. and Homel, Rossl, "A Revised Classification of Situation Crime Prevention Techniques," in Steven P. Lab, (ed.), *Crime Prevention: Approaches, Practices and Evaluations* (Cincinnati, OH, Anderson Publishing Co.,

하지만 이상과 같은 상황적 범죄예방기법의 분류는 몇 가지 비판을 받고 있다.[4] 첫째, 클라크와 홈멜이 제시한 이상의 분류는 각각의 기법이 상호배타적이지 못하고 중복되는 경우가 많다. 즉 상황적 범죄예방기법을 적용함에 있어서 어느 하나의 기법만 적용되는 것이 아니라 하나의 범죄예방 전략에 다양한 기법들이 동시에 적용될 수 있다는 것이다. 둘째, 워트리(R. Wortley, 1996)는 분류된 기법이 완성된 것이 아니라고 비판하였다. 특히 '죄의식 또는 수치심의 유도' 기법에서 죄의식과 수치심이 동일한 것이 아니며 분리되어야 한다고 주장하였다. 셋째, 클라크는 상황적 범죄예방기법이 갖는 프라이버시 침해의 소지나 '빅브라더(Big Brother)'의 문제에 대해 언급하였다. 넷째, 클라크는 또한 상황적 범죄예방이론은 범죄의 근본 원인이 되는 빈곤, 차별, 고용, 교육 등의 문제에 대해서는 설명하지 못하는 한계를 지적하였다. 끝으로, 상황적 범죄예방이론은 범죄에 대한 두려움의 문제를 설명하는 데 실패했다는 비판을 받는다.

HOT ISSUE

홍콩 범죄전이효과와 범죄통제이익의 확산효과

■ 범죄전이효과(crime displacement effect)

1. 개 념

레페토(T. A. Reppetto)는 1976년 그의 논문 "Crime Prevention and the Displacement Phenomenon"에서 전이(displacement)라는 용어를 소개하였다. 하지만 이 당시만 해도 단순한 현상을 설명하는 용어에 불과했을 뿐 정확한 학문적 정의를 제시한 것은 아니었다. 그 후 많은 학자들이 자신의 연구결과를 설명하는 데 이 용어를 사용하기 시작하였다. 그러나 이러한 용어의 정의에 대하여 비록 베넷(T. Bennett, 1986)과 가버(T. Gabor, 1978)에 의해 간략하게 설명되었다고는 하지만 한 연구에서 전이라고 범주화된 행동패턴이 또 다른 연구에서는 범죄전이를 설명할 수 없는 문제가 발생할 여지가 있었다.[5] 이러한 문제는 범죄의 전이에 대한 명확한 정의가 없었기 때문에 발생한 것이다.

이러한 문제에 대해 랩(Steven P. Lab)은 범죄의 전이를 "개인적 또는 사회적인 범죄예방활동에 따라 범죄에 변화가 일어나는 것"이라고 정의하였다.[6] 여기에는 전체적인 범죄의 양은 비탄력적이며, 범죄억제 전략들은 범죄를 제거하는 대신 단지 이동시킬 뿐이라는 전제가 바탕을 이루고 있다. 한편 레페토

1997), p. 159.

4 Lab, Steven P., *op. cit.,* pp. 161–162.

5 Barnes, Geoffrey C., "Defining and Optimizing Displacement", In Eck, John E. and Weisburd, David(ed.), *Crime and Place* (Monsey, New York: Criminal Justice Press, 1995), pp. 100–101.

6 Lab, *op. cit.*, p. 73.

(Reppetto, 1976)는 범죄의 전이를 "범죄예방활동으로 장소, 시간 또는 범죄유형 등이 다른 형태로 변경되는 것"을 일컫는다고 정의하였다.[7]

2. 유 형

범죄전이의 유형은 <표 1>에서 보는 바와 같이 시기적 전이, 목표물 전이, 공간적 전이, 전술적 전이, 범죄자 전이, 범죄유형 전이 등 총 6가지의 유형으로 분류할 수 있다. 범죄전이를 예상할 수 있는 대부분의 범죄, 즉 폭력이나 살인과 같은 우발적이고 격정적인 범죄를 제외한 범죄의 경우 일반적으로 범죄자들은 합리적 판단을 통하여 범죄행위를 선택한다고 가정된다. 따라서 특정 지역에서, 특정 범죄에 대한 범죄통제전략이 실시된다면 대부분의 범죄자들은 그에 걸맞는 행동을 선택할 것이다. 즉 다른 지역으로 이동을 하여 동일한 범행수법으로 동일한 범죄를 저지르거나, 범행수법을 변경한다거나, 범행 시간대를 바꾸는 전략을 모색할 수도 있고, 더욱 효과적으로 범행을 성공시킬 수 있는 새로운 수법을 개발하는 등의 노력을 할 수도 있다. 또 아예 범행결의 자체를 포기하고 합법적인 수단을 강구할 수도 있을 것이다.

그런데 한 가지 고려해야 할 것은 여기서 제시한 여섯 가지의 범죄전이 유형 가운데 범죄자는 어떤 형태의 범죄전이를 먼저 선택할 것인가에 대한 것이다. 이에 대해 가버(T. Gabor, 1990)는 범죄자들에게는 "전이의 우선순위(hierarchy of displacement)"가 있을 것이라고 주장하였다. 즉 범죄자가 기회의 차단에 직면할 경우 다양한 형태로 전이를 시도할 것인데, 우선 그들은 새로운 장소를 물색(장소적 전이)하여 동종의 범죄를 저지를 것이다. 만약 이러한 시도도 불가능하다면 전술적 전이 또는 목표물의 대치가 가장 가능성이 높은 전이유형이 될 것이다. 그리고 동종의 범죄를 실행할 수 있는 모든 방법이 불가능하게 되면 최후의 수단으로 다른 모든 유형의 범죄 가운데 가장 선호하는 범죄유형으로 전이하게 될 것이다.[8] 비록 가버가 전이유형의 우선순위와 관련한 이 주장에 대해 구체적인 설명을 제시하지는 않았지만 전이를 연구함에 있어서 상당히 고려할 만한 내용이다.

---

7 Weisburd, David, et. al., "Does Crime Just Move Around the Corner? A Controlled Study of Spatial Displacement and Diffusion of Crime Control Benefits", *Criminology*, Vol. 44, No. 3, 2006. p. 553.

8 Barnes, Geoffrey C., *op. cit.*, p. 107.

[표 1] 범죄전이의 유형

유 형	설 명
시기적 전이 Temporal Displacement	범죄자가 범행발각의 위험이 덜하도록 범행 시간대 또는 범행요일을 변경하는 것
목표물 전이 Target Displacement	범죄자가 잘 보호된 목표물을 포기하고 더욱 취약한 범행대상으로 목표물을 변경하는 것
공간적 전이 Spatial Displacement	범죄를 저지르기 더욱 어려워진 장소로부터 벗어나서 다른 장소에서 불법적 행위를 저지르는 것
전술적 전이 Tactical Displacement	범죄자의 범행을 제지하는 장애물 때문에 그들이 범죄를 저지를 때 사용하던 수법을 변경하는 것
범죄자 전이 Perpetrator Displacement	특정 범죄를 저지르던 범죄자가 체포되거나 스스로 범죄행위를 포기했을 때 다른 범죄자가 그 자리를 대신하는 것
범죄유형 전이 Type of Crime Displacement	범죄자가 특정 형태의 범죄행위를 할 수 없는 상황이 되었을 때 전혀 새로운 범죄유형으로 변경하는 것

출처: Geoffrey C. Barnes, "Defining and Optimizing Displacement," in Eck, E. John and Weisburd, David, ed., *Crime and Place*(Monsey: New York, Criminal Justice Press, 1995), p. 96.

3. 전이효과 연구의 한계

바우어스와 존슨(Bowers & Johnson)은 전이효과에 대한 연구가 갖는 한계를 크게 세 가지로 나누어 설명하고 있다.[9] 우선 범죄에 대한 제재가 대상지역의 범죄자에게 크게 영향을 주지 못하는 경우 문제가 될 수 있는데, 범죄예방효과가 전혀 없는 상황에서 범죄전이효과를 분석하는 오류와 같은 것이다. 또 범죄의 전이가 이루어지는 지역에 대한 정의 또는 설정이 어떻게 되는가에 따라서 범죄통제전략의 평가는 달라질 수 있다. 이것은 범죄의 완충지대 또는 퓨즈지역을 어떻게 형성하느냐에 따라서 범죄전이를 긍정적 혹은 부정적으로 판단할 수 있기 때문이다. 끝으로 전이지역이 서로 중복되거나 다른 범죄억제정책이 대상지역의 인근에서 실시될 경우 전이의 혼합(displacement contamination)이라는 문제가 발생할 수 있다. 에크는 전이가 발생한다면 범죄자들은 익숙한 장소, 시간대, 그리고 행동양식으로 범행대상을 삼을 가능성이 매우 높고 상대적으로 익숙하지 않은 대상에 대해서는 범행가능성이 매우 낮을 것이라고 한다. 따라서 우리는 범죄전이가 범죄예방활동 대상지역의 인근에서 발생할 것을 예측할 수 있다.

한편 와이스버드 등은 범죄전이에 대한 조사연구의 한계에 대해 1990년대 이후 이루어진 대표적 실험연구를 검토한 후 세 가지의 문제점을 지적하였다.[10] 첫째, 전이의 양은 범죄통제정책의 유형에 따라

---

9 Bowers, Kate J. and Johnson, Shane D., "Measuring the Geographical Displacement and Diffusion of Benefit Effects of Crime Prevention Activity", *Journal of Quantitative Criminology*, Vol. 19, No. 3, September 2003, pp. 277-279.

10 Weisburd, David, et. al., *op. cit.,* pp. 555-556.

달라진다. 예를 들어 헤셀링(Rene Hesseling, 1994)은 접근통제(access control)보다는 범행대상 견고화(target hardening)의 가능성이 더 높을 것이라고 주장한다. 둘째, 전이의 양은 통제되는 범죄 또는 무질서에 따라 달라진다. 에크(John E. Eck, 1993)는 다른 유형의 범죄들보다 약물거래범죄가 전이가능성이 더 높을 것이라고 주장하면서 특정 유형의 약물 시장은 특히 전이에 민감하다고 믿었다. 끝으로 가장 중요한 문제로서 전이를 확인할 수 있는 방법론상의 충분한 조사설계를 사용할 수 있는 연구자들이 드물었기 때문에 연구들이 전이효과 분석을 정확하게 수행하지 못했다는 문제가 있다. 물론 여기에는 충분한 연구지원이 없었기 때문이기도 하지만 정확한 측정을 위한 분석도구를 개발하지 못한 점도 지적할 수 있다.

■ 범죄통제 이익의 확산효과

최근의 연구에서 범죄전이가설은 범죄통제 전략을 펼치던 중 비록 예상하지는 못했지만 긍정적인 결과들을 발견하였다. 이러한 현상은 범죄통제지역은 아니지만 바로 인접한 지역에서 나타나는 것들이었다. 이에 대해 클라크와 와이즈버드(Clarke & Weisburd)는 이러한 현상을 "범죄통제 이익의 확산(diffusion of crime control benefits)"이라고 일반화된 명칭을 사용하여 명명하였다. 한편 이에 대해 학자들은 "무임승차 효과(the free rider effect; Miethe, 1991)", "보너스 효과(the bonus effect; Sherman, 1990)", "후광 효과(the halo effect; Scherdin, 1986)", "증폭 효과(the multiplier effect; Chaiken, Lawless, and Stevenson, 1974)", "이익의 범람(spill over benefits, Clarke, 1989)" 등 다양한 용어를 사용하였다.[11]

구체적으로 클라크와 와이즈버드는 이익의 확산에 대해 "대상이 되는 장소, 개인, 범죄, 시간대 등을 넘어서 긍정적인 영향이 퍼지는 것"이라고 정의하였다. 범죄전이는 범죄예방활동의 대상이 되는 범행대상으로부터 범죄가 이동하는 과정을 설명하는 것인 반면, 범죄통제 이익의 확산은 범행대상뿐 아니라 다른 대상들에게까지 범죄감소효과가 퍼지는 과정을 설명한다.[12]

클라크와 와이즈버드는 확산효과에 수반하는 두 가지 주요 과정인 억제(deterrence)와 단념(discouragement)을 구분하였다. '억제(deterrence)'란 범죄자가 경찰 또는 기타 사회통제기관의 범죄예방 노력들을 과대평가하여 그들이 체포 또는 처벌의 높은 위험에 처한 것으로 잘못 평가하는 것을 말한다. 셔먼(Sherman, 1990)은 경찰의 집중단속활동이 끝났음에도 불구하고 범죄통제 이익이 지속되는 사례를 예로 들어 설명하였다. 한편 '단념(discouragement)'은 범죄예방 프로그램이 범죄활동과 관련한 보상을 감소시킬 때 나타난다. 예를 들어 잉글랜드에서 저소득층이 밀집된 공영주택단지의 가스계량기를 동전 투입형에서 전자결제용으로 교체한 뒤 그 지역의 전반적인 주거침입절도가 감소하는 효과가 나타났다. 이 경우 잠재적 범죄자들로 하여금 '어떤 계량기에 동전이 들어있는지 확신할 수 없을 뿐더러, 미터기의

---

11 Clarke, Ronald V. and Weisburd, David, "Diffusion of Crime Control Benefits: Observations on the Reverse of Displacement", in Clarke, Ronald V. (ed.), *Crime Prevention Studies,* Vol. 2. (Monsey, New York: Criminal Justice Press, 1994), p. 168.

12 최응렬·김연수, 전게논문, p. 157.

현금을 털기 위해서는 상당한 정도의 노력이 추가되어야 한다'는 생각을 갖도록 하여 범행을 단념토록
한 것이다.[13]

여기서 억제와 단념은 그 개념을 명확하게 구분하는 것은 쉽지 않다. 하지만 억제는 외적인 요인을
판단의 근거로 삼아 범죄를 포기하는 것으로 주로 범행발각의 위험성과 관련이 있는 반면, 단념은 내적
판단을 근거로 삼아 범행 결의를 철회하는 것으로 범죄의 성공에 투입되는 노력의 정도를 고려한 행동이
라는 것이라는 점에서 구분이 가능하다.

제 2 절   범죄의 상황적 억제전략

일반적으로 범죄예방은 일차적(primary) · 이차적(secondary) · 삼차적(tertiary) 예방으로 개념화
되고 있다. 일차적 예방은 특정한 범인성 조건의 개선을 통하여 범죄의 일반적 파급과 사건을
줄이고자 하는 데 목적이 있다. 반면에 이차적 예방은 발생하려고 하는 범죄행위의 조기진단과
치료를 목적으로 한다. 그리고 삼차적 예방은 범죄자에 대한 교화 개선적 노력을 중심으로 이루
어지는 것을 말하는 것이다.

그런데 범죄예방과 가장 연관성이 깊은 합리적 선택이론(rational choice theory)에 따르면, 범
죄예방은 미래의 범죄행위로 인한 비용(cost), 범죄의 결과로 얻어지는 이익(benefit), 범죄를 유
발하는 요인(incentive), 그리고 범행의 기회(opportunity)를 조정 · 중재하는 것이어야 한다. 즉, 범
죄의 비용은 극대화하고, 범행의 기회와 이익 그리고 유인은 최소화함으로써 범죄의 예방이 가
능해진다는 것이다. 반대로 범죄의 예방을 위해서는 동시에 친사회적 활동의 비용은 최소화하는
반면, 비 범죄에 대한 기회와 이익 및 유인을 극대화할 필요가 있다.[14]

---

13 Weisburd, David, et. al., *op. cit.*, p. 555.

14 Glenn D. Welters, *Foundations of criminal Science, vol. 2 The use of knowledge,* New yor: Prraeger, 1992, pp.
   141 – 142.

1. 범죄 유발 유인(incentives)의 개선

(1) 가   정

범죄의 원인과 관련변수를 설명하기 위하여 가장 빈번하게 그리고 가장 강력하게 제기되는 것이 범죄와 가정의 관련성일 것이다. 즉, 가정과 부모요인이 차후의 범죄행위에 의미 있는 관련성을 가진다는 이러한 사실을 고려할 때, 부모의 역할, 양육방법과 전략 등을 변화시키고 가족의 상호작용 유형을 바꿈으로써 가족구성원의 미래 범죄행위를 예방할 수 있고 또 실제로 효과적이라는 것이 증명되고 있다.

그런데 대부분의 범죄예방을 위한 또는 범죄방지를 위한 가족개입(family intervention)은 범죄가 발생하기 전에 가족에 개입하여 범죄를 사전에 방지하는 일차적 예방보다는 비행자나 범죄자의 가족에 개입하여 제2, 제3의 범죄를 방지하는 이차적 예방을 목표로 하고 있다.

그런데 가정적 요인은 주로 청소년 비행의 원인으로 다루어지고 있으므로 청소년 비행의 예방을 위한 가정을 중심으로 한 노력들을 소개하고자 한다.

실제로 Salt Lake시와[15] Oregon Social Learning Center[16]에서는 문제 및 비행청소년의 가정을 위한 행동관리 프로그램을 개발하였는데, 이 프로그램의 주요내용은 부모와 가족들에게 분명한 규칙을 정하고, 행동을 관찰하며, 용인된 행동에 대해서는 재강화하고, 허용되지 않는 행위에 대해서는 처벌을 가하는 방법을 가르치는 것이었다. 그 결과, Oregon의 경우 실험집단에서는 60%의 공격적 행위의 감소를 초래하였으나 통제집단에서는 15%만 감소하였고[17] 무작위로 실험집단과 통제집단에 배정하여 추적 조사한 결과도 통제집단에 비해 구금기간이 훨씬 짧은, 즉 범죄의 심각성이 훨씬 약한 것으로 나타났다.[18] Salt Lake시에서도 초범자는 물론이고[19] 핵심적인

15 S. Alexander and B. V. Parsons, "Short−term behavioral intervention with delinquent families: Impact on family process and recidivism," *Journal of Abnormal Psychology,* 1973, 81: 219−225.

16 G. R. Patterson, "Treatment for children with conduct problems' A review of outcome studies," in S. Feshbach and A. Fraczek(eds.), *Aggressional and Behavior Change: Biological and Social Prosesses,* New York: Praeger, 1980, pp. 83−132

17 G. R. Patterson, P. Chamberlain and J. Reid, "A Comparative evaluation of a parent training program," *Behavior Therapy,* 1982, 13: 638−650; G. R. Patterson, "Beyond technology: The next stage in developing and empirical base for parent training," in L.L's Abate(ed.), *Handbook of family psychology and therapy. vol. 2 Homewood,* IL: Dorsey Press, 1985, pp. 1344−1379.

재비행자에게까지도[20] 그들의 행동을 수정하는데 효과가 있었다는 결과가 제시되고 있다. 이러한 결과는 보호관찰을 받고 있는 비행소년에게도 마찬가지로 통제집단의 비행소년에 비해 약 6배에 가까운 효과를 보인 것으로 나타났다.[21]

　　이처럼 비행소년과 비비행소년의 가정에 대한 개입은 이들 비행소년의 미래 비행행위를 어느 정도 예방할 수 있는 것으로 확인되고 있다. 그러나 부모훈련 프로그램이 비행아동은 물론이고 대상으로 삼지 않은 형제까지도 긍정적인 반응을 나타냈음에도 불구하고, 가족이나 부모들을 기본으로 한 개입이 과연 일차적 예방전략으로서도 확실한 효과가 있는지에 대해서는 그리 많이 알려지지 않고 있다.[22] 물론 가정이 아동의 사회화를 위한 일차적 사회화기관이라는 사실을 고려한다면, 적정한 가족개입 전략이 있다면 비행이나 범죄의 일차적 예방으로서도 얼마든지 효과적일 수 있을 것이다.

(2) 학　　교

　　가정 다음으로 중요한 사회화기관이 학교라는 사실에는 의문의 여지가 없다. 그러나 학교는 대부분의 경우 청소년들을 위한 교육기관이고, 따라서 학교에서의 범죄예방노력은 어쩔 수 없이 청소년 범죄와 비행의 예방에 치중될 수밖에 없다. 특히 교육열의 증대로 청소년의 의무교육기간이 길어지고 따라서 청소년들이 가정보다는 학교에서 보내는 시간이 더 많은 점을 고려한다면 학교가 청소년들에게 미치는 영향은 적지 않을 것이다. 더욱 안타까운 것은 전통적인 가정의 역할을 제대로 하지 못하는 현대가정에 있어서는 가정교육마저도 학교에서 떠맡아야 하는 실정인 것을 감안하면 청소년에게 있어서 학교의 중요성은 더할 나위 없는 것이다. 더구나 청소년

18 H. Marlowe, J. B. Reid, G. R. Patterson, and M. Weinrott, "Treating adolescent multiple offenders, A comparision and follow-up of parent training for families of chronic delinquents," *Unpublished manuscript,* Eugene. OR, 1986; Welters, *op. cit.,* pp. 143-144에서 재인용

19 N. C. Klein, J. F. Alexander, and B. V. Parsons, "Impact of family system intervention on recidivism and sibling delinquency: A model of primary prevention and program evaluation," *Journal of Counsulting and Clinical Psychology,* 1977, 13: 16-26.

20 C. Barton, J. F. Alexander, H. Waldron, C. W. Turner, and J. Warbuton, "Generalizing treatment effeets of functional family therapy Three replications," *American Journal of Family Therapy,* 1985, 13: 16-16.

21 P. Gendreau and R. R. Ross, "Revivification of rehabilitation Evidence from the 1986s," *Justice Quarterly,* 1987, 4: 349-407.

22 L. Humphyreys, R. Forehand, R. McMahon, and M. Roberts, "Parent behavioral training to modify child noncompliance: Effects on untreated siblings," Journal of Behavior Therapy and Experimental Psychiatry, 1978, 9: 235-238.

비행에 관한 연구 중에서 가장 중요한 것 중의 하나는 학교와의 관계일 것이다. 학업에 대한 열의가 적거나, 학교에 대한 애착이 적고, 또는 학업성적이 좋지 않은 청소년이 비행을 할 확률이더 많다는 것이다. 따라서 학교를 기반으로 하는 적절한 개입을 통해서도 비행의 예방은 가능하다는 것을 알 수 있다. 즉, 가능한 많은 학생들에게 성공의 기회를 주고 그래서 학교에 대한 열의를 높이며 교육에 대한 열성을 갖게 하고, 더불어 동료나 선생님과의 상호작용을 통해서 대인관계나 문제해결 및 사회적 협상 등의 기술과 능력을 가르침으로써 비행을 예방할 수 있을 것이다.

그런데 대부분의 학교개입 프로그램은 아직 비행소년이 되지는 않았지만 위험성이 있거나아니면 지금까지의 연구결과 비행위험성이 높은 것으로 알려지고 있는 학교실패자나 문제학생등을 주 대상으로 하게 된다.

영국에서 사회사업가가 초등학교 수준의 학생들에 개입한 결과 사회사업가의 개입을 받지않은 학생에 비해 법률적 문제를 안게 되는 비율이 낮았다고 한다.[23] 그리고 이보다 더 발전된프로그램으로서 잘 알려진 Head Start 프로그램에 무작위로 배정된 3∼4세의 어린이들이 19세가 되었을 때 그들의 통제집단에 비해 체포된 비율이 훨씬 낮았다.[24] 결국 이들 연구결과는 입학전 아동에 대한 상당히 엄격한 프로그램이 그 후의 사회적 적응에 상당한 영향을 미치는 것으로확인시켜 주고 있다. 한편 청소년 마약복용자들에 대한 처우프로그램에서 대인적 의사소통이론(interpersonal communication theory)과 다양한 역할 수행절차에 기초하여 동료와 더 좋은 관계를유지하고 보다 긍정적인 관계를 형성할 수 있으리라는 기대를 가지고 학생들에게 타인과의 의사소통 방법 등을 가르친 결과, 알코올과 마약복용률이나 기물파손 보상비 등이 훨씬 감소되었으며, 통제집단과의 비교에서도 5배 이상 범행률이 낮았다.[25]

(3) 지역사회

범죄가 다양한 사회적 요인에 기인한다는 범죄사회학파들의 주장을 빌릴 필요도 없이 범죄

---

23 G. Rose and T. F. Marshall, *Counseling and School Social Work An Experimental Study,* London; John Wiley, 1974:
   Waiters, *op. cit.,* p. 146에서 재인용.

24 J. R. Berreuta, L. J. Schweinhart, W. S. Bennett, A. S. Epstein, and D. P. Weikart, *Changed Lives: The Effects of the
   Perry Preschool Program through age 19,* Ypsilanti: High/Scope Press, 1984.

25 P. Englander—Golden, J. Elconin, and V. Satir, "Assertive/laveling communication and empathy in adolescent drug
   abuse prevention," *Journal of Primary Prevention,* 1986, 219−230; P. Englander—Golden, J. C. Jackson, K. Crane,
   A. B. Schwarzkopf, and P. S. Lyle, "Communication skills and self esteem in prevention of destructive behavior,"
   Adolescence, 1989, 24: 481−502.

는 사회적 현상이라는 사실 하나만 가지고도 범죄문제의 해결을 위해서는 어떠한 방법으로든 사회적 개입이 필요하다는 것을 알 수 있다. 일찍이 시카고 학파의 사회해체이론(social dis-organization theory)을 필두로 한 사회구조이론들은 대부분이 범죄의 원인이나 그 해결도 사회의 구조적 문제에서 찾아야 한다고 주장하고 있다. 그래서 시카고학파에서는 '시카고지역계획(Chicago area project)'이라는 범죄예방 프로그램을 시도하게 되었다. 즉, 해체된 사회를 재조직화해야만 그 지역의 범죄율을 낮출 수 있다는 것이다. 물론 이러한 사회해체가 범죄의 원인인지 아니면 범죄활동의 결과인지 분명치는 않지만, 그래도 시카고지역 프로젝트와 같은 지역사회에 기초한 개입(community-based intervention)이 일차적 예방과 이차적 예방활동에 기여할 수 있는 것으로 보이는 것은 틀림없다.[26] 예를 들어, South Bronx의 Argus Community Program[27]이나 Philadelphia의 House of Umoja[28]에서는 위험성이 높거나 이미 유죄가 확정된 청소년들에 대한 개입을 통하여 상당한 재범률의 감소를 가져올 수 있었다.[29] 영국에서도 슬럼가에 거주하는 비행 전 또는 비행소년들과의 지역사회모임과 개별적 케이스워크를 통하여 비교집단에 비해 더 좋은 결과를 얻을 수 있었다.[30]

(4) 대중매체

대중매체의 역할 중에서 중요한 하나가 바로 사회교육적 기능일 것이다. 물론 이러한 언론의 사회교육적 기능을 논하기 전에 언론과 범죄의 관련성이 논의되고 특히, 언론의 폭력성이 청소년들의 폭력성에 영향을 미친다는 주장들이 설득력을 가지고 있음을 볼 때 언론을 통한 범죄의 예방은 상당한 가치가 있을 것이다.

대중매체를 통한 범죄의 예방은 따라서 언론의 폭력성을 개선하는 등 언론의 정화를 통하여 청소년들을 폭력성에 적게 노출시킴으로써 범죄를 학습하거나 폭력성을 견지하지 못하게 하는 수동적·소극적인 것에서부터, 범죄예방이나 방범 등에 관한 공익광고나 프로그램을 편성하여

---

26 B. H. Bry, "Reducing the incidence of adolescent problems through preventive intervention one and five year follow up," *American Journal of Offender Theraphy and Comparative Criminology,* 1982, 23: 177-183.

27 E. L Sturz and M. Taylor, "Inventing and reinventing Argues What makes on community organization work," *Annals,* 1987, 494: 19-26.

28 D. Fattah, "The House of Umoja as a case study for social justice," *Annals,* 1987, 494: 37-41.

29 L. A. Curtis, "The retreat of folly. Some modest replications of inner-city success," *Annals,* 494: 71-89

30 C. S. Smith, M. R. Farrant, and H. J. Marchant, *The Wincrof youth project: A social work programme in a slum area,* London: Tavistock, 1972.

보도함으로써 시민들로 하여금 범죄에 대한 경각심을 갖게 하고 잠재적인 범죄자에 대해서는 경고를 보내는 등의 적극적·능동적인 것에 이르기까지 다양한 형태로 이루어질 수 있다.

실제로 '마약 없는 미국을 위한 협력(partnership for drug free America)'이라는 언론캠페인의 결과 언론홍보 캠페인이 가장 활발하였던 지역에서 마리화나나 코카인의 복용이 가장 낮게 나타났다.[31] 그러나 이처럼 언론매체가 범죄유발요인의 개선을 통한 일차적 범죄 예방에 기여할 수도 있으나 언론캠페인 자체로서만은 그 효과가 크지 않으며[32] 더군다나 반대로 범죄를 조장하거나 두려움을 조장하는 역기능을 초래할 수도 있다.[33] 따라서 언론이 범죄유발요인의 개선을 통한 범죄예방 전략으로서 잠재적 유용성이 확인되기 위해서는 보다 치밀한 계획과 연구가 필요한 것으로 보인다.

2. 범행기회의 축소

범죄를 사전에 계획하고 자신의 범행대상을 선택하는 경우, 대부분 가장 먼저 고려되는 것이 범행의 용이성일 것이고, 범행의 용이성은 바로 접근의 편의성이나 용이성이며, 접근의 용이성은 곧 감시감독의 부재에 의해 크게 영향받는다고 할 수 있을 것이다. 따라서 범죄는 공공의 감시감독이 적을수록 용이해지는 것이며, 반면에 청소년을 감독하고, 낯선 사람을 주시하며 증인으로서 증언하는 등의 의지가 강할수록 범죄는 어려워질 수밖에 없다. 실제로 우리 사회에도 범죄 다발 지역이 있으며, 범죄피해자가 될 가능성이나 확률이 사람에 따라 다르다는 사실이 바로 범행의 기회를 줄인다면 범죄도 그만큼 예방될 수 있을 것이라는 가정을 가능케 하는 것이다.[34]

이러한 범행기회의 축소는 잠재적인 범행의 대상자라고 할 수 있는 사람들이 스스로 자신의 행동을 조심하거나, 범행의 대상이 될 수 있는 물품들에 대한 접근을 어렵게 하고, 또는 주거환

---

31 G. S. Black, "Partnership for a Drug-Free America Attitude Tracking Study," *Paper Presented at The Nida National Conference on Drug Abuse Reserch and Practice,* Washington, D.C., 1991 ; Welters, *op. cit.,* p. 148에서 재인용.

32 C. P. Nuttall, "Crime prevention in Canada," *Canadian Journal of Criminology,* 1989, 31: 477–486.

33 S. M. Gorelick, "'Join our war' The construction of ideology in a newspaper crime fighting campaign," *Crime and Delinquency,* 1989, 35: 421–436; F. W. Winkel, "Response generalization in crime prevention campaigns," *British Journal of Criminology,* 1987, 27: 155–173; A. E. Liska and W. Baccaglini, "Feeling safe by comparison: Crime in the newspapers," *Social Problems,* 1990, 37: 360–374.

34 L. W. Sherman, P. R. Gartin, and M. E. Buerger, "Hot Spots of Predatory crime: Routine activities and the criminology of place," *Criminology,* 1989, 27: 27–55.

경에 대한 개선을 통하여 잠재적인 범죄자에 대한 감시를 강화함으로써 범행의 기회를 줄이는, 소위 시민각자가 범죄에의 노출(exposure to crime)을 최소화하거나 경찰 등 공식적인 범죄통제 기관의 범죄예방활동을 통하여 범죄를 예방하는 방법이 있다.[35] 즉, 감시를 강화하고, 행동을 조심하며, 접근을 어렵게 하여, 범죄의 위험성에 적게 노출됨으로써 범죄자에게 그만큼 범행의 기회를 줄이게 되고 결과적으로 그만큼의 범죄가 예방될 수 있다는 것이다.

(1) 개인의 사전예방

사람들이 자신이 범죄의 피해자가 될 확률을 줄이고 범죄의 피해자가 되었을 때 피해의 정도를 최소화하기 위한 다양한 전략 가운데서도 가장 보편적으로 그리고 쉽게 활용되고 있는 것이 개인의 사전예방이다.[36] 그런데 범죄피해의 확률과 피해의 정도를 줄이기 위한 이러한 개인의 사전조치에는 두 가지 전략이 있다. 첫째는 범죄피해의 확률을 줄이기 위해서는 우선 범죄의 위험성에 적게 노출되어야 한다(less exposure to crime). 범죄의 위험성에 적게 노출되기 위해서 사람들이 보편적으로 취할 수 있는 전략을 행동유형의 변경(change of behavioral patterns)이라고 한다. 두 번째는 위험성에 적게 노출되는 것이 바람직할지라도 위험성에 전혀 노출되지 않을 수는 없기 때문에 노출시 피해확률이나 정도를 줄이기 위해서 사람들은 자신을 방어할 자기방어 (self-defense)능력을 키우는 것이다.

먼저, 범죄위험성에의 노출을 줄이기 위한 행동유형의 변경은 주로 위험한 지역에 가지 않고, 야간과 같은 위험한 시간대의 외출을 안 하거나, 외출시 다른 사람과 동행하거나, 걸어서 외출하지 않고 승용차를 운전하거나, 아니면 아예 전혀 외출하지 않고 집에만 있는 등의 경우가 해당된다고 할 수 있다. 즉, 범죄의 위험성에 자신을 적게 노출시키기 위해서 스스로를 가급적 움직이지 않는 것이다. 그렇다고 사람들이 자신의 집을 완전히 요새화하고 스스로를 그 속에 가둔채 완전히 고정시킬 수는 없다.

우선 자신을 속박함으로써 사회경제활동의 기회를 잃어버리거나 제한받게 되고 그로 인한 경제적 비용 또한 적지 않다. 더불어 사람에 따라서는 범죄의 위험성에 노출되고 싶지 않지만 직업상 또는 다른 이유로 어쩔 수 없이 야간에 외출을 해야 하는 등 위험성에 노출시킬 수밖에 없는 사람도 있다.

---

35 이윤호, "범죄에 대한 공포—그 원인과 반응,"「형사정책연구」, 1993, 4(1): 27-44.

36 Wesley G. Skogan and Michael G. Maxfield, *Coping with Crime: Individual and Neighborhood Reactions,* Beverly Hills, CA: Sage, 1981, p. 185.

결국 정도의 차이는 있을 수 있지만 누구나 완전하게 범죄의 위험성에 노출되지 않을 수는 없으며, 이 경우 많은 사람들이 위험성에 노출되더라도 자신을 방어할 수 있는 능력을 극대화하고자 할 수밖에 없다. 여기서 자신의 방어능력을 극대화 하는 것도 사실은 호신술을 배우는 등 자신의 취약성을 스스로 극복하여 자신을 방어하는 방법도 있는 반면, 한편으로는 인도견 또는 보호견을 데리고 다니거나 호루라기와 같은 경고음을 낼 수 있는 장비를 지니고 다니거나, 심지어 총기 등의 무기를 소지하는 등의 방법으로 자신이 위험에 처했을 때 다른 사람의 도움을 청하여 위험에서 벗어나는 방법이 있다.

(2) 표적물의 견고화(target hardening)

표적물의 견고화란 범죄의 대상이 될 수 있는 것에 대한 방비를 강화하는 것으로 이는 범죄자의 범행의지를 억제할 수 있으며, 범행했을 때에도 수사기관이 단서를 탐지할 수 있게 해주며, 범행종료 전에 범인을 검거할 수 있도록 범행시간을 지연시킬 수 있고, 범죄표적물에 접근하지 못하도록 차단하는 효과를 거둘 수 있어서 피해가능성을 낮출 수 있기 때문이다.[37]

그런데 표적물에 대한 방비를 강화하는 방법으로는 주로 물리적 또는 심리적 장애물을 설치하거나 자동경보장치를 설치하고 또는 표적에 대하여 표식을 하는(making possessions) 방법 등이 있다. 우선 물리적 장애물을 설치함으로써 물리적 안전성을 확보하는 방법으로는 자물쇠, 철망, 경보기 등을 설치함으로써 잠재적인 범죄자의 범행의지를 위축시키고 설사 범행 중에도 범행을 지연시키고 목표물에 대한 접근을 차단할 수 있다. 심리적 장애물을 통한 범행의 억제나 예방은 외출시 집에 불을 켜두거나 휴가시 우유나 신문 등의 배달을 중단시키거나 개조심, 이웃감시 등의 팻말을 붙이는 등의 방법을 통하여 빈집이 아니라 사람이 있다는 신호(signs of occupancy)를 보냄으로써 잠재적인 범죄자의 범행의지를 위축시키는 데 주목적이 있다.

따라서 물리적 장애물은 범행의지의 위축, 범행시간의 지연, 그리고 목표물에의 접근차단 등의 효과를 노릴 수 있으나 심리적 장애물은 단순히 잠재적 범죄자의 범행의지를 위축시키는 데 그치고 범죄자가 범행을 결행하면 범행의 지연이나 목표물에의 접근차단 등의 효과는 얻을 수 없다는 한계가 있다.

실제 경험적인 연구결과, 침입절도를 당한 집일수록 이러한 물리적·심리적 장애물이 적었

---

37 National Crime Prevention Institute, *Understanding Crime Prevention, Stoneham,* MA: Butterworth Publishers, 1986, p. 55.

다는 사실이 밝혀지고 있다.[38] 즉, 자물쇠를 새로 가설하거나, 침입경보장치를 가설하고, 거리의 조명을 밝게 함으로써 범죄피해의 정도를 줄일 수 있었다는 것이다. 더구나 이러한 물리적 장애물뿐만 아니라 심리적 장애물은 침입절도와 같은 재산범죄에 대해서 물리적 장애물 이상의 범죄억제효과가 있는 것으로 알려지고 있다.

　　표적물의 방비를 강화하는 또 다른 방법으로 자신의 소유물에 대하여 자신의 이름이나 주민등록번호, 기타 비밀번호 등의 표식을 하는 것이다. 값비싼 물품에 이러한 표식을 새김으로써 잠재적인 범죄자로 하여금 장물 처리를 어렵게 하고 따라서 그 물품을 범행의 대상으로 삼지 않게 하자는 것인데, 외국에서는 이 방법이 가장 보편적으로 이용되고 있는 범행기회의 최소화를 통한 범죄예방법이라고 한다.

　　한편, 전자경보장치를 이용하여 범행의 기회를 줄이는 것은 범행을 지연시키거나 표적물에의 접근을 차단하는 대신 범죄자의 침입을 탐지케 함으로써 잠재적인 범죄자로 하여금 범행의 결심을 위축시키거나 범행시 침입사실이 탐지되어 경찰이나 본인 또는 경비회사 등에 신고됨으로써 범행할 수 없게 하는 효과를 거둘 수 있는 방안이다.

　　끝으로, 표적물에 대한 방비를 강화하는 또 하나의 방법은 접근통제(access control)를 통한 방비로서, 이를 흔히 절차적 보안(procedural security)이라고 한다. 즉, 특정한 시설이나 건물 또는 사무실이나 물품 등에 대해 접근할 수 있는 자격을 엄격히 제한하고, 표적물에 대한 접근시 통과절차를 다양화하는 등의 방법이 그것이다. 이러한 보안장치는 주로 현대적 건물의 건축시 이용되고 있는 개념인 정보건축 즉, intelligent building에서 흔히 볼 수 있는 장치이다.

(3) 방어공간(defencible space)의 확보

　　방어공간이란 미국의 뉴욕대학교 교수였던 Newman이 「도시거주지역 방범설계(security design of urban residental areas)」에 대한 연구프로젝트를 수행하면서 공동주거환경과 범죄와의 관계를 규명하고, 그 대안을 제시하는 과정에서 처음 사용된 용어로서,[39] 거주주민을 범죄로부터 보호할 수 있도록 주거환경을 조성해 놓은 주거공간을 지칭하는 것이다.[40]

　　그런데 방어공간이 앞에서 설명한 표적물에 대한 방비의 강화와 구별되어 기술되는 것은 표

---

38 B. B. Brown and I. Altman, "Territoriality, defensible space and residential burgalary: An environmental analysis," *Journal of Environmental Psychology,* 1983, 3: 203－220.

39 Oscar Newman, *Defensible space,* New York: Mcmillan Publishing Co., Inc., 1973, p. 3.

40 *Ibid.,* pp. 8－9.

적물의 방비강화가 개인의 거주공간을 주대상으로 하는 반면, 방어공간은 거주공간 외부의 공적
공간(public areas)을 대상으로 한다는 점이다. 즉, 방어공간의 개념은 공적공간을 보다 생산적으
로 이용함으로써 거주지역의 범죄의 기회를 줄일 수 있다는 것이다. 따라서 대부분의 경우 방어
공간이란 물리적 환경의 설계를 통하여 이루어진다는 사실을 알 수 있다.

그래서 혹자는 이와 같은 범죄예방전략을 환경설계를 통한 범죄예방(crime prevention through
environmental design: CPTED)이라고도 한다.[41]

그런데 물리적 환경의 설계에 의한 방어공간의 확보는 영역성(territoriality)과 감시성
(surveillability)이라는 두 가지 원리에 기초하고 있다. 즉 공간적 영역에 대한 영향력과 통제력을
행사하고(영역성), 다양한 건축적 설계변경을 통하여 감시기회를 극대화함으로써(감시성) 범죄를
상당히 줄일 수 있다는 것이다. 실제로 Newman은 New York시의 주택프로젝트에서 물리적 공
간과 범죄와의 관계를 증명한 바 있다. 물론 이러한 그의 연구결과가 연구대상지역에 거주하는
거주민의 특성이나 가옥밀도 등을 고려하지 않는다는 지적을 받고 있으나,[42] 방어공간에 대한
비교적 최근의 연구결과도 방어공간의 가정을 뒷받침해 주고 있다.[43]

이처럼 방어공간에 대한 물리적 환경설계를 개선함으로써 범죄를 줄일 수 있다는 주장이 어
느 정도 증명되고 있는 것은 다음과 같은 근거에 연유하고 있다. 즉. 상식적으로 범죄자라면 당
연히 개방되고(open), 공적인(public) 장소를 선호하는 반면, 사적(private)이고 폐쇄된(closed) 지
역을 피하기 때문이다.[44] 이것은 바로 사적이고 폐쇄된 지역일수록 영역성, 즉 영역에 대한 통제
와 영향력의 행사와 감시성이 강한 반면에, 공적이고 개방된 공간일수록 영역에 대한 영향력과
통제 및 감시성이 약하기 때문이다.

그런데 우리가 통상적으로 환경이라고 함은 인간의 물리적 환경은 물론이고 사회적 환경까
지도 고려하는 개념으로 받아들이고 있다. 따라서 여기서도 지역의 물리적 환경뿐만 아니라 사
회적 환경도 중요한 변수로 작용하고 있다. 방어공간의 영역성 기능에 의하면 지역사회의 사회

---

41 Ray C. Jeffery, *Crime Prevention through Environmental Design,* Beverly Hills, CA: Sage Publications, 1977, p. 255.

42 R. I. Mawby, "Defensible space: A theoretical and emprical appraisal," *Urban Studies,* 1977, 14: 169–179; P. M. Mayhew, "Defensible space: The current status of a crime prevention theory," *Howard Journal of Penology and Crime prevention,* 1979, 18: 150–159.

43 R. Sommer, "Crime and vandalism in university residence halls: A confirmation of defensible space theory," *Journal of Environmental Psychology,* 1987, 7: 1–12.

44 B. B. Brown and I. Altman, "Territoriality, defensible space and residential burgalary: An environmental analysis," *Journal of Environmental Psychology,* 1983, 3: 203–220.

적 융화(cohesion)와 상호작용(interaction)이 줄어들수록 그 지역의 범죄가 증가하는 것으로 알려지고 있다. 이것은 지역사회의 융화와 상호작용이 원활할수록 그 지역의 사회적·비공식적 통제기능 또한 원활해질 수 있기 때문에 그만큼 영역성과 감시성도 강화되기 때문일 것이다.

그러나 상당수의 연구결과는 영역성을 강화하기 위한 건축적 개선보다 감시성을 확대하기 위한 노력이 범죄의 감소에 더 많은 영향을 미치는 것으로 지적하고 있다.[45] 실제로 MacDonald와 Gifford가 일단의 침입절도범들에게 50장의 단독주택사진을 보여주고 실험한 결과 방어공간의 두 개념 중 영역성의 기능을 발견하지 못하였으나, 감시성의 기능에 대한 방어공간의 주장은 증명할 수 있었다.[46]

이처럼 방어공간 개념 중에서도 감시성의 극대화가 영역성의 강화보다 범죄감소에 효과적이라는 주장에도 불구하고 통제집단의 부재 등 이러한 연구의 방법론적 결함으로 인하여 아직도 의문의 여지를 많이 남기고 있다. 그래서 지금까지 밝혀진 연구결과들, 예를 들어 Seven-Eleven가게에서의 감시기능강화,[47] 가로등의 조도향상,[48] 폐쇄회로 카메라의 설치[49] 등도 비판의 대상이 되고 있다.

이러한 방어공간의 개념은 물론 몇 가지 흥미로운 사실을 일깨워 주었지만 그에 못지않은 한계와 문제점도 동시에 지니고 있다는 사실도 부인할 수 없다. 우선, 방어공간의 조성은 범죄방지를 위한 영역성이나 감시성의 확대를 통하여 이루어져야 하는데, 그러나 이것은 엄연히 건축에 있어서 주거기능, 즉 쾌적한 주거환경을 우선할 수는 없는 것이어서 제한적일 수밖에 없다. 즉, 범죄방지를 위한 공간의 조성을 위하여 모든 건축적 설계를 무시할 수는 없기 때문이다. 그리고 비록 방어공간이 조성되더라도 그것이 효과적이기 위해서는 주민의 자발적 참여와 경찰과의 연계가 뒷받침되어야 한다. 잠재적인 범죄자에 대한 감시와 경계는 주민의 신고와 경찰의

---

45 S. W. Greenberg and W. M. Rohe, "Neighborhood design and crime:A test of two perspectives," *Journal of the American Planning Associating* Asso84As4o: 48−6s; D. P. Rosenbaum, "Enhancing citizen participation and solvion serious crime:A of crime stoppers program," *Crime and Delinquency*, 1989, 55: 401−420.

46 J. E. McDonald and R. Gifford, "Territorial cues and defensible space theory: The burglar's point view," *Journal of Environmental Psychology,* 1989, 9: 193−205.

47 E. Krupat and P. E. Kubzansky, "Designing to deter crime," *Psychology, Today,* 1987, 21: 58−61.

48 P. J. Lavrakas and J. W. Kushmuk, "Evaluating crime prevention through environmental design: The portland commercial demonstration project," in D. Rosen baum(ed.), *Community Crime Prevention: Does It Work?* Beverly Hills, CA:Sage, 1986.

49 M. C. Musheno, J. P. Levine, and D. J. Palumbo, "Television surveillance and crime prevention: Evaluating an attempt to create defensible space in public housing," *Social Science Quaterly,* 1978, 58: 647−656.

신속한 대응이 따라야만 효과가 있기 때문이다.

　　결론적으로 방어공간의 조성은 감시기능과 영역설정을 강화하여 범행의 기회를 감소시키고 그 결과 범죄피해를 방지하여 범죄를 줄여보자는 전략으로서, 지금까지의 연구결과는 영역성 기능에 대해서는 미미한 정도이나 감시성에 대해서는 어느 정도의 범죄방지효과가 있음이 밝혀지고 있다. 그런데 이러한 건축적·물리적 환경에 비해 그 지역에 거주하는 거주자의 특성 등 사회적 환경과 특성이 범죄의 예측과 예방에 더 많은 관련성을 가진다는 것은 의심의 여지가 없다. 따라서 물리적 설계가 시민이 사회적 통제를 행사할 수 있는 전제조건, 즉 방어할 수 있는 공간(defensible space)을 만들어 줄 수 있어도 그것이 곧 방어된 공간(defended space)을 반드시 제공한다고 확언할 수 없는 것이다.

(4) 구금에 의한 범행기회 제거(incapacitation)

　　범죄자에 대한 무능력화는 범죄자에게 범죄활동에 가담하지 못하도록 신체적 또는 심리적 장애를 가함으로써 범죄를 예방한다는 취지이다. 즉, 범죄자를 교정시설에 구금함으로써 그에게 제 2 의 범행기회를 박탈하게 되어 그가 더 이상의 범행을 할 수 없게 하는 것으로 일종의 이차적 범죄예방책이라고 할 수 있다.

　　범죄예방책으로서의 범죄자에 대한 무능력화는 따라서 다음과 같은 세 가지 가정에 기초하고 있음을 알 수 있다. 첫째, 모든 범죄자는 체포, 유죄확정, 구금의 위험성을 가지고 있다는, 즉 모든 범죄자는 체포되어 처벌받고 수용된다는 조건을 전제로 한다. 이는 범죄자에 대한 시설 수용, 구금을 무능력화의 도구 내지는 조건으로 하기 때문이다.

　　둘째, 범죄자가 무능력화되었기 때문에 피할 수 있었던 범죄가 결코 사회에 남아 있는 범죄자에 의해서 대체되지 않는다고 가정되어야 한다. 즉, 범죄자의 대체(replacement of criminals)가 가능하지 않아야 효과가 있는 것이지 범죄자의 대체가 가능하다면 범죄자에 대한 무능력화는 범죄예방이나 감소정책으로서 아무런 효과가 있을 수 없는 것이다.

　　셋째, 범죄자의 범죄능력을 무력화하기 위해서 범죄자를 교정시설에 구금하여도 그것으로 인하여 구금된 범죄자를 직업적 범죄자로 만들거나 그의 범죄적 경력을 확대시키지 않아야 한다. 즉, 범죄자의 수용이 범죄의 학습이나 낙인의 영향 등으로 범죄자를 누범화시킨다면 장기적으로는 오히려 사회의 범죄문제를 더 악화시킬 수 있기 때문이다.[50]

---

50 C. A. Visher, "Incapacitation and crime control: Does a lockem up strategy reduce crime?" *Justice Quarterly,* 1987,

    따라서 범죄자의 무능력화를 통한 범죄예방을 위해서는 모든 범죄자를 정해진 기간 동안 구금하는 것인데, 구금률의 증대와 구금된 범죄자의 수적증대가 바로 이와 같은 집합적 무능력화(collective incapacitation)의 좋은 예가 되고 있다. 그러나 이와 같은 대대적인 집합적 무능력화는 교도소의 과밀이라는 중요한 부정적 부작용을 초래하기도 한다. 실제로 수용인구의 증가에 의해 범죄의 예방효과는 아주 미미한 정도에 지나지 않는 것으로 알려지고 있기도 하다. 그래서 혹자는 1%의 범죄감소를 위해서 10~20%의 수용인구가 증가되어야 할 것이라고 주장하기도 한다. 바로 이 점에서 집합적 무능력화의 대대적인 전면적 실행이 어렵다고 판단하고, 그 대안으로서 선별적 무능력화(selective incapacitation)를 주장하게 되었다.

    이러한 대책은 현대 고전주의 범죄학자들에 의해 주로 주장되고 있는데, 그들의 주장은 현실적으로 소수의 위험한 범죄자들이 대부분의 범죄를 범하고 있다는 사실에서 출발한다.

    즉 이들 소수의 위험한 범죄자가 대부분의 범죄행위를 저지르고 있다면, 이들 소수의 위험한 범죄자를 구금하는 것으로서 우리사회 범죄의 대부분을 자연스럽게 예방할 수 있을 것이라는 가정에 기초하고 있다. 이렇게 함으로써 교정시설의 과밀수용의 문제도 야기되지 않고 구금된 수용자의 무능력화로 인한 대부분의 중요 범죄도 예방할 수 있다는 것이다.

    그러나 사실 이들은 처벌을 그렇게 두려워하지도 않으며, 그렇다고 처우에 의한 교화개선의 여지나 가능성도 적은 편이다. 그렇기 때문에 우리가 범죄를 억제하고 피해자를 보호하기 위해서 이들은 당연히 장기간 수용되어야 한다는 것이다.[51]

    이처럼 범죄자를 구금시킴으로써 더 이상의 범행을 하지 못하도록 하는 것이 무능력화를 통한 범죄예방이라면 위에서 기술한 바와 같이 소수의 범죄자가 대부분의 범행을 하는 것이라고 볼 수 있다. 따라서 이들 소수 특정 범죄자만을 대상으로 선별적인 예방정책을 시행한다면 더욱 효과적인 범죄예방책이 될 수 있다는 주장이 새로이 제기되기도 하였는데, 이 주장이 바로 Greenwood의 '선별적 무능력화(selective incapacitation)'이다.[52] 그에 따르면, 상습범죄자를 선별적으로 무능력화시킨다면 실제로 구금인원은 5% 정도 줄이는 반면, 범죄는 15% 정도 줄일 수 있다고 주장하였다.

    그런데 여기서 문제는 상습적 범죄자(chronic offender)를 어떻게 선별하는가이다. 즉, 누가

---

51 현재 고전주의 범죄학파가 주장하는 무능력화(incapacitation)에 대한 자세한 논의는 James Q. Wilson, *Thinking about Crime*, New York: Basic Books, 1975를 참조할 것.

52 Peter Greenwood, *Selective Incapacitation*, Santa Monica, CA: Rand Corp., 1982.

범행의 상습성이 있는가를 평가하고 식별하기란 쉽지 않다는 것이다. 더불어 이들 상습범죄자에 대한 장기수용을 강조하다보면 수용에 따른 형사사법경비 등 경제적 비용 또한 만만치 않다고 하며, 단지 범행의 위험성이 있다고 자신의 범죄 이상으로 장기간 구금되는 것은 적법절차나 권익의 침해일 수 있다고 비판받기도 한다.[53]

그러나 이보다 더 중요한 문제는 설사 범죄자가 수용된 기간동안은 범행할 수 없을지 모르지만 사형을 제외하고는 영원히 구금할 수는 없는 것이고 따라서 언젠가는 다시 사회로 돌아와야 하는데, 이때 구금에 따른 범죄의 학습과 낙인으로 인하여 오히려 다시 범죄를 행할 위험성이 훨씬 더 많아질 수 있다는 사실이다. 그리고 만약 범죄행위가 어떠한 형태로든 범죄자에게 보상을 제공한다면 항상 구금된 범죄자를 대신하는 새로운 범죄자가 나타나게 마련이어서 오히려 새로운 범죄자를 만들어 내고 훈련시키는 결과를 초래할 수도 있는 것이다.[54]

그러나 이러한 비판과 문제점에도 불구하고, 무능력화는 가치있는 형사정책임에 틀림없다. 즉, 일부 범죄자는 구금되어 무력화되지 않는다면 지속적으로 범행을 하기 때문이다.

3. 범행동기의 억제

(1) 친사회적(prosocial) · 비범죄적(noncriminal) 행위기회와 이익의 증대

1) 사회문제 접근법

통상적으로 우리는 범죄의 원인을 사회환경적 요인에서 찾고자 하는 경향이 많은데, 이는 특정한 사회환경이 범죄를 유발한다고 보는 것이다. 따라서 범죄를 예방하기 위해서는 바로 이러한 범죄를 유발하는 사회환경 또는 사회문제를 해소함으로써 가능해질 수 있다는 것이다. 이러한 범죄예방 활동을 우리는 지역사회 범죄예방(community crime-prevention)이라고 한다. 이와 같은 사회문제에 기초한 개입은 청소년 여가활동, 범죄에 초점을 맞춘 지역 사회모임, 물리적 환경의 개선 등이 주로 활용되고 있다. 그런데 범죄예방을 위한 사회문제지향적 접근은 대체로 청소년들을 주요 대상으로 하고 있다는 사실이며, 따라서 그 프로그램도 대부분이 청소년들에 초점을 맞춘 체육활동, 사교모임, 문맹퇴치, 약물교육 그리고 이러한 목표를 성취하기 위한

---

53 Samuel Walker, *Sense and Nonsense about Crime*, Monterey, CA: Brook/Cole, 1985, pp. 56-63.
54 Charles Silberman, *Criminal Violence,* New York: Random House, 1978, p. 196.

교육활동 등의 형태로 이루어지고 있다.[55]

사회문제를 해결함으로써 범죄문제를 해결할 수 있다는 이러한 주장이 상당한 반향을 불러일으킨 것은 사실이지만 실제 경험적 연구결과는 그렇게 긍정적인 증거를 내놓지 못한 것으로 알려지고 있다. 예를 들어 Eisenhower 재단의 지역사회 범죄예방 프로그램의 경우도 문제를 해결하는 데 있어서 사회복지나 범죄원인의 특성을 강조하는 사회문제 해결지향적 프로그램보다는 범행기회를 축소하는 데 특성을 둔 프로그램이 더 효과적이라는 사실을 밝히고 있다.[56]

그러나 모든 사회문제 지향의 프로그램이 성공적이지 못한 것은 아니다. 예를 들어, 네덜란드의 헤이그에서 비행 전단계의 청소년(predelinquent youth)에게 부모와 자녀관계, 학교, 대인관계, 여가시간 그리고 형법문제 등에 관한 프로그램을 실시하여 추적조사한 결과 가족간 대화, 학교출석률 그리고 결과적인 비행률에 긍정적인 영향을 미친 것으로 조사되기도 하였다.[57]

사실 사회문제지향의 범죄예방이 긍정적일 수도 있고 기대에 부응하지 못할 수도 있으나, 비교집단과 통제집단의 비교가 불가능하다든가 추적조사의 기간도 충분치 못한 실정이어서 정확하고 결정적인 결론이나 평가를 할 수는 없다. 그러나 대체로 사회 복지적 접근이 단기적인 이익은 보여줄 수 있을지 모르지만 장기적으로는 별로 효과적이지 못한 것으로 받아들여지고 있다.[58]

2) 취업과 재정지원

많은 학자들이 경제와 범죄를 논의할 때 빈곤과 범죄, 경기와 범죄, 직업과 범죄, 그리고 실업과 범죄 등의 관련성을 밝히려고 한다. 지금까지의 연구결과는 대부분 실업과 범죄 그리고 실업과 재범률 사이에는 가능한 연계성이 있는 것으로 보고 있다. 이러한 주장에 근거하여 우리는 갱생보호회의 직업보도협의회에서 출소자들에게 취업을 알선하려고 노력하고 있다. 더불어 교도소에서도 교도작업 등을 통하여 출소 후의 생활정착금을 마련할 수 있도록 배려하고 있으며, 갱생보호회에서도 출소자들에게 정착자금이나 취업훈련 및 알선에 심혈을 기울이고 있다.

55 S. F. Bennet and P. J. Lavrakas, "Community-based crime prevention: An assertment of the Eisenhower Foundation's neighborhood program," *Crime and Delinquency,* 1989, 35: 345-364.

56 *Ibid.*

57 E. M. Scholte and M. Smit, "Early social assistance for juveniles at risk," *International Journal of offender Therapy and Comparative Criminology,* 1988, 32: 209-218.

58 C. Frazier and J. Cochran, "Official intervention, diversion from juvenile justice system, and dynamics of human services work; Effects of a reform goal. based on labeling theory," *Crime and Delinquency,* 1986, 32: 157-176.

한편 이와 같은 이차적 범죄, 재범의 방지를 위해서 출소자들에게 취업을 알선하거나 재정적 지원을 하는 것만은 아니다. 1960년대 미국에서 존슨 대통령이 범죄의 퇴치를 위해서 빈곤과의 전쟁(war on poverty)을 선포한 것도 바로 이 빈곤과 범죄의 상관성, 즉 실업 등으로 빈곤해지면 생존을 위해서 범죄를 할 수밖에 없기 때문에 실업문제를 해결하는 등 빈곤을 퇴치한다면 범죄도 예방할 수 있다고 본 것이 취업알선과 재정적 지원을 통해서 범죄를 예방할 수 있다는 것을 암시해 준다.

그러나 이러한 프로그램의 효과에 대해서는 논란의 여지가 상당히 남아 있다. Rossi 등은 출소자들이 직장을 구할 때까지 금전적 지원을 제공했던 프로그램에 대한 평가연구(transitional aid research project)에서 직장을 구한 출소자일수록 장래 체포율이 훨씬 낮았다고 평가하였다.[59] 유사한 프로그램으로서 출소자들의 지역사회 적응을 돕기 위해서 출소자에게 취업알선 서비스와 금전적 자원을 제공하였던 LIFE, 즉 '출소자를 위한 생명보험(living insurance for ex-offenders)'의 경우 금전적 지원은 재범률을 낮추는 데 상당한 공헌을 한 것으로 밝혀졌으나 작업수행에는 별다른 영향을 미치지 못한 것으로 나타났다.[60] 또한 보호관찰대상자에 대한 취업지도 프로그램(probation employment guidance program)도 긍정적인 결과를 가져온 것으로 알려지고 있다.[61] 이처럼 재정적 지원에 대한 평가는 상반된 결과를 보여주고 있지만, 취업알선이나 직업훈련은 크게 성공적이지 못한 것으로 알려지고 있다.[62]

출소자에게 금전적 지원을 하는 것은 그가 직장을 구하고 비범죄적 생활형태를 습득할 수 있는 기회를 가질 수 있게 하여 재범을 연기할 수는 있을지 모르지만, 장기적으로는 크게 성공적이라고 말하기가 쉽지 않다. 이 점에 있어서는 출소자에 대한 직업훈련은 더욱 부정적이다. 즉, 출소자에게 금전적 지원을 하고 취업을 알선하거나 직업훈련을 시키는 등의 노력이 '재범률의 저하'라는 궁극적인 목표에는 크게 영향을 미치지 못한 것으로 평가할 수 있기 때문이다. 이

59 P. H. Rossi, R. A. Berk, and K. J Lenihan, *Money, Work and Crime,* New York: Academic Press, 1980.

60 C. Maller and C. Thornton, "Transitional aid for released prisoners: Evidence from LIFE experiment," *Journal of human Resources,* 1978, 13: 208-236.

61 D. Greenwood, L. Lipsett, and R. A. Norton, "Increasing the job readiness of probationers," *Corrections Today,* 1980, 42: 78-79, 82-83; E. S. Lightman, "The private employer and the prison industry," *British Journal of Criminology,* 1982, 22: 36-48.

62 R. M. McGahey, "Economic conditions, neighborhood organization, and urban crime," In M. Tonry and N. Morris (eds.), *Crime and Justice: An annual review of the research,* Chicago:University of Chicago Press, 1986, pp. 231-311.

처럼 부정적인 평가를 할 수밖에 없는 이유 중의 하나는 이들 프로그램이 주로 직업훈련이나 직장생활 등에는 관심이 전혀 없고 범죄적 목표에 더 많은 관심을 쏟는 상습적 누범자들에게 적용되고 있기 때문이라고 할 수 있다.

아무튼 이러한 사회문제나 취업 등의 방법으로 범죄를 예방하고자 하는 모형은 아직은 크게 그 유용성을 보여주지 못하고 있는데, 그것은 빈곤, 교육 그리고 취업 등과 같은 사회적 요소들이 범죄와 비행의 원인으로 과대 포장되고 있기 때문이다.[63]

(2) 범죄비용(cost of crime)의 증대

몇 해 전 노벨경제학상을 수상한 Garry Becker는 범죄를 경제학적 관점에서 설명하면서 범죄가 발생하는, 즉 공급되는 이유를 범죄의 비용과 편익이라는 측면에서 설명한 바 있다. 그는 범죄가 발생하는 것은 범죄비용(체포의 가능성 또는 확률과 처벌의 강도 및 기타 사회경제적 비용)이 범죄편익보다 적기 때문이므로, 범죄를 억제하거나 예방하기 위해서는 범죄자는 누구나 반드시 체포되며, 체포된 범죄자에 대해서는 엄중한 처벌이 가해지고, 더불어 형벌 이외의 기타 사회경제적인 비용이 부과되어야 한다고 주장하였다.

그러나 여기서 우리가 형사정책적인 차원에서 범죄에 대한 비용을 증대시킬 수 있는 것은 범죄자에 대한 체포의 가능성과 확률을 높이는 것과 체포된 범죄자에 대한 처벌을 강화하는 것이다. 여기에다 체포된 범죄자에 대한 처벌을 신속하게 할수록 처벌의 효과가 더 크다는 사실을 가미하여 이를 우리는 억제 또는 제지(deterrence)라고 한다. 바로 이러한 가정에 기초하여 대부분의 국가에서도 처벌을 통한 범죄비용의 증대와 이를 통한 범죄억제를 형사정책의 기초로 삼고 있다.

그러나 범죄억제나 제지이론에 대해서는 이미 앞부분에서 자세하게 기술하였기 때문에 여기서 다시 거론할 필요는 없다. 다만 범죄억제가 사실은 범죄비용의 증대에 기초하고 있다는 점만을 밝혀두고, 범죄비용의 증대는 대체로 체포의 가능성과 형벌강도의 증대를 중심으로 이루어지고 있기 때문에 이 두 가지 점에 대해서만 간략하게 짚고 넘어가고자 한다.

실제로 구금률과 유죄확정률이 높은 곳이 낮은 곳에 비해 범죄가 적었다는 공식범죄통계나 피해자조사보고도 있었으며[64] 범죄율과 형사제재가능성은 상호인과관계의 개연성이 있음이 밝

---

63 G. D. Wleters and T. W. White, "Society and lifestyle criminality," *Federal Probation,* 1988, 52: 18−26.

64 J. Q. Wilson and B. Boland, "The effect of the police on crime," *Law and Society Review,* 1978, 12: 367−390.

혀지기도 하였다.[65] 그런데 문제는 이처럼 체포의 확률을 증대시킴으로써 일반시민에게는 상당한 부담이 작용할 수도 있지만 이들 일반시민에 의한 범죄는 극히 미미한 정도에 지나지 않으며 절대다수의 강력범죄를 범하는 것은 습관적, 직업적 범죄자라는 사실이다. 즉 이들에게는 체포가능성의 증대라는 것이 아무런 영향을 미치지 못한다는 것이다. 그래서 실제로 체포확률이나 가능성을 2배로 증대시킨 결과 자동차절도는 적지 않은 정도로 줄어들었으나 강력범죄인 강도의 경우는 단지 1%도 안 되는 정도만이 줄었다는 연구결과가 보고되기도 하였다.[66]

특정 범죄행위에 대한 처벌을 강화함으로써 범죄비용을 증대시키고 따라서 범죄를 억제하고 예방할 수 있다는 주장도 논란의 여지를 남기고 있다. 음주운전에 대한 처벌을 강화하였으나 음주와 관련된 교통사고는 크게 변하지 않았으나, 음주 운전자에 대한 체포율을 높인 결과, 음주관련 사고를 어느 정도 감소시킨 것으로 나타났다.[67] 처벌의 강도가 범죄비용의 증대와 그로 인한 범죄의 억제에 어느 정도 영향을 미치는가를 분석하기 위해서는 체포의 위험성을 높이는 것이 범죄비용을 증대시키고 억제효과를 증대시키는가를 분석할 때와 마찬가지로 범죄자 개인의 특성을 고려하여야만 할 것이다. 여기서도 마찬가지로 아마추어범죄나 이를 범하는 일반시민에게는 처벌의 강화가 상당한 범죄비용이 되고 억제작용을 할 수 있으나 전문적 직업범죄자에게는 별다른 의미가 없다는 것이다.[68]

결론적으로, 형벌의 가능성 또는 확실성과 형벌의 강도를 높임으로써 범죄의 비용을 증대시킬 수 있는가라는 물음에 대한 대답은 형벌의 확실성과 강도를 받아들이는 개인에 따라 달라진다는 것이다. 따라서 처벌의 확실성과 처벌의 강도를 증대시키는 것이 대부분의 평범한 사람들에게는 상당한 영향을 미칠 수 있으나, 우리 사회의 강력범죄의 대부분을 범하는 직업적·전문적 중누범자들에게는 거의 영향을 미치지 못하는 것으로 알려지고 있다.[69]

---

65 K. I. Wolpin, "An economic analysis of crime and punishment in England and Wales, 1894–1967," *Journal of Political Economy,* 1978, 86: 815–840.

66 Figgie Corporation, The Figgie Report, Part Ⅵ. The Business of Crime: The Criminal Perspective, Richmond, V.A: Author, 1988.

67 H. L. Ross, "Detering the drinking driver: Legal policy and social control," *Lexington*, MA: Lexington Books/D.C. Health, 1981.

68 J. B. Wilson and R. J. Hernstein, *Crime and Human Nature,* New York: Simon & Schuster, 1985.

69 G. D. Welters, *The Criminal Lifestyle:Patterns of Serious Criminal Conduct,* Newbury Park, CA: Sage, 1990.

HOT ISSUE

"지역범죄 예방, 주민이 직접 나서요"

지역주민들이 자발적으로 지구대 및 파출소, 치안센터 등 지역경찰과 협력해 범죄예방에 나서면서 눈길을 끌고 있다.

한림자율방범대(대장 양철민)는 2개조로 편성, 매달 격주 월요일 오후 8시부터 오후 11시까지 정기순찰을 실시하고 있다.

지난해부터 여성대원들도 참여해 활동하고 있는 한림자율방범대는 취약지역에 대한 순찰 및 현행범 체포 등 범죄예방활동, 범죄현장 및 용의자 발견시 신고, 경찰관과 합동근무시 신고출동, 관내 중요 행사시 질서유지 및 기타 경찰업무 보조 등을 담당하고 있다.

경찰인력만으로는 치안의 확보가 어렵다보니 민간차원의 자율방범활동이 어느 때보다 호응을 얻고 있다.

이외에도 자율방범대는 경찰과 합동순찰, 자체적으로 우범지역, 학교주변 등 범죄예방 활동이 필요한 곳에서 야간순찰을 실시하고 자녀들의 안심귀가와 청소년 선도 보호 활동 등 지역사회 봉사활동도 추진하고 있다.

또 방범등, 방범창, 방범비상 벨, CCTV, 무인경비시스템 등 기계적 설비를 통한 방범이나 범죄에 취약한 다양한 환경적 요소의 정비를 통해 방범의 효과성을 높이는 방안들을 마련하고 있다.

자료: 제민일보 2015년 11월 19일
http://www.jemin.com/news/articleView.html?idxno=375913

'노란 손수건 힐링캠프'로 비행 청소년 상처 치유

경남 양산경찰서 소속 경찰관이 비행 청소년과 함께 1박 2일간 여행을 떠났다. 형사 입건됐거나 학교에서 관리를 의뢰받은 학생 6명과 함께 22일부터 이틀간 경북 경주를 여행한 것이다. 경찰관들은 비행 청소년의 멘토를 자처하며 이들의 학교 복귀를 위해 여러 대화를 나눴다.

양산경찰서는 2012년부터 이 같은 청소년 선도 프로그램을 시행하고 있다. 학교폭력과 절도 등 청소년 범죄는 가해학생을 처벌하는 것만으론 해결할 수 없다는 인식에서다. 프로그램 제목을 '용서와 기다림'을 상징하는 '노란 손수건'으로 정한 것도 이 같은 이유다. 비행 청소년의 마음의 상처를 치유할 수 있도록 돕겠다는 것이다.

이번 행사에 참가한 장모 학생(17)은 "여행을 하며 경찰관과 대화를 나누다보니 모든 게 솔직해지는 것 같다"며 "나 자신을 돌아보는 한편 다시 학교로 돌아가 친구들과 사이좋게 지내고 싶다"고 말했다.

양산서 관계자는 "학교와 경찰서에선 볼 수 없던 청소년들의 솔직한 모습을 통해 그들의 고민을 공감할 수 있었다"며 "캠프 이후에도 지속적인 멘토링으로 청소년 선도에 앞장서겠다"고 말했다.

자료: 한국경제 2016년 1월 23일
http://www.hankyung.com/news/app/newsview.php?aid=2016012271951

제 2 장
물리적 환경과 범죄

물리적 환경과 범죄의 관계는 크게 두 가지로 나누어 논의되고 있다. 범죄원인으로서 물리적 환경과 범죄예방으로서의 물리적 환경이 그것이다. 범죄원인으로서의 물리적 환경은 주로 일찍이 Wilson이 주장한 '깨어진 창(broken windows)'과 같이 지역사회의 물리적 환경이 악화됨으로써(physical deterioration) 범죄를 유인할 수도 있다는 가정과 지역사회의 물리적 설계에 따라 달라질 수 있는 감시기능의 저하로 인한 범행기회의 확대와 범행의 용이성 등을 중심으로 논의되고 있다. 한편, 범죄예방으로서의 물리적 환경은 Newman의 방어공간(defensible space)을 시작으로 행해지고 있는 환경설계를 통한 감시기능의 확대와 그로 인한 범행기회의 축소라는 관점에서 논의되고 있다. 이러한 대부분의 연구들이 궁극적으로 과연 물리적 환경의 특성으로 범죄를 예방하고 범죄 두려움 등과 같은 범죄와 관련된 문제를 줄일 수 있을 것인가에 대한 대답을 찾고자 한다. 따라서 이 분야의 연구, 특히 환경설계를 통한 범죄예방(crime prevention through environmental design)은 범죄가 발생하는 여건과 이러한 여건하에서 취약성을 줄일 수 있는 기술에 초점을 맞추고 있다.

그런데, 이 분야의 주요 연구들은 범죄와 물리적 환경을 연계하는 이유로서 대부분 주택설계나 구역의 배치(housing design or block layout), 부지활용과 인구 순환의 유형(land use and cir-culation pattern), 거주자가 조성하는 영역의 특징(territorial features) 그리고 물리적 퇴락(physical deterioration)이라는 범죄와 관련된 물리적 환경의 네 가지 주요한 물리적 특징이라고 한다.[1]

물리적 환경의 특징이 사람들의 행동에 어떠한 영향을 어떻게 미치는가? 물리적 환경이 거주자와 잠재적 범법자에게 어떻게 영향을 미치는가에 관해서 지금까지의 연구결과에서 몇 가지 가정이 제시되고 있는데, 그 첫 번째 가정은 바로 범법자들이 때로는 합리적으로 범행한다는 것

---

1 Taylor, Ralph B. and Adele V. Harrell, *Physical Environment and Crime*, NIJ Research Report, Washington, D.C.: U. S. Department of Justice, 1996, p. 1.

이다. 즉, 범법자들은 최소한의 노력을 들여 최대한의 이익을 얻을 수 있으나, 그 위험성은 최소한인 범죄를 범한다는 것이다.[2] 이는 잠재적 범죄자가 다른 사람에 의하여 발각될 확률이 낮다고 생각되거나 발각되더라도 신분이 알려지거나 체포되지 않고 달아날 수 있다고 생각되는 적절한 범죄대상이나 표적을 접할 때 범죄가 발생할 확률이 가장 높다는 것으로 이해할 수 있다. 한 마디로 범죄현장이 자연적인 보호나 감시를 결할 때 범죄가 발생할 확률이 높다는 것을 의미한다.

따라서 물리적 환경이 범죄발생의 확률이나 가능성에 영향을 미치는 것으로 가정될 수 있는 것이다. 이는 물리적 환경이 가능한 범죄현장, 잠재적 범죄현장의 주변여건의 평가, 그리고 범죄현장이나 주변의 자연적인 보호, 감시의 존재여부와 가시성(visibility)에 관한 잠재적 범죄자의 인식에 영향을 미치기 때문이라고 할 수 있다. 이러한 가정을 근거로 한다면, 잠재적인 범죄자들이 다음의 사항들을 결정한 다음에 범행의 여부를 결정한다고 볼 수 있다. 즉, 현장접근은 얼마나 용이한가, 범행대상이나 표적은 얼마나 가시적이고 매력적이며 취약한가, 발각될 확률은 얼마나 되는가, 발각될 경우 지역주민들이 어떻게 대처할 것인가, 범행 후 재빨리 도주할 수 있는 직접적인 도주로는 있는가 등을 고려하여 범행을 결정한다는 것이다. 이러한 사항들이 곧 합리적 범법자의 관점을 전제로 하고 있다. 이러한 관점이 범죄를 이해하는 데 적절한 것인가는 범죄유형과 범법자와 피해자 또는 범죄대상이나 표적에 대한 친숙성을 포함하는 몇 가지 요인에 달려 있다.

이를 종합하면, 결국 물리적 환경과 범죄의 관계는 합리적 선택(rational choice), 기회이론(opportunity theory), 환경설계를 통한 범죄예방(crime prevention through environmental design), 방어공간(defensible space) 그리고 상황적 범죄(situational crime)라는 이론으로 설명할 수 있다.

먼저, 피해자 조사에 의한 특정 집단 내 또는 특정 지역에서의 범죄피해의 형태는 일종의 선택과정이 내포되어 있음을 엿볼 수 있다. 합리적 존재로서 범죄자, 특히 재산범죄, 화이트칼라 범죄 또는 기타 유사한 이익을 지향하는 범죄를 범하는 범죄자는 매우 조심스럽게 합리성을 추구하는 방법으로 자신의 피해자나 표적을 선택한다고 보는 것이 합리적 선택이론이다.[3]

2 R. V. Clarke, "Situational crime prevention: Its theoretical basis and practical scope," pp. 225－256 in M. Tonry and N. Morris(eds.), *Crime and Justice: An Annual Review of Research*, Chicago: The University of Chicago Press, Vol. 4, 1983.

3 M. Hough, "Offenders' choice of target: Findings from victim surveys," *Journal of Quantitative Criminology*, 1987, Vol. 3, No. 4, pp. 355－369; R. Wright and R. H. Logie, "How young house burglars choose targets?," *The Howard*

다음으로 기회가 도둑을 만든다는 말이 있듯이 기회가 있어서 범행이 가능하다고 보는 주장이 기회이론이다. 그런데 기회라는 개념은 범죄억제나 제재는 어렵게 하나 특정한 범죄의 범행은 용이하게 하는 기회구조로서 이해될 수 있다. 이는 범행에 있어서 환경적 변수와 상황적 변수의 중요성을 강조하는 것을 의미한다. 그래서 주로 직업적 범죄자나 전문적 범죄자는 범행의 기회를 만들어 내거나, 적어도 찾는다고 볼 수 있다.[4]

셋째, 1971년 환경설계를 통한 범죄예방(crime prevention through environmental design: CPTED)을 주창한 Jeffery는 자신의 연구결과 비행청소년이 살았던 환경이 그들의 행동을 통제한다는 사실을 깨닫게 되었는데, 그는 범죄행위로부터 재강화나 쾌락 또는 보상을 제거함으로써 재강화되지 않는 행위는 발생하지 않기 때문에 범죄행위가 일어나지 않을 것이라고 주장하였다. 그에 따르면, 범죄는 도시화와 그로 인한 도시의 황폐화 등이 범죄행위를 재강화시켜 줄 수 있기 때문에 범죄예방을 위해서는 바로 도시의 물리적 환경이 개선되어야 한다고 주장하였다. 즉, 노상감시를 강화시킴으로써 범죄를 예방해야 한다고 보았다.[5]

넷째, Newman은 주민들로 하여금 자신의 지역사회와 그 영역에 대한 인식을 갖게 함으로써 안전하고 잘 보호된 생활환경을 확보할 책임감을 가지도록 하면 주민들에 의한 주거지역의 감시활동이 강화되어 궁극적으로는 범죄의 기회를 줄일 수 있다고 주장하였다. 그는 안전한 환경을 조성하고 유지하는 데 필요한 물리적 기계요소를 강조하여, 영역성(territoriality), 감시성(surveillance), 이미지(image) 그리고 안전지대(safe zone)라는 네 가지 방어공간의 요소를 주장하였다. 여기서 영역성은 주로 주택 등 재산에 대한 이익과 관심을 중심으로 구성되어 소유주가 세입자보다 영역성이 강하며, 감시성은 지역 내에서 일어나는 일에 대한 주민들의 관찰능력을 말하는 것으로 해석하였다.[6]

끝으로 기회이론과 함께 범법자의 특성이 아니라 범죄가 발생하는 상황의 특성을 강조하는 상황적 이론은 최근 범죄예방 정책의 실현에 있어서 이론적 기틀을 제공하고 있다. 신뢰를 요하

Journal, 1988, Vol. 27, No. 2: 92-104.

4 Ezzat A. Fattah, "The rational choice/opportunity perspectives as a vehicle for integrating criminological and victimological theories," pp. 225-258 in Ronald V. Clarke and Marcus Felson(eds.), *Routine Activity and Rational Choice*, New Brunswick, NJ: Transaction Publishers, 1993.

5 Jane Jacobs, *The Death and Life of Great American Cities*, New York: Vintage Books, 1961과 C. R. Jeffery, *Crime Prevention Through Environmental Design*, Beverly Hills, CA: Sage, 1961; C. R. Jeffery, *Criminology: An Interdisciplinary Approach*, New York: Prentice-Hall, 1990 참조.

6 O. Newman, *Defensible Space*, New York: Macmillan, 1972 참조.

는 직책에 고용됨으로써 횡령을 범할 상황을, 아무런 감시가 없는 백화점에서 절도에 대한 기회나 유혹 등의 상황을, 길거리 무임승차(hitchhiking)가 폭력이나 강간 등의 상황을 만들거나 갖게 되는 것이 예이다.

　　이상에서 간략하게 소개하고 있는 이론들은 하나같이 범죄예방을 실현하는 데 있어서 공간적 또는 물리적 환경의 요소를 강조하는 것들이라고 할 수 있다.

제 1 절   물리적 환경의 요소

　　잠재적 범법자와 심지어 거주자까지도 합리적 관점에 의해서 영향을 받는다는 가정은 입지나 위치가 범죄나 범죄관련 문제에 보다 저항적일 수 있게 만드는 네 가지 접근 또는 요소를 암시하고 있다. 그 첫 번째 요소는 주거단지의 설계나 구역의 배열(housing design or block layout)이다. 주거단지의 설계나 구역의 배열이 범죄의 발생을 더 어렵게 할 수 있는 것은 주로 세 가지 이유로 가능한 것으로 이해되고 있다. 우선, 범죄의 대상이나 표적의 존재 자체를 줄임으로써, 다음으로 진행 중인 범행이나 잠재적 범법자를 쉽게 발각할 수 없게 만드는 장애물 제거, 끝으로 범행에 대한 물리적 방해물을 증대시킴으로써 범행을 더 어렵게 할 수 있다는 것이다.

　　두 번째로 물리적 환경이 범행을 더 어렵게 할 수 있는 가능성은 부지의 이용과 인구나 차량 등의 순환 유형(land use and circulation pattern)을 이용하는 방법이다. 이는 범죄의 대상이나 표적에 대한 잠재적 범법자의 일상적인 노출을 줄임으로써 지역의 공간을 보다 안전하게 이용할 수 있도록 만들기 때문이다. 예를 들어서, 보도, 통로, 이면도로, 교통소통 형태 그리고 공공시설과 공간 운영의 시간과 위치에 대한 보다 세심한 관심을 통하여 잠재적인 범법자가 범죄대상이나 표적에 접근하기 어렵게 할 수 있을 것이다. 이러한 전략들은 미시적 수준에서의 영역행위(territorial behavior)와 표지의 가용성을 보다 증대시키는 광범위한 변화를 가져올 수도 있다. 예를 들어, 특정한 여건하에서 도로를 폐쇄하거나 통행형태를 변경함으로써 차량의 통행량을 줄이게 되어 거주자로 하여금 인도나 보도를 주택 가까이 유지할 수 있고 따라서 감시기능을 강화하게 되어 자신이나 주택에 대한 범행을 더욱 어렵게 하기 때문이다.

물리적 환경이 범행을 더욱 어렵게 하는 세 번째 가정은 영역의 특징(territorial features)에 관한 것이다. 이는 그 지역에는 방심하지 않고 경계하는 주민들이 살고 있다는 것을 암시하는 표적이나 표식을 강화하자는 것이다. 예를 들어, 환경미화 대회나 대청소 등을 후원하는 것이다. 이러한 전략은 주로 소규모 구역 단위에서 가장 바람직한 것으로 알려지고 있다. 이러한 노력은 특정 지역에 대한 감시성을 제고하고 지역주민의 참여도를 과시할 수 있다. 물론, 이와 같은 전략이 범죄에 직접적으로 영향을 미친다고는 검증되지 않았지만 적어도 주민들의 범죄에 대한 공포에는 밀접한 관계가 있는 것으로 알려지고 있다.[7]

물리적 환경이 범죄에 영향을 미칠 수 있다는 마지막 요소는 특정 지역의 물리적 환경의 퇴락이다. 이는 물리적 환경의 퇴락을 방지하고 퇴락된 환경을 개선함으로써 특정 지역이 범죄에 취약하며, 주민들이 두려움 때문에 범죄문제와 관련하여 어떠한 조치나 대응도 하지 않을 것이라는 잠재적 범법자의 인식을 줄이기 때문이다. 물리적 환경의 개선은 취약성의 징표를 줄이고, 반면에 보호활동에 대한 주민들의 전념과 참여를 진작시킬 수 있다는 논리이다. 물리적 환경의 퇴락은 잠재적 범법자의 인식과 행위에 영향을 미칠 뿐만 아니라 주민들이 어떻게 행동하며 다른 주민들을 어떻게 생각하는가에도 영향을 미친다고 한다.

그런데, 이와 같이 좋지 못한 물리적 환경이나 무질서의 징조에 초점을 맞추는 것은 위의 세 번째 요소인 영역특징과는 다르다. 우선, 규모상의 차이로서 물리적 환경의 퇴락을 줄이는 것은 대체로 영역에 초점을 맞추는 경우에 비해 더 광범위하고 규모가 큰 물리적 문제를 대상으로 한다. 따라서 물리적 환경의 퇴락을 줄이고 그것을 개선하는 것은 더 이상 퇴락하지 않도록 빈집이나 공간을 정비하거나 관리 단속하고 외관을 참신하게 하며 주택의 가격이 떨어지지 않도록 하거나, 빈 공간이나 지역의 방치된 차량이나 쓰레기 등을 치우거나, 상업지역의 보도를 새로 깔거나, 흉물스럽게 된 빈집은 정리하거나 헐어 버리는 등의 노력을 가하는 것이다.[8] 그런데 이러한 노력들은 공공기관이나 민간개발업자들의 적극적인 참여를 필요로 한다. 그러나 시민이나 지역주민들도 이러한 노력을 시작하고 협조하는 데 중요한 역할을 할 수 있다. 영역특징에 초점을 맞추는 전략은 소규모 주민통제의 공간이나 주민을 중심으로 하는 역동성을 강조하는 반면 물리적 환경의 퇴락에 초점을 맞추는 전략은 보다 포괄적이다. 물론, 이 전략이 주민에 미치는 영향에 지대한 관심을 가지고 있지만 주거지역은 물론이고 비 주거지역에서도 가능한 전략이다.

---

7 Ralph B. Taylor, *Human Territorial Functioning*, Cambridge: Cambridge University Press, 1988, Chapter 4 참조.

8 Wesley Skogan, *Disorder and Decline: Crime and the Spiral of Decay in American Cities*, New York: Free Press, 1990 참조.

한편, 물리적 환경이 범죄에 영향을 미칠 정도로 퇴락하였다면 보편적으로 주민집단으로는 관리하기가 지나치게 광범위하고 심각하다. 주민들이 지역 내 빈집이 늘어나지 못하게 방지하고 건물 등의 외벽에 그린 낙서를 방지하거나 지우는 데 아무런 책임이 있을 수 없다. 오히려 주민들은 지역의 물리적 환경이 퇴락한 것은 공공의 문제라고 인식하게 된다.[9]

또한, 영역에 기초한 접근은 거주민의 참여를 바탕으로 하는 노력을 강조하는 반면 환경의 퇴락을 기초로 하는 접근은 대규모 지역적 무질서를 중시한다. 그러나 물리적 환경의 퇴락을 줄이려는 것은 거주민에 의한 영역적 표식과 표지에 기초한 개선전략을 보완할 수 있으며, 대규모 물리적 환경의 문제를 줄이고자 하는 전략은 표지와 표식을 권장할 수도 있다.

이와 같은 네 가지 접근방법은 개별적으로 또는 집합적으로 상호 다른 접근법을 강화시켜 줄 수 있다. 예를 들어, 물리적 환경의 퇴락을 줄임으로써 건물의 설계와 배열을 보완해 줄 수 있다. 만약 특정 구역 내에서 마약거래 장소로 이용되는 두 채의 빈집을 허물게 되면, 잠재적 범법자의 수도 줄어들게 될 것이다. 네 가지 접근방법이 이처럼 맞물리게 된다는 점은 일부 가능한 경우에는 실무자들이 각각의 접근방법이 어떻게 얼마나 상호 도움이 될 수 있을 것인가를 고려하게 된다는 것을 의미한다. 다양한 개입의 시점이나 수준이 안전성이나 안전감을 제고하는 물리적 개선을 장려하거나 실제로 물리적 환경을 개선시키게 된다.

지금까지 많은 연구와 평가결과가 물리적 설계나 재설계가 범죄나 범죄관련 문제를 개선하는 데 상당한 기여와 공헌을 할 수 있었음을 입증하고 있다. 다음은 이러한 물리적 환경의 설계와 재설계 등을 통한 범죄대책의 성공적인 예이다.

- 안전한 공공주택단지의 설계: 출입구별 아파트 수를 줄이고, 층수도 줄이며, 그리고 외부를 더 잘 볼 수 있게 함으로써 주민들의 범죄피해율과 공포의 정도를 낮추는 것으로 알려지고 있다.[10]
- 장애물의 설치와 통행형태의 변경: 지역을 통과하여 마약을 사고팔려는 사람을 감소시켜서 그 결과 차량절도와 폭력 등이 기타 지역에 비해 급속히 줄어들었다.[11]

---

9 A. Hunter, "Symbols of incivility," *Paper presented at the Annual Meeting of American Society of Criminology*, Dallas, Texas, 1978.

10 Oscar Newman and Karen Franck, "The effects of building size on personal crime and fear of crime," *Population and Environment*, 1982, 5: 203–220.

11 C. Ycaza, "Crime rate drops in shores," *The Miami Herald*, May 17, 1992.

• 출입통제: 규제된 출입구의 활용을 통한 건물, 학교, 공원, 공공주택단지 그리고 문제지역의 신분증 요구와 이용시간의 제한, 차량의 지정된 출입구로의 전환, 금속탐지기의 설치 등[12]

• 보다 안전한 공동 공간의 설치: 공원의 지나치게 우거진 나무와 초목의 제거, 마약거래, 기물손괴 등을 억제하기 위한 근린공원의 야간조명 강화[13]

제 2 절   주택설계특징과 구간배치

주택설계와 구간배치로 주민들을 보다 안전하게 느끼고 범죄에 취약하지 않게 할 수 있는가? 원래는 감시가 용이하게 되고 공적공간과 사적공간의 윤곽을 구분하고 외부공간을 소규모 집단으로 통제되는 지역으로 분리하며 활용도가 높은 지역과 가깝게 함으로써 주민중심의 비공식적 통제를 강화시키며, 그 결과 비행, 공포 그리고 범죄피해가 줄어든 것으로 보고되었다. 1980년 Newman의 1세대 이론을 발전시킨 2세대 이론들이 나오기 시작하여, 물리적 환경의 특징이 범죄피해와 공포에 미치는 영향이 지역 내 사회적, 문화적 특징에 의하여 어떻게 영향을 받는가를 보다 면밀히 고려하게 되고 영역적 행위와 인식에 관한 보다 현실적인 가정을 내놓게 되었다.

이러한 방어공간이론(defensible space theory)은 공공주택, 주거지역 도로구역 등에 관한 연구결과 상당한 지지를 받기도 하였다.[14] 이들 연구결과에 의하면, 더 많은 방어공간적 특징을 가지고 있는 위치, 지역, 장소일수록 거주자들이 외부공간을 더 잘 통제하였으며, 범죄에 대하여

---

12 D. L. Weisel, C. Gouvis, and A. V. Harrell, *Addressing community decay and crime: Alternative approaches and explanations*, Final Report to the National Institute of Justice, Washington, D.C.: The Urban Institute, 1994.

13 Weisel *op. cit.*; J. Knutsson, "The Vassapart Project," *Paper presented at the Environmental Criminology and Crime Analysis Conference*, Rutgers University, Newark, New Jersey, June 1994 recited from Taylor and Harrell *op. cit.*, p. 5.

14 D. D. Perkins, J. W. Meeks, and Ralph B. Taylor, "The physical environment of street blocks and resident perceptions of crime and disorder: Implications for theory and measurement," *Journal of Environmental Psychology*, 1992, 12: 21–34; Ralph B. Taylor, S. D. Gottfredson, and S. Brower, "Block crime and fear: Local social ties and territorial functioning," *Journal of Research in Crime and Delinquency*, 1984, 21: 303–331.

공포를 적게 느끼고 실제 범죄피해도 적었다고 한다.

　이러한 연구결과는 곧 다수의 지역에서 실제로 응용되게 되었다. 예를 들어, 비상구나 통로의 외곽벽이 유리로 되어 있는 주차장이 만들어지고 공공주택에서는 사적공간이 분명하게 분리되고, 사적공간과 공적공간이 분명한 경계가 있고 전망이나 외관이 좋은 저층으로 건설되기도 하였다.

　그러나 방어공간의 설계를 확대하는 데 몇 가지 한계가 따르기도 하는데, 그중에서도 잠재적 범법자가 물리적 특징들을 어떻게 조망하고 이용하는가에 대한 연구가 부족하다는 것이다. 최근 학자들은 방어공간에 대한 논의를 조망(prospect), 은신처(refuge) 그리고 탈출구(escape)라는 세 가지 물리적 특징으로 구분하고 있다.[15] 은신하기가 쉽고 은신처가 많은 입지일수록 잠재적 범법자들의 은폐와 은신을 많이 제공하고, 조망이 좋고 용이할수록 합법적인 이용자들로 하여금 보다 넓은 지역을 관찰할 수 있게 해주며, 탈출구가 많고 탈출이 용이할수록 합법적 이용자들로 하여금 범죄로부터 쉽게 탈출할 수 있게 해준다는 것이다. 방어공간에 관한 이와 같은 관점은 특정위치에서의 잠재적 범법자와 잠재적 피해자의 역동성에 특히 초점을 맞추고 있다. 연구결과도 잠재적 범법자들에게 은신이나 은닉을 쉽게 해주는 대신 합법적 이용자들에게는 조망이나 탈출구를 많이 제공하지 못하는 지역이나 위치일수록 범죄에 대한 공포가 더 높은 것으로 나타나고 있다.

　이 밖에도 방어공간이라는 특징의 효과성은 부분적으로 그 지역의 사회적, 문화적 여건에 따라 좌우될 수 있다는 사실도 방어공간의 한계라고 할 수 있다. 즉, 방어공간이 이러한 사회적, 문화적 여건에 따라서 방어되지 못하고 남겨질 수도 있다는 것이다. 따라서 방어공간 특징이 보다 효과적으로 거주자에 기초한 통제를 지원할 수 있는 사회적, 문화적 여건의 속성과 특성에 대한 보다 많은 이해와 지식을 요한다는 것이다.[16]

15　Bonnie Fisher and Jack L. Nasar, "Fear of crime in relation to three exterior site features: Prospect, refuge, and escape," *Environment and Behavior*, 1992, 24: 35−65.

16　S. E. Merry, "Defensible space undefended: Social factors in crime control through environmental design," *Urban Affairs Quarterly*, 1981, 16: 397−422.

3 절 토지이용과 순환유형

주거지역의 내부배치, 경계특징, 그리고 교통통행형태 등이 특정 범죄유형을 용이하게도 할 수 있고 반대로 억제할 수도 있다. 실제로 교통통행형태, 토지이용 그리고 경계 등을 변화시킴으로써 잠재적 범법자와 이용자 모두에게 영향을 미치게 되어 범죄율을 낮출 수도 있고 높일 수도 있는 것이다. 즉, 이러한 변화가 다소간 잠재적 범법자의 활동궤도에 영향을 미칠 수 있기 때문에 잠재적 범법자에 대한 노출을 변화시킬 수 있다는 것이다.

주거지의 경우, 쇼핑과 같은 외부인을 유인할 수 있는 비주거용 토지이용과 유인시설 그리고 도로 통행량을 늘리는 등 주거지의 유동성을 높임으로써 더 많은 사람들이 주거지역으로 이동해 들어오게 되고 더 많은 사람들이 그 지역을 통행하게 한다는 것이다. 이러한 주장에 대한 연구결과도 이러한 물리적 특징과 범죄정도의 강력한 관련성을 암시하고 있다. 예를 들어, 범죄율이 낮은 지역의 내부배치(internal layout)는 일방통행이 많고 협소하며, 도로가 많이 나지 않는 등 침투성이나 투과성이 범죄율이 높은 지역에 비해서 더 낮은 것으로 보고되고 있다.[17] 최근의 연구에 의하면, 상업지구로 묶인 구역의 비율이 높은 강도율의 증대된 위험에 대한 중요한 예측인자로 밝혀졌으나,[18] 공공주택의 존재는 강·절도나 폭력 등의 범죄율의 변화에 크게 관련되지 않는 것으로 알려졌다. 이처럼 내부순환형태나 경계에 대한 물리적 변화는 범죄율을 저하시킬 수 있는 것으로 간주되어 많은 도시계획자들이 물리적 변화를 통하여 범죄와 범죄관련 문제를 분석하고 그것을 낮추려고 노력하고 있다.

한편, 이러한 계획된 변화는 지역의 사회적 조직적 역동성도 요하는 경우가 있다. 물론 관측된 결과가 부분적으로는 물리적 설계의 변경 그 자체에 의한 것일 수도 있으나 사회적·조직적 영향을 전혀 무시할 수는 없는 것이다. 토지의 이용, 내부배치나 배열, 교통 등의 변화나 변경을 고려할 때는 사회적, 조직적 조건이 중요하지 않을 수 없다. 예를 들어, 지역의 주요 이익집단에 어떠한 악영향도 미치지 않고 계획을 수립하기 위해서는 당연히 기업인과 상인, 지역 민간단체,

---

17 S. W. Greenberg, J. R. Williams, and W. R. Rohe, "Safety in urban neighborhoods: A comparison of physical characteristics and informal territorial control in high and low crime neighborhoods," *Population and Environment*, 1982, 5: 141－165; G. F. White, "Neighborhood permeability and burglary rates," *Justice Quarterly*, 1990, 7: 57－68.

18 Harrell and Gouvis, *op. cit.*

거주민 등의 참여가 필수적이기 때문이다. 그런데 이와 같은 지역의 참여는 합리적이고 이익을 극대화할 수 있는 변화를 위해서는 물론이고 실제로 범죄를 줄일 수 있는 재설계를 위해서도 중요한 전제조건이어야 한다. 지역사회의 동원이 포함된 방식으로의 변경은 부분적이나마 일부 범죄의 감소를 가져온 것으로 연구결과 제시되기도 하였다. 그러나 지역사회참여의 범죄예방적 이익은 지역사회의 참여와 동원이 쇠퇴하면 약화되는 것으로 알려지고 있다.

　　도로구역(street block)에 있어서 비 거주부지의 이용과 교통량의 증대는 주민들이 구역 내 활동을 관리하고 지역주민을 인식할 수 있는 능력을 방해하게 된다. 교통량이 많은 구역에 거주하는 사람일수록 자신의 앞마당의 이용 빈도가 낮으며 이웃으로부터 자신을 격리하는 경향이 강한 것으로 알려지고 있다. 근처의 상업용 또는 산업용 부지의 이용과 관련되지만 보행인의 통행이 잦은 것도 마찬가지의 결과를 초래한다고 알려져 있다. 비거주용 부지의 이용도와 그로 인한 교통과 보행인의 통행량 증대는 주민 상호간 인지도를 저하시키고 따라서 잠재적 범법자와 주민을 구분하는 것을 어렵게 만든다. 한 마디로 비 거주용 부지의 활용은 주민에 의한 비공식적 통제를 어렵게 하고, 차량과 보행인의 통행 증대는 주민에 의한 비공식통제의 지리적 범위를 축소시키게 된다.[19]

　　결과적으로, 비 거주용 토지이용이 높은 구역에 거주하는 주민일수록 자신의 안전에 대한 관심과 우려가 더 높으며 의심스러운 일을 목격했을 지라도 개입할 가능성이 훨씬 낮아서, 범죄피해를 더 많이 경험하게 되고 경찰을 부르는 경우가 더 빈번하다고 알려지고 있다. 특히, 술집과 같이 비 거주용으로 부지를 많이 이용하는 것은 거주구역에 많은 문제를 초래한다고 여겨지고 있으며, 이러한 주장에 대해서 실제 연구결과가 입증되고 있다.[20] 그러나 동시에 일부 경우에는 특정 구역 주변이나 구역 내의 사람의 수를 증대시킴으로써 비공식적 감시를 향상시키고 따라서 일부 범행을 줄일 수도 있다고 한다. 또한, 이는 구역 내 경제적 개발과 발전과 같은 지역

---

19 A. Baum, A. G. Davis, and J. R. Aiello, "Crowding and neighborhood mediation of urban density," *Journal of Population*, 1978, 1: 266−279; Ralph B. Taylor, *op. cit.*, 1988, Chapter. 8 참조.

20 E. Kurtz, B. Koons, and Ralph B. Taylor, "Nonresidential land use, informal resident−based control, physical deterioration, and calls for police service," Paper presented at the Annual Meeting of the Academy for Criminal Justice Science, March 1995, Boston, Maryland; D. D. Perkins, P. Florin, R. C. Rich, A. Wandersman, and D. M. Chavis, "Participation and social and physical environment of residential block: Crime and community context," *American Journal of Community Psychology*, 1990, 18: 83−115; D. W. Roncek and R. Bell, "Bars, blocks, and crime," *Journal of Environmental Systems*, 1981, 11: 35−47; D. W. Roncek and D. Faggiani, "High schools and crime: A replication," *The Sociological Quarterly*, 1985, 26: 491−505.

의 기타 목적을 이루는 데도 기여할 수 있는 것으로 알려지고 있다. 그리고 설계와 관리를 잘함으로써 시설주변의 범죄의 위험을 어느 정도 줄일 수도 있을 것이다.

　이러한 주장과 연구결과는 어떻게 실무적으로 활용될 수 있는가? 위와 같은 사실이 가게나 업소가 주거지역에서 제거되어야 함을 뜻하지는 않는다. 사실, 범죄예방 목적을 위한 부지활용계획은 주민들이 이들 시설과 서비스에 의존해야 하기 때문에 경제개발과 같은 지역 내 다른 목표와 상충될 수도 있다. 더구나, 이들 가게나 업소의 소유주나 경영주가 그 지역에 오래 거주하였고 문화적으로 지역주민들과 유사하다면 노상생활의 안전과 질서에 상당한 기여도 할 수 있다고 한다.

　그러나 만약 주민과 사업자가 상호 무시 못 할 간극을 보여준다면 문제가 될 수 있다. 많은 경우, 특히 오래된 시가지에서는 한인사업자와 흑인거주자와 같이 주민과 사업자가 상이한 민족이며, 따라서 상이한 문화를 가지고 있다. 이 경우 서로 상대방의 행동을 이해하기가 쉽지 않으며, 이는 곧 사업자가 그 지역 내에서 일어나는 사건에 대한 비공식적 통제에 기여할 수 없게 만든다. 그래서 이들 사업자들이 그 지역에 의미 있는 기여를 할 수 있도록 지역주민조직이나 경찰의 대민관계 부서가 만들어지고 발전되어야 한다.

4절 주민시도의 영역표식(territorial signage)

　주민들이 상호 돌보고 염려하고 있다는 표시는 곧 지역 내에서 일어나는 일에 대하여 방심하지 않고 경계하고 있으며, 무슨 일이 일어났을 때 필요하다면 개입할 의사가 있다는 것을 외부인과 다른 주민들에게 알리는 것이다. 그래서 잠재적 범법자 까지도 그 지역에서의 범행을 억제하게 된다는 논리이다. 그러나 현재까지의 연구를 볼 때, 이러한 영역적 관점은 범죄예방 그 자체보다는 오히려 범죄에 대한 공포를 줄이는데 더 적절한 것으로 알려지고 있다. 이론적으로 구역의 역동성에 초점을 맞추고 영역기능이 어떻게 기존의 주민들의 행동에 영향을 미치는가를 설명하고자 한다. 주민은 물론이고 외부인도 마찬가지로 이러한 영역표시(territorial marker)를 주민들이 상이한 상황에서 어떻게 반응할 것인가에 대한 단서로서 해석한다. 주민들은 강력한 표식이 더 안전한 환경을 뜻하는 것으로 여긴다. 따라서 환경을 더 많이 위협받을수록 주민들을 더 안전하게 느끼도록 하기 위해서는 더 많은 징표가 필요하다고 한다.[21]

　　이러한 내용은 어떻게 실용화되고 있는가? 방어공간 이념에 따라 설계자나 기획자들은 주민들에 의하여 쉽게 관찰될 수 있는 경계가 정해진 공적 공간에 준하는 공간을 만들고자 한다. 도심의 유휴지역에 도시정원을 꾸미고 주민들이 관리할 수 있도록 허가하는 것이 한 가지 사례라고 할 수 있다. 정원 자체가 주민들로 하여금 지역을 주시하게 하고 지역에 더 많이 참여하도록 만드는 동기를 제공한다.

　　한편, 관리들도 주민들에 의한 영역화 전략(territorial strategies)을 공개적으로 지지해야 한다. 다수의 지역사회 집단들이 이미 환경미화와 대청소 등의 활동에 지역주민들이 적극 참여하도록 권장하기 위한 집중적인 노력을 하고 있다. 그러나 지방 관리들은 이러한 지역 주민들의 노력과 활동을 넘겨받기를 원치 않는다. 그럼에도 불구하고 지역 주민단체나 주민들은 지역의 안전을 도모하기 위한 자신의 공헌과 노력을 지방 관리들이 이해하고 지원한다면 감사할 것이다.

　　한편 무질서 등과 관련한 영역적 접근은 범죄문제와 관련하여 세 가지 면에서 한계가 있다. 우선, 범죄에 대한 공포가 영역적 기능을 약화시키는 과정이 알려지지 않고 있다. 그리고 영역적 기능에 대한 사회적, 인지적 부분의 상대적 기여도를 영역적 징표로부터 파생되는 물리적 요소로부터 분리하기가 어렵다. 끝으로 이러한 영역적 표식에 대하여 잠재적 범법자들이 어떻게 반응하는가에 대해서도 분명치 않다.

제 5 절   물리적 퇴락과 무질서의 통제

　　1970년대 Wilson은 실제로 도시인들을 불안하게 만들고 자신의 안녕을 염려하게 하는 것은 비단 자신이 보고 듣는 범죄뿐만 아니라 눈에 보이는 사회의 붕괴를 암시하는 주변의 사회적,

---

21 S. Brower, K. Dockett, and Ralph B. Taylor, "Resident's perceptions of site-level features," *Environment and Behavior*, 1983, 15: 419-437; P. E. Greenbaum and S. D. Greenbaum, "Territorial personalization: Group identity and social interaction in a Slavic-American neighborhood," *Environment and Behavior*, 1981, 13: 574-589.

물리적 징표라고 주장하였다.[22] Hunter는 이러한 징표를 버릇없음·무례함의 표시(signs of in-civility)라고 명명한 바 있다.[23] 이는 그러한 징표들이 질서유지를 책임지고 있는 기관과 공무원들이 그러한 문제를 처리하는 능력이 없거나 관심이 없다는 것을 암시하기 때문에 사람들로 하여금 불안하게 만드는 것이라는 주장에 근거하고 있다. Wilson과 Kelling은 이 무질서(incivility)의 개념을 시계열적으로 틀을 짜서 잠재적 범법자들이 이러한 무질서에 어떻게 반응하는가를 고려한 경우가 있다. 그들은 이러한 역동성을 바로 '지역사회 경찰활동(community policing)'이라는 관점에서 논의하였는데 그것이 바로 유명한 '깨어진 창(broken windows)'이라는 용어로 기술되었다.[24]

건물의 파손이나 낙서의 만연 그리고 쓰레기가 쌓이는 등의 물리적 퇴락은 오래된 도심지역에서는 통상적으로 있을 수 있는 일이나 만약 담당 공무원이나 기관에서 그에 대하여 어떠한 조치나 대처도 하지 않는다면 주민들이나 상인들은 점차 취약하게 느끼게 된다. 자신의 안전에 대하여 점점 염려하게 됨으로써 이들은 공공장소의 질서유지에 점점 관여하지 않게 되고, 빈둥거리거나 떠들고 소란스럽게 다니거나 싸움질을 하는 청소년들이나 성인들을 말리거나 통제하지 않게 된다. 노상의 감시의 눈이 이처럼 없어지거나 줄어들게 되어[25] 지역의 일탈적이거나 비행적인 10대들은 더욱 대담해지고 더욱 빈번하게 기물을 손괴하거나 사람들을 희롱하게 된다. 점차 그러한 행동에도 불구하고 아무런 제재도 받지 않고 넘어가게 된다고 확신하게 되어 이들 비행소년들은 경미한 범죄를 더 빈번하게 행하게 되고 더욱 무법하고 난폭하게 된다. 일부 청소년들이 이처럼 더욱 악화되고 난폭하게 되었다는 것을 느끼게 된 주민들은 지역 내 공공장소를 더욱 멀리하게 되고 자신의 신체와 재산을 보호하는 데 더 많은 염려를 하게 되고 관심을 갖게 된다. 바로 이 시점이 되면, 심지어 지역 바깥의 잠재적 범법자들까지도 특정 지역이 취약하다는 것을 느끼며 따라서 그들은 그 지역에서 행해지는 범죄는 발각될 가능성도 낮고 또 그에 대한 반응도 거의 없기 때문에 특정 지역으로 몰려들게 되어 궁극적으로 그 지역의 범죄율이 급증하게 된다는 것이다. 한편 이러한 일련의 현상은 또한 주민들을 외곽으로 이동하게 만들어서 그

---

22 W. J. Wilson, *Thinking about Crime*, New York: Basic, 1975 참조.

23 A. Hunter, "Symbols of incivility," *Paper presented at the Annual Meeting of the American Society of Criminology*, Dallas, Texas, 1978.

24 J. W. Wilson and George Kelling, "Broken windows," *Atlantic Monthly*, 1982, 211: 29-38.

25 J. Jacobs, "Community on the city streets," pp. 74-93 in E. D. Boltzel(ed.), *The Search for Community in Modern America*, New York: Harper and Row, 1968.

지역을 더욱 쇠퇴시키게 된다.[26]

    이러한 주장은 몇 가지 한계에도 불구하고 이론가나 실무자들로부터 많은 관심을 얻게 되었다.[27] 무질서의 징표, 범죄 그리고 범죄에 대한 공포에 관한 연구는 이용된 척도와 분석의 단위에 따라 상이한 결과를 보여주고 있다.[28] 무질서에 대한 주민의 인식을 이용한 연구는 물리적 특징에 대한 실사에 기초한 연구에 비해 보다 일관적인 영향이 있었음을 보여주고, 일반적으로 가로나 도로의 구역을 기준으로 한 연구가 이웃을 단위로 한 연구보다 일관된 결과를 낳고 있다.[29] 그 외, 많은 연구들이 물리적 퇴락과 사회적 무질서에 대한 인식을 범죄에 대한 공포와 기타 지역적 현안과 연계시키고 있다.[30] 예를 들어, Skogan은 지역사회의 빈곤, 안정성 그리고 소수집단의 신분 등을 통제할 경우 무례 지표가 범죄문제의 인식, 야간 범죄에 대한 공포 그리고 강도피해에 영향을 미친다고 하였다.[31] 그리고, Covington과 Taylor도 무례에 대한 현지실사와 인식조사 모두가 주민들의 개인적 안전에 서로 독립적으로 영향을 미친다고 주장하였다. 이는 광범위한 물리적 퇴락은 주민들이 문제에 대하여 걱정이나 관심을 표명하지는 않을 때에도 주민들을 더욱 불안하게 할 수 있다는 것을 뜻한다.[32]

    한편, 물리적 퇴락과 사회적 무질서에 대한 간접적 지표의 영향도 연구되었는데, 주택의 외

26 Wesley Skogan, "Fear of crime and neighborhood change," in A. J. Reiss, Jr. and M. Tonry(eds.), *Crime and Justice: A Review of Research*, Vol. 8, Chicago: University of Chicago Press, 1986, p. 203; Wesley Skogan, *Disorder and Decline: Crime and the Spiral of Decay in American Cities*, 1990, p. 2.

27 Jack Greene and Ralph B. Taylor, "Community−based policing and foot patrol: Issues of theory and evaluation," pp. 195−224 in Jack Greene and Steven Mastrofski(eds.), *Community Policing: Rhetoric or Reality?*, New York: Praeger, 1988.

28 T. Miethe, "Fear and withdrawal form urban life," *Annals of the American Academy of Political and Social Science*, 1995, 539: 14−27.

29 Ralph B. Taylor, S. A. Schumaker, and S. D. Gottfredson, "Neighborhood−level links between physical features and local sentiments: Deterioration, fear of crime, and confidence," *Journal of Architectural Planning and Research*, 1985, 2: 261−275; Ralph B. Taylor and S. A. Schumaker, "Local crime as a natural hazard: Implications for understanding the relationship between disorder and fear of crime," *American Journal of Community Psychology*, 1990, 18: 619−642.

30 D. A. Lewis and M. G. Maxfield, "Fear in the neighborhoods: An investigation of the impact of crime," *Journal of Research in Crime and Delinquency*, 1980, 17: 160−189.

31 Wesley Skogan, *Disorder and Decline: Crime and the Spiral of Decay in American Cities*, New York: Free Press, 1990, pp. 193−194.

32 J. Covington and Ralph B. Taylor, "Fear of crime in urban residential neighborhoods: Implications of between and within−neighborhood sources for current models," *The Sociological Quarterly*, 1991, 32: 231−249.

관과 가치는 물론이고 사회적 안정의 유지와 관계된 주택소유율은 범죄율이 크게 영향을 미치지 못하였으나, 방화나 청소년 비행 등의 기타 지역사회 퇴락의 지표들은 적지 않은 영향을 미치는 것으로 밝혀졌다. 지역사회의 무질서와도 유관한 것으로 알려진 가족빈곤은 폭력의 위험성과 강도의 위험성을 예측하는 데 중요한 변수인 것으로 알려지기도 하였다.[33] 그런데 물리적 변화는 범죄의 변화에 선행하는 것으로 보이는데, 실제로 로스앤젤레스의 인구센서스를 이용하여 수년간 연구한 결과 이러한 주장이 입증되기도 하였다.[34] 결론적으로 지역사회의 여건과 기타 요소에 따라서는 물리적 퇴락과 물리적 퇴락을 부분적으로 암시하는 간접적 지표들이 주민들의 범죄에 대한 공포의 정도와 범죄율의 변화와 연관이 있는 것으로 여겨진다.

지역사회나 이웃뿐만 아니라 가로나 도로구역 단위에서는 무례와 범죄관련 문제의 인식에는 더 강력한 연관성이 있는 것으로 알려지고 있다. 물리적 퇴락의 평가가 범죄와 사회문제의 인식에 상당한 영향을 미치는 것으로 실제 연구결과 밝혀지기도 하였다. 결국 이웃 단위나 가로구역 단위에서의 연구결과들은 물리적 퇴락, 이들 물리적 퇴락과 관계되는 것으로 여겨지는 특징 또는 퇴락에 대한 인식이 범죄관련문제, 범죄 그리고 범죄의 변화 등과 상당한 관계가 있는 것으로 보인다.

따라서 이러한 연구결과에 기초하여 실제로 형사정책에 응용되기도 하는데, 예를 들어 지역 관계자나 공직자 또는 기획자들이 특정 지역이 아주 높은 범죄율을 맞이할 수 있는 위험성이 있다고 판단하면 물리적 퇴락과 방치 등을 예방하기 위하여 주택관계자, 교통 및 도로 등 도시계획 관계자 또는 위생환경 관계자 등과 공조할 수도 있을 것이다.

그러나 문제나 한계가 없는 것도 아니다. 우선, 물리적 퇴락과 무례의 변화가 지역의 구조적 변화와 별도로 일어나는지 또는 단순히 지역의 구조적 변화를 반영하는 것인지 분명치 않다. 어느 지역이나 생태학적 과정과 사회, 정치, 경제적 요소로 인하여 세 가지 방법으로 변한다. 즉, 사회경제적 지위가 높아지거나 또는 낮아지고, 주택의 소유와 임대 비율을 반영하는 지역의 안정성이 변하며 그리고 인종적 또는 연령별 구성이 변한다는 것이다.[35] 따라서 물리적 무례가 이러한 구조적 변화를 단순히 반영하는 것인지 아니면 물리적 변화가 이들 구조적 변화와 별도로

---

33 Skogan, *op. cit.*; Harrell and Gouvis, *op. cit.*

34 L. Schuerman and S. Kohrin, "Community careers in crime," pp. 67–100 in A. J. Reiss, Jr. and M. Tonry(eds.), *Crime and Justice: A Review of Research*, Vol. 8, Chicago: University of Chicago Press, 1986.

35 Ralph B. Taylor and J. Covtington, "Neighborhood changes in ecology and violence," *Criminology*, 1988, 26: 553–589.

나타나는 것인지 의문의 여지가 생긴다. 이에 대한 대답은 매우 중요한 이론적 그리고 실질적 중요성을 가지는데, 예를 들어서 만약 물리적 무례가 단순히 사회경제적 지위의 변화를 반영하는 것이라면 주거환경의 개선보다는 주민에 대한 직업알선이 장기적 범죄예방의 목적에 더욱 부합된 정책일 것이기 때문이다.

그리고 물리적 환경의 퇴락은 어느 시점에서라도 기타 지역특징과 밀접하게 연관되지 않을 수 없다. 예를 들어, 대부분 무질서(incivility)가 심한 지역이나 구역일수록 비주거용 시설의 활용 비율이 훨씬 높으나, 지역공간을 어떻게 활용하는가가 물리적 퇴락의 정도보다 범죄의 증대에 더 큰 영향을 미치는지는 알 수 없는 것이다.

더불어, 이 깨어진 창(broken windows) 이론의 가장 중요한 관점인 잠재적 범법자가 이러한 물리적 무례를 어떻게 읽는가, 즉 어떻게 이해하고 해석하는가에 대해서도 알려진 것이 없다. 아마도 외부에서 온 잠재적 범법자들은 물리적 퇴락의 정도를 파악하고 그 지역을 침투할 것인가를 바로 그러한 특징들에 기초하여 결정하는 것으로 가정해 볼 수 있다. 그러나 잠재적 범법자들이 이러한 물리적 퇴락에 얼마나 관심과 주의를 기울이는지는 알지 못한다.

한편, 물리적 퇴락을 억제하고 물리적 환경을 개선하는 것이 반드시 좋은 것만도 아니다. 실제로, 물리적 환경의 개선이 잠재적 범법자들로 하여금 그 지역이 잠재적으로 좋은 범죄의 대상이나 표적물이 많이 있다고 여길 수 있게 한다는 것이다. 그런데, 이 논쟁에 있어서 가장 중요한 영향을 미치는 사항은 동기가 부여된 대규모의 잠재적 범법자 집단이 지역 인근이나 주변에 또는 내부에 얼마나 존재하는가 하는 사실이다.[36]

---

36 A. E. Bottoms and P. Wiles, "Housing tenure and residential community crime careers in Britain," pp. 101−162 in A. J. Reiss, Jr. and M. Tonry(eds.), *Crime and Justice: A Review of Research*, Chicago: University of Chicago Press, 1986; J. Covington and R. B. Taylor, "Gentrification and crime: Robbery and larceny Changes in appreciating Baltimore neighborhoods in the 1970's," *Urban Affairs Quarterly*, 1989, 25: 142−172.

6절   논의 사항

물론, 특정한 사회적, 문화적 조건하에서 지역의 물리적 특징을 설계하거나 재설계함으로써 범죄를 줄이거나 주민들을 더 안전하게 느끼게 하거나 덜 취약하게 만들고 느끼게 한다는 사실에 대한 많은 연구가 있어 왔지만, 아직도 해결되지 않은 의문의 여지는 많이 있다. 우선, 물리적 변화, 범죄사건, 범죄에 대한 공포 그리고 지역의 취약성에 대한 인식 등 시간적 선후관계의 과정이 잘 알려지지 않고 있다. 예를 들어, 물리적 변화가 범죄율의 악화에 우선하고 따라서 예측하는 것인가 아니면 범죄율의 악화가 물리적 변화에 우선하고 예측하는 것인가 아니면 다른 요소에 의해서 영향을 받고 좌우되는가?

한편 사회적, 문화적 그리고 조직적 특징이 물리적 환경의 수정을 통한 범죄의 감소에 얼마나 기여할 수 있는가? 지금까지의 연구결과는 물리적 환경특징이 범죄와 범죄관련 문제에 그 자체만으로도 직접적인 영향을 미칠 수 있다는 주장에 대해서는 신중을 기하는 편이다. 즉, 물리적 환경 수정의 효과는 지역의 사회적, 문화적, 조직적 역동성에 크게 좌우된다고 한다. 그러나 범죄와 범죄관련 문제에 대한 물리적 영향이 어떻게 이와 같은 비물리적 조건에 의해 좌우되는가를 설명하는 행동심리학적, 사회심리학적 과정에 대해서는 잘 알려지지 않고 있다.

또한 광범위한 사회적, 정치적, 경제적 환경이 범죄의 위험에 미치는 영향이 무엇이며 그리고 이들 광범위한 쟁점들이 물리적 환경의 특징에 어떻게 관련되는가? 일부 범법자들은 노력과 시간이라는 견지에서 최소의 비용으로 노력에 대한 보상을 얻을 수 있는 확률이 높으며 자신이 편안하게 활동할 수 있다고 느끼는 지역이나 장소를 선정하는 다단계계획 과정을 따른다고 한다.[37] 결과적으로 그들은 그렇게 해서 선정된 지역 내의 건물, 사람 그리고 거주지역 등을 선택하게 된다.[38] 잠재적 범법자들의 집중이나 극빈자의 밀집,[39] 자원에 대한 접근이 제한된 정치력

---

37 G. F. Rengert, "Spatial justice and criminal victimization," *Justice Quarterly*, 1989, 6: 543－564.

38 Ralph B. Taylor and S. D. Gottfredson, "Environmental design, crime and prevention: An examination of community dynamics," pp. 387－416 in A. J. Reiss, Jr. and M. Tonry(eds.), *Crime and Justice: A Review of Research*, Chicago: University of Chicago Press, 1986.

39 L. J. D. Wacquant and W. J. Wilson, "The cost of racial and class exclusion in the inner city," *Annals of the American Academy of Political and Social Science*, 1989, 105: 8－25; W. J. Wilson, "Studying inner city dislocations: The challenge of public agenda research," *American Sociological Review*, 1991, 56: 1－14.

의 부족 등 사회적 특징이 지역의 범죄위험성에 영향을 미치지 않을 수 없는 것이다. 사실, 제한된 자원을 최대한의 범죄예방 효과를 노릴 수 있는 지역에 집중할 수 있기 때문에 물리적 설계나 재설계의 범죄예방 효과와 도심지역의 특징과 양자의 상호관계를 이해하는 것이 매우 중요한 실질적 의미를 가지지 않을 수 없다.

끝으로, 지금까지의 연구에 의하면 주택을 보수하지 않고 방치하거나 비워두고, 어떻게 지역의 공간을 활용하는가, 어떻게 공간을 배열하는가, 그리고 교통과 보행자의 통행과 순환형태 등이 범죄의 증감에 영향을 미치는 것으로 알려지고 있으나 이들 요소들의 상대적 중요성에 대해서는 잘 알려지지 않고 있다.

HOT ISSUE

도시가스배관 이용 주택침입 예방

서울 광진구, 방범시설 설치기준 마련
건축 허가시부터 방범덮개 등 설치해야

▲ 주택의 도시가스배관에 설치된 방범덮개(왼쪽)와 가시덮개

서울 광진구(구청장 김기동)가 범죄 사각지대를 없애고 주민들이 안심하고 생활할 수 있는 환경 조성을 위해 '도시가스배관 방범시설 설치기준'를 마련, 이달 건축 허가시부터 적용한다.

광진구의 이번 사업은 건축물 외부에 설치된 도시가스배관을 타고 단독주택, 다세대 주택 등에 침입하는 범죄행위를 막기 위해 추진하는 것이다.

광진구는 이를 위해 지난 4월 1일부터 시행된 국토부 건축물 범죄예방 건축기준에 따라 범죄예방환경설계(CPTED)를 도입해 지난 10월 구 여건에 맞는 기준으로 방침을 시행했으며 이달부터 규정을 적용하게 되었다.

따라서 도시가스배관 주변에 창문이 있는 건축물에 한해 배관덮개 또는 가시덮개와 같은 도시가스배관 방범덮개를 설치하게 된다. 설치기준은 지상 2m 이내는 방범용 배관덮개를 설치하고 그 이상은 딛고 올라갈 받침이 있는 경우 받침기점으로부터 2m 이상, 옥상에서 내려올 수 있는 구조인 경우 옥상 하부 2m 이상까지 방범용 덮개를 설치해야 한다.

광진구 건축과의 송경호 주무관은 "도시가스배관은 강관으로 튼튼하게 설치됨으로 도둑들이 주택 침입시 많이 이용하므로 범죄 예방을 위해 방범덮개를 도입하게 되었다"며 "앞으로 방범덮개가 설치되면 주민들이 편안하게 생활할 수 있을 것으로 기대 된다"고 덧붙였다.

한편 지난 4월 1일 국토부는 건축법 시행령에 '범죄예방 건축기준'을 제정, 고시 한 바 있다. 고시에 따르면 500세대 이상의 공동주택에서 수직 배관은 지표면에서 지상 2층으로 또는 옥상에서 최상층으로 배관을 타고 오르거나 내려올 수 없는 구조로 하도록 했으나 단독이나 다세대주택, 연립주택, 500세대 미만의 아파트에는 권장사항으로 제정한 바 있다.

자료: 가스신문 2015년 12월 10일
http://www.gasnews.com/news/articleView.html?idxno=71800

CCTV 등 셉테드 도입한 아파트, 범죄 예방 효과 커

건설協, 전국 6개 지역 적용 범죄안전 체감도 올라가

대한건설협회가 법무부와 손잡고 진행한 범죄예방환경개선사업(CPTED)이 건설업체가 자발적으로 도입하는 형태로 속도로 활성되고 있는 것으로 나타났다.

30일 업계에 따르면 법무부와 대한건설협회 등은 지난해 사업추진을 위한 TF팀을 구성한후 사업지역 18개를 선정해 범죄예방사업을 벌여왔다.

건설협회는 회원사들과 함께 예산 3억원을 집행해 서울과 지방 총 6개 지역에 CPTED를 도입했다. 이후 긍정적 반응이 일면서 올해 건설사들이 잇따라 분양단지에 CPTED를 도입하고 있다.

■ CCTV달고, 조명높이고, 벽화 그려 범죄 예방

　건설협회는 지난해 서울 도화동과 공릉동, 대림동 등 3개지역과 대전 유천동, 광주 월산동, 대구 상인동 등 3개 지역을 대상으로 CPTED를 도입시켰다. CCTV를 도입하고 보안경, 반사등을 설치해 범죄를 예방토록 한 것이 특징이다.

　대전 유천동의 경우 안전에 대한 주민 만족도는 급증했다. 폐가를 부수고 가로등을 설치한 것이 특징이다.

　지난 1월 법무부 조사에 따르면 유천동 주민들의 범죄안전 체감도는 8.5%포인트(57.75% → 66.25%) 올랐다.

　국내에선 지난 2005년 처음으로 경기도 부천시가 일반주택단지를 셉테드 시범지역으로 지정한 데 이어, 판교·광교 신도시와 은평뉴타운 일부 단지에 CPTED가 도입된 바 있다.

　서울시는 지난 2010년 조례를 만들어 새로 지정되는 모든 뉴타운(성북구 길음, 중랑구 봉화, 강북구 미아, 마포구 아현, 강서구 방화 등)에 셉테드를 도입토록 권장한 바 있다.

■ 건설업계에도 CPTED 속속 도입

　최근엔 건설업계에도 아파트 설계단계부터 CPTED를 도입하는 곳들이 늘고 있다. 주차장은 지하로 배치하고 CCTV와 조명, 반사등 등을 도입해 주민들의 안전 위험을 확 낮춰 수요자를 끌겠다는 전략이다.

　현대건설의 경우 분양중인 '힐스테이트 파주 운정'에 CPTED 설계를 도입키로 했다. CCTV를 통해 사각지대를 줄이도록 하고 개별 현관엔 안심카메라를 설치해 거동 수상자를 촬영토록 하고 이를 스마트폰으로 확인할 수 있도록 했다.

　무인 택배 시스템도 적용한다. 한라건설이 분양했던 '시흥 배곧 한라비발디 캠퍼스 3차'도 셉테드 설계에 특화된 아파트로 꼽힌다. 모든 가구 거실에 동체 감지기를 달았다.

　1.2층과 최상층은 추가로 설치했다. 또 주차장과 엘리베이터, 놀이터 등 안전 사각지대를 최소화한 감시 카메라와 무인경비시스템, 지하주차장 비상벨 시스템 등을 설치했다.

　대한건설협회 관계자는 "CPTED 설계는 감시 사각지대를 없애고 조명을 밝게 해 단지와 주변에서 일어나는 범죄를 예방할 수 있다는 점에서 보이지 않는 효과가 크다"면서 "협회 회원사가 모범이 돼서 안전한 환경을 조성할 수 있도록 노력해 나가겠다"고 말했다.

자료: 파이낸셜뉴스 2015년 12월 30일
http://www.fnnews.com/news/201512301939197303

제 3 장
범죄피해와 범죄예방

제1절 범죄피해의 위험성

1. 위험성의 개념과 형태

위험성의 개념은 어떠한 원하지 않는 결과의 확률이다. 예를 들어, 2005년 15세 이상의 폭력적 범죄피해의 평균 위험성이 0.034였다라고 말할 수 있는데, 이는 15세 이상 모든 사람들이 평균적으로 폭력범죄피해의 확률이 0.034라는 것을 의미하며, 이 숫자는 실제로 피해를 당한 비율을 말한다. 한편, 최소 위험성(minimum risk)이 0.002라고 한다면 이는 가장 위험성이 낮은 범주에 속한 사람들에 대한 폭력범죄피해의 확률이 0.002라는 것을 의미하며 역시 이 숫자 또한 이 범주에 속한 사람들의 실제 피해비율과 일치하는 것이다.

이와 같은 위험성에 대한 기본적 개념으로부터 우리는 위험성에 대한 몇 가지 유형들도 검토할 수 있다.[1] 상대적 위험성(relative risk)은 위험성 요소라고 하는 주어진 특성을 가진 사람과 가지지 않은 사람이 경험하는 위험성의 비율이라고 할 수 있다. 예를 들어, 만약 농촌지역에 생활하는 어떤 사람이 0.050의 폭력범죄의 위험성을 가졌고 도시에 거주하는 어떤 사람이 0.055의 위험성을 가졌다면 도시거주자의 상대적 위험성은 1.10(0.055/0.050)이 되는 것이다. 이는 도시거주자가 농촌거주자에 비해 10% 더 큰 위험성을 가지고 있다는 것을 의미하는 것이다. 그러나 문제는 절대적 수치로 보면 두 집단의 차이가 비교적 크지 않을 때 발생하게 된다. 예를 들어,

---

1 D. I. Streiner, "Let me count the ways: Measuring incidence, prevalence, and impact in epidemiological studies," *Canadian Journal of Psychiatry*, 1998, 43(2): 173−179; D. I. Streiner, "Risky business: Making sense of estimates of risk," *Canadian Journal of Psychiatry*, 1998, 43(4): 411−415.

한 집단의 위험성이 0.002이고 다른 집단의 위험성이 0.010이라고 하면 상대적 위험성은 5.0이 지만 위험성의 절대적 차이는 단지 0.8%에 지나지 않는 것이다.

소인 위험성(attributable risk)은 하나의 위험성 요소에 대하여 모든 사람들이 가능한 최저의 점수를 가졌다면 제거될 수 있는 위험성의 비율이다. 만약 예측인자와 결과가 인과적이라고 가 정한다면 소인 위험성은 그 예측인자에 기인한 위험성의 비율인 것이다. 예를 들어, 만약 음주 가 주 1회 이상에서 최저 수준으로 줄어들 수 있다면 폭력피해를 경험한 인구의 비율이 0.055로 부터 0.050으로 감소한다면 인구 소인 위험성은 (0.055 − 0.050)/0.055 = 0.091이 되는 것이다. 이 는 곧 음주를 최소한으로 줄이면 폭력피해의 발생을 최대 9.1%까지 줄일 수 있다는 것이다.

2. 일상활동과 위험성

(1) 표적의 적절성(Target suitability)

표적의 적절성은 범죄의 대상이 되는 사람이나 물건의 접근성(accessibility)과 범죄표적으로 서 물건이나 사람의 매력성(attractiveness)이라는 두 가지 차원으로 구성되어 있다. 매력성 차원 은 잠재적 범법자가 가지는 물건이나 사람의 물질적, 상징적 바람직함으로서 범죄율에 긍정적 영향을 미친다고 할 수 있다. 그러나 매력성과 범죄율의 긍정적 관계는 접근성 차원에 의하여 중재될 수 있는데, 표적의 매력성과 관계없이 표적에의 접근이 불가능하다면 그 표적은 범죄피 해자가 될 수 없기 때문이다. 표적의 접근성 또는 노출은 두 가지 요소로 구성되는데, 첫째는 잠 재적 범법자에 대한 범죄표적의 물리적 가시성(physical visibility)과 접근성을 포함하는 것이다. 즉, 잠재적 범법자는 표적의 존재를 알아야 하며, 그 표적과 물리적 접촉을 할 수 있어야만 한 다. 둘째는 공격에 대한 표적의 자연스러운 저항을 포함하는 것이다. 종합하면, 잠재적 범법자에 게 표적의 접근성과 매력성이 커지면 그 표적에 대한 범죄율도 높아지는 것이다.[2]

(2) 동기가 부여된 범법자에의 근접성

3가지 차원으로 구성된 일상활동이론의 요소로서 그 첫 번째 차원은 범죄의 잠재적 표적이

---

2 L. E. Cohen, J. Kluegel, and K. C. Land, "Social inequality and predatory criminal victimization: An exposition and a test of a formal theory," *American Sociological Review*, 1981, 46: 505−524.

거주하는 지역과 비교적 많은 인구의 잠재적 범법자가 발견되는 지역 사이의 물리적 거리이다. 다수의 연구결과 이 근접성이 범죄율이나 피해 위험성을 예측하는 가장 강력한 요소의 하나로 알려지고 있다. 물론 이 근접성이 필요한 요소이지만 물리적 근접성만으로는 충분하지 않다. 이 충분성은 적절한 표적에 대하여 물리적 근접성이 있는 사람이 범행할 동기가 부여되어 있을 것을 요한다. 즉, 두 번째 차원인 동기를 필요로 하는 것이다. 세 번째 차원은 잠재적 범법자 집단의 크기와 관련된 것으로 범죄수준에 직접적이고 긍정적인 관련이 있는 것으로 알려지고 있다. 종합하면, 근접성, 동기의 수준, 그리고 잠재적 범법자의 규모가 커지면 범죄율이나 피해 위험성도 높아진다는 것이다.[3]

(3) 보 호 성

보호성은 공식적 사회통제, 비공식적 사회통제, 그리고 표적강화활동이라는 세 가지 범주로 나눌 수 있다. 경찰, 법원, 교정과 같은 공식적 사회통제기관이 범죄를 줄이는 데 역할을 한다고 가정되지만 실제로는 그 역할이 매우 경미한 것으로 연구결과 밝혀지고 있다. 두 번째 방범시설과 장치와 같은 표적강화활동은 범죄사건을 줄이는 것으로 밝혀져 왔고 그래서 폭 넓게 활용되고 있지만 활용에 따른 경비의 문제로 가장 위험성이 높은 개인이나 가구에서는 통상 효과적으로 활용할 재정능력을 가지고 있지 못하다. 세 번째 범주인 비공식적 사회통제는 감시와 개입을 통하여 사람과 물건을 피해 위험성으로부터 보호하려는 개별 시민이나 집단으로서 보다 효과적이고 강력한 보호활동이라고 할 수 있다. 따라서 보호성이 강화되면 범죄율이나 피해 위험성은 낮아질 것이라고 할 수 있다.[4]

3 Cohen et al., *op. cit.*; J. P. Lynch, "Routine activity and victimization at work," *Journal of Quantitative Criminology*, 1987, 3: 283－300; L. E. Cohen and M. Felson, "Social change and crime rates trends: A routine activity approach," *American Sociological Review*, 1979, 44: 588－608; J. Garofalo, "Reassessing the lifestyle model of criminal victimization," in M. R. Gottfredson and T. Hirschi(eds.), *Positive Criminology*, Beverly Hills, CA: Sage, 1987, pp. 23－42.

4 Lynch, *op. cit.*; Cohen et al., *op. cit.*; R. R. Bennett, "The effect of police personnel level on crime clearance rates: A cross－national analysis," *International Journal of Comparative and Applied Criminal Justice*, 1982, 6: 177－193; D. Cantor and K. C. Land, "Unemployment and crime rates in Post－World War II United States: A theoretical and empirical analysis," *American Sociological Review*, 1985, 50: 317－332.

(4) 범죄유형에 따른 차이

일부 연구에 따르면 특히 재산관련 범죄와 폭력범죄 사이처럼 범죄유형에 따라 일상활동이론의 특정변수들이 범죄사건에 미치는 영향이 다르다는 점이 지적되고 있다. 표적의 매력성과 접근성의 경우, 단지 범죄가 도구적 행동으로 간주되는 경우에만 모든 범죄에 긍정적인 관계가 있는 것으로 예측될 수 있다고 한다. 반대로, 만약 범죄가 표출적인 것으로 인식된다면 그 예측이 그렇게 분명하지 않다는 것이다. 기회접근(opportunity approach)이 범법자의 합리적 선택을 전제로 하고 그래서 대부분의 폭력범죄의 동시적 특성이 예측을 일상활동이론의 범주를 벗어나게 만든다. 이와는 대조적으로, 절도는 도구적, 합리적인 것으로 간주되기 때문에 매력성과 접근성이 위험성의 수준에 직접적으로 영향을 미친다고 예측할 수 있는 것이다.[5]

그러나 근접성도 그럴 것이라고 믿어야 할 이유는 없다. 대인범죄와 재산범죄 모두가 사람이건 물건이건 피해자와 범법자 사이의 신체적 접촉을 요하기 때문이다. 마찬가지로, 잠재적 범법자 집단의 규모는 범죄유형에 따라 상이한 영향을 보여주지는 않는다고 가정해 볼 수 있다. 다만 재산범죄와 대인범죄의 차이를 둘 수 있는 근접성개념의 한 가지 요소는 잠재적 범법자 동기라고 할 수 있다. 여기서도 그러나 동기의 영향은 범죄가 도구적으로 간주되는가 아니면 표출적인 것으로 고려되는가에 의해서 결정되는 것이다. 재산범죄율에 미치는 동기의 영향은 폭넓게 지지되고 있지만 대인범죄에 미치는 영향은 논쟁의 대상으로 남아 있다.[6]

마지막으로, 비록 보호의 역동성과 환경은 다르지만 보호성은 대인범죄와 재산범죄 위험성 모두에 유사하게 영향을 미치는 것으로 알려지고 있다. 폭력범죄의 경우, 직장생활과 학교생활과 같은 가정 외부에서의 활동은 보호성을 증대시키고 따라서 개인적 위험성을 줄여준다고 한다. 반대로, 그러한 활동이 재산에 대한 보호성은 감소시켜서 절도의 위험성은 증대시킬 수 있다고 한다.[7]

---

5 T. D. Miethe, M. C. Stafford, and J. S. Long, "Social differentiation in criminal victimization: A test of routine activities/lifestyle theories," *American Sociological Review*, 1987, 52: 184–194.

6 Cantor and Land, *op. cit.*

7 Miethe et al., *op. cit.*

3. 개인적, 상황적 요소와 위험성

기존의 연구들은 범죄피해에 대한 차단제로서 사회적 유대의 역할을 보여주고 있다. 또한 자아통제(self-control)가 범죄피해 위험성의 다양성에 영향을 미칠 수 있음도 요약되고 있다. 뿐만 아니라 자아통제와 피해자가 될 확률 사이의 연계가 실증적 연구결과 제시된 바도 있다. 그러나 상황적 요소와 개인적 요소가 별개의 것으로 고려되어서는 안 된다는 주장도 만만치 않다. 즉, 일상활동과 생활유형에 대한 배타적 초점은 범죄피해 위험성 요소에 대한 단지 불완전한 부분적인 이해만 제공할 뿐이라는 것이다. 그럼에도 불구하고 자아통제와 같은 개인적 특성과 사회적 유대가 범죄에 대한 취약성과 어떠한 관계가 있는지에 대해서는 거의 연구가 이루어지지 않고 있는 실정이다.[8]

이러한 견지에서 다음과 같은 두 가지 특징을 기초로 한 인과모형이 개발되기도 한다. 우선, 특정한 여가활동과 비행적 교우와의 접촉이 범죄피해의 위험성이 상대적으로 높은 상황으로 유도하고 반면에 약한 사회적 유대와 낮은 자아통제력은 다른 사람에 비해 일부 사람들을 더 취약하게 만드는 요소라고 가정되고 있다. 이는 곧 범죄피해의 위험성은 개인의 생활유형에만 의존하는 것이 아니며 또한 개인적 속성이 범죄피해 위험성의 유일한 근원도 아니라는 것이다. 따라서 결론적으로는 개인적 속성과 상황적 요소가 상호의존적일 수밖에 없다는 것이다.[9]

그런데 범죄에 기여하는 상황을 만드는 몇 가지 조건이 있다고 한다. 예를 들어, 가시적이고 가치 있는 표적 가까이에 잠재적 범법자가 있고, 범법자가 자신이 범죄를 성공적으로 수행할 수 있고 도망칠 수 있다고 믿어야 한다는 것이다. 그래서 잠재적 범법자를 잠재적 피해자와 접촉할 수 있게 하는 상황이 비정상적으로 높은 위험성을 수반하게 된다는 것이다. 생활유형이론은 사람들이 자신의 일상생활에 자신의 시간을 어떻게 할애하는가가 범죄피해의 잠재성이 높은 상황에 자신이 노출되는 정도에 영향을 미치게 된다는 점을 강조하고 있다. 자신의 더 많은 시간을 잠재적 범법자와 근접하여 보내거나 감시할 수 있는 보호자로부터 멀리 떨어져서 여가활동에

---

8 C. J. Schreck, "Criminal victimization and low self-control: An extension and test of a general theory of crime," *Justice Quarterly*, 1999, 16: 633-654; M. Felson, "Linking criminal choices, routine activities, informal control, and criminal outcomes," In D. B. Cornish and R. V. Clarke(eds.), *The Reasoning Criminal: Rational Choice Perspectives on Offending*, New York: Springer-Verlag, 1986, pp. 119-128.

9 C. J. Schreck, R. A. Wright, and J. M. Miller, "A study of individual and situational antecedents of violent victimization," *Justice Quarterly*, 2002, 19(1): 159-180.

참여하는 사회집단이 더 많은 위험성에 놓이게 되는 경향이 있다는 것이다.[10]

　지금까지의 연구에서 취약성을 높이는 몇 가지 생활유형의 특징들이 밝혀지고 있다. 단순히 더 많은 시간을 집 밖에서 보내는 것이 가까이 하기엔 그렇게 안전하지 못한 사람들과의 더 많은 신체적 접촉을 하게 함으로써 위험성을 증대시키는 한 가지 방법이 된다고 한다. 그러나 사람이 집 밖 어디를 가서 무엇을 하는가가 범죄피해의 위험성을 이해하는 데 매우 중요한 이유는 그들이 그 시간을 비행동료들과 보내게 되어 범죄피해자가 될 확률도 높이기 때문이라는 것이다. 이는 잠재적 범법자들은 자신의 보편적 일상에서 벗어나 멀리서 피해자를 찾지 않기 때문이다. 이는 곧 비행소년의 친구가 바로 자신의 가장 적격한 피해자 집단이라는 점을 암시하고 있다. 뿐만 아니라, 비행교우와 시간을 보내는 것은 다른 동료집단에 의한 보복의 형태로 범죄피해의 위험성을 수반하기도 한다는 것이다.[11]

　부모나 교사와 같은 비공식적 권위자로부터 멀리서 일어나는 동료들과의 활동이 비행의 위험성을 증대시키는 필요한 요소라고 한다. 이들 권위자들은 때로는 범죄피해에 대한 보호자로서뿐만 아니라 사회통제기관으로서의 기능도 수행하기 때문에 가정과 감시적 보호자의 눈으로부터 멀리서 동료들과 많은 시간을 보내는 사람은 피해자가 될 확률도 높을 뿐만 아니라 범죄에 가담할 확률도 높아진다는 것이다. 결과적으로, 구조화되지 않고 감시되지 않는 동료들과의 여가활동은 범죄피해의 위험성을 증대시킬 수 있다는 것이다. 따라서 위험한 생활유형이 범죄피해 위험성을 증대시키는 또 다른 요소라고 할 수 있다는 것이다.[12]

　물론 이들 요소가 범죄피해의 위험성에 직접적으로 기여하지만, 이들 요소들은 상호 관련이 될 수도 있는 것이다. 예를 들어, 위험한 생활유형과 비행적 교우와의 접촉은 아마도 우연의 결과만은 아닐 것이다. 일부 일상활동 연구가 지적하는 점인 인구사회학적 특성들이 위험한 생활유형을 결정하고 있다. 그래서 이러한 견지에서 자아통제와 가족과 학교에 대한 사회적 유대라

10 D. W. Osgood, J. K. Wilson, P. M. O'Malley, J. G. Bachman, and L. D. Johnston, "Routine activities and individual deviant behavior," *American Sociological Review*, 1996, 61: 635−655.

11 E. E. Mustaine and R. Tewksbury, "Predicting risks of larceny theft victimization: A routine activity analysis using refined activity measures," *Criminology*, 1998, 36: 829−858; G. F. Jensen and D. Brownfield, "Gender, lifestyle, and victimization: Beyond routine activity theory," *Violence and Victim*, 1986, 1: 85−99; J. L. Lauritsen, R. J. Sampson, and J. H. Laub, "Addressing the link between offending and victimization among adolescents," *Criminology*, 1991, 34: 209−228; R. J. Sampson and J. L. Lauritsen, "Deviant lifestyles, proximity to crime, and the offender−victim link in personal violence," *Journal of Research in Crime and Delinquency*, 1990, 27: 110−139

12 D. W. Osgood, J. K. Wilson, P. M. O'Malley, J. G. Bachman, and L. D. Johnston, "Routine activities and individual deviant behavior," *American Sociological Review*, 1996, 61: 635−655.

는 두 가지 특징들이 청소년들의 생활유형을 결정하는 요인으로 부각되기도 한다. 이들 두 요소가 개인의 생활유형 선택에 영향을 미치고 그것이 다시 간접적으로 활동을 통하여 범죄피해에 영향을 미칠 수 있는 것이다. 일반적으로 자아통제가 낮은 사람이 가정을 피해서 거리로 뛰쳐나가는 경향이 있으며, 또한 범죄피해의 위험성도 증대시키게 된다고 한다.[13]

4. 지역사회와 위험성

지금까지 대부분의 범죄피해에 관한 연구는 범죄피해의 개별적 또는 집단적 상관관계를 강조하는 두 가지 구별된 노선을 따라 발전해오고 있다. 개별적 접근은 주로 개인이나 가구의 집단에 따른 범죄피해위험성의 차이에 초점을 맞추고 있는 반면, 집단적 접근은 사회단위(social units)의 특성과 집단적 범죄피해율 사이의 관계를 검증하고자 하는 것이다. 범죄의 사회생태학적 이론과 연구의 오랜 전통이 범죄피해율이 사회적 지역의 특성에 따라 다양하다는 것을 보여주고 있다. 안정적이지 못한 거주자가 많고, 소득수준이 낮은 가구의 비율이 높고, 인종적으로 이질적인 인구구성을 하고 있는 지역사회가 범죄피해율이 높다는 것이다.[14]

대부분의 개인적 접근에 의한 범죄피해 위험성의 연구는 일상활동이나 생활유형과 같은 기회이론적 전통의 틀 속에서 진행되어 왔다. 이들은 동기가 부여된 잠재적 범법자가 매력적인 표적에 근접해 있고 비공식적 보호가 부족할 때 범죄발생의 확률이 극대화된다는 것이다. 그런데 이러한 가정은 '직접적인 접촉적 약탈범죄(direct contact predatory crime)'에만 적용되는 것이라는 주장도 제기되고 있다.[15]

물론 일정한 사회경제적, 인구사회학적, 생활유형적 차이가 개인의 범죄피해위험성의 차이를 부분적으로는 설명하는 것임에는 틀림이 없지만 그러한 상이한 범죄피해위험성을 결정하는 데 있어서 거주지역의 특성이 어떠한 역할을 하는지는 덜 분명한 편이다. 폭력피해의 수준이 높은 지역에 거주하는 사람은 동기가 부여된 범법자들과의 근접성으로 인하여, 그리고 좋지 못한

---

13 M. R. Gottfredson and T. Hirschi, *A general Theory of Crime*, Stanford, CA: Stanford University press, 1990, p. 157; R. Matsueda and K. Anderson, "The dynamics of delinnquent peers and delinquent behavior," *Criminology*, 1998, 36: 269–308.

14 D. A. Smith and G. R. Jarjoura, "Household characteristics, neighborhood composition and victimization risk," *Social Forces*, 1989, 68(2): 621–640.

15 L. Cohen and M. Felson, "Social change and crime rates trends: A routine activity approach," *American Sociological Review*, 1979, 44: 588–608.

사회경제적 조건을 가지고 있는 지역사회 거주자는 동기가 부여된 범법자들에의 노출로 인하여 폭력범죄피해의 위험성이 더 높다는 일부 연구성과들은 범죄피해자화의 환경적 특성을 강조한 다는 점에서 중요한 기여를 하고 있다. 즉, 개인적 속성 외에도 개인 간에 관찰된 범죄피해위험 성의 다양성에 독립적으로 기여하는 지역사회에 대한 파악 가능한 특성들이 있다는 것이다.[16] 일부에서는 그중의 하나가 바로 지역사회의 융화(cohesion)라고 한다. 그런데 지역사회의 융화가 범죄피해 위험성의 차이나 다양성을 설명하는 데 기여할 수 있다는 주장은 바로 범죄피해위험 성의 개인적 차이를 설명하는 주요 이론인 일상활동과 생활유형이론이 이러한 차이는 상이한 생활유형활동의 차이에 기인한 것이고, 생활유형과 일상활동의 관점에서 보호성의 개념이 중심 적인 위치를 점하고 있다는 데서 찾고 있다. 그런데 보호성이란 주택과 같은 자신의 재산에 대 한 보호성일 수도 있고, 자물쇠와 같은 표적강화도구에 관한 것일 수도 있으며, 제 3 자에 의한 감시에 관한 것일 수도 있는 것이다. 그중에서도 지역사회의 융화와 관련이 있는 것은 바로 지 역의 비공식적 보호성이라고 할 수 있는 세 번째 경우의 보호성이다. 즉, 강력한 지역사회유대 (community tie)가 높은 수준의 보호성의 증거이고, 따라서 범죄피해위험성을 낮출 수 있다는 것 이다.

이들의 주장에 의하면, 범행을 설명하는 요소들이 실제로 범죄피해자화도 설명할 수 있다는 것이다. 이러한 주장은 또한 피해자와 가해자가 사실은 인구사회학적으로 거의 완벽하게 서로를 반추하고 있다는 사실로 더욱 재강화되고 있다. 과거 범행경험이 범죄피해자화 위험성의 강력한 예측요소이고, 반대로 과거의 피해경험이 범행의 강력한 예측요소라는 연구결과도 이러한 주장 에 힘을 실어주고 있다. 이러한 점에서 지역사회 융화의 개념이 개인적인 범죄피해 위험성을 설 명하는 데 유용할 수 있다는 것이다. 그것은 바로 지역사회 융화를 보호성(guardianship)이라고 하는 기회이론의 중심적 요소로 개념화하는 데서 그 연결고리를 찾을 수 있기 때문이다. 융화적 인 지역사회의 주민들은 집합적 선(collective good)을 대신하여 공적 일탈과 범죄활동에 개입하는 경향이 있기 때문에 소위 '집합적 효율성(collective efficacy)'이 폭력을 줄일 수 있다는 것이다.[17] 결과적으로, 보호성이 핵심적인 설명요소이고 지역사회 융화를 통한 보호성 또는 비공식적 사회 통제의 적극적인 활용이 직접적으로 지역사회의 범죄피해 위험성을 줄이게 된다는 것이다.

---

16 M. R. Lee, "Community cohesion and violent predatory victimization: A theoretical extension and cross-national test of opportunity theory," *Social Forces*, 2000, 79(2): 683-706.

17 R. J. Sampson, S. W. Raudenbush, and F. Earls, "Neighborhood and crime: A multilevel study of collective efficacy," *Science*, 1997, 277: 918-924.

2 절　범죄피해자와 범죄예방

1. 행위자로서의 피해자

　　일부 학자들은 범죄의 피해자를 범죄의 상황적 설명에서 행위자로 개념화하고 있다. 지금까지의 연구와 논의의 결과 이제는 피해자가 단순히 우연하게도 잘못된 시간에 잘못된 장소에 있게 된 사람이 아니라는 거역할 수 없는 증거를 가지고 있다. 이는 일부 사람이 다른 사람에 비해 그들의 행동이나 인구사회학적 특성으로 인하여 훨씬 더 범죄피해자가 될 성향이 높다는 것이다. 더구나 한번 피해자가 된 사람은 다시 피해자가 될 위험성이 더 높다고도 한다. 그 결과, 이제는 피해자가 단지 불운한 사람이라는 개념을 포기하고 범죄사건에 있어서 행위자로서 피해자에 대한 대안적 관점을 고려해야 할 때라고 할 수 있다. 그래서 피해자에 관한 정보가 없이는 약탈적 범죄의 그림이 결코 완전할 수 없다고 할 수 있다.

　　물론 여러 가지 관점에서 피해자가 행위자로 고려되고 있다. 우선, 피해자는 어떤 사람인가라는 관점에서 행위자로 고려될 수 있다. 즉, 그들의 개인적 특성이 그들을 범죄피해의 위험성이 높은 집단으로 만들 수 있다는 것이다. 둘째, 피해자가 자주 접하는 동반자와 장소를 선택하기 때문이다. 즉, 그들이 범죄로 이어지기 쉬운 상황과 사람을 택하기 때문이란 것이다. 셋째, 잠재적 범법자의 행위에 반응하는 방식이다. 즉, 그들이 상황을 악화, 확산, 확대시킬 수 있는 방향으로 대응하거나, 그것을 제지하지 못하거나 심지어 촉발시키는 방향으로 행동하기 때문이라는 것이다. 물론 이들 중 어느 한 가지도 피해자가 자신의 피해에 책임이 있다거나 그에 대하여 비난을 받아야 한다는 것을 함축하는 것은 아니지만 피해자가 어떤 사람이고 무엇을 하였는가는 일련의 범죄피해의 원인을 대변하는 것이다.[18]

　　놀랍게도, 피해자를 범죄사건의 핵심적 행위자로 보는 시각이 피해자의 명예를 손상시킨다기보다 피해자에게 상당한 이점이 된다는 것을 보여주고 있다. 어떻게 피해자의 행위와 특성이 자신을 취약하게 만드는가를 이해함으로써 사람들로 하여금 피해자에게 유리한 방향으로 전환

---

18 R. C. Davis, B. G. Taylor and R. M. Titus, "Victims as agents; Implications for victim service and crime prevention," in Davis et al., *op. cit.*, p. 169.

하도록 할 수 있었다. 물론 피해자들이 사회경제적 지위나 성별과 같은 일부 위험요소는 변경시킬 수 없을지 모르지만 일부 행동양식이나 생활유형은 바꿀 수도 있을 것이다. 따라서 한번 피해자가 된 사람은 장래 피해의 위험성도 더 높다는 생각에 기초한 범죄예방의 모형화도 가능해질 수 있는 것이다.

2. 범죄의 상황적 모형에 있어서 행위자로서의 피해자

현대 범죄학적 이론들은 범죄의 상황적 설명의 중요성을 고려하여 범죄사건이 범행의 기회와 이성적, 합리적 범법자들의 선택으로부터 생기는 것으로 간주하고 있다. 특정한 사람들이 소유하는 소질로서 범죄행위를 보기보다는 범죄를 유발하는 상황과 그 상황에 관련된 사람 사이의 상호작용을 연구하는 것이 더 바람직하다는 것이다.

지금까지 일상활동이론, 생활유형이론, 그리고 합리적 선택모형과 같이 약간씩 다른 다수의 상황적 범죄모형이 주장되었지만 이들 모두가 범죄활동은 범법자 내부의 선천적 조건의 결과라기보다는 기회주의적이고 합리적인 것이라고 가정하고 있다. 또한 이들 이론은 모두 범죄행동을 상황적 변수와 개인 간의 상호작용으로부터 일어나는 것임을 강조하고 있다. 쉽게 말해서 잠재적 범법자와 잠재적 피해자가 마주쳤을 때 범죄발생의 여부는 피해자가 주요역할을 하게 되는 잠재적 범법자와 잠재적 피해자 사이의 상호작용에 달렸다는 것이다. 즉, 분명한 촉발이나 부주의나 수동적 협조 등을 통해서 피해자 행위가 범죄를 용이하게 할 수도 있다는 것이다. 요점은 범죄행위는 잠재적 피해자와 가해자가 서로 대면할 때 이미 결정된 결론은 아니라는 것이다. 즉, 피해자가 어떻게 행위 하는가가 범법자가 다음에 어떻게 대응하고 반응하는가에 영향을 미친다는 것이다. 또한, 피해자와 가해자의 역할은 고정되거나 이미 결정된 것이 아니라 상호교환적(interchangeable), 즉 서로 바뀔 수 있어서 오늘의 피해자가 내일의 가해자가 되고 오늘의 가해자가 내일의 피해자도 될 수 있다는 것이다.[19]

19 E. Fattah, "The rational choice/opportunity perspectives as a vehicle for integrating criminological and victimological theories," in R. V. Clarke and M. Felson(eds.), *Routine Activity and Rational Choice*, New Brunswick, NJ: Transaction, 1993, pp. 225–258.

3. 피해위험성요소

만약에 범죄피해가 무작위로 분포된다면, 범죄피해를 당하는 사람은 단순히 불운한 사람이라고 말할 수 있을 것이지만, 만약에 범죄피해가 무작위적으로 분포되는 것이 아니라면 범죄피해를 당하는 사람은 그들이 범죄피해자가 되게 하는 어떤 특질을 소유한 사람들의 특수집단이라고 해야 할 것이다. 그러나 지금까지의 연구와 조사결과는 범죄피해가 무작위적 사건이 아니라는 것을 보여주고 있다.[20]

비록 범죄피해자 우연에 의한 사건으로서 무작위적으로 분포되는 것은 아니며 따라서 특정한 집단이 범죄피해의 성향(proneness)을 가지는 것으로 이해할 수 있지만 아직도 어떤 사람이 피해를 당하기 쉽고 어떤 사람은 안전한가라는 의문은 남는다. 이 의문이 바로 범죄피해위험성과 반복피해에 관한 연구의 필요성을 보여주는 것이다. 그런데 지금까지의 연구에서 범죄피해의 위험성을 증대시키는 것으로 파악된 요소들은 대체로 개인적 경력, 인구사회학적 요소, 그리고 행위유형으로 분류될 수 있다고 한다.

먼저 개인적 경력은 기본적으로 한번 피해를 당한 사람은 미래에 또다시 피해를 당할 위험성도 높아진다는 사실에서 출발한다. 예를 들어 가정폭력의 경우 피해자가 그 상황, 즉 가정에 남아 있는 한 반복적인 피해가능성은 매우 높다고 한다. 가정폭력의 경우뿐만 아니라, 주거침입절도도 마찬가지로 한번 피해를 당한 가구가 장래 또 피해를 당할 위험성이 한번도 피해를 당하지 않은 가구보다 더 높다는 것이다.

이러한 연구결과가 바로 그렇다면 범죄피해가 차후의 범죄피해의 확률을 변화시키는지, 즉 사건종속(event dependency)인지 아니면 그것이 이미 존재하는 위험성의 표시로 작동하는 것인지, 즉 위험성의 이질성(risk heterogeneity)인지 의문을 가지게 한다. 다시 말해서, 범법자가 쉽고 보상적인 표적을 재범행하는 것처럼 사람들을 차후 범죄에 더욱 취약하게 만드는 범죄피해로 인한 어떠한 조건이 있는지 아니면 일부 특정한 사람들이 피해나 재피해(revictimization)의 대상으로 선택되기 쉬운 더 취약한 표적인지가 의문으로 남게 된다. 놀랍게도 비교적 최근의 연구에 의하면 위험성 종속과 위험성 이질성 모두가 범죄피해의 공동 설명인자라는 것이다.[21]

---

20 G. Farrell, "Preventing repeat victimization," in M. Tonry and D. P. Farrington(eds.), Building a Safer Society: Strategic Approaches to Crime Prevention, Chicago: University of Chicago Press, 1995, pp. 469–534; US Department of Justice, Victims of Crime: A Review of Research Issues and Methods, Washington, DC: National Institute of Justice, 1981, p. 40.

다수의 연구에서 재피해의 위험성은 이전 피해 직후에 가장 높다는 것이 밝혀지고 있는데, 바로 이 점이 반복 피해에 있어서 사건종속(event dependency)의 개념을 지지하는 것이다. 즉, 또 다른 범죄피해의 위험성을 증대시키는 최초 범죄피해에 관한 무언가가 있다는 것이다. 다시 말해서 반복 또는 재피해는 최초 피해에 종속될 수 있다는 것이다. 예를 들어, 처음 어느 집을 침입한 주거침입절도범이 다시 한번 더 침입할 만한 가치 있는 항목을 기억해 두는 것이다.[22]

그러나 성폭력피해자에 대한 연구에서는 가정의 역기능과 최초 학대 특성이 반복 피해의 예측요인으로 알려지고 있다.[23] 일부에서는 반복 피해가 높은 임상병리적 증상과 긍정적인 관계가 있다고 하나[24] 다른 일부에서는 반복 피해자와 한번만 피해를 당한 사람 사이에 정신장애나 일반적 역기능에 있어서 아무런 차이를 발견하지 못하였다고 한다.[25]

한편 인구사회학적 요소와 관련된 연구는 일관적으로 범죄피해의 가능성이 인구사회학적 특성에 따라 매우 다양하다는 것을 보여주고 있다. 대인범죄의 경우, 범죄피해율이 가난한 사람, 남자, 젊은 사람, 독신자, 세입자, 그리고 도시거주자 등에게 매우 높은 것으로 밝혀지고 있다. 미국의 전국범죄피해조사에서도 이들 집단이 폭력범죄는 물론이고 어떠한 범죄에 있어서도 범죄피해의 위험성이 매우 높은 것으로 조사되기도 하였다. 뿐만 아니라 반복 피해에 있어서도 이와 유사한 결과가 보고 되고 있다.[26]

어쩌면 행위유형이 범죄피해 위험성과 가장 많은 관계가 있다고 할 수 있다. 실제 연구결과에 있어서도 피해자의 일과, 야간외출빈도, 음주 등 일상활동이 반복 피해와 상당한 관련이 있는 것으로 밝혀지고 있다. 반복 피해뿐만 아니라 단수 피해의 경우도 이러한 사람들이 피해의

---

21 R. F. Sparks, "Multiple victimization: Evidence, theory, and future research," *Journal of Criminal law and Criminology*, 1981, 72: 762−778.

22 N. Polvi, T. Looman, C. Humphries, and K. Pease, "The time course of repeat burglary victimization," *British Journal of Criminology*, 1991, 31: 411−414.

23 P. J. Long and J. L. Jackson, "Children sexually abused by multiple perpetrators," *Journal of Interpersonal Violence*, 1991, 6: 147−159.

24 S. M. Murphy, D. G. Kilpatrick, A. An\mick−McMullan, L. J. Veronen, J. Paduhovich, C. L. Best, L. A. Villeponteaux, and B. E. Saunders, "Current psychological functioning of child sexual assault survivors: A community study," *Journal of Interpersonal Violence*, 1988, 3: 55−79.

25 S. B. Sorenson, J. M. Sigel, J. M. Golding and J. A. Stein, "Repeat sexual victimization," *Violence and Victims*, 1991, 6: 299−301.

26 M. D. Schwartz, "Series wife battering victimizations in the National Crime Survey," *International Journal of Sociology of the Family*, 1991, 19: 1162−1172.

위험성이 더 높은 것으로 알려지고 있다.[27]

　행위유형과 관련된 요소 중에서도 가장 강력하고 촉발적인 결과는 비행행위와 피해의 연계라고 한다. 적어도 청소년들에게 있어서는 피해자와 가해자가 전혀 다른 집단이 아니며 그들은 동일한 부문화를 가지고 동일한 사람이 다른 사람을 가해하고 다른 사람에 의해서 피해를 당하기도 한다는 것이다.[28] 이러한 연구결과는 곧 피해의 위험성은 비행적 행위유형에의 노출과 함께 증가한다는 것을 함축하고 있다. 비행행위가 청소년으로 하여금 위험한 장소와 위험한 사람과의 밀접한 근접성을 갖게 함으로써 피해확률을 증대시키는 일종의 일상활동의 형태로 볼 수 있는 것이다.[29]

　더 구체적으로는 범죄피해의 위험성을 증대시키는 것으로 고려되는 요소로 노출, 현명하지 못한 접촉, 위험한 시간과 장소, 위험한 행위, 위험성이 높은 활동, 그리고 조심성의 부족 등을 들고 있다. 그런데 이들 요소를 피해자가 이들 행위와 특성을 변화시킬 수 있는 정도에 따라 구분할 수 있는데, 그 첫 번째는 나이, 성별, 신장, 외모, 사회계층과 같은 개인적 특성과 인구사회학적 특성에 관련이 있는 요소로서 피해자가 변경시킬 수 없는 요소이다. 두 번째는 소득, 혼인관계, 배우자의 선택, 거주지역, 학교나 직장의 위치, 근무시간, 교통수단, 자기확신 등과 같이 피해자가 변경시킬 수도 있는 요소이고, 세 번째는 여가시간의 활용, 복장, 알코올과 약물의 사용, 성적 활동, 비행이나 범죄활동에의 참여, 도박, 부주의 등과 같이 확실하게 피해자의 통제하에 있어서 바뀔 수 있는 요소이다.

4. 피해자 책임과 범죄예방

　일부 학자들은 피해자 자신의 속성, 행위, 여건이 자신의 불행에 기여할 수도 있으며, 그 결

---

27 J. R. Lasley and J. L. Rosenbaum, "Routine activities and multiple personal victimization," *Sociology and Social research*, 1988, 73(1): 47−50; R. J. Sampson and J. D. Wooldredge, "Linking the micro−and macro−level dimensions of lifestyle−routine activity and opportunity models of predatory victimization," *Journal of Quantitative Criminology*, 1987, 3: 371−393; S. J. Smith, "Victimization in the inner city," British *Journal of Criminology*, 1982, 22: 386−402.

28 J. Fagan, E. Piper and Y. J. Cheng, "Contributions of victimization to delinquency in inner city," *Journal of Criminal law and criminology*, 1987, 78: 586−609.

29 G. Jensen and D. Brownfield, "Gender, lifestyles, and victimization: Beyond routine activity theory," *Violence and Victims*, 1986, 1: 85−99.

과 피해자들이 종종 자신을 비난하기도 한다는 것을 연구결과 밝히고 있다. 이러한 연구결과는 곧 피해자는 범죄가 다시는 자신에게 일어나지 않도록 하기 위하여 자신을 통제할 수 있어야 한다는 것을 보여주고 있다. 범죄피해가 자신이 바꿀 수도 있었던 행위로부터 초래되었다는 것을 스스로에게 다짐함으로써 적어도 자신의 마음으로 나마 자신을 통제할 수 있게 해 줄 수 있다는 것이다. 이러한 종류의 기능적 비난을 '행위적 자기 비난(behavioral self-blame)'이라고 하는데, 범죄피해에 대해 자신의 성격상의 결함을 비난하는 '성격적 자기 비난(characterological self-blame)'과는 구별되고 있다. 대체로 성격적 자기 비난은 심리학적으로 해로운 것이지만 행위적 자기 비난은 범죄피해의 영향으로부터 건강한 재적응을 용이하게 하는 것으로 볼 수 있는 것이다.[30]

만약에 한번 피해를 당하는 것이 미래 피해의 훌륭한 예측인자라면, 범죄예방노력을 범죄피해를 신고하는 사람에 집중한다는 것은 충분히 이해할 수 있는 일이다. 특히 범죄피해 직후에는 사람들이 범죄예방기회에 더욱 민감할 수 있어서 피해자가 취약하다고 느끼고 행위나 생활유형을 바꾸려고 심각하게 고려하는 기간이라고 할 수 있는 처음 몇 주 동안은 소위 기회의 창이 열려 있다고 할 수 있다. 실제 실험결과에서도 범죄예방교육을 받은 피해자 집단이 단순히 전통적인 상담만 받은 집단에 비해 재피해률이 많이 낮았다고 한다.[31]

이미 피해를 당한 사람들에게 경찰을 집중하는 것도 경찰자원을 보다 효율적으로 이용하는 방법으로 간주되고 있다. 미래 범행의 가능성이 높은 시간과 장소를 지적함으로써 반복 피해도 범법자들이 발견되고 검거될 수 있는 장소와 시간을 파악하는 데 도움이 될 수 있다고 한다. 범법자의 발각과 범죄예방 사이에 공생적 관계의 발전 잠재성이 있다고 할 수 있는 것이다.[32] 이와 같은 입장에서 보면, 경찰활동에 대한 어떠한 문제해결적 접근이라도 특히 범죄다발지역에서의 범죄통계에 불균형적으로 많이 기여하고 있는 반복 피해자에 대한 특별한 관심을 가져야 하는 것도 분명해 지는 것이다.[33] 실제로 이러한 접근법을 이용한 피해자에 대한 범죄예방 프로그램의 결과 피해자의 재피해가 상당히 감소된 것으로 실험결과 밝혀지고 있다.

---

30 R. Janoff-Bulman and I. Frieze, "A theoretical perspective for understanding reactions to victimization," *Journal of Social Issues*, 1983, 39(2): 1-17; R. Janoff-Bulman, "Characterological versus behavioral self-blame: Inquiries into depression and rape," *Journal of Personality and Social Psychology*, 1979, 37: 1798-1809.

31 R. C. Davis and B. Smith, "Teaching victims crime prevention skills: Can individuals lower their risk of crime?" *Criminal Justice Review*, 1994, 19: 56-68.

32 National Board of Crime Prevention, *Wise After the Event: Tackling Repeat Victimization*, London: Home Office, 1994, p. 2.

33 A. Trickett, D. Osborn, J. Seymour, and K. Pease, "What is different about high crime areas?" *British Journal of Criminology*, 1992, 32: 81-90.

5. 피해자지원과 범죄예방

　　범죄피해자에게 범죄예방 메시지를 전달할 수 있는 이상적 도구는 피해자지원 프로그램이라고 한다. 범죄예방과 피해자지원은 최근의 피해자에게 피해 즉시 필요한 것이라는 주장이 제기되고 있다. 만약 피해자에 대한 지원이 예방적 요소가 있다면 지난 범행에 대한 대응(reaction to the last offense)은 곧 다음 범행에 대한 사전행동(proaction)이 되는 것이다.[34] 그런데 피해자지원 프로그램은 조기 재피해의 위협을 해소하고 피해자의 욕구를 충족시키기 위한 즉시대응부분과 실행하는 데 더 많은 시간을 요하고 영구적인 것이 되도록 의도되는 행동의 장기대응부분을 모두 포함해야만 한다.

　　그러나 범죄예방이 피해자가 가장 바라는 한 가지 서비스임에도 불구하고 피해자지원 프로그램으로부터 받을 가능성이 가장 낮은 서비스이다. 피해자는 행위자가 아니라 단순히 범죄에 우연이 연관된 사람이라는 강력한 믿음이 범죄피해는 피할 수 있는 것이라는 점을 제시하는 어떠한 활동보다도 피해자지원을 뒷전으로 밀리게 하고 있다. 그러나 이제는 피해자도 자신의 삶의 질을 향상시키기 위하여 무언가를 할 수 있다는 희망을 주는 피해자에 대한 새로운 시각을 가질 때이다.

　　사람들이 자신의 범죄피해의 고통으로부터 회복하고 더 안전한 삶을 영위할 수 있도록 도와줌으로써 피해자지원 프로그램이 재피해의 위험성을 줄일 수 있고 범죄의 전이를 막을 수 있다고 한다. 대부분의 범죄예방 노력이 광범위한 사회조건과 위험성이 높은 행위의 개선에 초점을 맞추고 있다. 범죄예방 프로그램이 범죄의 근본원인과 조기개입에 초점을 맞춤으로써 범죄피해 후의 피해자 지원은 사후약방문과 같이 너무 늦어서 우리 사회를 더 안전하게 만들 수 없을 것으로 보일 수도 있다. 그러나 피해자 서비스는 사회경제적 여건뿐만 아니라 또 다른 위험성요소인 피해자 개인의 피해경력까지도 다룰 수 있는 것이다. 범죄의 늪에 사는 사람들은 자신에 대한 장래 범죄의 위험성을 줄이기 위하여 자신의 주변환경과 행위에 변화를 주도록 강력한 동기를 부여받게 된다. 그래서 피해자 지원이 너무 늦으며 너무 적다고 하는 대신에 사람들이 반복된 피해로부터 빠져나올 수 있도록 도울 수 있는 유망한 전략으로 제시되고 있다.[35]

---

34 D. Anderson, S. Chenery, and K. Pease, *Biting Back: Tackling repeat Burglary and Car Crime*, London: Home Office, 1995, p. 3.

35 L. N. Friedman and S. B. Tucker, "Violence prevention through victim assistance: Helping people escape the web of violence," in Davis et al.(eds.), *op. cit.*, pp. 183-184.

(1) 범죄피해의 반복(repetition)과 전이(transmission)

최초 범죄피해의 원인에 관계없이, 범죄피해를 당한 사람은 종종 다시 범죄피해를 당할 더 큰 위험에 직면하게 된다고 한다. 예를 들어, 매 맞는 아내와 남편, 학대 받는 아동과 폭력적인 부모와 같은 가해자-피해자 쌍은 반복된 폭력의 회전원에 갇히게 된다. 학대받은 아동이 학대하는 부모가 되는 것처럼 폭력은 세대를 통하여 수직적으로 전이될 수도 있다. 학대받는 아동이 다른 아동을 폭행하거나 학교폭력의 피해자가 다른 학생에게 폭력을 가하는 것처럼 폭력은 수평적으로도 전이될 수 있다.[36]

(2) 피해자지원의 역할

범죄피해가 사람들을 반복되는 고통과 마음의 상처를 줄 수 있지만 그렇다고 전혀 피할 수 없는 것은 아니다. 피해자에 대한 적절한 개입이 반복된 피해의 탈출구를 마련할 수 있다는 것이다. 범죄피해로 정신적 고통과 상처를 받게 되면 사람들은 종종 탈출구가 없다고 느끼게 된다. 그러나 가정폭력의 경우처럼 피해자에게 쉼터와 같은 갈 곳을 제공한다면 그것도 가정폭력 사슬로부터의 한 가지 탈출구가 될 수도 있는 것이다.

1) 안전과 쉼터

피해자가 안전하게 또는 안전하다고 느낄 수 있도록 도와주는 것이 더 이상의 피해를 예방하기 위한 중요한 첫 걸음이라고 할 수 있다. 먼저 피해자들에게 위험성이 높은 행위를 파악하고 변화시키거나 갈등을 평화롭게 해결하는 방법을 포함한 피해회피와 범죄예방의 기술을 가르침으로써 피해자들이 자신을 위한 보다 더 안전한 환경을 만들고 불필요한 위험을 피할 수 있게 해준다. 피해자에 대한 약물치료, 스트레스의 관리나 인지기술, 사회적 또는 대인적 연계의 구축 등을 포함하는 다양한 요법처우적(therapeutic) 전략들이 위험과 소외감을 해소시켜줌으로써 그들의 안전감을 높일 수 있다는 것이다.[37]

---

36 Friedman and Tucker, *op. cit.*

37 L. Lebowitz, M. Harvey, and J. L. Herman, "A stage-by-dimension model of recovery from sexual trauma," *Journal of Interpersonal Violence*, 1993, 8: 378-391.

2) 마음의 회복

어떤 접근이라도 모든 피해자에게 다 효과적일 수는 없기 때문에 어떤 개입이라도 효과적이기 위해서는 개별 피해자의 독특한 생태학에 맞춰져야 한다. 즉, 피해자에 대한 개입은 개별 피해자들의 삶에 대한 인적, 사회문화적, 환경적, 그리고 대인적 절박함에 대응할 수 있어야만 하는 것이다. 피해자들이 마음의 상처를 회복하도록 하기 위해서는 다양한 교육, 상담, 그리고 요법처우적 서비스가 필요할 것이다. 이들 요법처우나 기타 정신건강 서비스는 가정폭력의 피해자로 하여금 위험신호를 조기에 파악하고 근친관계에 있어서 수용가능한 행위와 성역할에 대한 신념을 다시 평가하고 비난을 적절하게 나누는 것을 학습하게 해준다.[38]

3) 다른 사람들과의 연결

범죄피해자들은 종종 격심한 소외감을 느낀다고 한다. 그들은 범죄로 인하여 낙인이 찍혔고 흠이 생겼다고 느끼게 되는데 이러한 느낌은 다른 사람들에 의하여 잘못 취급받고 따돌림 당함으로써 재강화된다고 한다. 실제로 피해자를 격리시키는 것은 여성, 아동, 타인을 학대하는 사람들이 통제를 위하여 보편적으로 사용하는 전략이라고 한다. 그래서 마음의 상처를 회복하기 위한 주요단계의 하나는 다른 사람들과의 관계를 재개시킴으로써 이러한 소외와 격리를 붕괴시키는 것이라고 한다. 가족들과 지역사회 지원망과의 유대를 재구축함으로써 피해자들은 덜 취약해지고 한편으로는 다른 피해자도 도우려고 하며 폭력을 잉태하는 조건을 변화시키기 위한 지역사회의 노력에도 가담하게 된다는 것이다.[39]

4) 경제적 지원

범죄피해는 피해자로 하여금 경제적 곤궁에 처하게도 한다. 그래서 직업훈련이나 긴급재정지원 또는 기타 방법으로 피해자들이 경제적 지원을 받을 수 있게 하는 것이 때로는 피해자들이 정상적인 생활을 할 수 있게 해주는 피해자지원의 중요한 한 부분이 될 수 있다는 것이다. 이러한 경제적 향상은 또한 피해자들이 자아존중심을 되찾게 하고 강인함과 회복력을 복구시켜주기 때문에 일부 피해자들에게는 치료적 효과도 줄 수 있다고 한다. 또한 이들 프로그램은 일부 여

---

38 Lebowitz et al., *op. cit.*

39 *Ibid.*

성, 노인, 아동피해자들로 하여금 경제적 종속의 덫에서 빠져나올 수 있게 해주기 때문에 동시에 재피해의 위험성도 줄여준다고 한다.[40]

(3) 가해자에 대한 프로그램 지원

가해자에 대한 피해자지원은 다른 하나의 바람직한 예방전략이라고 한다. 특히 청소년들에게 있어서 피해자와 가해자가 종종 동일한 사람인 경우가 많은 것으로 알려지고 있다. 예를 들어, 다수의 가정폭력범이 아동기 학대와 피해를 경험한 사람이라는 사실에서 이를 엿볼 수 있는 것이다. 소년사법이나 형사사법제도를 통하여 가해자에게 피해자지원을 제공하는 것이 폭력예방의 특별히 효과적인 수단이 될 수 있다고 한다.

교정시설의 수용자, 소년범에 대한 병영 캠프 참가자, 외부통근과 같은 지역사회교정 참여자들을 위한 피해자 프로그램이 그들로 하여금 자신의 범죄피해를 해결할 수 있는 비폭력적, 합법적 방법을 찾고, 폭력으로부터 멀어지게 하고, 사회로 재통합되게 하는 것이다. 이러한 종류의 프로그램들이 피해자/가해자를 위한 진정한 교정의 역할을 함으로써 그들에게 비폭력적 삶을 영위하도록 인도하는 기술과 기회를 주고 있다.[41]

(4) 범죄예방에 있어서 피해자의 기여

피해자가족을 위한 지원집단에 참여함으로써 참여자들은 자신만이 고통을 겪고 있지 않으며 서로에게 가치 있는 이해와 지원을 주고받을 수 있다는 것을 발견하게 된다. 이들 중 관련법의 제정에 영향력을 행사하고 싶은 사람들은 피해자권리와 폭력예방을 위한 옹호단체를 결성하기도 한다. 물론 이와 같은 활동이 전혀 새롭거나 특이한 것은 아니다. 음주운전을 반대하는 어머니(mothers against drunk driving: MADD)와 같은 단체가 특정한 범죄에 대응하여 결성되고 범죄피해자와 그 가족에 의하여 대부분 지원되는 범죄예방과 옹호조직의 좋은 예라고 할 수 있다.

이러한 피해자운동은 종종 참여자 자신에게도 이익이 될 수 있다고 한다. 사회를 향상시키기 위하여 '생존자사명(survivor mission)'을 다하는 피해자는 자신의 비극을 사회운동의 기초로 만듦으로써 자신의 개인적 비극의 의미를 전파할 수 있을 것이다. 이들 피해자들은 종종 가해자

---

40 Friedman and Tucker, *op. cit.*, p. 189.

41 J. S. Kunen, "Teaching prisoners a lesson," *New Yorker*, 1995, July 10, pp. 34–39.

에 대한 개인적 불만을 초월하여 다른 피해자의 필요와 범죄에 기여하는 사회조건에 초점을 맞출 수 있게 된다. 이들의 분노와 분개의 느낌이 건설적인 사회활동으로 전환되고, 동시에 지역사회로부터의 소외감은 적게 느끼고 소속감과 연계의식은 더 많이 느끼게 된다. 그 결과, 이들 활동이 미래 폭력에 기여할 수 있는 범죄피해의 많은 영향을 줄일 수 있는 것이다.[42]

또한 자신의 지역사회에 참여하는 피해자들은 개선과 예방을 위한 강력한 세력이 될 수 있다. 동료 상담자와 옹호자로서 피해자운동가는 다른 사람들이 폭력으로부터 회복하고 반복된 범죄로부터 탈출할 수 있도록 도움을 주고 있다. 집단적으로 활동함으로써, 이들은 개인으로보다는 더 폭넓은 규모로 폭력의 원인을 줄일 수 있을 것이다. 이들은 사회적 행위를 변화시키고 사회전반의 폭력을 줄이기 위하여 MADD, 지정운전자(Designated driver) 프로그램과 같은 폭력반대운동을 전개하고 있다. 피해자에게 필요한 서비스를 제공할 수 있는 법의 제정을 위한 입법청원을 하고, 가난과 차별 등 폭력으로 이어질 수 있는 광의의 사회조건을 알리고 그 개선을 위해 노력하며, 잠재적 가해자와 피해자에게 범죄로부터 초래될 수 있는 것을 보여주고 이해시킴으로써 시민의 행위와 신념을 바꾸기 위하여 자신의 경험을 알리기도 한다.

HOT ISSUE 　　　　피해자지원과 범죄예방

서울경찰청, 서울시와 아동학대 피해자 보호 · 지원 네트워크 구축

서울경찰청장은 아동학대 피해자의 신속한 피해회복을 위해 서울시(여성가족정책실 · 시민건강국)와 협업한다.

서울경찰청은 서울시와 서울 아동보호전문기관 등 12개 피해 아동 보호 · 지원기관과 업무협조 네트워크를 구축하고 경찰과 자치단체가 협력해 아동 학대 보호 · 지원활동을 강화해 나가기로 했다고 27일 밝혔다.

서울경찰과 서울시의 아동학대 피해자 보호 · 지원 네트워크 구축으로 학대피해 아동은 신속히 전문상담사의 상담 및 병원 진료를 받을 수 있고, 어린이 전문 병원을 이용한 심리치료도 받게 됐다.

이는 부천 초등학생 사망사건 등으로 사회적 불안이 가중되고 정부의 대책을 요구하는 시민들의 목소리가 높아지는 상황에서 나온 것으로 경찰과 자치단체가 학대피해아동 보호에 적극적으로 나섰다는 계기로 받아들여지고 있다.

서울경찰의 피해자보호 · 지원을 담당하는 이순명 피해자보호계장은 "이번 네트워크 구축으로 아동학대 피해자가 발생할 경우 신속한 보호 및 피해회복을 위한 지원을 할 수 있게 됐으며 앞으로도 경찰은 아동학대 피해자들을 위한 사회안전망 구축에 최선의 노력을 다하겠다"고 말했다.

---

42 J. L. Herman, *Trauma and Recovery*, New York: Basic Books, 1992, pp. 207, 209.

또한 아동학대 예방을 위해 부모교육 강화 및 유관기관과는 탄탄한 네트워크를 구축해 나가기로 했다.

자료: 뉴시스 2016년 1월 27일

http://www.newsis.com/ar_detail/view.html?ar_id=NISX20160127_0013863369&cID=10201&pID=10200

법무부, 범죄피해자 전문 심리치유시설 8곳으로 확대

법무부는 29일 전주시 덕진구 인호동에서 강력범죄 피해자 심리치유 및 임시주거시설인 스마일센터 개소식을 가졌다.

전주 스마일센터는 대지 333㎡, 5층의 1,294㎡ 규모로 상담실, 심리평가실, 놀이치료실, 집단치료실과 가족·여성·남성생활관 등을 갖추고, 체계적인 심리지원 및 주거지원을 제공한다. 2010년 서울에 처음 문을 연 이래 이달 4일 개소한 춘천에 이어 전국 8번째 스마일센터다.

스마일센터는 살인·강도·강간·방화·상해 등 강력범죄 피해자와 가족들이 범죄로 인한 외상 후 스트레스장애 및 우울증에서 벗어날 수 있도록 돕기 위해 법무부가 설립한 종합 심리치유 시설이다. 11월 기준 총 3821명의 범죄피해자에게 5만6295건의 심리지원·임시주거 등의 서비스를 제공해왔다.

김현웅 법무부장관은 격려사를 통해 "불의의 범죄피해를 당하면 국가가 반드시 보호해 준다는 '믿음의 법치' 실현에 무거운 책임감을 느낀다"면서 "범죄피해자와 가족이 하루 빨리 웃음과 희망을 되찾을 수 있도록 '범죄피해자 행복찾기'에 최선을 다할 계획"이라고 밝혔다.

법무부는 내년 서울서부 및 수원지역 추가 개소 등 스마일센터를 연차적으로 확대·설치해 보다 많은 범죄피해자들에게 심리치유서비스를 적시적소에 제공할 수 있도록 지원해 나갈 방침이다.

자료: 아시아경제 2015년 12월 29일
http://view.asiae.co.kr/news/view.htm?idxno=2015122910464590882

찾아보기

저자 이윤호 약력

동국대학교 경찰행정학과 졸
미국 Michigan State University 범죄학 석사, 박사
경기대학교 교정학과, 경찰학과 교수 역임
교학2처장, 대외협력처장, 행정대학원장 역임
동국대학교 경찰사법대학 교수 역임
사회과학대학장, 행정대학원장 역임
경찰사법대학장, 경찰사법대학원장 역임
입학처장 역임

국가경찰위원회 위원 역임
법무부 법무연수원 교정연수부장(개방형 임용 계약직 이사관) 역임
대한범죄학회 회장 역임
한국공안행정학회장 역임
한국경찰학회장 역임
한국산업보안연구학회장 역임
한국대테러정책학회장 역임
현 고려사이버대학교 경찰학과 석좌교수
동국대학교 명예교수
사단법인 목멱사회과학원 이사장

저　　서

"한국소년비행론", "한국형사사법정책론", "범죄학", "경찰학", "교정학", "피해자학",
"현대사회와 범죄", "범죄, 그 진실과 오해", "범죄심리학",
"연쇄살인범 그들은 누구인가", "청소년 비행론", "하루 한줄 행복에 물들다",
"세기와 세상을 풍미한 사기꾼들", "범죄 기네스북", "영화속 범죄코드를 찾아라",
"인생 프로파일링, 삶을 해부하다", "폭력의 해부"(역저), "세기의 오심"

공저자 이승욱 약력

미국 Michigan State University, 범죄학 학사, 석사, 박사
미국 University of Southern Indiana 조교수 역임
현, 미국 Texas A & M, San Antonio 조교수

제5판
현대사회와 범죄

제5판발행	2024년 7월 15일
지은이	이윤호 · 이승욱
펴낸이	안종만 · 안상준
편 집	한두희
기획/마케팅	정연환
표지디자인	Ben Story
제 작	고철민 · 김원표
펴낸곳	(주) **박영사**
	서울특별시 금천구 가산디지털2로 53, 210호(가산동, 한라시그마밸리)
	등록 1959. 3. 11. 제300-1959-1호(倫)
전 화	02)733-6771
f a x	02)736-4818
e-mail	pys@pybook.co.kr
homepage	www.pybook.co.kr
ISBN	979-11-303-2035-9 93350

정 가   30,000원